中华人民共和国
体育法规汇编
(2017)

国家体育总局 编

人民体育出版社

图书在版编目(CIP)数据

中华人民共和国体育法规汇编.2017／国家体育总局编.--北京:人民体育出版社,2024
ISBN 978-7-5009-6406-3

Ⅰ.①中… Ⅱ.①国… Ⅲ.①体育法-汇编-中国-2017 Ⅳ.①D922.169

中国国家版本馆CIP数据核字(2023)第244275号

*

人民体育出版社出版发行
北京新华印刷有限公司印刷
新 华 书 店 经 销

*

850×1168 32开本 25.5印张 636千字
2024年11月第1版 2024年11月第1次印刷

*

ISBN 978-7-5009-6406-3
定价:87.00元

社址:北京市东城区体育馆路8号(天坛公园东门)
电话:67151482(发行部) 邮编:100061
传真:67151483 邮购:67118491
网址:www.psphpress.com

(购买本社图书,如遇有缺损页可与邮购部联系)

编辑说明

《中华人民共和国体育法规汇编》(2017)，是继《现行体育法规汇编》(1949—1988)，《中华人民共和国体育法规汇编》(1989—1992)、(1993—1996)、(1997—1999)、(2000—2002)、(2003—2004)、(2005—2006)、(2007—2008)、(2009—2010)、(2011—2012)、(2013—2014)、(2015—2016) 之后，由国务院体育主管部门编辑的第十三部体育法规汇编。

这部法规汇编包括中央与国务院文件 1 件，国家体育总局规章和规范性文件 16 件，地方性法规、规章及规范性文件 67 件。

本书在编辑过程中基本尊重原文，原则上不在章节、体例、文字等方面做改动。限于编辑水平，本书或有疏漏和错误，敬请广大读者批评指正并予谅解。

国家体育总局

2023 年 11 月 23 日

目 录

中央与国务院文件

国务院办公厅关于进一步激发社会领域投资活力的意见 …… （3）
（2017年3月16日国务院办公厅发布，国办发〔2017〕21号）

国家体育总局规章和规范性文件

国家体育总局规章和规范性文件制定程序规定 ………… （15）
（2017年12月1日国家体育总局令第23号公布）

群众体育

国家体育总局关于印发《室外健身器材配建管理办法》的
  通知 ……………………………………………………… （24）
（2017年4月10日国家体育总局发布，体群字〔2017〕61号）
关于印发《关于加快推进全民健身进家庭的指导意见》的
  通知 ……………………………………………………… （29）
（2017年12月6日国家体育总局、民政部、文化部、
  全国妇联、中国残联发布，体群字〔2017〕234号）
关于进一步加强农民体育工作的指导意见 ……………… （34）
（2017年12月24日农业部、国家体育总局发布，
  农办发〔2017〕11号）

竞技体育

体育总局关于印发《全国综合性运动会组织管理办法》的
  通知 …………………………………………………（44）
  （2017年2月3日国家体育总局发布，体竞字〔2017〕12号）

青少年体育

关于推进学校体育场馆向社会开放的实施意见 …………（55）
  （2017年2月3日教育部、国家体育总局发布，
  教体艺〔2017〕1号）
关于加强竞技体育后备人才培养工作的指导意见 ………（62）
  （2017年11月10日国家体育总局、教育部发布，
  体青字〔2017〕99号）
关于印发《青少年体育活动促进计划》的通知…………（73）
  （2017年11月28日国家体育总局、教育部、中央文明办、
  发展改革委、民政部、财政部、共青团中央发布，体青
  字〔2017〕103号）

劳动人事

国家体育总局干部教育培训工作管理办法 ………………（84）
  （2017年4月4日国家体育总局发布，体人字〔2017〕101号）

监督管理

体育总局关于健全和完善体育总局系统突发事件舆论
  引导应急管理机制的实施意见 ……………………（94）
  （2017年3月30日国家体育总局发布，体宣字〔2017〕
  28号）

体育总局关于印发《关于进一步加强武术赛事活动监
　　督管理的意见》的通知 ……………………………（100）
　　（2017 年 8 月 24 日国家体育总局发布，体政字〔2017〕
　　107 号）
体育总局关于印发《关于进一步加强马拉松赛事监督
　　管理的意见》的通知 ………………………………（103）
　　（2017 年 10 月 25 日国家体育总局发布，体政字〔2017〕
　　125 号）

综　合

国家体育总局关于进一步建立健全新闻发言人制度的
　　意见 …………………………………………………（107）
　　（2017 年 2 月 28 日国家体育总局发布，体宣字
　　〔2017〕19 号）
体育总局关于印发《体育标准化管理办法》的通知 …（113）
　　（2017 年 10 月 23 日国家体育总局发布，体经字
　　〔2017〕628 号）
国家体育总局关于印发行政审批管理文件的通知 ……（120）
　　（2017 年 11 月 21 日国家体育总局发布，体政字〔2017〕
　　131 号）
体育总局关于贯彻落实"谁执法谁普法"普法责任制的
　　实施意见 ……………………………………………（142）
　　（2017 年 12 月 15 日国家体育总局发布，体政字
　　〔2017〕161 号）

3

地方性法规、规章及规范性文件

河北省人民政府办公厅关于加快发展健身休闲产业的
实施意见 ……………………………………………（149）
　（2017年6月16日河北省人民政府办公厅发布，
　冀政办字〔2017〕71号）

河北省人民政府办公厅关于支持冰雪运动和冰雪产业
发展的实施意见 ……………………………………（159）
　（2017年7月23日河北省人民政府办公厅发布，
　冀政办字〔2017〕92号）

秦皇岛市人民政府办公厅关于印发《秦皇岛市关于
推进县级全民健身场地建设的实施意见》的通知 …（169）
　（2017年6月15日秦皇岛市人民政府办公厅发布，
　秦政办发〔2017〕14号）

秦皇岛市人民政府办公厅关于印发《秦皇岛市关于
加快发展健身休闲产业的实施意见》的通知 ………（175）
　（2017年9月15日秦皇岛市人民政府办公厅发布，
　秦政办字〔2017〕150号）

唐山市人民政府办公厅关于推进唐山市足球改革发展的
实施意见 ……………………………………………（194）
　（2017年7月21日唐山市人民政府办公厅发布，
　唐政办发〔2017〕5号）

邯郸市人民政府办公厅关于推进邯郸市足球改革发展的
实施意见 ……………………………………………（207）
　（2017年4月5日邯郸市人民政府办公厅发布，
　邯政办字〔2017〕33号）

邯郸市人民政府办公厅关于加快发展健身休闲产业的
  实施意见 ………………………………………… （223）
  （2017年11月15日邯郸市人民政府办公厅发布，
  邯政办字〔2017〕159号）
山西省人民政府办公厅关于扶持职业体育发展的
  意见 ……………………………………………… （233）
  （2017年9月30日山西省人民政府办公厅发布，
  晋政办发〔2017〕126号）
内蒙古自治区人民政府办公厅关于加快发展健身休闲
  产业的实施意见 ………………………………… （240）
  （2017年6月28日内蒙古自治区人民政府办公厅
  发布，内政办发〔2017〕110号）
沈阳市人民政府办公厅关于印发《沈阳市体育领域供给
  侧结构性改革实施方案》的通知 ……………… （250）
  （2017年6月30日沈阳市人民政府办公厅发布，
  沈政办发〔2017〕41号）
大连市人民政府关于加快推进体育惠民工作的实施
  意见 ……………………………………………… （256）
  （2017年2月23日大连市人民政府发布，
  大政发〔2017〕9号）
关于印发《浙江省县级体校改革发展实施方案》的
  通知 ……………………………………………… （265）
  （2017年9月22日浙江省体育局、浙江省机构
  编制委员会办公室、浙江省教育厅、浙江省财政厅、
  浙江省人力资源和社会保障厅发布，浙体青〔2017〕
  313号）

浙江省人民政府办公厅关于加快发展健身休闲产业的
实施意见 …………………………………………（272）
（2017年12月6日浙江省人民政府办公厅发布，
浙政办发〔2017〕138号）

浙江省体育赛事管理办法 ……………………………（280）
（2017年12月15日浙江省政府令第362号公布）

湖州市人民政府关于加快发展体育产业促进体育
消费的实施意见 …………………………………（284）
（2017年3月23日湖州市人民政府发布，湖政发
〔2017〕9号）

舟山市人民政府办公室关于印发《舟山市竞技体育贡献
奖励办法》的通知 ………………………………（294）
（2017年7月21日舟山市人民政府办公室发布，
舟政办发〔2017〕85号）

安徽省人民政府办公厅关于加快发展健身休闲产业的
实施意见 …………………………………………（298）
（2017年1月21日安徽省人民政府办公厅发布，
皖政办〔2017〕7号）

蚌埠市人民政府办公室关于加快发展健身休闲产业的
实施意见 …………………………………………（307）
（2017年6月16日蚌埠市人民政府办公室发布，
蚌政办〔2017〕43号）

池州市人民政府办公室关于加快发展健身休闲产业的
实施意见 …………………………………………（315）
（2017年12月25日池州市人民政府办公室发布，
池政办〔2017〕62号）

滁州市人民政府办公室关于加快发展健身休闲产业的
　实施意见 ……………………………………………（323）
　（2017年8月23日滁州市人民政府办公室发布，
　滁政办〔2017〕48号）

合肥市人民政府办公厅关于印发《合肥市参赛省级及以上
　体育比赛奖励办法》的通知 ……………………………（334）
　（2017年6月29日合肥市人民政府办公厅发布，
　合政办〔2017〕48号）

合肥市人民政府办公厅关于加快发展健身休闲产业的
　实施意见 ……………………………………………（342）
　（2017年12月22日合肥市人民政府办公厅发布，
　合政办〔2017〕86号）

淮南市人民政府办公室关于加快发展健身休闲产业的
　实施意见 ……………………………………………（350）
　（2017年11月28日淮南市人民政府办公室发布，
　淮府办〔2017〕80号）

六安市人民政府办公室关于强化学校体育促进学生身心
　健康全面发展工作任务分解的通知 …………………（358）
　（2017年12月8日六安市人民政府办公室发布，
　六政办秘〔2017〕214号）

六安市人民政府办公室关于加快发展健身休闲产业的
　实施意见 ……………………………………………（367）
　（2017年12月29日六安市人民政府办公室发布，
　六政办秘〔2017〕229号）

马鞍山市人民政府办公室关于印发《马鞍山市体育产业
　发展实施计划（2017—2020年）》的通知 …………（374）
　（2017年9月11日马鞍山市人民政府办公室发布，
　马政办〔2017〕40号）

7

芜湖市人民政府办公室关于加快发展健身休闲产业的
实施意见 ……………………………………………（387）
　　（2017年12月26日芜湖市人民政府办公室发布，
　　芜政办〔2017〕48号）
宿州市人民政府办公室关于加快发展健身休闲产业的
实施意见 ……………………………………………（396）
　　（2017年12月28日宿州市人民政府办公室发布，
　　宿政办秘〔2017〕153号）
宣城市人民政府办公室关于加快发展健身休闲产业的
实施意见 ……………………………………………（404）
　　（2017年12月22日宣城市人民政府办公室发布，
　　宣政办〔2017〕38号）
福建省人民政府办公厅关于加快发展健身休闲产业的
实施意见 ……………………………………………（411）
　　（2017年9月30日福建省人民政府办公厅发布，
　　闽政办〔2017〕119号）
厦门市人民政府办公厅关于印发《厦门市优秀运动员及
优秀体育后备人才相关管理办法》的通知 …………（424）
　　（2017年8月1日厦门市人民政府办公厅发布，
　　厦府办〔2017〕138号）
厦门市人民政府关于加快发展体育产业促进体育消费
若干措施的通知 ……………………………………（433）
　　（2017年8月28日厦门市人民政府发布，厦府
　　〔2017〕307号）
青岛市人民政府关于加快发展健身休闲产业的实施
意见 …………………………………………………（443）
　　（2017年6月23日青岛市人民政府办公厅发布，
　　青政办发〔2017〕26号）

威海市人民政府关于加快公共体育服务体系建设的
　　实施意见 ……………………………………………（459）
　　（2017年1月23日威海市人民政府发布，威政发
　　〔2017〕1号）
威海市公共体育服务办法 ………………………………（467）
　　（2017年12月22日威海市人民政府令第63号公布）
漯河市人民政府办公室关于印发《漯河市群众体育健身
　　器材配建管理办法》的通知 ……………………（476）
　　（2017年11月27日漯河市人民政府办公室发布，
　　漯政办〔2017〕99号）
湖北省人民政府办公厅关于加快健身休闲产业发展的
　　实施意见 ……………………………………………（480）
　　（2017年4月30日湖北省人民政府办公厅发布，
　　鄂政办发〔2017〕29号）
湖北省人民政府关于加快转变发展方式推进体育强省
　　建设的意见 …………………………………………（490）
　　（2017年12月27日湖北省人民政府发布，鄂政发
　　〔2017〕63号）
湖南省人民政府办公厅关于加快发展健身休闲产业的
　　实施意见 ……………………………………………（499）
　　（2017年7月12日湖南省人民政府办公厅发布，
　　湘政办发〔2017〕38号）
株洲市人民政府关于加快发展体育产业促进体育消费的
　　实施意见 ……………………………………………（508）
　　（2017年3月27日株洲市人民政府发布，株政发
　　〔2017〕7号）

9

湘西自治州人民政府办公室关于印发《湘西自治州体育运动会奖励办法》的通知 …………………………（519）
(2017年10月28日湘西自治州人民政府办公室发布，州政办发〔2017〕20号)

广东省人民政府办公厅关于加快发展健身休闲产业的实施意见 ……………………………………………（523）
(2017年5月31日广东省人民政府发布，粤府办〔2017〕34号)

深圳市人民政府办公厅印发《关于促进体育产业发展若干措施》的通知 ……………………………………（536）
(2017年7月24日深圳市人民政府办公厅发布，深府办规〔2017〕3号)

珠海市人民政府办公室关于加快发展健身休闲产业的实施意见 ……………………………………………（545）
(2017年4月21日珠海市人民政府办公室发布，珠府办〔2017〕3号)

关于印发《珠海市体育竞赛裁判员及工作人员酬金发放办法（试行）》的通知 …………………………（558）
(2017年4月27日珠海市文化体育旅游局、珠海市财政局发布，珠文体旅字〔2017〕52号)

梅州市人民政府办公室关于印发《梅州市振兴足球三年行动计划（2017—2019年）》的通知 ……………（562）
(2017年10月21日梅州市人民政府办公室发布，梅市府办函〔2017〕179号)

印发《关于加快构建现代公共文化服务体系的实施方案》的通知 ……………………………………………（570）
(2017年1月24日中共湛江市委办公室、湛江市人民政府办公室发布，湛办发〔2017〕2号)

广西壮族自治区人民政府办公厅关于加快推动全民
　　健身和全民健康深度融合的指导意见 …………（589）
　　　（2017年6月27日广西壮族自治区人民政府
　　　办公厅发布，桂政办发〔2017〕80号）
广西壮族自治区人民政府办公厅关于印发《广西全民健身公共
　　服务体系建设工作方案（2017—2020年）》的通知 …（606）
　　　（2017年7月20日广西壮族自治区人民政府
　　　办公厅发布，桂政办发〔2017〕89号）
重庆市人民政府办公厅关于加快发展健身休闲产业的
　　实施意见 …………………………………………（620）
　　　（2017年4月28日重庆市人民政府办公厅发布，
　　　渝府办发〔2017〕51号）
关于印发《重庆市城市体育公园资助管理暂行办法》的
　　通知 ………………………………………………（630）
　　　（2017年7月13日重庆市体育局、重庆市财政局
　　　发布，渝体〔2017〕252号）
四川省人民政府办公厅关于印发《四川省强化学校体育
　　促进学生身心健康全面发展工作方案》的通知 ……（642）
　　　（2017年1月20日四川省人民政府办公厅发布，
　　　川办发〔2017〕7号）
四川省人民政府办公厅印发《关于进一步扩大旅游文化体
　　育健康养老教育培训等领域消费实施方案》的通知……（650）
　　　（2017年7月1日四川省人民政府办公厅发布，
　　　川办发〔2017〕61号）
四川省人民政府办公厅关于加快发展健身休闲产业的
　　实施意见 …………………………………………（660）
　　　（2017年8月1日四川省人民政府办公厅发布，
　　　川办发〔2017〕72号）

攀枝花市人民政府办公室关于印发《攀枝花市足球
改革发展实施意见》的通知 …………………………（668）
（2017年9月28日攀枝花市人民政府办公室发布，
攀办发〔2017〕150号）

泸州市人民政府关于加强体育工作建设健康泸州的
实施意见 ………………………………………………（674）
（2017年10月13日泸州市人民政府发布，
泸市府发〔2017〕53号）

广元市人民政府办公室关于印发《广元市足球改革发展
实施意见》的通知 ……………………………………（681）
（2017年2月10日广元市人民政府办公室发布，
广府办发〔2017〕21号）

遂宁市人民政府办公室关于印发《遂宁市足球改革
发展实施方案》的通知 ………………………………（688）
（2017年8月15日遂宁市人民政府办公室发布
遂府办发〔2017〕11号）

达州市人民政府办公室关于印发《达州市足球改革发展
实施意见》的通知 ……………………………………（699）
（2017年4月24日达州市人民政府办公室发布，
达市府办〔2017〕27号）

眉山市人民政府办公室关于印发《眉山市强化学校体育
促进学生身心健康全面发展工作方案》的通知 ……（709）
（2017年4月21日眉山市人民政府办公室发布，
眉府办发〔2017〕24号）

凉山州人民政府办公室关于印发《凉山州足球改革发展
实施意见》的通知 ……………………………………（717）
（2017年1月26日凉山州人民政府办公室发布，
凉府办发〔2017〕9号）

贵州省人民政府办公厅关于加快发展健身休闲产业的
　实施意见 ……………………………………………（728）
　（2017 年 2 月 24 日贵州省人民政府办公厅发布，
　黔府办发〔2017〕7 号）
关于印发《贵州省足球改革发展实施意见》的通知 …（735）
　（2017 年 12 月 31 日中共贵州省委办公厅、贵州省
　人民政府办公厅发布，黔委厅字〔2017〕50 号）
酒泉市人民政府关于印发《酒泉市体育场馆向社会
　开放管理办法》的通知 …………………………（750）
　（2017 年 2 月 7 日酒泉市人民政府发布，酒政发
　〔2017〕23 号）
青海省人民政府办公厅关于印发《青海省加快发展健身
　休闲产业行动计划》的通知 ……………………（755）
　（2017 年 10 月 12 日青海省人民政府办公厅发布，
　青政办〔2017〕190 号）
宁夏回族自治区人民政府办公厅关于加快发展健身休闲
　产业的实施意见 …………………………………（774）
　（2017 年 2 月 21 日宁夏回族自治区人民政府
　办公室发布，宁政办发〔2017〕33 号）
关于印发《新疆生产建设兵团体育运动专项资金管理
　暂行办法》的通知 ………………………………（786）
　（2017 年 9 月 22 日新疆生产建设兵团财务局、
　新疆生产建设兵团体育局发布，兵财教〔2017〕87 号）

中央与国务院文件

国务院办公厅
关于进一步激发社会领域投资活力的意见

(国办发〔2017〕21号)

各省、自治区、直辖市人民政府，国务院各部委、各直属机构：

党的十八大以来，我国社会领域新兴业态不断涌现，投资总量不断扩大，服务能力不断提升，但也仍然存在放宽准入不彻底、扶持政策不到位、监管体系不健全等问题。面对社会领域需求倒逼扩大有效供给的新形势，深化社会领域供给侧结构性改革，进一步激发医疗、养老、教育、文化、体育等社会领域投资活力，着力增加产品和服务供给，不断优化质量水平，对于提升人民群众获得感、挖掘社会领域投资潜力、保持投资稳定增长、培育经济发展新动能、促进经济转型升级、实现经济社会协调发展具有重要意义。要按照党中央、国务院决策部署，坚持稳中求进工作总基调，牢固树立和贯彻落实新发展理念，以供给侧结构性改革为主线，坚持社会效益和经济效益相统一，不断增进人民福祉；坚持营利和非营利分类管理，深化事业单位改革，在政府切实履行好基本公共服务职责的同时，把非基本公共服务更多地交给市场；坚持"放管服"改革方向，注重调动社会力量，降低制度性交易成本，吸引各类投资进入社会领域，更好满足多层次多样化需求。经国务院同意，现提出以下意见：

一、扎实有效放宽行业准入

1. 制定社会力量进入医疗、养老、教育、文化、体育等领域的具体方案，明确工作目标和评估办法，新增服务和产品鼓励社会力量提供。（教育部、民政部、文化部、国家卫生计生委、新闻出版广电总局、体育总局、国家文物局、国家中医药局按职责分工负责）在社会需求大、供给不足、群众呼声高的医疗、养老领域尽快有突破，重点解决医师多点执业难、纳入医保定点难、养老机构融资难等问题。（国家卫生计生委、人力资源社会保障部、民政部、银监会等部门按职责分工负责）

2. 分别制定医疗、养老、教育、文化、体育等机构设置的跨部门全流程综合审批指引，推进一站受理、窗口服务、并联审批，加强协作配合，并联范围内的审批事项不得互为前置。（教育部、民政部、文化部、国家卫生计生委、新闻出版广电总局、体育总局、国家文物局、国家中医药局分别牵头会同公安部、国土资源部、环境保护部、住房城乡建设部等部门负责）各地出台实施细则，进一步细化各项审批的条件、程序和时限，提高部门内各环节审批效率，推广网上并联审批，实现审批进程可查询。（各省级人民政府负责）

3. 完善医疗机构管理规定，优化和调整医疗机构类别、设置医疗机构的申请人、建筑设计审查、执业许可证制作等规定，推进电子证照制度。（国家卫生计生委、国家中医药局按职责分工负责）

4. 按照保障安全、方便合理的原则，修订完善养老设施相关设计规范、建筑设计防火规范等标准。（住房城乡建设部、公安部、民政部等部门按职责分工负责）

5. 制定整合改造闲置资源发展养老服务工作办法。推动公办养老机构改革试点，鼓励采取公建民营等方式，将产权归政府所有的养老服务设施委托企业或社会组织运营。（各省级人民政府负责）

6. 指导和鼓励文化文物单位与社会力量深度合作，推动文化创意产品开发，通过知识产权入股等方式投资设立企业，总结推广经验，适时扩大试点。制定准入意见，支持社会资本对文物保护单位和传统村落的保护利用。探索大遗址保护单位控制地带开发利用政策。（文化部、国家文物局按职责分工负责）

7. 总结图书制作与出版分开的改革试点经验，制定扩大试点地区的方案。推动取消电影制片单位设立、变更、终止审批等行政审批。（新闻出版广电总局牵头负责）

8. 制定体育赛事举办流程指引，明确体育赛事开展的基本条件、标准、规则、程序和各环节责任部门，打通赛事服务渠道，强化对口衔接，有关信息向社会公开。（体育总局牵头负责）

9. 规范体育比赛、演唱会等大型群众性活动的各项安保费用，提高安保公司和场馆的市场化运营服务水平。（公安部牵头会同文化部、新闻出版广电总局、体育总局负责）

10. 改革医师执业注册办法，实行医师按行政区划区域注册，促进医师有序流动和多点执业。建立医师电子注册制度，简化审批流程，缩短办理时限，方便医师注册。（国家卫生计生委、国家中医药局牵头负责）医疗、教育、文化等领域民办机构与公立机构专业技术人才在职称评审等方面享有平等待遇。（人力资源社会保障部牵头负责）

二、进一步扩大投融资渠道

11. 研究出台医疗、养老、教育、文化、体育等社会领域产业专项债券发行指引，结合其平均收益低、回报周期长等特点，制定有利于相关产业发展的鼓励条款。（国家发展改革委牵头负责）积极支持相关领域符合条件的企业发行公司债券、非金融企业债务融资工具和资产证券化产品，并探索发行股债结合型产品进行融资，满足日常运营资金需求。（证监会、人民银行按职责分工牵头负责）引导社会资本以政府和社会资本合作（PPP）模式参与医疗机构、养老服务机构、教育机构、文化设施、体育设施建设运营，开展PPP项目示范。（各省级人民政府负责）

12. 发挥政府资金引导作用，有条件的地方可结合实际情况设立以社会资本为主体、市场化运作的社会领域相关产业投资基金。（各省级人民政府负责）

13. 推进银行业金融机构在依法合规、风险可控、商业可持续的前提下，创新开发有利于社会领域企业发展的金融产品，合理确定还贷周期和贷款利率。（人民银行、银监会等部门按职责分工负责）

14. 出台实施商业银行押品管理指引，明确抵押品类别、管理、估值、抵质押率等政策。（银监会牵头负责）

15. 加强知识产权评估、价值分析以及质押登记服务，建立健全风险分担及补偿机制，探索推进投贷联动，加大对社会领域中小企业的服务力度。（国家知识产权局、财政部、人民银行、工商总局、银监会等部门按职责分工负责）有效利用既有平台，加强信息对接和数据共享，形成以互联网为基础、全国统一的商标权、专利权、版权等知识产权质押登记信息汇总公示系统，推动社会领域企业以知识产权为基础开展股权融资。（国家发展改革委、国家知识产权局牵头会同人民银行、工商总局、新闻出版广电总局等部门负责）

16. 支持社会领域企业用股权进行质押贷款，推动社会领域企业用收益权、应收账款以及法律和行政法规规定可以质押的其他财产权利进行质押贷款。鼓励各地通过设立行业风险补偿金等市场化增信机制,推动金融机构扩大社会领域相关产业信贷规模。(各省级人民政府负责)

17. 鼓励搭建社会领域相关产业融资、担保、信息综合服务平台,完善金融中介服务体系,利用财政性资金提供贴息、补助或奖励。(各省级人民政府负责)

18. 探索允许营利性的养老、教育等社会领域机构以有偿取得的土地、设施等财产进行抵押融资。(各省级人民政府负责)

19. 发挥行业协会、开发区、孵化器的沟通桥梁作用,加强与资本市场对接,引导企业有效利用主板、中小板、创业板、新三板、区域性股权交易市场等多层次资本市场。(科技部、民政部、文化部、国家卫生计生委、新闻出版广电总局、证监会、体育总局等部门以及各省级人民政府按职责分工负责)

三、认真落实土地税费政策

20. 将医疗、养老、教育、文化、体育等领域用地纳入土地利用总体规划、城乡规划和年度用地计划,农用地转用指标、新增用地指标分配要适当向上述领域倾斜,有序适度扩大用地供给。(国土资源部、住房城乡建设部以及各省级人民政府按职责分工负责)

21. 医疗、养老、教育、文化、体育等领域新供土地符合划拨用地目录的,依法可按划拨方式供应。对可以使用划拨用地的项目,在用地者自愿的前提下,鼓励以出让、租赁方式供应土地,支持市、县政府以国有建设用地使用权作价出资或者入股的方式提供土地,与社会资本共同投资建设。应有偿使用的,依法可以招拍挂或协议方式供应,土地出让价款可在规定

期限内按合同约定分期缴纳。支持实行长期租赁、先租后让、租让结合的土地供应方式。(国土资源部牵头会同财政部等部门负责)

22. 市、县级人民政府应依据当地土地取得成本、市场供需、产业政策和其他用途基准地价等，制定公共服务项目基准地价，依法评估并合理确定医疗、养老、教育、文化、体育等领域公共服务项目的出让底价。(国土资源部牵头负责)

23. 企业将旧厂房、仓库改造成文化创意、健身休闲场所的，可实行在五年内继续按原用途和土地权利类型使用土地的过渡期政策。(国土资源部牵头会同住房城乡建设部、环境保护部、文化部、体育总局等部门负责)

24. 制定闲置校园校舍综合利用方案，优先用于教育、养老、医疗、文化、体育等社会领域。(教育部牵头会同民政部、国家卫生计生委、文化部、体育总局等部门负责)

25. 落实医疗、养老、教育、文化、体育等领域税收政策，明确界定享受各类税收政策的条件。(税务总局牵头负责)

26. 加大监督检查力度，落实非公立医疗、教育等机构享有与公立医院、学校用水电气热等同价政策，落实民办的公共文化服务机构、文化创意和设计服务企业用水电气热与工业同价政策，落实大众健身休闲企业用水电气热价格不高于一般工业标准政策，落实社会领域各项收费优惠政策。(各省级人民政府负责)

四、大力促进融合创新发展

27. 各地根据资源条件和产业优势，科学规划建设社会领域相关产业创新发展试验区，在准入、人才、土地、金融等方面先行先试。积极鼓励各类投资投入社会领域相关产业，推动产业间合作，促进产业融合、全产业链发展。（各省级人民政府以及国家发展改革委、教育部、民政部、文化部、国家卫生计生委、新闻出版广电总局、体育总局、国家文物局、国家中医药局等部门按职责分工负责）

28. 制定医养结合管理和服务规范、城市马拉松办赛指南、汽车露营活动指南、户外徒步组织规范、文化自然遗产保护和利用指南。实施文化旅游精品示范工程、体育医疗康复产业发展行动计划。（国家卫生计生委、民政部、国家中医药局、体育总局、住房城乡建设部、文化部、国家文物局、国家旅游局等部门按职责分工负责）

29. 支持社会力量举办规范的中医养生保健机构，培育一批技术成熟、信誉良好的知名中医养生保健服务集团或连锁机构。鼓励中医医疗机构发挥自身技术人才等资源优势，为中医养生保健机构规范发展提供支持。开展中医特色健康管理。（国家中医药局牵头负责）

30. 推进"互联网+"益民服务，完善行业管理规范，发展壮大在线教育、在线健身休闲等平台，加快推行面向养老机构的远程医疗服务试点，推广大数据应用，引导整合线上线下企业的资源要素，推动业态创新、模式变革和效能提高。（国家发展改革委牵头会同教育部、工业和信息化部、民政部、文化部、国家卫生计生委、体育总局等部门负责）

31. 鼓励各地扶持医疗器械、药品、康复辅助器具、体育运动装备、文化装备、教学装备等制造业发展，强化产需对接、加强产品研发、打造产业集群，更好支撑社会领域相关产业发展。（各省级人民政府负责）

五、加强监管优化服务

32. 完善协同监管机制，探索建立服务市场监管体系。相关行业部门要统筹事业产业发展，强化全行业监管服务，把引导社会力量进入本领域作为重要职能工作，着力加强事中事后监管，总结成功经验和案例，制定推广方案。（教育部、民政部、文化部、国家卫生计生委、新闻出版广电总局、体育总局按职责分工负责）工商、食品药品监管、质检、价格等相关监管部门要加强对社会领域服务市场监管，切实维护消费者权益，强化相关产品质量监督，严厉打击虚假广告、价格违法行为等。（工商总局、食品药品监管总局、质检总局、国家发展改革委按职责分工负责）

33. 建立医疗、养老、教育、文化、体育等机构及从业人员黑名单制度和退出机制，以违规违法行为、消防不良行为、信用状况、服务质量检查结果、顾客投诉处理结果等信息为重点，实施监管信息常态化披露，年内取得重点突破。（教育部、公安部、民政部、文化部、国家卫生计生委、工商总局、新闻出版广电总局、体育总局、国家文物局、国家中医药局按职责分工负责）

34. 将医疗、养老、教育、文化、体育等机构及从业人员信用记录纳入全国信用信息共享平台，其中涉及企业的相关记录同步纳入国家企业信用信息公示系统，对严重违规失信者依法采取限期行业禁入等惩戒措施，建立健全跨地区跨行业信用奖惩联动机制。（国家发展改革委、人民银行牵头会同教育部、民政部、文化部、国家卫生计生委、工商总局、新闻出版广电总局、体育总局、国家中医药局等相关部门负责）

35. 积极培育和发展医疗、养老、教育、文化、体育等领域的行业协会商会，鼓励行业协会商会主动完善和提升行业服务标准，发布高标准的服务信息指引，开展行业服务承诺活动，组织有资质的信用评级机构开展第三方服务信用评级。（教育部、民政部、文化部、国家卫生计生委、人民银行、工

商总局、新闻出版广电总局、体育总局按职责分工负责）

36. 建立完善社会领域产业统计监测制度，在文化、体育、旅游及相关产业分类基础上，加强产业融合发展统计、核算和分析。（国家统计局牵头负责）

37. 充分利用广播电视、平面媒体及互联网等新兴媒体，积极宣传社会资本投入相关产业、履行社会责任的先进典型，提升社会认可度。（教育部、民政部、文化部、国家卫生计生委、新闻出版广电总局、体育总局、国家文物局、国家中医药局按职责分工负责）

各地区、各有关部门要充分认识进一步激发社会领域投资活力的重要意义，把思想认识和行动统一到党中央、国务院重要决策部署上来，切实加强组织领导，落实责任分工，强化监管服务，合理引导预期，着力营造良好市场环境。

国家体育总局规章
和规范性文件

国家体育总局规章和规范性文件制定程序规定

(2017年12月1日国家体育总局令第23号公布)

第一章　总　则

第一条　为了规范国家体育总局（以下简称总局）规章和规范性文件制定程序，提高规章和规范性文件质量，根据《中华人民共和国立法法》和《规章制定程序条例》等法律法规，制定本规定。

第二条　总局规章和规范性文件的计划、起草、审查、决定、公布、备案、解释、清理、修改和废止，适用本规定。

第三条　本规定所称规章，是指总局根据法律、行政法规、国务院决定和命令，在总局职权范围内制定，或与国务院有关部门在各自职权范围内联合制定，以总局令形式公布，规范体育管理工作、调整体育行政管理关系、具有普遍约束力的规范性文件。

对下列事项进行规范应当制定规章：

（一）依法设定行政处罚的；

（二）依法实施行政许可的；

（三）依据有关法律、行政法规的授权，需要制定具体实施办法的；

（四）对行政相对人权益有较大影响的。

第四条　本规定所称规范性文件，是指总局根据法律、行政法规、国务院决定和命令、规章，按照法定职权和规定程序单独或者会同有关部门制定并发布，涉及体育管理相对人权利义务或对全国体育系统具有管理指导作用，具有普遍约束力并能够反复适用，可以作为体育行政管理依据、除规章以外的文件。

以下文件不属于本规定所称的规范性文件：

（一）规定总局机关及直属单位的人事、财务、保密、公文、安保、外事、党务、后勤等内部事务的文件；

（二）仅布置一次性具体工作的文件；

（三）不具有约束力的指导性文件；

（四）单纯转发的文件；

（五）根据《政府信息公开条例》和《国家体育总局政府信息公开暂行办法》等规定，属于不予公开或者依申请公开的文件。

第五条 国家体育总局政策法规司负责管理和协调总局规章和规范性文件制定工作，各厅、司、局和直属单位在各自主管业务范围内，负责规章和规范性文件制定的具体工作。

第六条 规章的名称一般称"规定"、"办法"，不得称"条例"。为执行法律、行政法规而做出具体安排或解释、补充的规章，也可称"实施细则"或"实施办法"。

规范性文件根据需要可以采用决定、通知等文种，使用"规范"、"制度"、"意见"等名称。

第七条 规章和规范性文件应当逻辑严密、结构合理、条理清晰、用词准确、简练规范、具有可操作性，不得使用不确定的修饰词和宣传性、文学性的语言。

第八条 规章应当条文化，可以根据需要设章、节、条、款、项、目。必要时，可以有目录、注释、附录、索引等附加部分。

规范性文件一般用条文形式表述，除内容复杂的外，一般不分章、节。

第二章　计　划

第九条　总局年度规章和规范性文件制定计划（以下简称计划）由国家体育总局政策法规司组织编制和实施。

第十条　各厅、司、局和直属单位应当于每年12月31日前向国家体育总局政策法规司提出下一年拟发布的规章和规范性文件建议（以下简称"建议"）。

建议应当结合体育工作实际提出，并与修改和废止现行规章和规范性文件统筹协调。

建议应当包括规章或规范性文件名称、必要性、目的和依据、拟解决的主要问题和拟确立的主要制度、前期工作情况、起草单位、工作进度安排等。

第十一条　国家体育总局政策法规司根据体育事业发展需要，对建议进行综合协调，拟定计划草案，报总局局长办公会议审议批准。

第十二条　规章和规范性文件制定工作应当按照计划进行。

起草单位不能按时完成计划的，应当向国家体育总局政策法规司提出申请并说明理由。各厅、司、局和直属单位拟增加计划外规章和规范性文件项目的，应当进行补充论证，并按第十条第三款的规定，向政策法规司提出建议。

第三章　起　草

第十三条　起草规章和规范性文件，由提出建议的厅、司、局和直属单位负责；规章和规范性文件内容涉及2个以上厅、司、局和直属单位的，由主要负责的单位牵头起草，其他单位配合。

第十四条 起草规章和规范性文件，应当对制定目的和依据、适用范围、概念界定、主管部门、主要制度、处罚措施、施行日期等内容做出明确规定。

规范性文件应当明确有效期，有效期一般不超过5年。

第十五条 起草规章和规范性文件，应当避免与现行有效的规章和规范性文件冲突。需要修改规章或规范性文件部分条款或废止规章、规范性文件的，应当在草案中予以明确。

规范性文件不得废止规章。

第十六条 起草规章和规范性文件，应当深入调查研究，总结实践经验，并采取书面征求意见、座谈会、论证会等形式，向社会公开征求意见。

涉及公民、法人和其他组织重大权利义务的，应当依法召开听证会。

第十七条 起草规章和规范性文件，涉及国务院其他部门的职责或与其关系紧密的，或者涉及总局其他单位业务的，起草单位应当征求其他部门或总局有关单位的意见，充分协商，达成共识；协商不成的，起草单位应当在上报规章草案时说明情况和理由。

第十八条 规章和规范性文件草案形成后，起草单位应当根据需要将草案再次送第十六条和第十七条涉及的有关部门、单位、组织和人员征求意见；必要时应当向省级体育行政部门征求意见。

规章草案应当通过国务院法制办法规章草案征求意见平台向全社会公开征求意见，公开征求意见的时间应不少于1个月。

第四章 审 查

第十九条 规章和规范性文件草案,由起草单位负责人签署后报送国家体育总局政策法规司进行合法性审查;涉及总局其他厅、司、局和直属单位业务的,应当与其他单位会签后,报送国家体育总局政策法规司。

不得以会签、征求意见等形式代替合法性审查。

第二十条 起草单位报送规章和规范性文件草案时,应当同时报送起草说明和其他有关材料。

起草说明包括制定规章和规范性文件的必要性、起草过程、规定的主要内容及其理由和依据、征求意见和修改情况等。

其他有关材料包括会议纪要、调研报告等。

上述材料不齐全或不符合要求的,国家体育总局政策法规司可以要求起草单位补齐或不予审查。

第二十一条 国家体育总局政策法规司从以下方面,对规章和规范性文件草案进行审查:

(一)是否符合宪法、法律、行政法规;

(二)是否属于规章和规范性文件;

(三)是否与现行规章和规范性文件的有关规定协调、衔接;

(四)是否妥善处理有关部门、单位、组织和公民对草案提出的意见;

(五)是否符合规章和规范性文件起草的技术要求;

(六)需要审查的其他内容。

第二十二条 规章和规范性文件草案有下列情形之一的,国家体育总局政策法规司可以缓办,或者将材料退回起草单位：

（一）制定规章或规范性文件的基本条件尚不成熟；

（二）规定的主要制度或措施不具可行性的；

（三）国务院其他部门，或者总局其他单位对草案规定的主要制度或措施存在较大争议，起草单位未与其协商并妥善处理的；

（四）征求意见不充分的。

第二十三条 国家体育总局政策法规司审查规章和规范性文件草案时，可以根据需要进行下列工作：

（一）将规章和规范性文件草案再次送有关部门、单位、组织和人员征求意见；

（二）就规章和规范性文件草案涉及的主要问题深入基层调研，或召开座谈会、论证会，听取意见；

（三）对反馈的不同意见进行协调。

第二十四条 国家体育总局政策法规司在完成合法性审查后，应当及时将意见反馈起草单位。

起草单位应当认真研究各方面提出的意见，会同国家体育总局政策法规司和其他有关单位对草案进行修改，形成送审稿；对不能达成一致的意见，由政策法规司提出建议。

第五章 决定和公布

第二十五条 规章送审稿由起草单位报送，经国家体育总局政策法规司核准后提请总局局长办公会议审议。

规范性文件送审稿由起草单位报送，经国家体育总局政策法规司核准后报总局领导签发。

未经国家体育总局政策法规司核准，起草单位不得直接向总局报送规章和规范性文件送审稿。

总局作为协办单位与其他部门联合起草的规章和规范性文件，按照前款规定的程序办理。

第二十六条　局长办公会议审议规章送审稿时，起草单位应当就送审稿进行说明。

局长办公会议对送审稿提出意见的，起草单位应当及时进行修改，经国家体育总局政策法规司审查后，报总局局长签发；异议较多、需做较大变动的，应当按照本规定重新起草、送审。

第二十七条　总局与国务院其他部门联合起草的规章送审稿，由总局领导参加会签。

第二十八条　总局规章由总局局长签署总局令予以公布。起草单位应在局长办公会议审议通过规章送审稿后，在国家体育总局政策法规司统一登记局长令序号。

规章的公布令应当载明规章的制定机关、序号、规章名称、通过日期、施行日期、签署人姓名以及公布日期。

规范性文件由总局领导签署总局文件予以公布。规范性文件的印发应当由起草单位在国家体育总局政策法规司统一登记、统一编号，编号规则为"体规字+年份+序号"。

未经国家体育总局政策法规司统一登记和编号并向社会公开的文件，不认定为规范性文件，不得作为管理行政相对人的依据。

第二十九条　规章及其公布令自签署公布之日起30日内，起草单位应当在国务院公报和中国政府法制信息网、国家体育总局官网、《中国体育报》上全文刊登。

规范性文件自公布之日起，起草单位应当按照《政府信息公开条例》的相关规定在总局官方网站全文发布。

总局作为协办单位与其他部门联合发布的规章和规范性文件，公布方式由主办部门确定。

第三十条 规章一般应当自公布之日起 30 日后施行。

涉及国家安全及公布后不立即施行将有碍规章施行的，可以自公布之日起施行。

第六章 备案和解释

第三十一条 规章公布之日起 5 日内，起草单位应当将规章正式文本和起草说明等材料，与规章的电子文本一起报送国家体育总局政策法规司。政策法规司按照《法规规章备案条例》的规定，统一向国务院报送备案。

规范性文件公布之日起 5 日内，起草单位应当将规范性文件正式文本和电子文本一起报送国家体育总局政策法规司备案。

第三十二条 总局作为协办单位起草的规章，由规章主办单位向国务院报送备案。

第三十三条 规章或规范性文件有关规定需要进一步明确具体含义；或出现新的情况，需要明确适用规章或规范性文件的，起草单位应当进行解释。

起草单位应当按照第四章和第五章的规定提出解释意见，经国家体育总局政策法规司审查后，报总局局长办公会或总局领导同意后发布。

规章和规范性文件的解释同规章和规范性文件本身具有同等效力。

第七章 清理、修改和废止

第三十四条 国家体育总局政策法规司定期组织各厅、司、局和直属单位对规章和规范性文件进行清理，定期更新、发布现行有效的规章和规范性文件目录。

各厅、司、局和直属单位可以根据工作需要，依法对本单位起草的规章和规范性文件进行清理。

第三十五条 经清理需要修改和废止的规章和规范性文件，由国家体育总局政策法规司会同有关厅、司、局和直属单位提出建议和理由，报总局领导批准后，参照本规定的有关程序进行废止和修改。

依前款程序废止的规章，自废止令发布之日起失效。

第三十六条 规范性文件有效期届满前6个月，起草单位应当提出延长有效期、修改或者废止的处理意见。

规范性文件需要继续执行的，应当在其有效期届满前公告延长有效期，延长期限不得超过其最初设定的有效期；规范性文件需要修改的，应当依照本规定在有效期届满前重新制定发布。

有效期届满，需要废止或者起草单位未提出处理意见的，规范性文件自动失效。

第三十七条 总局与国务院其他部门联合公布的规章和规范性文件的修改和废止工作，应当在征求有关部门意见后，参照本规定的有关程序完成。

第八章 附 则

第三十八条 法律、行政法规的起草工作，参照本规定的有关程序执行。

第三十九条 本规定自2018年1月1日起施行。2005年9月20日国家体育总局令第7号公布的《国家体育总局规章制定程序规定》同时废止。

群众体育

国家体育总局关于印发《室外健身器材配建管理办法》的通知

（体群字〔2017〕61号）

各省、自治区、直辖市、新疆生产建设兵团体育局：

为规范室外健身器材配建管理工作，切实保障群众合法的体育健身权益，国家体育总局研究制定了《室外健身器材配建管理办法》，现印发给你们，请遵照执行。

室外健身器材配建管理办法

第一章 总 则

第一条 为规范室外健身器材配建管理工作，切实保障群众合法的体育健身权益，根据《体育法》、《政府采购法》、《产品质量法》、《公共文化体育设施条例》、《全民健身条例》等法律法规，制定本办法。

第二条 本办法所称室外健身器材（以下简称"器材"），是指各级政府体育主管部门用财政性资金采购，配建在社区（行政村）、公园、广场等室外公共场所，供社会公众免费使用的健身器材。

第三条 国家体育总局对各地器材的配建工作进行指导和

监管。地方体育主管部门对本行政区域器材的配建工作进行指导和监管。

第四条 社区居委会、村委会、公园（广场）管理部门、机关、企业事业组织等接收器材的组织和单位（以下简称"器材接收方"），负责对配建在本组织和单位所辖区域内的器材进行日常管理。

第五条 器材配建工作应坚持因地制宜、保证质量、建管并重、服务群众的原则，并统筹考虑各类使用人群的特点，保障青少年、老年人和残疾人的健身需求。

第二章 采 购

第六条 地方体育主管部门应结合当地公共体育设施建设规划和群众需求，在充分调研论证的基础上制定本行政区域器材配建和更新工作计划，根据工作计划组织开展器材采购。

第七条 需通过公开招标方式采购器材的，在招标评标中应采用综合评分法。在采购中，对生产企业的诚信履约情况、生产技术水平、产品质量控制及售后服务能力应加强审核。不得采购侵犯知识产权的产品。

第八条 所采购器材应符合下列要求：

（一）符合 GB 19272-2011《室外健身器材的安全通用要求》以及其他关于器材配建工作的国家标准；国家标准更新的，应执行最新标准；

（二）通过经国家认可的器材质量认证机构的产品质量认证；

（三）鼓励投保产品质量险和包含第三者责任险、意外伤害险的险种。

第九条 鼓励采购创新型器材，推动室外健身器材提档升级。在评标中,对生产工艺、使用材料、结构功能等具有创新的产品应给予适当加分。

第十条 器材中标、成交供应商(以下简称"供应商")不得将中标和成交的器材分包给其他企业生产,或从其他企业购买器材代替本企业生产器材。

第十一条 所采购器材由采购方组织进行验收,并应有第三方质量监督检测机构等具备相应资质的专业技术力量参与。器材验收合格后方可配送安装。

第十二条 对器材验收工作以及供应商在器材配送安装和管理维护中的责任等事项,应在器材采购合同中予以明确。

第三章 安 装

第十三条 器材应配建在与其型号和数量相适应、日常管理有保障、器材使用不影响周边居民正常生活的场所、场地,并按照国家标准铺设缓冲层。

第十四条 供应商应在器材上设置使用说明标识牌,按照产品认证要求配置二维码等信息监管标识,对可能因使用不当造成人身伤害或造成零部件损坏的器材设置警示标志。使用体育彩票公益金购置的器材,应按《体育彩票公益金资助项目宣传管理办法》在显著位置设置体育彩票资助标志。

第十五条 提供器材的体育主管部门应依法与器材接收方、器材供应商签订三方协议(以下简称"三方协议"),明确器材产权、管理维护要求以及器材种类、数量等事项。器材由上级体育主管部门统一采购的,三方协议可由器材配建地县级体育主管部门与器材接收方、供应商签订。上级体育主管部门应与器材配建地体育主管部门明确有关权利义务。

第十六条 安装后的器材应由提供器材的体育主管部门组

织进行安装验收，验收合格后方可交付使用。上级体育主管部门统一采购后转移给下级再分配使用的器材，由器材配建地县级体育主管部门组织进行安装验收。

第四章 监 管

第十七条 国家体育总局委托第三方服务机构定期对各地配建的器材质量、器材安装、器材管理维护进行监督检查，并公布检查结果。

第三方服务机构按照国家有关政府购买服务的法律、法规，通过政府采购程序产生。

第十八条 地方体育主管部门应会同本级政府有关部门，定期组织开展本行政区域器材质量、安装、管理维护检查，协调督促供应商、器材使用方解决器材存在的问题。

第十九条 鼓励和支持社会体育指导员、志愿者参与器材质量监管和管理维护工作；充分发挥第三方专业公司在器材质量监管和管理维护方面的作用。体育主管部门组织开展的体育管理干部和社会体育指导员知识技能培训，应包含器材国家标准、质量监管和管理维护课程。

第二十条 器材质量认证机构应严格按照国家关于产品认证工作的法律法规开展器材质量认证，加强对参与质量审核认证人员的管理，充分发挥认证组织成员单位在质量认证现场审核、复核等方面的监督作用，对器材质量认证规则、标准、流程和获证企业器材质量认证报告有关内容进行公示，接受社会监督。

第五章 维修与拆除

第二十一条 处于保修期内的器材因其自身质量问题而损坏的，器材接收方应及时联系供应商，由供应商免费维修或更换。

第二十二条 超出保修期的器材由供应商负责维修,维修产生的费用问题应通过三方协议明确。

第二十三条 超过国家标准规定的安全使用寿命期的器材应予报废,由器材接收方拆除;对安全使用寿命期内的器材进行拆除,应在原址或择址配建同等数量的器材。

第二十四条 对于本办法第二十一条和二十三条所列事项,器材接收方应及时向提供器材的体育主管部门备案。上级体育主管部门统一采购的器材,由器材配建地县级体育主管部门进行备案。

第六章 附 则

第二十五条 本办法自发布之日起实施。

关于印发《关于加快推进全民健身进家庭的指导意见》的通知

(国家体育总局、民政部、文化部、全国妇联、中国残联发布，体群字〔2017〕234号)

各省、自治区、直辖市体育局、民政厅（局）、文化厅（局）、妇联、残联，新疆生产建设兵团体育局、民政局、文化局、妇联、残联：

现将《关于加快推进全民健身进家庭的指导意见》印发给你们，请结合实际认真贯彻执行。

关于加快推进全民健身进家庭的指导意见

体育健身文化是家庭文明建设的重要内容，是促进家庭和谐幸福的重要基础。大力推进全民健身进家庭，是贯彻《"健康中国2030"规划纲要》和《全民健身计划（2016—2020年）》、落实全民健身国家战略的重要举措，是发展以人民为中心的体育、强化基本公共体育服务保障、提升群众的获得感幸福感的重要手段。为全面贯彻落实党的十九大精神，通过全民健身实现全民健康，把全民健身计划做成全民幸福计划，制定如下指导意见。

一、总体要求

（一）指导思想。全面学习贯彻落实党的十九大精神，以习近平新时代中国特色社会主义思想为引领，认真落实党中央、国务院决策部署，牢固树立创新、协调、绿色、开放、共享的发展理念，以增强人民体质、提高健康水平为根本目标，以满足人民日益增长的美好生活需要为出发点和落脚点，通过完善家庭体育健身组织、建设家庭体育健身设施、丰富家庭体育健身活动、支持家庭体育健身赛事、加强家庭体育健身指导、弘扬家庭体育健身文化等手段，推进活力社区（活力村镇）和全民健身家庭联动建设，提升家庭体育健身的参与和保障水平，不断改善全体国民的体质健康水平，创建具有时代特征、国际水准的全民健身发展新格局。

（二）基本原则。坚持统筹协调，要充分利用各项协调机制，加强体育、民政、文化、妇联、残联等有关部门的统筹协同，把全民健身进家庭和创建五好家庭、培育文明风尚有机结合起来，推动政府、社会、家庭联动发力。坚持广泛参与，既要发挥政府的主导作用，又要激发社会活力、发挥市场的主体作用，更要激发家庭成员的个体主动性，探索多元主体共同推进全民健身进家庭发展的新模式。坚持试点先行，根据家庭结构和类型、家庭经济能力、家庭所处环境的实际，在部分地区先行先试，及时总结推广经验，充分发挥试点的引导、带动和示范作用。

（三）总体目标。"十三五"时期，要推动以家庭为单位的体育健身社会组织蓬勃发展，家庭体育健身场地设施不断增多，家庭体育健身活动赛事不断丰富，家庭体育健身指导全面普及，家庭体育健身意识普遍增强，充分发挥全民健身对维护家庭成员生理和心理健康、提升人民群众的获得感和幸福感、促进社会和谐的积极作用。全社会参加体育健身的家庭明显增加，体育健身成为家庭休闲生活的重要组成部分。

二、主要任务

（一）培育家庭体育健身组织。鼓励培育基层家庭体育健身社会组织，鼓励发展社区体育健身俱乐部；充分发掘现有社区文艺、养老、妇女、儿童、残疾人组织在家庭体育健身中的作用，发挥其多元功能，为各类人群就近、就便健身提供组织载体；鼓励体育社会组织与妇联、残联和其他社会组织融合发展；鼓励以家庭为单位加入各类体育组织。

（二）建设家庭体育健身设施。开放、盘活各级各类公共体育设施，实行家庭参与优先的办法，对以家庭为单位参与的体育健身活动予以优惠。吸引社会资金建设适合家庭使用的体育场馆设施，并满足老年人、残疾人等特殊群体的无障碍使用要求。鼓励社会力量开发符合安全标准、适合全体家庭成员的小型、便携、易操作的健身器材、电子设备应用程序及健身周边产品，鼓励城乡社区综合服务设施、物业公司等配置占地面积小、集成化程度高、费用成本低的健身器材。依托互联网、物联网等信息技术，开发家庭体育健身共享网络平台，逐步做到家庭体育健身设施可低收费共享，健身数据可统计、分析和评比。

（三）丰富家庭体育健身活动。以提升家庭成员健康认知、掌握科学方法、培养运动兴趣、发展基础体能、掌握运动技能、促进健康和家庭文明和谐为主要目的，丰富家庭体育健身的活动项目和模式。推广广场舞、健步走、慢跑、自行车、游泳、健身操、健身气功、瑜伽、武术、户外定向运动等易于开展、适宜家庭参加的健身项目。鼓励社会组织和企业向居民推广新兴运动项目、地域性运动项目及适宜各类人群共同参加的综合体育活动，充实和丰富家庭体育健身的内容。在城乡社区老年人日间照料中心、妇女之家、儿童之家、残疾人抚养服务日间照料机构等场地增加体育健身活动内容；鼓励学校设立家庭体育节，邀请家长和社区居民参加学校组织的体育活动，在体育节中开展丰富多样的亲子体育活动，鼓励开展学前体育教育；针对重度居家残疾人，提供器材、方法和指导入户服务。

（四）支持家庭体育健身赛事。鼓励开展以家庭为单位的单项或综合性体育健身赛事，鼓励各类场馆对家庭运动会、亲子运动会等体育健身赛事免费或低收费开放。鼓励以家庭为单位参加群众比赛活动。支持、鼓励社会力量开展适合家庭、亲子的各类网络健身赛事，实现线上线下赛事相结合。

（五）加强家庭体育健身指导。推广《国家体育锻炼标准施行办法》和《全民健身指南》，开展以家庭为单位的科学健身知识普及活动。通过培训和认证，使更多全科医生、家庭医生、专科医生等掌握开具运动处方技能，以服务家庭体育健身指导。

（六）弘扬家庭体育健身文化。将推动家庭参加体育健身的情况纳入"运动健康城市""五好家庭"等评选标准，并作为"文明城市"创建内容。通过开展"寻找'最美家庭'"等活动，带动家庭成员积极参加体育健身活动，形成热爱运动的健康家风，使体育健身成为家庭休闲生活的重要组成部分。

三、保障措施

（一）加强组织领导。各有关单位要提高对全民健身进家庭重要性的认识，加强组织领导，先行先试。要将开展家庭体育健身纳入体育发展整体规划，把家庭体育健身开展情况作为评价政府社会建设和治理的指标，利用现有全民健身工作协调机制，做好家庭体育健身发展规划、相关政策制定和完善工作，建立目标责任和考核机制，确保各项家庭体育健身工作要求落实到位。

（二）鼓励多元参与。政府有关部门应积极引导社会力量参与家庭体育健身工作，鼓励社会组织、企业、个人等各方面对家庭体育健身工作做出贡献，鼓励社会力量举办家庭体育健身赛事、活动，广泛吸纳各方资金、人才、文化、创意、场地等各类资源，共同形成家庭体育健身广泛开展的新局面。

（三）加强宣传引导。要加强舆论引导，加大对全民健身进家庭的宣传力度。强化科技支撑，开展家庭健康与家庭体育健身理论研究。充分利用报刊、广播、电视、网络等媒体，加大对全民健身进家庭的宣传，总结推广全民健身进家庭典型和工作经验。

关于进一步加强农民体育工作的指导意见

(农业部、国家体育总局发布,农办发〔2017〕11号)

党的十九大提出了实施乡村振兴战略的重大决策,发展农民体育事业是实施乡村振兴战略的重要组成部分,意义重大。为深入贯彻党的十九大精神,全面落实《全民健身条例》(以下简称《条例》)、《"健康中国2030"规划纲要》(以下简称《纲要》)和《全民健身计划(2016—2020年)》(以下简称《计划》),着力推动全民健身持续向农民覆盖和倾斜,不断提高农民群众的身体素质,满足农民群众的美好生活需要,现就进一步加强农民体育工作提出以下指导意见。

一、重要意义

"十二五"期间,农民体育工作以建设农民体育健身工程、开展"亿万农民健身活动"为主要抓手,积极推动《条例》和《全民健身计划(2010—2015年)》在农村的贯彻落实,有效地提升了广大农民群众开展和参与体育健身活动的热情,在形成健康的生活方式,培育文明的乡风民风,促进农村经济社会持续健康发展等方面发挥了积极作用。"十三五"及今后一个时期是新时代决胜全面建成小康社会的关键阶段,加快发展农民体育事业,切实提高农民身体素质和身心健康,是实现"两个一百年"奋斗目标的重要内容。

(一)开展农民体育工作是实施全民健身国家战略的重要

组成部分。农村人口占我国总人口一半以上，积极推动农民健身工作，提升农民健康水平是实现全民健身、保障全民健康的重要内容。农民体育工作起步晚、底子薄、基础差，是全民健身工作的薄弱环节和难点，是推进健康中国建设中的"短板"。实施全民健身国家战略，就要大力发展农民体育事业，补齐农村体育健身这块"短板"，推动城乡健康事业协调发展，使全民健身计划真正成为全民幸福计划。

（二）开展农民体育工作是实现全民健身基本公共服务均等化的重要内容。农民体育工作历史欠账多，为农民提供的健身基本公共服务严重缺乏，在健身知识普及、理念兴趣培养、体育活动组织、健身设施建设等方面均与城镇居民有较大差距。城乡体育基本公共服务发展的不平衡不充分，已经成为满足广大农民群众日益增长的健身和美好生活需要的主要制约因素。要实现全民健身基本公共服务均等化，就必须按照十九大提出的农业农村优先发展的要求，将农民体育工作置于重要地位，把推动基本公共体育服务向农村延伸作为全民健身发展重点，进一步健全农民身边的体育社会组织服务网络，完善农村体育健身场地设施，广泛开展农民体育健身活动，保障广大农民得到更多更好的全民健身公共服务，切实提高农民群众的获得感和幸福感。

（三）开展农民体育工作是推进"三农"事业发展的重要任务。实施乡村振兴战略，要促进农民的全面发展。农民体育事业与加快推进农业农村现代化建设，实现农业强、农村美、农民富的目标任务紧密相连。大力发展农民体育事业，培养爱农业、懂技术、善经营且体魄强健的新型职业农民，是发展现代农业的根本依靠；大力发展农民体育事业，切实增强农民体质、提高农民健康水平，是实现农民富裕幸福美好生活的关键保障；大力发展农民体育事业，有效提升农民的健身理念，形成健康文明生活方式和重规则、讲诚信、善合作、乐分享的良好社会风尚，是美丽乡村建设的重要内容。

二、总体要求

（四）指导思想

以邓小平理论、"三个代表"重要思想、科学发展观、习近平新时代中国特色社会主义思想为指导，全面贯彻落实党的十九大精神，牢固树立创新、协调、绿色、开放、共享的发展理念，以实施乡村振兴战略为总抓手，按照《条例》、《纲要》和《计划》的要求，将农民体育事业作为全民健身国家战略和"三农"工作的重点任务，以强健体质、砥砺意志、提高农民健康水平为根本目的，以激发和满足农民多元化体育健身需求、促进人的全面发展为出发点和落脚点，以乡村为阵地，通过强农补短、重点推进和延伸覆盖，大力推进改革发展和统筹建设，着力补齐农村体育健身公共服务体系短板，努力提升农民体育社会组织服务能力，将农民健身与农民健康有机融合，有效推动农民体育蓬勃发展，为全面建成小康社会和推进健康中国建设做出贡献。

（五）基本原则

——坚持农民主体。农民体育工作要突出农民主体地位，体育要素配置和公共设施建设要满足农民需求，健身活动和体育赛事设计要围绕农民开展，指导管理和培训服务要体现农民特点。要以农民是否乐于接受、是否积极参与、是否提升体质，作为衡量农民体育工作的最终标准。

——坚持创新发展。农民体育工作要在坚持公益性的基础上，坚持以人为本，体现群众性和社会性；以服务为中心，转方式、促发展，突出多元性，不断创新组织机制、工作平台、活动载体和普及手段，促进农民体育工作的全面发展，努力提高广大农民对体育公共服务的满意度。

——坚持骨干引领。农民体育工作面广、量大、战线长，必须充分发挥农村基层社会体育指导员、乡村干部、新型农业经营主体带头人和新型职业农民队伍的骨干作用，带动广大农民，办好赛事活动，促进经常锻炼，加强培训指导，推进体育健身活动的普及提高，以点带面推动全面发展。

——坚持重心下沉。农民体育工作重点在乡镇、基础在村屯，要大力推动全民健身公共服务向农村延伸，把更多的资源资金投向基层，把更多的项目活动放到乡村，把更多的指导服务送到农家，服务广大农民自觉、便利、科学、文明开展经常性体育健身活动，促进农民体育生活化。

——坚持农体融合。农民体育工作既要坚持增强人民体质、提高健康水平的根本目标，又要紧密结合农业生产、休闲农业和乡村旅游开发，以农民生产生活为基础，创建宜居乡村、宜业田园和体育健身休闲特色小镇，服务现代农业发展。以推动农民健身生活化为抓手，促进农民群众形成健康的行为和生活方式，全面提升农民健康水平。

（六）工作目标

到2020年，实现农村体育健身公共服务水平和乡村居民身心健康水平双提升，农民健身公共服务体系基本建立。实现"农民体育健身工程"行政村全覆盖，农民人均体育健身场地面积达到1.8平方米；实现80%的行政村有1名以上的社会体育指导员；农民群众体育健身意识普遍增强，农村经常参加体育锻炼人数比例的增长速度高于全国平均水平；农民身体素质稳步增强，国民体质达标和优秀等级比例明显提高；基本健全以农民体育协会为主要形式的农民体育社会组织，政府主导、部门协同、社会参与的农民体育事业发展格局更加明晰，实现农民体育工作有组织、有人员、有场所、有经费、有活动，促进持续健康发展。

三、重点任务

（七）健全农民群众身边的健身组织。中国农民体育协会要积极发挥全国性体育社会组织在开展全民健身活动和提供专业指导服务等方面的龙头带动作用，不断提高承接农民体育公共服务的能力和质量。县级以上农业和体育部门要积极创造条件，推动农民体育协会等社会组织建设，努力做到组织领导有力、机构人员齐全、经费保障落实、活动开展经常。充分发挥各级农民体育协会在参与全民健身公共服务体系建设方面的重要辅助作用，积极引导其承办和参与农民体育赛事活动、社会体育指导员培训、农民体质监测等工作。各级农民体育协会等社会组织要与乡村文化站（中心）和老年体育协会等协同联动，共同做好农村体育工作。要在乡村着力培育发展农村基层文化体育组织，逐步形成并完善农民体育社会组织网络。各级体育部门和农业部门要积极支持指导农民体育协会和农村体育社会组织的发展，鼓励具备条件的各类农业企业、农业园区成立基层农民体育组织，调动各方面积极性，推进资源整合利用，共同解决基层农民体育组织在人、财、物和科学健身指导等方面的问题。

（八）建设和利用农民群众身边的场地设施。结合农村社区综合服务设施建设和乡村文化站（中心）资源整合，继续加大"农民体育健身工程"实施力度，有条件的地方要积极探索农民体育健身工程向人口相对集中的自然村屯延伸，选择部分有代表性的村屯开展农村体育设施整村全覆盖试点工作，为农民体育健身工程升级版积累经验和探索途径。结合实施扶贫攻坚项目，优先扶持贫困农村体育健身场地设施建设。

按照"十三五"全国体育场地人均面积要求，以多种方式留足农村体育健身用地，提倡利用农村闲置房屋、集体建设用地、"四荒地"等资产资源，并注意与土地利用总体规划和休闲农业及乡村旅游等项目相衔接。积极探索农村体育场地设施更新和维护管理长效机制，体育、农业部门要建立定期巡检制度，做好已建成场地设施的使用、管理和提档升级。鼓励有条件的乡村企事业单位和学校向农民免费或低收费开放体育场地设施。

按照实施乡村振兴战略总要求和"因地制宜、整合资源、乡土特色、方便实用、安全合理"原则，紧密结合美丽宜居乡村、运动休闲特色小镇建设，科学规划和统筹建设农村体育场地设施，促进农民体育与乡村旅游、休闲农业融合发展，充分利用好农业多功能特点，鼓励创建休闲健身区、功能区和田园景区，探索创建乡村健身休闲产业和运动休闲特色乡村。

（九）丰富农民群众身边的健身活动。各级体育和农业部门向农民大力推广普及乡村趣味健身、广场舞（健身操舞）、健身跑、健步走、登山、徒步、骑行、游泳、钓鱼、棋类、球类、踢毽、跳绳、风筝、太极拳、龙舟、舞龙舞狮、斗羊赛马等农民群众喜闻乐见的体育项目，利用"全民健身日"、节假日等时间节点开展丰富多彩的农民体育健身活动，介绍健身方法、传授健身技能，培养其健身兴趣，使体育健身成为农民的好习惯、农村的新时尚。

利用筹备和举办 2022 年冬奥会的契机，积极实施《群众冬季运动推广普及计划（2016—2020 年）》，在农村推广普及冰雪健身项目。传承推广民族、民俗、民间传统体育项目，重点挖掘整理列入乡村非物质文化遗产的传统体育项目。结合农业生产和农家生活创新编排一批充满乡村气息、具有农味农趣、体现农耕文化内涵，融健身娱乐、表演观赏和比赛活动于一体，农民愿参与、能参与、乐参与的体育健身项目。把农民体育纳入"三下乡"活动内容，结合冬春农民科技大培训，将体育健身科学知识、器材用品、健身项目、赛事活动送到乡镇，进入村屯。

（十）积极组织开展农民群众身边的赛事活动。继续深入开展"亿万农民健身活动"，因时、因地、因需举办不同层次和类型的农民体育赛事活动，充分发挥体育赛事活动对农民参加体育活动的宣传引导、技能训练和素质提升作用。开展赛事活动要紧密结合农业农村经济发展和农民日常生活，倡导和鼓励农村基层发挥历史传统、农耕文化、产业特色、休闲农业和乡村旅游等资源优势，结合新农村建设和农时季节，按照"就地就近、业余自愿、小型多样"的原则，经常性举办农味农趣运动会、美丽乡村健步走、快乐农家广场舞等丰富多彩的基层赛事活动，形成"一地一品"，推进农民体育健身常态化、制度化和生活化。

充分发挥中国农民体育协会优势和地方政府积极性，重点支持和打造体现"三农"特色、影响力大、可持续性强、具有乡村特征和传统文化底蕴的农民体育特色品牌赛事活动，在此基础上提炼总结、提升发展为具有广泛群众性、参与性、普及性的全国性农民体育赛事活动，重点办好全国性的"农民体育健身大赛""乡村农耕农趣农味健身交流活动"和"农民体育骨干健身技能提升暨展示"等具有示范带动作用的品牌赛事活动。同时，积极探索构建农民群众广泛参与的健身项目赛事体系，以联组、联办、联赛形式为主，村（社区）、乡镇、市县、省、全国层层联动，社团组织、企业园区多方合力，让广大农民广泛参与体育健身赛事活动，形成"农民健身，赛事同行"。积极推进由中国农民体育协会组织开展的创建"亿万农民健身活动"示范基地工作，为农民体育工作搭建激励平台，广泛调动农村基层和农业园区、企业等积极性，充分发挥典型示范带动作用。

（十一）加强农民群众身边的健身指导。各地体育和农业部门要研究制定并推广普及适合农民的健身指导计划，在有条件的乡镇开展体质监测和健康促进服务试点。编制符合农村实际、适合农民阅读的"亿万农民健身活动"系列丛书和《农民健身手册》，指导农民开展科学健身。充分发挥乡村干部、农村社会体育指导员、农民体育骨干、新型农业经营主体带头人和新型职业农民的指导和示范带头作用。运用移动互联等现代信息技术手段，建设运行农民体育管理资源库、服务资源库和公共服务信息平台，使农民体育服务更加便捷、高效、精准。探索开展农民体质监测有效方式，依托体质健康数据库，研究制定适合农民的运动处方库、健身指导方案和健身活动指南，开展农民科学健身指导，提高农民科学健身的意识和能力。

（十二）营造农民身边的健身文化氛围。各级农业和体育部门要充分利用各类媒体，全方位、多角度、深层次宣传农民体育工作，在全社会营造党和政府重视农民健康，以健身促健康、奔小康的浓厚氛围。大力宣传开展农民体育健身是实施乡村振兴战略不可或缺的重要组成部分和重要基础工作，积极推广先进的健身理念、活动项目、经验做法，合力唱响人人爱锻炼、会锻炼、勤锻炼的健康生活时代强音。深入广大农村普及健身知识，宣传健身意义，树立健身榜样，讲述健身故事，围绕弘扬健康新理念开展喜闻乐见的宣传活动。中国农民体育协会要创办《亿万农民健身网站》，制作农民体育健身活动音视频作品，开发应用适应农民群众实际需要的手机APP等，为农民体育提供信息化综合平台和伴随服务。

四、保障措施

（十三）加强对农民体育工作的组织领导。各级农业和体育部门要切实履行职责，积极争取政府支持，推动将发展农民体育纳入当地全面建成小康社会、实施乡村振兴战略中，统筹城乡发展，促进体育资源和公共体育服务的均衡配置。要把农民体育工作作为落实《条例》《纲要》和《计划》的重点，按照职责分工建立健全密切协作、齐抓共管的工作机制。

各级农业部门要按照《条例》《纲要》和《计划》的要求，进一步明确农民体育工作在"三农"工作中的职能和地位，健全农民体育工作机构，科学合理定编定员定经费，切实把农民体育工作纳入重要议事日程，明确工作目标，制定工作规划，强化工作措施，落实工作任务，加强督促检查。中国农民体育协会要研究制定农民体育发展水平评价指标，建立并完善农民体育统计工作制度，并推动将其纳入全民健身评价体系进行评估考核。

（十四）多渠道加大农民体育工作经费投入。体育部门要加大彩票公益金支持农民体育事业的力度，将农民体育服务事项纳入政府购买全民健身公共服务目录，并增加对农村基层文化体育组织和农民体育赛事活动购买的比重。各级体育和农业部门要积极向当地政府、有关部门争取农民体育工作经费，不断增强农村体育基层公共服务能力，完善城乡一体化的体育公共服务体系。进一步扩大农民体育工作经费在全民健身投入中的份额和比重，按照财政部《中央补助地方公共文化服务体系建设专项资金管理暂行办法》《中央补助地方农村文化建设专项资金管理暂行办法》的要求，落实行政村体育设施维护和开展体育活动的基本补助，其中农村体育活动每个行政村每年1200元，确保落实到村，专款专用。鼓励企业等社会力量捐赠，共同促进农民体育事业发展。

（十五）大力培养农民体育骨干人才。以乡村为重点，多形式、多渠道培养农民体育组织管理、培训指导、志愿服务、宣传推广等方面的人才。地方体育部门要根据当地农民体育工作实际，制定《重点乡村社会体育指导员培训计划》，农村社会体育指导员培训数量原则上不少于县级年度培训数量的1/3；要积极支持并委托农业部门承担部分农村社会体育指导员培训工作。农业部门要将培养农民体育骨干人才纳入实用人才带头人和大学生村官示范培训、新型职业农民培育工程实施和农业广播电视学校教育中，创新培养方式方法，充分发挥互联网等现代信息化手段，利用空中课堂、固定课堂、流动课堂和田间课堂，采用线上线下混合教学方式，以农村基层干部、大学生村官、农民合作社领办人、农业企业经营管理者、农民体育积极分子等为重点，努力培养一支爱体育、懂健身、会组织的农民体育工作队伍。

竞技体育

体育总局关于印发《全国综合性运动会组织管理办法》的通知

(体竞字〔2017〕12号)

各省、自治区、直辖市、新疆生产建设兵团体育局,中央军委政治工作部宣传局文化处、中央军委训练管理部训练局军事体育处,各运动项目管理中心,中国足协:

为提高全国综合性运动会组织管理工作的科学化、规范化和标准化水平,体育总局研究制定了《全国综合性运动会组织管理办法》。现印发给你们,请遵照执行。

全国综合性运动会组织管理办法

第一章 总 则

第一条 为进一步规范全国综合性运动会组织工作,加强指导、管理、监督力度,根据《中华人民共和国体育法》,制定本办法。

第二条 全国综合性运动会(以下简称运动会)是指由国家体育总局主办,省、自治区、直辖市人民政府承办,根据竞赛规程和规则,在规定期间内举行的全国运动会、全国冬季运动会和全国青年运动会。

第三条 组织运动会要以协调推进"四个全面"战略布局为引领，坚持绿色、共享、开放、廉洁办赛的基本原则，充分发挥运动会在推动"健康中国"建设，促进我国竞技体育、群众体育、体育文化和体育产业发展等方面的综合功能与多元价值。

第四条 主办单位和承办单位应当全面落实运动会组织工作的主体责任和监督责任，加强党风廉洁建设和反腐败工作，将其作为政治思想建设、组织制度建设、纪律作风建设的重要内容，建立并完善廉洁办赛的机制和制度，严格执行党纪党规和国家各项法律法规，实现风清气正的办赛目标。

第五条 主办单位根据体育事业发展需要，确定运动会总体目标和主要规划。承办单位在主办单位的指导下，具体负责运动会的组织工作。

第六条 运动会组织工作应当遵循运动会规律，以运动员为中心，节俭高效、惠民利民、管理科学、标准规范、程序严谨，注重遗产规划。

第七条 本办法适用于运动会组织过程中的工作和活动。

第二章 组织机构

第八条 运动会应当设置组织委员会（以下简称组委会）、纪律检查委员会（以下简称纪委会）和各项目竞赛委员会（以下简称竞委会）等组织机构。

承办单位根据场馆布局和工作需要确定是否成立赛区组委会，并向主办单位备案。

第九条 承办单位应当于运动会开幕前24个月成立组委会和纪委会，于开幕前18个月成立各项目竞委会。

因特殊情况无法按时成立的，承办单位应当与主办单位协商确定。

第十条 各组织机构由主办单位和承办单位人员共同组成。

第十一条 组委会根据组织工作需要，设置内部机构，确定工作人员职责、岗位和数量。

第三章 场 馆

第十二条 承办单位应当提供符合国际单项体育组织或全国单项体育协会技术标准和规则要求的比赛和训练场馆。

第十三条 鼓励承办单位采用对现有场馆维修、改造、扩建，不同项目共用场馆等方式，提高场馆使用效益。

确需新建场馆的，应当与当地经济社会发展和城市总体规划相结合，并充分考虑绿色环保和赛后综合利用。

提倡建设临时性场馆和设施。

第十四条 经主办单位同意，承办单位可以将不具备办赛条件的项目比赛安排在其他省、自治区、直辖市举行。

第十五条 组委会应当以竞赛为核心，合理规划和确定场馆内外功能空间以及人员和车辆流线。

第四章 运动会规模

第十六条 运动会每4年举办一届。

全国运动会、全国冬季运动会和全国青年运动会会期（包括开闭幕式）原则上分别不超过13天、11天和10天。

运动会举办日期由主办单位根据承办单位的地理位置、气候特点和比赛项目设置等综合因素统筹确定。

第十七条 主办单位根据体育事业发展和奥运会比赛项目调整情况，确定、调整运动会项目设置。

运动会同期举办群众喜闻乐见、普及程度高的体育项目比赛，鼓励群众参赛，实现全社会参与、全人群共享的发展目标。

主办单位于运动会开幕前36个月确定本届运动会项目设置，包括大项、分项和小项。

第十八条 全国运动会主要以省、自治区、直辖市、新疆生产建设兵团，中国人民解放军为参赛单位。

第十九条 符合以下条件的行业体育协会，经主办单位同意，可以组成代表团参加全国运动会：

（一）有专门的体育管理机构和专职工作人员；

（二）有专业运动队建制和一定数量的教练员、运动员编制；

（三）有运动队训练基地和教学、科研设施；

（四）有运动队年度专项训练经费；

（五）参加全国单项体育协会举办的年度全国比赛；

（六）有3个项目（分项）或12名运动员参加全国运动会资格赛。

第二十条 全国冬季运动会主要以省、自治区、直辖市、新疆生产建设兵团，中国人民解放军，或省、自治区所辖市（地、州、盟）、直辖市所辖区（县）、新疆生产建设兵团所辖师级单位以及行业体育协会为参赛单位。

第二十一条 全国青年运动会主要以省会城市、自治区首府、直辖市所辖区（县）、计划单列市、新疆生产建设兵团所辖师级单位以及符合主办单位规定条件的市（地、州、盟）级单位为参赛单位。

全国青年运动会参赛单位报名报项由各省、自治区、直辖市、新疆生产建设兵团体育行政部门统一组织实施。

第二十二条 推动竞技体育和群众体育全面发展，鼓励企业、俱乐部等参加运动会。

第二十三条 运动会参赛单位应当按照《全国运动员注册与交流管理办法》和当届运动会代表资格规定，组成参赛代表团。

第二十四条 参赛代表团运动员由相应体育项目资格赛成绩确定。

主办单位于运动会开幕前12个月审定并公布资格赛举办方式和录取人数。

第二十五条 参赛代表团官员人数不超过运动员人数的40%。

第五章 竞赛组织

第二十六条 主办单位根据项目设置、竞赛办法和场馆条件等因素，确定竞赛日程。

各项目比赛原则上在开幕式和闭幕式之间举行。

第二十七条 主办单位制定运动会竞赛规程总则，审定并公布各项目竞赛规程。

第二十八条 运动会比赛和训练器材应当符合国际单项体育组织或全国单项体育协会标准。

鼓励承办单位通过市场开发、借用或租用等方式配置器材。

第二十九条 组委会应当根据项目特点，科学、统筹安排参赛运动队训练。

第三十条 组委会应当在运动会开幕前，适时在运动会比赛场馆举行测试，检测场馆设施设备和人员水平。

举办测试赛的，可以单独举办，也可以与全国性或区域性比赛结合举行。

第三十一条　主办单位根据《体育竞赛裁判员管理办法》、《全国体育竞赛裁判员选派与监督工作管理办法（试行）》以及各项目相关规定，公平、公正、公开地选派裁判员参与运动会执裁。

在符合竞赛规程规则和有关规定的情况下，优先安排承办单位本地或邻近地区裁判员参与执裁。

第三十二条　主办单位应当健全临场仲裁机制，规范仲裁委员会人员资质，完善工作制度，公平、公正、高效解决比赛争议。

第三十三条　体育竞赛前3名颁发奖牌，举行颁奖仪式。奖牌分为金牌、银牌、铜牌，只颁发给运动员。

颁奖仪式应当庄重、简朴，体现仪式感。

第三十四条　运动会使用的竞赛规程、秩序册和成绩册等出版物应当体现指导性、专业性、规范性，语言精练、格式统一，纸质版和电子版相结合，节约开支。

第六章　体育文化活动

第三十五条　开闭幕式应当遵循隆重、热烈、节俭的原则，控制成本，突出体育文化特色。

开幕式文艺表演不超过50分钟，闭幕式文艺表演不超过40分钟。控制声光电的使用，不燃放大型烟花焰火，突出体育主题和全民健身活动展示。

开闭幕式总体方案由承办单位提出建议方案，报主办单位审定。

第三十六条　组委会应当严格控制火炬传递规模、时间和路线。点火仪式和火炬传递在承办单位当地举行。火炬传递活动采取实体与网络相结合，传递活动从简进行。

第三十七条　组委会应当根据公开、公平、公正原则，开展火炬手选拔工作。火炬手应当具有广泛的代表性和影响力，以承办单位为主。

第三十八条　组委会应当在运动会组织过程中积极开展主题突出、形式多样的全民健身活动，营造全民健身氛围，弘扬体育精神，倡导积极健康的生活理念和生活方式，推动群众性体育工作深入开展。

第七章　服务保障

第三十九条　组委会应当充分利用现有住宿条件和设施，或通过市场化方式安排参赛代表团、裁判员、媒体人员等住宿，并为以上人员提供餐饮和交通服务。

第四十条　运动会安全保卫工作应当以人为本，措施得当，反应迅速，保障运动会平安进行。减少对训练比赛和城市生产生活的影响。

第四十一条　运动会实行身份注册制度。组委会应当合理确定身份注册卡通行权限，保障各类人员履职需要。

第四十二条　组委会应当选择具有资质的医院作为运动会指定医院，并在场馆和住地等场所提供专业、及时、高效的医疗服务。

第四十三条　运动会信息系统工作应当遵循必需、必要、实用原则。承办单位负责信息系统建设工作，满足赛时基本运行需求。

第四十四条　承办单位应当为注册人员在开闭幕式和比赛场馆预留座席，为运动员观看非本项目比赛以及青少年观赛预留门票。

预留座席和门票的具体数量根据场馆可用座席数由主办单

位和承办单位协商确定。

第四十五条 组委会应当广泛动员社会各界志愿参与、服务和保障运动会组织工作,合理安排运动会志愿者招募、培训、保障和激励计划。

第四十六条 组委会应当严格控制邀请境内外贵宾观摩的规模和规格。根据工作需要,合理确定活动日程。

第四十七条 运动会期间组委会不举行欢迎宴会和答谢宴会,不举行与运动会无关的论坛、庆典、展览和研讨会等活动。严禁公款宴请,严禁发放纪念品和礼品。

第四十八条 承办单位应当于运动会结束后6个月内将组织运动会的所有文件、音视频、实物等资料物品移交主办单位。

当届运动会承办单位应当积极与下届运动会承办单位分享运动会举办经验。

第八章 反兴奋剂

第四十九条 组委会应当全面贯彻落实《反兴奋剂条例》和《反兴奋剂管理办法》,严格执行"严令禁止、严格检查、严肃处理"的反兴奋剂工作方针。

第五十条 组委会根据项目特点和竞赛日程,制定兴奋剂检查计划,开展兴奋剂检查和反兴奋剂宣传教育。

第五十一条 主办单位和承办单位应当共同开展食源和药源性兴奋剂综合治理工作。承办单位要充分利用当地食品药品监管工作资源和渠道,保证比赛期间各类注册人员食品安全和当地药品销售的规范性。

第九章　新闻宣传

第五十二条 新闻宣传坚持团结稳定鼓劲、正面宣传为主的方针，遵循新闻规律，围绕各类重大活动和赛事节点逐渐升温，展现运动会的综合功能与作用。

第五十三条 组委会应当建立和完善新闻发布机制和新闻发言人制度，及时传播运动会信息。

第五十四条 组委会根据宣传报道工作需要，科学合理确定参与运动会报道的新闻媒体和记者数量。

第五十五条 组委会根据媒体需求，依托现有条件，确定媒体服务标准和内容，为其工作提供便利。

第五十六条 运动会会徽、吉祥物、主题口号等由承办单位经征集后提出建议方案，报主办单位审定。

第十章　市场开发

第五十七条 运动会市场开发权归主办单位所有。主办单位可以授权组委会进行当届运动会的市场开发，并对此项工作进行指导和监督。

承办单位确定后 6 个月内，主办单位和承办单位协商确定运动会市场开发权利义务等内容。

第五十八条 组委会应当健全制度，规范使用运动会名称、会徽、吉祥物、主题口号等标识。

组委会可以通过商标注册、版权登记、专利申请、特殊标识登记等手段加强对运动会标识的保护。

第五十九条 鼓励整合市场资源，通过赞助、特许经营等方式吸引社会资本为运动会组织工作提供资金、技术和服务支持。

组委会应当注重赞助企业投资回报，防范隐性市场营销，维护赞助企业权益。

第六十条 组委会应当保证运动会比赛和活动在电视、广播、网络媒体等进行播出和报道。

第六十一条 门票销售体现公开、公正、惠民原则，销售门票应当占场馆座席总数的45%以上。

门票价格应当充分考虑承办单位经济社会发展状况和人民生活消费水平。

第十一章 监督和处罚

第六十二条 纪委会对组委会和竞委会人员廉洁自律及参赛代表团赛风赛纪和反兴奋剂工作进行监督、检查、问责。

第六十三条 组委会执行预算制度，直接用于运动会组织运行的经费应当向同级人民代表大会报告并及时向社会公布。

第六十四条 组委会加强纪检监察监督，重点对运动会组织过程中高风险领域和环节进行监督检查，及时发现和处理违规违法行为。

第六十五条 组委会加强全面审计监督，采取内部审计和专项审计相结合的方式，对经济活动和财务管理的合法性、真实性、效益性进行全过程的审计和监督。

第六十六条 违反党规党纪、赛风赛纪、反兴奋剂及其他违规违法行为的，依规依法进行追责和处罚。

第十二章 附 则

第六十七条 主办单位邀请香港特别行政区、澳门特别行政区、台湾省参加运动会的办法另行制定。

第六十八条 其他全国综合性运动会及省、自治区、直辖市人民政府在本行政区域内举办的综合性运动会，组织工作可以参照本办法执行。

第六十九条 《全国综合性运动会技术指南》是本办法的具体规范和标准，主办单位可以根据工作需要进行修订。

第七十条 本办法自发布之日起施行。

青少年体育

关于推进学校体育场馆向社会开放的实施意见

(教育部、国家体育总局发布,教体艺〔2017〕1号)

各省、自治区、直辖市教育厅(教委)、体育局,新疆生产建设兵团教育局、体育局:

根据健康中国建设的决策部署,为贯彻落实《国务院关于加快发展体育产业促进体育消费的若干意见》(国发〔2014〕46号)和《国务院办公厅关于强化学校体育促进学生身心健康全面发展的意见》(国办发〔2016〕27号)精神,进一步深化学校体育改革,强化学生课外锻炼,积极推进学校体育场馆向学生和社会开放,有效缓解广大青少年和人民群众日益增长的体育健身需求与体育场馆资源供给不足之间的矛盾,促进全民健身事业的繁荣发展,现提出以下意见。

一、总体要求

(一)指导思想

当前我国面临着体育场馆的教学属性和社会健身要求不相匹配,学校体育场馆设施的资源不足、使用效益不高与学校、社会需求之间的供求矛盾;面临着教学时间和社会开放时间冲突,服务运行的盈利性和公益性难以平衡及责任的认定难以区分等严峻形势。各地要提高认识，把学校体育场馆开放作为贯彻落实《"健康中国2030"规划纲要》和《全民健身条例》的重要举措，提高认识，统一思想，积极、稳妥、逐步创造条件推进开放工作，不断提高学校管理及体育工作质量和水平。

（二）基本原则

坚持政府统筹，多方参与。以政府为主导、以学校为主体，加强部门协作，引导社会力量积极参与，形成加快推动学校体育场馆向社会开放的政策体系。

坚持因地制宜，有序推进。根据地方、学校实际情况，加强分类指导、稳步推进，分批分阶段推动实施，形成健康有序的学校体育场馆开放格局。

坚持校内优先，安全为重。学校体育场馆要首先保证本校师生的教育教学需要和日常活动需求，优先向青少年学生和社会组织开放，加强安全管理，明确安全职责，形成学校体育场馆开放的安全保障机制。

坚持服务公众，体现公益。明确服务对象，完善服务条件，建立健全服务规范，立足公益，积极探索学校体育场馆开放多元化的成本补偿机制。

（三）主要目标

到2020年，建设一批具有示范作用的学校体育场馆开放典型，通过典型示范引领，带动具备条件的学校积极开放，使开放水平及使用效率得到普遍提升；基本建立管理规范、监督有力、评价科学的学校体育场馆开放制度体系；基本形成政府、部门、学校和社会力量相互衔接的开放工作推进机制，为推动全民健身事业，提高全民身体素质和健康水平做出积极贡献。

二、开放范围

根据《全民健身条例》要求，学校应当在课余时间和节假日向学生开放体育场馆，公办学校要积极创造条件向社会开放体育场馆。鼓励民办学校向社会开放体育场馆。

三、开放办法

（一）明确场馆开放学校的基本条件。具备以下基本条件的学校要积极推进体育场馆开放：

1. 学校体育场馆有健全的安全管理规范，明确的责任区分办法和完善的安全风险防控条件、机制及应对突发情况的处置措施和能力。

2. 学校体育场馆在满足本校师生日常体育活动需求的基础上，还应有向社会开放的容量和时间段。

3. 学校体育场馆区域与学校教学区域相对独立或隔离，体育场馆开放不影响学校其他工作的正常进行。

4. 学校体育场馆、设施和器材等安全可靠，符合国家安全、卫生和质量标准及相关要求。

5. 学校有相对稳定的体育场馆设施更新、维护和运转的经费，能定期对场馆、设施、器材进行检查和维护。

（二）明确场馆开放时间。学校的体育场馆开放应该在教学时间与体育活动时间之外进行。在课余时间和节假日优先向学生开放，并在保证校园安全的前提下向社会开放，可实行定时定段与预约开放相结合。学校体育场馆向社会开放的时间应与当地居民的工作时间、学习时间适当错开。国家法定节假日和学校寒暑假期间，学校体育场馆应适当延长开放时间。开放具体时段、时长由各地、各校根据实际情况予以明确规定。

（三）合理确定开放对象。学校体育场馆开放主要面向本校学生、学区内学生、学校周边社区居民和社会组织。根据体育场馆面积、适用范围和开放服务承受能力，合理确定开放对象范围和容量。

（四）确定开放场馆名录。学校室外场地设施，如操场、球场、田径场跑道等要先行开放，室内场馆设施开放由各校提出并报上级教育行政部门确定。对于高危险性体育项目场地，由县级人民政府根据当地实际制定开放名录。

（五）实施开放人群准入制度。场馆开放的具体实施部门可以根据情况，建立开放对象信息登记和发放准入证件制度，提出健康管理和安全使用场馆设施的基本要求，明确各方责任。可以要求开放对象持证入校健身，做好身份识别。

（六）明确开放的收费标准。学校体育场馆根据不同对象可采取免费、优惠或有偿开放方式，有偿开放不能以营利为目的。根据《全民健身条例》规定，学校可以根据维持设施运营的需要向使用体育设施的开放人群收取必要的费用，收费标准应经当地物价部门核准，并向社会公示。对青少年学生、老年人、残疾人等原则上实行免费。

（七）形成稳定的运营模式。学校要积极探索体育场馆开放的运营方式，建立适合当地需要的运营模式。鼓励学校开展以校管理为主的运营模式，探索建立通过政府购买服务、委托第三方专业组织运营的模式。

四、保障措施

（一）加强学校体育场馆设施建设。各地要加强公共体育设施建设的统筹和规划，积极为学校体育场馆向社会开放创造条件。教育部门要按照《国家学校体育卫生条件试行基本标准》《中小学校体育设施技术规程》及《高等学校体育工作基本标准》要求，加大学校体育场馆设施建设力度。体育部门要将公共体育设施尽可能建在学校或学校周边。

（二）加快场馆开放管理人才队伍建设。各地教育、体育部门要对学校体育场馆开放管理人员进行相应的业务培训，不断提高业务能力和水平。学校要组织体育教师和相关管理人员，积极参与场馆开放活动服务工作。体育部门要引导社会体育指导员主动服务场馆开放学校。积极鼓励具有特长的社区居民参与场馆开放工作的志愿服务，发挥其在活动组织、技术指导等方面的优势。高等学校要加强体育场馆管理人才的培养，为体育场馆开放工作提供人才储备。

（三）积极推进风险防控和安保机制建设。各地教育、体育部门要协调当地公安、医疗等部门建立健全有关加强学校体育场馆开放安全保卫方面的工作机制，加强场馆开放治安管理和安全保障。学校要协调周边社区和街道制定具体场馆开放的安保实施方案和突发事故紧急处置预案，落实安全风险防范措施，加强开放时段治安巡查，做好场馆开放后的校园安全保卫工作。要严格按照《教育部关于印发〈学校体育运动风险防控暂行办法〉的通知》（教体艺［2015］3号）要求，根据体育器材设施及场地的安全风险进行分类管理，防范和消除安全隐患。推动县级以上人民政府根据国家有关规定为开放学校购买专项责任保险，鼓励引导学校、社会组织、企事业单位和个人购买运动伤害类保险。

（四）加大学校体育场馆开放经费投入。各地教育部门要加大学校场馆设施建设与开放的经费投入，多途径筹措经费，不断改善学校体育场馆设施条件，支持学校体育场馆开放。各地体育部门要根据实际情况，安排必要的资金，支持学校体育场馆对外开放所致场馆日常运转和设施设备维修。可利用彩票公益金加大对开放学校的补贴，安排一定比例的资金作为场馆开放社会体育指导员工作经费。开放场馆学校所收取的费用，要严格按照财务制度进行规范管理，主要用于补贴设施运营等。

（五）鼓励社会力量积极参与体育场馆开放。支持社会力量通过投资、冠名、合伙制、捐赠等形式参与学校体育场馆建设和开放工作，充分发挥其在资金、技术、项目、运营、评估等方面的优势。鼓励社会力量通过竞标等方式对学校体育场馆开放进行市场化、专业化运营，为开放对象提供优质、低价或免费的服务。

（六）积极推进体育场馆开放信息化建设。要加强体育场馆开放的信息公开工作，通过多种方式，公开场馆开放的时段、区域、项目和相关服务，公告使用体育场馆的程序、途径和办法。建立场馆开放信息统计和上报制度，及时向上级主管部门提供体育场馆开放有关信息。各地要充分发挥"互联网+场馆开放"技术创新，建立体育场馆开放的信息化综合平台，使信息采集、信息共享、动态监控、用户评价等多种功能一体化，实时显示体育场馆开放工作情况。

五、组织实施

（一）加强组织领导。各地要高度重视学校体育场馆开放工作，建立健全由教育或体育部门牵头，有关部门分工负责和社会力量参与的场馆开放工作协调机制，主动争取当地政府的支持，积极发挥社区、街道的管理作用，研究制定当地学校体育场馆开放工作规划或实施方案，并抓紧落实。

（二）坚持分类指导。鼓励各地积极探索学校体育场馆开放的新政策、新机制和新模式，不断完善场馆开放服务体系，持续提高场馆开放服务能力。要统筹考虑各地经济发展、学校体育条件等实际情况，因地制宜推进学校体育场馆开放在不同区域的实施和发展。

（三）强化宣传推广。加大对学校体育场馆开放相关政策的宣传和解读，引导更多的学校实施体育场馆开放工作。把学校体育场馆开放工作纳入群众体育先进集体和个人的评选范畴，及时总结和交流学校体育场馆开放的做法和经验，对模式新颖、绩效突出的地方和学校加大宣传和进行表彰奖励，不断强化示范效应，积极营造学校体育场馆开放的良好社会环境和舆论氛围。

关于加强竞技体育后备人才培养工作的指导意见

(国家体育总局、教育部发布,体青字〔2017〕99号)

竞技体育后备人才培养关系体育事业的全面、协调、可持续发展,必须始终高度重视并不断创新。站在新的历史起点上,为进一步学习贯彻党的十九大精神,准确理解习近平新时代中国特色社会主义思想以及习近平总书记关于体育工作的重要论述,完善竞技体育后备人才培养体系,不断提高青少年体育训练质量和效益,推动竞技体育后备人才培养工作深入开展,为建设体育强国、健康中国注入新的生机与活力,现就加强竞技体育后备人才培养工作提出如下指导意见。

一、进一步完善竞技体育后备人才培养体系

(一) 夯实学校体育基础

学校体育是竞技体育后备人才培养的基础。按照《学校体育工作条例》和《国务院办公厅关于强化学校体育促进学生身心健康全面发展的意见》的有关要求,充分发挥体育的育人功能,以培养学生体育意识和体育兴趣为重点,以增进学生体育技能和体质达标为抓手,加强体育课和课外体育锻炼,促进青少年健康成长。

坚持以校园足球为引领,积极推进"一校一品"建设。鼓励各级各类学校以足球、篮球、排球、田径、游泳、冰雪和民族传统体育等项目为重点,组织开展体育教学和训练活动。

支持学校通过创建青少年体育俱乐部、与各级各类体校联办运动队、组建校园项目联盟等形式，创新体育后备人才小学、初中、高中一条龙培养模式，打造学校特色体育项目；开展多层次、多形式的学生体育竞赛活动，共同营造校园体育文化氛围。

充分发挥体育传统项目学校在促进校园体育普及、推动学校运动队和校园体育文化建设等方面的示范作用，通过完善体育传统项目学校创建命名和动态评估工作，强化品牌建设，逐步优化体育传统项目学校项目结构和赛事布局，以国家级体育传统项目学校为龙头、省级体育传统项目学校为骨干、市级和县级体育传统项目学校为基础，稳步提升竞技体育后备人才输送数量和质量。

（二）强化青少年三级训练网络建设

各级各类体校是竞技体育后备人才培养的主体。积极扩大初级训练规模，以少年儿童体育学校、体育传统项目学校、青少年体育俱乐部等为依托，着力在培养兴趣、增强体质的基础上发现优秀苗子，开展课外体育训练。鼓励体育和教育联合办训练，将青少年训练工作的恢复和开展、少年儿童体育学校和其他各类青少年训练网点建设等列入县级体育工作督导考核的重要内容。

创新发展中级训练模式，以重点体校、体育中学和单项运动学校为重点，对青少年学生进行科学系统的训练，开发青少年的运动天赋和专项特长。鼓励优质体育资源和优质教育资源有机互补，充分实现教练、教师互派互聘、设施资源共享共用，联合名校办名队，共同打造特色项目和优势项目。

着力提升高级训练质量，以中等体育运动学校、竞技体校为龙头，突出国家高水平体育后备人才基地的引领示范作用，努力拓宽办学渠道，提升办学层次，科学系统训练，提高输送率和成才率。创新省级体校办学形式，理顺管理关系，充分发挥省级体校与省级优秀运动队、初中级训练的衔接功能，促进各项目优秀运动队梯队建设。

（三）推动社会力量参与

社会力量是竞技体育后备人才培养的重要组成部分。引导和支持社会力量参与竞技体育后备人才培养工作，鼓励兴办多种形式的青少年体育训练机构，引导社会资本参与青少年校外体育活动中心和户外活动营地等建设。建立共享共通的工作平台，实现注册互认，在训练管理、组队参赛及教练员职称评定、技能培训等方面保障社会力量的同等权益。

积极培育青少年体育社会组织，研究制订相关优惠政策，以全国体育运动学校联合会建设和改革为引领，推动有条件的地方组建区域性青少年体育联盟，发展基层青少年体育训练组织。

鼓励通过委托授权、购买服务等方式，将适合由社会组织提供的公共服务项目交由社会力量承担；试点推动运动项目、运动队、青少年赛事等的社会化和市场化进程；鼓励企业通过冠名、合作、赞助、广告、特许经营等形式，参与青少年品牌赛事、特色体育项目等无形资产开发。

二、切实加强青少年体育训练工作

（四）调整优化项目布局

总局各项目中心（协会）要根据《奥运项目竞技体育后备人才培养中长期规划（2014-2024）》要求，结合本项目发展现状，认真做好项目布局工作。各地根据项目总体布局，结合区域特色，发挥传统优势，以足球、篮球、排球、田径、游泳和冰雪等项目为重点，对本地区项目开展进行合理规划。各省（区、市）开展的奥运项目不少于25个分项，各市（地、州）开展的奥运项目不少于10个分项，各县（区、市）开展的奥运项目不少于3个分项。

（五）提高科学训练水平

要切实抓好单项后备人才基地建设，开展多种形式的青少年训练工作；强化重点年龄段的人才梯队建设，确保奥运人才梯次科学、数量充足；不断提高训练水平，完成好各年龄段的国际比赛任务。各地、各项目坚持"培养兴趣，选好苗子，打好基础，科学训练，积极提高"的原则，及时了解和掌握国际发展的新趋势、新理念。严格按照青少年运动项目训练教学大纲的要求进行系统扎实的训练，促进青少年运动员基本技能的全面提高，坚决杜绝拔苗助长、弄虚作假。妥善处理好学训矛盾，严格控制训练时间，中专阶段运动员每天训练时间不超过3.5小时；义务教育阶段运动员首先保障文化学习，每天训练时间不超过2.5小时。教练员要增强敬业精神，不断提高自身业务素质和执教能力，学习掌握新的科学训练理念和方法，科学制订训练计划，根据青少年儿童成长发育规律和心理特点确定训练负荷，不断提高青少年科学训练水平。

（六）提高选材育才水平

充分认识科学选材工作的重要性，加大对教练员、科研、医务人员的教育培训，用科学先进的理念指导青少年选材工作。各项目要尽快研制青少年运动项目选材标准，科学、合理制定各项指标，并大力推广实施。各省（区、市）体育行政部门要成立青少年选材工作领导小组，建立青少年科学选材机构，建立健全竞技体育后备人才信息管理系统，完善青少年选材育才专家和服务团队，组织开展好本地区的选材育才工作。各级各类体校要建立青少年选材工作室，配足配好相关科研人员，建立人才档案，定期开展测试评估和科学追踪，对重点运动员进行跟踪监测，为青少年运动员选材和训练提供科学依据。

（七）加强教练员队伍建设

按照《全国体育教练员注册管理办法》，修订《体育教练员职称等级标准》，研究制定教练员准入制度，细化教练员从业标准和要求，鼓励、支持退役运动员从事教练工作。完善各级教练员注册、登记、培训和管理制度，有序开展教练员从业资格和等级认证工作；完善教练员任期目标、职称评定、竞争择优、考核奖惩及相关待遇等的具体实施办法。以实施国家精英"双百"教练员培养计划为引领，重点打造奥运项目青少年训练"领军型"教练。制定实施体育系统、教育系统和社会机构教练员的培训计划，分期分批分层次对各级教练员进行培训。教练员培训以地方培训为主，要有计划地选派教练员出国培训，并适当加大国家层面的培训力度，不断提高教练员队伍整体素质、执教能力和水平。

三、创新发展青少年体育竞赛体系

（八）改革青少年体育竞赛体制

各级体育、教育行政部门要建立健全符合青少年生长发育规律、运动员成才规律、运动技能形成规律及符合本地特点的青少年体育竞赛体制，积极开展青少年体育竞赛。青少年比赛要依据就近便捷的原则，安排在节假日、双休日进行；要根据项目和地域特点，采取主客场赛、分区赛、通讯赛等灵活多样的形式，锻炼队伍，发现人才。全国、省、市、县4级青少年体育竞赛要上下衔接、形成体系，构建青少年体育竞赛逐级选拔的参赛机制。

鼓励全国性及区域性青少年体育俱乐部等社会体育组织举

办青少年单项体育竞赛，引导各项目青少年训练营、夏（冬）令营等活动的开展，逐步建立形式多样、覆盖面广、满足不同青少年群体需求的多元化青少年体育竞赛体系。各地要改革和完善青少年体育竞赛体制机制，研究制定青少年体育竞赛具体实施办法，除体育系统外，要从教育、社会等方面多渠道选拔优秀青少年运动员，不断拓宽竞技体育后备人才选拔渠道，激发社会活力。各级体育行政部门要配合当地教育行政部门举办好本地区的学生运动会、校际体育联赛，牵头组织好体育传统项目学校比赛等相关赛事；注重学校体育赛事与青少年区域赛事、全国等级赛事的有机衔接，为普通中小学学生和体校学生提供同等参赛机会。各级体育、教育行政部门要科学规划管理社会力量举办的各级各类青少年比赛，在竞赛经费、活动组织和场地上给予相应支持。

（九）创新青少年体育竞赛机制

各级综合性青少年运动会和单项青少年比赛要根据青少年身心发育规律和运动技能形成规律进行改革，明确青少年竞赛的目标任务，加强对项目设置、组别划分等的研究，切实发挥竞赛在竞技体育后备人才培养中的杠杆作用。各项目要以青少年运动项目训练教学大纲规定的各年龄段测试内容和要求进行比赛，鼓励研制适合青少年特点的竞赛规程、竞赛办法及场地、器材等，并在全国青少年体育竞赛中进行推广，促进我国青少年运动员技术水平的全面发展，为未来提高打牢基础，避免过早专项化、成人化训练。

（十）加强青少年运动员注册管理

各级体育、教育行政部门联合制定全国青少年运动员注册管理办法，建立全国青少年运动员注册系统，促进青少年运动员合理有序流动；研究搭建体育、教育、社会各类竞赛间的互通平台，建立信息共享、资格互认的管理体制和运行机制；引导和规范青少年运动员跨地区交流,杜绝青少年体育竞赛中的弄虚作假行为,杜绝使用兴奋剂,为青少年运动员创造公平、公正的参赛环境,保障青少年运动员的参赛权益。

(十一)推进青少年体育竞赛治理现代化

各级体育行政部门要积极协调、加强监管,减少微观事务管理,通过政府购买服务、竞赛市场开发等,逐步实现简政放权、管办分离,将青少年体育竞赛交由协会和社会力量承办。培育青少年体育竞赛多元化市场主体,吸引社会资本参与,充分调动全社会积极性与创造力,逐步建立体制机制完善、政策法规健全、评价标准科学的青少年体育竞赛管理体系。各项目要支持青少年体育竞赛改革,加强对各地赛事组织运行等方面的指导,营造竞争有序、平等参与的青少年体育竞赛环境。

四、进一步推进各级各类体校建设

(十二)实行体校分类管理

按照《少年儿童体育学校管理办法》《中等体育运动学校管理办法》和有关学校设置标准的要求,通过集中普查和专项治理,进一步明确各级各类体校的功能定位、管办关系、所有制形式和办学资质等,建立科学完备的分类、分层次体校管理系统。接受属地教育部门的办学资质审核和业务指导,形成权责分明、管理规范的教学训练新机制。对于不具备办学条件或经限期整改仍不达标的体校,转为其他类型的青少年训练机构。各级各类体校要坚持开放式办学,进一步发挥社会功能,主动为本区域提供更为广泛的青少年体育服务,带动青少年体育训练竞赛工作的开展。

(十三)加强运动员文化教育

各地要进一步贯彻落实国务院《关于进一步加强运动员

文化教育和运动员保障工作的指导意见》精神，按照体育总局等部门《关于深入贯彻落实〈关于进一步加强运动员文化教育和运动员保障工作的指导意见〉的通知》的要求，建立健全运动员文化教育联席会议制度和督导制度，建立以体育行政部门为主、体育和教育行政部门各负其责的竞技体育后备人才管理体制和运行机制，全面落实公办体育运动学校生均教育经费，保障和完善教学设施设备、办学环境、实验设备、基础设施等办学条件。不断加强公办体校文化教育工作，并逐步将教育工作包括体校文化、培训、职称晋升等纳入教育管理范围，推动体校与优质中小学共建、联办，切实保证运动员文化学习时间，不断提高运动员文化教育质量。继续在全国青少年比赛中实施赛前运动员文化测试，鼓励各省（区、市）在省级比赛中开展文化测试。各地要以青少年赛事为契机，组织开展丰富多彩的体育文化活动。省级以上优秀运动队要发挥示范带动作用，促进青少年运动员体育精神的养成和文化素质的提升。

（十四）打造精品基地工程

打造体育后备人才基地精品工程，按照《国家高水平体育后备人才基地认定办法》，依据《国家高水平体育后备人才基地认定条件和细则》，对各级各类体校在办学、管理、训练、教学、人才输送等方面进行重新认定，命名奥运周期的国家高水平体育后备人才基地，在此基础上，根据办学规模、人才培养质量和效益择优命名一批"国家重点高水平体育后备人才基地"。加强国家综合性基地、国家单项基地以及地方基地认定的统筹协调，实行分级分类认定与管理，充分发挥基地精品工程的引领示范作用，提高人才培养效益。

（十五）畅通青少年运动员升学渠道

鼓励各地根据本地区高校实际和优秀运动队梯队建设情况，完善面向中等体育职业学校毕业生的技能考试招生办法，促进中、高等体育职业教育有序衔接，切实保障青少年运动员学习、训练的系统性和连续性。继续推进高等学校运动训练和民族传统体育单独招生、体育高职院校单独考试招生向体育运动学校毕业生倾斜政策的落实。完善符合国家规定条件的优秀运动员免试保送就读普通高等学校的招生办法。支持体育本科院校面向青少年运动员开展成人高等教育、远程教育等其他形式的高等学历教育，拓宽青少年运动员升学和继续教育的渠道。

五、努力完善保障机制

（十六）建立健全法治保障

加强竞技体育后备人才培养法治建设，在青少年体育竞赛、运动员技术等级认定等社会关注度高、社会影响力大的领域，形成更为公正和透明的法治环境。完善各级各类体校注册、年检、统计制度。建立健全信息化管理系统，提升青少年体育信息化管理水平，将各级各类青少年训练组织管办关系的建立、运行、监督纳入规范化、法治化轨道。

（十七）完善经费投入机制

各地要加大对青少年体育训练的投入力度，探索建立政府主导、市场参与、社会支持的竞技体育后备人才培养经费投入机制。要按照《中等体育运动学校管理办法》和《少年儿童体育学校管理办法》的有关要求，足额拨付各级体校学生伙食和服装费用，并纳入同级财政预算。各项目要加大对青少年体育训练的经费投入。国家和地方要加大体育彩票公益金支持竞技体育后备人才培养的力度，每年从中央及地方体育彩票公益金中安排一定比例，用于支持竞技体育后备人才培养。体育彩票公益金等财政资金通过政府购买服务等形式支持群众健身消费的部分，要有一定比例用于青少年体育培训和赛事推广等项目。鼓励有条件的地方设立青少年体育发展基金，支持青少年体育训练。设立体育发展专项资金或体育产业引导资金的地方，对开展青少年体育训练的申报项目应当给予优先扶持。

（十八）改善青少年体育设施条件

各地要坚持长远规划和近期目标相结合，将改善基层青少年体育设施纳入公共体育服务体系，青少年体育设施在公共体育设施的规划和建设中要占一定比例。积极推进学校体育场地及公共体育设施向青少年免费或低收费开放。

（十九）落实安全保险制度

各地体育、教育行政部门要制定安全防范制度，加强对校内外青少年体育训练及竞赛中运动伤害的风险管理，重视对青少年运动员开展安全教育。要完善保险机制，建立保险购买制度，实现对参与体育训练和竞赛的青少年全覆盖。

六、认真做好组织实施工作

（二十）加强组织领导

坚持政府主导、社会参与、统筹规划、综合协调，在《指导意见》正式发布一年内，各地要研究出台地方贯彻落实《指导意见》的实施方案，推动有关部门联席会议制度和督导制度的建立和落实，形成"资源共享、优势互补、共同管理、各负其责"的工作新机制。

（二十一）明确工作责任

各级体育行政部门要充分发挥主导作用，制定青少年体育训练发展规划、行业标准和改革后的竞赛选拔制度等，加强行业指导，为项目发展及教练、教师、裁判员、管理人员培养提供技术支撑。各级教育行政部门要履行好学校体育普及的主管责任，加强学校体育工作的统筹规划、宏观指导和综合管理。

各项目要加大对《奥运项目竞技体育后备人才培养中长期规划（2014-2024）》的推进力度，细化工作方案，建立本项目后备人才库，确保各项工作目标和措施落实到位。

（二十二）抓好督促检查

各地要进一步贯彻落实党中央、国务院关于加强青少年体育工作的决策部署，推动国家和地方惠及青少年训练的政策措施落地见效。要建立国家、省（区、市）双层督导机制和跨部门联动共管机制，定期对竞技体育后备人才培养工作进行分类指导和督促检查，并及时公布督导检查结果。要实行督政、督训、督学相结合，建立完善激励约束机制，将竞技体育后备人才培养工作作为各级体育和各训练单位主要负责人工作业绩考评的重要内容。

（二十三）营造发展氛围

要加大青少年体育工作的宣传力度，注重培育基层青少年体育训练典型，总结推广先进经验，充分利用各类媒体，大力宣传体育在践行社会主义核心价值观、促进青少年全面发展中的重要作用，弘扬顽强拼搏、追求卓越的体育精神，表彰为竞技体育后备人才培养工作作出突出贡献的单位和个人，营造青少年体育工作发展的良好氛围。

关于印发《青少年体育活动促进计划》的通知

（国家体育总局、教育部、中央文明办、发展改革委、民政部、财政部、共青团中央发布，

体青字〔2017〕103号）

各省、自治区、直辖市、新疆生产建设兵团体育局、教育厅（教委、教育局）、文明办、发改委、民政厅（局）、财政厅（局）、团委：

为落实全民健身国家战略，广泛开展青少年体育活动，培养青少年体育锻炼习惯，吸引更广泛的青少年参与体育活动，促进青少年身心健康、体魄强健，体育总局等7部门联合制定了《青少年体育活动促进计划》。现印发你们，请结合各地、各部门的工作实际认真组织实施。

青少年体育活动促进计划

青少年身心健康、体魄强健是国家繁荣、民族昌盛、社会文明进步、家庭和睦幸福的重要标志，是实现中华民族伟大复兴"中国梦"的重要基础。党和国家历来高度重视青少年体育工作，2007年，中共中央国务院印发了《关于加强青少年体育增强青少年体质的意见》，对青少年体育工作作出重要部署，各地积极推进青少年体育工作，青少年体育发展取得明显成就。但总体上看，我国青少年体育仍然薄弱，政策法规有待

完善，青少年体育活动时间不足、体育组织建设滞后、体育场地设施短缺、社会力量参与不够等问题依然不同程度存在。为深入学习贯彻党的十九大精神，深入贯彻落实习近平总书记关于体育工作的重要论述，更好地满足广大青少年日益增长的体育活动需求，进一步加强青少年体育工作，依据《中华人民共和国国民经济和社会发展第十三个五年规划纲要》《"健康中国2030"规划纲要》《全民健身计划（2016—2020年）》，特制定本计划。

一、指导思想

以习近平新时代中国特色社会主义思想为指导，以提高青少年体质健康水平和综合素质为根本目标，以"强化体育课和课外锻炼，促进青少年身心健康、体魄强健"为根本宗旨，坚持政府主导、部门协作、社会参与，建立和完善有利于青少年体育活动开展的体制机制，营造全社会关心支持青少年体育的氛围，引领促进青少年体质健康的新实践。

二、发展目标

到2020年，广大青少年体育参与意识普遍增强，体育锻炼习惯基本养成。青少年体育活动的形式更为多样、内容更为丰富，体质健康状况明显改善。家庭、学校、社区的联动效应持续增强，开展体育活动的保障条件更为完善，形成政府主导有力、部门协作顺畅、社会活力进一步增强的青少年体育工作新局面。

——青少年体育活动蓬勃开展。全国青少年"未来之星"阳光体育大会对青少年体育赛事活动的带动作用明显增强，以三大球、田径、游泳、冰雪和民族传统体育项目为重点，各运动项目在青少年中的普及程度进一步提高，青少年体育国际交流与合作进一步加强。

——青少年身体素质不断提高。体育课时切实保障，每天锻炼1小时严格落实，课外体育活动广泛开展，青少年体育技能培训质量与效益持续提升，基本实现青少年熟练掌握1项运动技能，学生体质健康标准优良率达到25%以上。

——青少年体育组织发展壮大。青少年体育组织类型不断丰富，规模不断扩大，布局更加均衡，服务与发展能力明显加强。国家示范性青少年体育俱乐部达到300家，各级青少年体育俱乐部达到12000家，每2万名青少年拥有1家青少年体育俱乐部。各级体育传统项目学校达到15000所。青少年体育组织覆盖乡镇（街道）、城市社区和具备条件的农村社区。

——青少年体育场地设施明显改善。各市（地）建立1个以上青少年校外体育活动中心和青少年户外体育活动营地，各县（区）普遍设置专门的青少年校外体育场地设施。公共体育设施和有条件的学校体育设施向青少年开放。

——青少年体育指导人员培训广泛开展。培训体育传统项目学校、青少年体育俱乐部和青少年户外体育活动营地管理人员3000名；培训国家级和省级体育传统项目学校体育骨干教师5000名；培训基层体育指导人员10万人次。各地大力开展各类青少年体育指导人员培训。

——青少年科学健身研究和普及成效显著。系统开展青少年科学健身理论与方法、场地设施和运动器材等方面的研究。普遍开展青少年科学健身普及与推广活动，青少年科学健身水平切实提高。

三、主要任务

（一）广泛开展青少年体育活动

1. 充分发挥全国青少年"未来之星"阳光体育大会示范

带动作用。在寒（暑）假举办全国青少年"未来之星"阳光体育大会，设置主会场和各省（区、市）分会场，实现全国联动。鼓励各级体育、教育、共青团等部门和社会力量充分利用体育场馆、公园、户外营地、青少年宫和妇女儿童活动中心等场所，举办青少年体育竞赛与展示、户外运动、体育游戏、运动技能培训、体质监测、科学健身普及和健身指导服务等活动。

2. 广泛开展青少年体育活动和竞赛。定期发布青少年体育活动和竞赛计划。各地应充分利用江河湖海、山地、沙漠和草原等独特的自然资源优势，开展符合青少年身心特点的体育活动，着力打造以田径、游泳、篮球、排球、乒乓球和武术等项目为主的全国体育传统项目学校联赛，继续开展全国青少年体育俱乐部联赛、全国青少年户外体育活动营地夏（冬）令营等传统赛事和活动。各地应因地制宜组织开展与上述赛事相衔接的区域性体育竞赛和活动。各级教育、体育部门应完善和规范学生体育竞赛体制，健全国家、省、市、县四级学生体育竞赛体系。畅通学生运动员进入各级专业运动队和代表队，体育特长生和高水平运动员进入学校的渠道。支持特殊青少年群体参与体育活动。

3. 提高学校体育活动质量。完善体育课程设置，深化教学改革，广泛开展学生阳光体育运动，着力培育青少年体育爱好和运动技能，大力促进学校、家庭、社会多方配合，保证中小学生每天1小时校园体育锻炼。大力举办以增强学生体质和意志品质、普及体育知识和技能、培养体育兴趣爱好为目的的青少年体育活动。全面实施《国家学生体质健康标准》，引导学生积极进行体育锻炼，培养终身体育意识和习惯。积极推动实施课外体育活动志愿及有偿服务活动；探索建立公共体育场馆、社会组织、高等院校、体育俱乐部等承接开展学生课外体育活动的机制。

4. 大力发展青少年足球运动。以开展青少年校园足球为基础，加强青少年校园足球特色学校建设。构建纵向贯通、横向衔接、规范有序的青少年校园足球竞赛体系。以建设青少年足球训练中心为抓手，积极开展校外青少年足球赛事活动和人才选拔与培养，充分利用青少年足球竞赛、训练营和夏（冬）令营等形式，开展丰富多彩的青少年足球活动。

5. 推动青少年冰雪运动的普及与提高。以筹办2022年冬奥会为契机，各级体育部门、冬季项目协会应实施冰雪运动"南展西扩"战略，积极开展青少年冰雪健身项目。各级教育、体育部门应积极配合，共同推进"校园冰雪计划"。北方地区有条件的中小学应将冰雪运动项目列入冬季体育课教学内容，鼓励南方地区城市中小学与冰雪场馆或冰雪运动俱乐部合作，开展冰雪体育教学活动。鼓励各地举办青少年冰雪嘉年华、冰雪季等推广普及活动。

6. 促进民族传统体育项目在青少年中的推广与普及。各级体育、教育部门和运动项目协会应积极开展民族传统体育项目的挖掘、保护与传承工作。鼓励各地举办武术、太极拳、健身气功、民族式摔跤、赛马、龙舟等项目的青少年比赛、交流、展示等活动，发展具有民族特色的传统体育项目。

7. 开展青少年体育国际交流与合作。鼓励各地将青少年体育国际交流纳入年度外事计划，根据自身发展需要和区域特点，开展多种形式的青少年体育国际交流与合作。通过有影响力的国际、国内体育组织或体育赛事等平台，积极拓展青少年体育国际交流与合作空间。

（二）加强青少年体育组织建设

1. 促进青少年体育组织发展。体育部门协调相关部门研究制定促进青少年体育社会组织发展的政策性文件，完善相关服务标准体系，不断提高服务水平。鼓励社会力量参与、创建各类青少年体育组织。有计划、有重点地扶持国家示范性青少年体育俱乐部建设。民政部门应降低准入门槛，大力培育社区青少年体育社会组织。教育部门应支持校内青少年体育俱乐部、学生体育社团、体育兴趣小组等组织建设，引导学生每人参加1个以上的体育组织。各地应大力建设青少年体育俱乐部，逐步形成科学的梯次结构，建立青少年体育俱乐部的动态评估、周期命名等制度。不断推进青少年校外体育活动中心和青少年户外体育活动营地创建工作，完善服务标准，创新运行机制和管理模式。

2. 推进青少年体育社会组织能力建设。研制青少年体育社会组织评价标准，建立青少年体育社会组织评价机制。完善青少年体育社会组织内部治理结构，激发青少年体育社会组织活力，提高青少年体育社会组织承接政府购买服务能力。研究建立青少年体育社会组织人才评估和激励机制，促进从业人员专业化水平的提高。

3. 推动各级青少年体育行业协会建设。鼓励和引导全国性和地方性青少年体育行业协会建设发展，充分发挥各级青少年体育行业协会的职能，不断提高行业协会自我发展、自我管理、自我服务、自律规范的能力，促进青少年体育行业协会健康有序发展。

4. 加强各级体育传统项目学校建设。各级体育、教育部门应积极构建以国家级体育传统项目学校为龙头，省级体育传统项目学校为骨干，市（地）和县（区）体育传统项目学校为基础的体育传统项目学校发展体系。优化体育传统项目学校项目结构和学段结构比例，保障重点项目、优势项目和民族特色项目在体育传统项目学校的布局，完善体育传统项目学校竞赛、培训、评估制度，畅通竞技体育后备人才的选拔、培养和输送渠道。

（三）统筹和完善青少年体育活动场地设施

1. 加快青少年体育场地设施建设。各地应结合城镇化发展统筹规划、合理布局青少年体育场地设施。重点建设一批规模适度、经济实用、功能配套完整的青少年校外体育活动中心和青少年户外体育活动营地等场地设施。中型以上（含中型）全民健身中心应设立青少年体育活动功能区，具备条件的城乡社区应配置儿童运动乐园，全民健身路径应增加儿童青少年体育设施。鼓励合理利用广场、公园、旧厂房、仓库、老旧商业设施、空置场所等空间，改建、扩建、新建小型、便利、多样的青少年体育场地设施。研制青少年体育场地设施标准，开发符合青少年特点的场地设施和运动器械。鼓励社会力量建设青少年体育场地设施。

2. 加大体育场地设施对青少年的开放力度。各地积极推动公共体育场地设施免费或低收费向青少年开放。学校体育场地设施应在课余时间、节假日、寒（暑）假期间免费或低收费向青少年开放，并采取有力措施加强安全保障。鼓励社会力量积极参与体育场馆对青少年开放。各地应为特殊青少年群体参与体育活动提供必要的场地设施保障。

（四）强化青少年运动技能培训

1. 开展青少年运动技能培训。各级体育、教育等部门应以各类学校、青少年校外体育活动中心、青少年体育俱乐部、运动项目协会、健身中心、青少年宫、青少年户外体育活动营地、研学旅行营地和示范性综合实践基地等为依托，通过体育课、课外体育锻炼和夏（冬）令营等广泛开展体育运动技能培训，注重发挥各级各类体校在青少年运动技能培训中的带动作用。各地应采取政府购买服务等方式，充分调动社会力量的积极性，举办多种形式的青少年运动技能培训。

2. 研究建立青少年运动技能等级评定标准。应根据青少年体育需求和运动项目特点，以足球、篮球、排球、田径、游泳、体操、武术、冰雪、乒乓球、羽毛球等项目为试点，制定实施青少年运动技能等级评定标准，大力推动广大青少年积极参加运动技能等级评定。各级教育部门应将运动技能等级纳入学生综合素质评价体系。

（五）推进青少年体育指导人员队伍建设

1. 继续实施全国体育传统项目学校体育师资培训计划。各级体育、教育部门应按照《全国体育传统项目学校体育师资培训五年计划（2016—2020年）》的要求开展本地区体育传统项目学校体育师资培训工作，不断提升体育教师的专业能力。

2. 大力实施基层教练员培训计划。各级体育部门应按照国家教练员整体培训方案的要求，积极开展基层教练员培训工作，通过培训各运动项目的基层教练员，提高教练员执教水平。

3. 加强青少年体育管理人员培训。广泛开展运动项目协会、体育传统项目学校、青少年体育俱乐部、青少年户外体育活动营地和青少年校外体育活动中心等管理人员培训，提高青少年体育管理人员的业务水平。

4. 建立青少年体育指导人员队伍。鼓励体育教师、教练员、裁判员、退役运动员和体育爱好者等各类人才通过培训获取社会体育指导员（青少年）资格，为青少年在校外进行体育锻炼、提高运动技能提供指导和服务。

（六）加强青少年科学健身研究与普及

1. 开展青少年科学健身研究。各级体育、教育部门应研究和推广符合青少年身心特点、生长发育规律和兴趣爱好的体育项目、科学健身理论与方法、健身器材，提高青少年健身的科学性、合理性和有效性。加强对青少年肥胖、近视、脊柱侧弯、骨质健康和心理认知等重要问题的研究，积极探索行之有效的预防、干预模式，形成有针对性的解决方案，促进青少年身心全面发展。

2. 推广青少年科学健身普及活动。各级体育、教育部门应以青少年科学健身需求为导向，以体育课、体育活动和竞赛等为载体，向广大青少年普及科学健身的先进理念、基本知识、基本技能和有效方法；在校园、社区、文化体育活动场所，开展科学健身讲座、科学健身指导、科学健身知识竞赛等活动；鼓励优秀运动员和体育健身专家等走进校园、社区和青少年体育活动场所，传授科学健身方法；运用新媒体传播体育健身项目、运动损伤预防与康复等视频教程，对青少年进行科学健身指导。

（七）加强对青少年的体育文化教育

1. 弘扬体育精神。在青少年中大力弘扬以爱国主义为核心的中华体育精神，开展奥林匹克文化教育，传承和推广民族传统体育，推进运动项目文化建设。

2. 传播体育文化。各级体育、教育部门应鼓励青少年积极参与不同层次和形式的体育文化交流活动。鼓励优秀运动员、教练员等走进校园、社区，普及运动项目知识，讲解运动项目规则和标准，宣传运动项目文化、体育赛事文化和体育礼仪文化。

3. 营造体育文化氛围。各地应充分利用报刊、广播、电视和网络等渠道，加强青少年体育宣传力度，营造全社会关心、重视和支持青少年体育的良好舆论氛围。扶持青少年体育影视和体育文学作品创作。鼓励家长积极参与青少年体育文化活动，培养家庭体育文化、营造体育锻炼氛围。

四、组织保障

（一）加强组织领导，明确职责分工

各地应将实施本计划作为落实《全民健身计划（2016—2020年）》的一项重要工作摆在突出位置，把青少年作为实施"全民健身"和"健康中国"国家战略的重点人群，应根据本计划制定实施计划，明确各自职责与任务分工，确保将本计划落到实处。

（二）拓宽经费来源渠道，提高经费投入力度

各级体育、教育等部门应不断加大对青少年体育活动的投入。各有关部门应引导建立青少年体育多元化资金筹集机制，鼓励引导社会资金进入青少年体育活动领域，优化青少年体育活动投融资引导政策。各级体育、教育部门应进一步创新机制，鼓励通过政府购买服务、政府和社会资本合作（PPP）等方式，引导社会力量积极参与青少年体育活动。大力培育青少年体育活动供给的多元主体，激发社会与市场活力，引导社会力量在青少年体育场地设施、体育培训、体育赛事活动等方面发挥积极作用。

（三）利用现代信息技术，提高信息化水平

各级体育、教育部门应建立青少年学生体育活动信息公开制度，及时发布青少年体育相关政策、赛事、活动、培训以及科学健身理论与方法等信息；积极推动"互联网+"、大数据等技术在青少年体育活动领域的创新与运用，加强对青少年体育活动相关数据的科学管理。

（四）建立风险防范机制，提高风险管理能力

建立健全青少年体育活动风险管理机制，加强体育运动风险教育，培养青少年体育活动安全意识和风险防范能力。加强

青少年体育活动指导和管理人员安全培训，提高风险管理能力。加强青少年体育活动的风险监控，制定青少年体育活动场所治安、交通和消防等专项行动与应急预案，建立重大突发事件的防范预案。研究建立涵盖体育意外伤害的青少年学生综合保险制度。严格按照相关标准开展高危险性青少年体育活动项目。鼓励引导社会组织、企业和个人购买青少年运动伤害类保险。

（五）加强督查评估，确保实施效果

建立《青少年体育活动促进计划》工作绩效评估体系，组织开展检查评估。对重点目标的实施进度和推行情况进行跟踪反馈，定期发布"青少年体育活动促进发展报告"。严格执行《国家学生体质健康标准》，积极探索通过第三方开展学生体质监测的办法，完善学生体质健康公告制度。

劳动人事

国家体育总局干部教育培训工作管理办法

(体人字〔2017〕101号)

第一章 总 则

第一条 为进一步加强和规范国家体育总局干部教育培训工作，提高培训效率和质量，加强培训费管理，节约培训费开支，明确纪律要求，根据《干部教育培训工作条例》、《中央和国家机关培训费管理办法》、《中华人民共和国公务员法》等法律法规，制定本办法。

第二条 本办法所称干部教育培训，是指国家体育总局系统使用财政资金举办的岗位培训、任职培训、专门业务培训、初任培训、继续教育等。

第三条 按照职责分工，人事司归口管理总局干部教育培训工作，制定干部教育培训政策，编制总局全年培训计划及专项经费预算，牵头召开干部教育培训工作联席会议。负责培训证书管理。

各部门根据职责任务，负责制定本部门业务范围的培训制度、规划以及组织实施相关培训计划。

各单位按照干部管理权限和分级管理原则，负责本单位的干部教育培训工作。

第四条 干部教育培训工作坚持谁主办、谁负责的原则。

各部门各单位对其主办的各类培训项目的学员管理、经费使用、预算执行等承担主体责任。

各类培训按照联系实际、学以致用的要求,实行单位(部门)内部统一管理,增强针对性和实效性,厉行节约、反对浪费,保证培训质量,节约培训资源,提高培训经费使用效益。

第二章 培训计划管理

第五条 建立培训计划编报和审批制度。总局各部门每年年底前结合经费预算编报下一年培训计划,培训计划经总局人事、财务部门审核后,报总局局长办公会议批准后施行。全年培训计划一般应包括培训名称、对象、内容、时间、地点、参训人数、主办单位、承办单位、所需经费及列支渠道等内容。

总局全年培训计划由人事司于每年3月31日前报中央组织部、财政部、国家公务员局备案。

第六条 全年培训计划一经批准,原则上不得调整。因上级部门临时安排的工作任务等原因确需调整和增加的,须按程序经人事、财务等部门核报总局领导审批。

第七条 各单位应制订全年培训计划,培训计划经本单位办公会批准后施行。

第三章 培训内容、考核和组织管理

第八条 干部教育培训应当根据国家经济社会及体育事业发展需要,按照加强党的执政能力建设和先进性建设的要求,结合岗位职责要求和不同层次、不同类别干部的特点,以理想信念、党性修养、政治理论、政策法规、道德品行教育培训为重点,并注重业务知识、科学人文素养等方面教育培训,全面提高干部素质和能力。

各类思想政治建设和党性教育专题培训班应安排理想信念、道德品行和廉洁从政等教育内容，并以政治理论培训为重点。

专业技术人员继续教育应以专业科目培训为主要内容。专业科目培训要立足科技前沿，体现专业发展趋势，注重理论与实践相结合。

第九条 干部教育培训主要通过综合运用组织调（轮）训与自主选学、脱产培训与在职自学、网络培训与移动培训相结合等方式，促进干部素质和能力的全面提高。

第十条 省部级、厅局级、县处级党政领导干部每5年参加党校、行政学院、干部学院以及经总局人事部门认可的其他培训机构累计3个月或者550学时以上的培训。提拔担任领导职务的，确因特殊情况在提任前未达到教育培训要求的，应当在提任后1年内完成培训。

其他干部参加脱产教育培训的时间，根据有关规定和工作需要确定，每年累计不少于12天或者90学时。

组织人事干部应按照中央关于干部教育培训学时要求参加培训，其中，参加工作业务培训的学时应达到三分之一。

第十一条 总局干部教育培训实行学时学分和登记管理制度。总局人事部门和各单位按照干部管理权限，建立和完善干部教育培训档案，如实记载干部参加教育培训情况。干部参加脱产培训情况应当记入干部年度考核表，参加2个月以上的脱产培训情况应当记入干部任免审批表。

干部教育培训情况作为干部考核的内容和任职晋升的资格之一。

第十二条 加强总局干部教育培训机构和培训工作者队伍建设，充分发挥干部培训中心、人力资源开发中心在干部教育培训中的主渠道作用。

加强干部教育培训课程体系和师资库建设,建立领导干部上讲台机制。

第十三条 按照培训分级管理的原则,各部门各单位举办的业务培训,除工作对象、业务范围直接涉及市县的,培训对象原则上不得下延至市、县及以下。

第十四条 各部门各单位开展培训应当在开支范围和标准内,择优选择党校、行政学院、干部学院、总局所属培训机构、高校培训基地以及其他组织人事部门认可的培训机构承担培训项目。

培训地点根据培训需要选择在京外的,应优先考虑体育系统所属训练基地、运动员公寓等,不准在国家明文禁止的风景名胜区举办培训。

第十五条 组织培训的工作人员控制在参训人员数量的10%以内,最多不超过10人。

第十六条 加强培训工作纪律要求,严禁借培训名义安排公款旅游;严禁借培训名义组织会餐或安排宴请;严禁组织高消费娱乐、健身活动;严禁使用培训费购置电脑、复印机、打印机、传真机等固定资产以及开支与培训无关的其他费用;严禁以培训的名义召开会议,在培训费中列支公务接待费、会议费;严禁套取培训费设立"小金库"。

培训住宿不得安排高档套房,不得额外配发洗漱用品;培训用餐不得上高档菜肴,不得提供烟酒;除必要的现场教学外,7日以内的培训不得组织调研、考察、参观。

第四章 培训经费管理

第十七条 培训费由培训举办单位(部门)承担,纳入部门预算管理,在各部门各单位日常公用经费或专项经费中列支。

总局培训专项经费预算每年由人事司商体育经济司统一编制。各部门各单位申请使用的该专项经费,纳入本单位(部门)预算管理,各自负责预算执行的进度和经费使用的规范。

第十八条 各部门各单位利用财政资金举办的各类培训班,除往返交通费由学员所在单位承担外,不得向学员收取任何费用。

第十九条 本办法所称培训费,是指各单位开展培训直接发生的各项费用支出,包括师资费、住宿费、伙食费、培训场地费、培训资料费、交通费以及其他费用。

(一)师资费是指聘请师资授课发生的费用,包括授课老师讲课费、住宿费、伙食费、城市间交通费等。

(二)住宿费是指参训人员及工作人员培训期间发生的租住房间的费用。

(三)伙食费是指参训人员及工作人员培训期间发生的用餐费用。

(四)培训场地费是指用于培训的会议室或教室租金。

(五)培训资料费是指培训期间必要的资料及办公用品费。

(六)交通费是指用于培训所需的人员接送以及与培训有关的考察、调研等发生的交通支出。

(七)其他费用是指现场教学费、设备租赁费、文体活动费、医药费等与培训有关的其他支出。

参训人员参加培训往返及异地教学发生的城市间交通费,按照中央和国家机关差旅费有关规定回单位报销。

第二十条 除师资费外,培训费实行分类综合定额标准,分项核定、总额控制,各项费用之间可以调剂使用。综合定额标准如下：

单位：元/人天

培训类别	住宿费	伙食费	场地、资料、交通费	其他费用	合计
一类培训	500	150	80	30	760
二类培训	400	150	70	30	650
三类培训	340	130	50	30	550

一类培训是指参训人员主要为省部级及相应人员的培训项目。

二类培训是指参训人员主要为司局级人员的培训项目。

三类培训是指参训人员主要为处级及以下人员的培训项目。

以其他人员为主的培训项目参照上述标准分类执行。

综合定额标准是相关费用开支的上限。各单位应在综合定额标准以内结算报销。

30天以内的培训按照综合定额标准控制；超过30天的培训，超过天数按照综合定额标准的70%控制。上述天数含报到撤离时间，报到和撤离时间分别不得超过1天。

第二十一条 师资费在综合定额标准外单独核算。

（一）讲课费（税后）执行以下标准：副高级技术职称专业人员每学时最高不超过500元，正高级技术职称专业人员每学时最高不超过1000元，院士、全国知名专家每学时一般不超过1500元。

讲课费按实际发生的学时计算，每半天最多按4学时计算。同时为多班次一并授课的，不重复计算讲课费。

其他人员讲课费参照上述标准执行。

总局机关人员在总局系统讲课不得领取讲课费。

（二）授课老师的城市间交通费按照中央和国家机关差旅费有关规定和标准执行，住宿费、伙食费按照本办法标准执行，原则上由培训举办单位承担。

（三）培训工作确有需要从异地（含境外）邀请授课老师，路途时间较长的，经单位主要负责同志书面批准，讲课费可以适当增加。

（四）邀请境外师资讲课，须严格按照有关外事管理规定，履行审批手续。境内师资能够满足培训需要的，不得邀请境外师资。

第二十二条　总局和各单位财政部门应当严格按照规定审核培训费开支，对未履行审批程序的培训，以及超范围、超标准开支的费用不予报销。

报销培训费，综合定额范围内的，应当提供培训计划审批文件、培训通知、实际参训人员签到表以及培训机构出具的收款票据、费用明细等凭证；师资费范围内的，应当提供讲课费签收单或合同，异地授课的城市间交通费、住宿费、伙食费按照差旅费报销办法提供相关凭据；临时增加的培训项目，还应提供单位领导同志审批材料。

第二十三条　培训费的资金支付应当执行国库集中支付和公务卡管理有关制度规定。

第二十四条　培训费报销一般应在培训项目经费预算所安排的单位财务部门直接结算，严禁以拨代支。

第二十五条　三个月以上的各类培训和国（境）外培训，以及各单位通过其他形式举办的业务等培训，按国家有关规定执行。

第二十六条　干部在参加组织选派的脱产教育培训期间，一般应享受在岗同等待遇。由总局选派外出参加的培训，培训机构向学员收取的培训费用，学员可凭有效票据回原单位报销。

参加党校、行政学院、干部学院等学习的学员在学习期间，培训机构收取的伙食费或参加社会调研产生的相关费用，可凭票据或相关证明材料回原单位报销。

第二十七条　各级领导干部个人参加各种非学历教育、学历教育和在职学位教育等教育培训，必须按照干部管理权限向组织人事部门报告，并说明培训项目的举办机构、项目名称、学习期限和费用等。未经批准不得擅自参加。

个人经批准参加的以上培训项目费用一律由本人承担，不得由财政经费和单位经费报销，不得接受任何机构或他人的资助或变相资助。

第二十八条　严禁各级领导干部参加高收费的培训项目和各类名为学习提高、实为交友联谊的培训项目。

第五章　学风建设和学员管理

第二十九条　干部培训机构要坚持从严治校、从严治教、从严治学，完善规章制度，严格培训纪律，加强自身建设，认真开展授课质量评估，不断提高办学质量。

第三十条　参加学习培训的各类学员必须端正学习态度，树立学员意识，严格遵守学习培训和廉洁自律的各项规定，把精力主要放在学习上，认真完成培训任务。

在培训学习期间，学员之间、教员和学员之间不得用公款相互宴请。班级、小组不得以集体活动为名聚餐吃请。学员不得外出参加任何形式的可能影响公正执行公务的宴请和娱乐活动。对违反规定的学员，视情节轻重，给予批评教育直至退学处理。

第三十一条　学员参加培训学习期间，原则上不得承担所在单位的工作、会议、出国（境）考察等任务。如因特殊情况确需请假的，必须严格履行请假手续。其中，1周左右的培训请假不得超过半天；2周左右的培训请假不得超过1天；1个月左右的培训请假不得超过3天；2个月以上的培训请假不得超过5天。

第三十二条　学员在校期间及结（毕）业以后，不得以同学名义成立任何形式的联谊会、同学会等组织，也不得确定召集人、联系人等开展有组织的活动。

第六章　监督检查

第三十三条　各部门各单位应当于每年年底前将全年培训计划执行情况（包括培训数量及人数、内容、对象、经费开支及列支渠道、培训成效、意见建议等）报送人事司。

第三十四条　人事部门和干部教育培训机构对重点培训班次，应指定专人跟班，强化对学员的管理和服务。

第三十五条　人事司、体育经济司等有关部门对培训活动和培训费使用情况进行监督检查。主要内容包括：

（一）培训计划的编报是否符合规定；

（二）培训费开支范围和开支标准是否符合规定；

（三）培训费报销和支付是否符合规定；

（四）是否存在虚报培训费用的行为；

（五）是否存在转嫁、摊派培训费用的行为；

（六）是否存在向参训人员收费的行为；

（七）是否存在奢侈浪费现象；

（八）是否存在其他违反本办法的行为。

第三十六条　对于检查和审计中发现的违反本办法的行为，由人事司、体育经济司等有关部门责令改正，追回资金，相关责任人员，按规定予以批评教育直至党纪政纪处分。

第七章　附　则

第三十七条　本办法所称各部门，是指总局机关各厅司局、驻总局纪检组；所称各单位，是指总局各直属单位。

第三十八条　各单位可根据本办法制定相应的内部管理规定。

第三十九条　本办法由人事司、体育经济司负责解释。

第四十条　本办法自印发之日起施行。2014年11月18日总局印发的《国家体育总局干部教育培训工作管理办法》（体人字〔2014〕427号）同时废止。

监督管理

体育总局关于健全和完善体育总局系统突发事件舆论引导应急管理机制的实施意见

（体宣字〔2017〕28号）

体育总局关于健全和完善体育总局系统突发事件舆论引导应急管理机制的实施意见

体育工作事关民生，影响力大，关注度高，参与性强。随着媒体传播格局和传播方式出现的重大变化，体育突发事件日益成为社会和国内外舆论关注热点。做好重大突发事件的舆论引导和管理工作关系到社会稳定和体育工作的大局，是维护人民群众和国家根本利益，贯彻"执政为民"、"政务公开"的客观要求，也是推进国家治理体系和治理能力现代化、提升体育总局干部治理能力的必然要求。根据中办、国办、中宣部有关文件和《体育总局关于进一步做好信息发布和政策解读积极回应社会关切工作的通知》（体宣字（2016）73号）精神，现就有关工作提出如下实施意见。

一、体育突发事件的主要分类

（一）重大体育政策、措施出台引起误解误读的事件。

（二）重大卫生事件。包括体育系统重大食物中毒事故，传染病、疫情重大传播事件等。

（三）公共安全事件。包括球迷骚乱，体育系统重大刑事案件，体育系统非法集会、群体上访，民族宗教冲突等群体性事件。

（四）敏感且涉及众多人群的体育突发事件。如彩票发行销售引发的重大事件。

（五）有损我国际形象的突发事件。如，在体育赛事和活动筹备和举办期间发生的与国家利益、国家形象相关，影响国人情感的事件，（如有关旗、国徽、国歌出现失误、出现反华辱华言论等），出现重大的赛风赛纪问题、服用兴奋剂事件。

（六）著名体育界人士引发的社会关注度较高的事件。如知名体育人士违背公共道德；涉及运动员利益、待遇、安置等敏感问题；运动员、教练员等知名体育人士言论所引发的舆情事件等。

（七）重大安全事故。包括体育场所发生的重大人员伤亡财产损失事故，体育场馆建筑坍塌、火灾等事故，体育场馆化学品泄漏污染事件，体育赛事活动中的重大交通事故，体育航空器伤亡事故，登山山难事故，体育枪支、弹药使用保管发生的重大事故等。

（八）其他突发事件。

二、完善体育突发事件舆情引导工作机制

建立总局党组统一领导，宣传部门组织协调，实际工作部门分工负责，新闻媒体积极参与，社会各方共同配合的工作机制，保证突发事件的舆论引导工作及时有效，协同推进。

突发事件发生后，统一协调组织信息发布和记者采访管理

服务等工作。参与事件处置的实际工作部门在应急指挥机构的统一协调下，发布各自职责范围内的相关信息。

（一）建立总局重大体育突发事件舆论引导领导机制。

总局成立重大突发事件舆论引导领导小组（以下简称"领导小组"），总局分管宣传工作领导任领导小组组长，宣传司负责人任领导小组办公室主任。总局各单位、各部门根据工作需要适时加入工作机制，并应听从领导小组指挥。形成总局领导指挥，主管部门协调，各单位领导负责，各部门分工合作，快速有效的工作机制。

（二）建立舆情搜集研判机制。

宣传司负责指导各部门、各单位的舆情监测研判工作。宣传司作为舆情监测的专职综合部门，组织专门力量对体育舆情进行常规监测。对于重要体育舆情，组织力量全天候监测。每日发布《每日舆情》。

各部门、各单位要组织专人和力量，对本部门和本单位业务工作范畴的舆情保持密切关注。在推出重要政策和举措、遇有社会关注体育重大事件时，要保持对舆情的24小时不间断关注。争取第一时间，要实事求是分析问题解决问题，不遮遮掩掩，不拖拖拉拉，不文过饰非。

（三）建立口径拟定和通报工作机制。

建立由总局宣传司负责协调、各业务部门参与的口径拟定和通报机制，在出现热点、敏感问题和重大突发事件时，相关部门应及时拟定口径，经宣传司审核后报总局领导审批。

（四）建立舆情处置机制。

根据舆情情况从源头上解决问题。加强策划和协调，组织掌握相关政策、熟悉有关领域业务的专家学者参与突发事件舆论引导和政策解读工作，为专家和媒体开展相关工作提供必要条件。

（五）建立加强舆情回应机制。

按照突发事件的性质和影响范围，第一时间依法依规进行信息发布和舆情回应，把握信息发布时、度、效。对涉及重大突发事件的舆情，要按照规定快速反应、及时发声，并根据工作进展，持续发布权威信息。

（六）、建立激励约束机制。

总局将舆情应急管理情况纳入各级领导班子和领导干部工作实绩考核内容。宣传司定期对舆情应急管理工作经验做法进行梳理汇总，对先进典型以适当方式进行推广交流，对工作落实好的单位和个人予以表彰；对舆情应急管理存在问题的单位提出批评，问题严重的，要追究主要领导和相关领导的责任。

三、体育突发事件舆论引导的原则和程序

突发事件的信息发布工作应遵照依法依规、及时主动、准确权威、统一协调、各负其责的原则进行。

（一）重大体育突发事件发生后，将严格按照《中华人民共和国突发事件应对法》等有关法规和规定，迅速启动应急响应机制。

（二）明确责任。重大体育突发事件的舆论引导，各有关业务部门和单位是第一责任主体，宣传司为舆论处置的牵头指导部门，代表总局指导协调舆论引导工作。

1、有全局影响的重大体育突发事件舆论引导工作在领导小组指挥下，由宣传司负责组织实施，有关业务部门和单位配合。必要时，向中宣部、中央网信办报告，请求支持。

2、不具全局影响的一般性体育突发事件的舆论引导工作，由有关部门、单位按层级管理原则，自行组织实施。

3、地方体育部门工作中，如发生涉及总局工作职责的重

大突发性事件，总局有关部门应在了解情况、协调一致后视情进行舆论引导。

（三）及时报告、主动发声

1、实际工作部门应在半小时内向领导小组办公室口头报告突发事件发生的起因、发展的现况，一小时内，上报文字材料，两个小时之内报告舆情应对方案和热点问题口径。防止迟报、漏报，禁止瞒报、谎报。

2、领导小组办公室在接到相关报告和方案后，应立即报告领导小组组长，必要时，上报上级宣传主管部门。一小时内对处置方案和口径提出处置意见。相关单位应按照总局审批的方案和口径主动发声，并组织网评员发声，引导舆论。

3、突发事件的信息发布应采用合适的形式开展。特别重大、突发事件发生后，须在24小时之内举办新闻发布会。对较为复杂的突发事件，可分阶段组织报道和发布。重要信息须滚动发布。对事件的调查处理结果应及时向社会公布。

对不具全局影响的一般性体育突发事件，由负责处置事件的部门和单位自行组织舆论引导工作。有关部门和单位要依照国家有关法律和规定，迅速、及时、准确地进行新闻发布，对新闻稿涉及的事实要认真审核。

四、加强组织领导和监督

（一）各部门各单位要切实履行"政务公开"的原则，以更开放开明的心态，对待突发事件舆论引导工作。除因政治性、涉外性强，复杂、敏感的突发事件经请示批准不作公开报道外，其他突发事件均应让社会公众知晓。对封锁消息造成消极影响和严重后果的，要追究有关部门有关领导的责任。

（二）各单位、各部门在研究解决业务工作问题的同时，要同步研究、同步安排、同步推进舆论引导工作，包括舆情监测情况和舆情处置方式、应对口径等，并及时将上述问题向总局领导和宣传司报告。

（三）进一步强化体育突发事件舆论引导组织管理工作，建立和完善各级新闻发布制度。要准确把握信息发布的时效性、真实性和权威性，避免因工作滞后而造成舆情的混乱、扭曲和失控。对出现与事实不符、干扰事件处置、诱发社会不稳定因素的报道，要采取果断措施予以澄清和纠正；必要时，上报中宣部、中央网信办做出处置。要特别重视畅通"主渠道"，发挥人民日报、新华社等中央主要媒体和事件发生地主要媒体的作用。在事件发生的第一时间要优先安排或接受它们的采访，对它们的采访报道提供便利条件。

（四）体育突发事件新闻发布工作要严格遵守有关纪律规定，不得泄漏党和国家的机密。处置突发事件单位和个人，不得擅自对外发布有关事件的消息和进行评论；其他部门、单位及人员，未经总局授权，不得对外发布有关信息和评论。

（五）对外国和港澳台媒体提出的采访报道我体育突发事件的请求，应依据"内外有别"原则，区别对待。重大敏感突发事件对外国媒体采访安排和新闻发布，应事先征求宣传司的意见。一般性突发事件的采访可予适时的安排。

体育总局关于印发《关于进一步加强武术赛事活动监督管理的意见》的通知

(体政字〔2017〕107号)

各省、自治区、直辖市、计划单列市、新疆生产建设兵团体育局,各厅、司、局,驻体育总局纪检组,武术运动管理中心:

　　为贯彻落实党中央、国务院简政放权放管结合优化服务的总体部署,规范武术赛事活动,整治武术乱象,推进武术运动持续健康发展,根据《中华人民共和国体育法》、《中华人民共和国境外非政府组织境内活动管理法》等法律,结合武术运动发展实际,总局制定了《关于进一步加强武术赛事活动监督管理的意见》,现印发实施,请遵照执行。贯彻实施中出现的问题,请及时向国家体育总局报告。

　　特此通知。

关于进一步加强武术赛事活动监督管理的意见

　　武术是中华民族传统体育和文化的重要组成部分,在促进全民健康、推动全面建成小康社会、推进体育强国建设中起着越来越重要的作用,时代和人民赋予了武术新的责任和使命。为进一步规范武术赛事活动,整治武术乱象,推动武术运动健康发展,提出以下意见。

　　一、各级体育主管部门、武术管理机构(包括武术运动管理中心和武术协会)应当按照属地原则加强对武术赛事活动（包括综合格斗、自由搏击、泰拳等搏击类新兴项目）事中事后的监督管理，主动从竞赛组织、活动安排、场馆设施、专业技术、安保措施、医疗服务等方面提供业务指导、技术支持和咨询服务。

中国武术协会应当根据章程，从场地设施、专业技术、安全保障、人员服务等方面制定举办和参与武术赛事活动的具体标准，并向社会公布。

二、武术赛事活动的主办方和承办方应当遵守国家法律法规，维护社会公序良俗，严格执行武术行业规范，确保赛事活动安全，保障参与者的合法权益。同时，要规范使用赛事和活动名称，中央和国家机关及其事业单位、全国性社会组织主办或承办的国际性、全国性武术赛事和活动，名称中可以使用"世界""国际""亚洲""中国""全国""国家"等字样或具有类似含义的词汇，其他体育赛事活动不得使用与其相同或类似的名称。

三、国家体育总局武术运动管理中心和中国武术协会要依法加强对境外武术组织在中国境内开展武术活动的监管。境外武术组织在中国境内应当依法开展武术活动，不得在中国境内设立分支机构，不得从事或者资助营利性武术活动。未获得国家体育总局武术运动管理中心认可的以及各类假冒国际武术组织必须中止，不得在中国境内开展任何武术赛事活动。

四、中国武术协会应当加强对各类武术馆校、武术培训机构、习武场所以及武术组织的指导、服务和监督，实行等级评定制度。

各类武术馆校、武术培训机构、习武场所以及武术组织，应当加强内部安全管理工作，努力营造良好的治安环境。同时，应当依法开展科学健康的武术教育与培训活动，不得利用武术从事违法活动、封建迷信活动以及违反社会公序良俗的活动等。

各级武术管理机构应当主动配合当地公安、教育、民政、工商等部门，对武术类组织、机构依法依规严格审核、严格审批。

五、武术从业人员和习武人员应当树立正确的武术观，不得有以下行为：

（一）自创门派、私下约架、恶意攻击、相互诋毁、歧视他人；

（二）自封"大师""掌门""正宗""嫡传"等称号，误导群众；

（三）以"拜师收徒""贺寿庆典"等为名收费敛财，以及其他违背公序良俗的行为；

（四）背离武术精神利用"虚假广告""虚假宣传"和"恶意炒作"等手段发表不当言论，造谣传谣或骗取钱财；

（五）伪造、销售"假运动员等级证""假段位证""假教练员证""假裁判员证"或相关资格证书；

（六）通过武术赛事和活动从事赌博、诈骗、非法集资等违法行为；

（七）利用武术活动场所或指使纵容他人从事宣传封建迷信等非法活动；

（八）其他违法违规行为和活动。

六、按照《宗教事务管理条例》的有关规定，宗教活动场所开展武术等体育活动的，应当征得宗教管理部门同意，同时接受当地人民政府体育主管部门的指导、监督、检查。

七、各级体育主管部门、武术管理机构，对上述违反规定的行为实施严格监管和处罚；对违法行为，联合有关部门综合执法，依法处置。

体育总局关于印发《关于进一步加强马拉松赛事监督管理的意见》的通知

(体政字〔2017〕125号)

各省、自治区、直辖市、计划单列市体育局,新疆生产建设兵团体育局,各厅司局、有关直属单位:

为贯彻落实党中央、国务院简政放权放管结合优化服务的总体部署,加强对马拉松赛事的监督管理,规范马拉松运动持续健康发展,根据《中华人民共和国体育法》等法律法规,结合马拉松发展实际,总局制定了《关于进一步加强马拉松赛事监督管理的意见》,现印发实施,请遵照执行。贯彻实施中出现的问题,请及时反馈国家体育总局。

特此通知。

关于进一步加强马拉松赛事监督管理的意见

马拉松是深受大众喜爱的体育运动,为加强对马拉松赛事的监督管理,确保马拉松运动健康发展,提出以下意见:

一、各级体育主管部门对相应行政区域内的马拉松赛事实施监管。各级田径管理机构(田径运动管理中心和田径协会),依照各自职责和章程,对马拉松赛事进行管理。

中国田径协会负责对其认证赛事的监管,各级田径管理机构参照中国田径协会相关规定,依照属地管理原则对其他赛事予以监管。

二、各级体育主管部门和田径管理机构，不得对商业性和群众性马拉松赛事开展审批。各级田径管理机构应当主动为马拉松赛事举办过程中的竞赛组织、参赛保障、安全管理等方面提供业务指导、技术支持和咨询服务，强化事中事后的监督管理。

三、中国田径协会应当根据章程，对马拉松赛事实施分级分类管理，并从赛事举办的场地路线、专业人员、设施服务、奖金分配、安全保障以及参赛者安全要求等方面，制定不同等级马拉松赛事的办赛标准并向社会公布。对组织规范、保障健全的优秀赛事加强宣传推广，对存在不足和问题的赛事，应当加强监督，及时予以改进和纠正，确保赛事平稳、有序、健康发展。

中国田径协会应当制定并发布马拉松赛事参赛指南，详细列明赛前准备、比赛途中和赛后恢复等注意事项，防范参赛风险，引导参赛者安全顺利完成比赛。

中国田径协会应当加强对马拉松赛事从业人员的专业培训，包括但不限于竞赛组织、市场开发、新闻宣传、医疗急救等内容。同时，应对马拉松赛事组织机构（包括赛事主办方和承办方）实施赛事组织水平评定，规范赛事组织机构的运营行为，提高马拉松赛事的组织水平。

四、马拉松赛事组织机构应当尊重和维护公共利益，依法保护赛事参与者的合法权益，履行竞赛组织、物资保障、医疗救护、安保交通、绿色环保等基本职能，合理安排、设计、协调赛事各个环节，对赛事举办中易发生危及公共安全和参赛者人身安全的各类风险和突发事件制定预案。承办方应按照《大型群众性活动安全管理条例》要求，向当地公安机关申请安全许可。

马拉松赛事组织机构应当规范使用赛事名称，中央和国家机关及其事业单位、全国性社会组织主办或承办的国际性、全国性武术赛事和活动，名称中可以使用"世界""国际""亚洲""中国""全国""国家"等字样或具有类似含义的词汇，其他体育赛事活动不得使用与其相同或类似的名称。

马拉松赛事组织机构应当通过适当方式使参赛人员知晓竞赛规程，为参赛人员提供健康科学参赛的提示及引导，提供线路图、饮用水、餐饮点、卫生间等必要设施，并根据参赛人员规模设置紧急医疗救助设施，配备急救医护人员，主动减少和科学应对人身伤害事故的发生。

五、参赛者有在赛前获取赛事路线、时间地点等信息的权利，有在赛中获得充足的饮水、必要的医疗、紧急的救助等安全保护的权利。

参加马拉松赛事，应当符合赛事组织机构公布的报名条件。参赛者应当在赛前认真了解参赛指南和竞赛规程，根据自身身体条件，量力而行，诚信、科学、安全参赛。18岁以下未成年人参赛的，赛事组织机构应当要求其监护人或法定代理人签署同意参赛声明。

六、各级体育主管部门和田径管理机构、马拉松赛事组织机构，应当充分利用广播、电视、互联网、移动客户端、自媒体等多元传媒手段，加大对马拉松的科学宣传和正面引导，引导参赛者理性参赛。

七、赛事相关人员（包括参赛者、裁判员、志愿者、赛事组织机构工作人员等）应当遵守下列规定：

（一）法律法规和相关规定；

（二）体育道德，严禁使用兴奋剂、严禁冒名顶替、弄虚作假、营私舞弊；

（三）竞赛规程和赛事组织规则，维护赛事正常秩序，自觉接受安全检查，服从管理；

（四）社会公德，不得影响和妨碍公共安全，不得在赛事举办过程中有违反社会公序良俗的不当言行。

赛事相关人员违反以上规定的，由赛事组织机构以及各级田径管理机构依法处以限制或禁止参加比赛等处罚；违反治安管理有关规定的，依法由各级公安机关处理。

八、赛事组织和举办过程中发生危害公共安全事故或人身伤害事故的，各级体育主管部门应当积极配合公安、安监等部门，依法追究相关责任单位和责任人的法律责任。中国田径协会按照《中华人民共和国体育法》、《体育赛事管理办法》、协会章程等相关规定，追究赛事组织机构的相关责任，可处以禁止或限制举办马拉松赛事、取消其参与赛事组织水平评定资格等处罚。

九、本意见所称的马拉松赛事，是指在中国境内举办的42.195公里的长距离跑步运动。由马拉松派生的在室外进行的长距离跑步、长距离行走以及接力，包括半程马拉松、越野跑、山地跑、公路接力等赛事，参照本意见管理。

综 合

国家体育总局关于进一步建立健全新闻发言人制度的意见

（体宣字〔2017〕19号）

体育总局关于进一步建立健全新闻发言人制度的意见

各省、自治区、直辖市、新疆生产建设兵团体育局，各厅、司、局，各直属单位：

新闻发布是政务公开和新闻宣传工作的重要组成部分。近年来，总局系统和各省（区、市）体育部门在新闻发言人制度建设方面开展了一些工作，取得了一定的成效，在舆论引导、营造氛围等方面发挥一定作用。互联网技术的迅猛发展和社会媒体生态的深刻变革，对新闻发布工作提出了新的要求。各部门各单位要充分认识建立健全新闻发言人制度的重要意义，深入学习认真贯彻党中央和国务院有关部门的要求，结合本部门本单位的情况，狠抓落实。现就进一步建立健全体育系统新闻发言人制度提出如下意见。

一、新闻发言人任职条件及职责

总局及各直属单位、各省（区、市）体育局必须设立专门的新闻发言人。

（一）任职条件

总局新闻发言人由宣传司主要负责人担任，各直属单位、各省（区、市）体育局新闻发言人一般为本单位领导班子成员。新闻发言人应具有较高的政治素质和政策理论水平，熟悉本单位工作业务和媒体运作规律，具有较强的沟通表达能力、良好的心理素质和应变能力。

（二）工作职责

新闻发言人负责信息发布和舆论引导工作的总体策划和组织实施。要根据授权发布信息、阐述观点立场、解疑释惑。积极主动了解舆论关注的涉及本地区本部门的热点问题，并及时反映上报、妥善回应。

二、新闻发布的主要任务和内容

（一）新闻发布的主要任务

围绕本部门本单位的核心职能和中心工作，结合最新的工作进展，主动、及时地向媒体和公众进行信息发布和政策解读，积极回应社会关切，为体育事业全面、协调、可持续发展创造良好舆论环境。

（二）新闻发布的主要内容

1、介绍本部门本单位相关工作，包括制订和出台的重要政策和法规，开展的重要活动；

2、就媒体和公众关注的体育热点问题阐明立场观点和处理意见；

3、就发生的重大体育突发事件介绍调查进展和处置措施；

4、针对外界对本部门本单位工作或相关人员产生的误解、非议、谣言等发布权威信息，澄清事实；

5、其他需要通过媒体向公众说明的有关信息。

三、新闻发布层级

（一）国家体育总局

由总局宣传司负责以总局名义组织的新闻发布，主要内容为：涉及体育工作全局的重大政策和法规，以总局名义举办和参与的重要活动和赛事，涉及总局的重大突发事件等。

（二）总局各直属单位和各单项运动协会

由各直属单位和单项运动协会组织的新闻发布，主要内容为：涉及本单位本项目的重要政策，以本单位本协会名义举办和参与的活动和赛事，涉及本单位本项目的突发事件等。

（三）各省（区、市）体育局

由各省（区、市）体育局组织的新闻发布，主要内容为：涉及本地区本单位的重要政策，在本地区或以本单位名义举办和参与的活动和赛事，涉及本地区本单位的突发事件等。

各部门各单位的新闻发布要注意统一口径，防止泄露国家、总局和本单位秘密。

四、新闻发言人工作保障

（一）新闻发言人的工作需要本单位领导班子和相关部门的支持和协助。各单位要为新闻发言人创造有利环境，鼓励新闻发言人主动发布信息。

（二）新闻发言人由各单位主要负责同志直接领导，应参加重要会议、阅读重要文件。新闻发言人可向本单位主要负责同志建议开展信息发布活动的时机、内容、形式和人选。突发事件发生后，要确保新闻发言人参与事件处置，能及时掌握相关信息，有效开展工作。

（三）要为新闻发言人配备专门的工作团队，要明确负责新闻发布的工作机构，设立专项工作经费。

（四）各直属单位、各省（区、市）体育局新闻发言人的相关信息要报送总局宣传司备案，如发生变化要及时报送更新信息。各单位的新闻发言人和新闻发布工作机构要保持与总局宣传司的日常工作联系。重大政策出台、重要信息发布和突发事件处理要事先与总局宣传司沟通，共同研究制订信息发布和政策解读的方案。

五、新闻发布工作要求

各单位要精心策划组织新闻发布，把握好新闻发布的时、度、效。

（一）要增强主动引导舆论的意识，有效利用多种传播手段，根据本单位、本项目的特点，认真策划新闻发布的主题、内容、时机和形式。根据实际情况，可采用新闻通气会、新闻发布会、媒体吹风会、公开训练日、集体采访等方式进行新闻发布。要充分发挥新媒体的传播作用，积极利用官方网站、微博、微信公共号等平台做好新闻发布。

（二）新闻发布前要做好相关的准备工作，包括对舆情的研判，相关背景材料的准备，相关口径的研提，发布人的选择等。新闻发布后要密切关注舆论的反应和事态的发展，做好后续发布准备。

（三）各省（区、市）体育局要根据地方宣传主管部门的要求，组织日常新闻发布和专题新闻发布，主要负责人每年至少要参加一次省级宣传主管部门组织的新闻发布会。

（四）总局各厅司局、各直属单位要积极配合总局的新闻发布工作，做好相关信息和口径的提供，根据需要派相关人员出席总局宣传司组织的新闻发布活动。

（五）各单位要建立日常信息发布和政策解读制度，完善突发事件应对机制，畅通媒体采访渠道，积极为媒体采访提供便利，主动提供信息服务，积极有效地发布信息、澄清事实、引导舆论。

六、做好舆情和培训工作

（一）各单位要加强舆情的收集、报告和研判工作，根据舆情及时研究对策，为决策提供第一手信息。公众和媒体关注度高的单位和单项协会应设立日常舆情工作机制，有专门的团队负责舆情工作，及时向本单位领导和总局报告相关舆情。进行新闻发布的同时，要密切关注舆情动态，及时报告相关情况。总局宣传司已经建立日常舆情工作机制，重要舆情会及时通报相关单位。

（二）各单位在关注舆情的同时，要加强研拟对外口径，建立常备口径库，收集和整理热点问题的对外表态口径，确保发布内容的统一性、权威性和准确性。相关部门要积极支持舆情监控和对外口径的收集制定工作。

（三）各单位要加强对本单位领导干部以及运动队的教练员、运动员、工作人员的培训。将信息发布和媒体应对等内容纳入本单位干部和运动队培训教育的学习内容，定期组织培训学习。鼓励本单位相关人员参加总局及其他部门组织的类似培训学习。总局宣传司将通过业务培训、工作交流等方式不断增强新闻发言人及相关工作团队的业务素养和能力，提高体育新闻发布工作的水平。

七、考核评价

宣传司每年将对各单位自主和配合开展新闻发布的情况，以及参加总局和相关部门组织的培训情况进行评估，评估结果将纳入对总局系统和地方体育部门宣传工作的考核评价体系。

体育总局关于印发《体育标准化管理办法》的通知

(体经字〔2017〕628号)

各省、自治区、直辖市、计划单列市、新疆生产建设兵团体育局，各厅、司、局，各直属单位，中国足球协会、中国篮球协会：

《体育标准化管理办法》已经体育总局局长办公会审议通过，现印发给你们，请遵照执行。

体育标准化管理办法

第一章 总 则

第一条 为加强体育标准化工作，规范体育标准化活动，发挥体育标准化工作在推动体育事业和体育产业协调发展中的作用，根据《中华人民共和国产品质量法》、《中华人民共和国标准化法》、《中华人民共和国体育法》等法律法规，制定本办法。

第二条 本办法适用于在我国境内开展体育标准化活动，从事体育标准化工作的组织与个人。

第三条 体育标准化工作内容包含制定体育标准化发展规划和标准体系，组织制定和修订体育标准，宣传贯彻与实施体育标准，监督体育标准的实施结果等。

第四条 体育标准化工作坚持以下原则：

（一）坚持依法行政、协同治理的原则；

（二）坚持需求引领、创新驱动的原则；

（三）坚持统筹推进、服务社会的原则；

（四）坚持适合国情、国际接轨的原则。

第二章 标准化工作的管理

第五条 国家体育总局体育经济司负责统筹组织管理全国体育标准化工作，主要职责是：

（一）贯彻国家标准化法律法规、方针政策，制定体育标准化规章制度；

（二）组织编制体育标准化工作发展规划和体系纲要；

（三）组织制定体育国家标准和行业标准；

（四）组织归口管理体育国家标准、行业标准，加强标准实施监督；

（五）指导地方体育标准化工作和全国性体育社会团体标准化工作；

（六）协调处理体育标准化有关问题；

（七）组建、管理和指导体育专业标准化技术委员会；

（八）统一管理体育认证工作；

（九）组织参与体育国际标准化活动。

第六条 国家体育总局各司局和直属事业单位分工管理本部门业务范围内的体育标准化工作，主要职责是：

（一）组织制定本部门业务范围内的体育标准化工作计划、中长期规划；

（二）组织起草本部门业务范围内的体育国家标准，组织起草、复审本部门业务范围内的体育行业标准；

（三）组织宣传贯彻与本部门业务有关的体育标准，并对标准实施情况进行监督检查；

（四）组织推广本部门业务范围内的体育标准化示范工作。

第七条 省、自治区、直辖市体育行政主管部门负责管理本行政区域内体育标准化工作，主要职责是：

（一）贯彻执行国家标准化法律法规、方针政策和体育标准化管理办法，制定本行政区域内的具体实施办法，并组织实施；

（二）组织草拟体育地方标准，组织宣传贯彻、实施体育标准，并对标准实施情况进行监督检查；

（三）承办其他体育标准化工作。

第八条 体育专业标准化技术委员会由生产者、经营者、使用者、消费者、公共利益方（教育科研机构、有关行政主管部门、检测及认证机构、社会团体等）等相关方代表组成，是从事相关专业标准化工作的技术组织。主要职责是：

（一）研究分析体育标准化的需求，提出体育国家标准、行业标准发展规划、标准体系和标准制修订计划项目，提出组建分技术委员会的建议；

（二）按体育国家标准、行业标准制修订计划负责组织体育标准的起草、技术审查、复审等工作；

（三）组织起草和审查体育国家标准、行业标准的技术内容和质量；

（四）开展体育标准宣传贯彻、解释工作；

（五）参与体育强制性国家标准的对外通报、咨询和国外技术法规的跟踪及评议工作；

（六）对体育标准的实施情况进行研究，对存在的问题向国家标准化管理委员会、国家体育总局提出建议意见；

（七）根据国家标准化管理委员会、国家体育总局的有关规定，承担体育国际标准化工作。

第三章 标准的范围与类型

第九条 体育标准包括赛事、产业、装备、等级等内容，按照标准适用范围分类，分为国家标准、行业标准、地方标准、团体标准和企业标准。按照标准的法律约束力分类，体育国家标准分为强制性标准和推荐性标准。其他标准均为推荐性标准。

第十条 对需要在全国范围内统一的体育技术、管理要求，应当制定体育国家标准。体育强制性国家标准严格限定在保障人身健康和生命财产安全、国家安全、生态环境安全以及满足社会经济管理基本要求的范围之内。

体育推荐性国家标准重点制定政府职责范围内的体育公益性事项、基础通用、与强制性国家标准配套的标准。

对没有国家标准而又需要在体育领域统一的技术、管理要求，可以制定体育行业标准。体育行业标准重点制定体育领域的重要产品、服务和行业管理标准。

对体育国家标准、行业标准未作规定又确有必要在行政区域内统一的技术和管理要求，省级体育行政主管部门可依法向本级标准化行政主管部门提出制定体育地方标准的建议。

鼓励依法成立的社会团体制定没有国家标准、行业标准、地方标准要求的体育团体标准，供社会自愿采用。

鼓励企业制定严于国家标准、行业标准、地方标准要求的体育企业标准，在企业内部使用。

第四章 标准的制定

第十一条 体育标准的制定实行计划管理。国家体育总局按照体育标准体系，每年定期公布体育标准立项指南，并根据立项指南确定标准制定项目。

第十二条 体育标准的制定应当公开、透明，制定过程中应广泛征求意见，并由专业标准化技术委员会负责组织审查。

国家标准报国家标准化管理委员会批准、发布。行业标准由国家体育总局统一编号、发布，并报国家标准化管理委员会备案。

第十三条 国家标准和行业标准发布实施后，国家体育总局应当组织专业标准化技术委员会定期对标准进行复审，并根据科学技术进步的状况和经济社会发展的需要及时开展标准的修订、废止工作。

第十四条 国家标准由国务院标准化主管部门授权机构出版。体育行业标准由国家体育总局授权的机构出版。

第十五条 体育地方标准、团体标准、企业标准的制定程序按照国家标准化管理委员会的有关规定执行。

第十六条 鼓励积极参与国际标准化活动，参与制定、采用和推广国际标准；鼓励开展体育标准化国际合作与交流，推进中国标准与国外标准间的转化运用。

第五章 标准的宣传贯彻

第十七条 体育国家标准和行业标准的对外解释工作，由体育专业标准化技术委员会或技术归口单位负责。

第十八条 国家体育总局每年定期公布已发布标准目录和在研标准信息目录。

第十九条　鼓励开展实施和推广标准工作，提供标准化信息咨询、技术指导、宣传培训等服务，培育发展体育标准化服务。

第六章　标准的实施与监督

第二十条　强制性标准必须执行。不符合强制性标准的产品、服务，禁止生产、销售、进口或者提供。

体育推荐性标准自愿执行。

鼓励体育领域企事业单位开展体育标准化试点工作。

第二十一条　企业应当将体育企业标准按照国家有关规定向社会公开。

第二十二条　鼓励各级体育行政主管部门运用标准化手段提供公共服务。

第二十三条　各级体育行政主管部门应当建立健全体育标准的实施监督机制。

各级体育行政主管部门应当每年定期以委托检测、监督抽查、自愿性认证为主要形式，对体育产品和服务的质量进行监测，定期公布质量抽查结果，对体育推荐性标准的实施情况进行监督检查，并将结果公示。

第二十四条　各级体育行政主管部门应当畅通体育标准实施监督的投诉举报渠道。

第七章　保障机制

第二十五条　各级体育行政主管部门应当重视标准化工作，履行标准化工作职责，将标准化工作纳入本部门工作计划。

第二十六条　国家体育总局列支用于体育标准制定、宣传贯彻、实施监督、人才培养的专项经费。经费实行预决算制度，应当依据专款专用的原则，各级体育行政主管部门应当将体育标准化工作经费纳入本部门经费预算。鼓励社会资金投入标准化工作，进行资金使用监管。

第二十七条　各级体育行政主管部门应当加强体育标准化人才培养。

第二十八条　各级体育行政主管部门对在标准化工作中做出显著成绩的组织、个人和项目，可以依据有关规定给予表彰和奖励。

第二十九条　鼓励重大体育科研项目与标准制定相结合，推进科技创新成果推广应用。

第八章　附　则

第三十条　本办法自发布之日起施行。

国家体育总局关于印发行政审批管理文件的通知

(体政字〔2017〕131号)

各省、自治区、直辖市、计划单列市、新疆生产建设兵团体育局,有关直属单位:

为规范行政审批行为、改进行政审批工作,精简行政审批材料、优化行政审批流程,进一步提高体育工作效率和为人民群众服务水平,国家体育总局根据法律法规和国务院要求,对所负责的行政审批事项进行了梳理,修改完善了相应管理文件,现印发给你们。在工作过程中遇到问题,请及时与国家体育总局联系。

举办全国性、跨省(区、市)的健身气功活动审批服务指南

一、项目编号

28001

二、办理依据

《国务院对确需保留的行政审批项目设定行政许可的决定》、《健身气功管理办法》

三、受理和决定机构

国家体育总局

四、审批时限

法定时限20个工作日，承诺时限17个工作日。办理过程中所需的听证、鉴定、专家评审等，不计入时限。

五、审批数量

无限制

六、申请材料

（一）申请书，原件；
（二）活动方案，包括经费保障、人员保障、安全保障、食宿保障、气象保障等情况说明；
（三）举办者合法的身份证明，复印件；
（四）活动场地管理者同意使用的证明，复印件。
申请人为公民的，申请材料均须申请人签字；申请人为法人或其他组织的，申请材料须加盖申请人印章。

七、申请材料接收

申请材料可通过窗口报送、邮寄、网上提交等方式提交。
（一）窗口接收：
接收部门名称：国家体育总局行政审批办公室
接收地址：北京市东城区体育馆路2号（533房间）

（二）网上接收：http://www.sport.gov.cn

（三）信函接收：

接收部门名称：国家体育总局行政审批办公室

接收地址：北京市东城区体育馆路2号

邮政编码：100763

联系电话：87183110、87182161

（四）办公时间：工作日8：00—17：00（中午休息）

举办全国性、跨省（区、市）的健身气功活动申请书模板

关于举（承）办全国健身气功×××活动的申请

国家体育总局：

　　我单位（公司）拟于××××年×月×日至×日在××举（承）办全国健身气功×××活动。该活动由××××主办（承办），由××××协办。

　　我单位（公司）将严格遵守国家有关法律法规的规定，切实做好各项工作，确保活动安全顺利举办。

　　特此申请。

　　联系人：　　　　　　电话：
　　地址：

单位（公司）××××××（盖章）
××××年×月×日

举办全国性、跨省（区、市）的健身气功活动审批流程图

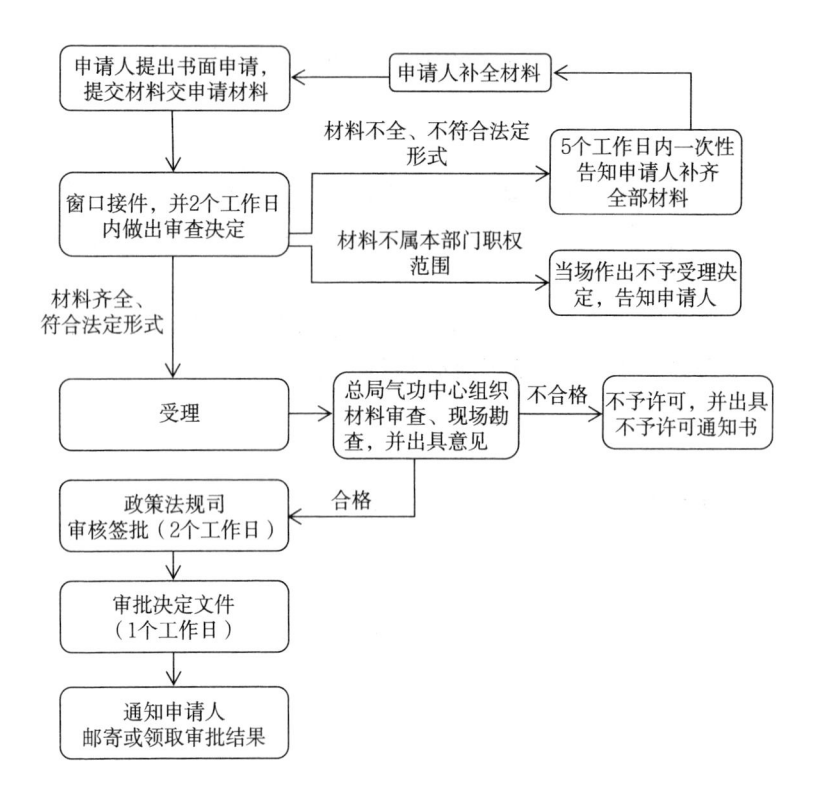

```
申请人提出书面申请，          ← 申请人补全材料 ←
提交材料交申请材料                                    ↑
     ↓                    材料不全、不符合法定形式   5个工作日内一次性
窗口接件，并2个工作日    ────────────────→      告知申请人补齐
内做出审查决定                                        全部材料
     │                    材料不属本部门职权范围
     │                    ────────────────→      当场作出不予受理决
     │ 材料齐全、                                   定，告知申请人
     │ 符合法定形式
     ↓
   受理  ──→  总局气功中心组织    不合格   不予许可，并出具
              材料审查、现场勘   ────→   不予许可通知书
              查，并出具意见
                   │ 合格
     ↓
政策法规司
审核签批（2个工作日）
     ↓
审批决定文件
（1个工作日）
     ↓
通知申请人
邮寄或领取审批结果
```

举办攀登7000米以上山峰活动和外国人来华登山活动审批服务指南

一、项目编号

28002

二、办理依据

《国务院对确需保留的行政审批项目设定行政许可的决定》、《国内登山管理办法》、《外国人来华登山管理办法》

三、受理和决定机构

国家体育总局

四、审批时限

法定时限20个工作日,承诺时限17个工作日。办理过程中所需的听证、鉴定、专家评审等,不计入时限。

五、审批数量

无限制

六、申请材料

（一）国内 7000 米以上山峰攀登活动

1. 申请书，原件；
2. 登山活动发起单位法人资格证明，复印件；
3. 登山活动计划书，包括登山时间安排、装备清单等；
4. 登山队成员信息，包括姓名、性别、出生日期、证件号码等信息；
5. 登山队成员当年体检报告

（二）外国人来华登山活动

1. 登山活动发起单位法人资格证明，复印件；
2. 登山活动计划书，包括登山时间安排、装备清单等；
3. 登山队成员信息，包括姓名、性别、出生日期、证件号码等信息；
4. 登山队成员所在国医生出具的健康证明。

国内 7000 米以上山峰攀登活动的，申请材料须加盖申请人印章。

七、申请材料接收

申请材料可通过窗口报送、邮寄、网上提交等方式提交。

（一）窗口接收：

接收部门名称：国家体育总局行政审批办公室

接收地址：北京市东城区体育馆路2号（533房间）

（二）网上接收：http://www.sport.gov.cn

（三）信函接收：

接收部门名称：国家体育总局行政审批办公室

接收地址：北京市东城区体育馆路2号

邮政编码：100763

联系电话：87183110、87182161

（四）办公时间：工作日 8：00—17：00（中午休息）

举办攀登7000米以上山峰活动申请书模板

关于攀登××××峰的申请

国家体育总局：

　　我单位（公司）现申请于××××年××月××日至××月××日攀登××××峰（××米）。登山过程中，将严格遵守国家有关法律法规，切实做好各项工作，确保此次活动顺利进行。

　　特此申请。

　　联系人：××××　　　　联系电话：××××
　　地址：

　　　　　　　　　　　　　单位（公司）××××（盖章）
　　　　　　　　　　　　　　××××年×月×日

举办攀登7000米以上山峰活动和外国人来华登山活动审批流程图

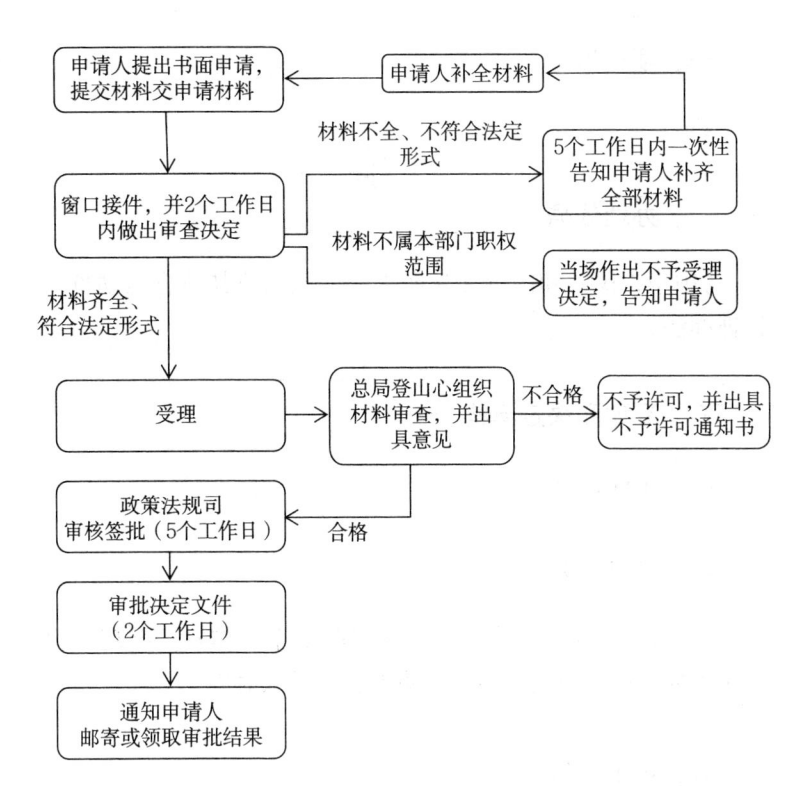

```
┌─────────────────┐      ┌──────────────┐
│申请人提出书面申请,│ ←──  │申请人补全材料│ ←──┐
│提交材料交申请材料│      └──────────────┘    │
└────────┬────────┘                            │
         ↓           材料不全、不符合法定形式   │
┌─────────────────┐ ────────────────→ ┌──────────────┐
│窗口接件,并2个工作│                    │5个工作日内一次性│
│日内做出审查决定  │                    │告知申请人补齐  │
└────────┬────────┘                    │全部材料        │
         │         材料不属本部门职权    └──────────────┘
         │         范围                ┌──────────────┐
         │ ────────────────────────→  │当场作出不予受理│
         │                             │决定,告知申请人│
材料齐全、                              └──────────────┘
符合法定形式
         ↓
┌─────────┐     ┌──────────────┐   不合格  ┌──────────────┐
│  受理   │ ──→ │总局登山心组织│ ────────→│不予许可,并出具│
└─────────┘     │材料审查,并出│           │不予许可通知书  │
                │具意见        │           └──────────────┘
                └──────┬───────┘
┌──────────────┐       │
│政策法规司     │ ←──── 合格
│审核签批(5个工作日)│
└──────┬───────┘
       ↓
┌──────────────┐
│审批决定文件   │
│(2个工作日)    │
└──────┬───────┘
       ↓
┌──────────────┐
│通知申请人     │
│邮寄或领取审批结果│
└──────────────┘
```

携带射击运动枪支弹药出入境审批服务指南

一、项目编号

28004

二、办理依据

《中华人民共和国枪支管理法》、《射击竞技体育运动枪支管理办法》

三、受理和决定机构

国家体育总局

四、审批时限

法定时限 10 个工作日,承诺时限 8 个工作日。办理过程中所需的听证、鉴定、专家评审等,不计入时限。

五、审批数量

无限制

六、申请材料

(一)申请书,原件;

（二）出境需提交邀请函和任务批件，入境仅需提交邀请函，复印件；

（三）携枪运动员姓名和运动枪支子弹型号、数量清单。

申请材料须加盖申请人印章。

七、申请材料接收

申请材料可通过窗口报送、邮寄、网上提交等方式提交。

（一）窗口接收：

接收部门名称：国家体育总局行政审批办公室

接收地址：北京市东城区体育馆路2号（533房间）

（二）网上接收：http://www.sport.gov.cn

（三）信函接收：

接收部门名称：国家体育总局行政审批办公室

接收地址：北京市东城区体育馆路2号

邮政编码：100763

联系电话：87183110、87182161

（四）办公时间：工作日8：00—17：00（中午休息）

携带射击运动枪支弹药出入境申请书模板

关于×××××队携带运动枪弹出入境的申请

国家体育总局：

　　现有×××队共××人（持枪人数××人），因××××（事由）拟于××××年×月×日携带运动枪弹于××机场（口岸/车站）出（入）境，并于××××年×月×日携带运动枪弹于××机场（口岸/车站）入（出）境。届时该队将携带运动枪支共×支，子弹共×发。

　　特此申请。

　　联系人：　　　　　　电话：
　　地址：

单位×××××（盖章）

××××年×月×日

携带射击运动枪支弹药出入境审批流程图

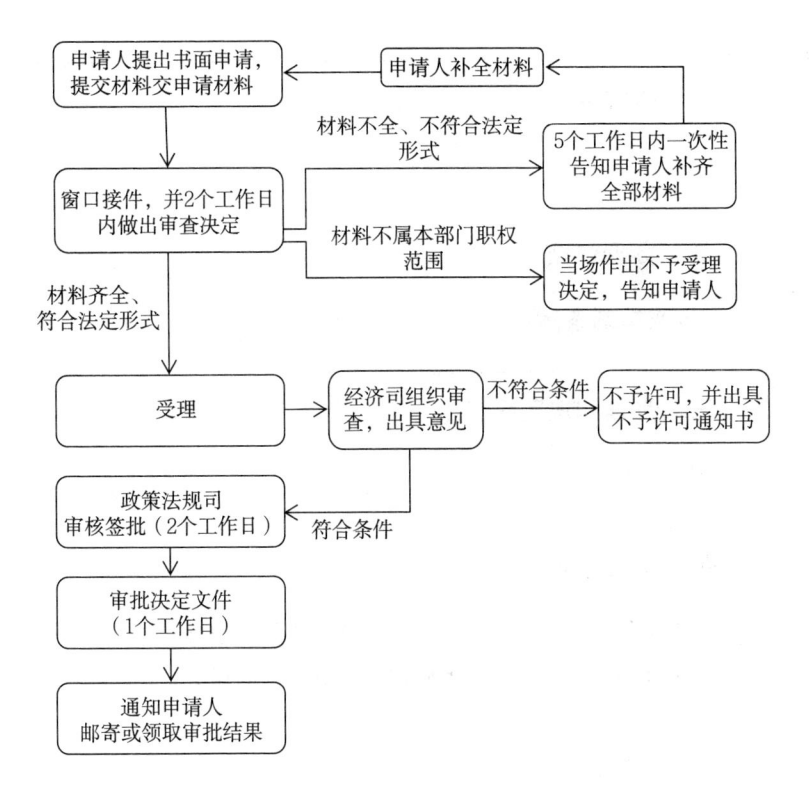

```
申请人提出书面申请,          ← 申请人补全材料 ←
提交材料交申请材料                                  ↑
        ↓                                          ↑
                    材料不全、不符合法定            ↑
                    形式                    5个工作日内一次性
窗口接件,并2个工作日    →               告知申请人补齐
内做出审查决定                              全部材料
                    材料不属本部门职权
                    范围
                                          当场作出不予受理
                                    →     决定,告知申请人
        ↓ 材料齐全、
          符合法定形式
                                    不符合条件
     受理          →    经济司组织审       →    不予许可,并出具
                        查,出具意见              不予许可通知书
        ↓
   政策法规司
   审核签批(2个工作日)  ← 符合条件
        ↓
   审批决定文件
   (1个工作日)
        ↓
   通知申请人
   邮寄或领取审批结果
```

133

兴奋剂检测机构资质认定审批服务指南

一、项目编号

28005

二、办理依据

《反兴奋剂条例》

三、受理和决定机构

国家体育总局

四、审批时限

法定时限20个工作日，承诺时限17个工作日。办理过程中所需的听证、鉴定、专家评审等，不计入时限。

五、审批数量

无限制

六、申请材料

（一）申请书，原件；
（二）申请单位的法人资格证书，复印件；

（三）相关国际组织颁发的兴奋剂检测实验室认可证书，复印件；

（四）申请单位相关材料，含设备清单、组织架构、人员名单以及上岗证书，复印件；

（五）申请单位质量管理体系文件和质量手册，复印件。

申请材料须加盖申请人印章，其中第二项、第三项材料需现场与原件核对。

七、申请材料接收

申请材料可通过窗口报送、邮寄、网上提交等方式提交。

（一）窗口接收：

接收部门名称：国家体育总局行政审批办公室

接收地址：北京市东城区体育馆路2号（533房间）

（二）网上接收：http://www.sport.gov.cn

（三）信函接收：

接收部门名称：国家体育总局行政审批办公室

接收地址：北京市东城区体育馆路2号

邮政编码：100763

联系电话：87183110、87182161

（四）办公时间：工作日8：00—17：00（中午休息）

兴奋剂检测机构资质认定申请书

关于设立×××××兴奋剂检测实验室的申请

国家体育总局：

根据《反兴奋剂条例》和兴奋剂检测机构资质认定的有关要求，经筹备，我单位拟设立×××××兴奋剂检测实验室。我们将严格遵守国家相关法律法规，确保该实验室合法运行。

特此申请。

联系人：　　　　　　电话：
地址：

单位×××××（盖章）

××××年×月×日

兴奋剂检测机构资质认定审批流程图

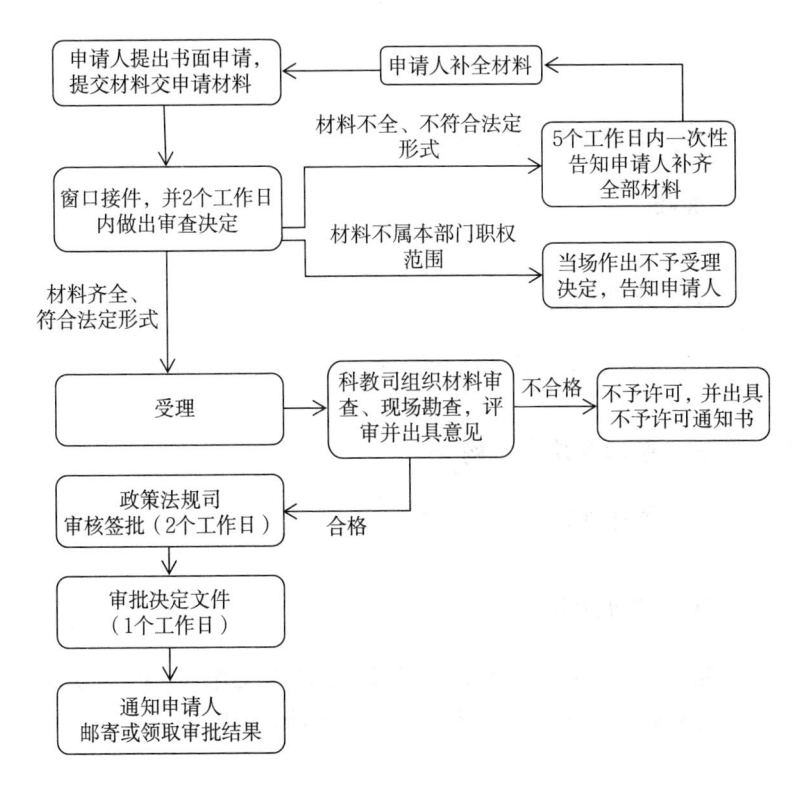

```
申请人提出书面申请,          ← 申请人补全材料 ←
提交材料交申请材料                                    ↑
        ↓              材料不全、不符合法定
                            形式              5个工作日内一次性
窗口接件,并2个工作日      →                    告知申请人补齐
内做出审查决定                                   全部材料
        |              材料不属本部门职权
                            范围              当场作出不予受理
材料齐全、             →                       决定,告知申请人
符合法定形式

        ↓                                   不合格
      受理        →   科教司组织材料审         →   不予许可,并出具
                      查、现场勘查,评              不予许可通知书
                      审并出具意见
        ↓
  政策法规司         ← 合格
  审核签批(2个工作日)
        ↓
  审批决定文件
  (1个工作日)
        ↓
  通知申请人
  邮寄或领取审批结果
```

举办国际性或全国性航空体育竞赛活动审批服务指南

一、项目编号

28008

二、办理依据

《全国航空体育竞赛活动管理办法》

三、受理和决定机构

国家体育总局

四、审批时限

法定时限20个工作日,承诺时限17个工作日。办理过程中所需的听证、鉴定、专家评审等,不计入时限。

五、审批数量

无限制

六、申请材料

(一)申请书,原件;

（二）申请人的法人资格证书，复印件；

（三）举办国际性航空体育活动的，需提交省级体育行政部门意见，原件；

（四）活动总体方案，包括竞赛活动规程和规则、经费保障、场地条件、空域条件、燃料及其他设施设备保障、食宿和安全保障、气象保障等情况说明；

（五）应急情况处置预案。

申请材料须加盖申请人印章。

七、申请材料接收

申请材料可通过窗口报送、邮寄、网上提交等方式提交。

（一）窗口接收：

接收部门名称：国家体育总局行政审批办公室

接收地址：北京市东城区体育馆路2号（533房间）

（二）网上接收：http://www.sport.gov.cn

（三）信函接收：

接收部门名称：国家体育总局行政审批办公室

接收地址：北京市东城区体育馆路2号

邮政编码：100763

联系电话：87183110、87182161

（四）办公时间：工作日8：00—17：00（中午休息）

举办国际性或全国性航空体育竞赛活动申请书

关于举办（承办）国际/世界/亚洲（大）/
全国航空××××比赛（活动）的申请

国家体育总局：

　　我单位（公司）拟于××××年×月×日至×日在××市（县）举办（承办）国际/世界/亚洲（大）/全国航空××××比赛（活动），该比赛由××××主办（承办），由××××协办。

　　我单位（公司）将严格遵守国家有关法律法规，切实做好各项工作，确保活动安全顺利举办。

　　特此申请。

联系人：　　　　　　　　电话：
地址：

　　　　　　　　　　　　单位（公司）××××××（盖章）
　　　　　　　　　　　　　　××××年×月×日

举办国际性或全国性航空体育竞赛活动审批流程图

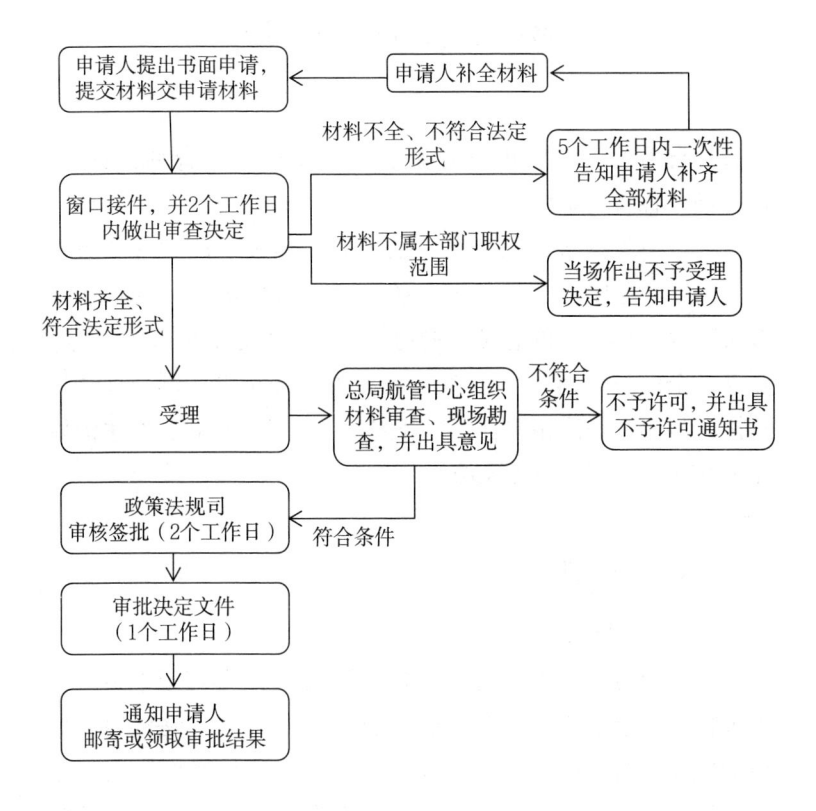

```
申请人提出书面申请,          ←  申请人补全材料  ←
提交材料交申请材料                                  ↑
        ↓        材料不全、不符合法定形式           
                              →  5个工作日内一次性
窗口接件,并2个工作日              告知申请人补齐
内做出审查决定                    全部材料
        │        材料不属本部门职权范围
        │                      →  当场作出不予受理
        │                         决定,告知申请人
   材料齐全、
   符合法定形式
        ↓
                    总局航管中心组织    不符合条件
      受理    →    材料审查、现场勘    →  不予许可,并出具
                    查,并出具意见          不予许可通知书
        ↓                  ↑
   政策法规司              符合条件
   审核签批(2个工作日)
        ↓
   审批决定文件
   (1个工作日)
        ↓
   通知申请人
   邮寄或领取审批结果
```

体育总局关于贯彻落实"谁执法谁普法"普法责任制的实施意见

(体政字〔2017〕161号)

各省、自治区、直辖市、新疆生产建设兵团体育局,各厅、司、局,各直属单位:

为进一步深入贯彻落实党的十九大精神,按照《中共中央办公厅国务院办公厅印发〈关于实行国家机关"谁执法谁普法"普法责任制的意见〉的通知》(中办发〔2017〕31号)要求,全面贯彻落实"谁执法谁普法"普法责任制,推动体育执法与体育普法相结合,提升体育系统依法行政、依法治体能力和水平,制定以下实施意见:

一、总体要求

(一)指导思想

认真学习贯彻落实党的十九大精神,坚持以习近平新时代中国特色社会主义思想为指导,贯彻落实中央关于法治宣传教育的决策部署,按照《全国体育系统法治宣传教育第七个五年规划(2016-2020年)》的工作布置,结合"谁执法谁普法"的要求,进一步明确和强化体育系统普法职责任务,健全普法责任制,推进普法工作深入开展。

(二)基本原则

坚持普法与执法相结合。把普法宣传教育渗透到执法办案的全过程,建立权责明确、行为规范、监督有效、保障有力的行政执法体制,通过文明执法促进深度普法,通过广泛普法促进文明执法。

坚持系统内普法与社会普法并重。在履行好系统内普法责任的同时,积极承担面向社会的普法责任,提高系统内领导干部的法律素质,增强社会公众的法治意识。

坚持条块结合、密切协作。把法治宣传教育与推进体育事业改革发展有机结合,把法治融入体育工作的各个环节,引导各级体育行政部门在法治实践中自觉学习、运用国家法律和党内法规,不断提升法治素养。

坚持从实际出发、注重实效。立足实际,围绕体育改革发展中心工作,把握法治宣传教育工作规律,创新工作理念,拓展工作领域,完善工作机制,改进方式方法,不断提高法治宣传教育工作的实效性。

二、主要任务和措施

(一)建立体育系统普法责任制。各级体育行政主管部门要把普法作为推进体育法治建设的基础性工作来抓,纳入本部门工作总体布局,做到与其他业务工作同部署、同检查、同落实。按照普法责任制的要求,制定本部门普法规划、年度普法计划和普法责任清单,明确普法任务和工作要求。建立健全普法领导和工作机构,明确具体责任部门和责任人员。

(二)深入学习宣传习近平新时代中国特色社会主义思想,宣传党中央关于全面依法治国的重要部署,使体育系统了解和掌握全面依法治国的目标任务和总体要求,增强普法和执法的积极性和主动性。

(三)深入学习宣传以宪法为核心的中国特色社会主义法

律体系。把宣传以宪法为核心的中国特色社会主义法律体系作为法治宣传的基本任务，深入学习以《体育法》为核心的体育行业法律法规。在传播法律知识的同时，注重弘扬法治精神、培育法治理念、树立法治意识，大力宣传基本法治理念，引导体育系统自觉守法、遇事找法。

（四）切实加强领导干部带头学法、模范守法，大力推进工作人员学法守法用法，深入开展体育行业从业人员法治宣传教育。完善各级体育行政部门领导干部学法用法制度，把遵法学法守法用法情况作为考核领导班子和领导干部的重要内容；把法治教育纳入体育系统干部教育培训总体规划，定期开展社会主义法治理念教育、专门法律知识轮训和新颁布法律法规专题培训，加强工作人员通用法律知识与履行职责相关的专门法律知识学习，不断提高工作人员运用法律手段解决问题的能力；根据体育行业从业人员的特点和接受能力，结合思想政治教育工作，有重点、有针对性地开展法治宣传教育，引导运动员、教练员、裁判员、项目管理人员、体育社团工作人员、体育经营单位工作人员树立社会主义法治理念和法治意识，养成遵纪守法的行为习惯。

（五）充分利用体育法律法规规章起草制定过程向社会开展普法。在体育法律法规规章起草制定过程中，对社会关注度高、涉及公众切身利益的重大事项，要广泛听取公众意见，特别是听取一线体育行业从业人员的意见。除依法需要保密的外，法律法规规章草案都要向社会公开征求意见，并说明相关制度设计，动员社会各方面广泛参与。加强与社会公众的沟通，及时向社会通报征求意见的有关情况，增强社会公众对法律的理解和认知。法律法规规章出台后，以通俗易懂的语言将公民、法人和其他组织的权利义务、权利救济方式等主要内容，通过政府网站、新闻媒体公布或在公共场所陈列，方便社会公众理解掌握。

三、保障措施

（一）加强组织领导。各级部门要高度重视，建立学法用法讲法制度和执法普法跟踪制度；建立协调推进工作机制，形成党委统一领导，部门分工负责、各司其职、齐抓共管的普法工作格局，开创法治宣传教育工作新局面；加强人员、经费和物质保障，协调解决普法工作中的重要问题；加大推进普法责任制建立和落实的监督检查力度，全力推进"谁执法谁普法"普法责任制落到实处。

（二）强化督促检查。上级部门要加强对下级部门普法责任制建立和落实情况督促检查，强化工作指导；要把普法责任制落实情况作为体育部门工作目标考核和领导干部业绩考核，推动普法责任制的各项要求落到实处；要加强与有关部门的协调配合，增强法治宣传的整体效果。

（三）大力宣传培训。各级部门要组织开展专业知识培训，提升从业人员业务素质能力；加大宣传力度，注重依托政府网站、专业普法网站和微博、微信、微视频、客户端等新媒体新技术开展普法活动，努力构建多层次、立体化、全方位的法治宣传教育网络；开展普法责任制专题宣传，及时报道普法责任制建设进展，积极推广典型经验做法；注重奖惩激励，对落实普法责任制经验、成效突出的单位，按照国家有关规定予以表彰奖励，对落实普法责任制不力的单位，在一定范围内予以通报。

各级体育行政主管部门要按照本意见精神，研究制定具体措施，认真组织实施。

地方性法规、规章及规范性文件

河北省人民政府办公厅
关于加快发展健身休闲产业的实施意见

(冀政办字〔2017〕71号)

各市(含定州、辛集市)人民政府,各县(市、区)人民政府,省政府各部门:

为贯彻落实《国务院办公厅关于加快发展健身休闲产业的指导意见》(国办发〔2016〕77号)精神,深度挖掘我省体育健身休闲资源,加快健身休闲产业发展,经省政府同意,结合我省实际,提出如下实施意见:

一、指导思想与发展目标

(一)指导思想。

全面贯彻党的十八大精神,牢固树立和贯彻落实创新、协调、绿色、开放、共享的发展理念,抓住京津冀协同发展、雄安新区建设、北京携手张家口举办2022年冬奥会有利契机,深化健身休闲产业供给侧结构性改革,提高健身休闲产业发展质量和效益,培育壮大各类市场主体,丰富产品和服务供给,构建体现河北特点的健身休闲产业体系,满足全省人民多层次、多样化健身休闲需求,推动全民健身和全民健康深度融合,为建设经济强省、幸福河北、健康河北提供有力支撑和持续动力。

(二)发展目标。

到2025年,全省健身休闲市场主体更加活跃、市场机制更加完善、发展环境不断优化、产业结构日趋合理，产品服务供给更加丰富，与其他产业融合水平进一步提高，基本形成布局合理、功能完善、门类齐全的健身休闲产业发展格局。全省健身休闲产业总规模达到1500亿元。

二、工作任务

（一）完善健身休闲产业体系。

1. 普及日常健身。推广适合公众广泛参与的健身休闲项目，发展足球、篮球、排球、乒乓球、羽毛球、游泳、健身跑、健步走、广场舞、骑行、台球、轮滑、体育舞蹈等普及性广、关注度高、市场空间大的运动项目。优化大众健身休闲项目服务供给，构建多层次、多样化的产品体系。

2. 发展户外运动。制定健身休闲重点运动项目目录，以户外运动为重点，落实《河北省冬季运动发展规划（2015－2022年）》，组织制定《河北省山地户外运动规划》《河北省水上运动规划》《河北省航空运动规划》，支持一批具有消费引领作用的户外健身休闲项目发展。

冰雪运动。以张家口、承德等北部地区为主轴，辐射带动太行山及华北平原地区建设室外雪场、室内冰场，发展大众滑雪、滑冰、冰球等项目。巩固提高崇礼国际滑雪节品牌影响力，推动崇礼高原训练基地改扩建工程，高水平、高标准建设国家滑雪训练基地和大众滑雪普及场地。鼓励有条件的县（市、区）建设滑雪场或室内滑冰场。支持张家口、承德市建设冬季冰上训练基地，逐步打造成省级冰上训练基地、争创国家级冰上训练基地。

山地户外运动。依托太行山、燕山自然资源，建设登山健身步道、攀岩基地、山地越野赛场、汽车露营地等设施，开展登山、攀岩、定向、徒步、穿越、探险、拓展、骑行、露营等户外休闲运动。支持创办一批山地户外运动特色基地，培育一批国内知名山地休闲运动产业品牌。加强户外运动指导员队伍建设，完善山地户外运动安全应急救援体系。

水上运动。开发秦皇岛、唐山、沧州海洋运动资源，发展帆船、帆板、游艇、海钓、潜水、航海模型、水上滑翔等水上运动。培育壮大一批海洋运动俱乐部、水上运动组织、航模社团，支持发展1-2支帆船、帆板、海上摩托艇等专业性竞赛表演队伍。利用白洋淀、衡水湖、滹沱河等湖泊、河流资源，发展龙舟、摩托艇、皮划艇、垂钓、漂流等运动项目。在白洋淀、北戴河新区、乐亭、曹妃甸、衡水湖等区域建设多功能游艇、帆船运动码头，打造一批水上运动基地。

汽摩、航空运动。推动汽车露营营地建设，谋划一批环京津自驾游精品线路，开展家庭露营、主题自驾等活动。支持发展运动飞机、热气球、动力伞、滑翔伞、动力三角翼、水上飞机观光、航空模型等低空飞行运动，构建以大众消费为核心的航空体育产品和服务供给体系。依托保定航空运动学校资源，培育体育航空观光、空中跳伞、飞行体验等特色航空体验项目，开展私照、商照和仪表等飞行执照培训。

武术、太极、气功运动。挖掘传统民族体育运动资源，发展武术、太极、气功等健身休闲运动。提升邯郸国际太极拳运动大会、沧州国际武术节办赛水平，培育保定孙氏武学大会等潜力赛事。推动与文化、旅游、医学等融合发展，建设武术运动、太极运动养生基地、太极文化产业园。

3. 发展特色运动。挖掘民族传统体育优秀资源，发展摔跤、骑马、射箭、舞龙舞狮、信鸽、毽球、珍珠球、投壶、蹴鞠等运动项目，支持发展一批民族特色运动赛事活动品牌。推动发展高尔夫、马术、击剑、电子竞技、极限运动等时尚运动项目，建设京津冀高端休闲健身运动基地。

4. 促进产业互动融合。实施体育旅游精品示范工程，引导有条件的旅游景区拓展体育旅游项目，鼓励省内旅行社结合健身休闲项目和体育赛事活动设计开发旅游产品和路线。支持各级园博会与健身休闲产业深度融合。推动全民健身和大健康新医疗融合，发挥运动健身在疾病防御、慢性病防治和病后康复等方面重要作用。推动"体医结合"，推广覆盖全生命周期的运动健康服务。发展运动医学和康复医学，发挥中医药在运动康复等方面的特色作用。促进健身休闲与文化、养老、教育、农业、水利、交通运输等产业融合发展。

5. 推动"互联网+健身休闲"。鼓励开发以大数据、智能化、移动互联网、云计算技术为支撑的健身休闲服务，推动传统健身休闲企业由销售导向向服务导向转变。运用"互联网+"整合省内体育场馆资源，建设河北省体育场地网络信息平台、体育赛事平台，提升场馆预定、健身指导、体质监测、交流互动、赛事参与、器材装备定制等综合服务水平。

(二) 培育健身休闲市场主体。

1. 支持休闲企业发展。加大健身休闲龙头企业扶持力度，支持打造一批具有自主品牌、创新能力和竞争实力的健身休闲骨干企业。鼓励各类中小微健身休闲企业、俱乐部强化特色经营、特色产品和特色服务。鼓励各地健身休闲产业政策先行先试，加强与京津健身休闲企业交流互动，高水平打造健身休闲服务为特色的贸易示范区。

2. 鼓励创业创新。完善创新创业市场体系，优化健身休闲产业发展环境。建设完善河北省体育产业创业创新孵化平台，扶持中小微企业做大，协助规模企业上市。鼓励各地成立健身休闲产业孵化平台，支持各类投资主体来我省创建健身休闲产业孵化平台、创客空间或分支机构。鼓励退役运动员创业创新，投身健身休闲产业。

3. 壮大体育社会组织。依法依规放宽城乡社区类体育健身休闲社会组织准入门槛，支持发展一批体育类社会组织、基金会、俱乐部。鼓励民间资本、健身休闲爱好团体创办成立各类社会组织。依托各级体育总会、单项体育协会、人群体育协会，构建健全的全民健身组织网络。推进政府向体育社会组织购买公共体育服务，鼓励各类社会组织主动承接政府公共体育服务职能。

（三）优化健身休闲产业结构和布局。

1. 改善产业结构。调整优化健身休闲服务业、器材装备制造业及相关产业结构，提升服务业比重。推动户外运动器材、服装、场地产品升级，培育一批体育用品研发制造示范县；以石家庄、张家口、唐山、秦皇岛、承德等为重点，加快发展一批高端体育装备制造、体育文化创意、体育大数据、电子竞技产业园。实施健身服务精品工程，培育一批以健身休闲服务为核心的体育产业示范基地、单位和项目，打造一批优秀健身休闲俱乐部、场所和品牌。发挥重大体育旅游项目引领带动作用，建设崇礼冰雪小镇、丰宁大滩马镇、涞水四季圣诞小镇、涞源冰雪小镇等一批体育旅游示范基地。

2. 打造地区特色。组织开展山水运动资源调查、民族传统体育资源调查。鼓励各地利用丰富的自然、人文资源，发展各具特色的健身休闲产业，打造"一环四带"健身休闲空间布局。"一环"即在环京津过渡区打造以"山水户外+休闲体育"为特色的全民健身休闲基地，"四带"即以"冰雪文化+健身休闲"为特色的京张休闲健身产业带，以"皇家文化+健身休闲"为特色的京承健身休闲产业带，以"滨海湿地+健身休闲"为特色的秦唐沧海洋运动健身休闲产业带，以"红色文化+山地户外"为特色的太行山健身休闲产业带。

3. 建设引领示范区。

张家口冰雪健身休闲示范区。高标准、高规格建设奥运场馆设施，发展冰雪休闲产业园、冰雪运动装备制造园、冰雪运动小镇，开展大众滑雪、大众滑冰等冰雪健身项目，推动冰雪运动与健身、康体、旅游等融合发展，打造全国一流的冰雪健身休闲示范引领区。

雄安新区健身休闲示范区。围绕建设健康之城，加大体育公共服务设施投入，合理规划安排体育设施用地，发展智慧包容型公共体育服务体系，构建高端公共体育服务示范区。围绕建设绿色之城，发挥雄安新区湖泊、湿地、户外等资源优势，建设集水上、露营、户外、自行车、垂钓等健身休闲运动和风景旅游、文化旅游、红色旅游于一体的综合性健身休闲基地、体育旅游公园。制定完善雄安新区健身休闲产业发展支持政策，扶持发展体育健身、体育旅游、体医结合、养生养老类优质项目，支持发展智慧体育服务业，打造高端健身休闲产业引领示范区。围绕建设活力之城，积极承接国内外优质赛事资源，培育开发一批群众喜爱、观赏性强的高水平赛事活动，打造顶级体育赛事聚集区。围绕建设创新之城，承接京津高端体育装备研发相关高校、科研院所转移，打造体育装备研发前沿高地。

（四）加强健身休闲设施建设。

1. 完善健身休闲基础设施网络。以石家庄市、张家口市崇礼区和廊坊市固安县为试点，推进全省公共体育示范区建设。精准对接百姓需求，统筹规划健身休闲项目、场地设施空间布局，建设市、县、乡、村四级健身休闲基础设施网络。鼓励利用城市和乡村闲置地，因地制宜建设健身设施。

2. 盘活用好现有体育场馆资源。完善大型公共体育场馆免费、低收费开放补助标准和办法，推进企事业单位体育设施向社会开放。推动有条件的学校体育场馆设施在课后和节假日对本校学生和公众有序开放。

3. 加强特色健身休闲设施建设。规划建设城市步行和自行车交通体系。研究打造国家步道系统和自行车路网，建设一批山地户外营地、徒步骑行服务站、自驾车房车营地、运动船艇码头、航空飞行营地等健身休闲设施。鼓励和引导旅游景区、旅游度假区、乡村旅游区等建设特色健身休闲设施。

（五）提升健身休闲器材装备研发制造能力。

1. 推动转型升级。依托我省制造业产业优势，扶持做大一批"专精特新"的体育生产企业，推动我省体育用品制造向高端化、智能化迈进。鼓励引进高端健身器材、智慧体育装备、健身休闲装备以及赛车、滑雪、水上运动等高技术、高附加值运动器材装备。支持钢铁、机械、地产、汽车、网络、科技等领域企业延伸产业链条，发展体育装备产品。鼓励健身休闲器材装备制造企业向服务业延伸发展。

2. 增强自主创新能力。鼓励企业利用互联网技术对接健身休闲个性化需求，开发新型运动康复装备、运动健身指导技术装备、可穿戴式运动设备等智能体育产品。支持企业通过海外并购、合资合作、联合开发等方式，提升健身休闲产业的器材装备制造水平、研发能力。鼓励大数据、机器人、高新材料等在体育用品研发、生产中的应用。支持符合条件的体育装备制造企业认定高新技术企业。支持京津科研院所、高科技企业到我省开展技术开发、中试，加快对国内外先进技术的吸收。

3. 加强品牌建设。开展"一地一品"创建，推动区域特色品牌创建。支持企业创建和培育自主品牌，提升健身休闲器材装备的附加值和软实力。支持企业利用互联网开展产品营销，打造知名品牌。

（六）改善健身休闲消费环境。

1. 深挖消费潜力。申办承办国内外高水平赛事，培育壮大自主品牌赛事，合理编排职业联赛赛程，丰富节假日体育赛事供给。鼓励各地结合城市定位，开发一批群众喜爱、观赏性强的高水平比赛。组织开展多种日常群众性健身休闲活动，引导广大人民群众形成投资健康的消费理念。支持俱乐部、运动团体开展专业领域的健身休闲培训，鼓励退役运动员、教练员开展各类健身休闲培训业务，培养发展青少年体育爱好和运动技能。

2. 完善消费政策。探索多种形式的健身休闲消费补贴优惠政策，鼓励有条件的市、县发放健身休闲消费券，激励健身休闲消费。推进健身休闲消费便利化，积极推进便捷支付方式在体育消费领域的应用。鼓励健身休闲企业与金融机构合作发行健身休闲联名银行卡，实施特惠商户折扣。鼓励全省及京津冀三地健身休闲服务信息系统（平台）的开发及应用。鼓励引导保险公司开发健身休闲场地责任保险、运动人身意外伤害保险。推动青少年参加体育活动相关责任保险发展。完善市场监管体系，创新监管手段，加强健身休闲消费过程中投诉举报的处置能力建设，维护消费者合法权益。

3. 引导消费理念。鼓励制作和播出国产健身休闲类节目。支持形式多样的体育题材文艺创作，鼓励创作编排健身操、广场舞及各种健身运动指南、作品，服务大众参加体育健身活动。鼓励发展多媒体广播电视、网络广播电视、手机应用程序（APP）等体育传媒新业态，促进消费者利用各类社交互动平台互动交流，提升消费体验。

三、保障措施

（一）持续推动"放管服"改革。

全面清理不利于健身休闲产业发展的有关规定，对保留实施的行政审批事项，进一步简化审批环节，优化审批流程，提高审批效率。推动全省综合性和单项体育赛事管理制度改革，完善市场准入标准和运行规则。依法依规加强和改善市场监管，加强事中事后监管，完善相关安保服务标准，加强行业信用体系建设。全面落实扶持体育产业发展的各项优惠政策，各类健身休闲场所的水、电、气、热价格按不高于一般工业标准执行，降低健身休闲企业税费成本。

（二）完善投入机制。

县级以上政府要将全民健身经费列入本级财政预算，保持相应增幅。用足用好省级体育产业引导股权投资资金、彩票公益金，对符合条件的健身休闲项目予以支持、资助。鼓励社会资本以市场化方式设立健身休闲产业发展投资基金。制定政府购买全民健身公共服务的目录、办法及实施细则，加大对智库服务、基层健身组织和健身赛事活动的购买比重。发挥多层次资本市场作用，支持符合条件的健身休闲企业上市，鼓励符合条件的企业发行企业债券，募集用于健身休闲产业项目的建设。鼓励健身休闲产业项目建设采取融资租赁方式，拓宽融资渠道。鼓励金融机构在风险可控的前提下，拓展对健身休闲企业贷款的抵质押品种类和范围。

（三）优化规划和土地利用政策。

将健身休闲产业用地纳入各级土地利用规划。引导健身休闲产业项目科学选址、科学用地，合理控制用地规模，及时安排新增建设用地计划指标。对使用荒山、荒地、荒滩建设的健身休闲项目，优先安排新增建设用地计划指标，出让底价可按不低于土地取得成本、土地前期开发成本和按规定应收取相关费用之和的原则确定。在土地利用总体规划确定的城市和村庄、集镇建设用地范围外布局的重大健身休闲项目，可按照单独选址项目安排用地。鼓励以长期租赁、先租后让、租让结合方式供应健身休闲项目建设用地。支持农村集体经济组织自办或以土地使用权入股、联营等方式参与健身休闲项目。

（四）加强人才保障。

加大健身休闲从业人员培训力度，提高健身休闲场所工作人员服务水平和专业技能。鼓励企业与高校联合建立健身休闲产业教学、科研和培训基地，开展各类健身休闲项目策划、运营管理、技能操作等应用型专业人才培养。加强社会体育指导员队伍建设，完善体育人才培养开发、流动配置、激励保障机制。

（五）完善标准和统计制度。

以国家体育产业统计分类为基础，完善健身休闲产业统计制度和指标体系，建立健身休闲产业监测机制。推动制定健身休闲服务规范和质量标准，鼓励省内企业积极参与行业和国家标准制定，提高健身休闲产业标准化水平。

各地各有关部门要根据本实施意见要求，结合实际情况，抓紧制定具体落实意见和实施细则（办法）。要把发展健身休闲产业纳入国民经济和社会发展规划，鼓励有条件的地方编制健身休闲发展专项规划。省体育局、省发展改革委、省旅游发展委会同有关部门对落实本意见的情况进行监督检查和跟踪分析，重大事项及时向省政府报告。

河北省人民政府办公厅关于支持冰雪运动和冰雪产业发展的实施意见

(冀政办字〔2017〕92号)

各市(含定州、辛集市)人民政府,省政府有关部门:

为贯彻落实《国务院办公厅关于加快发展健身休闲产业的指导意见》(国办发〔2016〕77号)精神,进一步提升我省冰雪运动和冰雪产业发展水平,经省政府同意,提出如下实施意见。

一、总体要求

(一)指导思想。

全面贯彻落实党的十八大和十八届三中、四中、五中、六中全会精神,深入学习贯彻习近平总书记系列重要讲话特别是视察河北的重要讲话和关于办好2022年冬奥会的重要指示批示精神,深化改革创新,全面提升冰雪竞技水平,广泛开展冰雪健身活动,加快发展冰雪产业,着力打造冰雪运动强省,为助力2022年冬奥会成功举办、加快建设经济强省、美丽河北提供有力支撑。

(二)基本原则。

坚持创新发展。加快推进简政放权、放管结合、优化服务改革,完善配套政策,提高冰雪运动公共服务体系质量和水平。引导市场主体在组织管理、建设运营、研发生产等环节创新理念和模式,调动社会各方面的积极性,共同推进冰雪运动和冰雪产业发展。

坚持协调发展。加强与京津的合作，推动京津冀冰雪运动和冰雪产业协同发展。促进冰雪产业与文化、旅游、科技、会展、医疗等产业融合发展，推动冰雪及相关产业的同步发展。

坚持绿色发展。集约使用土地及水电气热等资源和能源，保护森林资源，树立奥林匹克运动与城市良性互动、共赢发展的典范。

坚持开放发展。吸引社会力量参与冰雪运动和冰雪产业发展，深化与东北地区的合作，加强与国际冰雪组织合作，积极开展国际交流活动，努力承办国际冰雪赛事，形成深度融合的互利合作格局。

坚持共享发展。以满足人民群众的冰雪运动需求为出发点，丰富冰雪休闲健身活动和冰雪赛事，为全省乃至全国民众提供丰富的冰雪产品和服务，共享冰雪运动发展成果。

（三）发展目标。

1. 群众冰雪运动广泛开展。2022年全省达到3000万人次参与冰雪运动。

2. 冰雪竞技水平全面提升。2018年有河北省运动员参加平昌冬奥会，2020年参加全国冬运会获得金牌，2022年参加冬奥会夺得1-2枚金牌。

3. 冰雪产业规模不断提高。2022年全省冰雪产业总规模达到1000亿元。

4. 冰雪场地数量持续增加。2022年全省滑雪场达到80个、滑冰场达到200个。

二、广泛开展群众冰雪健身活动

（一）构建冰雪健身服务体系。科学制定《河北省群众冬季运动推广普及实施计划》。强化冰雪运动健身指导，加快培养冰雪社会体育指导员，2022年全省冰雪社会体育指导员达到15000人。按照"亲民、便民、利民"原则，推动全省普遍开展群众性冰雪体育活动，形成政府主导、部门协同、协会牵头、社会参与的工作格局。

（二）创新发展冰雪健身项目。落实"健康河北"工程，鼓励社会力量参与冰雪项目开发，加强国际冰雪文化交流，推广冰雪文化传承与发展，深度挖掘民间民俗冰雪项目，创新"冰雪健身+旅游""冰雪健身+传媒""冰雪健身+科技""冰雪健身+影视"等新型项目。

（三）打造特色冰雪活动品牌。建立以"健康河北、欢乐冰雪"等品牌活动为主线，以冰雪旅游节、冰雪文化节、冰雪嘉年华、欢乐冰雪季、冰雪马拉松等为支撑的群众冬季项目活动体系。鼓励各地依托当地自然资源和人文资源，普遍开展适合本地民俗特色的冰雪特色健身项目，打造"一地一品""一地多品"的特色冰雪活动品牌。2022年每市至少打造1-3个冰雪季品牌。

（四）发展冰雪健身社会组织。发挥省、市冰雪运动协会的作用，鼓励成立县级冰雪运动协会，积极推进城乡冰雪健身组织和站点建设，对建设水平高、发挥作用好的示范点给予奖补。鼓励社会力量举办冰雪俱乐部、训练营，参与冰雪项目开发。举办冰雪运动专项健身讲座，推广《大众冰雪项目科学健身指导丛书》《冰雪运动》系列丛书，广泛开展冰雪健身知识的普及和宣传教育。

三、全面提升冰雪竞技水平

（一）优化冰雪竞技项目布局。紧紧围绕备战2020年全国冬运会和2022年冬奥会，优先发展自由式滑雪空中技巧、单板滑雪U型场地，加快发展高山滑雪、速度滑冰、冰球和花样滑冰等项目。结合各市竞技项目优势，促进夏季项目和冬季项目转换，优化冰雪竞技项目区域布局。

（二）加快冰雪竞技队伍建设。适度扩大队伍规模，在组建自由式滑雪、单板滑雪、高山滑雪、冰球等8支球队的基础上，高起点组建女子冰球、短道速滑、越野滑雪等专业运动队。加强与国家冬季项目管理中心的对接与合作，共建自由式滑雪坡面障碍技巧国家队。推进省市、省企、省校联办运动队，积极联办、合办更多高水平专业队伍。着力引进世界级高水平教练员，争取更多运动员入选国家队。鼓励社会力量组建职业冰雪运动队或俱乐部等冰雪竞技组织。

（三）加强冰雪竞技后备人才培养。出台《冬季项目人才计划实施方案》《冬季项目运动员跨项跨界选材实施办法》《冬季项目后备人才培养扶持管理办法》，采取联合培养、交流引进等方式，积极推进与国内外高校合作，提升专业人才队伍规模和质量。支持通过跨界、跨项目选材方式选拔和培养冰雪竞技后备人才。建立省、市、县三级业余训练网络，支持各级业余体校、运动学校、体育传统项目学校和青少年体育俱乐部开展冰雪项目训练。

（四）做好重大冰雪赛事备战参赛工作。以建成冰雪运动强省为目标，以完成夺取金牌任务为核心，在提升训练水平上恶补短板。组建重点夺金项目复合型训练团队，建立"训、科、医、教、管"一体化的科学训练新机制。有序推进2018年平昌冬奥会、2020年全国冬运会和2022年冬奥会等重大冰雪赛事备战参赛工作，力争更多河北省运动员参赛，并在2020年全国冬运会和2022年冬奥会夺取金牌。

四、大力培养青少年冰雪运动技能

（一）推进冰雪运动进校园。组织实施"校园冰雪计划"，有条件的中小学将冰雪运动项目列入冬季体育课教学内容，促进青少年冰雪运动普及发展。以政府购买服务方式支持学校与社会培训机构合作开展冰雪运动教学活动。全省高等学校、中小学推广普及冬奥会冰雪运动知识和观赛礼仪，2022年覆盖率达到100%。

（二）开展青少年冰雪活动。组织开展"百万青少年参与冰雪""未来之星"冬季阳光体育大会、青少年冬令营等活动。承办全国青少年冰雪运动冬令营及其他国内外活动。大力推动京津冀及国际青少年冰雪运动交流活动，吸引青少年参与冰雪运动。

（三）组织青少年冰雪竞赛。举办自由式滑雪空中技巧、单板滑雪U型场地、速度滑冰、轮滑等青少年冰雪赛事，到2022年成功打造4-6项省级青少年冰雪项目精品赛事。健全省、市、县三级青少年竞赛体系，打造冰雪项目校际联赛、青少年俱乐部联赛。

（四）培育冰雪特色学校。分批次在全省中小学建设冰雪运动特色学校，到2022年达到100所。支持市、县建立青少年冰雪运动体校，2022年张家口、承德市建成3-5所，其他市建成1-2所。鼓励高等学校、职业学校开设冰雪运动相关专业，开展冰雪运动项目教师培训。到2022年，全省培训1500名专职或兼职冰雪运动教师。

五、加快发展冰雪产业

（一）优化冰雪产业布局。根据各地冰雪资源、地理区位、交通条件和自然环境，以 2022 年冬奥会张家口崇礼赛区为核心，以石家庄冰雪运动产业聚集区、承德冰上运动产业聚集区为两翼，以京张冰雪体育休闲旅游带、京东冰雪健身休闲带和冀中南冰雪健身休闲带为支撑，构建"一核、两区、三带"冰雪运动和冰雪产业发展新格局。

（二）加快培育冰雪健身休闲服务业。积极推动运动健身、体育旅游、教育培训、场馆服务等健身休闲产业业态发展。支持各地打造一批优秀冰雪运动俱乐部、示范场馆和品牌赛事。积极推动冰雪旅游产业发展，建设一批融滑雪、登山、徒步、露营等多种健身休闲运动为一体的体育旅游度假区，把崇礼建成"滑雪旅游度假胜地"。到 2022 年，创建 2-3 个以冰雪健身休闲服务为核心的国家级体育产业示范基地、单位和项目，建成国家级冰雪特色小镇 2-3 个，省级冰雪特色小镇 10 个。

（三）培育冰雪竞赛表演市场。鼓励各地举办单板滑雪、速度滑冰、冰球等观赏性强、辐射带动效应好的冰雪赛事，把张家口、承德等市打造成高端冰雪赛事聚集区。大力培育商业性冰雪运动赛事活动，促进办赛主体多元化。培育国际"高山滑雪远东杯赛"、全国单板滑雪锦标赛、全国自由式滑雪锦标赛等大型赛事品牌，打造 3-5 个具有国际影响力的顶级精品赛事。大力发展冰雪培训组织，丰富冰雪培训产品供给，提升冰雪培训市场化程度。

六、提升冰雪器材装备研发制造能力

（一）建设冰雪装备制造聚集区。鼓励企业通过海外并购、合资合作、联合开发等方式，引进国内外高端冰雪装备制造企业。结合传统制造业去产能，引导企业进军冰雪装备制造领域。支持组建跨行业产业联盟。整合国内外冰雪装备制造企业、质量技术检测机构、科研院所资源，建设国际一流的冰雪装备研发和质量检测机构。在张家口、廊坊、石家庄等市建成冰雪装备研发生产基地或园区4-6个，形成以冰雪产业为特色的体育装备制造聚集区。

（二）增强自主创新能力。鼓励企业加大研发投入，提高关键技术和产品的自主创新能力，积极参与高新技术企业认定。支持高等学校、科研院所和企业加大协同创新力度，根据不同人群的需要，研发多样化、适应性强的冰雪器材装备。鼓励与国际领先企业合作设立研发机构，加快对国外先进技术的吸收转化。

（三）加强品牌建设。支持企业创建和培育自主品牌，提升冰雪健身休闲器材装备的附加值和软实力。搭建产需对接平台，鼓励冰雪装备制造企业与冰雪运动协会组织开展合作，培育企业品牌，提高自主品牌的知名度和影响力。支持冰雪装备制造企业与冰雪场地等用户单位联合开发冰雪装备，扶持具有自主品牌的冰雪运动器材装备、防护用具、设施设备、客运索道等冰雪用品企业和服装鞋帽企业发展。推动优势品牌企业实施国际化发展战略，提升国际竞争力。

七、加强冰雪场地设施建设

（一）高标准建设冬奥会比赛场馆。统筹考虑2022年冬奥会赛事需求、赛后利用和环境保护等因素，新建冬季两项中心、北欧中心跳台滑雪场和北欧中心越野滑雪场，改建云顶滑雪公园场地A和场地B等5个竞赛场馆。兼顾冬残奥会需求，加快推进残疾人冬季项目训练基地、康复中心和无障碍设施等建设。

（二）加快建设冰雪场地设施。与国家体育总局合作，建设以冰雪项目为主的崇礼国家综合训练基地，支持承德建设冰上训练基地,争创国家训练基地。优化整合崇礼现有雪场,逐步向综合性、多元化四季旅游方向发展,打造国家级精品滑雪场。鼓励城区常住人口超过50万的城市根据实际建设公共滑冰馆,各市至少建设1片61m×30m冰面的滑冰馆。鼓励各地建设气膜结构和装配式冰雪场馆。各地要依托气候、地貌和生态等自然资源因地制宜建设滑雪场地。鼓励现有滑雪场完善场地配套服务设施,支持有条件的滑雪场进行改扩建增容,建设国际一流的滑雪场地,提升服务水平。

(三)丰富冰雪运动场地类型。鼓励各地在公园、校园、广场、社区等场所,建设可拆装冰雪场地、仿真冰雪场地设施。鼓励各地结合住宅开发和商业设施规划建设一批室内冰雪场地。支持有条件的县(市、区)和学校在冬季浇建冰场,建设以冰雪游憩活动为主的室内外冰雪乐园,构建分布广泛的冰雪场地设施服务网络。

八、保障措施

(一)建立健全工作机制。建立河北省冰雪运动和冰雪产业发展联席会议制度,由分管体育工作的副省长担任召集人,省体育局、省冬奥办、省发展改革委、省财政厅、省人力资源社会保障厅、省教育厅、省旅游发展委、省国土资源厅、省住房城乡建设厅、省林业厅、省工业和信息化厅、省商务厅、省文化厅、省工商局、省国税局、省地税局、省统计局、省残联负责同志为成员,研究制定全省冰雪运动和冰雪产业发展重大战略和政策,统筹解决重大问题,协调推进重大项目建设,办公室设在省体育局。

(二)完善投入机制。制定《河北省冰雪运动场地设施发展扶持方案》,采取建设支持、开放支持、政策支持等方式,扶持冰雪运动场地设施发展。统筹财政资金使用，编制相关管理办法，在训练比赛、人才培养和引进、成绩奖励等方面予以重点支持。发挥河北省体育产业引导股权投资基金的作用，创新资金使用模式，引导社会资本进一步加大对冰雪运动和冰雪产业投资力度。鼓励以政府购买服务、特许经营的方式，支持各类社会力量举办的冰雪赛事。

（三）落实优惠政策。按照现行体育场馆房产税和城镇土地使用税优惠政策，冰雪场地的房产、土地符合体育场馆减免税条件的，可以享受房产税、城镇土地使用税优惠。确保冰雪运动场所的水、电、气、热价格按不高于一般工业标准执行。鼓励保险机构积极研发创新型冰雪运动保险产品，引导具备条件的单位和个人购买运动伤害类、旅行救援类保险。

（四）保障用地需求。充分考虑冰雪运动发展需求，纳入各级城市（乡）总体规划和土地利用总体规划，合理安排建设用地计划指标，加快办理用地审批手续，积极组织实施土地供应。修建冰雪运动场馆及配套服务设施用地，按照建设用地管理，办理建设用地审批手续，鼓励利用现有场馆设施建设冰雪运动设施。利用现有山川水面发展冰雪场地设施，对不占压土地、不改变地表形态的和法律、法规没有规定办理使用土地手续的占压土地，可按原地类管理，涉及土地征收的依法办理土地征收手续。对选址有特殊要求，在土地利用总体规划确定的城市、城镇和村庄建设用地以外的重大冰雪场地实施建设项目，可按单独选址项目安排用地。对非营利性的冰雪运动项目专业比赛和专业训练场（馆）及其配套设施，符合划拨用地目录的，可以划拨方式供地；不符合划拨用地目录的，应当有偿使用，可以协议方式供地。

（五）强化人才培养。加强与国内外高等学校及社会组织合作共建，联合培养冰雪运动专业管理和服务人才。制定以优秀教练员、运动员为主的高水平冰雪人才引进办法和协议运动员奖励办法等相关政策，对符合省人才引进政策条件的，予以优先解决。对冰雪运动优秀运动员、教练员、高级管理人员，在教育办学、人才培养、国际交流等相关手续办理方面开辟绿色通道。支持社会资本创办各类冰雪体育创业孵化服务机构，鼓励退役运动员、大学生等积极参与冰雪创业。建立包括高端冰雪人才的河北省体育智库，为冰雪运动和冰雪产业发展提供智力支撑。

（六）加强行业管理。充分发挥"河北体育场地网络信息平台—健身伙伴"作用，规范提升冰雪场馆、赛事活动服务能力，完善冰雪产业统计制度和指标体系，建立冰雪产业评价机制和监测机制。发挥北交所"体育产业资源交易平台—河北频道"的作用，促进赛事举办权、商务开发权、场地经营权、无形资产开发等冰雪资源的公平、公正、公开流转。强化冰雪场地安全管理，加强冰雪市场监管，落实冰雪运动服务规范和质量标准，全面提升冰雪运动服务能力和安全保障水平。

（七）加大宣传力度。鼓励各级各类媒体加强对奥运文化、冰雪体育文化、冰雪运动健康知识和赛事活动的宣传和展示，积极引导广大人民群众形成冰雪运动习惯和消费观念，积极参与冰雪运动。利用2022年冬奥会、全国冬运会以及各冰雪单项赛事契机，开展宣传、展览、征文、集邮等丰富多彩的冰雪体育文化活动。积极支持形式多样的冰雪题材文艺创作，推广冰雪文化。倡导诚信经营，营造良好的社会诚信环境，促进冰雪运动和冰雪产业健康发展。

秦皇岛市人民政府办公厅关于印发《秦皇岛市关于推进县级全民健身场地建设的实施意见》的通知

(秦政办发〔2017〕14号)

各县、区人民政府,开发区、北戴河新区管委,市政府有关部门:

《秦皇岛市关于推进县级全民健身场地建设的实施意见》已经市政府同意,现印发给你们,请认真抓好落实。

秦皇岛市关于推进县级全民健身场地建设的实施意见

"十三五"以来,伴随着大力发展体育产业和筹办2022冬奥会的重要契机,国家、省相继出台了一系列相关政策、规划,对县级全民健身活动场地建设提出了具体要求。为充分利用中央、省级资金,推进县级全民健身场地建设,结合工作实施背景,制订如下实施意见:

一、实施背景

(一)推进县级全民健身场地建设,符合百姓实际需求

随着经济社会不断发展进步,尤其是自2014年中央将实施全民健身计划上升为国家重要发展战略以来,全民健身事业

受到了越来越多的领导重视和社会关注，得到了广大百姓的热情支持和广泛参与。多年来，秦皇岛作为奥运会、亚运会协办城市，体育事业得到了长足发展，覆盖城乡、比较健全的全民健身公共服务体系基本形成，已经成为城市一张靓丽的绿色发展国际名片，并与文化、旅游、健康、养老等事业初步融合，共同构成了幸福秦皇岛的建设内涵。

近年来，随着百姓生活水平的日益提升和健身需求的不断高涨，我市已有县级全民健身场地已经不能满足百姓的日常健身需求，尤其是缺乏中大型健身场馆，加强县级全民健身场地建设十分必要。

（二）推进县级全民健身场地建设，符合政府工作要求

为促进县级全民健身场地建设，《国务院关于促进健康服务业发展的若干意见》（国发〔2013〕40号）《全民健身计划（2016—2020年）》《体育发展"十三五"规划》《冰雪运动发展规划（2016—2025年）》《河北省体育发展"十三五"规划》《河北省体育产业发展"十三五"规划》等文件均提出了明确要求。《河北省全民健身实施计划（2016—2020年）》明确指出：县级实现"3+X"工程（3指：1个体育场、1个体育馆、1个中小型全民健身活动中心，X指：滑冰场馆、游泳场馆、滑雪场等）全覆盖。结合国家、省相关要求，《秦皇岛市全民健身实施计划（2016—2020年）》也提出：县级实现"3+X"工程全覆盖。

（三）国家、省安排政策资金支持全民健身场地建设

1. 中央预算内投资支持内容。对新建县级公共体育场中标准田径跑道和足球场，以及采用PPP、公建民营等方式建设的县级全民健身中心项目予以专项补助。支持项目参考《关于编报2016年公共体育服务设施建设中央预算内投资项目建议方案的通知》（发改办社会〔2016〕0597号）附件《公共

体育场地建设参考指南》的要求实施。

——对采用PPP、公建民营等方式建设的全民健身中心，由中央预算内投资对项目予以补助。按照平均总投资600万元测算，中央预算内投资按项目60%予以补助。对低于平均总投资的项目按照实际投资，给予上述相应比例补助；对高于平均总投资的项目，超出部分投资由各地自行配套解决。不符合建设规模（2000-4000平方米）的项目不予支持。

——对新建县级公共体育场中标准田径跑道和足球场，按照平均总投资600万元测算，中央预算内投资按项目60%予以补助。对低于平均总投资的项目按照实际投资，给予上述相应比例补助；对高于平均总投资的项目，超出部分投资由各地自行配套解决。

2.体育彩票公益金支持内容。总局体育彩票公益金对新建县级体育管理部门自主建设自主管理的县级全民健身中心项目予以专项补助。省级体育彩票公益金对未使用国家奖补资金建设的县级全民健身中心项目予以命名补贴。支持项目分别按照《县级全民健身中心项目实施办法》（体群字〔2016〕112号）、《体育总局办公厅关于2016年中央集中彩票公益金转移支付地方支持全民健身设施建设有关事宜的通知》（体群字〔2015〕174号）、《关于申报2017年省级体育彩票公益金转移支付资金支持全民健身项目的通知》（冀体群字〔2017〕5号）附件的要求实施。

——对县级建设的全民健身中心，每个项目预算不超过800万元（不含征地、拆迁、补偿费用），由总局公益金全额支持。支持县级全民健身中心项目建设的总局公益金纳入中央对地方转移支付管理体系，主要用于项目建筑安装工程施工、体育器材和设备购置等。

——对未享受国家资金支持建设的县级全民健身活动中

心，且能够按照相关要求面向社会公益性开放的，采用以奖代补的方式，待工程主体建成后，省级公益金给予一次性补助100万元。资金用于建安费用、体育器材和设施购置。

（四）县级全民健身场地建设标准

体育场、体育馆、游泳馆建设标准参照国家体育总局、国家发改委、住建部2009年发布的《公共体育场馆建设标准》。

县级全民健身中心建设标准参照国家体育总局2016年发布的《县级全民健身中心建设要求》，要求建筑面积为2000至4000平方米，室内健身场地面积总和不少于1500平方米，总预算不超过800万元（不含征地、拆迁、补偿费用）。项目应至少具备大空间球类项目用房、乒乓球用房、体能训练用房和体质检测用房，不得设立固定看台。在此基础上，可以根据群众实际需求选配其他健身功能用房。

二、建设任务

各县区、开发区为"3+X"县级全民健身场地工程的主要责任单位，负责推进落实县级全民健身场地建设管理工作。应立足填补空白，将公共体育场地设施建设纳入城乡规划、土地利用总体规划和年度用地计划，合理布局布点。到"十三五"末期，每个县区必须至少建成体育场、体育馆、全民健身活动中心各1个，滑冰场馆、游泳场馆、滑雪场任1个。

县级全民健身场地建设方式包括但不限于县区政府、开发区管委建设、PPP模式建设、公建民营等，但县区政府、开发区管委必须确保县级全民健身场地面向社会公益性开放的基本功能。

要按照《全民健身条例》等法规要求，将全民健身场地设施建设纳入经济和社会发展规划，切实增加财政投入，保障公共体育设施运行所需经费，确保建设项目不产生资金缺口。

鼓励企业、个人和境外资本投资建设、运营全民健身场地，支持社会力量捐资建设公共体育服务设施，各县区、开发区要采取公建民营、民办公助、委托管理、PPP和政府购买服务等方式予以支持。

三、保障措施

（一）加强组织领导。要将县级全民健身场地建设作为重要民生工程，纳入当地国民经济和社会发展规划、城乡建设规划和土地利用规划，各县区、开发区发展改革、体育部门要会同有关部门，密切配合，加强分工协作，编制本地实施方案。县级全民健身场地建设推进工作列入年度工作考核内容，到"十三五"末未完成场地建设的县区、开发区，实行"一票否决"。市体育局负责县级全民健身场地设施建设的申报、监督、检查。

（二）严格项目管理。按照《国家发展改革委关于加强政府投资项目储备编制三年滚动投资计划的通知》（发改投资〔2015〕2463号）、《国家发展改革委办公厅关于使用国家重大建设项目库加强项目储备编制三年滚动投资计划有关问题的通知》（发改办投资〔2015〕2942号）要求，做好与三年滚动投资计划的衔接，并录入重大建设项目库，对不符合条件的项目不列入年度投资计划。严格执行项目法人责任制、招标投标制、工程监理制和合同管理制等建设管理的法律法规，加强设施建设监管，项目配套资金应足额及时到位，保证建设质量。

（三）强化监督检查。要建立项目动态监督检查机制，确保建设质量。要加大信息公开力度，实施方案公开、年度投资计划公开。要加强项目过程管理和项目竣工验收，适时将年度投资计划竣工验收情况上报。

附件：县级全民健身场地建设现状统计表

附件：

县级全民健身场地建设现状统计表

序号	县（区）	体育场	体育馆	全民健身活动中心	滑冰场馆游泳场馆滑雪场
1	海港区		已建 1100M^2	已建	私营滑冰场 私营滑雪场
2	北戴河区	体育场			私营滑冰场 私营滑雪场
3	山海关区	项目已立项	项目已立项	项目已立项	
4	抚宁区		已建 800M^2		私营滑冰场
5	昌黎县	体育场			
6	卢龙县	标准体育场	已建 4678M	已建 3800M	私营游泳馆
7	青龙满族自治县	体育场	已建 1920M（学校共用）	已建和体育馆混用	
8	经济技术开发区			已建 3800M^2	
9	北戴河新区				

秦皇岛市人民政府办公厅关于印发《秦皇岛市关于加快发展健身休闲产业的实施意见》的通知

（秦政办字〔2017〕150号）

各县、区人民政府，开发区、北戴河新区管委，市政府有关部门：

《秦皇岛市关于加快发展健身休闲产业的实施意见》已经市政府同意，现印发给你们，请认真抓好落实。

秦皇岛市关于加快发展健身休闲产业的实施意见

为贯彻落实《国务院办公厅关于加快发展健身休闲产业的指导意见》（国办发〔2016〕77号）和《河北省人民政府办公厅关于加快发展健身休闲产业的实施意见》（冀政办字〔2017〕71号）精神，深度挖掘我市体育健身休闲资源，加快健身休闲产业发展，结合我市实际，特制定如下意见：

一、指导思想和发展目标

（一）指导思想

深入贯彻党的十八大，十八届二中、三中、四中、五中、六中全会和习近平总书记系列重要讲话精神，牢固树立创新、协调、绿色、开放、共享的发展理念，抢抓全民健身、健康中国和京津冀协同发展的战略机遇，围绕"生态立市、产业强市、开放兴市、文明铸市"发展战略，按照"创新驱动、重点突破、市场主导、融合发展、构建体系"的原则，深化健身休闲产业供给侧结构性改革，提高健身休闲产业发展质量和效益，构建具有秦皇岛特色的健身休闲产业体系，推动以"休闲之都、训练之城、体育强市"为内涵的"体育名城"建设，为建设"沿海强市、美丽港城、国际化城市"提供有力支撑和持续动力。

（二）发展目标

到2020年，基本建立结构合理、内涵丰富、功能完善、服务便捷、竞争力强的健身休闲产业体系，形成健身休闲产业供给侧和需求侧协同发展的格局，健身休闲产业总规模达到70亿元，约占体育产业总规模的60%。到2025年，全市健身休闲市场主体更加活跃，市场机制更加完善，产业结构更加合理，产品服务供给更加丰富，与其他产业融合水平显著提升，健身休闲产业总规模达到90亿元。

二、构建健身休闲产业体系

按照"12345"发展思路，构建健身休闲产业体系。"1"即"五位一体"，顶层设计健身休闲产业体系，实施体育、旅游、文化、健康、养老"五位一体"综合协同发展战略。"2"即"两翼带动"，通过打造"山海关—海港—北戴河—北戴河新区—昌黎""海—翼"和"青龙/山海关—海港—开发区—抚宁—卢龙""山—翼"两个健身休闲产业链，带动全市健身休闲产业发展。"3"即"三极牵引"，集中优势资源优先促进制造业、竞赛业、服务业三个健身休闲产业主要业务发展，并牵引其他健身休闲产业业态发展。"4"即"四区并举",将海港、北戴河、山海关、抚宁四个城市区作为健身休闲产业发展的核心区,统一规划、协调发展、共同提升。"5"即"五业支撑",充分依托我市体育场馆、高校、北戴河海滨、北戴河生命健康产业创新示范区等区域资源优势,大力发展运动训练、体育科研、休疗生活、赛事活动、体育用品五大产业,打造产业集群。实现体育健身休闲产业创新发展、跨越发展。(牵头单位:市体育局;责任单位:市发改委、市规划局、市国土局、市环保局、市水务局、市林业局、市旅游委、各县区政府、秦皇岛开发区管委、北戴河新区管委;完成时限:2019年4月前)

三、规划健身休闲产业项目

(一)巩固全民健身项目。丰富和完善全民健身活动体系,推动具有广泛群众基础的体育活动常态化,加强健身休闲活动的宣传、组织与推广,提高公众参与健身休闲活动的积极性。分层分类引导运动项目发展,大力发展足球、篮球、排球、乒乓球、羽毛球、网球、游泳、跆拳道、徒步、路跑、骑行、棋牌、台球、钓鱼、体育舞蹈、广场舞等群众喜闻乐见、具有普及性的运动项目发展,鼓励开发台球、电竞、马术等适合不同人群、不同地域和不同行业特点的时尚特色运动项目,鼓励举办以时尚运动为主题的群众性健身活动,保障公共服务供给,引导多方参与。(牵头单位:市体育局;责任单位:市民政局、市旅游委、各县区政府、秦皇岛开发区管委、北戴河新区管委;完成时限:2019年4月前)

广泛开展群众参与度较高的赛事活动,推进建立机关、企业、学校、社区、农村体育业余联赛体系建设,整合打造

"悦动港城"秦皇岛市全民健身赛事活动品牌，按照政府引导、社会参与、资本支持的思路，将赛事活动统一包装、统一宣传、统一招商，形成一揽子的赛事活动推广计划，促进体育休闲产业的提档升级，扶持开展群众健身特色赛事项目，影响带动更多群众参与体育健身。（牵头单位：市体育局；责任单位：市直机关工委、市总工会、市妇联、团市委、市教育局、市农业局、市民政局、市文广新局、各县区政府、秦皇岛开发区管委、北戴河新区管委；完成时限：2018年6月前）

（二）培育重点项目。充分发挥地域优势、环境优势、体育资源优势，培育足球运动、海上运动、冰雪运动三大重点项目做大做强，并以三大项目为核心，发展一批相关健身休闲产业项目。

——足球运动。积极开发奥运文化遗产，发挥秦皇岛完备的场地、人力、环境等足球运动资源，按照"一流的场地、一流的设施、一流的服务"标准，积极承接各类国际、国内足球赛事和活动，并做好相关上下游健身休闲产业的发展。用足用好"全国青少年校园足球布局城市""亚洲足球展望计划城市""中国之队主场"等资质优势，充分依托中国足球学校、华夏幸福俱乐部中超主场、河北精英俱乐部中乙主场等优质足球资源和北京体育大学足球学院教育资源，将足球教学、训练、培训、科研、产业等资源相整合，在秦皇岛市打造足球产业园或足球特色小镇，建设"中国足球城市"。以中国足球超级联赛主场比赛为杠杆，撬动足球"赛市"经济，带动"赛市"经济发展，促进体育消费。（牵头单位：市体育局；责任单位：市发改委、市规划局、市国土局、市教育局、海港区政府、北戴河新区管委；完成时限：2022年5月前）

——冰雪运动。批国际一流的冬季项目体育器材、装备制造企业，形成产业集群，打造与冰雪体育运动核心区交相辉映的冰雪体育装备用品制造产业区。开展"三百万人次参与冰雪运动"计划，鼓励学校、企业在冬季浇筑冰场开展运动，成立冰球、速滑、滑雪等冬季运动项目协会，以创纪录滑雪比赛、滑雪交流赛、冰上趣味运动会、冰上嘉年华等冰雪活动为载体，力争每年参与冰雪运动的人数在 60 万人次以上。将冰雪运动和山海关古城旅游资源、北戴河海滨旅游资源、海港区山地旅游资源充分融合，打造"冰雪大世界"，谋划举办"秦皇岛国际冰雪节"，吸引国内外游客在冬天来秦皇岛领略独特的北国风光，将北上体验冰雪乐趣的游客留在秦皇岛，通过冰雪运动的开展，带动我市冬季旅游市场提升。（牵头单位：市体育局；责任单位：市发改委、市规划局、市国土局、市教育局、市水务局、市文广新局、海港区政府、山海关区政府、北戴河区政府、北戴河新区管委；完成时限：2022 年 5 月前）

（三）发展户外运动。制定健身休闲重点运动项目目录，以户外运动为重点，研究制定系列规划，支持具有消费引领性的健身休闲项目发展。

——山地户外运动。以山海关、海港、抚宁北部山区和青龙、卢龙全境为主体，依托山地、丘陵、温泉、地质岩层等自然资源和长城、民宿等人文资源，推广登山、攀岩、徒步、露营、拓展等山地户外运动项目，推动山地户外运动场地设施体系建设，形成"山—翼"山地户外运动集群和"三纵三横"（青龙—海港祖山柳江盆地区、抚宁—青龙长城祖山西麓区、青龙—卢龙桃林口区；海港—抚宁北部山区、山海关—海港长城区、昌黎—卢龙碣石区）山地户外运动布局，完善山地户外运动赛事活动组织体系，加强户外运动指导员队伍建设，完善山地户外运动安全和应急救援体系,组织自行车、山地马拉松等具有消费引领特色的时尚项目。同时积极开发利用汤河、石河、桃林口水库等城市和山区水系资源,积极和沿途旅游景区深度融合,开展滑水、漂流等水上健身休闲项目,做强龙舟等项目,促进全域休闲健身游发展。(牵头单位:市体育局;责任单位:市发改委、市规划局、市国土局、市林业局、市农业局、市水务局、市旅游委、各县区政府、秦皇岛开发区管委、北戴河新区管委;完成时限:2020年12月前)

——城市公路运动。借势秦皇岛创建全国文明城、卫生城、森林城,打造全域旅游的机遇,进一步优化城市公路运动项目开展环境,在城市建设中充分考虑补充公路运动所需的必要设施设备,做大做强国际马拉松赛、国际轮滑节、国际铁人三项赛、国际徒步大会等优势项目,发展公路耐力赛、城市定向、无线电定向等新兴项目,鼓励公路运动和景区旅游融合发展,形成全民参与城市公路运动的良好局面,吸引外来游客参与公路运动,逐步形成长效的公路运动竞争和奖励机制。(牵头单位:市体育局;责任单位:市发改委、市规划局、市国土局、市交通局、市旅游委、各县区政府、秦皇岛开发区管委、北戴河新区管委;完成时限:2020年12月前)

——沙滩户外运动。充分发挥我市优质沙滩资源优势,培育开展沙滩足球、沙滩排球、沙滩篮球、沙滩越野等传统项目和沙滩卡巴迪、沙滩搏击、沙滩藤球等特色项目,逐渐形成沙滩运动业余联赛体系,争办亚洲沙滩运动会,将沙滩运动与夏季海滨避暑休闲充分结合,提升游客和市民参与度。(牵头单位:市体育局;责任单位:市发改委、市规划局、市国土局、市海洋局、市旅游委、各县区政府、秦皇岛开发区管委、北戴河新区管委;完成时限:2020年12月前)

——汽摩航空运动。推动汽车露营营地建设，谋划"旅游公路""西部快速路""沿海公路"等一批自驾游精品线路，利用自然人文特色资源，组织家庭露营、青少年营地、主题自驾等活动，逐步推进汽车摩托车公路赛和越野赛的举办。谋划建设老爷车汽车体验馆，推动汽车运动传统和时尚融合发展。整合航空资源，深化管理改革，支持发展运动飞机、热气球、动力伞、滑翔伞、动力三角翼、水上飞机观光、航空模型等低空飞行运动，构建以大众消费为核心的航空体育产品和服务供给体系。依托山地和海域资源积极开展体育航空观光、空中跳伞、飞行体验等特色航空体验项目，积极推进私照、商照和仪表等飞行执照培训工作。（牵头单位：市体育局；责任单位：市发改委、市公安局、市规划局、市国土局、市旅游委、各县区政府、秦皇岛开发区管委、北戴河新区管委；完成时限：2020年12月前）

（四）挖掘民族项目。扶持推广舞狮、猴打棒、太平鼓舞、地秧歌等民族、民俗、民间传统项目；大力发展武术、太极、气功等传统健身休闲运动；发展摔跤、珍珠球、投壶、蹴球等少数民族运动项目；传承推广民族传统体育项目，加强体育非物质文化遗产的保护和发展，加强对相关体育创意活动的扶持。结合地方特色资源，通过举办品牌赛事，进一步拉动本地体育消费，带动经济增长，提升城市国际形象。（牵头单位：市体育局；责任单位：市发改委、市旅游委、市民宗局、市文广新局、各县区政府、秦皇岛开发区管委、北戴河新区管委；完成时限：2020年12月前）

（五）推进落实"一县一区一品"工作。充分发挥健身休闲产业的示范引领作用，按照"有历史传承、有运动基础、有区域特色、有人才队伍"的要求，在每个县区遴选确定一个重点发展的体育项目,并围绕该体育项目打造一个品牌活动或赛事,品牌活动规格为市级及以上,至少每年举办一次,争取将品牌活动规格办成省级及以上,并得到相关部门和社会的充分认可。(牵头单位:市体育局;责任单位:市发改委、市旅游委、各县区政府、秦皇岛开发区管委、北戴河新区管委;完成时限:2018年12月前)

四、夯实健身休闲产业基础

(一)优化健身休闲产业结构。统筹规划全市健身休闲产业发展,促进全市健身休闲产业布局与空间开发优化发展。

——打造地区特色。组织开展山水运动资源调查、民族传统体育资源调查,摸清发展健身休闲产业的自然、人文基础条件。依托滨海、河流、湿地、山地、丘陵、森林等自然生态资源,因地制宜、统筹规划、错位发展,打造特色健身休闲产业。进一步加强海港区、北戴河区、山海关区体育旅游和运动休闲城区,开发区时尚运动城区,北戴河新区运动康复城区,抚宁区、青龙县、卢龙县山地运动健身城区(县区),昌黎县海洋沙滩运动县区建设。(牵头单位:市发改委;责任单位:市体育局、市规划局、市旅游委、各县区政府、秦皇岛开发区管委、北戴河新区管委;完成时限:2022年5月前)

——改善产业结构。利用好世界奥林匹克城市联盟会员等资源优势,加强国际交流合作,积极引进竞技表演业、体育经纪人业等新兴产业,加快推进健身休闲服务业、器材装备制造业及相关产业转型升级,发展高端体育装备制造、体育文化创意、体育大数据等产业,优化制造业、服务业结构,大幅提升健身休闲服务业比重。发挥秦皇岛港口优势,拓宽健身休闲服务贸易。实施健身服务精品工程，打造一批优秀健身休闲俱乐部、场所和品牌活动。发挥重大体育旅游项目的引领带动作用，培育3—4家体育旅游示范基地。（牵头单位：市发改委；责任单位：市体育局、市规划局、市旅游委、市食品和市场监督局、市文广新局、市商务局、各县区政府、秦皇岛开发区管委、北戴河新区管委；完成时限：2022年5月前）

（二）加强健身休闲设施建设。做好健身休闲设施的规划和建设，建成特色突出、能够满足大众需求的健身休闲设施网络，促进健身休闲产业发展。

——完善健身休闲基础设施网络。严格执行城市居住区规划设计等标准规范有关配套建设健身设施的要求，并实现同步设计、同步施工、同步投入。鼓励健身休闲设施与住宅、文化、商业、娱乐等综合开发，充分利用城市区公园绿地、空置场所，谋划健身休闲服务综合体，建设一批便民利民的健身休闲设施，打造城市15分钟健身圈。精准对接百姓需求，统筹规划健身休闲项目、场地设施空间布局，建设市级全民健身休闲广场，完善市、县、乡、村四级健身休闲基础设施网络，到2020年力争建成省级公共体育示范区。（牵头单位：市体育局；责任单位：市发改委、市规划局、市国土局、市建设局、市城管局、市林业局、各县区政府、秦皇岛开发区管委、北戴河新区管委；完成时限：2022年5月前）

——盘活用好现有体育场馆资源。推进公共体育设施免费低收费向市民开放，企事业单位和院校的体育场地设施适度向社会或固定人群开放，市、县两级财政对免费向公众开放体育设施的单位予以适当补贴和办理有关责任保险。公共体育健身设施要对学生、老年人和残疾人实行优惠。通过公共体育设施免费或合理收费开放等措施增加供给，满足基本健身需求。通过管办分离、公建民营等模式，推行市场化商业运作，满足多层次健身消费需求。各类健身休闲场所的水、电、气、热价格按不高于一般工业标准执行。落实体育场馆房产税和城镇土地使用税优惠政策。（牵头单位：市体育局；责任单位：市发改委、市规划局、市国土局、市建设局、市城管局、市物价局、秦皇岛国税局、秦皇岛地税局、市供电公司、各县区政府、秦皇岛开发区管委、北戴河新区管委；完成时限：2022年5月前）

——加强特色健身设施建设。依托我市的山地、海域、河流、沙滩、丘陵等自然资源，大力发展山地户外运动、水上运动、沙滩运动、冰雪运动等运动休闲产业。结合智慧城市、绿色出行，规划建设沿海步行栈道和自行车交通体系，研究打造我市旅游公路系统、步道系统和自行车交通路网，重点建设一批山地户外营地、徒步骑行服务站、自驾车房车营地、运动船艇码头、航空飞行营地等健身休闲设施。鼓励和引导旅游景区建设特色健身休闲设施，打造戴河村文体艺术村落、昌黎县干红休闲小镇、七里海渔田假日旅游休闲小镇、圆明山康养小镇、车厂村天女木兰小镇、老君顶生态休闲小镇等一批健身休闲特色小镇。（牵头单位：市发改委；责任单位：市体育局、市规划局、市国土局、市林业局、市海洋局、市旅游委、各县区政府、秦皇岛开发区管委、北戴河新区管委；完成时限：2022年5月前）

（三）培育健身休闲市场主体。优化市场环境、完善政策措施，制定社会力量参与体育产业的政策体系，不断完善政府向社会购买公共体育服务机制，通过市场机制积极引入社会资本参与体育事业发展，提升体育产业对社会资本的吸引力。

——壮大体育社会组织。依法依规放宽城乡社区类体育健身休闲社会组织准入门槛，支持发展一批健身休闲类社会组织、基金会、俱乐部。依托体育总会、人群协会、单项协会和民办非企业法人、俱乐部构建全民健身组织网络，促进体育社会团体的实体化运作，推进政府向体育社会组织购买公共体育服务，鼓励各类社会组织主动承接政府公共体育服务职能。（牵头单位：市体育局；责任单位：市民政局、市食品和市场监督局、市财政局、各县区政府、秦皇岛开发区管委、北戴河新区管委；完成时限：2020年12月前）

——培育健身休闲企业。发挥市体育发展有限公司主力军作用，以赛事运营、体育表演、全民健身等业态形成骨干支撑，打造体育产业龙头企业；扶持乔氏台球、健瑞仕运动康复中心、恒博华贸网球中心、旗舰体育文化产业园等具有自主品牌、创新能力和竞争实力的健身休闲骨干企业做大做强，通过自主培育、积极引进、连锁经营等多种方式，吸引有知名度的健身休闲企业落户秦皇岛；鼓励英伦马术俱乐部、老君顶文体发展有限公司、赛奥健身俱乐部等各类中小微健身休闲企业、运动俱乐部向"专精特新"方向发展，强化特色产品、特色经营、特色服务；引进著名体育企业，带动促进本土企业提质提效；吸引社会资本合作建设秦皇岛健身休闲产业孵化平台、创客空间，鼓励健身休闲类创业企业不断做大做强。到2020年，秦皇岛市健身休闲类企业争取达到30家以上，到2025年，力争2—3家健身休闲类企业上市。（牵头单位：市体育局；责任单位：市发改委、市民政局、市食品和市场监督局、市工信局、各县区政府、秦皇岛开发区管委、北戴河新区管委；完成时限：2020年12月前）

吸引优质体育资源。借助秦皇岛独特优势，承接北京非首都功能疏解转移中国际、国家级体育社会团体的落地，积极联系省体育局将省级体育类社团和俱乐部吸引落户到我市，推进北京体育大学足球学院和夏训基地建设，给予相应政策支持，促进地方体育产业发展。充分利用已经落地的中国足球学校、河北省自行车运动中心等国家级、省级基地、中心、协会发展我市相关体育产业。（牵头单位：市体育局；责任单位：市发改委、市规划局、市国土局、市建设局、各县区政府、秦皇岛开发区管委、北戴河新区管委；完成时限：2020年12月前）

（四）改善健身休闲消费环境。加大产业宣传和引导力度，扩大产业市场机会，丰富产业体验项目，提升产业市场份额，在全市营造全民参与健身休闲的良好氛围。

——扩大健身休闲消费市场。顺应居民消费扩大和升级趋势，带动健身休闲产业结构调整升级，丰富健身休闲消费产品供给，拓展健身休闲消费市场规模，推进"悦动港城"全民健身品牌建设，开展各类群众性体育活动，谋划建设深受百姓喜爱的体育运动项目的业余联赛体系。进一步丰富专业体育赛事和大众体育活动供给，谋划举办成体系的大型体育活动和国际、国内体育赛事，形成自主赛事活动品牌，发挥体育明星和运动达人示范作用，激发大众健身休闲消费需求。积极推行《国家体育锻炼标准》、业余运动等级标准、业余赛事等级标准，大力发展体育培训市场，支持创办专业体育培训机构，开发特色体育培训项目，增强健身休闲消费黏性。深化体教融合，广泛开展体育启蒙活动，基本实现青少年熟练掌握2项以上体育运动技能。支持"互联网+"体育消费，拓展跨区跨境、线上线下、体验分享的健身休闲消费新业态。加强健身休闲产品市场、要素市场、技术市场和资本市场建设，大力发展资本、产权、技术、信息等公共服务平台。（牵头单位：市体育局；责任单位：市发改委、市人社局、市工信局、市直机关工

委、市总工会、市妇联、团市委、市教育局、各县区政府、秦皇岛开发区管委、北戴河新区管委；完成时限：2020年12月前）

——完善健身休闲消费政策。改进健身休闲产品供给与健身休闲消费并重的政府扶持方式，构建适度竞争、消费挂钩、择优扶持的新机制。以特定方式向重点人群发放体育消费券，引导和增加群众健身消费。将健身休闲类服务项目纳入政府购买服务目录，建立绩效评价制度，逐步增加政府采购的类别和数量。加强健身休闲产业与金融机构合作，试点发行健身休闲联名银行卡，实施特惠商户折扣。推进健身休闲信息管理服务平台建设，整合推动各类电子商务平台为健身休闲消费提供服务。引导保险公司根据健身休闲运动特点和不同年龄段人群身体状况，开发场地责任保险、运动人身意外伤害保险。积极推动青少年参加体育活动相关责任保险发展。完善市场监管体系，创新监管手段，加强健身休闲消费过程中投诉举报的处置能力建设，维护消费者合法权益。（牵头单位：市体育局；责任单位：市发改委、市财政局、市银监分局、市商务局、市食品和市场监督局；完成时限：2020年12月前）

——引导健身休闲消费理念。加大宣传推广力度，加强科学健身指导，引导大众树立科学健身理念，培养健康生活方式，养成健身休闲消费习惯。加强电视台体育周刊和报刊体育专版建设，积极利用手机应用程序（APP）等体育传媒新业态，积极推广体育文化。引导开发以健身休闲为主，融合文化、娱乐等综合内容的组合产品。促进消费者利用各类社交平台互动交流，提升健身休闲消费体验。（牵头单位：市体育局；责任单位：市委宣传部、市文广新局、市工信局、秦皇岛日报社、秦皇岛电视台；完成时限：2020年12月前）

（五）提升健身休闲器材装备研发制造能力。不断加大创新升级能力，加强健身休闲相关器材装备企业的研发制造能力，多措并举提升我市健身休闲相关装备生产制造产业发展。

——加快健身休闲产业供给侧改革，加大创新升级力度。依托我市高校资源和外事资源，鼓励企业与高校和国际领先企业合作设立研发机构，加大研发投入，提高关键技术和产品的自主创新能力，积极参与高新技术企业认定。提升水上运动、山地户外运动、冰雪运动、航空运动、汽车摩托车运动等器材装备制造水平。大力推进健身休闲用品智能制造，利用互联网技术对接健身休闲个性化需求，开发新型运动康复装备、运动健身指导技术装备、可穿戴式运动设备等智能体育产品，鼓励大数据、机器人、高新材料等在体育用品研发、生产中的应用，建设智能车间（工厂），培育若干骨干企业和创新团队。支持开发适合不同人群需求的多样化健身休闲用品，拓展个性化健身休闲用品定制服务。支持企业、用户单位、科研单位、社会组织等组建跨行业产业联盟，引导健身休闲器材装备制造企业从生产制造环节向研发设计、营销推广、运营服务等上下游领域延伸。结合传统制造业去产能，引导企业进军健身休闲装备制造领域。（牵头单位：市体育局；责任单位：市发改委、市科技局、市教育局、市工信局、市民政局、市食品和市场监督局；完成时限：2022年5月前）

——打造健身休闲产业品牌。依托经济技术开发区和高新技术产业开发区的政策和资源优势，积极扶持我市企业创建和培育自主品牌，提升健身休闲器材装备的附加值和软实力。以科技创新引领健身休闲器材装备制造企业转型升级，着力引进和培育一批具有本土优势和较强竞争力的健身休闲装备制造龙头企业以及专业化中小企业。帮助企业与各级各类运动项目协会等体育组织开展合作，通过赛事营销等模式，提高品牌知名度，推动优势品牌企业实施国际化发展战略，扩大国际影响力。谋划举办秦皇岛体育产业大会、体育产业高峰论坛、体育装备展示大会等活动。（牵头单位：市体育局；责任单位：市发改委、市规划局、市科技局、市食品和市场监督局、各县区政府、秦皇岛开发区管委、北戴河新区管委；完成时限：2022年5月前）

（六）促进健身休闲产业融合。实施"体育+"行动计划。大力发展体育旅游，实施体育旅游精品示范工程，支持和引导有条件的角山、祖山、燕塞湖、黄金海岸等景区拓展体育旅游项目，鼓励旅行社结合健身休闲项目和体育赛事活动设计开发旅游产品和路线，重点推出一条山地健身休闲旅游路线和一条海岸健身休闲旅游路线。大力发展运动休闲游、等健身旅游服务，推进体育旅游观光、体育休闲体验、体育民俗文化等产业的融合发展。做好旅发大会重点项目的资源开发，完善健身休闲产业，促进后旅发大会时期"体育+旅游"融合发展。（牵头单位：市旅游委；责任单位：市发改委、市体育局、市规划局、市国土局、市建设局、各县区政府、秦皇岛开发区管委、北戴河新区管委；完成时限：2022年5月前）

以北戴河生命健康产业创新示范区建设为契机，推动全民健身和大健康新医疗融合，发挥运动健身在疾病防御、慢性病防治和病后康复等方面的重要作用。推动"体医融合"，推广覆盖全生命周期的运动健康服务，发展运动医学和康复医学，发挥中医药在运动康复等方面的特色作用，打造养生文化游项目。推进社区健康促进服务中心、社区医疗中心、社区养老中心三位一体建设，提升社区医生或体质测定工作人员开具运动处方能力，提升全民健身指导水平。鼓励社会资本开办康体、体质测定等各类机构。（牵头单位：市卫计委；责任单位：市

发改委、市体育局、市民政局、各县区政府、秦皇岛开发区管委、北戴河新区管委；完成时限：2022年5月前）

支持各地建设城市体育服务综合体，推动体育与住宅、休闲、商业综合开发，带动商贸、会展、演艺、健身、养生等新型业态发展。促进健身休闲与文化、养老、教育、农业、林业、城建、水利、通用航空、交通运输等产业融合发展。（牵头单位：市体育局；责任单位：市发改委、市规划局、市国土局、市建设局、市文广新局、市农业局、市林业局、市水务局、市交通局、市教育局、市民政局、市水务局、各县区政府、秦皇岛开发区管委、北戴河新区管委；完成时限：2022年5月前）

（七）打造智慧体育。打造包含"秦皇岛智慧体育管理服务平台"，包括场地管理服务、人员管理服务、赛事活动管理服务、体育组织管理服务、科学健身指导等功能，不断完善秦皇岛市体育大数据信息，形成秦皇岛市体育事业工作数据库。深入探索"智慧体育"平台建设的深度与广度，引进VR（虚拟现实）、AR（增强现实）、体感等技术，逐步开发智慧体育运动体验、智能体育制造、智慧体育培训等相关内容，大力发展体育互联网经济，加大对体育电子商务和体育服务平台的支持力度，提升场馆预订、健身指导、体质监测、交流互动、赛事参与、器材装备定制等综合服务水平，构建健身休闲产业新生态圈。联合开发"智慧旅游""智慧文化""智慧体育""智慧健康""智慧养老"，作为"智慧城市"建设的重要组成部分，"五网合一"为五大"幸福产业"奠定发展基础。（牵头单位：市工信局；责任单位：市发改委、市体育局、市旅游委、市民政局、市文广新局、市卫计委；完成时限：2022年5月前）

五、完善健身休闲产业政策

（一）持续推动"放管服"改革。加快政府职能转变，全面清理不利于健身休闲产业发展的有关规定，对保留实施的行政审批事项，进一步简化审批环节，优化审批流程，提高审批效率。促进空域水域开放，完善市场准入标准和运行规则。依法依规加强和改善市场监管，加强事中事后监管，完善相关安保服务标准，加强行业信用体系建设。全面落实扶持体育产业发展的各项优惠政策。加强行业信用体系建设。完善政务发布平台、信息交互平台、展览展示平台、资源交易平台。（牵头单位：市发改委；责任单位：市财政局、市体育局、市工信局、市民政局、市公安局、市规划局、市城管局、各县区政府、秦皇岛开发区管委、北戴河新区管委；完成时限：2020年12月前）

（二）完善投入机制。市、县两级政府要将全民健身经费列入本级财政预算，保持相应增幅。用足用好省级体育产业引导股权投资资金、彩票公益金，对符合条件的健身休闲项目帮助争取相关项目资金。鼓励社会资本以市场化方式设立健身休闲产业发展投资基金。制定政府购买全民健身公共服务的目录、办法及实施细则，加大对智库服务、基层健身组织和健身赛事活动的购买比重。发挥多层次资本市场作用，支持符合条件的健身休闲企业上市。鼓励健身休闲产业项目建设采取融资租赁方式，拓宽融资渠道。鼓励金融机构在风险可控的前提下，拓展对健身休闲企业贷款的抵质押品种类和范围。（牵头单位：市财政局；责任单位：市发改委、市体育局、各县区政府、秦皇岛开发区管委、北戴河新区管委；完成时限：2020年12月前）

（三）优化规划和土地利用政策。将健身休闲产业用地纳入土地利用规划。引导健身休闲产业项目科学选址、科学用地，合理控制用地规模，及时安排新增建设用地计划指标。对使用荒山、荒地、荒滩建设的健身休闲项目，优先安排新增建设用地计划指标，出让底价可按不低于土地取得成本、土地前期开发成本和按规定应收取相关费用之和的原则确定。在土地利用总体规划确定的城市和村庄、集镇建设用地范围外布局的重大健身休闲项目，可按照单独选址项目安排用地。鼓励以长期租赁、先租后让、租让结合方式供应健身休闲项目建设用地。支持农村集体经济组织自办或以土地使用权入股、联营等方式参与健身休闲项目。（牵头单位：市发改委；责任单位：市规划局、市国土局、市体育局、各县区政府、秦皇岛开发区管委、北戴河新区管委；完成时限：2020年12月前）

（四）加强人才保障。加大健身休闲从业人员的引进和培训力度，提高健身休闲场所工作人员服务水平和专业技能。鼓励企业与高校联合建立健身休闲产业教学、科研和培训基地，开展各类健身休闲项目策划、运营管理、技能操作等应用型专业人才培养。加强社会体育指导员队伍建设，完善体育人才培养开发、流动配置、激励保障机制。（牵头单位：市人社局；责任单位：市体育局；完成时限：2020年12月前）

（五）完善标准和统计制度。以国家体育产业统计分类为基础，完善健身休闲产业统计制度和指标体系，建立健身休闲产业监测机制。推动制定健身休闲服务规范和质量标准，鼓励市内企业积极参与行业和国家标准制定，提高健身休闲产业标准化水平。（牵头单位：市统计局；责任单位：市发改委、市体育局、市质监局；完成时限：2020年12月前）

各县区要根据本实施办法要求，结合实际情况，抓紧制定具体落实意见和实施细则。要把发展健身休闲产业纳入经济和社会发展规划。市体育局、市发改委、市旅游委会同有关部门对落实本意见的情况进行监督检查和跟踪分析，重大事项及时向市政府报告。

唐山市人民政府办公厅关于推进唐山市足球改革发展的实施意见

(唐政办发〔2017〕5号)

各县(市)、区人民政府,各开发区(管理区)管委会,市政府有关部门,市直有关单位:

为深入贯彻《国务院办公厅关于印发中国足球改革发展总体方案的通知》(国办发〔2015〕11号)和《河北省人民政府办公厅关于推进河北省足球改革发展的实施意见》(冀政办发〔2016〕18号)精神,全力落实习近平总书记见证下我市与乌拉圭签署的《关于设立乌拉圭足球计划的协议》,全面加强我市足球改革发展,着力提升我市足球运动水平,加快建设国际化足球城市,经市政府同意,提出如下实施意见:

一、全力落实《乌拉圭足球计划》,提升足球运动国际化水平

(一)打造国际知名足球赛事。加强市场化运作,把中拉沙滩足球锦标赛、"一带一路杯"国际沙滩足球邀请赛打造成为国际知名的沙滩足球运动赛事和我市国际化沿海强市建设的一大亮点,积极推动唐山国际旅游岛打造中国沙滩足球基地。以中拉沙滩足球锦标赛、"一带一路杯"国际沙滩足球邀请赛为基础,继续申办举办各级各类国际足球赛事活动,为我市建

设国际化足球城市提供有力支撑。

（二）建立与乌拉圭的合作交流机制。依托《乌拉圭足球计划》，定期邀请乌拉圭优秀足球教练员、运动员及其他专业人员来唐指导交流和举办赛事活动，定期输送我市优秀足球人才赴乌拉圭参加专业培训，力争到2020年总计选派100名优秀教练员、裁判员以及足球相关从业人员赴乌拉圭学习。

（三）建设乌拉圭国际足球学校。借助乌拉圭先进的足球发展理念和成功模式，推动乌拉圭在我市建立国际足球学校。深入推进唐山与北京在体育领域的协同发展，与北京市共享乌拉圭足球资源，共建乌拉圭国际足球学校，逐步将国际足校打造成为一所公益性、普惠性为主的新型足球学校。

二、广泛普及社会足球

（一）推动足球运动普及。坚持以人为本，推动社会足球普及发展，加快扩大足球人口规模。充分发挥体育、教育、工会、共青团、妇联等部门的作用，形成各负其责、相互配合、相互支持、共同推进足球运动普及的工作环境。鼓励机关、事业单位、人民团体、部队和企业组建或联合组建足球队，开展丰富多彩的社会足球活动。积极推进市县两级足球运动协会和业余足球俱乐部、基层足球活动站点建设，合理设计、积极推动城市、社区、企业的业余足球联赛，组建足球项目社会体育指导员队伍，从经费、场地、时间、竞赛、教练员指导等方面给予支持，引领社会足球健康发展。到2020年，全市经常参加足球运动的人口达到5万人以上。

（二）促进社会足球与职业足球协同发展。加快组建、积极发展社会足球联盟、行业足球联盟、区域足球联盟和球迷协会等足球社会组织，调动社会各方面的积极性，促进社会足球队伍逐步发展壮大，为职业足球发展奠定扎实的群众基础和人才基础。到2020年，全市业余足球队达到300支以上。

三、大力发展校园足球

（一）完善校园足球功能。将足球运动作为学校教育的重要组成部分，发挥其强健体魄的作用，以促进青少年健康成长为导向开展足球运动，全面提高学生综合素质；发挥其塑造人格的作用，使参与足球运动成为培养学生团队精神、坚强意志的有效途径；发挥其在人才输送方面的作用，夯实后备人才基础，扩大青少年足球人口规模，不断提升我市足球发展水平。

（二）提高校园足球普及水平。各级各类学校要把足球列入体育课教学内容，积极推进符合教学规律、足球运动规律的多样化足球教学模式。足球特色学校小学、初中每周一节足球课；高中阶段，在开设基础足球课的同时，可开设足球选项教学课；非足球特色学校两周一节足球课。场地条件允许的学校和足球特色学校，要建立班级、年级和校级足球代表队或足球俱乐部。到2020年，全市创建校园足球特色校200所，全国校园足球特色区1个。探索运用政府购买服务等方式，完善并落实好校园足球保险制度，提升校园足球安全保障水平。

（三）引进乌拉圭足球青训体系。聘请乌拉圭高水平教练团队，在全市足球特色学校推行乌拉圭足球青训体系，培训足球教练员和教师，按照乌拉圭青少年培训模式建立学员选拔体系、训练体系、竞赛体系和考评体系，让学生不出国门即可接受世界级足球训练。

（四）拓宽青少年足球人才培养渠道。大力推进体教结合，加快构建校园足球特色学校与青少年训练中心（训练营）相结合的新型足球人才培养模式。制定有利于足球人才成长的招生政策，完善初、高中足球运动员升学招生制度，校园足球特色学校可以根据组建学校足球队的需要，单列计划招收足球特长生。依托高校高水平运动队和体育专业招生政策，建立以校园足球为特色的学生运动员培养模式。

（五）建设高素质校园足球师资队伍。市及各县（市）区要根据需要拟定足球专业教师配备计划，采取多种方式、多渠道配备师资。鼓励聘请国内外优秀足球教师或教练员到校园足球特色学校任教；鼓励市体校足球教练员协助校园足球特色学校开展足球训练；鼓励退役运动员经过培训后进入学校承担足球教学、训练和管理工作；鼓励校园足球特色学校体育教师参加足球等级教练员培训，着力提升现有体育教师足球教学实践能力和专项执教水平。

四、加快发展职业足球

（一）加快组建职业足球俱乐部。采取政府引导、企业出资、市场化运作的模式，支持经济实力强、热爱足球运动的企业集团和社会力量创办或引进职业足球俱乐部，参加全国职业联赛。市足球协会要发挥联系广泛的优势，指导和支持俱乐部在人才建设、后备梯队建设、俱乐部经营管理等方面的可持续发展。

（二）推动业余足球向职业足球发展。整合资源、完善政策，支持全市各级各类业余足球俱乐部培养和引进高水平足球教练员、运动员，形成合理的人才结构，努力提升竞技水平。支持有实力的业余足球俱乐部从参加中国足球协会业余联赛、城市联赛起步，逐步进入职业联赛行列。

五、打造足球人才队伍

（一）加强新型足球学校建设。学习借鉴国际国内先进足球学校的经验做法，适应现代足球管理的专业化、国际化发展趋势，探索建设具有较高专业水准、多元投入机制、法人治理结构、文化教育与足球运动紧密配合的新型足球学校。鼓励各级足球协会与俱乐部、高等学校、社会机构建设新型足球学校和青少年训练中心（训练营），逐步形成校园足球抓普及，新型足球学校抓提高，青少年训练中心（训练营）抓精英的足球人才培养体系。

（二）多渠道培养优秀足球运动员。采取体教结合、市县结合、体社结合等多种渠道，整合市体校、县（市）区业余体校、校园足球特色校、高等院校、新型足校、社会力量举办的足球俱乐部等多方资源，构筑纵横交错、覆盖面广的优秀足球运动员发现培养输送网络，畅通优秀苗子从校园足球、社会足球到职业足球的成长通道。到2020年，分别组建男足、女足U13、U14、U15、U16、U17、U18等十二支青少年梯队，唐山男足、女足球队力争进入全省乃至全国一流球队行列。

（三）加强足球专业人才培养引进。创新现有足球教练员团队管理体制，激发活力，提升执教水平。加强足球管理人才培训，壮大各级足球协会、俱乐部等组织的专业力量，提升人员素质和工作水平。面向国际国内重点引进专业人才培训、青少年培训、足球经营管理、国际足球交流等领域能力突出的足球专业人才来唐工作。引进人才可享受《中共唐山市委唐山市人民政府关于加强人才工作若干政策的意见》（唐发〔2015〕17号）规定的优惠政策。

六、建立完善足球竞赛体系

（一）改革完善足球竞赛体系。发挥足球竞赛的杠杆作用，优化赛事结构，逐步形成赛制稳定、等级分明、衔接有序、遍及城乡的竞赛体系。提升年度唐山市"足协杯"业余足球比赛和唐山市甲、乙级足球联赛、五人制足球联赛办赛水平，进一步扩大赛制规模，提升赛事影响力。逐步建立小学、初中、高中、大学四级校园足球竞赛体系和市、县（市）区、街道（乡镇）、社区（行政村）四级业余足球竞赛体系。

（二）加强足球赛事管理。各级足球协会要建立联赛理事会，负责引导、规范相关赛事。健全青少年和社会足球运动员注册、转会等相关配套制度。完善竞赛奖励制度，制定符合足球项目特点、有别于其他体育项目的奖励标准。加强足球竞赛管理，完善裁判员公正执法、教练员和运动员遵纪守法的约束机制。健全竞赛资格审查、纪律处罚、仲裁和监督等各项制度，规范运动员、教练员、裁判员和管理人员的参赛行为。

（三）维护公平公正竞赛秩序。各级足球协会及赛事组织机构要积极争取同级政府及体育、公安、交通运输、消防等部门的大力支持，主动加强沟通协作，完善赛事安全保障措施。各级公安、体育部门要进一步提升足球赛事承办单位安全意识，按照谁承办、谁负责的原则，落实主体安全责任，建立健全安全风险评估制度，完善赛事各项安全保障措施；公安机关要加强对足球赛事安全秩序的监管，维护比赛现场及周边地区的治安、交通秩序，依法打击违法犯罪活动，确保赛事活动安全顺利。营造健康有序的竞赛环境，引导球迷文明观赛、遵纪守法，树立足球行业良好的社会形象。广泛开展法治宣传教育，加强思想道德建设，提高足球从业人员职业素质，严厉查处违规违纪行为。

七、加强足球场地建设

（一）加强公共足球场地建设。各级政府要加大足球场地建设力度，按照每万人0.5—0.7块足球场的标准，纳入城乡总体规划、土地利用总体规划和年度用地计划，研究制定《唐山市足球场地建设规划》并认真组织实施。充分利用城市和乡村的荒地、闲置地、公园、林带等，合理布局、挖掘存量、见缝插针地改造和建设一批小型多样的5人制、7人制足球场，为城乡居民提供方便就近的足球场地设施。鼓励社会资本投入足球场地建设，依法落实土地、税收、金融等方面优惠政策。

（二）加强校园足球场地建设。有条件的特色学校按照小学7人制场地、初中以上11人制标准足球场要求进行建设；受场地条件限制的校园足球特色学校，按照小学5人制场地、初中7人制场地、高中11人制场地要求建设足球场地。学校规划新建足球场，尽量建在校园内易于对外开放的区域，有条件的可引进第三方进行社会化管理，保证学校足球场地资源与社会共享。

（三）加强足球基地建设。通过新建或改建，到2020年，市级层面至少建成1个足球训练基地或青少年足球夏令营活动基地，每个县（市）区至少建成2个对外开放的足球场，1个青少年校外足球活动中心（不少于2片人工草坪）。

（四）建立足球场开放共享机制。加大财政补贴力度，建立开放共享机制，积极推动学校、企事业单位公共足球场对社会开放。通过委托授权、购买服务等方式，招标选择专业社会组织或企业负责公共足球场的管理运营，促进公共足球场低价或免费向社会开放，为广大足球爱好者提供尽可能多的足球活动场所。

八、加快足球产业发展

（一）规划建设足球特色小镇。依托《乌拉圭足球计划》，采取政府引导、社会投入、市场化运营的方式，规划建设产城融合、独具特色的足球小镇，加快足球与旅游业、建筑业、互联网、文化创意、餐饮酒店、健康养生等行业的融合发展，催生足球运动新业态，促进足球产业多点创新，打造京津冀地区乃至中国北方重要的足球及体育休闲产业小镇。

（二）加强足球产业开发。积极探索实践足球社会化发展的渠道和路径，充分挖掘足球无形资产的巨大潜能，通过打造赛事品牌、开发足球附属产品、培育足球服务市场、足球产业与相关产业融合发展等，构建足球产业链，不断增加足球产业收益，多渠道筹集足球发展资金。制定扶持足球产业发展的政策措施，在市场准入、财政、税收、信贷等方面给予支持，对符合小微企业认定标准的足球产业企业给予税收优惠扶持，培育一批示范性、带动性强的足球产业企业。

九、完善投入机制

（一）加大财政投入力度。各级政府要加大对足球的投入，主要用于场地、足球队、校园足球、青少年足球、女子足球建设及教学科研等方面。各级财政、体育、教育等部门在安排相关经费时，要对足球改革发展给予倾斜。各级财政、体育等部门要制定政府购买服务的清单目录和具体措施，通过政府购买服务等方式，加大对足球赛事活动的支持力度。

（二）成立唐山市足球发展基金会。基金会作为非营利性法人，依法开展募捐、接受捐赠并资助足球公益活动。鼓励各类企事业单位、社会力量和个人捐赠，捐赠资金可依法在计算企业所得税、个人所得税应纳税所得额时扣除。基金会按章程管理运行，依照有关法规加强信息公开，接受社会监督。

（三）鼓励社会力量参与足球发展。积极引导有实力的知名企业和个人等社会力量投资职业足球俱乐部、业余足球俱乐部，赞助各级专业足球队、足球赛事和与足球相关的公益项目，发挥支持足球事业、足球产业的示范带动作用，拓宽俱乐部、足球发展资金来源渠道。

十、加强各级足球协会建设

（一）调整改革市足球协会。市足球协会作为具有公益性、广泛代表性、专业性、权威性的全市足球运动领域的社团法人，是代表我市参加河北省足球协会的合法组织，主要承担管理发展全市足球运动、落实乌拉圭足球计划、团结联系全市足球力量、培养足球人才、组织参加国家和省运动会、组织举办全市性足球赛事活动、促进足球产业发展等职能。以市体校足球项目中心教练员团队为基础，吸纳足球热心人士、专业人士、县（市）区足球协会等社会力量参与，比照中国足协、省足协改组市足球协会，进一步充实人员力量，加大资金投入，使其逐步成为与中国足协、省足协以及乌拉圭足协的对接主体。市体育局负责对市足球协会给予业务指导和监管。市足球协会建立党组织，由市体育局党组领导。

（二）抓好市足球协会自身建设。进一步完善《唐山市足球协会章程》，健全法人治理结构，加强协会办公室、财务部、竞赛活动部、会员发展部、市场开发部等"四部一室"日常工作运转机构建设，完善协会会员大会、委员会、主席会等制度建设，规范权力运行程序和工作规则，建立决策权、执行权、监督权既相互制约又相互协调的机制。市足球协会按照社团法人治理机制运行，实行财务公开，接受审计和监督。市足球协会负责唐山市青少年足球队的组队、训练、参赛以及教练员、裁判员日常管理工作。

（三）健全县（市）区、行业足球协会。各县（市）区、各行业足球协会参照市足球协会管理体制进行调整组建，并以会员名义加入市足球协会，接受市足球协会的业务指导。各县（市）区、各行业足球协会担负本地区、本行业会员组织建设、竞赛组织、人员培训、活动开展、舆论宣传等职责。各县（市）区足球协会要加强对本地区社会足球组织的业务指导和管理。在全市逐步形成覆盖面广、组织完备、管理高效、协作有力、适应现代足球管理运营需要的协会管理体系。

十一、加强对足球工作的领导

（一）建立唐山市足球改革发展联席会议制度。建立市政府分管领导同志为召集人，市体育局、市教育局、市委宣传部、市发展改革委、市财政局、市住房城乡建设局、市公安局、市民政局、市人力资源社会保障局、市国土资源局、市交通运输局、市城管局、市城乡规划局、市审计局、市国税局、市地税局、市工商局、市直机关党工委、市总工会、团市委、市妇联、唐山保监分局等部门和单位有关负责人为成员的唐山市足球改革发展联席会议制度，定期召开会议研究和部署足球改革发展事项，形成各司其职、各负其责、各尽其力、协同配合、共同推进的工作机制。联席会议办公室设在市足球协会。市发展改革委、市体育局要加强对足球改革发展的政策研究和宏观指导。市教育局要履行好校园足球改革发展的主管责任，建立对校园足球特色学校的评估奖励机制。

（二）形成足球改革发展合力。各县（市）区人民政府、市直有关部门单位要切实加强对足球改革发展工作的领导，把足球改革发展纳入重要议事日程，落实各项责任，整合资源、统筹力量、大胆探索、狠抓落实，确保各项改革发展任务落实到位。各级体育主管部门要支持所在地区的足球协会工作，推动足球协会建设和足球运动发展。

（三）营造良好舆论环境。市县两级宣传部门要充分运用广播、电视、报纸、杂志等传统媒体和互联网、手机等新兴媒体，开辟专题专栏，宣传足球知识，弘扬足球文化，充分发挥足球运动在增强人民体质、丰富文化生活、加强青少年教育、促进社会和谐、发展经济、提升国家软实力等方面的积极作用，凝聚全社会对足球运动改革发展的共识，形成全社会积极支持足球运动改革发展的浓厚氛围。

附件：唐山市足球改革发展重点任务分工

附件

唐山市足球改革发展重点任务分工

序号	工作任务	责任单位
1	打造国际知名足球赛事	市足球改革发展联席会议办公室（市足球协会）、市体育局、唐山国际旅游岛管委会等部门单位
2	建立与乌拉圭的合作交流机制	市足球改革发展联席会议办公室（市足球协会）、市体育局等部门单位
3	建设乌拉圭国际足球学校	市体育局、市教育局、市发展改革委、市足球改革发展联席会议办公室（市足球协会）等部门单位
4	制定足球中长期发展规划	市发展改革委、市足球改革发展联席会议办公室（市足球协会）、市体育局、市教育局等部门单位

(续表)

序号	工作任务	责任单位
5	调整改革市足球协会	市足球改革发展联席会议办公室（市足球协会）、市体育局、市民政局等部门单位
6	健全县（市）区、行业足球协会	市足球改革发展联席会议办公室（市足球协会）、市体育局、市民政局等部门单位，各县（市）区政府
7	广泛普及社会足球	市足球改革发展联席会议办公室（市足球协会）、市体育局、市教育局、团市委、市直机关党工委、市总工会、市妇联等部门单位
8	大力发展校园足球	市教育局、市足球改革发展联席会议办公室（市足球协会）、市体育局、市发展改革委、市财政局、市人力资源社会保障局、团市委等部门单位
9	引进乌拉圭足球青训体系	市体育局、市教育局、市足球改革发展联席会议办公室（市足球协会）等部门单位
10	组建职业足球俱乐部	市足球改革发展联席会议办公室（市足球协会）、市体育局、市民政局等部门单位
11	探索建设新型足球学校	市教育局、市足球改革发展联席会议办公室（市足球协会）、市体育局、市发展改革委等部门单位
12	多渠道培养优秀足球运动员	市足球改革发展联席会议办公室（市足球协会）、市体育局、市教育局等部门单位，各县（市）区政府
13	加强足球专业人才培养引进	市人力资源社会保障局、市足球改革发展联席会议办公室（市足球协会）、市体育局、市教育局等部门单位

(续表)

序号	工作任务	责任单位
14	完善足球竞赛体系	市足球改革发展联席会议办公室（市足球协会）、市体育局、市教育局等部门单位
15	加强足球赛事管理	市足球改革发展联席会议办公室（市足球协会）、市体育局、市教育局等部门单位
16	维护竞赛秩序	市公安局、市足球改革发展联席会议办公室（市足球协会）、市体育局等部门单位
17	研究制定《唐山市足球场地建设规划》，加强足球场地建设	市发展改革委、市城乡规划局、市国土资源局、市住房城乡建设局、市城管局、市体育局、市教育局、市地税局、市足球改革发展联席会议办公室（市足球协会）等部门单位，各县（市）区政府
18	加大财政投入力度	市财政局、市足球改革发展联席会议办公室（市足球协会）、市体育局、市教育局等部门单位
19	成立唐山市足球发展基金会	市足球改革发展联席会议办公室（市足球协会）、市体育局、市财政局、市教育局等部门单位
20	营造良好舆论环境	市委宣传部、市教育局、团市委、市体育局、市足球改革发展联席会议办公室（市足球协会）等部门单位

邯郸市人民政府办公厅关于推进邯郸市足球改革发展的实施意见

(邯政办字〔2017〕33号)

各县(市、区)人民政府,市对口有关单位,市政府有关部门,冀南新区、邯郸经济技术开发区管委会:

为贯彻落实《国务院办公厅关于印发中国足球改革发展总体方案的通知》(国办发〔2015〕11号)和《河北省人民政府办公厅关于推进河北省足球改革发展的实施意见》(冀政办发〔2016〕18号)精神,振兴我市足球事业,经市政府研究同意,提出如下实施意见:

一、改革足球发展体制机制

(一)积极稳妥推进市足球协会改革。市足球协会是代表我市参加省足球组织的合法机构,是承担社会公共管理职能的社团组织。按照政社分开、权责明确、依法自治的原则,到2017年底前,完成市足球协会调整组建工作。以会员名义加入省足球协会,接受省足球协会行业指导和管理。制定明确的会员入会标准,扩大会员数量,逐步提高各县(市、区)及行业足球协会代表、知名足球专业人士、社会人士和专家代表等比重。市体育局派代表参与领导。

(二)健全县(市、区)足球协会。按照市足球协会章程,各县(市、区)和行业足球协会要理顺足球管理体制和运行机制,积极推进足球协会调整组建工作。各县(市、区)

足球协会要承担本地、本行业的会员组织建设、竞赛组织、人员培训、活动开展、宣传舆论等职责。要吸收当地知名足球专业人士、热心参与的社会各界人士加入协会,并以会员名义加入市足球协会,接受市足球协会行业指导和管理。

(三)理顺足球协会与体育行政部门的关系。全市各级足球协会要切实按照社团法人机制组建和运行。体育行政部门要发挥好宏观调控、市场监管、公共服务的职能。各级足球协会在内部机构设置、工作计划制定、财务和人事管理、专业交流等方面拥有自主权。要全面贯彻落实党和国家关于体育工作的路线、方针、政策,承接并完成政府交办的各项任务。要健全法人治理结构,完善协会会员大会、理事会、专项委员会会议制度,规范权力运行程序和工作规则,建立决策权、执行权、监督权既相互制约又相互协调的机制。到2020年,初步形成覆盖全市、组织完备、管理高效、协作有力、适应现代足球管理运营需要的协会管理体系。

(四)加强足球协会资产财务管理。各级足球协会要根据事业发展目标和计划编制预算,符合协会章程和国家社团管理条例,建立健全收支管理制度,聘请会计事务所、行业部门等第三方监督机构对足球协会的资产财务情况进行监督审计。

二、积极推进职业足球俱乐部建设

积极推动业余足球向职业足球发展。整合资源,完善政策,支持有一定实力的足球俱乐部由业余足球转向职业足球,逐步进入职业联赛行列。鼓励和引导有实力的知名企业和个人投资职业足球俱乐部,拓宽职业足球俱乐部和足球发展资金来源渠道,形成合理的投资来源结构。鼓励全市各级政府以非营利性体育设施用地、足球场馆等资源投资入股,吸纳政府、企业、个人等多方投资，推动实现俱乐部地域化。鼓励具备条件的俱乐部逐步实现名称的非企业化。

三、完善足球竞赛体系

（一）科学设计安排足球赛事。要科学安排，积极开展各级各类足球赛事。发挥足球竞赛的杠杆作用，优化赛事结构，扩大赛事规模，提升赛事水平，逐步形成赛制稳定、等级分明、衔接有序、遍及城乡的竞赛体系。以发现、培养优秀足球后备人才为目的，进一步理顺各种关系，整合各类资源，科学设置竞赛制度，以各级各类青少年体育学校、足球特色学校、足球俱乐部、足球训练营为主体，探索开展县（市、区）间足球联赛，各县（市、区）体育、教育行政主管部门和足球协会要积极开展学校之间的竞赛活动；每年组织开展全市青少年校园足球联赛，建立完善的联赛制度，开展好选拔赛、分区赛、总决赛，使其更具有合理性、操作性、实效性。各县（市、区）要在本区域内开展好小学、初中和高中三级联赛并参加上级联赛，形成县级联赛长效机制。动员全市足球协会、产业协会、球迷协会等社会力量，广泛组织开展业余足球联赛，积极组队参加省级、国家级足球各级各类比赛，通过比赛检验队伍，带动训练水平的提高。注重区域等级赛事，青少年赛事、校园足球赛事的有机衔接，逐步实现竞赛活动的科学化。建立县、市级青少年校园足球竞赛制度，并实行赛事分级管理。调整完善市运会周期性足球竞赛，统筹举办市级小学、初中、高中、大学四级校园足球联赛，丰富青少年业余足球竞赛。继续举办"市长杯"青少年足球赛，提高青少年足球运动水平。逐步建立全市11人制、5人制足球联赛，营造良好的社会足球氛围。继续加强与省内和京津两地校园足球的交流与合作，开展好京津冀校园足球对抗赛、邀请赛，以完备的赛事活动推动我市足球水平提升。支持党政机关、企事业单位、人民团体、基层部队开展常态化的内部竞赛活动。

（二）完善赛事管理体制机制。处理好政府引导和市场机制的关系，发挥政府在宏观管理、政策规范、市场秩序等方面的调控作用，发挥市场在配置足球资源方面的决定性作用。各级足球协会要建立具有独立社团法人资格的联赛理事会，负责引导、规范相关赛事。健全青少年和社会足球运动员注册相关配套制度。完善竞赛奖励制度，制定符合足球项目特点、有别于其他体育项目的奖励标准。加强足球竞赛管理，完善裁判员公正执法、教练员和运动员遵纪守法的约束机制。健全竞赛资格审查、纪律处罚、仲裁和监督等各项制度，规范运动员、教练员、裁判员和管理人员的参赛行为。

（三）维护公平公正竞赛秩序。各级足球协会及赛事组织机构要积极争取同级政府及体育、公安、交通运输、消防等部门的大力支持，主动加强沟通协作，完善赛事安全保障措施。各级公安、体育部门要进一步提升足球赛事承办单位安全意识，按照谁承办、谁负责的原则，严格遵守国务院《大型群众性活动安全管理条例》和《河北省大型群众性活动安全管理办法》相关规定，落实主体安全责任，建立健全安全风险评估制度，依规申请安全许可，完善赛事各项安全保障措施；公安机关要加强对足球赛事安全秩序的监管，维护比赛现场及周边地区的治安、交通秩序，依法打击违法犯罪活动，确保赛事活动安全顺利。营造健康有序的竞赛环境，引导球迷文明观赛、遵纪守法，树立足球行业良好的社会形象。广泛开展法治宣传教育，加强思想道德建设，提高足球从业人员职业素质，严厉查处违规违纪行为。

（四）促进高水平赛事交流。积极组织开展高水平足球赛事交流活动，推进合作，提高水平。加强与省足球协会沟通联系，积极申办国内外高水平足球比赛，承办高端商业足球赛事。广泛组织开展京津冀区域足球联赛，在促进协同发展中发挥积极作用。

四、改革推动校园足球发展

（一）完善校园足球功能。将足球运动作为学校教育的重要组成部分，发挥其强健体魄的作用，以促进青少年健康成长为导向开展足球运动，全面提高学生综合素质；发挥其塑造人格的作用，使参与足球运动成为培养学生团队精神、坚强意志的有效途径；发挥其在人才输送方面的作用，夯实后备人才基础，扩大足球人口规模，不断提升我市足球发展水平。

（二）加大校园足球普及力度。深入推进体教结合，增加青少年足球人口基数，拓宽足球选材路径。抓好各县（市、区）青少年足球队伍建设，力争到2018年各县（市、区）都有2-3支青少年足球队伍。以省运会四年为一周期时间节点，选拔组建我市适龄运动员队伍，加强梯队建设，确保队伍层次分明、上下衔接。统筹全市各级各类学校，要把足球列入体育课教学内容，鼓励有条件的学校开展以足球为特色的体育教学改革。现有全国足球特色学校要保证每周至少一节足球课、3次以上大课间足球活动。鼓励学校建立班级、年级和校级足球队或足球俱乐部。大力开展竞赛、游戏、征文等形式多样的校园文化活动，鼓励学校充分利用互联网和新媒体搭建信息平台，报道足球活动、交流工作经验、展示特色成果，营造有利于青少年校园足球发展的良好文化氛围。

（三）加快校园足球特色学校建设。以校园足球为载体，鼓励有条件的学校成立足球特色发展课题研究小组，开展以足球为特色的体育教学改革。加大足球课程教材开发力度，形成小学、初中、高中不同阶段的足球课程框架体系，到2020年形成全市统一的覆盖小学、初中、高中各学段的校园足球教材。按照4∶2∶1的比例，命名一批市级小学、初中、高中校园足球特色学校，并在人、财、物等政策方面给予倾斜，发挥引领和示范作用。到2020年，全国足球特色学校达到200所，市级以上足球特色学校达到500所，经常参与足球活动的学生达到5万人以上，实现100%的学校开展校园足球活动。重点建设一批高水平足球运动队，充分发挥骨干、示范和带动作用。

（四）促进青少年足球人才成长。大力推进体教结合，加快构建足球特色学校、青少年足球俱乐部与业余体校相结合的新型足球人才培养模式。要注重发现、选拔和重点培养学生足球运动苗子。建立小学、初中、高中、大学相互衔接、梯次递进的足球后备人才"一条龙"培养体系。拓宽足球运动员进入国家足球后备人才梯队、有关足球职业俱乐部和选派到国外著名足球职业俱乐部的通道。制定足球特色学校从小学到高中的特殊升学政策。畅通"小学—初中—高中—大学"足球特长生招生通道，鼓励高中学校和招收足球特长生的高校建立合作机制，允许足球特长生在升学录取时在一定范围内合理流动，激励他们长期积极参加足球学习和训练。将足球学习、训练、比赛、运动技能等级情况纳入学生综合素质档案，作为其升学考试和评奖评优的参考依据。

（五）扩大足球师资队伍规模。采取多种方式，整合体育、教育资源，逐步为学校配齐足球教师和教练。力争用3年的时间实现每所学校至少有1名足球专业教师。加大足球师资培养、培训力度，鼓励足球特色学校的体育教师参加体育专业机构组织的等级教练员培训。鼓励优秀教练员、退役运动员经过培训后担任学校的足球教练或教师。积极组织足球教练员参加国家、省级、市级专业培训；立足本市，积极搭建足球专业教师培训平台，广泛开展各类足球职业教育和培训，提升我市足球教练员的整体水平。鼓励专业能力强、思想作风好的足球教练员、裁判员，有足球特长的其他学科教师和志愿人员担任兼职足球教师。多渠道培养以足球为主的复合型体育应用人才，不断提高足球教学、训练和管理水平。

（六）建立校园足球风险管理体系。建立健全由教育行政部门主导、社会参与的校园足球风险管理机制。形成包括安全教育培训、活动过程管理、保险赔付的校园足球风险管理体系。出台附加校方无过失责任保险办法，加强与保险公司的合作。充分运用政府购买服务等方式，完善并落实好校园足球保险制度，提升校园足球安全保障水平。

五、大力推动社会足球发展

（一）全力推进足球运动普及。坚持以人为本，引导和整合社会力量，组织开展丰富多彩的社会足球活动，不断扩大足球人口规模。支持开展足球活动的民间团体或业余足球俱乐部，合理设计并大力推动城市、社区、企业的业余足球联赛，鼓励机关、事业单位、人民团体、部队和企业组建或联合组建足球队。注重从经费、场地、时间、竞赛、教练指导等方面支持社会足球发展。工会、共青团、妇联等人民团体要发挥各自优势，共同推进社会足球发展。

（二）推动社会足球与职业足球互促共进。规范发展社会足球联盟、行业足球联盟、区域足球联盟和球迷协会等足球社会组织，调动社会各方面的积极性，为职业足球发展奠定扎实的群众基础和人才基础。通过加快发展职业足球，促进社会足球队伍逐步发展壮大，到2020年达到300支以上，2025年达到500支以上。

六、改革足球人才培养方式

（一）拓展足球运动员成长空间。加大培养力度，完善选用机制，多渠道造就优秀足球运动员。增强校园足球、社会足球的人才培养意识，拓宽职业足球选人视野，畅通优秀苗子从校园足球、社会足球到职业足球的成长通道。鼓励足球俱乐部、企业和其他社会力量选派职业球员、青少年球员到足球发达省、市接受培训，培养高水平的足球运动人才。

（二）加强新型足球学校和青少年足球训练基地建设。学习借鉴国际国内先进足球学校和青少年足球训练基地建设的经验做法，适应现代足球管理的专业化、国际化发展趋势，探索建设具有较高专业水准、多元投入机制、法人治理结构、文化教育与足球运动紧密配合的新型足球学校和青少年足球训练基地。鼓励各级足球协会与俱乐部、高等学校、社会机构，开展新型足球学校和青少年足球训练基地建设，形成校园足球抓普及、新型足球学校抓提高、青少年足球训练基地抓精英的人才培养体系。市足球协会要统筹全市足球资源，支持社会力量自办或与各县（市、区）、高等学校合作共建新型足球学校和青少年足球训练基地。到2020年，创建1-2所市级新型足球学校和市级青少年足球训练基地。

（三）加强足球专业人才培养。按照分级、分类管理的原则，构建多级、多元培训组织机构，加强足球相关专业人才培训。充分发挥体校、体育高等院校在足球理论研究和足球专业人才培训中的作用，对竞赛管理人员、裁判员、社会体育指导员、校园足球教练员实施规模化专业培训，到2020年，力争完成1000人次以上的培训任务。按照全省要求，做好我市足球相关专业人员的资格认证、注册、选派等工作，努力提高我市足球的执教、执裁和竞赛组织水平。建立足球人才智库，为全市足球发展提供人才与智力支撑。

（四）做好足球运动员转岗就业工作。鼓励退役足球运动员参加各级各类职业技能和自主创业等培训，经过必要的考核合格后，进入各级足球协会、足球俱乐部从事管理和服务工作，或经公开招聘到企事业单位担任足球教练员、裁判员、教师，成为群众足球活动的骨干。

七、加快足球项目后备人才建设

（一）努力打造高水平运动队。建立足球人才数据库，对高水平青少年球员长期跟踪、重点培养，创新人才培养、发现和选拔机制。大力提高保障水平，不断改善训练条件，改进队伍管理方式，为省市足球队的发展提供有力支撑。在省级综合性运动会上，我市男、女足球队力争全部进入全省一流强队行列。

（二）提高教练员队伍水平和服务保障。加强复合型训练管理团队建设，完善内部运行机制，提高教练员队伍整体执教水平。

加大对市足球业训经费投入，强化基地建设、后勤服务、医疗科研支撑、文化教育等方面的保障作用，为其提高竞技水平创造良好条件。

（三）完善队员选材机制，落实优秀足球运动员升学政策。政府各部门之间要形成合力，借助校园足球发展的契机，保证各学校参加足球专项训练的人数，在全市中、小学建立年龄阶段衔接科学畅通的青少年足球训练基地，畅通优秀足球苗子从校园足球到专业足球的成长通道，增加我市青少年足球队后备人才的选拔、培养和输送规模，保证高水平足球运动员不流失，对于有足球特长的学生，在升学时要优先安排到重点学校学习，给予特殊优惠政策，保障足球运动员的全面发展。

八、加强足球场地建设

（一）不断扩大足球场地总量。各级政府要加大足球场地建设力度，按照每万人不低于0.5块足球场的标准，纳入城乡总体规划、土地利用总体规划和年度用地计划，并认真组织实施。要按照因地制宜、逐步改善的原则，充分利用城市和乡村的荒地、闲置地、公园、林带等，改造和建设一批简易实用的非标准足球场，满足广大群众需求。到2020年，市级至少要建成一个足球训练基地或青少年足球夏令营活动基地，每个县（市、区）至少建成两个对外开放的足球场。鼓励社会资本投入足球场地建设，特别鼓励社会资本参与校园足球场地的建设，支持企业、单位利用原划拨方式取得的存量土地建设足球场，并落实好相关优惠政策。在东区建设拥有专业比赛场和训练场，食宿配套设施完善，教学、培训、比赛、训练、科研、医疗一体化的高水平专业足球训练基地。吸引各级球队和专业足球从业人员来邯训练、培训，带动邯郸足球事业整体发展。

（二）提高足球场地运营效益。按照管办分离和非营利性原则，通过委托授权、购买服务等方式，招标选择专业的社会组织或企业负责管理运营公共足球场，促进公共足球场低价或免费向社会开放。落实好国家相关政策，对足球场地向社会低价或免费开放给予补助。统筹规划社会足球场地与学校建设，提高足球场地利用率，加快形成校园场地与社会场地开放共享机制。推动学校足球场在课外时间低价或免费向社会开放，实现学校和社会对场地的共享。政府投资建设的足球场地全部向社会开放。

（三）改善校园足球场地条件。要把校园足球活动的场地建设纳入我市足球场地建设规划，加大场地设施建设力度，创造条件满足校园足球活动要求。到2020年实现各县（市、区）至少要有3块以上标准校园足球场地，全市校园足球场地总数达到70块，创造条件满足校园足球活动要求。统筹体育场地设施资源的投入、建设、管理和使用，鼓励各县（市、区）建立青少年足球活动中心，同步推进学校足球场地向社会开放、社会体育场地设施向学校开放，形成教育与体育、学校与社会、学区与社区共建共享场地设施的有效机制。每个校园足球特色学校均建有1块以上足球场，有条件的院校均建有1块以上标准足球场地，其他学校创造条件建设适宜的足球场地。加快学校现有体育场地改造，为学生开展足球运动创造条件，提高学校足球场地利用率。鼓励企业、个人等社会力量以捐助冠名等方式投入校园足球场地建设。探索建立政府支持、市场参与、多方筹措支持校园足球发展的经费投入机制。结合实际逐步提高校园足球特色学校经费保障水平，支持学校开展足球教学、训练和比赛。

（四）加快建设专业足球场和训练基地。抓紧谋划建设"三基地一中心"（青少年足球训练基地、教练员培训基地、裁判员培训基地、邯郸市体育中心），建设拥有专业比赛场和训练场，食宿配套设施完善，教学、培训、比赛、训练、科研、医疗一体化的国家级、省级专业足球训练基地。吸引各级球队和专业足球从业人员来邯训练、培训，带动邯郸足球事业整体发展。

（五）推进社区配建足球运动场地。鼓励利用城市和乡村的荒地、闲置地、公园、林带等，改造和建设一批简易实用的非标准足球场，满足广大群众需求。在城市和新农村建设规划中统筹考虑社区足球场地建设。鼓励建设小型化、多样化的足球场地，方便城乡居民就近参与足球运动。

九、进一步完善投入机制

（一）加大财政投入力度。各级政府要加大对足球的投入，根据事权划分主要用于场地建设、校园足球、青少年后备人才队伍建设、教学科研等方面。财政、体育、教育等部门在安排相关经费时，要对足球改革发展给予倾斜。

（二）成立邯郸市足球发展基金会。基金会作为非营利性法人，依法开展募捐、接受捐赠并资助足球公益活动。鼓励各类企事业单位、社会力量和个人捐赠。基金会符合税法规定条件后捐赠资金可按照规定的标准在计算企业所得税、个人所得税应纳税所得额时扣除。基金会按章程管理运行，依照有关法规加强信息公开，接受社会监督。每年从市彩票公益金中安排一定资金，资助邯郸市足球发展基金会，专项用于支持青少年足球人才培养和足球公益活动。

（三）鼓励社会力量参与足球发展。完善相关政策，鼓励企业支持足球事业发展。引导有实力的企业和个人投资职业足球俱乐部、业余足球俱乐部，赞助各级足球运动队、足球赛事和与足球相关的公益项目，拓宽足球发展的资金渠道。

（四）加强足球产业开发。借鉴国内外足球产业发展经验，探索建立邯郸足球产业发展公司，开展与足球相关的经营活动。加大足球无形资产开发和保护力度，通过打造品牌赛事、开发足球附属产品、培育足球服务市场、促进足球产业与相关产业融合发展等途径，构建全方位、全过程的足球产业链，不断增加足球产业收益，形成多种经济成分共同兴办足球产业的格局。

（五）推动足球产业融合发展。一是实施"互联网+足球"创新行动。鼓励足球产业利用互联网整合开发资源，开展商业模式创新。提高足球场馆、赛事的信息化、智能化、网络化管理和服务水平。支持企业借助大数据及互联网交易模式拓展业务，构建线上线下相结合的足球服务模式。鼓励手机应用程序（APP）、微博、微信公众号等产品的开发应用。规范足球及相关衍生品销售电商平台发展。二是推动足球与旅游融合发展。以足球专业基地为基础，构建集足球训练、竞赛表演、健身休闲、足球培训、旅游观光于一体的足球旅游精品路线和景区。积极打造体育旅游示范基地。引导建设一批以足球等体育运动为主题的公园。三是推动足球与媒体融合发展。发挥邯郸足球体育传播业的优势，鼓励政府与民间机构共同投入，市场化运作，统筹电视媒体、平面媒体、新媒体资源，打造具有影响力的足球体育传媒品牌。加快培育和发展足球动漫、足球游戏、电子竞技、足球运动在线指导等新兴产业，重点培育一批足球与文化融合发展的重点项目和骨干企业。

十、加强对足球工作的领导

（一）把足球工作摆到更加突出位置。各县（市、区）政府和市有关部门要把足球改革发展列入重要议事日程，解放思想、大胆探索，明确目标、狠抓落实。建立由市政府领导同志担任召集人，市有关部门和单位负责同志为成员的邯郸市足球改革发展联席会议制度，联席会议办公室设在市体育局。市体育局要加强对足球改革发展的政策研究和宏观指导。市教育局要履行好校园足球改革发展的主管责任。各成员单位要各司其职、各负其责，密切配合、共同推动我市足球改革发展。

（二）营造良好舆论环境。充分利用各类新闻媒体，传播足球知识，弘扬足球文化，营造有利于足球改革发展的良好社会环境。积极引导广大群众客观认识足球现状，理性看待输赢，最大限度地凝聚足球改革发展的正能量。抓住北京携手张家口举办2022年冬奥会有利时机，积极探索在邯郸广播电视台开设体育栏目，加大对包括足球在内的体育宣传力度，在凝聚人心、振奋精神上发挥更大作用。

（三）借鉴先进做法和经验。要充分借鉴足球改革发展先进地区的有益做法和经验，并大力推广全国青少年校园足球试点县曲周县的做法，通过财政专项支持、招录足球教师等办法大力推进校园足球发展，加快足球特色学校建设，促进青少年足球活动的普及开展。

附件：邯郸市足球改革发展重点任务分工

邯郸市足球改革发展重点任务分工

序号	工作任务	责任单位
1	制定足球中长期发展规划	市联席会议办公室（市体育局）、市发展改革委、市教育局、市足球协会等
2	健全市、县（市、区）足协组织	市联席会议办公室（市体育局）、市民政局、市足球协会等
3	推进社会足球俱乐部稳定发展	市联席会议办公室（市体育局）、市民政局、市足球协会等
4	加强对足球协会资产、财务的管理和审计	市财政局、市审计局、市联席会议办公室（市体育局）等
5	合理设计安排全市足球赛事	市联席会议办公室（市体育局）、市教育局、市足球协会等

(续表)

序号	工作任务	责任单位
6	维护竞赛秩序	市公安局、市联席会议办公室（市体育局）、市足球协会等
7	加强行业管理	市联席会议办公室（市体育局）、市公安局、市足球协会等
8	推进校园足球发展	市教育局、市联席会议办公室（市体育局）、市发展改革委、市财政局、团市委、市足球协会等
9	落实优秀运动员升学政策	市教育局、市联席会议办公室（市市体育局）等
10	推动社会足球发展	市联席会议办公室（市体育局）、市委宣传部、市文广新闻局、市总工会、团市委、市妇联、市足球协会等
11	探索建设新型足球学校和青少年足球训练基地建设	市联席会议办公室（市体育局）、市发展改革委、市教育局、市规划局、市建设局、市城管执法局、市足球协会等
12	做好足球运动员转岗就业工作	市人力资源社会保障局、市联席会议办公室（市体育局）、市教育局、市足球协会等
13	研究制定邯郸市足球场地建设规划	市发展改革委、市规划局、市国土资源局、市财政局、市联席会议办公室（市体育局）、市教育局、市地税局、市建设局、市城管执法局等
14	加大财政投入力度	市财政局、市联席会议办公室（市体育局）、市教育局等部门
15	成立邯郸市足球发展基金会	市联席会议办公室（市体育局）、市财政局、市教育局、市足球协会等部门

(续表)

序号	工作任务	责任单位
16	成立邯郸足球产业发展公司	市联席会议办公室(市体育局)、市工商局、市足球协会等
17	加大彩票公益金投入力度	市财政局、市联席会议办公室(市体育局)、市教育局等
18	营造良好舆论环境	市委宣传部、市文广新局、邯郸广播电视台、市联席会议办公室(市体育局)、市教育局、团市委、市足球协会等

邯郸市人民政府办公厅
关于加快发展健身休闲产业的实施意见

（邯政办字〔2017〕159号）

各县（市、区）人民政府，市对口各单位，市政府各部门，冀南新区、邯郸经济技术开发区管委会：

为贯彻落实《河北省人民政府办公厅关于加快发展健身休闲产业的实施意见》（冀政办字〔2017〕71号）精神，深度挖掘体育健身休闲资源，加快全市健身休闲产业发展，经市政府同意，提出如下实施意见。

一、指导思想与发展目标

（一）指导思想。

全面贯彻党的十九大精神，牢固树立和贯彻落实创新、协调、绿色、开放、共享的发展理念，抓住京津冀协同发展有利契机，深化健身休闲产业供给侧结构性改革，提高健身休闲产业发展质量和效益，培育壮大各类市场主体，丰富产品和服务供给，构建体现邯郸特点的健身休闲产业体系，满足全市人民多层次、多样化健身休闲需求，推动全民健身和全民健康深度融合，为建设宜居宜业宜游的富强邯郸、美丽邯郸提供有力支撑和持续动力。

（二）发展目标。

到2025年，全市健身休闲市场主体更加活跃，市场机制更加完善，发展环境不断优化，产业结构日趋合理，产品服务供给更加丰富，与其他产业融合水平进一步提高，基本形成布局合理、功能完善、门类齐全的健身休闲产业发展格局，全市健身休闲产业总规模达到300亿元。

二、工作任务

（一）强化产业基础，构建产业体系。

1. 营造健身氛围，普及日常健身。推广适合公众广泛参与的健身休闲项目，发展足球、篮球、排球、乒乓球、羽毛球、游泳、健身跑、健步走、广场舞、骑行、台球、轮滑、棋牌、体育舞蹈等普及性广、关注度高、市场空间大的运动项目。优化大众健身休闲项目服务供给，构建多层次、多样化的产品体系。到2025年，全市人均体育场地面积达到2平方米，经常参加体育锻炼的人数达到500万，人均体育消费支出明显提高，为推动邯郸经济社会持续发展提供有力支撑。

2. 发展户外运动，引领项目发展。制定健身休闲重点运动项目目录，以户外运动为重点，支持具有消费引领作用的户外健身休闲项目发展。

——冰雪运动。以2022年北京冬奥会为契机，围绕河北省"三千万人参与冰雪运动"的发展目标，主动融入京津冀冰雪文化区，开发冰雪运动资源。加大基础设施建设，鼓励西部地区利用太行山自然生态环境优势建设滑雪场，鼓励有条件的县（市、区）建设滑雪场或室内滑雪场，依托公园、广场、体育场馆等建设嬉雪、滑冰场地。发展大众滑雪、滑冰、冰球等项目，全面提升冰雪运动普及程度。大力推广"轮转冰"，把轮滑人口转为滑冰人口，打通群众体育与冬奥项目后备人才的培养渠道，实现轮滑与滑冰的人才共享，有效扩大冰雪运动的人口数量。鼓励有条件的地区承办国内外高水平赛事，创办地区自主品牌，扩大品牌赛事规模。采取政企合作、体社联合等多种合作模式，高标准建设大众滑雪普及场地，打造成市级冰雪训练基地、争创省级冰雪训练基地。逐步打造以邯郸四季滑雪馆为核心的冰雪运动产业园，发挥冰雪运动培训的优势，结合冰雪运动进机关、进部队、进厂矿、进农村、进社区、进家庭"六进"活动，支持永年佛山、涉县五指山等地雪上项目的开展，扩大场地规模，改进场地条件，打造冀南地区冰雪运动品牌。

——山地户外运动。依托我市丰富的山地和河流资源，开展登山、攀岩、徒步、穿越、拓展、露营、骑行、垂钓、野外生存、漂流、探险和山地自行车等户外休闲运动，打造户外运动休闲基地。加强山地户外运动场地设施的科学规划与布局，推动场地设施体系化建设。支持创办一批山地户外运动特色基地，培育一批国内知名山地休闲运动产业品牌，大力推广丛台区紫山户外越野拉力汽车营地、涉县红河谷汽车营地。打造武安山地马拉松赛、涉县红色马拉松、临漳自行车大赛、武安划骑跑铁人三项赛、涉县五指山登山节、峰峰国际山地救援比赛等赛事活动，完善赛事活动组织体系，扩大赛事活动规模，培育精品赛事活动。加强户外运动指导员队伍建设，努力建设山地户外运动安全应急救援体系。

——水上运动。以北湖水上运动基地为龙头，依托丰富的水资源，发展摩托艇、皮划艇、龙舟等水上运动项目。依托北部新城建设和开发，将北湖打造成河北省训练条件最好的水上训练基地，积极承办国家级水上运动赛事。同时鼓励学校组织学生参与水上项目，打造北湖水上休闲基地，丰富活动形式，拓展服务内容，营造广泛参与的社会氛围。

3. 挖掘特色资源，打造特色品牌。一是积极开发太极市场。充分利用邯郸太极拳发源地的历史资源和"太极拳圣地"的品牌优势，大力发展太极旅游业，打响"古城、水城、太极城"这一独具邯郸特色的体育旅游品牌。充分发挥社会力量，采取多种合作模式，组织举办好中国·邯郸国际太极拳运动大会，使之真正成为太极拳界的"奥运会"，提升太极拳市场的影响力。充分挖掘民族传统体育优秀资源，利用邯郸学院太极学院和广府周边各类社会民办太极培训机构的力量，培养一批既能推广普及太极拳、又能展现太极拳竞技实力的拳师，并形成老中青结合的传承架构。大力扶持企业创业创新，生产和制作体现太极元素的服装、器械和相关衍生产品，完善我市的太极产业体系。二是打造邯郸棋城。充分发挥我市中国象棋、国际象棋和围棋的传统优势，围绕打造中国棋城这一目标，大力支持各类棋牌比赛活动，扶持棋类传统项目学校的发展，鼓励社会各界举办各类棋院（校），适时成立邯郸棋院。三是传承推广民族传统体育项目。充分发挥"全国武术之乡"、国家和省级体育先进县的作用，通过举办具有地方特色、群众喜闻乐见的各类传统体育项目赛事活动，大力发展传统武术、中国式摔跤、骑马、射箭、舞龙舞狮、信鸽、毽球、拔河等民族民间健身休闲项目。四是推动发展时尚体育运动。通过发展和培育相关专业培训市场，建设高端休闲健身运动基地，推动高尔夫、电子竞技、信鸽、极限运动等时尚运动项目健康发展。

4. 加大产业融合，推动协同发展。实施体育旅游精品示范工程，引导有条件的旅游景区拓展体育旅游项目，鼓励旅行社结合健身休闲项目和体育赛事活动设计开发旅游产品和路线。以邯郸市旅游产业发展大会为契机，大力发展体育旅游业，支持各级园博会与健身休闲产业深度融合。以峰峰矿区、永年区、大名县、涉县、馆陶县现有资源打造运动休闲小镇，推动体育休闲的加快发展。发挥各类体育训练基地作用，开发面向青少年的体育培训市场，鼓励高等院校增设运动医学、保健康复等相关专业。推动全民健身和大健康新医疗融合，发挥运动健身在疾病防御、慢性病防治和病后康复等方面重要作用。推动"体医结合"，推广覆盖全生命周期的运动健康服务。年内完成邯郸市国民体质监测中心建设，2020年前在各县（市、区）建成县级国民体质监测中心，实现监测样本常态化，发展运动医学和康复医学，鼓励社会资本开办康体、体质测定和运动康复等各类机构，发挥中医药在运动康复等方面的特色作用。促进健身休闲与文化、养老、教育、农业、水利、交通运输等产业融合发展。

5.提升产业信息化水平。鼓励开发以大数据、智能化、移动互联网、云计算技术为支撑的健身休闲服务，推动传统健身休闲企业由销售导向向服务导向转变。运用"互联网+"整合市内体育场馆资源，建设邯郸市体育场地网络信息平台、体育赛事平台，提升场馆预定、健身指导、体质监测、交流互动、赛事参与、器材装备定制等综合服务水平。鼓励有条件的县（市、区）成立健身休闲网络平台，探索智慧化服务功能，推动健身休闲互联网企业发展壮大，形成产业新生态圈。

（二）提高健身休闲产业发展质量。

1.加大健身休闲龙头企业扶持力度，支持打造一批具有自主品牌、创新能力和竞争实力的健身休闲骨干企业，鼓励各类中小微健身休闲企业、俱乐部强化特色经营、特色产品和特色服务，成立邯郸市体育产业协会。完善创新创业市场体系，优化健身休闲产业发展环境。建设完善邯郸市体育产业创业创新孵化平台，扶持中小微企业做大。引导和鼓励国内外知名体育企业参与邯郸体育基础设施建设、场馆运营和赛事组织。依法依规放宽城乡社区类体育健身休闲社会组织准入门槛，支持发展一批体育类社会组织、基金会、俱乐部，依托体育总会、单项体育协会、人群体育协会，构建健全的全民健身组织网络。

2. 调整优化健身休闲服务业、器材装备制造业及相关产业结构，提升服务业比重。推动户外运动器材、服装、场地产品升级，培育一批体育用品研发制造基地；实施健身服务精品工程，培育一批以健身休闲服务为核心的体育产业示范基地、单位和项目，打造一批优秀健身休闲俱乐部、场所和品牌。发挥重大体育旅游项目引领带动作用，建设一批体育旅游示范基地。鼓励各地利用丰富的自然、人文资源，发展各具特色的健身休闲产业，打造以"红色文化+山地户外"为特色的太行山健身休闲产业带。

3. 完善健身休闲基础设施网络，推进全市公共体育示范区建设。统筹规划健身休闲项目、场地设施空间布局，建设市、县、乡、村四级健身休闲基础设施网络。鼓励利用城市和乡村闲置地，建设一批山地户外营地、徒步骑行服务站、自驾车房车营地等健身休闲设施。鼓励和引导旅游景区、旅游度假区、乡村旅游区等建设特色健身休闲设施。

4. 按照《邯郸市人民政府关于加快发展体育产业促进体育消费的实施意见》（邯政字〔2016〕34号）的精神，把体育设施建设纳入城镇化发展规划，积极推进我市东区的体育场馆建设，达到承接河北省综合运动会的标准。到2025年建设一批户外多功能球场、健身骑行步道等健身设施。实现新建社区和乡（镇）、行政村健身设施100%全覆盖，打造主城区十分钟健身圈。积极推进赵都体育公园建设，提升我市公共体育健身设施保障和服务水平。

5. 发展健身休闲器材装备的制造能力。依托我市制造业产业优势，扶持我市体育生产企业做大做强，推动我市体育用品制造向高端化、智能化迈进。鼓励企业利用互联网技术对接健身休闲个性化需求，开发新型运动康复装备、运动健身指导技术装备、可穿戴式运动设备等智能体育产品。开展"一地一品"创建，推动区域特色品牌创建。支持企业创建和培育自主品牌，提升健身休闲器材装备的附加值和软实力。支持企业利用互联网开展产品营销，打造知名品牌。

（三）培育市场需要，拉动体育消费。

1. 深挖消费潜力。申办承办高水平赛事，培育壮大自主品牌赛事，合理引进高水平的职业联赛，丰富节假日体育赛事供给。鼓励各县（市、区）开发一批群众喜爱、观赏性强的高水平比赛。继续办好全国阳光体育大会（河北分会场）、武林大会等群众喜爱的体育赛事。组织开展多种日常群众性健身休闲活动，引导广大人民群众形成投资健康的消费理念。支持俱乐部、运动团体开展专业领域的健身休闲培训，鼓励退役运动员、教练员、体育专业大学生等群体从事健身休闲产业，培养发展青少年体育爱好和运动技能。大力培育社会体育指导员，鼓励学校、街道、社区聘用健身专业人员从事健身指导工作。

2. 完善消费政策。探索多种形式的健身休闲消费补贴优惠政策，鼓励有条件的县（市、区）发放健身休闲消费券，激励健身休闲消费。推进健身休闲消费便利化，积极推进便捷支付方式在体育消费领域的应用。鼓励健身休闲企业与金融机构合作发行健身休闲联名银行卡，实施特惠商户折扣。鼓励全市健身休闲服务信息系统（平台）的开发及应用。鼓励引导保险公司开发健身休闲场地责任保险、运动人身意外伤害保险。推动青少年参加体育活动相关责任保险发展。完善市场监管体系，创新监管手段，加强健身休闲消费过程中投诉举报的处置能力建设，维护消费者合法权益。

3. 引导消费理念。支持形式多样的体育题材文艺创作，鼓励创作编排健身操、广场舞及各种健身运动指南、作品，服务大众参加体育健身活动。鼓励发展多媒体广播电视、网络广播电视、手机应用程序（APP）等体育传媒新业态，促进消费者利用各类社交互动平台互动交流，提升消费体验。

三、强化健身休闲产业发展保障

（一）持续推动"放管服"改革。全面清理不利于健身休闲产业发展的有关规定，推动全市综合性和单项体育赛事管理制度改革，完善市场准入标准和运行规则。依法依规加强和改善市场监管，加强事中事后监管，完善相关安保服务标准，加强行业信用体系建设。

（二）完善投入机制。县级以上政府要将全民健身经费列入本级财政预算，保持相应增幅。积极争取省级体育产业引导股权投资资金、用足用好彩票公益金，对符合条件的健身休闲项目予以支持、资助。鼓励社会资本以市场化方式设立健身休闲产业发展投资基金。制定政府购买全民健身公共服务的目录、办法及实施细则，加大对智库服务、基层健身组织和健身赛事活动的购买比重。发挥多层次资本市场作用，支持符合条件的健身休闲企业上市，鼓励符合条件的企业发行企业债券，募集用于健身休闲产业项目的建设。鼓励健身休闲产业项目建设采取融资租赁方式，拓宽融资渠道。鼓励金融机构在风险可控的前提下，拓展对健身休闲企业贷款的抵质押品种类和范围。

（三）优化规划和土地利用政策。将健身休闲产业用地纳入各级土地利用规划，合理安排用地需求。引导健身休闲产业项目科学选址、科学用地，合理控制用地规模，及时安排新增建设用地计划指标。对使用荒山、荒地、荒滩建设的健身休闲项目，优先安排新增建设用地计划指标，出让底价可按不低于土地取得成本、土地前期开发成本和按规定应收取相关费用之和的原则确定。在土地利用总体规划确定的城市和村庄、集镇建设用地范围外布局的重大健身休闲项目，可按照单独选址项目安排用地。鼓励以长期租赁、先租后让、租让结合方式供应健身休闲项目建设用地。支持农村集体经济组织自办或以土地使用权入股、联营等方式参与健身休闲项目。鼓励社会力量建设小型化、多样化的活动场馆和健身设施，政府以购买服务等方式予以支持。

（四）加强人才保障。加大健身休闲从业人员培训力度，提高健身休闲场所工作人员服务水平和专业技能。鼓励企业与高校联合建立健身休闲产业教学、科研和培训基地，开展各类健身休闲项目策划、运营管理、技能操作等应用型专业人才培养。加强社会体育指导员队伍建设，完善体育人才培养开发、流动配置、激励保障机制。支持退役运动员接受再就业培训，鼓励他们从事体育产业相关工作。乡（镇、街道）、社区要优先聘用有职业资格证书的退役运动员担任社会体育指导员。鼓励具备条件的企业设立体育行业国家职业资格培训基地，承担相应培训工作。

（五）完善标准和统计制度。以国家体育产业统计分类为基础，完善健身休闲产业统计制度和指标体系，建立健身休闲产业监测机制。推动制定健身休闲服务规范和质量标准，鼓励企业积极参与行业和国家标准制定，提高健身休闲产业标准化水平。

（六）强化督查落实。各县（市、区）、各有关部门要根据本实施意见要求，结合实际情况，抓紧制定具体落实意见和实施细则（办法）。要把发展健身休闲产业纳入国民经济和社会发展规划，鼓励有条件的地方编制健身休闲发展专项规划。市体育局、市发展改革委、市旅游发展委会同有关部门对落实本意见的情况进行监督检查和跟踪分析，重大事项及时向市政府报告。

山西省人民政府办公厅关于扶持职业体育发展的意见

（晋政办发〔2017〕126号）

各市、县人民政府，省人民政府各委、办、厅、局：

职业体育是现代体育的组成部分，对于提高竞技体育水平、带动群众体育开展、推动体育产业发展具有重要作用。近年来，我省职业体育从无到有，经历了十多年的尝试与发展，取得了一定成效，曾先后成立足球、篮球、乒乓球等职业俱乐部，特别是山西男、女篮球职业俱乐部已成为我省职业体育的代表和太原的城市名片，为提升太原的城市品质、扩大山西在全国的影响力作出了积极贡献。但与此同时，我省职业体育俱乐部的发展也遇到了诸多困难，运营资金短缺、基础设施落后、发展环境较差、竞争力不强等发展屏障，严重制约了我省职业体育的健康发展。为支持和推进我省职业体育发展，更好地发挥体育在增进人民健康、推动经济转型、凝聚发展动力、展示三晋风采中的积极作用，结合我省实际，经省人民政府同意，现提出如下意见：

一、总体要求

（一）指导思想。

以习近平总书记系列重要讲话精神为指导，深入贯彻省第十一次党代会精神，坚持从山西实际出发，解放思想，改革创新，以职业体育、专业体育融合发展为路径，支持职业体育健康发展；完善扶持政策，加大扶持力度，实施精品战略，打造品牌项目，最大限度满足人民群众对体育的不断需求。

（二）基本原则。

1. 坚持俱乐部投入为主、政府扶持为辅的原则。主要依赖社会资金的投入，依赖俱乐部的自我发展，依赖俱乐部经营能力、自我造血功能的提高。在俱乐部投入的基础上，政府给予一定的扶持，助力俱乐部持续健康发展。

2. 坚持突出重点、实施精品战略的原则。结合我省实际，不贪大求多，重在发展质量、打造职业体育品牌。俱乐部努力经营、政府着力扶持、社会积极投入，聚集各方之力，共同打造精品项目，以精品项目扩大山西的知名度和影响力。

3. 坚持实施职业体育、专业体育融合发展的原则。以高端俱乐部为平台，发挥俱乐部职业体育市场化运营和体育行政部门专业体育管理体制两方面优势，权责清晰，分工明确，优势互补，合作共赢。强化一、二、三线队伍建设，共同完成职业俱乐部联赛、全运会、青运会等比赛任务。

4. 坚持经济效益、社会效益兼顾的原则。遵循市场经济规律，注重俱乐部的全面建设，强化经营管理人才的培养，提升经营管理水平，着力提高经济效益。遵循竞技体育发展规律，努力提升运动队竞争实力，强化运动队伍管理，内练内功，外树形象，以高超的竞争实力和良好的道德规范，全面展示山西体育健儿良好的精神风貌。

（三）总体目标。

1. 运动成绩目标。坚持职业体育、专业体育融合发展，在职业联赛、全运会、青运会等综合性运动会比赛中，明确任务目标，实施任务目标考核。

2. 精神文明建设目标。营造公平竞赛环境，创建最佳赛区。努力杜绝赛风赛纪恶性事件和兴奋剂违规问题。

3. 经济效益目标。分解经营项目，细化任务指标，全方位挖掘潜力，全面提高经营水平。制定时间表，努力实现扭亏为赢目标。

二、统筹职业体育协调发展

（一）发挥职业体育的社会属性。在用市场运营模式充分挖掘职业体育经济价值的同时，发挥职业体育的社会功能，重视职业体育在满足人民群众体育需求中的重要作用，重视职业体育为山西增光添彩所做的特殊贡献。政府各相关部门应加大对职业体育发展的支持力度。

（二）职业体育、专业体育融合发展。俱乐部承担省专业队任务，承担全运会、青运会及年度全国比赛任务。一套人马、两重身份，两种运行模式并存发展，最大限度发挥两种体制的优越性，实现职业体育、专业体育融合发展。

（三）将俱乐部管理纳入体育行政管理范畴。俱乐部成立相应机构，指定专人负责，主动与体育管理部门对接，确定管理模式，明确任务目标，明确工作职责，实施有效管理，保证各项工作顺利推进。

三、推动职业体育基础设施建设

（四）落实有关规划土地政策。鼓励职业俱乐部投资建设训练场馆等基础设施，改善吃、住、训条件。职业俱乐部投资建设训练场馆等设施的，规划、土地部门要优先给予考虑。鼓励俱乐部利用企业、单位在原有闲置房产和建设用地上建设的体育设施开展训练；俱乐部利用原划拨方式取得的存量房产和建设用地兴办体育设施项目，连续经营一年以上的可采取协议出让方式办理用地手续。

（五）落实税费政策。俱乐部发生的符合条件的广告费支出，可以按税法规定标准税前扣除。俱乐部向贫困和农村地区捐赠体育服装、器材装备，符合税收法律法规规定条件的捐赠，按照相关规定在计算应纳税所得额时扣除。对符合条件的体育场馆自用的房产和土地，按照国家有关规定享受房产税和城镇土地使用税优惠，体育场馆的水、电、气、热价格按不高于一般工业标准执行。

（六）合理利用公共资源。向社会开放的体育场馆可以在规定时间向俱乐部提供有偿或低价服务，为俱乐部训练、比赛提供条件。体育部门的训练设施、康复机构在不影响自身训练和使用的前提下，应当向俱乐部免费开放。鼓励体育场馆采取合作、冠名等方式参与职业俱乐部的发展。

四、强化职业体育资金扶持

（七）设立职业体育发展扶持资金。从我省体彩公益金中拿出资金，设立职业体育发展扶持资金，主要用于扶持职业俱乐部发展，弥补俱乐部运营经费的不足，以及对职业俱乐部参加全国性比赛取得优异成绩的奖励。资金使用方案由省体育局会同省财政厅拟定。

（八）保证运动员训练补助标准。省体育局根据俱乐部承担全运会、青运会任务情况，根据队伍规模大小，参照国家相关财务规定，围绕运动队伙食费、营养费、差旅费、服装器材费、医药费等开支，逐项按标准核定，一次性拨付俱乐部，用于运动队训练补助，补助标准一般不少于总经费支出的50%。

（九）鼓励俱乐部运动员参加省运会、全运会、青运会、亚运会、奥运会等比赛。综合性运动会，按照国家及省市综合性运动会奖励标准进行一次性奖励。年度比赛，按照国家奖励政策，对规定的比赛进行年度奖励。

五、优化职业体育发展环境

（十）建立完善赛事安保服务标准，推进安保服务规范化。严格按照《山西省大型群众性活动安全管理办法》的规定和要求，公安机关督促指导赛事主办方和安保单位，加强安全培训，规范服务标准，确保赛事安全。

（十一）政府购买服务，满足人民群众需求。为进一步满足人民群众对公共体育的需求，同时支持我省职业体育发展，每场比赛原则上按照不超过场次总票数10%的比例由政府购买门票，免费发放给青年学生、环卫工人、农民工等特殊人员，体现政府对特殊群体的关心爱护，满足人民群众对公共体育的需求。

（十二）将职业体育纳入表彰范围。对成绩突出的运动队及运动员、教练员个人给予适当奖励，推荐参与劳动模范、"五四"青年奖章、"三八"红旗手评选，表彰贡献，给予荣誉。

（十三）加大对职业体育的宣传力度。省市电视台要免费或优惠直播职业联赛。各新闻媒体要全方位多角度报道俱乐部运动队的训练、比赛及业余生活，注重塑造体育明星，发挥明星效应，传递正能量，不断扩大社会影响力，努力将我省职业运动队打造成一张靓丽的名片。

（十四）全方位包装品牌赛事。以争创最佳赛区为目标，加强安保工作，搞好环境卫生，重视赛区环境布置，体现山西文化特色，提高赛事解说水平。尊重对手，尊重裁判，遵守赛会规定，维护赛场秩序。加强对广大球迷的教育引导，发挥球迷协会的引领作用，创建文明有序、健康向上的观赛环境，为广大观众奉献精彩的赛事盛宴。

六、注重职业体育人才培养

（十五）鼓励支持运动员输送和选拔。省运会设立足球、篮球及其他职业体育比赛项目，利用竞赛杠杆，调动全省各市体育运动学校搞好后备人才培养，鼓励各市积极向俱乐部输送后备人才。向俱乐部输送队员，与其他项目一样，省体育局发放相应的输送贡献奖；向俱乐部输送运动员与各市教练员的职称评审挂钩，可计算为职称评审的带队成绩。支持俱乐部面向全国选拔人才，省市体育部门予以帮助，并在户口转移等具体问题上提供方便。

（十六）评定评审一视同仁。等级运动员评定、教练员职称评审，要将俱乐部运动员、教练员纳入其中。对俱乐部运动员在国际、国内一系列赛事中取得的成绩，将按照国家体育总局相关文件要求，评定等级运动员，发放相应的等级证书。俱乐部教练员与专业运动队教练员一样，有资格参加规定的学习培训，可参加全省教练员职称评审。

（十七）提高职业俱乐部运动员文化素质。鼓励俱乐部二、三线队员与优质中学合作，入大学前以该运动员所在中学的名义积极参加省级以上体育比赛。各市体校及省体院中专班、大专班要面向俱乐部二、三线运动员招生，在学费交纳、助学金、奖学金评定中，享受专业运动员的优惠待遇。省体院、山西大学及其他高等院校体育学院招生，要向职业俱乐部队员倾斜，享受相关政策规定待遇。省体育中心文化课教室、阅览室要向俱乐部队员开放。

（十八）重视俱乐部教练员团队建设。建立复合式教练团队、细化教练员职责分工，强化针对性训练。注重教练员的业务培训，俱乐部教练可报名参加国家体育总局教练员学院的业务学习，参加省体育局举办的一系列训练专家讲座。

（十九）加强俱乐部运动队科研医务保障。要为俱乐部运动队科研、医务人员业务培训创造条件。省体科所、省体育中心、省体育康复中心要向俱乐部运动队开放，为俱乐部运动队提供优质服务。省体育康复中心要协助俱乐部做好伤病防治工作，确保运动队训练正常进行。省体科所要协助俱乐部及时检测运动员机能状态，为教练员科学训练提供依据。要强化反兴奋剂的教育培训，学习反兴奋剂知识，熟悉反兴奋剂相关政策，确保不出现兴奋剂恶性事件。

（二十）加强体育经营管理人才培养。省体育局要有计划、有组织地安排本部门管理人员、俱乐部经营管理人员参加国际、国内相关培训工作，加强与外省和国外的交流学习，特别是要向发达国家职业体育俱乐部学习。提高职业体育的管理水平和服务能力，提高俱乐部经营管理水平。

我省职业体育正处于起步发展的关键时期，各级人民政府和有关部门要充分认识发展职业体育的重要意义，把发展职业体育列入体育工作的重要内容，加强领导，不断提高服务水平，促进职业体育健康发展。各级发展改革、教育、财政、住房城乡建设、国土资源、税务、体育等部门要加强协调配合，认真落实相关规定，确保各项政策措施落地生根。省体育局会同相关单位对落实情况进行监督检查和跟踪分析，重大事项及时向省人民政府报告。

内蒙古自治区人民政府办公厅关于加快发展健身休闲产业的实施意见

(内政办发〔2017〕110号)

各盟行政公署、市人民政府,自治区各委、办、厅、局,各大企业、事业单位:

健身休闲产业是体育产业的重要组成部分,也是推进"健康内蒙古"建设的必然要求。为贯彻落实《国务院办公厅关于加快发展健身休闲产业的指导意见》(国办发〔2016〕77号)精神,推动全区健身休闲产业发展,结合自治区实际,现提出以下意见。

一、总体要求

(一)指导思想。

全面贯彻党的十八大和十八届三中、四中、五中、六中全会精神,深入贯彻习近平总书记系列重要讲话精神和治国理政新理念新思想新战略,认真落实习近平总书记考察内蒙古重要讲话精神,紧紧围绕自治区第十次党代会决策部署,统筹推进"五位一体"总体布局和协调推进"四个全面"战略布局,牢固树立创新、协调、绿色、开放、共享的发展理念,以健身休闲产业供给侧结构性改革为主线,以丰富健身休闲产业产品和服务供给为核心,推动健身休闲产业健康持续稳定发展,为激发大众体育消费、扩大健身休闲产业规模、拉动经济增长提供支撑和动力。

（二）基本原则。

坚持市场主导。处理好政府和市场的关系，充分发挥市场在资源配置中的决定性作用和更好发挥政府作用，加快构建统一开放、竞争有序的产业市场体系。

坚持创新驱动。充分激发市场主体的创新活力，引导各类市场主体在组织管理、建设运营等环节创新理念和模式，提高产品和服务质量，更好满足消费升级的需要。

坚持因地制宜。整合空间资源，科学规划，合理布局，突出民族特色和地区特点，创新发展健身休闲产业，实现区域间协同发展。

坚持融合发展。立足全局，促进产业各门类全面发展，统筹协调健身休闲产业与全民健身事业，推动健身休闲与相关产业融合互动。

（三）发展目标。

到2025年，基本形成布局科学合理、设施基本完善、服务功能齐全的健身休闲产业体系。重点打造一批健身休闲示范基地，培育一批健身休闲品牌企业，发展一批健身休闲精品项目。产业发展环境优化，民族地域特色突出，救援体系相对健全，经济效益明显提高，产业融合发展紧密，全区健身休闲产业总规模达到300亿元以上。

二、完善健身休闲服务体系

（一）普及日常健身。推广适合公众广泛参与的健身休闲项目，加快发展徒步、路跑、骑行、健身气功、广场舞、球类运动等普及性广、关注度高、市场空间大的运动项目，保障公共服务供给，引导多方参与。依托竞技体育优势项目，充分发挥其引领、示范作用，带动全民参与健身。充分利用"男儿三艺"等传统体育项目优势，更好地普及和开展全民健身活动，形成城乡居民广泛参与、形式多样的健身休闲新格局。

（二）发展户外运动。制定健身休闲重点运动项目目录，支持具有消费引领性的特色项目发展。

——马术运动。加大对马术产业的扶持力度，培育有区域特色、民族特点及适合青少年参与的自主品牌赛事，逐步形成群众广泛参与的良好氛围。推动马术特色培训+休闲骑乘的市场化建设，扶持"马术体验休闲游""体育+民族特色体验游""青少年马术体育课堂"等项目。围绕骑乘体验、马术表演、马术实景剧演出等活动开发体育旅游项目，带动马匹饲料、马具、马术服装、赛马培训等马术衍生品业的发展。借助高品质文化活动的影响力，与专业机构合作，在"马术俱乐部""育马""马饲料""马术装备""赛事纪念品""马术文化特色商品"等领域扶持区内企业。培育扶持马业企业，加大优秀品种马、蒙古马的驯养繁育力度。积极推动青少年马术俱乐部和行业协会发展。

——冰雪运动。以为2022年北京冬奥会弹好前奏曲、办好2020年第14届全国冬运会为契机，推动实现"内蒙古800万人参与冰雪运动"的发展目标，主动融入东北及京津冀冰雪文化区，开发冰雪运动资源。加大基础设施建设，鼓励东部地区利用地缘优势建设滑雪场，支持中西部有条件地区建设室内滑雪场，依托公园、广场、体育场馆等建设嬉雪、滑冰场地。全面提升冰雪运动普及程度，广泛开展冰雪那达慕、雪地足球、高原滑雪、雪合战等活动，推动冰雪运动进校园，创建冰雪特色学校，激发广大青少年参与冰雪运动的热情。鼓励有条件的地区承办国内外高水平赛事，创办地区自主品牌，扩大品牌赛事规模。

——汽车摩托车运动。加强专业社会组织的管理、监督、指导和组织策划，保障我区汽摩运动安全、规范、有序开展。依托地形地貌及气候特点，联合主办或自我创办国家级、国际级品牌赛事，引进或自主开发相关汽摩文化运动。因地制宜，以开展雪地摩托、冰雪场地越野、冰雪越野拉力等赛事为重点，以开展中国房车锦标赛、汽摩耐力赛、汽摩场地竞速赛等项目为方向，以举办越野拉力赛事为龙头，带动穿越、体验等活动发展。助力越野e族举办国际品牌赛事，打造内蒙古阿拉善汽车运动品牌。策划举办"穿越内蒙古汽车集结赛"，促进体育旅游深度融合。"十三五"期间建设汽车自驾营地30个以上，以自驾营地带动其他营地建设，促进汽车摩托车运动发展。

　　——航空运动。以内蒙古"1干19支4个通用群"航空运输网络建设为契机，结合地区航空资源实际，加强特色航空运动设施建设，依法依规推进航空飞行营地项目的审批及建设，扶持航空飞行俱乐部发展，推广运动飞机、热气球、滑翔、飞机跳伞、轻小型无人驾驶航空器、航空模型等航空运动项目。引进各类航空运动赛事及活动，鼓励有条件的地区或企业创办飞行训练基地或飞行学校，构建以大众消费为核心的航空体育产品和服务供给体系。加强航空运动社会组织建设，支持其实体化运作。加大航空运动体验项目建设，丰富大众航空运动参与体验。积极开展青少年航空运动，鼓励学校与专业航空运动社会组织合作，培育青少年对航空运动的兴趣。

　　——山地户外运动。加强山地户外运动场地设施的科学规划与布局，推动场地设施体系化建设。大力推广登山、徒步、露营、沙漠穿越、戈壁探险、山地自行车等大众项目，稳步发展高海拔登山、攀岩、攀冰等专业项目，丰富运动项目的形式和内容。围绕大兴安岭、燕山余脉、阴山、贺兰山及其他山脉，开展登山穿越活动。加强与中国登山协会合作，引入全国性登山健身大会、露营大会、徒步大会等品牌活动，打造"沙漠珠峰"越野挑战赛、大北方攀冰交流赛等赛事活动，开展户外指导员培训、户外安全教育公益讲座等培训活动。完善赛事活动组织体系，扩大赛事活动规模，培育精品赛事活动。支持山地户外运动社会组织发展。

——水上运动。完善水上运动基础设施，开发适应消费需求的服务产品。大力发展赛艇、皮划艇、摩托艇、皮筏、抢渡、滑水、漂流、龙舟等项目，鼓励运动协会、俱乐部等开发不同级别、不同类型的赛事活动，丰富赛事种类。依托东部额尔古纳河水系开展漂流等项目，依托西部流经内蒙古的黄河流域开展老牛湾皮划艇系列活动、黄河抢渡、黄河漂流、皮筏等赛事活动以及巴彦淖尔地区开展龙舟赛，依托乌海湖开展游艇、摩托艇、水上滑板、风筝冲浪等体验观赏运动，丰富活动形式，拓展服务内容，营造广泛参与的社会氛围。

（三）发展特色民族传统运动。传承推广民族传统体育项目，推动申报体育类非物质文化遗产。加强对相关体育创意活动的扶持。鼓励举办以特色民族传统运动为主题的群众性活动，做大做强那达慕民族特色品牌，提升那达慕传统体育项目的特色和运动水平，重点推动以搏克、赛马、射箭、蒙古象棋、布鲁、赛驼、曲棍球、沙力布尔摔跤、驼球、抢枢等传统体育项目为主要内容的那达慕活动。扶持少数民族聚居地区开发特色单项赛事，鼓励民间社会团体积极参与、广泛开展传统体育活动，提高传统体育项目的知名度。建立健全少数民族传统体育项目协会，扶持民族传统体育项目俱乐部，推动民族传统体育运动专业化、标准化。

（四）推动体育旅游产业发展。加快发展体育旅游业，实施体育旅游精品示范工程，促进体育旅游产业深度融合。重点开发滑雪、徒步、探险、攀岩、骑行、沙漠运动等项目，着力开展汽车拉力、摩托车越野、马术与赛马、民族体育竞技、滑翔跳伞、攀岩等活动；重点建设以登山步道、草原步道、沙漠步道为代表的步道系统，以巴丹吉林沙漠、玉龙沙湖旅游区、蒙晋黄河大峡谷为代表的体育旅游探险基地，以腾格里沙漠月亮湖、美林谷旅游区、清水河老牛湾国家地质公园等为代表的露营基地，以克什克腾旗为代表的低空飞行基地，以奈曼旗银砂九岛为代表的生态旅游区。积极承办大型体育赛事，举办内蒙古（国际）马术节、鄂尔多斯国际那达慕、草原丝路马拉松、草原风筝节、那达慕赛马、环内蒙古自行车系列赛、呼（呼和浩特）海（海拉尔）大通道汽车摩托车拉力赛、环阿拉善沙漠户外赛事、巴彦淖尔龙舟赛等赛事活动。

（五）促进产业互动融合。大力发展"体育+"模式，促进健身休闲与文化、旅游、养老、教育、健康、传媒、通用航空、交通运输等产业融合发展，丰富体育产业内容，促进特色业态发展。促进康体结合，发展运动康复产业，服务大众健身消费。加强对大众运动健身的科学指导，推广运动处方，运用竞技体育资源和科技成果服务大众健身。鼓励社会资本开办康体、体质测定和运动康复等各类机构。推动"体医结合"，建设好内蒙古体育医院，加强科学健身指导，积极推广覆盖全生命周期的运动健康服务，发展运动医学和康复医学，发挥蒙医药中医药在运动康复等方面的作用。

（六）推动"互联网+健身休闲"。鼓励开发以互联网为代表、以现代信息技术为支撑的健身休闲服务，提升信息服务水平。依托内蒙古全民健身公共服务平台，为用户提供智能化健康监测、个性化运动指导和服务。鼓励采用新型电子商务运营模式，改变传统发展方式，丰富服务产品种类。探索智慧化服务功能，推动健身休闲互联网企业发展壮大，形成产业新生态圈。

三、培育健身休闲市场主体

积极培育健身休闲企业，鼓励各类中小微健身休闲企业、运动俱乐部向"专精特新"方向发展，强化特色经营、特色产品和特色服务。引进国内外知名健身休闲企业，鼓励国内外健身运动俱乐部在我区开展连锁经营。鼓励退役运动员创业创新，投身健身休闲产业。支持企业开展民族特色健身休闲器材装备的研发和生产，培育具有本土优势的器材装备制造品牌，鼓励企业与各级各类运动项目协会等体育组织合作，通过赛事营销等模式，提高品牌知名度。开展体育产业创新创业教育服务平台建设，帮助企业、高校、金融机构有效对接。鼓励各地区成立健身休闲产业孵化平台，为健身休闲领域大众创业、万众创新提供支持。推进体育类社会团体、基金会、民办非企业单位等社会组织发展，支持其加强自身建设，健全内部治理结构，增强服务功能。对在城乡社区开展健身休闲活动的社区社会组织，降低准入门槛，加强分类指导和业务指导。鼓励各类社会组织承接政府公共体育服务职能。发挥体育社会组织在营造氛围、组织活动、服务消费者等方面的积极作用。

四、积极推进健身休闲设施建设

完善健身休闲基础设施网络，严格执行城市居住区规划设计等标准规范有关配套建设健身设施的要求，并实现同步设计、同步施工、同步投入。科学规划健身休闲项目的空间布局，适当增加设施用地和配套设施配建比例，充分利用多种公共区域建设休闲健身设施，打造城市10分钟健身圈。通过管办分离、公建民营等模式，推行市场化商业运作，满足多层次健身消费需求。加强特色休闲设施建设。结合智慧城市、绿色出行，规划建设城市步行和自行车交通体系。研究打造自治区步道系统、自行车路网、全民健身中心、体育公园、社区多功能运动场，重点建设山地户外营地、徒步骑行服务站、自驾车房车营地、航空飞行营地等休闲设施。鼓励和引导旅游景区、旅游度假区、乡村旅游区等根据自身特点，建设特色休闲设施。发挥自治区体育产业基地以及重大体育旅游项目的引领带动作用，发展一批体育旅游示范基地，实施一批健身休闲精品项目，培育一批特色体育休闲小镇。

五、改善健身休闲消费环境

开展各类群众性体育活动，丰富节假日体育赛事供给，激发大众健身休闲消费需求。推动体育部门、体育社会组织、专业体育培训机构等与各类学校合作，提供专业支持，培养青少年体育爱好和运动技能。鼓励健身休闲企业与金融机构合作，试点发行联名银行卡，实施特惠商户折扣。创新消费引导机制。引导保险公司根据健身休闲运动特点和不同年龄段人群身体状况，开发场地责任保险、运动人身意外伤害保险。积极推动青少年参加体育活动相关责任保险发展。加大宣传力度，普及科学健身知识。鼓励发展体育传媒新业态，促进消费者利用各类社交平台互动交流，提升健身消费体验。

六、加强组织实施

（一）优化规划和土地利用政策。积极引导健身休闲产业用地控制规模，科学选址，并将相关用地纳入地方各级土地利用总体规划中合理安排。对符合土地利用总体规划、城乡规划、环保规划等相关规划的重大健身休闲项目，要本着应保尽保的原则及时安排新增建设用地计划指标。鼓励各地区盘活用好原有体育用地，合理增设符合地方特点的健身休闲项目用地。对使用荒山、荒地、荒滩等土地建设的健身休闲项目，优先安排新增建设用地计划指标，出让底价可按不低于土地取得成本、土地前期开发成本和按规定应收取相关费用之和的原则确定。在土地利用总体规划确定的城市和村庄、集镇建设用地范围外布局的重大健身休闲项目，可按照单独选址项目安排用地。利用现有健身休闲设施用地、房产增设住宿、餐饮、娱乐等商业服务设施的，经批准可以协议方式办理用地手续。鼓励以长期租赁、先租后让、租让结合方式供应健身休闲项目建设用地、设施建设用地（住宿、餐饮、娱乐会所除外）。支持农村牧区集体经济组织自办或以土地使用权入股、联营等方式参与健身休闲项目。

（二）完善投入机制。引导社会力量参与健身休闲产业。运用彩票公益金对健身休闲相关项目给予资助。鼓励各地区通过体育产业引导资金等渠道对健身休闲产业予以支持。健全政府购买公共体育服务的体制机制。全面落实扶持体育产业发展的各项优惠政策，对符合条件的健身休闲场所自用房产和土地，按规定减免房产税和城镇土地使用税，降低健身休闲企业税费成本。

（三）建立健身休闲救援保障体系。加强高危体育项目管理和监督。依托国家建立的关于国家安全的协同联动机制，探索建设军民融合应急救援体系。加强安全信息警示，规划建设健身休闲运动的安全系统和救援系统，建立融合公共救援、民间救援、志愿救援于一体的综合救援机制。组建户外运动救援中心，成立专业救援队，开展救援技术培训，发展救援志愿者团队。建立风险防控体系，加强突发事故后应急处理等相关知识的普及，减少伤亡事故发生。

（四）加强人才保障。鼓励校企合作，培养经营策划、运营管理、技能操作等应用型专业人才。加强从业人员职业培训，提高健身休闲场所工作人员的服务水平和专业技能。完善体育人才培养开发、流动配置、激励保障机制，支持专业教练员投身健身休闲产业。加强社会体育指导员队伍建设，充分发挥其对群众参与健身休闲的服务和引领作用。强化行业协会作用，引导行业协会开展相关人员培训。加强人才梯队建设，建立专项人才培养行动计划，依据国家有关规定，加大急需技能人员的鉴定工作力度，形成完备的人才培养体制机制。积极开展高危体育项目经营管理培训，加强从业人员职业资格培训，加大职业技能培训力度。

（五）完善标准和统计制度。全面推动健身休闲标准体系建设，制定服务规范和质量标准，提高产业标准化水平。以国家体育产业统计分类为基础，完善健身休闲产业统计制度和指标体系，建立产业监测机制。

（六）健全工作机制。建立体育、发展改革、旅游等多部门合作的健身休闲产业发展工作协调机制，及时分析产业发展情况，解决存在的问题，落实惠及产业的文化、旅游等相关政策。把发展健身休闲产业纳入国民经济和社会发展规划，鼓励有条件的地区编制健身休闲发展专项规划。各级体育行政部门要加强职能建设，充实体育产业工作力量，全面服务健身休闲产业，推动其健康发展。

（七）强化督查落实。各盟市、各有关部门要根据本意见要求，结合实际情况，抓紧制定具体实施方案和配套政策。自治区体育局、发展改革委、旅游发展委、统计局要会同农牧业、水利、林业等相关部门对落实本意见的情况进行监督检查和跟踪分析，重大事项及时向自治区人民政府报告。

沈阳市人民政府办公厅关于印发《沈阳市体育领域供给侧结构性改革实施方案》的通知

(沈政办发〔2017〕41号)

各区、县(市)人民政府,市政府有关部门、有关直属单位:

经市政府同意,现将《沈阳市体育领域供给侧结构性改革实施方案》印发给你们,请结合实际,认真贯彻执行。

沈阳市体育领域供给侧结构性改革实施方案

为盘活我市体育资源,加快体育经济转型发展,增加经济发展新的增长点,根据《辽宁省人民政府办公厅关于印发辽宁省体育领域供给侧结构性改革实施方案的通知》(辽政办发〔2016〕148号)精神,结合我市实际,特制定此方案。

一、指导思想

全面贯彻落实市第十三次党代会和全市经济工作会议精神,积极适应经济发展新常态,树立"大健康""大体育"理念,依据《辽宁省体育领域供给侧结构性改革实施方案》和《沈阳振兴发展战略规划》要求,精准对标、重点突破、共同缔造,以"多规合一"为引领,推动体育场馆全面升级,形成沈阳自主IP赛事,建设改造一批大型场馆项目,推进"互联网+体育",促进体育需求和消费不断增长,横向达到体育与旅游、文化等产业跨界融合,纵向达到产业链延伸,为人民群众提供更多更优的体育产品和服务,不断满足大众多层次多样化的健身需求,提升市民幸福感和获得感,为打造国际化营商环境,推进"幸福沈阳,共同缔造"行动,拉动经济增长、转变发展方式提供有力支撑和持续动力。

二、重点任务

(一)打造自主IP体育赛事。申办和举办沈阳马拉松赛、哥德杯(中国)世界青少年足球赛、沈阳首届市民运动会等自主IP大型赛事,特别是举办好沈阳市首届市民运动会。以"幸福沈阳,共同缔造"为宗旨,以群众为主体,以"沈阳动起来"为主题,创新办赛理念,鼓励社会参与,充分发挥社会主体和市场主体作用,坚持"开放办赛、共享办赛、多方办赛"的办赛宗旨,建立政府、市民、市场三轮驱动的办赛新模式,动员全社会力量,进一步深入社区、融入生活,激发和引导市民科学健身的热情,促进市民健身生活化、社会化,打造"百姓有动力、资源有合力、赛事有活力"的全民健身品牌。以大型赛事拉动消费,促进经济增长。将沈阳马拉松打造成国家金牌赛事。〔市体育局牵头,市教育局、公安局、服务业委,相关区、县(市)政府配合〕

(二)推动体育场馆(1.0版本到5.0版本)升级改造。利用奥体中心东南、西南2块体育预留用地新建冰雪馆和水上运动馆,并开发地下体育商城,总占地面积4.5万㎡、地上总建筑面积约5万㎡,采取PPP模式投资建设。结合棋盘山地域特点和户外运动人文特点,把棋盘山水上训练基地建成体育旅游目的地、体育旅游示范基地,打造体育旅游精品赛事和精品线路，与旅游开放共享，满足大众化、多样化、特色化的市场需求，形成集游乐项目、现场演出和多种奇妙体验于一体的体育版"迪士尼"乐园。〔市体育局牵头，市发展改革委、财政局、规划国土局、市服务业委、旅游委，相关区、县（市）政府配合〕

（三）构建智能健身社区。加快体育供给侧结构性改革，以民生为出发点，以优化人居环境为核心，坚持自我造血、持续发展的理念，立足"幸福沈阳，共同缔造"，以国际、国内社区体育建设最高水准进行战略规划，利用废弃锅炉房、自行车车库等社区空间，建设改造69个"奥林匹克体育生活化社区"，从管理、环境、信息化、活动、健身团队等方面打造立体的公共健身服务体系。与相关企业合作，专注社区居民体育健康管理与服务，从产品研发、健身指导等方面为社区居民提供完整的健身指导方案，构建纵向到底、覆盖社区的公共服务网络，提高社区公共体育服务水平，提升市民幸福指数。实施"互联网+社区健身馆"模式，24小时、365天无人值守，使居民享受专业化、智能化的健身服务。建设社区体育配送驿站，实行试点社区的健身指导、健身知识等项目"你点我送"的配送服务，不断满足社区居民多元化的健身需求。〔市体育局牵头，市规划国土局，沈阳城市公用集团、沈阳体育产业集团，相关区、县（市）政府配合〕

（四）培育"一河两岸"体育产业集聚区。依据"一河两岸""一主三副"的总体规划，编制沈阳市体育设施用地规划，将"一河两岸"建设成为我市体育产业示范基地，形成文化、产业、旅游、健身休闲等多元功能并存的现代体育产业集聚区。规划体育项目用地，确保体育项目用地落实到位。〔市规划国土局牵头，市发展改革委、建委、体育局，沈阳体育产业集团，相关区、县（市）政府配合〕

（五）推动体育特色小镇建设。建设集健身休闲、"体验式"旅游、文化、健康等项目元素融于一体的体育特色小镇，推进蒲河、卧龙湖、财湖、西峡谷周边体育资源开发，探索打造具有东北地域特色的运动休闲小镇经济，为城乡居民提供文明、健康、休闲体育旅游产品，构建宜居宜游、居民与游客共享的理想空间，拓展健身休闲新领域。〔相关区、县（市）政府牵头，市发展改革委、体育局、旅游委，沈阳体育产业集团配合〕

（六）建立体育共享服务平台。依托"互联网+"，构建智慧体育服务平台，提升体育服务的信息化水平，开创"全民健身、e起运动"的体育数字化新时代。开启"运动汇"APP服务平台，提供多样化的场馆预订服务，扩大体育消费。拓展体育彩票第三方销售渠道，在社区、医院、企业延伸"体彩APP"。制作全民健身电子地图，建立居民体质健康档案，开具运动处方。〔市体育局牵头，市科技局、大数据局，沈阳体育产业集团，相关区、县（市）政府配合〕

（七）促进相关产业融合发展。发展体育竞赛表演业，全力争取足球、篮球、排球、田径等大型赛事主场落户我市，积极承办国际顶级品牌赛事活动，有效激活竞赛表演市场，带动关联产业发展。〔市体育局牵头，市国资委、旅游委、沈阳体育产业集团，相关区、县（市）政府配合〕

（八）加强全民健身指导服务。研究制定沈阳市社会体育指导员管理及表彰奖励办法，启动公益社会体育指导员聘任试点工作，探索设置公益性社会体育指导员岗位。组织优秀运动员、职业社会体育指导员等人群，深入社区、企业开展健身指导、国民体质监测、开具运动处方等服务。〔市体育局牵头，市财政局、民政局、人力资源社会保障局，相关区、县（市）政府配合〕

（九）发展壮大沈阳体育产业集团。通过资产划转等方式，进一步做大沈阳体育产业集团资产规模。沈阳体育产业集团要充分发挥产业龙头作用，积极开展对外合作与交流，大力推进青少年足球训练项目，全力打造沈阳马拉松、沈阳市民运动会等大型自主 IP 品牌赛事。要规范做好国有资产管理和运营工作，有效实施股权结构多元化改革，全面完善公司法人治理结构，进一步强化资产监管，严格履行决策审批程序，严防国有资产流失。〔市财政局、国资委、体育局牵头，沈阳体育产业集团，相关区、县（市）政府配合〕

三、保障措施

（一）加强组织领导。把体育领域供给侧结构性改革摆在突出位置，切实转变发展理念，调整和拓展发展路径，把体育投入"事业化"的旧观念转变为体育投入"市场化"的新观念，推进产业战略目标、政策和规划制定、重大项目等方面的组织协调。强化体育产业政策保障落地、规划布局落地、平台建设落地、重点项目落地等方面的工作力度。推进国家级体育产业联系点建设，及时提请报批国家级体育产业示范基地。〔市体育局牵头，市发展改革委、规划国土局，沈阳体育产业集团等配合〕

（二）加大招商引资力度。采取"走出去、请进来"的方式，加大国际、国内知名企业的招商引资力度，与央企、国企等广泛合作，围绕场馆建设、体育设施、冰雪产品、健身休闲等，抓紧推进一批体育产业项目，扩展服务功能，延伸产业链条。〔市体育局牵头，沈阳体育产业集团配合〕

（三）落实体育用地和税费政策。严格落实《国务院办公厅关于进一步激发社会领域投资活力的意见》（国办发

〔2017〕21号）精神，认真落实体育领域税费政策，加强土地税费扶持力度。将体育用地纳入土地利用总体规划、城乡规划和年度用地规划，有序适度扩大供给。〔市规划国土局牵头，市国税局、地税局、体育局配合〕

大连市人民政府关于加快推进体育惠民工作的实施意见

（大政发〔2017〕9号）

各区市县人民政府，各先导区管委会，市政府各委办局、各直属机构，各有关单位：

为认真贯彻习近平总书记系列讲话精神，落实《全民健身计划（2016—2020年）》《"健康中国2030"规划纲要》，以体育惠民为宗旨，充分发挥体育的基本公共服务功能，满足市民多元化的体育需求，切实服务和改善民生，增强市民的获得感和幸福感，现就做好2017年体育惠民工作提出以下实施意见：

一、指导思想

深入贯彻落实党的十八大和十八届三中、四中、五中、六中全会及习近平总书记系列重要讲话精神，按照国务院副总理刘延东在全国体育局长工作会议上提出的"全民健身要体现共享性、竞技体育要体现精准性、体育产业要体现基础性"的工作要求，加快体育改革、开放、创新发展，全面落实全民健身国家战略，不断提高体育公共服务水平，确保体育发展成果惠及广大市民，通过全民健身实现全民健康，促进城乡居民身心健康、生活幸福。

二、工作任务

（一）提供有效体育公共服务产品。

1. 完善全民健身公共服务体系。建立具有大连特色的全民健身服务体系，持续不断地为群众提供有效服务。全民健身服务指标体系包含全民健身的组织、设施、经费、活动、指导和监测等为主要内容的六项指标体系：到2030年，全民健身组织实现市、区、乡镇（街道）、村（社区）四级网络齐全，每万人拥有35名社会体育指导员；全民健身设施实现每个区市县（先导区）拥有1个市民健身中心、每个乡镇（街道）拥有1个体育健身公园、村（社区）实现全民健身设施全覆盖，人均体育场地面积达到3平方米以上；全民健身经费达到人均30元以上；全民健身活动达到经常参加体育活动的人口占常住人口50%以上；全民健身指导服务达到年举办市级公益健身知识讲座100次以上，市民健身知识普及率达到60%以上；国民体质监测达到国家要求的体质监测布点标准，体质监测合格率达到95%。

2. 提高健身品牌活动质量。以普及健康生活为导向，立足于城市特点，提高健身品牌活动质量，引领全民健身新风尚，不断提升市民健身意识和身体素质。进一步增强全民健身品牌活动的辐射力和影响力，重点举办好10项国际化品牌活动、20项市级品牌活动，并培育、储备一批品牌活动项目，形成全民健身系列品牌活动。全年举办大型全民健身活动500余项，打造200万人次直接参加体育运动、500万人次观摩体育活动的全民健身氛围。充分利用大连全民健身的传统优势和地域资源的有利条件，注重市民体育需求由健身阶段向时尚阶段过渡的多元化需求，因地制宜开展适合大连地区群众健身需求的健身活动项目，提倡徒步、骑行、登山、游泳、太极拳、健身气功等大众喜闻乐见的健身活动。

3. 完善全民健身场地设施。全面完成体育重点民生工程涉及的全民健身工程，在甘井子区、金普新区、普兰店区、瓦房店市、庄河市等地区建设多处多功能运动场。实施重点惠民工程和健身设施配套工程，在全市城乡的健身示范广场（经协商愿意为市民增加健身器材的场地）、健身公园、健身中心、健身活动室配套安装健身器材。做好已建全民健身场地设施的使用、管理和提档升级工作，增加体育文化内涵，健全维护管理机制。

4. 推动体育场馆向社会开放。进一步扩大体育公共设施对外开放，最大限度满足广大群众的健身需求。现有的公共体育场馆继续做好免费、低收费开放工作。加快推进学校运动场地向社会开放，提高学校体育资源使用率。鼓励企业和各类体育资源向社会开放，满足广大群众就地就近的健身需求。

5. 提高体育组织服务水平。加强体育行政组织建设，提高为民服务的工作效率。到2030年，市级体育协会达到80个、县区体育协会达到300个、社会体育俱乐部达到500个、全民健身站点达到4000个、社会体育指导员达到26000名，强化各类体育组织的体育惠民意识，在生命全周期过程中提供精准服务。

6. 创新全民健身服务模式。以优化健康服务为重点，不断加强理论研究，拓展全民科学健身指导服务领域和范围，让体育锻炼、运动康复与疾病防控、临床医疗有效结合，努力为城乡居民提供生命全周期的健身与健康服务。利用科学健身宣讲、体质监测服务、运动处方开具等手段，为市民健身提供科学指导，满足多样化、个性化健身需求。借助"互联网+"，建立多层次、多渠道、多媒介的智慧体育信息服务互动平台，把场馆设施、赛事活动、健身知识等资源融为一体，满足市民观赛、健身等体育需求，实现体育服务功能的科学化、智能化、便捷化。

（二）促进全民健身与健康深度融合。

7. 提升品牌活动质量，逐步实现运动健身与静态医疗融合。健康体质是预防疾病的根本保证，建立运动健身与静态医疗融合的关系，倡导市民通过运动进行健康干预，提升品牌活动质量，强化健身就是最好的预防。

8. 提供有效供给，逐步实现健身与康复设施"直通车"。体育部门要主动与有关部门进行有效协作，推进体育健身设施与康复设施功能设置"一体化"，提高健身场所设施的质量和水平，营造健康环境、完善健康保障。

9. 完善组织体系，逐步建立体医结合的工作机制。体育组织要积极主动与卫生组织协作，探索建立体医结合的工作机制。加强体育组织建设，建立一支具有健康意识的体育骨干队伍，使体育组织每一个成员能够从提高群众健康素质思考问题，为群众提供优质服务。

10. 整合科研资源，逐步建立运动与医疗处方共诊并疗。以优化健康服务为重点，不断加强理论研究，拓展全民科学健身指导服务领域和范围，搭建集运动、医疗处方于一体的信息交流平台，做到"两个结合"，即运动监测与运动处方相结合、运动处方与医疗处方相结合，达到共诊并疗。

（三）发挥竞技体育的服务功能。

11. 发挥体育赛事综合功能。充分发挥高端赛事满足大众体育文化需求的功能，促进高端赛事对全民健身、体育产业的拉动作用，完善"政府主导、市场投入、社会办赛、民间参与"的办赛模式，打造国际马拉松赛、国际女子网球公开赛、环渤海帆船拉力赛、中国马术比赛等十大高端赛事，助力体育

259

产业发展和城市经济建设，提升城市知名度和影响力。每年举办常规赛事200项，满足不同人群多元化、多层次的体育竞赛需求。

12. 展示竞技体育综合实力。发挥竞技体育独特的精神激励和引领带动效应，提高为运动员服务的意识，做好2017年第13届全国运动会大连籍运动员跟踪服务和2018年第13届省运会组队备战工作，努力实现运动成绩和精神文明双丰收，展现大连体育健儿的良好精神风貌。推进体育中心运动员训练基地入驻工作，探索多元化办训改革，优化发展环境，提高人才储备质量，推动竞技体育持续健康发展。

13. 完善运动训练标准。按照体育人才成长规律和运动训练规律，结合大连体育人才特点，制定《体育训练规程》，分专业制定各运动项目训练标准，提高为基层训练工作的服务意识，指导基层做好体育后备人才的训练工作。

（四）振兴发展足球事业。

14. 完善足球发展顶层设计。以深化足球改革为契机，做好顶层设计。一是按照国家要求稳步推进市足协调整改革工作，为足球发展提供体制保障。二是围绕国家级足球训练中心任务要求，加快推进大连市青少年足球训练基地建设。三是制定完善足球发展相关政策，推动大连足球振兴发展。四是完善人才管理机制，建立足球运动员、教练员、裁判员人才库，实现全市足球人才的管理信息化。五是创新人才培养模式，加强足球特色校建设，畅通优秀足球人才从校园足球、业余足球、新型足球学校到职业足球的成长通道。

15. 支持职业足球获得佳绩。围绕落实市党代会目标任务，加大对职业足球的指导和服务力度，创新职业足球管理模式，营造职业足球健康发展的良好环境，支持大连一方男足实现冲超、大连权健女足获得双冠王、大连普区湖大五人制夺冠等赛季目标，大连职业足球俱乐部、职业足球运动员数量保持全国同等城市领先，重塑职业足球辉煌。

16. 巩固青少年足球发展优势。一是深入实施青少年"绿茵工程"，进一步完善市、区、校三级管理、竞赛、训练体系建设，年度举办"校长杯""区长杯""市长杯"等系列赛事不少于一万场次。二是举办好各级青少年足球训练营，以抓好德国大众青训营足球项目为重点，全力推进中德青少年足球示范城市建设；以抓好国家、省、市各级训练营为载体，不断扩大我市青少年梯队数量和质量。"十三五"期末，我市青少年足球梯队数量力争达到300支。

17. 不断扩大业余足球规模。业余足球是我市足球改革发展的基础。通过创新业余足球发展模式，不断扩大业余足球规模。一是充分发挥业余足球联盟的作用，继续完善"管办分离"的发展模式。二是组织开展好市、区、街道、社区四级市民业余足球赛，年度比赛达到1.2万场。"十三五"期末，我市业余足球队达到3000支，足球人口超过7%。三是积极开展三级示范区创建工作，不断扩大示范区、示范街道（乡镇）、示范社区（村）的数量和质量，实现我市业余足球赛事活动全覆盖。

（五）加快推进体育产业发展。

18. 完善体育产业政策。认真贯彻落实国家有关发展体育产业的系列文件精神，结合我市体育产业发展实际，制定出台《大连市关于加快发展健身休闲产业的实施意见》，研究体育产业发展资金扶持政策，完善土地、税费等相关优惠政策，建立大连市体育产业协会，加强行业的规范和引导。

19. 推进体育产业基地建设。一是积极开展国家级体育产业基地创建工作。支持长山群岛体育休闲产业基地争创本年度国家级产业基地，以此填补辽宁国家级产业基地空白；支持市体育中心、市武术文化博物馆争创年度国家产业示范单位；支持大连国际徒步大会、大连业余足球联赛争取国家体育产业示范项目。二是继续推进省级基地创建工作。在现有4个省级示范基地、示范单位基础上，年度内实现省级示范项目10个。三是积极推进市级产业基地培育工作，实现2017年全市14个区市县（先导区）均有一个市级体育产业示范基地的工作目标。

20. 开展体育项目招商工作。一是结合我市在足球、水上、马术、垂钓等项目已形成的体育赛事、装备制造、赛事传媒等产业基础，有针对性地开展项目招商工作，实现资源有效对接，以此扩大我市体育产业的规模和市场份额。二是做好已签约项目的落地服务工作，全力落实2016年我市与南京万德有限公司、北京体育之窗文化有限公司签订的合作协议内容。三是建立全市体育产业项目库，将我市需要融资的项目纳入数据库管理。

（六）强力推进青少年体育发展。

21. 加强青少年体育工作。高度重视青少年体育工作，促进青少年素质全面发展，实施体育活动促进计划，广泛开展青少年公益体育活动和运动项目技能培训，促进青少年养成体育锻炼习惯。建立青少年体育联合会，加强青少年体育俱乐部、体育传统校和青少年户外体育活动营地建设。积极开展青少年阳光体育大会等活动，打造青少年体育品牌活动。

22. 全面落实促进计划。根据全市青少年特点，与教育部门联合制定《青少年体育活动促进计划实施意见》，有计划、有步骤地推动青少年体育活动，不断增强青少年身体素质。加强学校体育的监督指导工作，学校体育作为体育的重要基础，学校体育发展应落实好大连市体育"十三五"规划的目标任务，推动学校体育和社会体育同步发展。

23. 推动青少年俱乐部发展。按照国家要求，建立全市青少年体育联盟，全面推动青少年体育俱乐部建设，为青少年课外体育活动提供组织保障，使体育俱乐部能够满足青少年各类体育爱好需求，在活动中青少年身体素质得到提高。

（七）弘扬体育精神。

24. 打造城市特色体育文化。坚持"文化自信"，探索打造融精神文化、制度文化、器物文化于一体的具有大连特色的体育文化体系，满足市民体育文化需求，为体育发展提供精神动力和智力支持。借助马拉松、徒步大会、武术文化节等赛事活动载体，围绕足球、帆船、马术等特色项目，加强体育文化交流，打造运动项目文化，提升城市内涵和品质。开展文化作品创作征集活动，展示大连体育发展历程，反映时代体育精神，弘扬城市特色体育文化。

25. 加强体育文化研究。确定重点研究课题，发挥体育文化研究成果在全市文化发展中的推动作用，启动《加快健身阶段向时尚阶段过渡》《促进全民健身与全民健康深度融合》《健身体育场所的体育文化元素》等重点课题研究，使体育文化研究能够推动群众体育、竞技体育、体育产业发展，体现体育服务于全民、服务于人的全面发展的时代特色。

26. 打造智慧体育平台。借助"互联网+"，建立多层次、多渠道、多媒介的综合性信息服务互动平台，把场馆设施、赛事活动、健身知识等资源融为一体，使群众体育、竞技体育、体育产业和体育文化都发挥出服务的功能，满足市民观赛、健身等体育需求，实现体育服务功能的科学化、智能化、便捷化，打造互动服务新模式。

三、保障措施

27. 加强组织领导。各地区、各部门要充分认识实施体育惠民工作的重要意义，切实把做好体育惠民工作纳入全年重点工作，建立一把手责任制，确保体育惠民工作取得成效。

28. 完善经费保障。各级政府要加大体育事业的财政投入，并切实提高投入资金的使用效益。发挥政府资金的带动和杠杆作用，拓宽投融资渠道，积极吸引社会资本参与体育产业发展。

29. 强化人才战略。建立适应体育行业特点的人才培养政策和制度，鼓励与高校、科研院所、职业教育等机构联合培养体育行业紧缺人才，推进人才队伍专业化、规范化建设。

30. 落实工作责任。各区市县、先导区要结合各自实际，建立明确的工作目标与责任制度，落实责任部门、责任人、完成时限，形成责任明确、措施有力、联动高效、问责到位的工作格局。

31. 加强督导检查。切实加强对体育惠民工作实施情况的督导检查，完善绩效评估和监督考核机制，坚持日常督查与定期重点督查相结合，推动各项任务按时保质完成。

关于印发《浙江省县级体校改革发展实施方案》的通知

(浙江省体育局、浙江省机构编制委员会办公室、
浙江省教育厅、浙江省财政厅、
浙江省人力资源和社会保障厅发布,
浙体青〔2017〕313号)

各市、县(市、区)体育局、编办、教育局、财政局、人力社保局:

为推动体校改革发展,促进我省体育现代化建设,现将《浙江省县级体校改革发展实施方案》印发你们,请结合实际认真贯彻执行。

浙江省县级体校改革发展实施方案

青少年学生是贯彻落实全民健身国家战略和国家奥运争光计划的基础人群,加强青少年体育工作,对于促进青少年身心健康和推进竞技体育后备人才队伍建设具有重要意义。长期以来,全省各级体校作为竞技体育后备人才的培养主体,培养输送了一批又一批体育人才,在国际国内重大赛事中为国家和浙江争得了荣誉。但随着形势任务的发展变化,部分体校面临着招生困难、办校经费缺乏、文化教学质量不高、毕业学生出口不畅等问题,导致体校发展举步维艰。同时,普通中小学校学生由于缺乏高水平体育专项教学和竞技训练的机会,难以养成

终身锻炼习惯，更难以成长为高水平的竞技体育人才。为探索体校办学模式改革，创新体制机制，促进体教融合，推进体校建设发展和转型升级，特制定本方案。

一、指导思想

坚持以党的十八大和十八届历次全会精神为指引，深入学习贯彻习近平总书记系列重要讲话和省第十四次党代会精神；以推进奥运争光计划和实施全民健身国家战略为目标，大力开展体育现代化创建，高水平建设"健康浙江"；以创新体制机制为手段，逐步使体校成为体教共管、优势互补、融合发展的多元化新型体校，从而促进学校体育工作更加深入，促进竞技体育后备人才培养基础更加夯实，促进我省体育事业发展更加强劲。

二、基本原则

——着眼长远与夯实基础相结合。加强顶层设计，做好战略布局，建立完善上下衔接的青少年体育训练网络；扩大体育人口，改善场馆设施，加强规范管理，促进体校可持续发展。

——借鉴经验与立足实际相结合。从各地实际出发，学习借鉴兄弟省市先进经验，创新发展平台，推进新型体校建设与发展。

——部门协作与融合发展相结合。加强部门协作，创新体制机制，整合资源，形成合力，促进共赢发展。

——增强体质与培养人才相结合。推动运动项目普及，培养体育兴趣，掌握体育技能，增强青少年学生体质，逐步养成终身体育锻炼习惯；加强科学训练，注重文化学习，提高体育后备人才培养质量，实现普及与提高相互促进。

三、主要目标

到 2020 年底，传统县级体校办学模式和办学条件进一步改善，教练员队伍建设进一步加强，办学水平和办学效益进一步提升；没有体校的县（市、区）建成新型体校，全面实现"县县有 1 所新型体校"。

四、改革举措

（一）推进新型县级体校改革

1、独立设置的义务教育阶段体校。

根据国务院办公厅《关于进一步加强运动员文化教育和运动员保障工作指导意见》（国办发〔2010〕23 号）和浙江省人民政府办公厅《关于进一步加强运动员文化教育和保障工作的实施意见》（浙政办发〔2012〕102 号）精神，体校文化教育纳入当地教育发展规划，落实各项教育政策和教育经费的投入。完善体校以体育行政部门为主，体育、教育行政部门各负其责的竞技体育后备人才管理体制和运行机制。体校的日常管理，运动员训练参赛，教练员配备和培训等由体育行政部门负责；体校文化教育包括教学管理、教师配备、教师培训等以教育行政部门管理为主，教育行政部门负责选派体校副校长主管文化教育工作。独立设置的义务教育阶段体校，严格执行《浙江省义务教育条例》相关规定，报送办学规模、办学条件、师资和经费保障、课程设置以及教学计划等，并经县级教育主管部门批准，保证所报收的适龄儿童、少年接受义务教育。

县（市、区）体育、教育部门建立联席会议制度，定期召开会议，及时解决相关问题。体育部门会同教育部门对学校办学条件进行评估，制定招生培养方案。教育部门将体校学生纳入中小学学籍管理，指导学校按照国家课程方案、课程标准，并结合体校实际制定教育教学方案，落实教学要求，提高教学质量。体校要加强运动员文化教育，健全考核制度，运动员文化学习、出勤及文化成绩与教练员的考核挂钩，切实规范办学行为，执行课程标准。

2、依托普通中小学设立的义务教育阶段体校。

学校由教育部门主管，加挂"xx 体育学校"牌子，学校由一位副校长分管学校体育教学和训练工作。体育部门按项目需求，向体校选派专职教练员，与学校优秀体育教师组建复合型教练员团队，参与做好学校体育训练、教学、竞赛和学生体质健康活动的开展。教育部门负责体校学生的文化教育工作，包括学籍管理、课程设置、考试评价、师资配备、招生培养等，支持学生接受特长体育训练，保证训练时间。

在县（市、区）政府统一领导下，当地教育、体育部门出台"体教融合"发展的指导意见以及体校发展的相关政策，健全考核制度；体育、教育部门要建立联席会议制度，定期召开会议，及时解决相关问题。体校专职教练员纳入当地事业单位统一管理，体校经费纳入县（市、区）财政直接支付和安排范畴。运动队日常训练、参赛、器材、设施设备、场馆改建等经费，由体育部门安排专项经费解决，体校对专项经费实行单独核算。校园建设、日常运行、场馆维护、教辅后勤等费用，由教育部门安排。

（二）夯实体校教练队伍基础

认定新型县级体校必须开展不少于 5 个运动项目，配备必要的教练员。在此基础上，体校开展更多的运动项目，可以通过政府购买公共服务的形式，优先聘用退役优秀运动员，支持、培养退役运动员从事运动训练教学工作；聘用社会上高水平教练员、学校优秀体育教师等参与运动训练，从而进一步扩大体校教练员队伍。同时，对受聘参与体校运动训练的学校优秀体育教师给予一定的不占学校绩效工资额度的训练补助，并享受伙食补助。体校的部分教练员也可以实现"一岗双职"，即负责运动队日常训练，也担任学校体育课教师，推进训练项目与学校体育校本课程的融合，进而推动学校体育工作。同时，兼课教练员应享受相应的课时经费补助。

（三）完善人才选拔工作机制

体校招收所设项目的优秀体育特长生，可面向经批准区域范围内的中小学校选拔优秀苗子。加强体育特长生文化课教学管理，完善考试招生政策，学校严格按照规定开展体育特长生招生工作。同时，依托学校对从事运动训练的运动员坚持学习与训练两手抓，合理分配运动员的学习和训练时间。

（四）优化梯队衔接训练网络

体校要根据开展运动项目的特点与当地实际，充分发挥体教融合的优势，积极与优质中小学合作，逐步形成上下年龄梯队相衔接的一条龙训练网络，从而推进运动项目的普及与提高。

（五）推进体校规范管理建设

体校以及依托普通中小学设立体校的建设规模、在训学生数量和训练时间安排等，按照2011年国家体育总局、教育部第15号令《少年儿童体育学校管理办法》执行。当地体育、教育部门要加强对体校的管理，促进体校规范化建设。

（六）建立完善体校保障政策

1、优先申报国家、省级高水平体育后备人才基地。

2、体校运动员、教练员伙食补助，按照省财政厅、省体育局制定出台的我省优秀运动员、专职教练员等人员伙食标准执行。

3、新建、改扩建综合类训练场馆（如体育馆、综合训练馆、塑胶田径场）或同时建设多个单项训练场馆等县级体校建设，列入浙江省扶持体育发展专项资金分配因素，由省财政对地方给予适当资金奖补。

4、各地应当进一步建立健全县级体校在训学生、教练员参加全国、省级体育系统比赛的奖补机制，激励体校培养、输送更多优秀体育后备人才。

5、县级体校在完成开展不少于5个运动项目，在配备必要的教练员的基础上，需要开展更多运动项目，各地在财力允许范围内，可通过政府购买服务方式选聘教练员。县级体校教练员配置情况列入浙江省扶持体育发展专项资金分配因素，由省财政对地方给予适当资金补助。

（七）实施赛前文化测试制度

全省青少年体育比赛运动员赛前文化测试继续保持全覆盖，青少年文化学习成绩同时纳入对教练员的工作考核内容，确保青少年文化教学质量。

五、工作步骤

（一）2017年底前，摸底调研，制定改革方案。各县（市、区）按照建有1所新型体校的目标，加强调研，制定改革转型或新建体校的工作方案。2018年4月底前，各县（市、区）将工作方案经市体育、教育部门报送省体育局。

（二）2018年5月—2020年11月，实施方案，开展体校改革。各县（市、区）通过现有体校转型、恢复体校建制和功能、新建县级体校等方式，全面完成县县有新型体校的任务。

（三）2020年12月，考核评估，实行动态管理。对新型县级体校进行分类管理，建立动态调整机制；加强新型体校管理体制和运行机制建设，完善新型体校规范发展运行体系。

六、加强组织领导

（一）建立工作联席制度。各级体育、编办、教育、财政、人力社保等部门建立工作会商制度，联席会议办公室设在体育部门，各部门要密切配合开展工作，定期召开会议，研究存在问题，扎实推进改革实施工作。

（二）建立工作督查机制。制定工作督查办法，建立督查台账，对改革推进情况实行严格的计划管理和督查，要明确督查工作联系人，确保上下联系畅通。

（三）建立考核评价制度。省级体育、编办、教育、财政、人力社保等部门加强工作调研和指导，加大对推进难度大的市、县（市、区）工作帮扶，体校建设纳入健康浙江考核范围；教育部门对体校运动员文化教育工作纳入教育督导和考核范围；对基层创新的经验做法及时进行总结和推广。

浙江省人民政府办公厅关于加快发展健身休闲产业的实施意见

(浙政办发〔2017〕138号)

各市、县(市、区)人民政府,省政府直属各单位:

健身休闲产业是体育产业的重要组成部分,涵盖健身服务、设施建设、器材装备制造等业态。加快发展健身休闲产业是建设健康浙江的重要内容,对丰富体育产品和服务供给、保障和改善民生、推动体育产业提质增效、增强经济增长新动能具有重要意义。为贯彻落实《国务院办公厅关于加快发展健身休闲产业的指导意见》(国办发〔2016〕77号)精神,更好地推动全省健身休闲产业发展,经省政府同意,现提出如下实施意见。

一、总体目标

到2020年,健身休闲产业蓬勃发展,市场主体逐步壮大,健身休闲基础设施不断完善,群众健身休闲意识不断增强,健身休闲赛事活动丰富多样,健身休闲产业规模约占体育产业总规模的60%。到2025年,基本建成布局合理、功能完善、门类齐全的健身休闲产业体系,打造国际知名的健身休闲目的地和全国领先的高端健身休闲装备制造集聚地,健身休闲产业总规模达到3000亿元。

二、丰富健身休闲项目

(一)普及日常健身。大力实施全民健身计划,推动常态化健身休闲活动全覆盖。加快发展足球、篮球、排球、乒乓球、羽毛球、游泳、徒步、路跑、骑行等普及性运动项目。传承推广民间传统健身休闲项目及列入非物质文化遗产名录的传统体育项目。鼓励开发适合老年人、妇女、青少年、儿童特点的运动项目，培育打造一批具有浙江特色的运动项目。开展全民健身与亚运同行主题活动，办好各类群众性体育赛会，促进全民健身活动的普及和开展。

（二）发展户外运动。制定全省户外运动发展行动纲要，重点规划一批山地户外、水上、航空、汽车摩托车、冰雪等户外运动项目。鼓励各类户外运动协会、俱乐部和青少年户外体育活动营地组织开展户外运动赛事及培训活动，设计开发以户外运动为主题的体育旅游产品和线路。

三、壮大健身休闲市场主体

（三）支持健身休闲企业发展。鼓励具有自主品牌、创新能力和竞争实力的健身休闲骨干企业做大做强。发挥各级体育发展专项资金的带动作用，重点支持特色健身休闲服务、高端健身休闲装备制造和品牌体育赛事等项目。在省级体育用品制造业、体育服务业示范企业认定中将健身休闲作为重点领域。

（四）加强体育社会组织建设。按照政社分开、管办分离的原则，加快推进体育社会组织实体化改革。鼓励体育社会组织参加社会组织等级评估。支持体育社会组织参与运动项目发展规划制订、赛事承办、培训组织和社会服务，不断提升服务能力和组织水平。

四、促进健身休闲产业融合发展

（五）大力发展体育旅游。制定促进体育旅游发展的政策措施，加快建设一批在国内具有重要影响力的体育旅游目的地，创建一批国家体育旅游示范基地，培育一批以健身休闲为特色的旅游度假区、精品旅游景区和旅游风情小镇。

（六）推动体医结合。促进体育运动和传统中医药的融合发展，推广运动处方，积极发挥体育锻炼在疾病防治以及健康促进等方面的作用。鼓励各级各类有条件的医疗机构和社会力量设立国民体质监测站点，开办运动康复、中医理疗、健身咨询等服务机构，推广覆盖全生命周期的运动健康服务。建设一批运动休闲康复示范基地。

（七）支持"健身休闲+互联网"。完善全民健身公共服务平台的运行管理，提供场馆预订、健身指导、运动分析、体质监测、交流互动、赛事参与等服务。支持传统健身休闲企业利用大数据、云计算及物联网技术拓展业务。支持智能体育发展，促进人工智能在健身休闲方面的推广应用。

五、加快健身休闲产业转型升级

（八）优化产业结构。优化健身休闲服务业、器材装备制造业及相关产业结构，提高健身服务、体育培训、场馆服务、竞赛表演等服务业在健身休闲产业中的比重，打造一批健身休闲器材装备制造集群。以健身休闲产业为核心，重点扶持一批龙头企业，培育一批国家体育产业示范基地、国家全民健身示范区、国家体育产业示范单位和项目，打造一批品牌赛事活动。

（九）提升健身休闲器材装备研发能力。支持企业、用户单位、科研单位、社会组织等组建跨行业产业联盟，鼓励健身休闲器材装备制造企业向服务业延伸发展，形成全产业链优势。引导企业增加科技投入，开发科技含量高、具有自主知识产权的体育产品，特别是针对青少年、老年人群体，研发多样化、适应性强的新型健身休闲器材装备。鼓励企业与高校、科研机构合作，建立产学研协同创新机制。

（十）推动品牌提升。培育一批健身休闲器材装备制造知名品牌，支持符合条件的企业开展驰名商标申报。鼓励企业与运动项目协会等体育社会组织开展合作，通过赛事营销等模式，提高品牌知名度。推动更多浙江品牌产品成为奥运会、亚运会等国际大赛的指定比赛用品。支持企业参展国内外重大体育产品展览销售平台，提升品牌影响力。

六、加强健身休闲设施建设

（十一）完善健身休闲基础设施网络。实施城乡社区多功能体育设施普及计划，建设一批社区多功能体育设施等健身休闲设施，打造城市社区15分钟健身圈。严格执行城市居住区规划设计等标准规范有关配套建设健身设施的要求，并实现同步设计、同步施工、同步投入。完善健身休闲设施的建设标准，规范公共体育设施建设与管理。

（十二）盘活用好现有体育场馆资源。进一步推进公共体育设施、学校体育设施、企事业单位体育设施向社会开放，通过信息公开、规范管理、服务提升、补贴扶持、购买服务等举措，建立体育设施公众共享长效机制。积极探索公共体育场馆所有权与经营权分离，引入现代企业管理制度，开展多元化经营服务，提高体育场馆资源的综合利用水平。制定体育场馆公共服务购买标准，完善购买机制，吸引社会力量参与公共体育服务，推动公共体育服务的多层次、多样化供给。利用大型体育场馆的闲置空间，通过合理的适用性改造，建设体育服务综合体和体育产业集群。

（十三）布局建设特色健身休闲设施。结合智慧城市、森林公园、绿色出行，重点建设健身（登山）步道、自行车骑行绿道等户外健身休闲场地设施，形成省域"万里绿道网"。加强健身休闲项目配套设施的规划与建设。将体育旅游项目纳入旅游信息服务平台。

七、优化健身休闲产业发展平台

（十四）打造产业集聚平台。依托全省健身休闲产业初步形成的集聚态势和地域特色，构建"四区五带"健身休闲产业总体布局。建设杭州现代体育服务业都市区、宁波海洋体育产业都市区、温州社会力量办体育示范区和金华-义乌健身休闲用品制造转型发展示范区等4个健身休闲都市区。建设浙东滨海、浙西-浙南山地、沿钱塘江水系、沿太湖、沿瓯江水系5个运动休闲产业带。按照因地制宜、合理布局、错位发展的原则，培育一批省级运动休闲小镇和运动休闲基地。

（十五）鼓励创业创新。加强健身休闲产业创业创新教育服务平台建设，整合政府、高校、企业以及投融资机构等相关资源，为大学生参与体育休闲产业创业创新提供服务。依托高校、体育职业俱乐部、大型综合性体育场馆等资源，打造健身休闲产业孵化器。加强退役运动员职业转型培训，鼓励退役运动员发挥专业特长，投身健身休闲产业。

（十六）培育品牌体育赛事。以品牌体育赛事带动健身休闲产业发展，整合本区域体育赛事资源，积极培育各类户外运动项目品牌赛事，形成一市一品、一县一品的赛事格局。定期更新发布省重点培育品牌体育赛事名录库，深入挖掘赛事文化内涵，加强品牌宣传推广。

八、改善健身休闲消费环境

（十七）激发消费潜力。推动群众体育健身活动的普及化、经常化、多样化，实现群众天天有活动、村居（社区）月月有赛事、乡镇（街道）年年有运动会，丰富健身休闲产品服务供给。发挥体育明星和运动达人示范作用，激发大众健身休闲消费需求。推动健身休闲项目进校园，发展青少年体育俱乐部，鼓励学校向体育社会组织、体育培训机构购买服务，着力培养青少年体育运动的意识、技能和习惯。

（十八）完善消费政策。各级政府要将全民健身经费纳入财政预算，并保持与国民经济增长相适应。安排一定比例体育彩票公益金，通过发放健身消费券等方式，提高群众的健身消费意愿，支持各级各类健身休闲组织机构提供多元化产品和服务。鼓励健身休闲企业与金融机构合作，试点发行健身休闲联名银行卡，实施特惠商户折扣。引导保险公司针对不同体育运动项目开发各类体育场馆公众责任保险、人身意外伤害保险。

（十九）引导消费理念。加大全民健身宣传力度，普及科学健身知识，提高城乡居民体育健身科学素养。鼓励发展多媒体广播电视、网络广播电视、手机应用程序（APP）等健身休闲传媒新业态，提升消费体验。

九、加强组织实施

（二十）持续推动"放管服"改革。加快政府职能转变，深入实施"最多跑一次"改革，减少健身休闲领域相关审批事项，实施负面清单管理。探索建立区域性体育资源交易平台，推进赛事举办权、场馆经营权、无形资产开发等资源公平、公正、公开流转。完善健身休闲行业信用体系，建立黑名单制度和退出机制。加强事中事后监管，健全市场监管体系，规范体育赛事、高危险性体育项目管理。

（二十一）优化规划和土地利用政策。积极引导健身休闲产业集约节约用地、科学选址，对符合土地利用总体规划、城乡规划、环保规划等相关规划的重大健身休闲项目，要按照国家有关规定及时安排新增建设用地计划指标。对使用荒山、荒地、边远海岛土地等建设的健身休闲项目，优先安排新增建设用地计划指标，出让底价可按不低于土地取得成本、土地前期开发成本和按规定应收取相关费用之和的原则确定。对民间资本参与投资并列入省重大产业项目库的体育设施类产业项目，按规定给予土地计划指标奖励。在土地利用总体规划确定的城市和村庄、集镇建设用地范围外布局的重大健身休闲项目，可按照单独选址项目安排用地。鼓励利用闲置厂房、仓储用房、传统商业用房、农村闲置房，符合土地利用总体规划和城乡规划的"三改一拆"后的空地及边角地、低效地，建设健身休闲设施。各级政府可安排一定资金，支持收回、收购低效用地建设健身休闲设施。鼓励以长期租赁、先租后让、租让结合方式供应健身休闲项目建设用地。支持农村集体经济组织自办或以土地使用权入股、联营等方式参与建设经营健身休闲项目。

（二十二）建立多元化投入机制。充分发挥省转型升级产业基金的引导和放大作用，推动成立体育产业子基金，重点支持健身休闲产业。逐步增加省扶持体育发展专项资金规模，有条件的市、县（市、区）要设立体育发展专项资金，对符合条件的健身休闲企业及社会组织给予项目补助、贷款贴息和奖励。鼓励金融机构为健身休闲企业提供金融产品，加大对小微企业的贷款支持。鼓励政策性担保机构为健身休闲企业提供融资性担保服务。支持符合条件的健身休闲企业上市和发行企业债券、公司债券、短期融资券、中期票据、中小企业集合票据、中小企业私募债等。创新健身休闲产业项目利用外资方式，有效利用境外直接投资、国际组织和外国政府优惠贷款、国际商业贷款。推动成立由社会资本筹资的体育产业投资基金，引导社会力量以出资新建、参与改制、托管、联合经营等方式参与健身休闲产业。

（二十三）加强人才保障。加大健身休闲专业人才培养力度，支持高校、科研院所、职业培训机构和相关企业建立健身休闲教学、科研和培训基地。加强职业培训，提升健身休闲从业人员的专业技能和服务水平。加强社会体育指导员队伍建设，引导社会体育指导员深入城乡社区各健身站（点）、各类健身场所开展体育健身指导服务。加强健身休闲产业发展战略和基础理论研究，发挥体育产业研究机构的智库作用。

（二十四）完善标准和统计制度。围绕服务提供、技能培训、活动管理、设施建设、器材装备制造等方面，制定相关服务规范和质量标准。引导和鼓励企业积极参与国家和行业标准制定。以国家体育产业统计分类为基础，完善我省健身休闲产业统计监测机制。

（二十五）健全工作机制。发挥省体育产业发展联席会议制度作用，及时研究健身休闲产业发展重大事项。各地要把发展健身休闲产业纳入国民经济和社会发展规划，鼓励有条件的地方编制健身休闲发展专项规划，结合实际建立体育、发展改革、旅游等多部门合作的工作协调机制。各有关部门要强化责任落实，完善配套措施，形成政策合力。各级体育行政部门要切实履行职责，牵头推动健身休闲产业发展，会同相关部门对各地落实本意见的情况进行监督检查和跟踪分析。

浙江省体育赛事管理办法

（2017年12月15日浙江省政府令第362号公布）

第一条 为了保障体育赛事活动有序开展，促进体育事业和产业发展，根据《中华人民共和国体育法》《全民健身条例》等有关法律、法规的规定，结合本省实际，制定本办法。

第二条 本办法所称体育赛事，是指以国家、省公布的体育运动项目为内容的竞赛及相关活动。

第三条 在本省行政区域内举办的面向社会的体育赛事，适用本办法。国家对国际性、全国性体育赛事和有关特殊体育赛事等另有规定的，从其规定。

举办本单位、本行业系统内的体育赛事，可以参照本办法有关规定执行。

第四条 举办体育赛事，应当遵循合法、安全、公平、诚信、环保、文明的原则。

第五条 县级以上人民政府主管体育工作的部门（以下统称体育主管部门）负责本行政区域内体育赛事的管理。

县级以上人民政府公安、住房和城乡建设、交通运输等行政主管部门按照各自职责做好体育赛事管理的有关工作。

单项体育协会等体育社会团体按照有关法律、法规、规章及其章程规定，履行体育赛事管理的有关职责。

第六条 单位、个人均可依法组织和举办体育赛事。除法律、法规另有规定的外，体育主管部门对体育赛事不实行行政许可。

第七条 各级人民政府和体育主管部门及有关体育社会团体按照规定举办体育赛事。

前款体育赛事，属于全省性且定期举办的，由省体育主管部门制定名录，并向社会公布。

第八条 各级人民政府及有关部门可以采取财政补助、购买服务和提供公共设施等方式，鼓励单位、个人举办或者参与举办公益性体育赛事。

鼓励依法设立体育社会团体，加强行业自律，积极发挥作用。

第九条 发起组织体育赛事的单位、个人（以下称主办人）应当建立组织机制，明确举办体育赛事相关事宜及责任分工，组织制定安全工作方案及相关预案，督促落实各项具体措施。

具体承担筹备、组织体育赛事工作的单位、个人（以下称承办人）应当在其承担的工作职责范围内，做好体育赛事保障工作，并对体育赛事的安全负责。主办人直接承担筹备、组织具体工作的，履行承办人责任。

协助举办体育赛事的单位、个人（以下称协办人）应当对其向体育赛事提供的产品或者服务的质量和安全负责。

第十条 举办体育赛事，承办人应当做好下列保障工作：

（一）落实与体育赛事相适应的管理人员和专业技术人员；

（二）落实符合要求的场地、设施和器材；

（三）根据体育赛事需要落实相关医疗、卫生及安全保卫措施。

体育赛事有关项目对参赛者身体有特殊要求的，承办人可以要求其提供体检证明。

鼓励办理有关安全保险。

第十一条 举办体育赛事,主办人或者承办人应当根据体育赛事的专业性要求和国家有关裁判员管理规定,按照公开、择优、中立的原则确定裁判员。

第十二条 承办人应当在体育赛事举行 20 日前,通过包括省体育主管部门网站在内的途径,向社会公布竞赛规程,明确体育赛事名称、时间、地点、内容、主办人、承办人、参赛条件及奖惩办法等赛事基本信息。

第十三条 体育赛事的名称应当符合以下规定:
(一)与举办地域、赛事项目内容相符;
(二)与他人举办的体育赛事名称有明显区别;
(三)不得侵犯他人的合法权益;
(四)不得含有欺骗或者可能造成误解的文字;
(五)相关法律、法规和规章的其他规定。

第十四条 因特殊原因需要变更体育赛事的时间、地点、内容、规模或者取消体育赛事的,承办人应当在体育赛事举行前及时向社会发布公告;因变更或者取消体育赛事造成他人损失的,依法承担赔偿责任。

第十五条 参赛者和观众应当接受体育赛事现场管理和安全检查,爱护体育设施,不得扰乱体育赛事秩序和公共秩序。

第十六条 体育赛事的有关活动依照法律、法规规定应当向公安、住房和城乡建设、交通运输、海事、无线电管理等部门或者机构办理有关手续的,有关部门和机构应当按照优化服务和方便群众的要求及时办理。

第十七条 体育主管部门应当加强与有关部门、机构的沟通协作,健全赛事指导和服务制度,通过编制和公布办赛指南、受理咨询等方式,明确举办体育赛事需要知悉的组织策划、安全保卫、风险管理、法律程序及其他一般性事项和要求,为举办体育赛事提供技术指导、办事指引和信息服务。

第十八条 体育主管部门应当加强对体育赛事的监督管理。在体育赛事举办前或者举行中发现涉嫌不符合体育赛事条件、标准、规则等规定的情形，或者有关单位、个人提出相关建议、投诉、举报的，应当及时予以处理；属于其他部门职责范围的，应当及时移送。

第十九条 体育主管部门按照国家、省有关规定建立失信名单制度，对举办体育赛事中有严重不良记录的单位、个人，依法采取行业禁入等惩戒措施。

第二十条 违反本办法规定的行为，有关法律、法规、规章已有处罚规定的，从其规定。

违反本办法第十条第一款、第十一条、第十二条、第十三条规定的，由体育主管部门责令改正；拒不改正或者造成严重后果的，由体育主管部门酌情处 2000 元以上 3 万元以下的罚款。

第二十一条 体育主管部门在体育赛事监督管理工作中滥用职权、徇私舞弊、玩忽职守的，由有权机关对负有直接责任的主管人员和其他直接责任人员依法给予处分。

第二十二条 本办法自 2018 年 2 月 1 日起施行。2007 年 9 月 19 日省人民政府公布的《浙江省体育竞赛管理办法》（省政府令第 239 号）同时废止。

湖州市人民政府关于加快发展体育产业促进体育消费的实施意见

(湖政发〔2017〕9号)

各县区人民政府,市府各部门,市直各单位:

为推动我市体育产业加快发展,有效扩大体育消费,不断满足群众多样化体育需求,加快健康产业发展,促进经济结构调整优化,根据《国务院关于加快发展体育产业促进体育消费的若干意见》(国发〔2014〕46号)、《浙江省人民政府关于加快发展体育产业促进体育消费的实施意见》(浙政发〔2015〕119号)文件精神,结合我市实际,提出如下实施意见:

一、总体要求

(一)指导思想

深入贯彻党的十八大及十八届三中、四中、五中和六中全会精神,进一步解放思想、深化改革、开拓创新、激发活力,正确处理好政府与市场的关系,注重发挥优势、突出特色、打造品牌,不断扩大体育产品和服务供给,促进体育产业与体育事业协调发展,与其他产业有机融合,发展健康大产业,加快体育强市建设。

(二)发展目标

到2025年,基本建成布局合理、功能完善、特色鲜明的体育产业体系，形成政府、市场、社会协同发展、相互促进的现代体育产业发展体制机制，把我市打造成为长三角户外运动中心、体育旅游探险目的地、体育休闲养生度假地、高端体育用品（装备）制造业集聚地。

产业实力进一步增强。到2025年，全市体育产业总规模超过300亿元，年均增长速度明显高于同期经济增长速度，体育产业增加值占CDP比重达到1.6%，其中体育服务业增加值占体育产业的比重超过40%。

产业体系进一步完善。优先发展远动休闲业、高端体育用品（装备）制造业，促进体育竞赛表演业等其他体育产业快速发展。力争创建国家级体育产业基地（示范单位）1个，省级体育产业基地（示范单位）3-4个。培育一批带动力强的龙头、骨干企业和富有创新活力的中小企业、社会组织、产业基地，形成一批特色鲜明的体育产业集群和知名品牌，产业体系基本完备。

产业环境进一步优化。完善与体育产业发展相关的政府购买服务、发展规划、土地征用、税收优惠、财政扶持、金融投资、人力资源等政策措施。体育产业标准、评价机制、监管体系完善，市场运行规范。

产业设施进一步提升。体育设施供给明显增加，人均体育场地面积超过2.25平方米；新建足球场地30片以上，实现全市95%以上乡镇建有足球场；新建或改建社区中小型多功能运动场50个，新建社区与行政村的体育设施覆盖率达到100%，公共体育设施和符合开放条件的公办学校体育场地向社会开放率达到100%；全面建成城市社区15分钟体育生活圈。

产业基础进一步巩固。全市体育产业从业人数达到10万人；全市经常参加体育锻炼的人群占总人口数的40%；培育10个群众喜爱的全民健身品牌活动；群众体育健身和消费意识显著增强,人均体育消费支出明显提高。

二、主要任务

(一)创新体制机制

进一步转变政府职能。全面清理不利于体育产业发展的制度规定,减少行政审批事项,按照"非禁即入"的原则,加大向社会资本的开放力度。制订基本公共体育服务标准,完善政府购买体育服务政策,公布政府购买体育服务指导性目录。

推进体育赛事改革。通过市场机制积极引入社会资本承办体育赛事,降低社会力量办赛门槛。实施精品战略,打造具有湖州特色的体育赛事品牌。打造政府支持社会力量承办赛事的配套服务体系和平台,制订体育赛事和活动安保服务标准,推进安保服务社会化。

创新场馆建设运营管理。积极推广政府和社会资本合作(PPP)模式,鼓励社会资本以各种方式参与体育场馆建设和运营,推进市奥体中心、县区文体中心、全民健身中心等大型体育场馆所有权和经营权分离,引入和运用现代企业制度,激发场馆运营活力,全面提升远营效能。推进市、县区大型体育场(馆、中心)"场三用",积极创造条件发展体育旅游、体育会展、体育商贸、康体休闲、体育演艺等多元业态。

(二)培育多元主体

壮大骨干企业。着力扶持、培育一批有自主品牌、比较优势、核心竞争力的重点体育企业,特别是运动休闲产业、体育竞赛表演业、体育场馆运营业、体育教育与培训业等体育服务业。适时成立体育发展集团,实现体育资源优化配置。推动体育企业实施名牌战略,加快优秀体育企业股份制改造,并积极引导其到多层次资本市场挂牌上市,支持有条件的企业开展高新技术企业认定工作。联合省内外高校、科研机构建立产学研协同创新中心，提升体育企业校心竞争力。到2025年，力争拥有体育类上市公司（含新三板）1-2家，培育20个体育知名品牌。

培育社会组织。加强市、县区、乡镇（街道）、村（社区）四级体育组织网络建设，支持体育社团、体育民办非企业单位、体育基金会等体育社会组织实体化、规范化独立运作，建立法人治理结构。鼓励与支持社区体育俱乐部、青少年体育俱乐部发展。到2025年，培育20个以上实体化、独立运行的体育社会组织，打造20个品牌健身俱乐部。

实施"众创工程"。全面落实国家、省扶持中小微企业发展的政策措施，通过政府购买、信贷支持、加强服务等多种形式扶持中小微体育企业发展。降低中小微体育服务类企业注册资金要求，允许投资人以知识产权和肖像权等无形资产入股体育企业，出台促进体育产业创业复制计划。鼓励发展专业化程度高的体育赛事运营企业和有特色的体育竞赛表演业企业，支持知名健身服务企业连锁经营，重点复制体育培训、策划、资讯、竞赛、传媒等新兴业态中小微体育企业。

（三）优化产业布局和结构

完善产业布局。依托我市名湖、名山、名人、天池、秀水、绿丘"六张牌"，构建"一带两基地多集群"，即以建设好环太湖运动休闲发展带、国家级和省级运动休闲基地为支撑，打造南太湖国家级体育产业基地和国家级运动休闲示范区，形成以德清县户外休用用品制造业与高瑞运动休闲业、长兴县滨湖、湿地运动休闲与体育竞赛表演业、安吉县山地户外运动与高端运动装备制造业、吴兴区和南浔区健身服务业与体育竞赛表演业为产业项目载体的体育产业发展空间格局。以体育强镇为基础，努力培育一批以体育为特色的乡镇、街道。积极发展村落体育。

优化产业结构。优先发展运动休闲业，积极发展体育竞赛表演业，做大做强体育教育与培训业，促进体育彩票业可持续发展，创新发展体育场馆服务业，努力培育体育中介、体育营销业，引导体育用品制造业向高端、智能化发展，积极向服务领域延伸。实施一批以运动休闲、体育竞赛表演、体育教育与培训为主的体育服务业重点项目。

抓好潜力产业。以足球、篮球、排球、网球、羽毛球、游泳、田径等普及性广、关注度高、市场空间大的体育项目为主，推动产业向纵深发展。制订足球、篮球、羽毛球等项目中长期发展规划和场地设施建设规划，成立完全以市场机制运行的社会足球、篮球、羽毛球、水上运动等商业联盟。以青少年校园足球特色学校、阳光体育、体育传统学校联赛为基础，举办各级各类业余联赛和培训，大力推广校园足球、篮球、乒乓球、游泳联赛。

培育新业态。充分利用我市生态环境良好、旅游资源丰富的优势，将体育场地、活动、赛事等体育元素融入旅游业，实现旅游业与体育产业的融合发展。以高水平训练基地和大型体育场馆为基础，建立体育与旅游融合发展的平台。建设以体育训练、竞赛表演、健身休闲、体育培训、体育旅游观光等为主要内容的运动休闲旅游精品线路、景区和项目，打响体育旅游品牌。积极开展运动休闲旅游示范基地、精品线路和优秀项目的创建和认定工作。规划建设一批体育主题公园。

（四）扩大市场供给

建设完善体育设施。各县区达到一场（体育场）、一池（室内游泳池）、一馆（体育馆）、一中心（全民健身中心）和一公园（体育主题公园）的"五个一"基本体育设施建设标准。重点建设一批便民、利民、亲民的社区中小型多功能运动场馆等全民健身设施,建成15分钟体育生活圈。支持社会力量建设小型化、多样化健身活动场所和健身设施。统筹规划好登山步道、徒步骑行服务站、汽车露营营地、航空飞行营地、帆船游艇码头、滑雪等户外场地设施建设。建设和综合利用好省级户外营地20个、健身步道500公里、自行车骑行道1000公里、轮滑道10处。

开发健身休闲项目。按照"兜底、推广、促中、引高"的思路,全力保障健身跑、健步走等大众基本休闲运动,大力推广足球、篮球等群众参与性较强的健身休闲项目,促进发展水上、击剑等中端休闲运动,引导发展航空、冰雪等高端休用项目。广泛开展武术、百叶龙等传统体育项目,扶持少数民族传统体育项目发展,鼓励开发适合老年人特点的休闲运动项目。

丰富体育赛事活动。继续扩大环太湖国际公路自行车、全国极限运动等品牌体育赛事的规模和影响。引进和开发一批适合我市举办、市场前景较好的单项和综合性体育赛事,培育5-10个区域性传统体育赛事。鼓励机关团体、企事业单位、社会组织等举办各类体育比赛。在青少年群体中广泛开展各项运动,组建不同形式的学生运动队,开展丰富多样的课余体育活动,打造小学、初中、高中三级校园联赛。

(五)营造健身氛围

普及健身活动。利用多种手段,普及健身知识,增强公众参体育健身的意识,倡导各级各类机关、企事业单位和社会组织举办不同类型的体育兴趣小组,成立各类体育俱乐部,开展各类体育健身活动,积极推广广播操和工间操。完善学校体育教学考核评价体系,确保学生每天体育活动不少于1小时,掌握1项以上体育运动技能,养成终身在参加锻炼的习惯。

引导科学健身。开设全民健身科学指导大讲堂,提高公众体育健身科学素养。建立2-3个科学健身指导和体验中心,打造科学健身示范平台。建立覆盖全市的科学健身指导网络和体育场馆信息服务平台,加快公共体育服务信息化进程。充分利用在湖高校、科研和医疗机构的优质资源,研究和推广科学健身的新项目、新器材、新方法、新标准。制定体育专业人才深入街道、社区从事群众健身指导工作的激励政策,推进我市大、中、小学体育教师从事全民健身志愿者服务,并作为职称晋开、岗位聘任、绩效评价的依据之一。

注重康体结合。鼓励社会资本开办康体、运动康复、体育养老等机构,建立若干运动康复与养老基地。发挥体育锻炼在疾病防治以及健康促进等方面的作用,推广"运动处方",在中心城镇建设运动干预慢性非传染性疾病防控示范站(点)。鼓励各级各类有条件的医疗机构、企事业单位、社会力量设立国民体质监测站点,组织开展群众日常体质测定和健康服务。完善国民体质监测制度,定期发布国民体质监测报告。

三、政策措施

(一)拓宽投融资渠道

充分利用省体育产业发展资金的引导、放大作用,有条件的县区政府可设立体育产业发展专项资金,采用贷款贴息、项目补贴、专项奖励、政府采购等方法,重点扶持品牌体育赛事、重点体育产业项目、优秀体育人才、体育公共服务平台、省级以上运动训练基地、新业态体育产业等。以市场为导向,引导设立由社会资本筹资的体育产业投资基金。鼓励金融机构为体育企业提供创新金融产品,加大对小微体育企业的贷款支持,鼓励政策性担保机构为体育服务机构提供融资性担保服务。支持符合条件的体育企业通过开展资产证券化,发行企业债券、公司债券等方式融资。鼓励保险公司开发涉及大众健身、体育赛事、体育场馆、户外运动、职业俱乐部、运动员等体育保险产品。

(二) 完善健身消费政策

切实保障全民健身事业"三纳入",全民健身经费投入保持与国民经济增长相适应。提高体育彩票公益金的利用效益和公共体育服务支持力度,通过政府购买服务、发放消费券等方式,激活群众体育消费意愿,引导、支持各级各类体育社会组织和机构提供多元化的体育产品和服务。开展体育彩票公益金以定向补贴、政府采购等方式支持企事业单位、学校、个人购买场馆开放、业余训练、外出比赛等运动伤害类商业保险的试点工作。

(三) 落实税费优惠政策

全面落实现行国家和省支持体育产业发展的各项税收优惠政策。公共财政和社会资本投资的体育场馆自用房产和土地,符合有关条件的,享受有关房产税和城镇土地使用税优惠。体育场馆等健身场所的水、电、气、热价格按不高于一般工业标准执行。将体育用品制造和销售中小企业、体育服务性企业纳入我市扶持中小企业发展政策的范围,将体育用品企业、体育保健康复企业、体育新媒体企业纳入我市扶持科技企业发展政策的范围,将运动休闲业、体育竞赛表演业、体育培训与中介业、体育场馆运营业等业态纳入我市支持服务业发展政策的范围。

(四) 完善规划和用地保障

出台全市体育设施空间布局规划,将体育设施用地纳入城乡规划、土地利用总体规划和年度用地计划,合理规划建设群众体育设施、竞技体育设施和体育赛事场馆,对重点体育产业项目建设用地给予优先支持。新建居住区和社区要按室内人均建筑面积不低于0.1平方米或室外人均用地不低于0.3平方米标准，配套建设群众健身相关设施，并与住宅区主体工程同步设计、同步施工、同步投入使用。鼓励利用闲置和低效利用的存量房产、土地资源兴办体育产业，支持利用荒地、荒坡、荒滩、废弃矿山、空置农宅等开发体育项目。

（五）健全体育人才政策

着力加强体育产业发展管理人员、一线服务人员、专业技能人才、行业领军人才的培养培训。积极引进体育人才，将高端体育产业人才纳入南太湖精英计划申报范围。鼓励在湖高校设立与体育产业相关的专业，支持省内外高校在湖建立体育产业教学、科研、培训基地和产学研协同创新中心。吸收体育产业领域专家进入市体育产业联合会，成立市体育产业发展智库。加强运动员文化教育、就业指导及创业孵化，出台鼓励退役运动员从事体育产业、体育教育工作的扶持政策。加强我市体育明星肖像权、名誉权等无形资产的开发和利用。

四、组织实施

（一）健全工作机制

各地要将发展体育产业、促进体育消费纳入地方经济和社会发展规划，纳入政府目标责任制管理范围。市政府建立发改、体育、财政等多部门合作的体育产业发展工作协调机制，成立相应的领导机构。市、县区体育行政部门要明确职能处室，确定专门人员，加强对体育产业工作的指导。

（二）强化行业管理

加强体育产业行业协会建设，发挥市体育产业联合会在体育产业发展中的引领作用。完善体育产业统计工作，健全相关信息发布制度。完善市场监管体系，加强体育市场的事前指导、事中监督、事后检查，加强对高危险性体育项目的全程监控。加强对全市体育产业发展的动态分析和预测，定期发布体育产业权威报告。加强体育服务业标准化体系建设，提高体育服务业标准化水平。将重大体育科研项目纳入市级科技计划，实施一批体育产业科技攻关项目。

（三）加强督促落实

各地各有关部门要根据本实施意见，结合实际，制订实施细则，认真贯彻落实。市发政委、市体育局要会同有关部门对落实本实施意见的情况进行督促检查和跟踪分析，重大事项及时向市政府报告。

五、本意见自公布之日起施行。

舟山市人民政府办公室关于印发
《舟山市竞技体育贡献奖励办法》的通知

(舟政办发〔2017〕85号)

各县(区)人民政府,各功能区管委会,市政府直属各单位:

《舟山市竞技体育贡献奖励办法》已经市政府同意,现印发给你们,请认真贯彻执行。

舟山市竞技体育贡献奖励办法

为贯彻落实省委省政府关于加强体育工作的政策意见,进一步加快我市体育事业发展,提高竞技体育水平,激发广大体育工作者选拔和培育体育人才的责任心和使命感,特制定本办法。

一、奖励范围和对象

(一)符合参加或助力集体项目参加下届省运会各项条件并获得省年度青少年锦标赛、冠军赛、省级阳光体育运动会(体育传统项目学校)比赛前三名和省年度青少年锦标赛、冠军赛篮、排、足三大球前八名者及有关人员。省青少年春季锦标赛、冬季锦标赛不列入奖励范围。

(二)获得奥运会、世锦赛、亚运会、全运会、亚锦赛、全国锦标赛、全国冠军赛、省运动会和其他重大国际比赛名次者及有关人员。

二、奖励标准

（一）在省级青少年锦标赛、冠军赛、省级阳光体育运动会（体育传统项目学校）比赛中获得名次的奖励。

1. 省级青少年锦标赛、冠军赛。

（1）单项名次奖励：在省级青少年锦标赛、冠军赛获得前三名，分别给予2400元—4800元奖励；

（2）沙排、网球（包括短网）名次奖励：在省级青少年锦标赛、冠军赛获得前三名，分别给予3600元—6000元奖励；

（3）集体项目（指篮球、排球、足球）名次奖励：在省级青少年锦标赛、冠军赛获得前八名，分别给予1200元—36000元奖励。

2. 省级阳光体育运动会（体育传统项目学校）比赛。

（1）单项名次奖励：在省级阳光体育运动会（体育传统项目学校）比赛获得前三名，分别给予1200元—3600元奖励；

（2）篮、排、足三大球名次奖励：在省级阳光体育运动会（体育传统项目学校）比赛获得前三名，分别给予2400元—6000元奖励。

（二）获得奥运会、世锦赛、亚运会、全运会、亚锦赛、全国锦标赛、全国冠军赛、省运动会和其他国际重大比赛名次者及有关人员的奖励标准，参照省内其他地市或相关部门，根据实际情况制定奖励办法和标准给予奖励。国家级别以上的青少年锦标赛、冠军赛等项目，获得相应名次的，按相应奖励标准减半奖励。

（三）8支运动队（人）以下（含）参加比赛时，获奖奖励费减半执行，篮、排、足三大球除外；同一年度同一（队）人参加不同赛事获得同一项目相应名次，只统计一次比赛成绩进行奖励，不重复奖励；如发现违反赛纪赛风，造成不良影响的队（人）取消奖励。

三、奖励办法

《舟山市竞技体育贡献奖励办法》所指各项体育贡献奖励由市体育部门与市财政部门负责审核。符合奖励条件的人员向当地体育部门提出申请，经当地体育部门初审后，统一于每年12月下旬提交市体育局审核汇总，经市财政局审核后安排体育贡献奖励资金。提交审核的材料包括舟山市竞技体育贡献奖励申请表（见附件）和身份证、比赛秩序册、成绩册、获奖证书复印件等。

四、其他事项

随着我市经济和社会各项事业的发展，竞技体育事业的不断进步，奖励标准也将适时调整。

五、施行时间

本办法自2017年7月21日起施行，原《舟山市竞技体育贡献奖励办法》（舟政办发〔2006〕10号）自行废止。

附件：舟山市竞技体育贡献奖励申请表

附件

舟山市竞技体育贡献奖励申请表

申请人	教练员：	申请项目	
	运动员：		
比赛名称			
运动成绩			
获奖项目参加运动队（人）			
是否适龄下届省运会			
申请人单位盖章		年　月　日	

此表可复印

申请人签名：（教练员）

（运动员）

# 安徽省人民政府办公厅关于加快发展健身休闲产业的实施意见

（皖政办〔2017〕7号）

各市、县人民政府，省政府各部门、各直属机构：

健身休闲产业是体育产业的重要组成部分，是以体育运动为载体、以参与体验为主要形式、以促进身心健康为主要目的，向大众提供相关产品和服务的一系列经济活动，涵盖健身服务、设施建设、器材装备制造等业态。加快发展健身休闲产业是推动体育产业向纵深发展的强劲引擎，是增强人民体质、实现全民健身和全民健康深度融合的必然要求，对挖掘和释放消费潜力、保障和改善民生、培育新的经济增长点、增强经济增长新动能具有重要意义。为贯彻落实《国务院办公厅关于加快发展健身休闲产业的指导意见》（国办发〔2016〕77号），经省政府同意，结合我省实际，现就加快健身休闲产业发展提出以下实施意见。

一、指导思想

全面贯彻党的十八大和十八届三中、四中、五中、六中全会精神，深入学习贯彻习近平总书记系列重要讲话特别是视察安徽重要讲话精神，按照"四个全面"战略布局，牢固树立创新、协调、绿色、开放、共享的发展理念，认真落实党中央、国务院决策部署，坚持市场主导、创新驱动，坚持转变职能、优化环境，坚持分类推进、融合发展，坚持重点突破、力求实效，推进健身休闲产业供给侧结构性改革，提高健身休闲产业发展质量和效益，培育壮大各类市场主体，丰富产品和服务供给，推动健身休闲产业全面健康可持续发展，不断满足大众多层次多样化的健身休闲需求，提升幸福感和获得感，为经济发展新常态下扩大消费需求、拉动经济增长、转变发展方式提供有力支撑和持续动力。

二、总体目标

到2025年，基本形成布局合理、功能完善、门类齐全的健身休闲产业发展格局，市场机制日益完善，消费需求愈加旺盛，产业环境不断优化，产业结构日趋合理，产品和服务供给更加丰富，服务质量和水平明显提高，同其他产业融合发展更为紧密，健身休闲产业总规模达到1200亿元以上。

三、工作措施

（一）实施市场供给增加计划。

1. 普及日常健身。推广适合公众广泛参与的健身休闲项目，加快发展足球、篮球、排球、乒乓球、羽毛球、网球、游泳、徒步、路跑、骑行、棋牌、台球、钓鱼、体育舞蹈、广场舞、工间（前）操等普及性强、关注度高、市场空间大的运动项目，保障公共服务供给，引导多方参与。

2. 发展户外运动。加快制定以户外运动为重点的健身休闲运动项目系列规划，科学引导和推动具有消费引领性的健身休闲项目发展。大力推广露营、登山竞速、徒步穿越、攀岩速降、拓展等山地户外运动项目，积极发展摩托艇、赛艇、皮划艇、龙舟、帆板、漂流和滑水等水上健身运动项目，加快培育滑翔、运动飞机、轻小型无人驾驶航空器、航空模型等航空运动项目,鼓励发展滑雪、滑冰等冰雪运动项目。以马拉松、绿色健身运动、登山、骑行、五禽戏、水上运动等为重点,培育和打造一批富有安徽特色、具有国际影响力的精品品牌赛事活动。

3. 发展特色运动。传承和推广养生健身气功、太极拳、武术、龙舟等民间传统健身休闲项目,加强花鼓灯等体育类非物质文化遗产与健身休闲产业融合发展。推动极限运动、电子竞技、击剑、高尔夫等时尚运动项目健康发展,培育相关专业培训市场。加强对相关体育创意活动的扶持,鼓励举办以时尚运动为主题的群众性活动。

4. 促进产业融合。深入谋划和推进"体育+旅游",实施体育旅游精品示范工程,编制体育旅游重点项目名录。优先将赛事活动安排在节假日,以体育赛事活动带动户外旅游活动。支持和引导有条件的旅游景区拓展旅游项目,鼓励旅行社结合健身休闲项目和体育赛事活动设计开发旅游产品和路线,促进大众运动休闲和主题旅游度假,拉长体育旅游产业链条。推动"体医结合",加强科学健身指导,积极推广覆盖全生命周期的运动健康服务,发展运动医学和康复医学,发挥中医药在运动康复等方面的特色作用。促进健身休闲与文化、养老、教育、健康、农业、林业、水利、通用航空、交通运输等产业融合发展。

5. 推动"互联网+健身休闲"。鼓励开发以移动互联网、大数据、云计算技术为支撑的健身休闲服务,推动传统健身休闲企业由销售导向向服务导向转变,提升场馆预订、健身指导、运动分析、交流互动、赛事参与等综合服务水平。积极推动健身休闲在线平台企业发展壮大,整合上下游企业资源,形成健身休闲产业新生态圈。

（二）实施市场主体培育计划。

6. 支持健身休闲企业发展。鼓励具有自主品牌、创新能力和竞争实力的健身休闲骨干企业做大做强，通过管理输出、连锁经营等方式，进一步提升核心竞争力，延伸产业链和利润链，支持具备条件的企业"走出去"，培育一批具有国际竞争力和影响力的领军企业集团。支持企业实现垂直、细分、专业发展，鼓励各类中小微健身休闲企业、运动俱乐部向"专精特新"方向发展，强化特色经营、特色产品和特色服务。发挥多层次资本市场作用，支持符合条件的健身休闲企业上市，加大债券市场对健身休闲企业的支持力度。完善抵质押品登记制度，鼓励金融机构在风险可控的前提下拓宽对健身休闲企业贷款的抵质押品种类和范围。推广、运用政府和社会资本合作等多种模式，吸引社会资本参与健身休闲产业发展。

7. 鼓励企业创新。鼓励退役运动员创业创新，投身健身休闲产业。大力推进商事制度改革，为健身休闲产业提供良好的准入环境。开展体育产业创新创业教育服务平台建设，帮助企业、高校、金融机构有效对接。鼓励各地成立健身休闲产业孵化平台，为健身休闲领域大众创业、万众创新提供支持。

8. 加快体育社会组织发展。推进和规范体育类社会团体、基金会、民办非企业单位等社会组织发展，支持其加强自身建设，健全内部治理结构，增强服务功能。对在城乡社区开展健身休闲活动的社区社会组织，降低准入门槛，加强分类指导和行业指导。鼓励各类社会组织承接政府公共体育服务功能。发挥体育社会组织在营造氛围、组织活动、服务消费者等方面的积极作用。

（三）实施产业能级提升计划。

9. 改善产业结构。优化健身休闲服务业、器材装备制造业及相关产业结构，着力提升服务业比重。实施健身服务精品工程，打造一批优秀健身休闲俱乐部、场所和品牌活动。结合各级体育产业基地建设，培育一批以健身休闲服务为核心的体育产业示范基地、单位和项目。发挥皖南（县域）国家体育产业示范基地以及重大体育旅游项目的引领带动作用，发展一批体育旅游示范基地，实施一批健身休闲精品项目，培育20个以上体育健康特色小镇。

10. 优化产业布局。组织开展山水运动资源调查、民族民间传统体育资源调查，摸清健身休闲产业的自然、人文基础条件。深入推进合肥经济圈体育竞赛培训、皖江城市带体育用品制造、皖南体育旅游休闲和皖北民间民俗体育健身四大功能区建设，构建特色鲜明、类型多样、结构合理的健身休闲产业布局，逐步形成全省各地区间协同发展、良性互动的格局。

11. 提升健身休闲器材装备研发制造能力。支持企业、用户单位、科研单位、社会组织等组建跨行业产业联盟，鼓励健身休闲器材装备制造企业向服务业延伸发展，形成全产业链优势。结合传统制造业去产能，引导企业进军健身休闲装备制造领域。鼓励企业加大研发投入，提高关键技术、产品的研发生产能力和加工制造水平。支持企业利用互联网技术对接健身休闲个性化需求，根据不同人群，尤其是青少年、老年人的需要，研发和生产多样化、适应性强的健身休闲器材装备。鼓励可穿戴式运动设备、虚拟现实运动装备等新产品研发和推广。支持企业创建和培育自主品牌，提升健身休闲器材装备的附加值和软实力。鼓励企业与各级各类运动项目协会等体育组织开展合作，通过赛事营销等模式，提高品牌知名度。

（四）实施基础设施改善计划。

12. 完善健身休闲基础设施网络。严格执行城市居住区规划设计等标准规范有关配套建设健身设施的要求，并实现同步设计、同步施工、同步投入。科学规划健身休闲项目的空间布局，适当增加健身休闲设施用地和配套设施配建比例，充分合理利用公园绿地、城市空置场所、建筑物屋顶、地下室等区域，重点建设步道、绿道、健身广场等亲民、便民、利民的中小型全民健身场地设施，形成城市 15 分钟健身圈。各地要以满足群众运动休闲需要、发展大健康产业为主题，规划建设一批体育公园，促进体育与健康、文化、旅游、养老等产业融合发展。鼓励健身休闲设施与住宅、文化、商业、娱乐等综合开发，打造健身休闲服务综合体。

13. 盘活用好现有体育场馆资源。加快推进企事业单位等体育场地设施向社会开放。推动有条件的学校体育场馆设施在课后、节假日对本校学生和公众有序开放。通过公共体育设施免费或合理收费开放等措施增加供给，满足基本健身需求。通过管办分离、公建民营等模式，推行市场化商业运作，满足多层次健身消费需求。各类健身休闲场所的水、电、气、热价格按不高于一般工业标准执行。落实体育场馆房产税和城镇土地使用税优惠政策。

14. 加强特色健身休闲设施建设。结合智慧城市、绿色出行，规划建设城市步行和自行车交通体系。充分挖掘水、陆、空资源，研究打造省内步道系统和自行车路网，到 2020 年，建成步道、绿道 3000 公里以上。重点建设一批山地户外营地、徒步骑行服务站、自驾车房车营地、运动船艇码头、航空飞行营地等健身休闲设施。鼓励和引导旅游景区、旅游度假区、乡村旅游区等根据自身特点，建设特色健身休闲设施。

（五）实施健身消费促进计划。

15. 深挖消费潜力。开展各类群众性体育活动，丰富节假日体育赛事供给，发挥体育明星和运动达人示范作用，激发大众健身休闲消费需求。积极推行《国家体育锻炼标准》、业余运动等级标准、业余赛事等级标准，增强健身休闲消费黏性。

推动体育部门、体育社会组织、专业体育培训机构等与各类学校合作，提供专业支持，培养青少年体育爱好和运动技能。开发健身休闲运动培训市场，加强不同健身休闲运动项目培训标准的建设与推广，培育一批专业健身休闲培训机构。鼓励各类运动康复机构开发个性化的运动处方库，发挥健身休闲运动促进健康的积极作用。

16. 完善消费政策。鼓励健身休闲企业与金融机构合作，试点发行健身休闲联名银行卡，实施特惠商户折扣。支持各地创新健身休闲消费引导机制，鼓励通过政府购买服务等方式，对特定人群发放体育消费券。引导保险公司根据健身休闲运动特点和不同年龄段人群身体状况，开发场地责任险、运动人身意外伤害保险。积极推动青少年参加体育活动相关责任保险发展。

17. 引导消费理念。加大宣传力度，普及科学健身知识。鼓励制作和播出国产健身休闲类节目，支持形式多样的体育题材文艺创作。鼓励发展多媒体广播电视、网络广播电视、手机应用程序（APP）等体育传媒新业态，促进消费者利用各类社交平台互动交流，提升消费体验。

18. 改善消费环境。规范健身休闲市场主体行为，完善行业诚信体系，逐步建立信用档案和违法违规单位信息披露制度，推动监管信息的共享和公开。完善市场监管体系，创新监管手段，加强健身休闲消费过程中的维权援助举报投诉和举报处置能力建设，完善举报投诉受理处置机制。

（六）实施产业服务保障计划。

19. 持续推动"放管服"改革。加快政府职能转变，大幅度削减健身休闲活动相关审批事项，实施负面清单管理，促进空域水域开放。推进体育行业协会改革，加强事中事后监管，完善相关安保服务标准，加强行业信用体系建设。完善政务发布平台、信息交互平台、展览展示平台、资源交易平台。

20. 优化规划和土地利用政策。积极引导健身休闲产业用地控制规模、科学选址，并将相关用地纳入地方各级土地利用总体规划中合理安排。对符合土地利用总体规划、城乡规划、环保规划等相关规划的重大健身休闲项目，要本着应保尽保的原则及时安排新增建设用地计划指标。对使用荒山、荒地、荒滩等土地建设的健身休闲项目，优先安排新增建设用地计划指标，出让底价可按不低于土地取得成本、土地前期开发成本和按规定应收取相关费用之和的原则确定。在土地利用总体规划确定的城市和村庄、集镇建设用地范围外布局的重大健身休闲项目，可按照单独选址项目安排用地。利用现有健身休闲设施用地、房产增设住宿、餐饮、娱乐等商业服务设施的，经批准可以协议方式办理用地手续。鼓励以长期租赁、先租后让、租让结合方式供应健身休闲项目建设用地。支持农村集体经济组织自办或以土地使用权入股、联营等方式参与健身休闲项目。

21. 完善投入机制。要将全民健身经费纳入财政预算，并与国民经济增长速度保持适应。用足用好省级体育产业发展专项资金，对符合条件的健身休闲项目予以支持，运用彩票公益金对健身休闲相关项目给予必要资助。进一步健全政府购买公共体育服务的体制机制。全面落实扶持体育产业发展的各项优惠政策，对符合条件的各级各类健身休闲场所自用的房产和土地，按规定减免房产税和城镇土地使用税，降低健身休闲企业税费成本。

22. 加强人才保障。鼓励校企合作，培养各类健身休闲项目经营策划、运营管理、技能操作等应用型专业人才。加强从业人员职业培训，提高健身休闲场所工作人员的服务水平和专业技能。完善体育人才培养开发、流动配置、激励保障机制，支持专业教练员投身健身休闲产业。加强社会体育指导员队伍建设，充分发挥其对群众参与健身休闲的服务和引领作用。推进体育产业智库建设。加强健身休闲人才培育的国际交流与合作。

23. 健全工作机制。建立体育、发展改革、旅游等多部门合作的健身休闲产业发展工作协调机制，及时分析健身休闲产业发展情况，解决存在问题，落实惠及健身休闲产业的文化、旅游等相关政策。各市、县（市、区）政府要把发展健身休闲产业纳入国民经济和社会发展规划，鼓励有条件的地方编制健身休闲发展专项规划。各级体育行政部门要加强职能建设，充实体育产业工作力量，推动健身休闲产业发展。

24. 强化督查落实。各地、各有关部门要根据本意见要求，结合实际情况，抓紧制定具体实施意见和配套政策。建立体育大数据平台，以国家体育产业统计分类为基础，完善健身休闲产业统计制度和指标体系，建立健身休闲产业监测机制。省体育局、省发展改革委、省旅游局要会同有关部门对落实本实施意见的情况进行监督检查和跟踪分析，重大事项及时向省政府报告。

蚌埠市人民政府办公室关于加快发展健身休闲产业的实施意见

(蚌政办〔2017〕43号)

各县、区人民政府,市政府各部门、各直属单位:

为贯彻落实《国务院办公厅关于加快发展健身休闲产业的指导意见》(国办发〔2016〕77号)和《安徽省人民政府办公厅关于加快发展健身休闲产业的指导意见》(皖政办〔2017〕7号),经市政府同意,结合我市实际,现就加快发展我市健身休闲产业提出以下实施意见。

一、总体要求

(一)指导思想。全面贯彻党的十八大和十八届三中、四中、五中、六中全会精神,深入学习贯彻习近平总书记系列重要讲话特别是视察安徽重要讲话精神,按照"四个全面"战略布局,牢固树立创新、协调、绿色、开放、共享的发展理念,坚持市场主导、创新驱动,坚持转变职能、优化环境,坚持分类推进、融合发展,坚持重点突破、力求实效,推进健身休闲产业供给侧结构性改革,提高健身休闲产业发展质量和效益,培育壮大各类市场主体,丰富产品和服务供给,推动健身休闲产业全面健康可持续发展,不断满足大众多层次多样化的健身休闲需求。

(二)发展目标。到2025年,基本形成布局合理、功能完善、门类齐全的健身休闲产业发展格局,市场机制日益完善，消费需求愈加旺盛，产业环境不断优化，产业结构日趋合理，产品和服务供给更加丰富，服务质量和水平明显提高，同其他产业融合发展更为紧密，健身休闲产业总规模达到100亿元以上。

二、主要任务

（一）普及日常健身。推广适合公众广泛参与的健身休闲项目，加快发展足球、篮球、排球、乒乓球、羽毛球、网球、游泳、徒步、路跑、骑行、棋牌、台球、钓鱼、体育舞蹈、广场舞、工间（前）操等普及性强、关注度高、市场空间大的运动项目，保障公共服务供给，引导多方参与。

（二）发展户外运动。加快制定以户外运动为重点的健身休闲运动项目系列规划，科学引导和推动具有消费引领性的健身休闲项目发展。大力推广露营、登山竞速、徒步穿越、攀岩速降、拓展等山地户外运动项目，积极发展摩托艇、赛艇、皮划艇、龙舟、帆板、漂流和滑水等水上健身运动项目，加快培育滑翔、运动飞机、轻小型无人驾驶航空器、航空模型等航空运动项目，鼓励发展滑雪、滑冰等冰雪运动项目。以马拉松、绿色健身运动、登山、骑行、水上运动等为重点，培育和打造一批富有蚌埠特色、具有国内外影响力的精品品牌赛事活动。

（三）发展特色运动。传承和推广养生健身气功、太极拳、武术、龙舟等民间传统健身休闲项目，加强花鼓灯等体育类非物质文化遗产与健身休闲产业融合发展。推动极限运动、电子竞技、击剑等时尚运动项目健康发展，培育相关专业培训市场。加强对相关体育创意活动的扶持，鼓励举办以时尚运动为主题的群众性活动。

（四）促进产业融合。深入谋划和推进"体育+旅游"，实施体育旅游精品示范工程。优先将赛事活动安排在节假日，以体育赛事活动带动户外旅游活动。支持和引导有条件的旅游景区拓展旅游项目，鼓励旅行社结合健身休闲项目和体育赛事活动设计开发旅游产品和路线，促进大众运动休闲和主题旅游度假，拉长体育旅游产业链条。推动"体医结合"，加强科学健身指导，积极推广覆盖全生命周期的运动健康服务，发展运动医学和康复医学，发挥中医药在运动康复等方面的特色作用。促进健身休闲与文化、养老、教育、健康、农业、林业、水利、通用航空、交通运输等产业融合发展。

（五）推动"互联网+健身休闲"。鼓励开发以移动互联网、大数据、云计算技术为支撑的健身休闲服务，推动传统健身休闲企业由销售导向向服务导向转变，提升场馆预订、健身指导、运动分析、交流互动、赛事参与等综合服务水平。积极推动健身休闲在线平台企业发展壮大，整合上下游企业资源，形成健身休闲产业新生态圈。

（六）支持健身休闲企业发展。鼓励具有自主品牌、创新能力和竞争实力的健身休闲骨干企业做大做强，通过管理输出、连锁经营等方式，进一步提升核心竞争力，延伸产业链和利润链，支持具备条件的企业"走出去"。支持企业实现垂直、细分、专业发展，鼓励各类中小微健身休闲企业、运动俱乐部向"专精特新"方向发展，强化特色经营、特色产品和特色服务。发挥多层次资本市场作用，支持符合条件的健身休闲企业上市，加大债券市场对健身休闲企业的支持力度。完善抵质押品登记制度，鼓励金融机构在风险可控的前提下拓宽对健身休闲企业贷款的抵质押品种类和范围。推广、运用政府和社会资本合作等多种模式，吸引社会资本参与健身休闲产业发展。

（七）鼓励企业创新。鼓励退役运动员创业创新，投身健身休闲产业。大力推进商事制度改革，为健身休闲产业提供良好的准入环境。开展体育产业创新创业教育服务平台建设，帮助企业、高校、金融机构有效对接。鼓励各县、区（市高新区、市经开区，下同）成立健身休闲产业孵化平台，为健身休闲领域大众创业、万众创新提供支持。

（八）加快体育社会组织发展。推进和规范体育类社会团体、基金会、民办非企业单位等社会组织发展，支持其加强自身建设，健全内部治理结构，增强服务功能。对在城乡社区开展健身休闲活动的社区社会组织，降低准入门槛，加强分类指导和行业指导。鼓励各类社会组织承接政府公共体育服务功能。发挥体育社会组织在营造氛围、组织活动、服务消费者等方面的积极作用。

（九）改善产业结构。优化健身休闲服务业、器材装备制造业及相关产业结构，着力提升服务业比重。实施健身服务精品工程，打造一批优秀健身休闲俱乐部、场所和品牌活动。结合体育产业基地建设，培育一批以健身休闲服务为核心的体育产业示范基地、单位和项目。发展一批体育旅游示范基地，实施一批健身休闲精品项目，培育2—3个体育特色小镇。

（十）优化产业布局。组织开展山水运动资源调查、民族民间传统体育资源调查，摸清健身休闲产业的自然、人文基础条件。深入推进体育竞赛培训、体育用品制造、体育旅游休闲和民间民俗体育健身等功能区建设，构建特色鲜明、类型多样、结构合理的健身休闲产业布局。

（十一）提升健身休闲器材装备研发制造能力。支持企业、用户单位、科研单位、社会组织等组建跨行业产业联盟，鼓励健身休闲器材装备制造企业向服务业延伸发展，形成全产业链优势。结合传统制造业去产能，引导企业进军健身休闲装备制造领域。鼓励企业加大研发投入，提高关键技术、产品的研发生产能力和加工制造水平。支持企业利用互联网技术对接健身休闲个性化需求，根据不同人群，尤其是青少年、老年人的需要，研发和生产多样化、适应性强的健身休闲器材装备。鼓励可穿戴式运动设备、虚拟现实运动装备等新产品研发和推广。鼓励企业与各级各类运动项目协会等体育组织开展合作，通过赛事营销等模式，提高品牌知名度。

（十二）完善健身休闲基础设施网络。严格执行城市居住区规划设计等标准规范有关配套建设健身设施的要求，并实现同步设计、同步施工、同步验收、同步投入。科学规划健身休闲项目的空间布局，适当增加健身休闲设施用地和配套设施配建比例，充分合理利用公园绿地、城市空置场所、建筑物屋顶、地下室等区域，重点建设步道、绿道、健身广场等亲民、便民、利民的中小型全民健身场地设施，形成城市15分钟健身圈。各县、区要以满足群众运动休闲需要、发展大健康产业为主题，规划建设一批体育公园，到2025年，全市建设体育公园20个。鼓励健身休闲设施与住宅、文化、商业、娱乐等综合开发，打造健身休闲服务综合体。

（十三）盘活用好现有体育场馆资源。加快推进企事业单位等体育场地设施向社会开放。实现具备条件的学校体育场馆设施在课后、节假日对公众全部有序开放。通过公共体育设施免费或合理收费开放等措施增加供给，满足基本健身需求。通过管办分离、公建民营等模式，推行市场化商业运作，满足多层次健身消费需求。各类健身休闲场所的水、电、气、热价格按不高于一般工业标准执行。落实体育场馆房产税和城镇土地使用税优惠政策。

（十四）加强特色健身休闲设施建设。结合智慧城市、绿色出行，规划建设城市步行和自行车交通体系。充分挖掘水、陆、空资源，研究打造全市步道系统和自行车路网，到2025年，建成步道、绿道300公里以上。建成涂山—黑虎山国家登山健身步道及山地户外营地、龙子湖自行车运动主题公园和水上运动中心、禹会区天河汽车露营地、五河县沱湖体育旅游度假村、淮上区三叉河湿地体育运动公园、大明文化产业园航空飞行营地等健身休闲设施。鼓励和引导旅游景区、旅游度假区、乡村旅游区等根据自身特点,建设特色健身休闲设施。

三、政策措施

(一)深挖消费潜力。开展各类群众性体育活动,丰富节假日体育赛事供给,发挥体育明星和运动达人示范作用,激发大众健身休闲消费需求。积极推行《国家体育锻炼标准》、业余运动等级标准、业余赛事等级标准,增强健身休闲消费黏性。推动体育部门、体育社会组织、专业体育培训机构等与各类学校合作,提供专业支持,培养青少年体育爱好和运动技能。开发健身休闲运动培训市场,加强不同健身休闲运动项目培训标准的建设与推广,培育一批专业健身休闲培训机构。鼓励各类运动康复机构开发个性化的运动处方库,发挥健身休闲运动促进健康的积极作用。

(二)完善消费政策。鼓励健身休闲企业与金融机构合作,试点发行健身休闲联名银行卡,实施特惠商户折扣。支持各县、区创新健身休闲消费引导机制,鼓励通过政府购买服务等方式,对特定人群发放体育消费券。引导保险公司根据健身休闲运动特点和不同年龄段人群身体状况,开发场地责任险、运动人身意外伤害保险。积极推动青少年参加体育活动相关责任保险发展。

(三)引导消费理念。加大宣传力度,普及科学健身知识。鼓励制作和播出国产健身休闲类节目,支持形式多样的体育题材文艺创作。鼓励发展多媒体广播电视、网络广播电视、手机应用程序（APP）等体育传媒新业态，促进消费者利用各类社交平台互动交流，提升消费体验。

（四）改善消费环境。规范健身休闲市场主体行为，完善行业诚信体系，逐步建立信用档案和违法违规单位信息披露制度，推动监管信息的共享和公开。完善市场监管体系，创新监管手段，加强健身休闲消费过程中的维权援助、举报投诉和举报处置能力建设，完善举报投诉受理处置机制。

（五）持续推动"放管服"改革。加快政府职能转变，削减健身休闲活动相关审批事项，实施负面清单管理，促进空域水域开放。推进体育行业协会改革，加强事中事后监管，完善相关安保服务标准，加强行业信用体系建设。完善政务发布平台、信息交互平台、展览展示平台、资源交易平台。

（六）优化规划和土地利用政策。积极引导健身休闲产业用地控制规模、科学选址，并将相关用地纳入各县、区土地利用总体规划中合理安排。对符合土地利用总体规划、城乡规划、环保规划等相关规划的重大健身休闲项目，优先保障，及时安排新增建设用地计划指标。对使用荒山、荒地、荒滩等土地建设的健身休闲项目，应保尽保，优先安排新增建设用地计划指标，出让底价可按不低于土地取得成本、土地前期开发成本和按规定应收取相关费用之和的原则确定。利用现有健身休闲设施用地、房产增设住宿、餐饮、娱乐等商业服务设施的，经批准可以协议方式办理用地手续。鼓励以长期租赁、先租后让、租让结合方式供应健身休闲项目建设用地。支持农村集体经济组织自办或以土地使用权入股、联营等方式参与健身休闲项目。

（七）完善投入机制。将全民健身经费纳入财政预算，并与国民经济增长速度保持适应。用足用好省、市级体育产业发展专项资金，对符合条件的健身休闲项目予以支持，运用彩票公益金对健身休闲相关项目给予必要资助。进一步健全政府购买公共体育服务的体制机制。全面落实扶持体育产业发展的各项优惠政策，对符合条件的各级各类体育场馆自用的房产和土地，按规定减免房产税和城镇土地使用税，降低健身休闲企业税费成本。

（八）加强人才保障。鼓励校企合作，培养各类健身休闲项目经营策划、运营管理、技能操作等应用型专业人才。加强从业人员职业培训，提高健身休闲场所工作人员的服务水平和专业技能。完善体育人才培养开发、流动配置、激励保障机制，支持专业教练员投身健身休闲产业。加强社会体育指导员队伍建设，充分发挥其对群众参与健身休闲的服务和引领作用。推进体育产业智库建设。加强健身休闲人才培育的交流与合作。

（九）健全工作机制。建立体育、发展改革、旅游等多部门合作的健身休闲产业发展工作协调机制，及时分析健身休闲产业发展情况，解决存在的问题，落实惠及健身休闲产业的文化、旅游等相关政策。各县、区政府要把发展健身休闲产业纳入国民经济和社会发展规划，有条件的地方编制健身休闲发展专项规划。各级体育行政部门要加强职能建设，充实体育产业工作力量，推动健身休闲产业发展。

（十）强化督查落实。各县、区及各有关部门要根据本意见要求，结合实际情况，抓紧制定具体实施意见和配套政策。建立体育大数据平台，以国家体育产业统计分类为基础，完善健身休闲产业统计制度和指标体系，建立健身休闲产业监测机制。市体育局、市发改委、市文广新局（市旅游局）要会同有关部门对落实本实施意见的情况进行监督检查和跟踪分析，重大事项及时向市政府报告。

池州市人民政府办公室关于加快发展健身休闲产业的实施意见

(池政办〔2017〕62号)

为贯彻落实《国务院办公厅关于加快发展健身休闲产业的指导意见》(国办发〔2016〕77号)和《安徽省人民政府办公厅关于加快发展健身休闲产业的实施意见》(皖政办〔2017〕7号),经市政府同意,现就我市加快健身休闲产业发展提出以下实施意见。

一、指导思想

全面贯彻党的十九大精神,以习近平新时代中国特色社会主义思想为指导,牢固树立贯彻新发展理念,认真落实党中央、国务院、省委、省政府的决策部署,提高健身休闲产业发展质量和效益,培育各类市场主体,丰富产品和服务供给,推动健身休闲产业全面健康可持续发展,不断满足大众多层次多样化的健身休闲需求,提升幸福感和获得感,为经济发展新常态下扩大消费需求、拉动经济增长、提供持续强有力的支撑,为加快"三优"池州建设做出新的更大贡献。

二、总体目标

到2025年,基本形成布局合理、功能完善、门类齐全的健身休闲产业发展格局,市场机制日益完善,消费需求愈加旺盛,产业环境不断优化,产业结构日趋合理,产品和服务供给更加丰富,服务质量和水平明显提高,同其他产业融合发展更为紧密,健身休闲产业总规模达到60亿元以上。(牵头单位:市教体局、市发展改革委、市旅发委;责任单位:各县区政府、管委会)

三、重点任务

(一)实施健身休闲项目推广行动计划。加快发展足球、篮球、气排球、乒乓球、羽毛球、游泳、徒步、路跑、骑行、棋牌、钓鱼、体育舞蹈、广场舞、排舞、工间(前)操等普及性强、关注度高、市场空间大的运动项目,保障公共服务供给,引导多方参与。依托九华山、牯牛降、仙寓山、目连山、天台山、九华天池、霄坑峡谷、历山等山体资源,大力发展户外拓展、登山徒步、攀岩、山地自行车、野外露营、高山速降、高山探险等山地户外运动。申办高水平、高质量的山地户外运动主题赛会,打造具有区域特色的户外运动会和户外运动节。重点推进杏花村、升金湖自驾车和房车营地,霄坑峡谷户外运动基地,青阳国家登山健身步道等项目建设。依托平天湖、升金湖、秋浦河等水体资源,发展漂流、帆船、赛艇、皮划艇、龙舟、垂钓等水上休闲运动。积极申办IAC水上竞速赛、FLW世界户外钓鱼大赛等高规格、高水准的水上休闲主题赛会。重点推进秋浦河水上漂流、杏花村龙舟赛、平天湖皮划艇竞赛等项目建设。依托池州山水资源优势,开发滑翔伞、热气球、BMX特技单车、空中滑板、溯溪、极限轮滑等极限运动,建设集体育健身、技术培训、拓展训练、休闲娱乐为一体的极限运动综合体。重点推进青阳县庙前镇九华航空运动飞行营地、天堂湖新区滑板主题公园,东至花园乡极限越野基地

等项目建设。(牵头单位：市教体局、市发展改革委、市旅发委；责任单位：各县区政府、管委会)

(二)实施健身休闲品牌赛事打造行动计划。围绕池州"健康之都"建设，紧贴池州山水人文资源，构建水陆空立体化的赛事活动体系，打造植根本土、面向国际，具有国际国内影响力的体育健身休闲"四季品牌"。市级重点打造全国健身休闲大会、池州国际马拉松、中国池州"千年古道"越野赛、"千载诗人地·绿色池州行"市民徒步大会等品牌赛事，不断提升赛事品质、丰富活动内容，厚植发展潜力，培育项目文化。各县区政府、管委会要充分发挥山水人文优势，积极创新健身休闲赛事和活动，努力形成"一县(区)一品或多品"的健身休闲品牌活动格局。(牵头单位：市教体局、市旅发委；责任单位：各县区政府、管委会)

(三)实施"健身休闲+"行动计划。加强体育健身休闲与旅游业融合发展，以皖南国际文化旅游示范区核心区建设为重点，坚持高端定位、树立国际视野、统筹开发各类体育旅游资源，积极投资建设户外营地、山地车赛道、徒步(登山)赛道、徒步骑行驿站、汽车露营地、休闲垂钓场、船艇码头等体育旅游设施，推进"仙寓山-牯牛降"户外拓展旅游、"齐山-平天湖"马拉松游、"杏花村-升金湖"骑行游、"杜村-陵阳镇"徒步游、"秋浦河-黄崖大峡谷"溯溪游等5条体育旅游精品线路建设。促进体育健身休闲与大健康产业融合发展，大力发展山地户外、水上户外、健身气功、健身瑜伽等运动康体养生项目。推进健康宣传教育等公共卫生服务与全民健身有机结合。加强国民体质监测服务，积极推广"运动处方"。推进体育健身休闲与文化创意业融合发展，引导池州文化创意企业开展体育出版、体育影视、体育动漫、电子竞技、体育传媒等主题文化创意活动，培育精品项目和知名品牌。鼓励开发以移动互联网、大数据、云计算技术为支撑的健身休闲服务，提升场馆预订、健身指导、运动分析、交流互动、赛事参与等综合服务水平。（牵头单位：市教体局、市发展改革委、市旅发委、市卫生计生委、市文广新局；责任单位：各县区政府、管委会）

（四）实施健身休闲场地设施建设行动计划。科学规划和统筹建设健身休闲场地设施，着力构建覆盖市、县（区）、乡镇（街道）、行政村（社区）四级全民健身休闲设施网络和城市社区10-15分钟健身圈。市级在体育馆已完成建设的基础上，再规划建设"四个一"，即：1个中型体育场、1个中小型游泳馆、1个综合型多功能全民健身活动中心、1个绿运主题体育公园。县（区）级规划建设"五个一"，即：1个小型体育馆、1个小型体育场、1个标准游泳设施、1个中小型全民健身活动中心、1个体育公园。乡镇（街道）规划建设"三个一"，即：1个小型室内健身中心、1个全民健身广场、1个多功能球类运动场。行政村、社区规划建设"两个一"，即：1个室内健身俱乐部，1个室外健身广场。新建居住区和社区要严格落实按"室内人均建筑面积不低于0.1平方米或室外人均用地不低于0.3平方米"标准配建全民健身设施，确保与住宅区主体工程同步设计、同步施工、同步验收、同步投入使用，不得挪用或侵占。要充分利用社会资金，合理利用景区、公园、公共绿地、广场及城市空置场所建设休闲健身场地设施。（牵头单位：市教体局、市发展改革委、市住房城乡建委、市城乡规划委、市国土资源局、市财政局；责任单位：各县区政府、管委会）

（五）实施健身休闲产业集聚发展行动计划。大力发展健身服务、体育文化、休闲度假、健康养生等产业集聚地，打造一批符合市场规律、具有市场竞争力的体育产业基地、体育产业园、体育运动公园、体育特色小镇、体育综合体等。积极推进主城区绿色运动主题体育公园、平天湖水上运动基地、杏花村文化旅游区绿运休闲小镇、天生湖体育运动公园、升金湖自行车运动基地、牯牛降生态休闲文化体育产业园、九华山体育特色小镇等重点产业基地、体育产业园、体育特色小镇规划建设。力争到2025年，建成1个以上国家级体育产业示范基地（体育特色小镇），3个以上省级体育产业示范基地（体育特色小镇）、10个以上特色鲜明的市级体育产业示范基地（体育特色小镇、体育综合体等）。（牵头单位：市教体局、市发展改革委、市旅发委、市住房城乡建委、市城乡规划委、市国土资源局、市财政局；责任单位：各县区政府、管委会）

（六）实施健身休闲市场主体培育行动计划。支持体育企业发展，着力引进、培育一批骨干企业，增强我市健身休闲产业的整体实力和竞争力。鼓励各类资本进入健身休闲产业领域，共同参与健身休闲市场的开发和体育资源整合，扶持培育"专、精、特、新"的健身休闲市场主体。坚持投资主体多元化，鼓励社会力量通过PPP、民办公助、公办民营等方式建设一批优秀体育俱乐部、示范场馆和品牌赛事，开办康体娱乐、体质测定、运动康复等机构，促进全市健身休闲产业全面协调发展。推进和规范体育类社会团体、基金会、民办非企业单位等社会组织发展，支持其加强自身建设，健全内部治理结构，增强服务功能。对在城乡社区开展健身休闲活动的社区社会组织，降低准入门槛，加强分类指导和行业指导。鼓励各类社会组织承接政府公共体育服务功能。发挥体育社会组织在营造氛围、组织活动、服务消费者等方面的积极作用。（牵头单位：市教体局、市发展改革委、市旅发委、市招商局、市民政局、市工商质监局；责任单位：各县区政府、管委会）

（七）实施健身休闲消费促进行动计划。积极推行国家体育锻炼标准、业余运动等级标准、业余赛事等级标准，增强健身休闲消费黏性。丰富体育赛事供给，激发大众健身休闲消费需求。推动体育主管部门、体育社会组织、专业体育培训机构等与相关学校合作，提供专业支持，培养青少年体育爱好和运动技能。开发健身休闲运动培训市场，鼓励社会力量创办各类健身休闲培训机构，做大做强九华山健身瑜伽、健身气功培训基地，培育具有池州特色的体育培训机构。扶持体育策划、咨询、经纪、营销等中介机构发展。通过政府购买服务的方式，向特定人群发放体育消费券，支持群众健身消费。鼓励保险公司围绕体育消费推出多样性保险产品。（牵头单位：市教体局、市财政局、市金融办；责任单位：各县区政府、管委会）

四、保障措施

（一）持续推动"放管服"改革。加快政府职能转变，大幅度削减健身休闲活动相关审批事项，实施负面清单管理。推进体育行业协会改革，加强事中事后监管，完善相关安保服务标准，加强行业信用体系建设。完善政务发布平台、信息交互平台、展览展示平台、资源交易平台。（牵头单位：市编办、市教体局、市民政局、市公安局、市发展改革委、市信息办、市公共资源交易监督管理局；责任单位：各县区政府、管委会）

（二）优化规划和土地利用政策。积极引导健身休闲产业用地控制规模、科学选址，并将相关用地纳入地方各级土地利用总体规划中合理安排。对符合土地利用总体规划、城乡规划、环保规划等相关规划的重大健身休闲项目，要本着应保尽保的原则及时安排新增建设用地计划指标。对使用荒山、荒地、荒滩等土地建设的健身休闲项目，优先安排新增建设用地计划指标，出让底价可按不低于土地取得成本、土地前期开发成本和按规定应收取相关费用之和的原则确定。在土地利用总体规划确定的城市和村庄、集镇建设用地范围外布局的重大健身休闲项目，可按照单独选址项目安排用地。利用现有健身休闲设施用地、房产增设住宿、餐饮、娱乐等商业服务设施的，经批准可以协议方式办理用地手续。鼓励以长期租赁、先租后让、租让结合方式供应健身休闲项目建设用地。支持农村集体经济组织自办或以土地使用权入股、联营等方式参与健身休闲项目。（牵头单位：市教体局、市国土资源局；责任单位：各县区政府、管委会）

（三）完善投入机制。要将全民健身经费纳入财政预算，并与国民经济增长速度保持适应。进一步健全政府购买公共体育服务的体制机制。全面落实扶持体育产业发展的各项优惠政策，对符合条件的各级各类健身休闲场所自用的房产和土地，按规定减免房产税和城镇土地使用税，降低健身休闲企业税费成本。（牵头单位：市财政局、市国税局、市地税局；责任单位：各县区政府、管委会）

（四）加强人才保障。鼓励校企合作，培养各类健身休闲项目经营策划、运营管理、技能操作等应用型专业人才。加强从业人员职业培训，提高健身休闲场所工作人员的服务水平和专业技能。完善体育人才培养开发、流动配置、激励保障机制，支持专业教练员投身健身休闲产业。加强社会体育指导员队伍建设，充分发挥其对群众参与健身休闲的服务和引领作用。（牵头单位：市教体局、市人力资源社会保障局；责任单位：各县区政府、管委会）

（五）健全工作机制。建立体育、发展改革、旅游等多部门合作的健身休闲产业发展工作协调机制，及时分析健身休闲产业发展情况，解决存在问题，落实惠及健身休闲产业的文化、旅游等相关政策。各县（区）政府、管委会要把发展健身休闲产业纳入国民经济和社会发展规划，鼓励有条件的地方编制健身休闲发展专项规划。各级体育行政部门要加强职能建设，充实体育产业工作力量，推动健身休闲产业发展。（牵头单位：市教体局、市发展改革委、市旅发委；责任单位：各县区政府、管委会）

（六）强化督查落实。各地、各有关部门要根据本意见要求，结合实际情况，抓紧制定具体实施意见和配套政策。建立体育大数据平台，以国家体育产业统计分类为基础，完善健身休闲产业统计制度和指标体系，建立健身休闲产业监测机制。市教体局、市发展改革委、市旅发委要会同有关部门对落实本实施意见的情况进行监督检查和跟踪分析，重大事项及时向市政府报告。（牵头单位：市政府督办室、市教体局、市发展改革委、市旅发委、市统计局；责任单位：各县区政府、管委会）

（此件公开发布）

滁州市人民政府办公室关于加快发展健身休闲产业的实施意见

(滁政办〔2017〕48号)

各县、市、区人民政府,市政府各部门、各直属机构:

健身休闲产业是体育产业的重要组成部分,是以体育运动为载体、以参与体验为主要形式、以促进身心健康为主要目的,向大众提供相关产品和服务的一系列经济活动,涵盖健身服务、设施建设、器材装备制造等业态。加快发展健身休闲产业是推动体育产业向纵深发展的强劲引擎,是增强人民体质、实现全民健身和全民健康深度融合的必然要求,对挖掘和释放消费潜力、保障和改善民生、培育新的经济增长点、增强经济增长新动能具有重要意义。为贯彻落实《安徽省人民政府办公厅关于加快发展健身休闲产业的实施意见》(皖政办〔2017〕7号),经市政府研究,结合我市实际,现就加快健身休闲产业发展提出以下实施意见。

一、指导思想

全面贯彻党的十八大和十八届三中、四中、五中、六中全会精神,深入学习贯彻习近平总书记系列重要讲话特别是视察安徽重要讲话精神,按照"四个全面"战略布局,牢固树立创新、协调、绿色、开放、共享的发展理念,认真落实党中央、国务院决策部署,坚持市场主导、创新驱动,坚持转变职能、优化环境,坚持分类推进、融合发展,坚持重点突破、力求实效，推进健身休闲产业供给侧结构性改革，提高健身休闲产业发展质量和效益，培育壮大各类市场主体，丰富产品和服务供给，推动健身休闲产业全面健康可持续发展，不断满足大众多层次多样化的健身休闲需求，提升幸福感和获得感，为经济发展新常态下扩大消费需求、拉动经济增长、转变发展方式提供有力支撑和持续动力。

二、总体目标

到 2025 年，基本形成布局合理、功能完善、门类齐全的健身休闲产业发展格局，市场机制日益完善，消费需求愈加旺盛，产业环境不断优化，产业结构日趋合理，产品和服务供给更加丰富，服务质量和水平明显提高，同其他产业融合发展更为紧密，健身休闲产业总规模达到 90 亿元以上。

三、工作措施

（一）实施市场供给增加计划。

1. 普及日常健身。推广适合公众广泛参与的健身休闲项目，加快发展足球、手球、篮球、排球、乒乓球、羽毛球、网球、气排球、游泳、徒步、路跑、骑行、棋牌、台球、钓鱼、体育舞蹈、广场舞、工间（前）操等普及性强、关注度高、市场空间大的运动项目，保障公共服务供给，引导多方参与。（责任单位：市教育体育局，各县、市、区人民政府）

2. 发展户外运动。加快制定以户外运动为重点的健身休闲运动项目系列规划，科学引导和推动具有消费引领性的健身休闲项目发展。大力推广露营、登山竞速、徒步穿越、攀岩速降、拓展等山地户外运动项目，积极发展摩托艇、赛艇、皮划艇、漂流和滑水等水上健身运动项目。以绿色健身运动、登山、骑行、水上运动等为重点,培育和打造一批富有地方特色、具有一定影响力的精品品牌赛事活动。(责任单位:市教育体育局,各县、市、区人民政府)

3. 发展特色运动。结合皖东地区自然环境、山水优势、旅游休闲等资源,打造具有皖东特色、行业特点、影响力大、可持续性强的品牌赛事活动,形成"一市多品、一县一品、一县多品"的全民健身品牌活动格局。继续创新每年一届的滁州市全民健身运动会、滁州市"畅游琅琊·品味山水"系列健身活动、滁州市直机关趣味运动会、天长"茉莉花"体育节、全椒"正月十六走太平"等传统品牌赛事活动,全力支持南谯区、明光市、来安县、全椒县等地申请承办"健康安徽"环江淮万人骑行大赛,着力打造以南谯区章广五尖山山地自行车赛、来安县"魅力舜山杯"山地自行车骑游邀请赛为代表的一批新的品牌活动。结合滁州打造"东方手球之都",大力发展手球运动。传承和推广养生健身气功、太极拳、武术等民间传统健身休闲项目,加强凤阳花鼓健身舞、全椒"正月十六走太平"等体育类非物质文化遗产与健身休闲产业融合发展。鼓励开发轮滑、航模、美丽乡村越野体验赛等适合不同行业人群、不同年龄段人群和城乡居民家庭参与的特色运动项目。推动极限运动、电子竞技、击剑、瑜伽、沙滩手球等时尚运动项目健康发展,培育相关专业培训市场。加强对相关体育创意活动的扶持,鼓励举办以时尚运动为主题的群众性活动。(责任单位:市教育体育局,各县、市、区人民政府)

4. 促进产业融合。将体育健身休闲产业纳入国民经济和社会发展规划,推动体育与养老服务、旅游、文化创意和设计服务、教育培训等融合。深入谋划和推进"体育+旅游",实施体育旅游精品示范工程,编制滁州市体育旅游重点项目名录。优先将赛事活动安排在节假日,以体育赛事活动带动户外旅游活动。支持和引导明光市八岭湖体育旅游公园、来安白鹭岛森林体育旅游公园、凤阳县府城镇大王府生态农博园、皇甫山森林体育旅游公园、大墅龙山国际露营基地等拓展旅游项目，鼓励旅行社结合健身休闲项目和体育赛事活动设计开发旅游产品和路线，促进大众运动休闲和主题旅游度假，拉长体育旅游产业链条。推动"体医结合"，加强科学健身指导，积极推广覆盖全生命周期的运动健康服务，发展运动医学和康复医学，发挥中医药在运动康复等方面的特色作用。促进健身休闲与文化、养老、教育、健康、农业、林业、水利、交通运输等产业融合发展。（责任单位：市发展改革委、市教育体育局、市旅游局、市卫生计生委、市文广新局、市农委、市林业园林局、市水利局、市交通局，各县、市、区人民政府）

5. 推动"互联网+健身休闲"。鼓励滁州体育馆、明光体育馆、定远体育馆等大型体育场馆开发以移动互联网技术为支撑的健身休闲服务，提升场馆预订、健身指导、运动分析、交流互动、赛事参与等综合服务水平。积极推动健身休闲在线平台企业发展壮大，整合上下游企业资源，形成健身休闲产业新生态圈。（责任单位：市教育体育局、市经信委、市网信办，各县、市、区人民政府）

（二）实施市场主体培育计划。

6. 支持健身休闲企业发展。扶持本地具有竞争实力的健身休闲企业做大做强，进一步提升核心竞争力。支持具备条件的企业"走出去"，培育一批具有竞争力和影响力的领军企业集团。支持企业实现垂直、细分、专业发展，鼓励各类中小微健身休闲企业、运动俱乐部向"专精特新"方向发展，强化特色经营、特色产品和特色服务。发挥多层次资本市场作用，支持符合条件的健身休闲企业上市，加大债券市场对健身休闲企业的支持力度。完善抵质押品登记制度，鼓励金融机构在风险可控的前提下拓宽对健身休闲企业贷款的抵质押品种类和范围。推广、运用政府和社会资本合作等多种模式，吸引社会资本参与健身休闲产业发展。（责任单位：市教育体育局、市工商局、市科技局、市金融办、滁州银监分局、市经信委，各县、市、区人民政府）

7. 鼓励企业创新。鼓励支持体育产业龙头企业、高校、院所开展体育产业创新创业服务平台建设，帮助企业、高校、金融机构有效对接。支持有条件的县（市、区）建立健身休闲产业孵化平台，鼓励退役运动员、专业教练员和体育类专业大学生等人才进入健身休闲产业，为健身休闲领域大众创业、万众创新提供支持。（责任单位：市科技局、市工商局、市教育体育局，各县、市、区人民政府）

8. 加快体育社会组织发展。推进和规范体育类社会团体、基金会、民办非企业单位等社会组织发展，支持其加强自身建设，健全内部治理结构，增强服务功能。对在城乡社区开展健身休闲活动的社区社会组织，降低准入门槛，加强分类指导和行业指导。鼓励各类社会组织承接政府公共体育服务功能。发挥体育社会组织在营造氛围、组织活动、服务消费者等方面的积极作用。（责任单位：市教育体育局、市民政局，各县、市、区人民政府）

（三）实施产业能级提升计划。

9. 改善产业结构。优化健身休闲服务业、器材装备制造业及相关产业结构，着力提升服务业比重。实施健身服务精品工程，打造一批优秀健身休闲俱乐部、场所和品牌活动。结合体育产业基地建设，培育1-2家以健身休闲服务为核心的市级体育产业示范基地；培育1-2家市级体育旅游示范基地。全力打造1-2个体育特色小镇。（责任单位：各县、市、区人民政府，市教育体育局、市旅游局、市发展改革委）

10. 优化产业布局。组织开展山水运动资源调查、民族民间传统体育资源调查，摸清健身休闲产业的自然、人文基础条件。构建特色鲜明、类型多样、结构合理的健身休闲产业布局，逐步形成全市各地区间协同发展、良性互动的格局。（责任单位：各县、市、区人民政府，市发展改革委、市教育体育局）

11. 提升健身休闲器材装备研发制造能力。支持企业、用户单位、科研单位、社会组织等组建跨行业产业联盟，鼓励健身休闲器材装备制造企业向服务业延伸发展，形成全产业链优势。结合传统制造业去产能，引导企业进军健身休闲装备制造领域。支持体育产业龙头企业、高校院所开展健身休闲领域产品的研发和关键技术的研究。结合滁州打造"东方手球之都"，大力发展手球产业。支持企业利用互联网技术对接健身休闲个性化需求，根据不同人群，尤其是青少年、老年人的需要，研发和生产多样化、适应性强的健身休闲器材装备。鼓励可穿戴式运动设备、虚拟现实运动装备等新产品研发和推广。支持企业创建和培育自主品牌，提升健身休闲器材装备的附加值和软实力。鼓励企业与各级各类运动项目协会等体育组织开展合作，通过赛事营销等模式，提高品牌知名度。（责任单位：市经信委、市质监局、市科技局、市教育体育局，各县、市、区人民政府）

（四）实施基础设施改善计划。

12. 完善健身休闲基础设施网络。严格执行城市居住区规划设计等标准规范有关配套建设健身设施的要求，并实现同步设计、同步施工、同步验收、同步投入。科学规划健身休闲项目的空间布局，适当增加健身休闲设施用地和配套设施配建比例，充分利用龙蟠河公园、清流河公园、花博园、琅琊山森林公园、市民广场、人民广场等场地设施，重点建设步道、绿道，形成城市15分钟健身圈。建设一批体育公园，促进体育与健康、文化、旅游、养老等产业融合发展。鼓励健身休闲设施与住宅、文化、商业、娱乐等综合开发，打造健身休闲服务综合体。在占地5平方公里的明湖核心区域内规划建设滁州市奥体中心公园，内含日月湾、花海、健身步道环、体育馆、游泳馆、体育场、水上运动区域、儿童游乐场，占地面积1000亩以上。努力将奥体中心公园建设成集竞赛、演出、体育训练、体育培训、全民健身和体育文化展示为一体的省内一流的大型体育生态公园。（责任单位：市规划建设委、市国土房产局、市城管执法局、市教育体育局、市发展改革委，各县、市、区人民政府）

13. 盘活用好现有体育场馆资源。加快推进企事业单位等体育场地设施向社会开放。推动有条件的学校体育场馆设施在课后、节假日对本校学生和公众有序开放。通过公共体育设施免费或合理收费开放等措施增加供给，满足基本健身需求。通过管办分离、公建民营等模式，推行市场化商业运作，满足多层次健身消费需求。各类健身休闲场所的水、电、气、热价格按不高于一般工业标准执行。落实体育场馆房产税和城镇土地使用税优惠政策。（责任单位：市教育体育局、市发展改革委、市地税局，各县、市、区人民政府）

14. 加强特色健身休闲设施建设。结合智慧城市、绿色出行，规划建设城市步行和自行车交通体系。充分挖掘水、陆、空资源，研究打造市内步道系统和自行车路网，到2020年，建成步道、绿道275公里。重点建设一批山地户外营地、徒步骑行服务站、自驾车房车营地、运动船艇码头等健身休闲设施。鼓励和引导旅游景区、旅游度假区、乡村旅游区等根据自身特点，建设特色健身休闲设施。（责任单位：市规划建设委、市城管执法局、市教育体育局、市旅游局、市发展改革委，各县、市、区人民政府）

（五）实施健身消费促进计划。

15. 深挖消费潜力。开展各类群众性体育活动，丰富节假日体育赛事供给，激发大众健身休闲消费需求。积极推行《国家体育锻炼标准》、业余运动等级标准、业余赛事等级标准，增强健身休闲消费黏性。推动体育部门、体育社会组织、专业体育培训机构等与各类学校合作，提供专业支持，培养青少年体育爱好和运动技能。开发健身休闲运动培训市场，加强不同健身休闲运动项目培训标准的建设与推广，培育一批专业健身休闲培训机构。鼓励各类运动康复机构开发个性化的运动处方库，发挥健身休闲运动促进健康的积极作用。（责任单位：市教育体育局、市卫生计生委，各县、市、区人民政府）

16. 完善消费政策。鼓励健身休闲企业与金融机构合作，试点发行健身休闲联名银行卡，实施特惠商户折扣。支持各地创新健身休闲消费引导机制，继续做好对特定人群发放消费券试点工作，在市本级试点成功经验的基础上，全面推广到各县（市、区）。引导保险公司根据健身休闲运动特点和不同年龄段人群身体状况，开发场地责任险、运动人身意外伤害保险。积极推动青少年参加体育活动相关责任保险发展。（责任单位：市教育体育局、滁州银监分局、市保险行业协会，各县、市、区人民政府）

17. 引导消费理念。加大宣传力度，普及科学健身知识。鼓励制作和播出国产健身休闲类节目，支持形式多样的体育题材文艺创作。鼓励发展多媒体广播电视、网络广播电视、手机应用程序（APP）等体育传媒新业态，促进消费者利用各类社交平台互动交流，提升消费体验。（责任单位：市委宣传部、市文广新局、滁州日报社、市广播电视台、市文联、市演艺集团、市经信委，各县、市、区人民政府）

18. 改善消费环境。规范健身休闲市场主体行为，完善行业诚信体系，逐步建立信用档案和违法违规单位信息披露制度，推动监管信息的共享和公开。完善市场监管体系，创新监管手段，加强健身休闲消费过程中的维权援助举报投诉和举报处置能力建设，完善举报投诉受理处置机制。（责任单位：市工商局、市发展改革委，各县、市、区人民政府）

（六）实施产业服务保障计划。

19. 持续推动"放管服"改革。加快政府职能转变，实施负面清单管理，促进空域水域开放。推进体育行业协会改革，加强事中事后监管，完善相关安保服务标准，加强行业信用体系建设。完善政务发布平台、信息交互平台、展览展示平台、资源交易平台。（责任单位：市政务服务中心、市民政局、市发展改革委、市教育体育局，各县、市、区人民政府）

20. 优化规划和土地利用政策。积极引导健身休闲产业用地控制规模、科学选址，并将相关用地纳入地方各级土地利用总体规划中合理安排。对符合土地利用总体规划、城乡规划、环保规划等相关规划的重大健身休闲项目，要本着应保尽保的原则及时安排新增建设用地计划指标。对使用荒山、荒地、荒滩等土地建设的健身休闲项目，优先安排新增建设用地计划指标，出让底价可按不低于土地取得成本、土地前期开发成本和按规定应收取相关费用之和的原则确定。在土地利用总体规划确定的城市和村庄、集镇建设用地范围外布局的重大健身休闲项目，可按照单独选址项目安排用地。利用现有健身休闲设施用地、房产增设住宿、餐饮、娱乐等商业服务设施的，经批准可以协议方式办理用地手续。鼓励以长期租赁、先租后让、租让结合方式供应健身休闲项目建设用地。支持农村集体经济组织自办或以土地使用权入股、联营等方式参与健身休闲项目。（责任单位：市国土房产局、市规划建设委、市农委、市教育体育局，各县、市、区人民政府）

21. 完善投入机制。要将全民健身经费纳入财政预算，并与国民经济增长速度保持适应。运用彩票公益金对健身休闲相关项目给予必要资助。进一步健全政府购买公共体育服务的体制机制。全面落实扶持体育产业发展的各项优惠政策，对符合条件的各级各类健身休闲场所自用的房产和土地，按规定减免房产税和城镇土地使用税，降低健身休闲企业税费成本。（责任单位：市财政局、市地税局、市教育体育局，各县、市、区人民政府）

22. 加强人才保障。鼓励校企合作，培养各类健身休闲项目经营策划、运营管理、技能操作等应用型专业人才。加强从业人员职业培训，提高健身休闲场所工作人员的服务水平和专业技能。完善体育人才培养开发、流动配置、激励保障机制，支持专业教练员投身健身休闲产业。加强社会体育指导员队伍建设，充分发挥其对群众参与健身休闲的服务和引领作用。推进体育产业智库建设。加强健身休闲人才培育的国际交流与合作。（责任单位：市教育体育局、市人社局，各县、市、区人民政府）

23. 健全工作机制。建立教育体育、发展改革、财政、规划建设、旅游、文广新等多部门合作的健身休闲产业发展工作协调机制，及时分析健身休闲产业发展情况，解决存在问题，落实惠及健身休闲产业的文化、旅游等相关政策。各县（市、区）政府要把发展健身休闲产业纳入国民经济和社会发展规划，鼓励有条件的地方编制健身休闲发展专项规划。各县（市、区）体育行政部门要加强职能建设，充实体育产业工作力量，推动健身休闲产业发展。（责任单位：市教育体育局、市发展改革委、市财政局、市规划建设委、市旅游局、市文广新局，各县、市、区人民政府）

24. 强化督查落实。各县（市、区）、市直各有关部门要根据本意见要求，结合实际情况，抓紧制定具体实施意见和配套政策。按照省体育局、相关部门部署，建立体育大数据平台，以国家体育产业统计分类为基础，完善健身休闲产业统计制度和指标体系，建立健身休闲产业监测机制。市教育体育局、市发展改革委、市旅游局要会同有关部门对落实本实施意见的情况进行监督检查和跟踪分析，重大事项及时向市政府报告。（责任单位：各县、市、区人民政府，市教育体育局、市统计局、市发展改革委、市规划建设委、市旅游局）

合肥市人民政府办公厅关于印发《合肥市参赛省级及以上体育比赛奖励办法》的通知

(合政办〔2017〕48号)

各县(市)、区人民政府,市政府各有关部门:

《合肥市参赛省级及以上体育比赛奖励办法》已经2017年6月27日市政府第90次常务会议审议通过,现印发给你们,请认真贯彻执行。

合肥市参赛省级及以上体育比赛奖励办法

第一条 为鼓励优秀体育人才顽强拼搏、奋勇争先,促进竞技体育水平不断提高,推动我市体育事业又好又快发展,助力大湖名城创新高地建设。根据《安徽省实施〈中华人民共和国体育法〉办法》,参照《安徽省有突出贡献的运动员教练员奖励暂行办法》(皖人发〔2006〕68号),制定本办法。

第二条 本办法适用于合肥籍或代表合肥市参加省级及以上体育比赛并获奖的运动员、有关带训教练员、我市输送单位的奖励(奖励标准见附件)。

第三条 对在奥运会、残疾人奥运会、世界锦标赛、残疾人世界锦标赛、世界杯赛、青年奥运会、亚运会、远南(亚洲)残疾人运动会、全国运动会、全国残疾人运动会、亚洲锦标赛、亚洲杯赛、全国锦标赛、全国冠军赛等重大竞技体育比赛中获得前三名的合肥籍运动员及我市输送单位和教练员进行奖励。

第四条 对在全国青年运动会比赛中获得前八名的合肥代表团运动员、教练员和有关单位进行奖励。

（一）运动员的奖励

1. 单项个人项目获得前八名的运动员分别进行奖励。

2. 接力、配对、团体项目（6人以下含6人）获得前八名的运动员按照规程规定的实际参赛人数分别给予奖励，奖励标准同上。

3. 集体项目依照规程规定参赛人数、录取名次的记牌办法，主力队员与替补队员人数比例设定为6∶4（四舍五入），主力队员按奖励标准给予奖励，替补队员按奖励标准的50%给予奖励。

（二）教练员的奖励

1. 直接带训参赛教练员的奖励，与所带运动员奖励标准相同。

2. 集体项目直接带训参赛教练员的奖励，按规程规定录取名次的记牌办法给予奖励。

3. 我市直接输送运动员取得成绩的，给予我市带训教练员及输送单位奖励，其中：个人项目按奖励标准的50%给予奖励；接力、团体、集体项目1人按奖励标准的25%给予奖励，2人以上（含2人），按奖励标准的50%给予奖励。

（三）创超纪录的奖励

按全国青年运动会竞赛规程总则规定计算办法，对计入我市代表团总成绩金牌的运动员、直接带训参赛的教练员按奖励标准进行奖励。

（四）对省运动项目管理中心的奖励

省运动项目管理中心运动员代表我市参加全国青年运动会每

获得1枚金牌，对运动员所在省运动项目管理中心奖励2万元。

（五）对获得体育道德风尚奖的奖励

对获得体育道德风尚奖的项目队每队奖励3000元，对获得体育道德风尚奖的运动员，每人奖励500元。

第五条 对在安徽省运动会比赛中获得前八名的合肥代表团运动员、教练员（包括各类训练基地教练员、各训练单位聘用教练员）、相关工作人员进行奖励。

（一）运动员奖励

1. 单项个人项目获得1-8名的运动员进行奖励，奖励标准见附表。

2. 接力、配对、团体项目（6人及6人以下）获得1-8名的运动员按照规程规定的实际参赛人数分别给予奖励，奖励标准同上。

3. 集体项目依照规程规定参赛人数、录取名次的记牌办法，主力队员与替补队员人数比例设定为6∶4（四舍五入），主力队员按奖励标准给予奖励，替补队员按奖励标准的50%给予奖励。

4. 按照不重复奖励的原则，对计入我市代表团成绩的双计、带入名次，均按照奖励标准执行。

（二）教练员奖励

1. 直接带训参赛教练员的奖励，与所带运动员奖励标准相同。

2. 由多名教练员分别带训的多名运动员共同参赛的项目，按所带运动员获得成绩的奖励标准进行平均予以奖励。

3. 集体项目按规程规定录取名次的记牌办法，按奖励标准给予奖励。

4. 按照不重复奖励的原则，对计入我市代表团成绩的双计、带入的名次，输送教练员均参照奖励标准执行。

5. 按所输送运动员参赛成绩对应的奖励标准给予市级各训练基地及教练员一份奖励。个人项目按100%给予奖励；接力、团体、集体项目1人按50%给予奖励，2人以上（含2人）按100%给予奖励。

（三）县级金牌榜排名奖

根据安徽省运动会规程总则规定，我市所辖肥东县、肥西县、长丰县、庐江县、巢湖市在安徽省运动会县级金牌榜排名中，获得前3名的奖励10万元；获得4-8名的奖励5万元；获得9-12名的奖励2万元。

（四）破（超）纪录奖励

根据安徽省运动会相关规定，对计入我市代表团总成绩金牌的运动员、教练员按奖励标准进行奖励。

（五）体育道德风尚奖奖励

对获得体育道德风尚奖的项目队，每队奖励3000元，对获得体育道德风尚奖的运动员，每人奖励200元。

（六）训练单位奖励

1. 在代表团完成市政府确定的参赛目标前提下，对承担训练、参赛任务的相关训练单位给予奖励，主要用于本单位为备战参赛省运会提供服务保障、教育教学、科研医疗等方面的人员。

2. 训练单位直接参赛所获金牌数达到安徽省运动会对应项目所设金牌数的20%（含20%）或训练单位参赛、带入、基地双计的合计金牌数达到省运会对应项目参赛、带入、基地双计金牌总数的16%（含16%），按照该训练单位运动员、教练员所获奖金总额的10%标准核拨奖励经费；训练单位所获金牌数占比下降的，奖励经费计算比例亦作等比例下降。

第六条 对代表合肥市参加其他省级及以上体育比赛，获得优秀成绩的运动员进行奖励：

（一）获得安徽省残疾人运动会前八名的合肥代表团运动员。

（二）获得安徽省全民健身运动会、省少数民族运动会、省老年人运动会前八名（或一、二、三等奖）的合肥代表团运动员。

（三）代表合肥市参加全国中小学生比赛、全国体育传统项目学校比赛、全省中学生运动会并获得前三名的运动员。

（四）代表合肥市参加全省青少年锦标赛、全省青少年冠军赛、全省中小学生比赛、全省体育传统项目学校（体育特色学校）比赛并获得前三名的运动员。

以上代表合肥市参加省级及以上比赛的代表团（队）名单，须经市体育行政部门会同有关部门共同选拔、组团（队）、报名，未经市体育行政部门审核参加的赛事，不享受奖励政策。

第七条 除全国青年运动会和安徽省运动会外，以上获奖运动员是由我市输送到省级及以上运动队参加比赛的，其输送单位和输送教练员的奖励总额按输送运动员所获奖金的50%给予奖励；运动员是由我市直接组队参加比赛的，其教练员奖励标准按所带运动员所获奖金的100%给予奖励。

第八条 除全国青年运动会和安徽省运动会外，对由2—4人参加的集体项目，所获名次奖励标准按单项奖励标准2倍计算；对由5-8人以上参加的集体项目，所获名次奖励标准按单项奖励标准3倍计算；对由9-12人参加的集体项目，所获名次奖励标准按单项奖励标准4倍计算；对由12人以上参加的集体项目，所获名次奖励标准按单项奖励标准5倍计算。

第九条 对获奖人员、获奖名次以及计牌计分的确定，按照相关运动会、比赛的规程总则、竞赛规程规定和决赛成绩册执行。

第十条 教练员、输送单位、输送教练员的奖金分配方案，由获奖运动员所在运动队的中心、学校、基地根据培养该运动员的实际贡献提出,报市体育行政部门审核确定。

第十一条 本办法规定的奖励资金由市体育行政部门会同有关部门根据运动员获奖情况及奖励标准进行核算、汇总,提交市财政局审核、拨付。当年比赛的奖励资金于下年第二个季度发放。

第十二条 奖励资金专款专用,使用时必须遵守国家财政、财务规章制度和各项财经纪律,对骗取、截留、挤占、挪用奖励资金等违法违纪违规行为,依法依规严肃查处。

第十三条 对于在比赛中出现违反赛风赛纪、违反《反兴奋剂条例》等行为,一经查实,不予奖励当事运动员、教练员,并按照有关规定追究相关单位、人员责任。

第十四条 本办法自 2017 年 1 月 1 日起施行,有效期五年。

合肥市参赛省级及以上体育比赛奖励标准

运动会名称	获奖情况	奖励标准	备注
奥运会 残疾人奥运会	金	人民币 50 万元	
	银	人民币 15 万元	
	铜	人民币 8 万元	
世界锦标赛 残疾人世界锦标赛 世界杯赛	金	人民币 10 万元	
	银	人民币 4 万元	
	铜	人民币 2 万元	
亚洲运动会 远南(亚洲)残疾人运动会 青年奥运会	金	人民币 8 万元	
	银	人民币 3 万元	
	铜	人民币 1.5 万元	

(续表)

运动会名称	获奖情况	奖励标准	备注
全国运动会 全国残疾人运动会 亚洲锦标赛 亚洲杯赛	金	人民币6万元	
	银	人民币2万元	
	铜	人民币1万元	
全国青年运动会	金	人民币6万元	4-8名分别奖励 5000元 4000元 3000元 2000元 1000元
	银	人民币2万元	
	铜	人民币1万元	
全国锦标赛 全国冠军赛	金	人民币2万元	
	银	人民币1万元	
	铜	人民币0.5万元	
安徽省运动会 安徽省残疾人运动会	金	人民币8000元	4-8名分别奖励 800元 500元 400元 300元 200元
	银	人民币5000元	
	铜	人民币3000元	
安徽省全民健身运动会 安徽省少数民族运动会 安徽省老年人运动会	金	人民币2000元	或一、二、三等奖。 4-8名分别奖励 500元、400元、 300元、200元、 100元
	银	人民币1500元	
	铜	人民币800元	
全国中小学生运动会 全国体育传统项目学校比赛 安徽省中学生运动会	金	人民币2000元	
	银	人民币1500元	
	铜	人民币1000元	

(续表)

运动会名称	获奖情况	奖励标准	备注
安徽省青少年锦标赛 安徽省青少年冠军赛 安徽省中小学生比赛 安徽省体育传统项目学校（体育特色学校）比赛	金	人民币1000元	
	银	人民币800元	
	铜	人民币500元	

合肥市人民政府办公厅关于加快发展健身休闲产业的实施意见

（合政办〔2017〕86号）

各县（市）、区人民政府，市政府各部门、各直属机构：

为贯彻落实《国务院办公厅关于加快发展健身休闲产业的指导意见》（国办发〔2016〕77号）和《安徽省人民政府办公厅关于加快发展健身休闲产业的指导意见》（皖政办〔2017〕7号），加快推进健身休闲产业发展，促进健身休闲消费，经市政府同意，结合我市实际，现提出以下实施意见。

一、总体要求

（一）指导思想

全面贯彻党的十九大精神，以习近平新时代中国特色社会主义思想为指导，以提高人民健康水平为核心，按照"市场主导、创新驱动，转变职能、优化环境，分类推进、融合发展，重点突破、力求实效"的原则，着力解决我市健身休闲产业发展不足的问题，扩大健身休闲产品供给，不断满足人民群众多层次多样化的健身休闲需求，提升幸福感和获得感，为经济发展新常态下扩大消费需求、拉动经济增长、转变发展方式提供有力支撑和持续动力。

（二）发展目标

到2025年，形成市场机制完善，消费需求旺盛，产业环境优化，产业结构合理，产品和服务供给丰富，同其他产业融合发展紧密的健身休闲产业发展格局，健身休闲产业总规模达到 600 亿元以上。培育一批体育服务企业，形成 1—2 个国内一流的体育服务业集聚区；扶持一批体育用品生产骨干企业，打造 2—3 个知名体育品牌；培育 3—4 个具有国际影响力的大型体育赛事。力争建成 1 个以上国家级体育产业基地、3 个以上省级体育产业基地、一批市级体育产业基地。

二、工作措施

（一）构建多样化健身休闲服务体系

1. 普及日常健身。推广发展足球、篮球、排球、乒乓球、羽毛球、网球、手球、田径、游泳、武术、徒步、路跑、骑行、射击、射箭、棋牌、台球、钓鱼、广场舞、工间（前）操等普及性强、关注度高、市场空间大、适合公众广泛参与的运动项目，保障公共服务供给，引导多方参与。（牵头单位：市体育局；责任单位：各县（市）区政府、各开发区管委会）

2. 发展户外运动。制定以户外运动为重点的健身休闲运动项目系列规划，科学引导和推动具有消费引领性的健身休闲项目发展。大力推广露营、登山竞速、攀岩速降、拓展等山地户外运动项目，积极发展帆板帆船等水上健身运动项目，依托北航，加快培育滑翔、运动飞机、航空模型等航空运动，鼓励发展滑雪、滑冰等室内冰雪运动项目。以马拉松、绿色健身运动、骑行、水上运动等为重点，培育和打造一批富有合肥特色、具有国际影响力的品牌赛事活动。（牵头单位：市体育局；责任单位：各县（市）区政府、各开发区管委会）

3. 发展特色运动。传承和推广龙舟、太极拳等民间传统健身休闲项目，加强舞龙等体育类非物质文化遗产与健身休闲产业融合发展。进一步挖掘我国民族传统体育文化，结合民族传统节日，打造节日类体育品牌赛事。推动城市定向、定向越野、电子竞技、击剑、轮滑等时尚运动项目健康发展，培育专业培训市场。加强对相关体育创意活动的扶持，鼓励举办以时尚运动为主题的群众性活动。（牵头单位：市体育局；责任单位：各县（市）区政府、各开发区管委会）

4. 促进产业融合。深入谋划和推进"体育+旅游"、"体育+健康"，实施体育旅游、体育健康精品示范工程，编制体育旅游重点项目名录。围绕环湖十二镇、三河古镇、紫蓬山等重点旅游景区，完善体育旅游配套，打造百姓参与度高的骑行、毅行、登山等体旅融合品牌项目。围绕合肥国际马拉松赛、全国自行车公开赛等品牌赛事，导入赛事旅游专线和项目，打造具有国内影响力的体育旅游目的地。结合传统节庆活动，挖掘合肥地方传统民间体育，打造具有合肥特色的体育旅游项目，进一步加快发展乡村户外运动休闲游。促进健身休闲与文化、养老、教育、健康、农业、林业、水利、通用航空、交通运输等产业融合发展。（牵头单位：市旅游局、体育局；责任单位：市农委、市卫计委、市文广新局、市民政局、市教育局、市林园局、市水务局、市交通局）

5. 推动"互联网+"工程。以现代信息技术为支撑，以个性化、多样化健身休闲需求为导向，开发基于互联网的新型健身休闲服务项目。引导健身服务企业开发专业化、个性化、时尚化健身课程和产品，支持体育企业通过互联网开展场馆预定、健身指导、运动分析、体质监测、交流互动、赛事参与等综合服务，构建健身休闲产业新生态圈。（牵头单位：市体育局；责任单位：市数据资源局、市经信委、市科技局、各县（市）区政府、各开发区管委会）

（二）培育市场主体

6. 支持健身休闲企业发展。鼓励具有自主品牌、创新能力和竞争实力的健身休闲骨干企业做大做强，鼓励各类中小微健身休闲企业、运动俱乐部向"专精特新"方向发展，强化特色经营、特色产品和特色服务。发挥多层次资本市场作用，支持符合条件的健身休闲企业上市，鼓励金融机构加大对健身休闲企业融资支持。推广、运用政府和社会资本合作等多种模式，吸引社会资本参与健身休闲产业发展。（牵头单位：市体育局、市金融办；责任单位：市发改委、市财政局、市国资委）

7. 加快体育社会组织发展。推进和规范体育类社会团体、民办非企业单位等社会组织发展，降低在城乡社区开展健身休闲活动的社区社会组织准入门槛，鼓励、支持各类社会组织承接政府公共体育服务功能。发挥体育社会组织在承办赛事、组织活动、开展健身指导服务、服务消费者等方面的积极作用。（牵头单位：市民政局、市体育局；责任单位：市文广新局、各县（市）区政府、各开发区管委会）

（三）提升产业能级

8. 优化产业结构。优化健身休闲服务业、器材装备制造业及相关产业结构，着力提升健身休闲产业占服务业比重。结合各级体育产业基地建设，培育一批以健身休闲服务为核心的体育产业示范基地、单位和项目。发展一批体育旅游示范基地，实施一批健身休闲精品项目，培育大圩等6个以上体育健康特色小镇。（牵头单位：市体育局；责任单位：市旅发委、市经信委、各县（市）区政府、各开发区管委会）

9. 完善产业布局。在城市建成区新建一批体育公园、体育场馆，改造一批健身场馆以满足社会需求，打造一批体育特色小镇，构建特色鲜明、类型多样、结构合理的健身休闲产业布局，逐步形成各地区间协同发展、良性互动的格局。（牵头单位：市体育局、市发改委；责任单位：市经信委、市商务局、各县（市）区政府、各开发区管委会）

（四）加快基础设施建设

10. 完善健身休闲基础设施网络。科学规划健身休闲项目的空间布局，适当增加健身休闲设施用地和配套设施配建比例，鼓励利用符合条件的建筑物屋顶、地下室等空置场所建设步道、绿道、健身广场等亲民、便民、利民的中小型全民健身场地设施，力争形成城市10分钟健身圈。各县（市）区要以满足群众运动休闲需要、发展大健康产业为主题，规划新建体育公园，在公园（不包括风景名胜区、国家重点公园）中适当增加健身设施，促进体育与健康、文化、旅游、养老等产业融合发展。鼓励健身休闲设施与住宅、文化、商业、娱乐等综合开发，打造健身休闲服务综合体。（牵头单位：市体育局、市规划局、市国土局、市建委；责任单位：市发改委、市财政局、市林园局、市卫计委、市文广新局、市旅发委、市民政局、各县（市）区政府、各开发区管委会）

11. 盘活用好现有体育场馆资源。推进学校、企事业单位等体育场馆设施向社会有序开放。通过公共体育设施免费或合理收费开放等措施增加供给，满足基本健身需求。通过政府购买服务方式，引入体育企业对国有体育场馆进行专业化管理和运作，满足多层次健身消费需求。（牵头单位：市体育局、市教育局；责任单位：市建委、市国资委、市发改委、市财政局、各县（市）区政府、各开发区管委会）

12. 加强特色健身休闲设施建设。结合智慧城市、绿色出行，规划建设城市慢行体系，打造步道系统和自行车路网。重点建设一批山地户外营地、徒步骑行服务站、自驾车房车营地等健身休闲设施。鼓励和引导旅游景区、旅游度假区、乡村旅游区等根据自身特点，建设特色健身休闲设施。（牵头单位：市体育局；责任单位：市建委、市规划局、市旅发委、市招商局、各县（市）区政府、各开发区管委会）

（五）促进健身消费

13. 深挖消费潜力。加大宣传力度，普及科学健身知识。开展各类群众性体育活动，丰富节假日体育赛事供给，激发大众健身休闲消费需求。推进落实《国家体育锻炼标准》、业余运动等级标准、业余赛事等级标准。推动体育部门、体育社会组织、专业体育培训机构等与各类学校合作，提供专业支持，培养青少年体育爱好和运动技能。开发健身休闲运动培训市场，加强不同健身休闲运动项目培训标准的建设与推广，培育一批专业健身休闲培训机构。（牵头单位：市体育局；责任单位：市教育局、卫计委、各县（市）区政府、各开发区管委会）

14. 完善消费政策。支持各县（市）区创新健身休闲消费引导机制，通过政府购买服务等方式，鼓励开展普惠性健身休闲商户折扣。引导保险公司开发健身休闲运动意外伤害保险。（牵头单位：市体育局、市金融办；责任单位：各县（市）区政府、各开发区管委会）

15. 改善消费环境。规范健身休闲市场主体行为，加强行业诚信体系建设，建立信用档案和违法违规单位信息披露制度，推动监管信息的共享和公开。完善市场监管体系，加强健身休闲消费过程中的维权援助、举报投诉和举报处置能力建设。（牵头单位：市工商局；责任单位：市体育局、各县（市）区政府、各开发区管委会）

（六）强化保障措施

16. 持续推动"放管服"改革。加快政府职能转变，健全体育部门权责清单和公共服务清单制度，界定职责权限，明确功能定位。加强事中事后监管，完善相关安保服务标准。（牵头单位：市编办、市体育局、市工商局；责任单位：各县（市）区政府、各开发区管委会）

17. 优化规划和土地利用政策。积极引导健身休闲产业用地控制规模、科学选址，并将相关用地纳入地方各级土地利用总体规划中合理安排。对符合土地利用总体规划、城乡规划、环保规划等相关规划的重大健身休闲项目，要本着应保尽保的原则及时安排新增建设用地计划指标。对使用荒山、荒地、荒滩等土地建设的健身休闲项目，优先安排新增建设用地计划指标。利用现有健身休闲设施用地、房产增设住宿、餐饮、娱乐等商业服务设施的，经批准可以协议方式办理用地手续。鼓励以长期租赁、先租后让、租让结合方式供应健身休闲项目建设用地。支持农村集体经济组织自办或以土地使用权入股、联营等方式参与健身休闲项目。（牵头单位：市国土局；责任单位：市规划局、市环保局、市农委、各县（市）区政府、各开发区管委会）

18. 完善投入机制。用足用好省、市级专项资金，对符合条件的健身休闲项目予以支持，运用彩票公益金对健身休闲相关项目给予必要资助。进一步健全政府购买公共体育服务的体制机制，全面落实扶持体育产业发展的各项优惠政策。（牵头单位：市体育局；责任单位：市财政局、市广新局）

19. 加强人才保障。鼓励校企合作，培养各类健身休闲项目经营策划、运营管理、技能操作等应用型专业人才。加强从业人员职业培训，提高健身休闲场所工作人员的服务水平和专业技能。完善体育人才培养开发、流动配置、激励保障机制，加强社会体育指导员队伍建设，推进国际交流与合作。（牵头单位：市人才办；责任单位：市人社局、市体育局）

20. 健全工作机制。建立体育、发展改革、旅游等多部门合作的健身休闲产业发展工作协调机制，建立健身休闲产业监测机制，及时分析健身休闲产业发展情况，解决存在问题。各县（市）区政府要把发展健身休闲产业纳入国民经济和社会发展规划，鼓励有条件的地方编制健身休闲发展专项规划。

(牵头单位：市体育局、市旅发委；责任单位：市发改委、各县（市）区政府、各开发区管委会）

21. 强化督查落实。各县（市）区要根据本意见要求，结合实际情况，制定具体实施办法。市体育局、市发展改革委、市旅发委要会同有关部门对落实本实施意见的情况进行监督检查和跟踪分析，重大事项及时向市政府报告。（牵头单位：市体育局、市发改委、市旅发委；责任单位：各县（市）区政府、各开发区管委会）

淮南市人民政府办公室关于加快发展健身休闲产业的实施意见

(淮府办〔2017〕80号)

各县、区人民政府,市政府各部门、各直属机构:

为贯彻落实《国务院办公厅关于加快发展健身休闲产业的指导意见》(国办发〔2016〕77号)、《安徽省人民政府办公厅关于加快发展健身休闲产业的实施意见》(皖政办〔2017〕7号)精神,经市政府同意,结合我市实际,现就加快健身休闲产业发展提出以下实施意见。

一、指导思想

全面贯彻党的十九大精神,坚持以习近平新时代中国特色社会主义思想为指导,按照"四个全面"战略布局,牢固树立创新、协调、绿色、开放、共享的发展理念,认真落实党中央、国务院决策部署,坚持市场主导、创新驱动,坚持转变职能、优化环境,坚持分类推进、融合发展,坚持重点突破、力求实效,推进健身休闲产业供给侧结构性改革,提高健身休闲产业发展质量和效益,培育壮大各类市场主体,丰富产品和服务供给,推动健身休闲产业全面健康可持续发展,不断满足大众多层次多样化的健身休闲需求,提升幸福感和获得感,为经济发展新常态下扩大消费需求、拉动经济增长、转变发展方式提供有力支撑和持续动力。

二、总体目标

到 2025 年，基本形成布局合理、功能完善、门类齐全的健身休闲产业发展格局，市场机制日益完善，消费需求愈加旺盛，产业环境不断优化，产业结构日趋合理，产品和服务供给更加丰富，服务质量和水平明显提高，同其他产业融合发展更为紧密，健身休闲产业总规模力争达到 80 亿元以上。

三、工作措施

（一）实施市场供给增加计划。

1. 普及日常健身。推广适合公众广泛参与的健身休闲项目，加快发展足球、篮球、排球、乒乓球、羽毛球、网球、游泳、徒步、路跑、骑行、棋牌、台球、钓鱼、体育舞蹈、广场舞、工间（前）操等普及性强、关注度高、市场空间大的运动项目，保障公共服务供给，引导多方参与。

2. 发展户外运动。发展以户外运动为重点的健身休闲运动项目，科学引导和推动具有消费引领性的健身休闲项目发展。大力推广露营、登山竞速、徒步穿越、拓展等山地户外运动项目，积极发展赛艇、皮划艇等水上健身运动项目，加快培育滑翔、运动飞机、轻小型无人驾驶航空器、航空模型等航空运动项目，鼓励发展龙舟、滑水等运动项目。以马拉松、绿色健身运动、登山、骑行、水上运动等为重点，培育和打造一批富有淮南特色、具有省内外影响力的精品品牌赛事活动。

3. 发展特色运动。传承和推广养生健身气功、太极拳、武术、龙舟等民间传统健身休闲项目，加强花鼓灯等体育类非物质文化遗产与健身休闲产业融合发展。推动极限运动、电子竞技、击剑等时尚运动项目和少数民族体育休闲项目健康发展,培育相关专业培训市场。加强对相关体育创意活动的扶持,鼓励举办以时尚运动为主题的群众性活动。

4. 促进产业融合。实施体育旅游精品示范工程,编制体育旅游重点项目名录。优先将赛事活动安排在节假日,以体育赛事活动带动户外旅游活动。支持和引导有条件的旅游景区拓展旅游项目,鼓励旅行社结合健身休闲项目和体育赛事活动设计开发旅游产品和路线,促进大众运动休闲和主题旅游度假,拉长体育旅游产业链条。推动"体医结合",加强科学健身指导,积极推广覆盖全生命周期的运动健康服务,发展运动医学和康复医学,发挥中医药在运动康复等方面的特色作用。促进健身休闲与文化、养老、教育、健康、农业、林业、水利、通用航空、交通运输等产业融合发展。

5. 推动"互联网+健身休闲"。鼓励开发以移动互联网、大数据、云计算技术为支撑的健身休闲服务,推动传统健身休闲企业由销售导向向服务导向转变,提升场馆预订、健身指导、运动分析、交流互动、赛事参与等综合服务水平。积极推动健身休闲在线平台企业发展壮大,整合上下游企业资源,形成健身休闲产业新生态圈。

(二)实施市场主体培育计划。

6. 支持健身休闲企业发展。鼓励具有自主品牌、创新能力和竞争实力的健身休闲骨干企业做大做强,培育一批规模以上健身休闲服务业企业。鼓励企业通过管理输出、连锁经营等方式,进一步提升核心竞争力,延伸产业链和利润链,支持具备条件的企业"走出去",培育一批具有国际竞争力和影响力的领军企业集团。支持企业实现垂直、细分、专业发展,鼓励各类中小微健身休闲企业、运动俱乐部向"专精特新"方向发展,强化特色经营、特色产品和特色服务。发挥多层次资本市场作用,支持符合条件的健身休闲企业上市,加大债券市场对健身休闲企业的支持力度。完善抵质押品登记制度，鼓励金融机构在风险可控的前提下拓宽对健身休闲企业贷款的抵质押品种类和范围。推广、运用政府和社会资本合作等多种模式，吸引社会资本参与健身休闲产业发展。

7. 鼓励企业创新。鼓励退役运动员创业创新，投身健身休闲产业。大力推进商事制度改革，为健身休闲产业提供良好的准入环境。开展体育产业创新创业教育服务平台建设，帮助企业、高校、金融机构有效对接。鼓励各地成立健身休闲产业孵化平台，为健身休闲领域大众创业、万众创新提供支持。

8. 加快体育社会组织发展。推进和规范体育类社会团体、基金会、民办非企业单位等社会组织发展，支持其加强自身建设，健全内部治理结构，增强服务功能。对在城乡社区开展健身休闲活动的社区社会组织，降低准入门槛，加强分类指导和行业指导。鼓励各类社会组织承接政府公共体育服务功能。发挥体育社会组织在营造氛围、组织活动、服务消费者等方面的积极作用。

（三）实施产业能级提升计划。

9. 改善产业结构。优化健身休闲服务业、器材装备制造业及相关产业结构，着力提升服务业比重。实施健身服务精品工程，打造一批优秀健身休闲俱乐部、场所和品牌活动。结合各级体育产业基地建设，培育一批以健身休闲服务为核心的体育产业示范基地、单位和项目。以上窑国家森林公园、八公山国家森林公园、寿州古城、焦岗湖国家湿地公园体育旅游项目为依托，发展一批体育旅游示范基地，实施一批健身休闲精品项目，培育3-5个体育健康特色小镇。

10. 优化产业布局。组织开展山水运动资源调查、民族民间传统体育资源调查，摸清健身休闲产业的自然、人文基础条件。建设淮南健身休闲产业集聚地，重点发展体育旅游、登山、户外运动休闲、汽车露营地、水上游乐、垂钓、健身养生、体育餐饮等产业，构建特色鲜明、类型多样、结构合理的健身休闲产业布局，逐步形成各县区协同发展、良性互动的格局。

11. 引导企业进军健身休闲装备制造领域。鼓励企业加大体育休闲产品的研发，提高产品的生产能力和加工制造水平，根据不同人群，尤其是青少年、老年人的需要，研发和生产多样化、适应性强的健身休闲器材装备。支持企业创建和培育自主品牌，提升健身休闲器材装备的附加值和软实力。鼓励企业与各级各类运动项目协会等体育组织开展合作，通过赛事营销等模式，提高品牌知名度。

（四）实施基础设施改善计划。

12. 完善健身休闲基础设施网络。严格执行城市居住区规划设计等标准规范有关配套建设健身设施的要求，并实现同步设计、同步施工、同步投入。科学规划健身休闲项目的空间布局，适当增加健身休闲设施用地和配套设施配建比例，充分合理利用公园绿地、城市空置场所、建筑物屋顶、地下室等区域，重点建设步道、绿道、健身广场等亲民、便民、利民的中小型全民健身场地设施，形成城市15分钟健身圈。以满足群众运动休闲需要、发展大健康产业为主题，全市规划建设6-10个大中小型体育公园，促进体育与健康、文化、旅游、养老等产业融合发展。鼓励健身休闲设施与住宅、文化、商业、娱乐等综合开发，打造健身休闲服务综合体。

13. 盘活用好现有体育场馆资源。加快推进企事业单位等体育场地设施向社会开放。推动有条件的学校体育场馆设施在课后、节假日对本校学生和公众有序开放。通过公共体育设施免费或合理收费开放等措施增加供给，满足基本健身需求。通过管办分离、公建民营等模式，推行市场化商业运作，满足多层次健身消费需求。各类健身休闲场所的水、电、气、热价格按不高于一般工业标准执行。落实体育场馆房产税和城镇土地使用税优惠政策。

14. 加强特色健身休闲设施建设。结合智慧城市、绿色出行，规划建设城市步行和自行车交通体系。充分挖掘水、陆、空资源，研究打造市内步道系统和自行车路网，到2020年，建成步道、绿道200公里以上。重点建设一批山地户外营地、徒步骑行服务站、自驾车房车营地、运动船艇码头、航空飞行营地等健身休闲设施。鼓励和引导旅游景区、旅游度假区、乡村旅游区等根据自身特点，建设特色健身休闲设施。

（五）实施健身消费促进计划。

15. 深挖消费潜力。开展各类群众性体育活动，丰富节假日体育赛事供给，发挥体育明星和运动达人示范作用，激发大众健身休闲消费需求。积极推行《国家体育锻炼标准》、业余运动等级标准、业余赛事等级标准，增强健身休闲消费黏性。推动体育部门、体育社会组织、专业体育培训机构等与各类学校合作，提供专业支持，培养青少年体育爱好和运动技能。开发健身休闲运动培训市场，加强不同健身休闲运动项目培训标准的建设与推广，培育一批专业健身休闲培训机构。鼓励各类运动康复机构开发个性化的运动处方库，发挥健身休闲运动促进健康的积极作用。

16. 完善消费政策。鼓励健身休闲企业与金融机构合作，试点发行健身休闲联名银行卡，实施特惠商户折扣。支持各地创新健身休闲消费引导机制，鼓励通过政府购买服务等方式，对特定人群发放体育消费券。引导保险公司根据健身休闲运动特点和不同年龄段人群身体状况，开发场地责任险、运动人身意外伤害保险。积极推动青少年参加体育活动相关责任保险发展。

17. 引导消费理念。加大宣传力度，普及科学健身知识。鼓励制作和播出国产健身休闲类节目，支持形式多样的体育题材文艺创作。鼓励发展多媒体广播电视、网络广播电视、手机应用程序（APP）等体育传媒新业态，促进消费者利用各类社交平台互动交流，提升消费体验。

18. 改善消费环境。规范健身休闲市场主体行为，完善行业诚信体系，逐步建立信用档案和违法违规单位信息披露制度，推动监管信息的共享和公开。完善市场监管体系，创新监管手段，加强健身休闲消费过程中的维权援助举报投诉和举报处置能力建设，完善举报投诉受理处置机制。

（六）实施产业服务保障计划。

19. 持续推动"放管服"改革。加快政府职能转变，大幅度削减健身休闲活动相关审批事项，实施负面清单管理，促进空域水域开放。推进体育行业协会改革，加强事中事后监管，完善相关安保服务标准，加强行业信用体系建设。完善政务发布平台、信息交互平台、展览展示平台、资源交易平台。

20. 优化规划和土地利用政策。积极引导健身休闲产业用地控制规模、科学选址，并将相关用地纳入地方各级土地利用总体规划中合理安排。对使用荒山、荒地、荒滩等土地建设的健身休闲项目，优先安排新增建设用地计划指标，出让底价可按不低于土地取得成本、土地前期开发成本和按规定应收取相关费用之和的原则确定。鼓励以长期租赁、先租后让、租让结合方式供应健身休闲项目建设用地。支持农村集体经济组织自办或以土地使用权入股、联营等方式参与健身休闲项目。

21. 完善投入机制。用足用好省级体育产业发展专项资金，对符合条件的健身休闲项目予以支持，运用彩票公益金对健身休闲相关项目给予必要资助。进一步健全政府购买公共体育服务的体制机制。全面落实扶持体育产业发展的各项优惠政策，对符合条件的各级各类健身休闲场所自用的房产和土地，按规定减免房产税和城镇土地使用税，降低健身休闲企业税费成本。

22. 加强人才保障。鼓励校企合作，培养各类健身休闲项目经营策划、运营管理、技能操作等应用型专业人才。加强从业人员职业培训，提高健身休闲场所工作人员的服务水平和专业技能。完善体育人才培养开发、流动配置、激励保障机制，支持专业教练员投身健身休闲产业。加强社会体育指导员队伍建设，充分发挥其对群众参与健身休闲的服务和引领作用。推进体育产业智库建设。加强健身休闲人才培育的交流与合作。

23. 健全工作机制。建立体育、发展改革、旅游等多部门合作的健身休闲产业发展工作协调机制，及时分析健身休闲产业发展情况，解决存在问题，落实惠及健身休闲产业的文化、旅游等相关政策。各县区政府要把发展健身休闲产业纳入国民经济和社会发展规划，鼓励有条件的地方编制健身休闲发展专项规划。市、县（区）体育行政部门要加强职能建设，充实体育产业工作力量，推动健身休闲产业发展。

24. 强化督查落实。建立体育大数据平台，以国家体育产业统计分类为基础，完善健身休闲产业统计制度和指标体系，建立健身休闲产业监测机制。市体育局、市发改委、市旅游局要会同有关部门对落实本实施意见的情况进行监督检查和跟踪分析，重大事项及时向市政府报告。

六安市人民政府办公室关于强化学校体育促进学生身心健康全面发展工作任务分解的通知

（六政办秘〔2017〕214号）

各县区人民政府，开发区管委，市政府各部门、各直属机构：

为贯彻落实《安徽省人民政府办公厅关于强化学校体育促进学生身心健康全面发展的实施意见》（皖政办〔2016〕33号）精神，进一步促进全市学生身心健康全面发展，经市政府同意，现将重点任务进行分解，请认真抓好贯彻落实。

一、总体要求

全面贯彻落实党的十九大、十八届三中、四中、五中、六中全会和习近平总书记系列重要讲话精神特别是视察安徽重要讲话精神，全面贯彻党的教育方针，遵循教育和体育规律，牢固树立"健康第一"理念，以"天天锻炼、健康成长、终身受益"为目标，坚持课堂教学与课外活动相衔接，坚持培养兴趣与提高技能相促进，坚持群体活动与运动竞赛相协调，坚持全面推进与分类指导相结合，改革创新体制机制，全面提升体育教育质量，健全学生人格品质，切实发挥体育在培育和践行社会主义核心价值观、推进素质教育中的综合作用，培养德智体美全面发展的社会主义建设者和接班人。

二、工作目标

——到2020年,学校体育办学条件总体达到国家标准,体育课时和锻炼时间切实保证,教学、训练与竞赛体系基本完备,体育教学质量明显提高。

——学生体育锻炼习惯基本养成,运动技能和体质健康水平明显提升,规则意识、合作精神和意志品质显著增强。

——政府主导、部门协作、社会参与的学校体育推进机制进一步完善,基本形成体系健全、制度完善、充满活力、注重实效的学校体育发展格局。

三、主要任务

(一)深化教学改革,强化体育课和课外锻炼。

1. 完善体育课程。以培养学生兴趣、养成锻炼习惯、掌握运动技能、增强学生体质为主线,建立中小学体育与健康课程衔接体系。各中小学校要按照国家课程标准开足开好体育课程,严禁削减、挤占体育课时间。积极做好体育与健康校本课程的开发和利用,增强课程的多样性和针对性。科学安排课程内容,在学生掌握基本运动技能的基础上,根据学校自身情况,开展运动项目教学,提高学生专项运动能力。大力推动足球、篮球、排球等集体项目,积极推进田径、游泳、体操等基础项目,广泛开展乒乓球、羽毛球、武术、手球等学生喜爱项目,开发跳绳、踢毽子、推铁环等民族民间传统体育项目,丰富体育课程内容。(责任单位:市教育局、市文广新局〈体育局、版权局〉)

2. 提高教学水平。体育教学要加强健康知识教育,注重运动技能学习,落实课程标准,科学安排运动负荷,重视实践练习。让学生熟练掌握一至两项运动技能，逐步形成"一校一品"、"一校多品"教学模式，努力提高体育教学质量。关注学生体育能力和体质水平差异，做到区别对待、因材施教、快乐参与。加强特殊教育学校和对残疾学生的体育教学质量，保证每个学生接受体育教育的权利。充分利用现代信息技术手段和安徽基础教育资源应用平台，开发和创新体育教学资源，促进信息技术和体育教学深度融合，不断增强体育教学效果。（责任单位：市教育局、市文广新局〈体育局、版权局〉、市卫计委、市民政局、市科技局、市残联、市妇联、团市委）

3. 强化课外锻炼。健全学生体育锻炼制度，学校要将学生在校内开展的课外体育活动纳入教学计划，列入作息时间安排，与体育课教学内容相衔接，切实保证学生每天一小时校园体育活动落到实处。幼儿园要遵循幼儿年龄特点和身心发展规律，开展丰富多彩的体育活动。中小学校要组织学生开展大课间体育活动，寄宿制学校要坚持每天出早操。高等学校要通过多种形式组织学生积极参加课外体育锻炼。职业学校要遵循职业教育规律和学生身心发展规律，适应技术技能人才多样化成长需要，加强对学生身体素质的培养，在学生顶岗实习期间，要注意安排学生的体育锻炼时间。鼓励学生积极参加校外全民健身运动，中小学校要合理安排家庭"体育作业"，家长要支持学生参加社会体育活动，社区要为学生体育活动创造便利条件，逐步形成家庭、学校、社区联动，共同指导学生体育锻炼的机制。定期开展阳光体育系列活动和"走下网络、走出宿舍、走向操场"群众性课外体育锻炼活动，坚持每年开展学生冬季长跑等群体性活动，形成覆盖校内外的学生课外体育锻炼体系。（责任单位：市教育局、市文广新局〈体育局、版权局〉、市人社局、市民政局）

（二）注重教体结合，完善训练和竞赛体系。

4. **开展课余训练。**面向全体学生，广泛开展普及性体育活动，有序开展课余训练和运动竞赛，积极培养后备人才，全面提高学生体育素养。学校应通过组建运动队、代表队、俱乐部和兴趣小组等形式，积极开展课余体育训练，为有体育特长的学生提供成才路径，为国家、省、市培养竞技体育后备人才奠定基础。要根据学生年龄特点和运动训练规律，科学安排训练计划，妥善处理好文化课学习和训练的关系，全面提高学生身体素质，打好专项运动能力基础，不断提高课余运动训练水平。要加强青少年运动员文化教育，切实保障义务教育阶段运动员就近入学。加强体育传统项目学校、体育专项特色学校、校园足球特色学校和青少年俱乐部建设，优化布局结构，强化考核管理，完善激励机制，充分发挥其引领示范作用。（责任单位：市教育局、市文广新局〈体育局、版权局〉）

5. **完善竞赛体系。**建设常态化的校园体育竞赛机制，设置学生喜闻乐见、易于参与的竞技性、健身性和民族性、地域性体育项目，广泛开展小型多样的班级、年级、院系和校际间体育比赛。学校每年至少举办一次综合性运动会或体育节，通过丰富多彩的校园体育竞赛，吸引广大学生积极参加体育锻炼。制定学校体育课余训练与竞赛管理办法，完善和规范学生体育竞赛体制，构建"谁主办、谁负责"，分级管理、赛制稳定、制度配套市、县、校三级体育竞赛体系。积极整合各类赛事资源，打造具有六安特色的体育品牌赛事和活动，如羽毛球、乒乓球、轮滑等。定期举办全市大中小学生各类单项体育比赛，建立完善全市校园足球竞赛体系，市、县、区每年举办3项以上中小学生体育比赛，其中必须包含足球、田径。完善竞赛选拔机制，畅通学生运动员进入各级专业运动队、代表队的渠道。（责任单位：市教育局、市文广新局〈体育局、版权

局〉、市财政局〈国资委〉、市发改委)

6. 鼓励学生参加运动会。各县、区中小学和市直学校要应按要求积极参加省运会、市运会等大型综合性运动会。鼓励学校参加教育、体育等部门举办的各级各类体育比赛。鼓励有条件的学校试办省、市运动队。对承担全省、全市运动会的中小学青少年高水平运动队和纳入青少年运动队的学生运动员，学校务必高度重视，要为学生运动员制定比较灵活的课程学习计划和补课机制，制定科学和可行的训练计划。对在各级各类运动会取得突出成绩的学生，学校应给带训老师和参赛运动员适当奖励。(责任单位：市教育局、市文广新局〈体育局、版权局〉、市人社局、市财政局〈国资委〉)

(三) 增强基础能力，提升学校体育保障水平。

7. 加强体育教学研究。各县区教学研究机构要配有专职体育教研人员，加强体育教育教学研究，申请国家体育研究专项任务项目，重点研究中小学体育教学规律及体育课程衔接问题。市、县区教育部门要与高校建立联系，依托高校，深入研究中小学体育教学规律，为中小学体育教学及改革提供理论保障，提高学校体育科学化水平。(责任单位：市教育局、市文广新局〈体育局、版权局〉、市人社局、市编办、市财政局〈国资委〉)

8. 加强体育教师队伍建设。加快教师结构调整，多渠道配备体育教师，到 2020 年按标准逐步配齐中小学体育教师。完善中小学校体育教师补充机制，在新任中小学教师招聘中，优先招聘体育教师。实施定向培养乡村全科教师计划，为贫困地区乡村学校培养合格体育教师。鼓励优秀教练员、社会体育指导员、有体育特长的志愿人员兼任体育教师。实施体育教师全员培训，成立市、县区体育名师工作室，着力培养一大批体育骨干教师。实行县域内义务教育学校教师轮岗交流制度，通过采取定期交流、学校联盟、结对帮扶等多种方式,促进体育教师均衡配置。科学合理确定体育教师工作量,把组织开展课外活动、学生体质健康测试、课余训练、比赛等纳入教学工作量或给予必要经费补助。保障体育教师在职称(职务)评聘、福利待遇、评优表彰、晋级晋升等方面与其他学科教师同等待遇。学校应保障体育教师工作运动服装费用。(责任单位:市教育局、市文广新局〈体育局、版权局〉、市人社局、市编办、市财政局〈国资委〉)

9. 推进体育设施建设。各地要按照学校建设标准、设计规范,加大对学校体育设施建设的投入力度。把学校体育设施列为义务教育学校标准化建设的重要内容,通过实施全面改善贫困地区义务教育薄弱学校基本办学条件、普通高中办学条件改善等工程,以保基本、兜底线为原则,建设好学校体育场地设施,配好体育器材,为体育教师配备必要的教学装备。市、县区教育体育部门,尽量将全民健身路径等公共体育设施安排在中小学校或周边。进一步完善制度,积极推动公共体育场馆设施为学校体育提供服务,向学生免费或优惠开放,全面实施有条件的学校体育场馆、场地设施在寒暑假、节假日对社会开放。充分利用青少年活动中心、青少年示范性综合基地等资源开展体育活动。各县区政府要将学校体育设施向社会开放工作纳入当地公共服务体系,将学校体育设施的建设、维修、管理资金列入本级政府财政预算,对向社会开放体育场馆、场地的学校体育设施正常运行、维护等给予经费补助。各级体育部门每年从体育彩票公益金中划拨专项资金用于帮助开放学校添置和更新体育器材。(责任单位:市教育局、市文广新局〈体育局、版权局〉、市财政局〈国资委〉、市规划局、市国土局、市发改委)

10. 完善经费投入机制。各县、区政府要切实加大学校体育经费投入力度，在安排中央和省级财政转移支付资金和本级财力时，要对学校体育给予倾斜。利用现有渠道和国家、省级专项资金将学校体育场地设施建设、体育活动经费纳入本级财政预算和基本建设投资计划，并加大投入力度。确保用于学校体育部分经费足额使用和发挥效益。在项目规划时，优先支持农村贫困地区。各县、区教育部门应根据需求将学校体育工作经费纳入年度预算，督促各级各类学校保障体育工作的经费需求。鼓励和引导社会资金支持发展学校体育，多渠道增加学校体育投入。（责任单位：市财政局〈国资委〉、市教育局、市文广新局〈体育局、版权局〉、市审计局）

11. 健全风险管理机制。健全学校体育运动伤害风险防范机制，保障学校体育工作健康有序开展。学校要编制体育运动风险防控应急预案。加强对学生的安全教育，培养学生安全意识和自我保护能力，提高学生的伤害应急处置和救护能力。加强校长、教师及有关管理人员培训，提高学校体育工作人员运动风险管理意识和能力。学校应当根据体育器材设施及场地的安全风险进行分类管理，定期开展检查，有安全风险的应当设立明显警示标志和安全提示。完善校方责任险，鼓励各县区试点推行学生体育安全事故第三方调解办法。（责任单位：市教育局、市文广新局〈体育局、版权局〉、市安监局、市司法局）

12. 整合各方资源支持学校体育。完善政策措施，采取政府购买体育服务等方式，逐步建立社会力量支持学校体育发展的长效机制，引导技术、人才等资源服务学校体育教学、训练和竞赛等活动。鼓励专业运动队、职业体育俱乐部定期组织教练员、运动员深入学校指导开展有关体育活动。支持学校与科研院所、社会团体、企业等开展广泛合作，提升学校体育工作水平。加强与港澳台学校之间体育交流互动和青少年体育活动的合作。积极引进国外优质体育教育资源，认真做好我市大中小学优秀体育教师赴国外培训工作，提高我市学校体育教育教学工作的国际交流合作水平。（责任单位：市教育局、市文广新局〈体育局、版权局〉、市财政局〈国资委〉、市人社局、市外事办、市台办）

（四）加强评价监测，促进学校体育健康发展。

13. 完善考试评价办法。构建课内外相结合、各学段相衔接的学校体育考核评价体系，完善和规范体育运动项目考核、学业水平考试，发挥体育考试的导向作用。体育课程考核要突出过程管理，从学生出勤、课堂表现、健康知识、运动技能、体质健康、课外锻炼、参与活动情况等方面进行全面评价。中小学要把学生参加体育活动情况、学生体质健康状况和运动技能等纳入初中、高中学业水平考试，纳入学生综合素质评价体系。充分利用中小学综合素质评价管理系统做好学生身心健康写实记录和评价工作。逐步增加初中毕业体育考试成绩在学生综合素质评价和中考成绩中的权重。学校体育测试要充分考虑残疾学生的特殊情况，体现人文关怀。（责任单位：市教育局、市残联）

14. 加强体育教学质量监测。明确体育课程学业质量要求，落实学生运动项目技能等级评定标准和高等学校体育类专业教学质量标准，促进学校体育教学质量稳步提升。建立中小学体育课程实施情况监测制度，定期开展体育课程质量监测。建立健全学生体质健康档案，严格执行《国家学生体质健康标准》，将其实施情况作为构建学校体育评价机制的重要基础和考核各县、区政府学校体育工作的重要依据，确保测试数据真实性、完整性和有效性。发挥安徽省中小学课程管理系统实时监测、及时诊断的作用，把监测的作用落到实处，适时对体育课开展情况进行公示。（责任单位：市教育局）

各县区政府（管委）和市直有关部门要充分认识强化学

校体育促进学生身心健康全面发展的重要意义,进一步加强组织领导,健全工作机制,形成工作合力。各地要结合实际,精心组织实施,确保各项任务落到实处。市直有关部门要按照职责分工,抓紧制定完善配套政策,营造良好环境。市教育局要加强统筹协调,会同有关部门加强政策指导和督促检查,切实推动学校体育和学生身心健康全面发展。

六安市人民政府办公室
关于加快发展健身休闲产业的实施意见

(六政办秘〔2017〕229号)

各县区人民政府,开发区管委,市政府有关部门、有关直属机构:

为加快健身休闲产业发展,增强人民体质,实现全民健身和全民健康深度融合,充分挖掘和释放消费潜力,培育新的经济增长点,增强经济增长新动能,根据《国务院办公厅关于加快发展健身休闲产业的指导意见》(国办发〔2016〕77号)和《安徽省办公厅关于加快发展健身休闲产业的实施意见》(皖政办〔2017〕7号)精神,结合我市实际,现就加快健身休闲产业发展提出以下实施意见。

一、指导思想

全面贯彻党的十九大精神,以习近平新时代中国特色社会主义思想为指导,坚持市场主导、创新驱动,坚持转变职能、优化环境,坚持分类推进、融合发展,坚持重点突破、力求实效,推进健身休闲产业供给侧结构性改革,提高健身休闲产业发展质量和效益,培育壮大各类市场主体,推动健身休闲产业全面健康可持续发展,不断满足大众多层次多样化的健身休闲需求,提升幸福感和获得感,为经济发展新常态下扩大消费需求、拉动经济增长、转变发展方式提供有力支撑和持续动力。

二、发展目标

到2025年，基本建立布局合理、门类齐全、功能完善、具有六安特色的健身休闲产业发展体系，形成政府引导、市场驱动、社会参与、协同推进的发展格局，对其他产业的带动作用明显提升，健身休闲产业总规模达到100亿元以上。

三、主要任务

1. 普及日常健身。着力推广具有广泛群众基础的体育项目，重点发展足球、篮球、排球、乒乓球、羽毛球、网球、路跑、游泳、棋牌、骑行、徒步、体育舞蹈、广场舞等普及性强、关注度高、市场空间大的运动项目，满足大众基本健身休闲需求，促进健身休闲多元化发展。

2. 发展特色运动项目。继续扶持传统体育项目的发展，鼓励开发适合不同人群、不同地域和不同行业特点的特色运动项目。丰富节假日体育活动，切实抓好体育培训工作，举办各级各类体育项目的业余联赛。

3. 发展户外运动。建设体育休闲小镇、户外运动营地和水上运动基地，打造时尚运动项目，扩展体育消费新亮点。大力推广露营、登山竞速、徒步穿越、攀岩速降、拓展等山地户外运动项目，积极发展摩托艇、赛艇、皮划艇、龙舟、漂流和滑水等水上健身运动项目，加快培育滑翔、运动飞机、轻小型无人驾驶航空器、航空模型等航空运动项目，鼓励发展滑雪、滑冰等冰雪运动项目。培育和打造一批富有六安特色、具有国际影响力的精品赛事活动。

4. 促进产业融合。深入谋划和推进"休闲+"战略，实施"休闲+旅游"、"休闲+文化"、"休闲+养老"、"休闲+康复"。

支持和引导有条件的旅游景区拓展旅游项目，鼓励旅行社结合健身休闲项目和体育赛事活动设计开发旅游产品和路线，促进大众运动休闲和主题旅游度假，延伸体育旅游产业链条。

5. 推动"互联网+健身休闲"。鼓励开发以移动互联网、大数据、云计算技术为支撑的健身休闲服务，推动传统健身休闲企业由销售导向向服务导向转变，提升场馆预订、健身指导、运动分析、健身休闲体验、交流互动、赛事参与等综合服务水平。积极推动健身休闲在线平台企业发展壮大，整合上下游企业资源，形成健身休闲产业新生态圈。

6. 支持健身休闲市场主体发展。鼓励具有自主品牌、创新能力和竞争实力的健身休闲骨干企业做大做强。鼓励各类中小微健身休闲企业、运动俱乐部向"专、精、特、新"方向发展，着力推进体育类社会团体、俱乐部、民办非企业单位等社会组织发展。鼓励退役运动员创业创新，投身健身休闲产业。探索成立健身休闲产业孵化平台，支持健身休闲领域大众创业、万众创新。推广、运用政府和社会资本合作等多种模式，吸引社会资本参与健身休闲产业发展。

7. 丰富产业功能区。围绕六安茶谷建设，充分利用山水资源、特色茶叶和旅游资源优势，引导金寨、霍山、裕安等地重点发展登山、攀岩健身、水上漂流和茶谷体验等运动项目，打造生态运动健康功能区。建设月亮岛水上项目运动基地，引导金安、经济开发区发展小球项目运动和培训，打造职业赛事表演和城镇运动休闲功能区。支持金安、舒城等地建设户外汽车营地，金寨、霍山开展山地汽车、自行车和健步运动，着力打造沿绿色长廊户外运动休闲功能区。

8. 改善产业结构。着力优化健身休闲服务业、器材装备制造业及相关产业结构，提升服务业比重。实施健身服务精品工程，打造一批优秀健身休闲俱乐部、场所和品牌活动。结合我市体育产业示范基地建设和体育旅游项目建设，发展一批体育旅游示范基地，实施一批健身休闲精品项目，力争到2025年，培育3-4个体育休闲特色小镇。

9. 优化产业布局。组织开展山水运动资源、传统体育资源调查，摸清健身休闲产业的自然、人文基础条件。同时深入推进我市体育竞赛培训、体育用品制造、体育旅游休闲和民间民俗体育健身等功能区建设，构建特色鲜明、类型多样、结构合理的健身休闲产业布局。

10. 推动体育用品生产企业转型升级。推动体育制造业向智能化、高端化方向转变，支持企业、用户单位、科研单位、社会组织等组建跨行业产业联盟。鼓励高端运动装备制造业发展，积极引进航空、户外、赛车、马术等领域高端装备企业进驻，引导拆装式游泳池、可移动器械、场馆等新兴产品发展。

11. 增强自主创新能力。鼓励企业加大研发投入，提高关键技术和产品研发能力。支持企业利用互联网技术对接健身休闲个性化需求，研发和生产多样化、适应性强的健身休闲器材装备。鼓励本地企业与高端体育装备制造业龙头企业加强合作，完善产业链，提高我市高端体育装备制造业的综合实力。

12. 完善健身休闲基础设施网络。严格落实城市居住区有关配套建设健身设施的要求，并实现同步设计、同步施工、同步投入。科学规划健身休闲项目的空间布局，适当增加健身休闲设施用地和配套设施配建比例，充分合理利用公园绿地、城市空置场所、建筑物屋顶、地下室等区域，重点建设步道、绿道、健身广场等中小型全民健身场地设施，形成城市10分钟健身圈。各县、区要以满足群众运动休闲需要、发展大健康产业为主题，规划建设一批体育公园，到2025年，全市建设体育公园15-20个。同时鼓励健身休闲设施与住宅、文化、商业、娱乐等综合开发，打造健身休闲服务综合体。

13. 加强特色健身休闲设施建设。结合智慧城市、绿色出行，规划建设城市步行和自行车交通体系，研究打造全市步道系统和自行车路网，力争到2025年，全市建成步道、绿道300公里以上。续建金寨县国家登山健身步道及山地户外营地、山地自行车赛道，建设舒城万佛湖户外健身运动休闲及环万佛湖马拉松赛道，完善六安淠河国家湿地公园、金安区南湖湿地公园、皖西大裂谷户外主题公园、水上运动中心和汽车露营地、悠然南山休闲小镇、裕安区凤凰河湿地公园、金寨天堂寨大象传统运动养生小镇等健身休闲设施。同时鼓励和引导旅游景区、旅游度假区、乡村旅游区等根据自身特点，建设特色健身休闲设施。

14. 盘活用好现有体育场馆资源。加快推进企事业单位的体育场地设施向社会开放，推动有条件的学校体育场馆设施在课后、节假日对公众有序开放。采取公共体育设施免费或合理收费开放等措施增加供给，满足市民基本健身需求。采取管办分离、公建民营等模式，推行市场化商业运作，满足多层次健身消费需求。

四、政策措施

15. 深挖消费潜力。开展各类群众性体育活动，丰富节假日体育赛事供给，发挥体育明星和运动达人示范作用，激发大众健身休闲消费需求。积极推行《国家体育锻炼标准》、业余运动等级标准、业余赛事等级标准，增强健身休闲消费黏性。推动体育部门、体育社会组织、专业体育培训机构等与各类学校合作，提供专业支持，培养青少年体育爱好和运动技能。开发健身休闲运动培训市场，加强不同健身休闲运动项目培训标准的建设与推广，培育一批专业健身休闲培训机构。鼓励各类运动康复机构开发个性化的运动处方库，发挥健身休闲运动促进健康的积极作用。

16. 完善消费政策。鼓励健身休闲企业与金融机构合作，试点发行健身休闲联名银行卡，实施特惠商户折扣。支持各地创新健身休闲消费引导机制，鼓励通过政府购买服务等方式，对特定人群发放体育消费券。

17. 引导消费理念。加大宣传力度，普及科学健身知识。鼓励制作和播出国产健身休闲类节目，支持形式多样的体育题材文艺创作。鼓励发展多媒体广播电视、网络广播电视、手机应用程序（APP）等体育传媒新业态，促进消费者利用各类社交平台互动交流，提升消费体验。

18. 改善消费环境。规范健身休闲市场主体行为，完善行业诚信体系，逐步建立信用档案和违法违规单位信息披露制度，推动监管信息的共享和公开。完善市场监管体系，创新监管手段，加强健身休闲消费过程中的维权援助举报投诉和举报处置能力建设，完善举报投诉受理处置机制。

19. 持续推动"放管服"改革。加快政府职能转变，大幅度削减健身休闲活动相关审批事项，实施负面清单管理，促进空域水域开放。推进体育行业协会改革，加强事中事后监管，完善相关安保服务标准，加强行业信用体系建设。完善政务发布平台、信息交互平台、展览展示平台、资源交易平台。

20. 拓宽场地发展渠道。积极引导健身休闲产业用地控制规模、科学选址，并将相关用地纳入地方各级土地利用总体规划中合理安排。利用现有健身休闲设施用地、房产增设住宿、餐饮、娱乐等商业服务设施的，经批准可以协议方式办理用地手续。鼓励以长期租赁、先租后让、租让结合等方式供应健身休闲项目建设用地。支持农村集体经济组织自办或以土地使用权入股、联营等方式参与健身休闲项目。

21. 加强人才教育培训。鼓励校企合作，培养各类健身休闲项目经营策划、运营管理、技能操作等应用型专业人才。加强从业人员职业培训，提高健身休闲场所工作人员的服务水平和专业技能。完善体育人才培养开发、流动配置、激励保障机制，支持专业教练员投身健身休闲产业。同时加强社会体育指导员队伍建设，充分发挥其对群众参与健身休闲的服务和引领作用。

22. 健全工作机制。建立体育、发展改革、旅游等多部门合作的健身休闲产业发展工作协调机制，及时分析健身休闲产业发展情况，解决存在问题，落实惠及健身休闲产业的文化、旅游等相关政策。各县、区政府要把发展健身休闲产业纳入国民经济和社会发展规划，鼓励有条件的地方编制健身休闲发展专项规划。各级体育行政部门要加强职能建设，充实体育产业工作力量，推动健身休闲产业发展。

23. 强化督查落实。各县、区结合实际情况，抓紧制定具体实施意见和配套政策。市文广新局（体育局、版权局）、市发展改革委、市旅游委要会同有关部门对落实本实施意见的情况进行监督检查和跟踪分析，重大事项及时向市政府报告。

马鞍山市人民政府办公室关于印发《马鞍山市体育产业发展实施计划（2017—2020年）》的通知

（马政办〔2017〕40号）

各县、区人民政府，市政府各部门、直属机构，有关单位：

经市政府同意，现将《马鞍山市体育产业发展实施计划（2017-2020年）》印发给你们，请认真贯彻执行。

马鞍山市体育产业发展实施计划

（2017—2020年）

为加快体育产业发展，根据市政府印发的《关于加快发展体育产业促进体育消费的若干意见》（马政〔2015〕84号）精神，特制定本实施计划。

一、总体要求

（一）指导思想

深入贯彻落实党的十八大和十八届三中、四中、五中、六中全会精神，以增强人民体质、提高健康水平为根本目标，把体育产业作为绿色产业、朝阳产业培育扶持，坚持发挥市场决定性作用和更好发挥政府作用相结合，创新体制机制，扩大社会参与，增加市场供给，提高消费能力，优化发展环境，全面提升体育产业发展水平，为经济转型升级注入新的动力，促进体育事业与体育产业协调发展，不断满足人民群众日益增长的体育需求。

（二）基本原则

——坚持以人为本、统筹推进。以提高全民身体素质和健康水平为出发点、落脚点，大力发展体育产业，切实维护好广大人民群众的体育权益。注重统筹兼顾，推动体育产业与体育事业协调发展、与体育消费良性互动、与相关产业融合发展。

——坚持政府引导、市场驱动。加快转变政府职能，加强规划、政策、标准引导，强化市场监管，为体育产业发展创造良好环境。完善市场机制，培育多元市场主体，发挥市场在体育资源配置中的决定性作用，调动全社会发展体育产业的积极性。

——坚持开拓创新、集约发展。强化科技支撑，构筑品牌优势，鼓励发展新技术、新业态和新模式，推动体育产业转型升级。鼓励发展具有规模优势的体育产业集聚区，积极培育现代化、国际化大企业大集团，努力提升体育产业集约发展水平。

（三）发展目标

到2020年，基本建立结构合理、门类齐全、功能完善、竞争力强的体育产业体系，形成政府引导、市场驱动、社会参与、协同推进的发展格局，对其他产业的带动作用明显提升，成为推动我市经济社会持续发展的重要力量。

——产业规模进一步扩大。体育产业总产出达80亿。列入体育产业名录库的单位达350家，其中各类社会体育组织达200家，产值亿元以上制造业企业5家，从业人员超10000人。

——产业体系进一步完善。基本形成以健身休闲、竞赛表演、场馆服务、体育培训、用品制造、服务贸易、彩票销售等

375

为主的体育产业体系，以体育旅游、体育康复、体育传媒等为代表的新兴体育产业蓬勃发展。全市建成10个具有较大影响、年均会员体育消费500万元以上的优质健身俱乐部，培育8个具有一定影响力的品牌赛事。

——市场主体进一步壮大。涌现一批具有竞争力、带动性强的龙头企业和大批富有创新活力的中小企业、社会组织，形成一批特色鲜明的产业集群和知名品牌。建设10个以上市级体育产业（或旅游）基地、1个以上省级体育旅游基地、1个以上省级体育产业基地（或示范单位）。

——产业基础进一步夯实。体育场地设施供给明显增加，人均体育场地面积超过1.8平方米。居民参加体育健身意识和科学健身素养普遍增强，经常参加体育锻炼的人数达到100万。

二、发展方向

（一）优先发展体育本体产业。体育本体产业是体现体育自身特性的产业，主要包括健身休闲、竞赛表演、场馆服务、体育培训等业态，是体育产业的重要基础，具有贴近群众生活、发展潜力大、带动作用强等特征，有利于促进产业结构优化，更好满足群众个性化多样化体育需求。

1. 加快发展健身休闲业。完善健身休闲服务体系，着重推广适合公众广泛参与的日常健身项目，如足球、篮球、乒乓球、羽毛球、网球、游泳、骑行、棋牌、钓鱼、广场舞等，保障公共服务供给，引导多方参与；支持具有消费引领性的户外运动项目，如登山、攀岩、徒步、露营、拓展、赛艇、皮划艇、汽车露营、航空模型、冰雪运动等；推动发展特色运动项目，如极限运动、电子竞技、击剑、马术、高尔夫、武术、龙舟等。培育健身休闲市场主体，着重鼓励各类中小微健身休闲企业、运动俱乐部向"专精特新"方向发展；制定健身俱乐部促进计划，培育健身服务品牌，支持符合条件的健身休闲企业上市；着重推进体育类社会团体、民办非企业单位等社会组织发展，鼓励各类社会组织承接公共体育服务功能，发挥其在营造氛围、组织活动、服务消费者等方面的积极作用。

2. 积极发展竞赛表演业。鼓励各地采取"政府引导、社会参与、市场运作"的模式，结合我市自然资源条件，培育专业化体育赛事运营企业，开发体育赛事市场，着力打造1—2个国家级以上重大赛事，培育我市具有自主品牌的赛事活动，逐步将体育舞蹈全国公开赛、长三角城市山地自行车越野邀请赛、中韩跆拳道公开赛、当涂龙舟锦标赛、博望区全民定向越野挑战赛等赛事打造成马鞍山名片。积极引进国际、国内知名的体育赛事活动，发挥大型体育赛事溢出效应，促进体育赛事与文化、旅游等相关产业的共同发展。推动竞技体育职业化，支持足球、篮球、网球、乒乓球、羽毛球、自行车、健身气功等具有市场发展潜力的运动项目成立俱乐部，鼓励飞翔乒乓球俱乐部等有条件的运动项目走职业化发展道路，发展职业俱乐部。鼓励机关事业单位广泛举办各类体育比赛，支持县区承办具有地方特色的体育赛事，引导支持体育社会组织举办群众性体育赛事，鼓励企业举办商业性体育比赛。

3. 大力发展场馆服务业。充分发挥市体育馆、含山县体育馆、体育场，和县体育馆、体育场的使用效率，积极开展全民健身活动，适时举办大型体育赛事，满足群众的体育需求。创新体育场馆服务内容和方式，支持大型体育场馆发展体育商贸、体育会展、康体休闲、文化演艺、体育旅游等多元业态，打造体育服务综合体。充分盘活体育场馆资源，采用多种方式促进无形资产开发，扩大无形资产价值和经营效益。认真做好体育场馆免费、低收费对外开放工作。加快市体育中心、含山县全民健身活动中心、当涂县体育中心建设并投入使用。

4. 培育壮大体育培训业。重点是培育壮大体育舞蹈、围棋、乒乓球、羽毛球、游泳、健身气功、跆拳道等具有一定规模的现有培训市场，规范教学，扩大规模，形成1—2家具有较大影响的培训机构。积极开展足球、篮球、武术、象棋等社会关注度高、群众基础好的运动项目的培训，努力满足群众健身学习的需求。同时，整合资源，引进专业体育培训机构，开发面向青少年的体育培训市场；鼓励学校与专业体育培训机构合作，加强青少年体育爱好和运动技能的培养，组织学生开展课外健身活动。

（二）重点发展体育关联产业。体育关联产业是为本体产业提供产业配套、协作的产业，主要包括体育用品制造、体育用品销售、体育中介、体育传媒等业态，是体育产业的重要力量，具有调结构、延伸产业链、产业集群效应等特征，有利于促进产业规模体量，最大限度满足群众对体育用品的需求，提升体育产业竞争力。

1. 全力发展体育用品制造业。重点扶持和县三才羽毛球、和县一招百势搏击训练器材、含山海达泳衣、含山美吉动力冲浪板、博望区联和体育用品厂等14户企业转型升级，引导企业增加科技投入，鼓励运用新工艺、新材料、新技术，扩大生产规模，加大市场营销力度，提高产品品质和品牌知名度，将含山县、和县打造成皖江城市带体育用品制造业集聚区，成为省级体育用品制造基地；充分运用市场机制，加强招商引资力度，引进1—2个大型体育用品制造企业入驻马鞍山，加强新型运动康复装备、运动健身技术装备、运动功能饮料等产品的研发，塑造体育用品品牌，努力培育一批重点龙头骨干企业。

2. 加快发展体育中介业。重视体育中介市场的培育和发展，积极开展赛事推广、体育咨询、体育保险等多种中介服务,充分发挥体育中介机构在沟通市场需求、促进资源流通等方面的作用。逐步培育以专业体育中介公司为主的市场竞争主体。

3. 努力发展体育传媒业。大力开发群众喜闻乐见的体育传媒产品,鼓励开发以体育为主、融合文化、健康等综合内容的组合产品。鼓励发展多媒体广播电视、网络广播电视、手机APP等体育传媒新业态。鼓励利用各类体育社交平台,促进消费者互动交流,提升消费体验。推进体育传媒与智慧场馆、竞赛表演、用品销售等相关行业融合互动,提升体育传媒产业的规模和实力。

(三)创新发展体育延伸产业。体育延伸产业是体育产业的新业态,主要包括体育旅游、体育康复、体育彩票销售等,是当前和一定时期内体育产业的新生力量和潜力所在,有利于推动体育产业融合发展和业态创新,提升体育产业发展质量。

1. 大力发展体育旅游业。首先,要丰富旅游景区的体育元素,增加目标人群旅行体验。依托我市丰富的山水旅游资源,重点在褒禅山、香泉湖、鸡笼山、甑山生态园、采石矶、大青山、濮塘、横山打造以路跑、自行车、水上运动、登山、攀岩、露营、卡丁车、垂钓、龙舟、摩托艇、皮划艇、高尔夫球练习、无人机及航模飞行体验运动休闲项目,培育郑蒲港启迪乔波冰雪世界项目、当涂大青山户外运动等项目。以体育精品赛事、体育节等节赛活动为舞台,打造马鞍山体育嘉年华。其次,积极打造马鞍山体育旅游品牌产品,吸引更多的人群观光旅游。积极发挥全市各旅行社的作用,依托中国体育旅游博览会,大力推介马鞍山体育旅游资源,培育一批体育休闲旅游精品线路和景区,并把这些重要景区和项目串联起来,打造成具有一定影响力的体育旅游线路。通过努力,力争将濮塘景区、横山景区打造成省级体育旅游基地,逐步培育成为长三角地区重要的运动休闲中心。

2. 积极推进体育生态公园、体育特色小镇建设。按照健康安徽体育惠民工程121行动计划安排，到2020年各县区力争建成1个以上体育生态公园；按照省推进体育健康特色小镇建设的要求，各县区尽快启动健康特色小镇建设。

3. 积极发展康体产业。以建设健康城市试点为契机，按照"培育主体、创新产品、融合技术、完善服务"的思路，推动体育与健康产业融合发展。引入国内外体育健身健康服务机构，打造健身健康服务、运动康复特色医疗平台，发展体育医院和运动康复机构，建立体质测定和健身指导站，大力发展体育康复产业链和产业集群，推动竞技体育资源和科技成果服务大众健身。

4. 努力扩大体育彩票销售。重点是适应发展趋势，完善销售渠道，增加销售网点，提高体彩销售网点销售质量，稳步扩大市场规模。同时，要加强市场管理，强化业务培训，扩大营销宣传，不断提升体育彩票的社会形象，力争到2020年，体彩年销售额达到3亿元。

三、重点工作安排

根据总体要求，结合体育产业发展方向，在确定分年度体育产业发展指标（见附件1）的基础上，重点工作安排如下：

（一）2017年

1. 培育重大品牌赛事，将户外运动作为主攻方向，通过三年的培育，将其打造成省级品牌赛事。

2. 支持冰雪运动的发展，力争郑蒲港启迪乔波冰雪世界项目年内投入运营，逐步将郑蒲港打造成省级冰雪户外运动基地。

3. 加快体育产业基地、体育旅游产业基地建设步伐,制定市级体育产业基地认定和管理办法(试行)、市级体育旅游产业基地评定办法。

4. 启动体育生态公园、体育健康特色小镇建设。

(二)2018年

1. 扩大重大赛事规模。继续举办户外运动节、定向越野赛、体育舞蹈公开赛、长三角城市山地自行车越野赛等省级以上的品牌赛事。

2. 抓住全运会后常规比赛项目调整的时机,积极争取与国家体育总局签订一批全国锦标赛落户马鞍山,如举重、球类等。

3. 扩大体育旅游规模,完善重点风景区软硬条件,通过开辟旅游线路、组织体育比赛等,力争创建省级体育旅游产业基地。

4. 加快体育生态公园、体育健康特色小镇建设步伐,制定具体建设方案。

5. 加快体育场馆建设步伐,大力发展场馆服务业。

(三)2019年

1. 大力发展体育用品制造业,重点扶持体育用品制造基地建设,扩大规模,提高知名度,力争创建省级体育产业基地。

2. 加快发展健身休闲业,制定优质健身俱乐部评比办法,做好优质健身俱乐部评比工作。

3. 三县体育生态公园建成并通过审核评估。申报的省级体育健康特色小镇建设达到一定规模。

(四)2020年

1. 举办省以上品牌赛事为重点,市县区协调配合,社会广泛参与重大比赛,培育8个具有一定影响力的品牌赛事。

2. 全面提升省级体育产业基地、体育旅游基地的质量，扩大市级基地的数量，提高其带动作用。

3. 三区体育生态公园建成并通过审核评估。力争1个以上省级体育健康特色小镇通过审核评估，并在全市起到示范作用。

四、保障措施

（一）强化政策落地，完善政策体系。切实落实现行国家支持体育产业发展的税费价格、规划布局与土地政策，加大对政策执行的跟踪分析与监督检查。进一步与有关部门合作，研究推进体育产业发展的各项政策措施，完善体育产业政策体系，推动社会广泛关注的赛事转播、安保服务、场馆开放和产业统计等政策创新。加强对竞赛表演、健身休闲等市场的引导以及高危险性体育项目的监管。

（二）强化项目支撑，实行重点扶持。通过招商引资、政府补贴等形式，重点建设一批体育休闲产业园、体育用品大超市、体育特色小镇、慈湖河体育公园、户外拓展训练基地、飞碟训练基地、钓鱼产业基地、体育项目培训基地、冰雪运动基地、重大品牌赛事等一批项目（见附件2）。对这些重点项目实行一企一策，重点扶持。

（三）加大财政金融支持，吸引社会投资。根据市政府批准的产业扶持政策，设立市级体育产业引导资金，对符合条件的企业、社会组织给予项目补助、贷款贴息、参股和资助。鼓励民营资本和外资以独资、合资、合作、联营、参股、特许经营等方式投资体育产业。推广、运用政府和社会资本合作等多种模式，吸引社会资本参与体育产业发展。鼓励保险公司围绕健身休闲、竞赛表演、场馆服务、户外运动等需求推出多样化保险产品。

（四）促进体育消费，完善健身消费政策。积极引导城乡居民体育消费，促进农村与城镇体育消费、传统体育消费与现代体育消费的协调发展，培养体育消费习惯、树立体育消费观念。通过政府购买服务，推进健康宣传教育等公共卫生服务与全民健身有机结合，探索对低收入群体等特定人群发放体育消费券等多种方式，支持群众健身消费。

（五）注重人才培养，强化智力支撑。继续落实《全国体育人才发展规划（2010—2020）》，鼓励校企合作，培养各类体育经营策划、运营管理、技能操作等专业应用型人才。开展"体育产业创新创业教育服务平台"建设，帮助企业、高校、金融机构进一步有效对接。加强从业人员职业培训，提高体育健身场所工作人员的服务水平和专业技能。完善体育人才培养开发、流动配置、激励保障机制，支持退役运动员、教练员投身体育产业。

（六）加强组织领导，保障计划实施。建立体育、发展改革、财政、经济信息化、商务等多部门合作的体育产业发展工作协调机制，及时分析解决体育产业发展的情况和问题，落实文化、旅游等相关政策惠及体育产业。将体育产业纳入各级国民经济和社会发展规划，纳入政府重要议事日程，将体育产业工作作为衡量体育工作绩效的重要内容。各县区要结合本地区实际，进一步明确"十三五"期间本地区体育产业发展的基本任务、工作目标和保障措施，准确把握工作重点，明确职责分工，做好各项政策措施的贯彻落实。

附件：1. 2016—2020年马鞍山市体育产业发展指标
　　　2. 拟规划建设的体育产业项目

附件 1

2016—2020 年马鞍山市体育产业发展指标

年度	举办省级以上体育比赛次数	举办群众性体育比赛次数	新增市级体育产业基地或体育旅游基地个数	新增省级体育产业基地或体育旅游基地个数	新建体育生态公园个数	新建体育特色小镇个数	体育产业总产出（亿元）
2016	7	200					33
2017	8	208					44
2018	9	220	3	1	2		56
2019	10	230	3		2	1	68
2020	12	240	4	1	3	1	80

附件 2

拟规划建设的体育产业项目

	项目名称	项目内容	投资主体	实施时间
正在推进项目	慈湖河体育公园	健身广场、标准足球场、健身步道、钓鱼基地、篮球场、羽毛球场、健身路径、乒乓球台、户外营地、网球场、门球场	市政府	2018 年
	郑蒲港冰雪运动基地	大型室内滑雪、戏雪及配套娱乐、会议、拓展培训、滑雪运动学校	启迪控股股份有限公司	2017 年
	濮塘户外拓展训练基地	主要经营户外拓展训练服务；户外拓展活动组织、策划	凌鹰户外拓展有限公司	2017 年
	亿丰体育用品大超市	以运动服饰、装备以及各种创意类运动产品销售为主的体育用品大超市	香港亿丰国际集团	2018 年
招商引资项目	安徽省飞碟训练基地	建立飞碟训练场、射箭训练场场和射击馆	北京云谷科技集团公司古床博物馆	2018 年
	李宁体育休闲产业园	秀山湖李宁体育休闲小镇，F2 方程式赛车小镇项目	中国建筑国际集团非凡中国控股有限公司	2019 年

（续表）

	项目名称	项目内容	投资主体	实施时间
	钓鱼产业基地	选择含山县昭关水库或其他水面，开辟出3万亩核心垂钓水域，建成8公里垂钓长廊，100个浮动钓台等	招商引资企业	2019年
	体育培训基地	安徽马鞍山卓艺体育文化有限公司，主营体育舞蹈培训教学，兼营体育舞蹈赛事组织策划、体育舞蹈服装销售	安徽马鞍山卓艺体育文化有限公司	2018年
策划培育项目	体育特色小镇	博望区新市镇，和县香泉镇，当涂县乌溪镇、石桥镇	相关县政府	2018年
	美式台球国际公开赛	世界九球顶级比赛之一，亚洲级别最高的美式台球赛事，是拥有世界WPA积分排名和中国CBSA积分排名的双积分赛事	广州羽丰体育发展有限公司	2019年

386

芜湖市人民政府办公室关于加快发展健身休闲产业的实施意见

（芜政办〔2017〕48号）

各县、区人民政府，省江北产业集中区、经济技术开发区、长江大桥开发区、高新技术产业开发区管委会，市政府各部门、各直属单位，驻芜各单位：

为贯彻落实《国务院办公厅关于加快发展健身休闲产业的指导意见》（国办发〔2016〕77号）、《安徽省人民政府办公厅关于加快发展健身休闲产业的实施意见》（皖政办〔2017〕7号）精神，经市政府同意，结合我市实际，提出以下实施意见。

一、指导思想

全面贯彻党的十九大精神，深入学习贯彻习近平新时代中国特色社会主义思想和系列重要讲话特别是视察安徽重要讲话精神，按照"四个全面"战略布局，牢固树立创新、协调、绿色、开放、共享的发展理念，认真落实党中央、国务院决策部署，坚持市场主导、创新驱动，坚持转变职能、优化环境，坚持分类推进、融合发展，坚持重点突破、力求实效，推进健身休闲产业供给侧结构性改革，提高健身休闲产业发展质量和效益，培育壮大各类市场主体，丰富产品和服务供给，推动健身休闲产业全面健康可持续发展，不断满足大众多层次多样化的健身休闲需求，提升幸福感和获得感，为经济发展新常态下扩大消费需求、拉动经济增长、转变发展方式提供有力支撑和持续动力。

二、发展目标

到 2025 年，基本形成布局合理、功能完善、门类齐全的健身休闲产业发展格局，市场机制日益完善，消费需求愈加旺盛，产业环境不断优化，产业结构日趋合理，产品和服务供给更加丰富，服务质量和水平明显提高，同其他产业融合发展更加密切，健身休闲产业总规模达到 132 亿元。

三、工作措施

（一）完善健身休闲服务体系。

1. 普及日常健身。推广适合公众广泛参与的健身休闲项目，加快发展足球、篮球、排球、乒乓球、羽毛球、网球、游泳、徒步、路跑、骑行、棋牌、台球、钓鱼、体育舞蹈、广场舞、工间（前）操等普及性强、关注度高、市场空间大的运动项目，保障公共服务供给，引导多方参与。

2. 发展户外运动。加快制定以户外运动为重点的健身休闲运动项目系列规划，科学引导和推动具有消费引领性的健身休闲项目发展。大力推广露营、登山竞速、徒步穿越、攀岩速降、拓展等山地户外运动项目。积极发展摩托艇、赛艇、皮划艇、龙舟、漂流和滑水等水上健身运动项目。培育滑翔、运动飞机、轻小型无人驾驶航空器、航空模型等航空运动项目。鼓励投资发展室内滑雪、滑冰等冰雪运动项目。以马拉松、绿色健身运动、登山、骑行、水上运动等为重点，培育和打造一批富有芜湖特色、具有国际影响力的精品品牌赛事活动。

3. 发展特色运动。结合自然环境、山水优势、旅游休闲等资源，打造具有芜湖城市特色、行业特点、影响力大、可持续性强的品牌赛事活动，形成"一市多品、一区一品、一县多品"的全民健身品牌活动。继续创新芜湖市市民运动会、芜湖市青少年阳光运动会等赛事活动，传承和推广养生健身气功、太极拳、武术、龙舟等民间传统健身休闲项目。开展传统武术进校园活动，打造传统武术顶级赛事。推动极限运动、电子竞技、击剑、室内冰上运动等时尚运动项目健康发展，培育相关体育休闲专业培训市场。加强对相关体育创意活动的扶持，鼓励举办以时尚运动为主题的群众性活动。

4. 促进产业融合。深入谋划和推进"体育+旅游"，实施体育旅游精品示范工程，编制体育旅游重点项目名录。优先将赛事活动安排在节假日，以体育赛事活动带动户外旅游活动。支持和引导有条件的旅游景区拓展体育旅游项目，鼓励旅行社结合健身休闲项目和体育赛事活动设计开发旅游产品和路线，促进大众运动休闲和主题旅游度假，拉长体育旅游产业链条。推动"体医结合"，开展国民体质监测，加强科学健身指导，积极推广覆盖全生命周期的运动健康服务，发展运动医学和康复医学，发挥中医药在运动康复等方面的特色作用。促进健身休闲与文化、养老、教育、健康、农业、林业、水利、交通运输等产业融合发展。

5. 推动"互联网+健身休闲"。鼓励开发以移动互联网、大数据、云计算技术为支撑的健身休闲服务，推动传统健身休闲企业由销售导向向服务导向转变。利用易户网、城市令等门户开展场馆预订、健身指导、运动分析、交流互动、赛事参与等综合服务，建立我市体育公共服务平台。积极推动健身休闲在线平台企业发展壮大，整合上下游企业资源，形成健身休闲产业新生态圈。

（二）培育健身休闲市场主体。

6. 支持健身休闲企业发展。鼓励具有自主品牌、创新能力和竞争实力的健身休闲骨干企业做大做强，通过管理输出、连锁经营等方式，进一步提升核心竞争力，延伸产业链和利润链，支持具备条件的企业"走出去"，培育具有国际竞争力和影响力的领军企业集团。支持企业实现垂直、细分、专业发展，鼓励各类中小微健身休闲企业、运动俱乐部向"专、精、特、新"方向发展，强化特色经营、特色产品和特色服务。发挥多层次资本市场作用，支持符合条件的健身休闲企业上市，加大债券市场对健身休闲企业的支持力度。完善抵质押品登记制度，鼓励金融机构在风险可控的前提下拓宽对健身休闲企业贷款的抵质押品种类和范围。推广、运用政府和社会资本合作等多种模式，吸引社会资本参与健身休闲产业发展。

7. 鼓励企业创新。鼓励退役运动员和体育院校毕业生创业创新，投身健身休闲产业。开展体育产业创新创业教育服务平台建设，帮助企业、高校、金融机构有效对接。鼓励成立健身休闲产业孵化平台，为健身休闲领域大众创业、万众创新提供支持。推进商事制度改革，为健身休闲产业提供良好的准入环境。

8. 加快体育社会组织发展。推进和规范体育类社会团体、基金会、民办非企业单位等社会组织发展，支持其加强自身建设，健全内部治理结构，增强服务功能。对在城乡社区开展健身休闲活动的社区社会组织，降低准入门槛，加强分类指导和行业指导。鼓励各类社会组织承接政府公共体育服务功能。发挥体育社会组织在营造氛围、组织活动、服务消费者等方面的积极作用。

（三）优化健身休闲产业结构和布局。

9. 改善产业结构。优化健身休闲服务业、器材装备制造业及相关产业结构，着力提升服务业比重。实施健身服务精品工程，打造优秀健身休闲俱乐部、场所和品牌活动。结合创建国家、省级体育产业基地，培育以健身休闲服务为核心的体育产业示范基地、单位和项目。发展一批体育旅游示范基地，实施一批健身休闲精品项目，培育3个以上体育健康特色小镇。

10. 优化产业布局。组织开展山水运动资源调查、民间传统体育资源调查，摸清健身休闲产业的自然、人文基础条件。大力推广登山、攀岩、徒步、露营、拓展、定向、汽车越野等休闲运动，建设山地户外运动管理体系。充分利用长江、青弋江、水阳江以及漳河、黑沙湖、龙窝湖、奎湖等江、河、湖、洲水上资源，推动船艇码头等配套设施建设，积极发展摩托艇、野钓、划船、赛艇、皮划艇、垂钓等运动休闲项目，完善体育旅游休闲带和民间民俗体育健身等功能区建设。深入推进体育竞赛、体育培训、健身休闲等集聚区发展，鼓励支持无为县羽毛球企业及羽毛球产业园区建设、芜湖县健身器材生产企业、繁昌县体育服装生产企业等体育用品制造业转型升级创新发展。不断构建特色鲜明、类型多样、结构合理的健身休闲产业布局，逐步形成全市各县区间协同发展、良性互动的格局。

（四）提升健身休闲器材装备研发制造能力。

11. 推动转型升级。支持企业、用户单位、科研单位、社会组织等组建跨行业产业联盟，鼓励健身休闲器材装备制造企业向服务业延伸发展，形成全产业链优势。结合传统制造业去产能，引导企业进军健身休闲装备制造领域。

12. 增强自主创新能力，提高品牌知名度。鼓励企业加大研发投入，提高关键技术、产品的研发生产能力和加工制造水平。支持企业利用互联网技术对接健身休闲个性化需求，根据不同人群，尤其是青少年、老年人的需要，研发和生产多样化、适应性强的健身休闲器材装备。鼓励可穿戴式运动设备、虚拟现实运动装备等新产品研发和推广。支持企业创建和培育自主品牌，提升健身休闲器材装备的附加值和软实力。鼓励企业与各级各类运动项目协会等体育组织开展合作，通过赛事营销等模式，提高品牌知名度。

（五）加强健身休闲设施建设。

13. 完善健身休闲基础设施网络。严格执行城市居住区规划设计等标准规范有关配套建设健身设施的要求，并实现同步设计、同步施工、同步投入。科学规划健身休闲项目的空间布局，适当增加健身休闲设施用地和配套设施配建比例，充分合理利用公园绿地、城市空置场所、建筑物屋顶、地下室等区域，重点建设步道、绿道、健身广场等亲民、便民、利民的中小型全民健身场地设施，形成城市 15 分钟健身圈。各县区要以满足群众运动休闲需要、发展大健康产业为主题，规划建设一批生态体育公园，鼓励健身休闲设施与住宅、文化、商业、娱乐等综合开发，打造健身休闲服务综合体。

14. 盘活用好现有体育场馆资源。加快推进企事业单位等体育场地设施向社会开放。推动有条件的学校体育场馆设施在课后、节假日对本校学生和公众有序开放。通过公共体育设施免费或合理收费开放等措施增加供给，满足基本健身需求。通过管办分离、公建民营等模式，推行市场化商业运作，满足多层次健身消费需求。各类健身休闲场所的水、电、气、热价格按不高于一般工业标准执行。落实体育场馆房产税和城镇土地使用税优惠政策。

15. 加强特色健身休闲设施建设。结合智慧城市、绿色出行，规划建设城市步行和自行车交通体系。充分挖掘水、陆、空资源，研究打造市区步道系统和自行车路网。到 2020 年建成健身步道、绿道 300 公里以上。重点建设一批山地户外营地、徒步骑行服务站、自驾车房车营地、运动船艇码头、航空飞行营地等健身休闲设施。鼓励和引导旅游景区、旅游度假区、乡村旅游区等根据自身特点，建设特色健身休闲设施。

（六）改善健身休闲消费环境。

16. 深挖消费潜力。开展各类群众性体育活动，丰富节假日体育赛事供给，发挥体育明星和运动达人示范作用，激发大众健身休闲消费需求。积极推行《国家体育锻炼标准》、业余运动等级标准、业余赛事等级标准，增强健身休闲消费粘性。

推动体育部门、体育社会组织、专业体育培训机构等与各类学校合作，提供专业支持，培养青少年体育爱好和运动技能。开发健身休闲运动培训市场，加强不同健身休闲运动项目培训标准的建设与推广，培育一批专业健身休闲培训机构。鼓励各类运动康复机构开发个性化的运动处方库，发挥健身休闲运动促进健康的积极作用。

17. 完善消费政策。鼓励健身休闲企业与金融机构合作，试点发行健身休闲联名银行卡，实施特惠商户折扣。支持创新健身休闲消费引导机制，鼓励通过政府购买服务等方式，对特定人群发放体育消费券。引导保险公司根据健身休闲运动特点和不同年龄段人群身体状况，开发场地责任险、运动人身意外伤害保险。积极推动青少年参加体育活动相关责任保险发展。

18. 引导消费理念。加大宣传力度，普及科学健身知识。鼓励制作和播出国产健身休闲类节目，支持形式多样的体育题材文艺创作。鼓励发展多媒体广播电视、网络广播电视、手机应用程序（APP）等体育传媒新业态，促进消费者利用各类社交平台互动交流，提升消费体验。

19. 强化消费市场监管。规范健身休闲市场主体行为，完善行业诚信体系，逐步建立信用档案和违法违规单位信息披露制度，推动监管信息的共享和公开。完善市场监管体系，创新监管手段，加强健身休闲消费过程中的维权援助举报投诉和举报处置能力建设,完善举报投诉受理处置机制。

(七)落实产业发展保障措施。

20. 持续推动"放管服"改革。加快政府职能转变,简化服务流程,提高服务效能,推进体育行业协会改革,推进健身休闲综合执法体系建设,加强事中事后监管,完善相关安保服务标准,加强行业信用体系建设。完善政务发布平台、信息交互平台、展览展示平台、资源交易平台。

21. 优化规划和土地利用政策。积极引导健身休闲产业用地控制规模、科学选址,并将相关用地纳入市、县(区)土地利用总体规划中合理安排。对符合土地利用总体规划、城乡规划、环保规划等相关规划的重大健身休闲项目,要本着应保尽保的原则及时安排新增建设用地计划指标。

对使用荒山、荒地、荒滩等土地建设的健身休闲项目,优先安排新增建设用地计划指标,出让底价可按不低于土地取得成本、土地前期开发成本和按规定应收取相关费用之和的原则确定。在土地利用总体规划确定的城市和村庄、集镇建设用地范围外布局的重大健身休闲项目,可按照单独选址项目安排用地。利用现有健身休闲设施用地、房产增设住宿、餐饮、娱乐等商业服务设施的,经批准可以协议方式办理用地手续。鼓励以长期租赁、先租后让、租让结合方式供应健身休闲项目建设用地。支持农村集体经济组织自办或以土地使用权入股、联营等方式参与健身休闲项目。

22. 完善投入机制。要将全民健身经费纳入财政预算,并与国民经济增长速度保持适应。用足用好市、县、区级体育产业发展专项资金,对符合条件的健身休闲项目予以支持,运用彩票公益金对健身休闲相关项目给予必要资助。进一步健全政府购买公共体育服务的体制机制。全面落实扶持体育产业发展的各项优惠政策,对符合条件的各级各类健身休闲场所自用的房产和土地，按规定减免房产税和城镇土地使用税，降低健身休闲企业税费成本。

23. 加强人才保障。鼓励校企合作，培养各类健身休闲项目经营策划、运营管理、技能操作等应用型专业人才。加强从业人员职业培训，提高健身休闲场所工作人员的服务水平和专业技能。完善体育人才培养开发、流动配置、激励保障机制，支持专业教练员投身健身休闲产业。加强社会体育指导员队伍建设，充分发挥其对群众参与健身休闲的服务和引领作用。推进体育产业智库建设。加强健身休闲人才培育的国际交流与合作。

24. 健全工作机制。建立体育、发改、旅游等多部门合作的健身休闲产业发展工作协调机制，及时分析健身休闲产业发展情况，解决存在问题，落实惠及健身休闲产业的文化、旅游等相关政策。各县、区政府要把发展健身休闲产业纳入国民经济和社会发展规划，鼓励有条件的县（区）编制健身休闲发展专项规划。市、县（区）体育行政部门要加强职能建设，充实体育产业工作力量，推动健身休闲产业发展。

25. 强化督查落实。各县区、各有关部门要根据本意见要求，结合实际情况，抓紧制定具体实施意见和配套政策。建立体育大数据平台，以国家体育产业统计分类为基础，完善健身休闲产业统计制度和指标体系，建立健身休闲产业监测机制。市体育局、市发改委、市旅游局要会同有关部门对落实本实施意见的情况进行监督检查和跟踪分析，重大事项及时向市政府报告。

宿州市人民政府办公室关于加快发展健身休闲产业的实施意见

（宿政办秘〔2017〕153号）

各县、区人民政府，市政府各部门、各直属单位：

健身休闲产业是体育产业的重要组成部分，是以体育运动为载体、以参与体验为主要形式、以促进身心健康为目的，向大众提供相关产品和服务的一系列经济活动，涵盖健身服务、设施建设、休闲旅游等业态。加快发展健身休闲产业是推动体育产业向纵深发展的强劲引擎，是增强人民体质、实现全民健身和全民健康深度融合的必然要求，是建设"健康宿州"的重要内容，对挖掘和释放消费潜力、保障和改善民生、培育新的经济增长点、增强经济增长新动能具有重要意义。为贯彻落实《国务院办公厅关于加快发展健身休闲产业的指导意见》（国办发〔2016〕77号）和《安徽省人民政府办公厅关于加快发展健身休闲产业的实施意见》（皖政办〔2017〕7号），结合我市实际，现就加快健身休闲产业发展提出以下实施意见。

一、指导思想

坚持以习近平新时代中国特色社会主义思想为指导，认真学习贯彻党的十九大精神，按照"四个全面"战略布局，牢固树立创新、协调、绿色、开放、共享的发展理念，坚持市场主导、创新驱动，坚持转变职能、优化环境，坚持分类推进、融合发展,坚持重点突破、力求实效,推进健身休闲产业供给侧结构性改革,提高健身休闲产业发展质量和效益,培育各类市场主体,丰富产品和服务供给,推动健身休闲产业全面健康可持续发展,不断满足大众多层次多样化的健身休闲需求,提升幸福感和获得感,为经济发展新常态下扩大消费需求、拉动经济增长、提供持续强有力的支撑。

二、总体目标

到 2025 年,基本形成布局合理、功能完善、门类齐全的健身休闲产业发展格局,市场机制日益完善,消费需求愈加旺盛,产业环境不断优化,产业结构日趋合理,产品和服务供给更加丰富,服务质量和水平明显提高,同其他产业融合发展更为紧密,健康休闲产业总规模达到 75 亿以上。

三、工作措施

(一)实施市场供给增加计划。

1. 丰富体育健身项目。普及日常健身。加快发展足球、篮球、排球、乒乓球、羽毛球、网球、游泳、徒步、路跑、骑行、棋牌、台球、钓鱼、体育舞蹈、广场舞、工间(前)操等普及性强、关注度高、市场空间大的运动项目。发展户外运动。加快制定以户外运动为重点的健身休闲运动项目系列规划,科学引导和推动具有消费引领性的健身休闲项目发展。以宿州国际马拉松、宿州国际网球公开赛、笼式足球、绿色健身运动、登山、骑行、水上运动等为重点,培育和打造一批富有宿州特色的精品品牌赛事活动。发展特色运动。传承和推广养生健身气功、太极拳、武术等民间传统健身休闲项目,加强对相关体育创意活动的扶持,鼓励举办极限运动、高尔夫等以时尚运动为主题的群众性活动。

2. 促进产业融合。深入谋划和推进"体育+旅游"，实施体育旅游精品示范工程，编制体育旅游重点项目名录。优先将赛事活动安排在节假日，以体育赛事活动带动户外旅游活动。支持和引导有条件的旅游景区拓展旅游项目，鼓励旅行社结合健身休闲项目和体育赛事活动设计开发旅游产品和路线，促进大众运动休闲和主题旅游度假，拉长体育旅游产业链条。推动"体医结合"，加强科学健身指导，积极推广覆盖全生命周期的运动健康服务，发展运动医学和康复医学，发挥中医药在运动康复等方面的特色作用。促进健身休闲与文化、养老、教育、健康、农业、林业、水利、交通运输等产业融合发展。

3. 推动"互联网+健身休闲"。鼓励开发以移动互联网、大数据、云计算技术为支撑的健身休闲服务，推动传统健身休闲企业由销售导向向服务导向转变，提升场馆预订、健身指导、运动分析、交流互动、赛事参与等综合服务水平。积极推动健身休闲在线平台企业发展壮大，整合上下游企业资源，形成健身休闲产业新生态圈。

（二）实施市场主体培育计划。

4. 支持体育企业发展，着力培育一批骨干企业，增强我市健身休闲产业的整体实力和竞争力。培育体育传媒，充分利用传媒与健身休闲产业的互动传播，开拓市场。鼓励社会力量进入健身休闲产业领域，共同参与健身休闲市场的开发和体育资源整合。坚持投资主体多元化，鼓励社会力量通过PPP、民办公助、公办民营等方式建设一批优秀体育俱乐部、示范场馆和品牌赛事，开办康体娱乐、体质测定、运动康复等机构。

5. 加快体育社会组织发展。加快健身休闲产业协会的建设，充分发挥协会作用，引导体育用品、体育服务、场馆建设等行业发展。继续强化社会体育指导员队伍建设，推进规范健身休闲类协会等社会组织的发展，降低城乡社区开展健身休闲类社会组织的准入门槛。引导各协会增强服务功能，积极开展"全民健身志愿服务五进"（进机关、进学校、进企业单位、进社区、进农村）活动。

6. 鼓励企业创新。鼓励退役运动员创业创新，投身健身休闲产业。大力推进商事制度改革，为健身休闲产业提供良好的准入环境。开展体育产业创新创业教育服务平台建设，帮助企业、高校、金融机构有效对接。鼓励各地成立健身休闲产业孵化平台，为健身休闲领域大众创业、万众创新提供支持。

（三）实施产业能级提升计划。

7. 改善产业结构。优化健身休闲服务业、器材装备制造业及相关产业结构，着力提升服务业比重。实施健身服务精品工程，打造一批优秀健身休闲俱乐部、场所和品牌活动。结合各级体育产业基地建设，培育一批以健身休闲服务为核心的体育产业示范基地、单位和项目。实施一批健身休闲精品项目，培育2个以上体育健康特色小镇。

8. 优化产业布局。组织开展山水运动资源调查、民族民间传统体育资源调查，摸清健身休闲产业的自然、人文基础条件。深入推进我市民间民俗体育健身功能建设，构建特色鲜明、类型多样、结构合理的健身休闲产业布局，逐步形成全市各地区间协同发展、良性互动的格局。

9. 提升健身休闲器材装备研发制造能力。支持企业、用户单位、科研单位、社会组织等组建跨行业产业联盟，鼓励健身休闲器材装备制造企业向服务业延伸发展，形成全产业链优势。结合传统制造业去产能，引导企业进军健身休闲装备制造领域。鼓励企业加大研发投入，提高关键技术、产品的研发生产能力和加工制造水平。支持企业利用互联网技术对接健身休闲个性化需求，根据不同人群，尤其是青少年、老年人的需要，研发和生产多样化、适应性强的健身休闲器材装备。鼓励可穿戴式运动设备、虚拟现实运动装备等新产品研发和推广。支持企业创建和培育自主品牌，提升健身休闲器材装备的附加值和软实力。鼓励企业与各级各类运动项目协会等体育组织开展合作，通过赛事营销等模式，提高品牌知名度。

（四）实施全民健身休闲基础设施改善计划。

10. 建设全民健身场地设施。市级规划建设"五个一"，建成一个中型体育馆、一个中型体育场、一个体育公园、一个全民健身活动中心、一个标准室内游泳馆。县级规划建设"五个一"，建成一个小型体育馆、一个小型体育场、一个标准游泳设施、一个中小型全民健身活动中心、一个体育公园（或健身广场）。乡镇（街道）规划建设"三个一"，建成一个小型室内健身中心、一个全民健身广场和一个多功能球类运动场，推动社区公共体育设施及15分钟健身圈建设。鼓励利用城市和农村空闲土地建设多功能运动场，公益性体育设施设备优先向住宅区配置。新建居住区和社区要按相关标准规范配套群众健身相关设施，并与住宅区主体工程同步设计、同步施工、同步验收、同步投入使用。

11. 盘活用好现有体育场馆资源。加快推进企事业单位等体育场地设施向社会开放。推动有条件的学校体育场馆设施在课后、节假日对本校学生和公众有序开放。通过公共体育设施免费或合理收费开放等措施增加供给，满足基本健身需求。通过管办分离、公建民营等模式，推行市场化商业运作，满足多层次健身消费需求。各类健身休闲场所的水、电、气、热价格按不高于一般工业标准执行。落实体育场馆房产税和城镇土地使用税优惠政策。

（五）实施健身消费促进计划。

12. 深挖消费潜力。开展各类群众性体育活动，丰富节假日体育赛事供给，发挥体育明星和运动达人示范作用，积极推行《国家体育锻炼标准》、业余运动等级标准、业余赛事等级标准，增强健身休闲消费黏性。丰富体育赛事供给，每月开展不少于2项群众性体育赛事活动，每年开展不少于10项省级或国家级体育赛事活动，激发大众健身休闲消费需求。推动体育主管部门、体育社会组织、专业体育培训机构等与相关学校合作，提供专业支持，培养青少年体育爱好和运动技能。开发健身休闲运动培训市场，加强不同健身休闲运动项目培训标准的建设与推广，培育一批专业健身休闲培训机构。通过政府购买服务的方式，向特定人员发放体育消费券，支持群众健身消费。鼓励保险公司围绕体育消费推出多样性保险产品。

13. 引导消费理念。加大宣传力度，普及科学健身知识。鼓励制作和播出国产健身休闲类节目，支持形式多样的体育题材文艺创作。鼓励发展多媒体广播电视、网络广播电视、手机应用程序（APP）等体育传媒新业态，促进消费者利用各类社交平台互动交流，提升消费体验。

四、保障措施

14. 持续推动"放管服"改革。加快政府职能转变，大幅度削减健身休闲活动相关审批事项，实施负面清单管理，推进体育行业协会改革，加强事中事后监管，完善相关安保服务标准，加强行业信用体系建设。完善政务发布平台、信息交互平台、展览展示平台、资源交易平台。

15. 优化规划和土地利用政策。积极引导健身休闲产业用地控制规模、科学选址，并将相关用地纳入地方各级土地利用总体规划中合理安排。对符合土地利用总体规划、城乡规划、环保规划等相关规划的重大健身休闲项目，要本着应保尽保的原则及时安排新增建设用地计划指标。对使用荒山、荒滩等土地建设的健身休闲项目，优先安排新增建设用地计划指标，出让底价可按不低于土地取得成本、土地前期开发成本和按规定应收取相关费用之和的原则确定。在土地利用总体规划确定的城市和村庄、集镇建设用地范围外布局的重大健身休闲项目，可按照单独选址项目安排用地。利用现有健身休闲设施用地、房产增设住宿、餐饮、娱乐等商业服务设施的，经批准可以协议方式办理用地手续。鼓励以长期租赁、先租后让、租让结合方式供应健身休闲项目建设用地。支持农村集体经济组织自办或以土地使用权入股、联营等方式参与健身休闲项目。

16. 完善投入机制。要将全民健身经费纳入财政预算，并与国民经济增长速度保持适应。用足用好省级体育产业发展专项资金，对符合条件的健身休闲项目予以支持，运用彩票公益金对健身休闲相关项目给予必要资助。进一步健全政府购买公共体育服务的体制机制。全面落实扶持体育产业发展的各项优惠政策，对符合条件的各级各类健身休闲场所自用的房产和土地，按规定减免房产税和城镇土地使用税，降低健身休闲企业税费成本。

17. 加强人才保障。鼓励校企合作，培养各类健身休闲项目经营策划、运营管理、技能操作等应用型专业人才。加强从业人员职业培训，提高健身休闲场所工作人员的服务水平和专业技能。完善体育人才培养开发、流动配置、激励保障机制，支持专业教练员投身健身休闲产业。加强社会体育指导员队伍建设，充分发挥其对群众参与健身休闲的服务和引领作用。推进体育产业智库建设。加强健身休闲人才培育的国际交流与合作。

18. 健全工作机制。建立教育体育、发展改革、文化旅游等多部门合作的健身休闲产业发展工作协调机制，及时分析健身休闲产业发展情况，解决存在问题，落实惠及健身休闲产业的文化、旅游等相关政策。各县区政府要把发展健身休闲产业纳入国民经济和社会发展规划，鼓励有条件的地方编制健身休闲发展专项规划。有条件的县区体育行政部门要加强职能建设，充实体育产业工作力量，推动健身休闲产业发展。

19. 强化督查落实。建立体育大数据平台，以国家体育产业统计分类为基础，完善健身休闲产业统计制度和指标体系，建立健身休闲产业监测机制。市教育体育局、市发展改革委（物价局）、市文广新局（旅游局）要会同有关部门对落实本实施意见的情况进行监督检查和跟踪分析，重大事项及时向市政府报告。

宣城市人民政府办公室关于加快发展健身休闲产业的实施意见

(宣政办〔2017〕38号)

各县、市、区人民政府,市政府各部门、各直属机构:

为加快发展我市健身休闲产业,促进全民健身与全民健康深度融合,满足人民群众多样化体育健身需求,依据《国务院办公厅关于加快发展健身休闲产业的指导意见》(国办发〔2016〕77号)和《安徽省人民政府办公厅关于加快发展健身休闲产业的实施意见》(皖政办〔2017〕7号)文件精神,经市政府同意,现就我市加快发展健身休闲产业提出如下实施意见。

一、总体要求

(一)指导思想。全面贯彻党的十九大精神,以邓小平理论、"三个代表"重要思想、科学发展观、习近平新时代中国特色社会主义思想为指导,按照"五位一体"和"四个全面"的总要求,牢固树立创新、协调、绿色、开放、共享发展理念,坚持以我市创建国家全域旅游示范区为抓手,以打造"皖南川藏线"域内健身休闲产业为重点,加快推进健身休闲产业供给侧结构性改革,提高健身休闲产业发展质量和效益,推动健身休闲产业全面健康可持续发展,不断满足群众多层次、多样化的健身休闲需求,为我市率先全面建成小康社会作出积极贡献。

（二）发展目标。到2025年，将我市打造成为长三角知名、皖南最佳健身休闲产业发展区域。基本形成布局合理、功能完善、门类齐全的健身休闲产业发展格局，市场机制和政策环境更加优化，产业体系日趋合理，消费能力明显提升，与其他产业融合发展更加密切，健身休闲群体逐年增加，产业总规模达到60亿元，创建3个以上国家体育产业（示范）基地或单位、6个以上省级体育产业基地、30个以上市级体育产业基地，创建3个以上省级体育特色小镇，创建5个以上省级体育生态公园，打造5个以上国家体育旅游精品线路。

二、突出发展主题，进一步优化健身休闲产业布局

（一）优化区域布局。依托宣城山水资源和民间传统体育文化等特点，鼓励和引导各县市区积极发展健身休闲产业，构建特色鲜明、良性互动、协同发展的健身休闲产业布局。市区要依托市体育中心、健身会所、门面房、闲置厂房等资源，重点发展健身业、服务业等健身休闲产业。依托敬亭山、柏枧山、丫山、石佛山、太极洞等山地资源，重点发展露营、登山竞速、徒步穿越、攀岩速降、拓展等山地户外健身产业。依托宛陵湖、南漪湖、昆山湖、桃花潭、天子门水库、青龙湾、港口湾水库等水上资源，重点发展摩托艇、赛艇、皮划艇、龙舟、滑水等水上运动。依托我市独特自然条件和旅游景区、旅游度假区、乡村旅游区、"皖南川藏线"等优质资源，加快发展汽车、摩托车赛车场及自驾车、房车营地等户外运动产业，着力打造宣城市"人文盛首，文房四宝"露营地产品群。依托我市空域资源，加快培育运动飞机、热气球、滑翔、动力伞、轻小型无人驾驶航空器、航空模型等户外运动产业。依托徽杭古道、吴越古道、丫山古道、旌歙古道等古道资源，打造

若干条国家级体育旅游精品线路。为迎接2022年冬奥运会在我国举办，鼓励各县市区充分利用国内外新技术、新材料、新工艺建设旱雪场、旱冰场、仿真冰场、可拆装冰场等替代性冬季运动场地。积极支持广德县东亭乡、宣州区狸桥镇、泾县蔡村镇、旌德三溪镇、郎溪姚村乡等乡镇打造安徽省体育特色小镇。加快推进各县市区体育生态公园规划选址和建设工作，力争在3-5年内创建5个以上安徽省体育生态公园。

（二）完善网络布局。各县市区要在加快完善公共场地设施和运动场所建设的同时，积极构建县市区、乡镇（街道）、村（社区）三级全民健身网络，打造城市社区15分钟健身圈，实现乡镇（街道）、村（社区）公共体育健身设施全覆盖。

三、突出提升主题，进一步促进健身休闲产业发展水平

（一）打造宣城特色产业。市教体局要会同市直有关部门开展山水运动资源调查、民族传统体育资源调查，摸清发展健身休闲产业的自然、人文基础条件。在保护自然资源和生态环境的基础上，本着立足现实、因地制宜、合理布局、错位发展的指导思想，充分利用本土特色和传统体育人文资源，打造我市各具特色的健身休闲集聚区和产业带。

（二）培育骨干企业。加强对我市现有健身休闲产业扶持力度，使之做大做强，更具市场竞争力。积极推动我市传统制造业向健身休闲产业转型，鼓励健身休闲器材装备制造企业向上下游延伸，打造全产业链。支持我市健身休闲企业通过连锁经营、管理输出等方式，提升企业集群化和规模化水平。

（三）发展中小微企业。大力推进简政放权，营造良好准入环境，为我市社会资本投资健身休闲产业创造条件。贯彻落

实《宣城市关于加快发展体育产业促进体育消费的实施意见》，通过专项资金、信贷支持等方式扶持中小微健身休闲企业发展。支持退役运动员、体育类专业大学生等群体创业，为健身休闲领域大众创业、万众创新营造良好的氛围。

（四）加快培育品牌赛事。积极支持泾县桃花潭龙舟赛、泾县油菜花马拉松、徽杭古道跑山赛、敬亭山登山比赛、环宛陵湖马拉松等传统赛事和自主品牌赛事活动的开展，积极鼓励各县市区举办或承办国际、国内体育赛事活动，打造具有知名度、影响力、市场竞争力的健身休闲品牌赛事。

（五）促进产业融合发展。充分发挥健身休闲产业对相关产业带动作用，加快我市健身休闲与旅游、文化、医疗、健康、养老、教育等产业的融合发展，积极培育健身休闲产业新业态。结合我市创建国家全域旅游示范区的契机，整合我市现有健身休闲产业资源，促进健身休闲产业深度融合发展。

四、突出服务主题，进一步完善健身休闲功能

（一）普及日常健身运动。认真贯彻落实《宣城市全民健身实施计划（2016－2020年）》，通过举办市运会、全民健身运动会、登山比赛、迎春长跑、马拉松比赛、自行车比赛等群众性体育赛事活动，大力推广登山、攀岩、路跑、自行车、足球、篮球、乒乓球、羽毛球、网球、游泳、台球、棋牌、广场舞、体育舞蹈、钓鱼、徒步、工间操等群众喜闻乐见、广泛参与的健身休闲运动项目。

（二）传承和推广民间传统健身休闲运动。积极推广养生健身气功、太极拳、武术、龙舟等民间传统健身休闲运动项目，加强花鼓灯、马灯、狮子舞、旱船、跳五猖等体育类非物质文化遗产与健身休闲产业相互融合开展。

(三）壮大社会体育组织。为满足全民健身的需求，要加快我市民办非团体或社会组织的发展。各相关部门要优化审批程序，加强指导服务，支持我市体育协会、体育类民办非企业团体等社会组织设立和发展。要深化体教结合，积极推动学校开展各项体育活动，鼓励各级各类学校创建省级、国家级青少年体育体育俱乐部和青少年体育传统项目、体育特色项目学校。积极推动我市发展社区体育健身俱乐部，支持乡镇（街道）、村（社区）建立体育健身组织，推动城乡健身休闲活动开展和普及。

（四）盘活现有体育场馆资源。加快我市体育中心建设步伐，整合我市现有体育场馆资源，进一步推进行政机关、企事业单位等体育设施向社会开放，积极推动有条件的中小学体育场地设施在非工作日向社会开放。采取政府购买服务和补贴等形式，推进各级各类体育设施免费或低收费向社会开放。合理利用旧厂房、仓库、老旧商业设施、建筑物屋顶、地下室、公园绿地、社会空置场所等建设体育健身休闲设施，引导公益性体育设施设备优先向住宅区配置。积极探索管办分离、公建民营等运营管理机制，实现体育场馆市场化经营，满足我市人民群众日益增长的健身休闲需求。

五、突出消费主题，进一步改善体育健身休闲环境

为促进体育健身休闲消费，带动我市经济快速增长，要进一步改善我市体育健身休闲消费环境。各级要普及健身知识，积极推行《国家体育锻炼标准》，促进更多的人群参与健身休闲活动。鼓励健身休闲企业与金融机构合作，试点发行健身休闲联名银行卡，实施特惠商户折扣。鼓励企事业单位提供一定经费用于开展职工体育活动。鼓励保险机构开发体育保险险

种，引导保险公司根据健身休闲运动特点和不同年龄段人群身体状况，开发场地责任保险、运动人身意外伤害保险。积极推动青少年参加体育活动相关责任保险发展。加快打造智慧体育公共信息服务平台，及时发布赛事、活动、场馆等信息，提供健身指导，引导体育消费，拓展线上线下相结合的体育消费新空间。

六、保障措施

（一）健全工作机制。强化组织领导，建立健全市教体局、市发改委、市旅发委、市财政局等有关部门合作的健身休闲产业发展工作协调机制，及时分析健身休闲产业发展情况，解决存在问题，落实惠及健身休闲产业的相关政策。各县市区政府要把发展健身休闲产业纳入国民经济和社会发展规划。各级教体行政部门要加强职能建设，充实体育产业工作力量，推动健身休闲产业发展。

（二）优化规划和土地政策。积极引导健身休闲产业用地控制规模、科学选址，并将相关用地纳入地方各级土地利用总体规划中合理安排。对符合土地利用总体规划、城乡规划、环保规划等相关规划的重大健身休闲项目，本着应保尽保的原则及时安排新增建设用地计划指标。在土地利用总体规划确定的城市和村庄、集镇建设用地范围外布局的重大健身休闲项目，可按照单独选址项目安排用地。利用现有健身休闲设施用地、房产增设住宿、餐饮、娱乐等商业服务设施的，经批准可以协议方式办理用地手续。鼓励以长期租赁、先租后让、租让结合方式供应健身休闲项目建设用地。支持农村集体经济组织自办或以土地使用权入股、联营等方式参与健身休闲项目。

（三）完善投入机制。要将全民健身经费纳入财政预算，并与国民经济增长速度保持适应。进一步健全政府购买公共体育服务的体制机制。全面落实扶持体育产业发展的各项优惠政策，对符合条件的各级各类健身休闲场所自用的房产和土地，按规定减免房产税和城镇土地使用税，降低健身休闲企业税费成本。

（四）加强人才保障。鼓励校企合作，培养各类健身休闲项目经营策划、运营管理、技能操作等应用型专业人才。加强从业人员职业培训，提高健身休闲场所工作人员的服务水平和专业技能。加强社会体育指导员队伍建设，充分发挥其对群众参与健身休闲的服务和引领作用。

（五）强化督查落实。建立体育大数据平台，以国家体育产业统计分类为基础，完善健身休闲产业统计制度和指标体系，建立健身休闲产业监测机制。市教体局要会同市发改委、市旅发委、市财政局等有关部门对落实本实施意见的情况进行监督检查和跟踪分析，重大事项及时向市政府报告。各地、各有关部门要根据本意见要求，结合实际情况，抓紧制定具体实施意见和配套政策。

福建省人民政府办公厅关于加快发展健身休闲产业的实施意见

(闽政办〔2017〕119号)

各市、县(区)人民政府,平潭综合实验区管委会,省人民政府各部门、各直属机构,各大企业,各高等院校:

健身休闲产业是体育产业的重要组成部分,是以体育运动为载体、以参与体验为主要形式、以促进身心健康为目的,向大众提供相关产品和服务的一系列经济活动,涵盖健身服务、设施建设、器材装备制造等业态。为贯彻落实《国务院办公厅关于加快发展健身休闲产业的指导意见》(国办发〔2016〕77号)、《福建省人民政府关于加快发展现代服务业的若干意见》(闽政〔2016〕3号)精神,加快我省健身休闲产业发展,经省政府同意,结合我省实际,提出如下实施意见。

一、总体思路

(一)指导思想

全面贯彻党的十八大和十八届三中、四中、五中、六中全会精神,按照"五位一体"的总体布局和"四个全面"战略布局,牢固树立和贯彻落实创新、协调、绿色、开放、共享的发展理念,深化体育改革,更新体育理念,推动群众体育、竞技体育、体育产业协调发展,推进体育产业供给侧结构性改革,发挥健身休闲产业在建设健康福建中的积极作用,挖掘和释放消费潜力,培育新的经济增长点,增强经济增长的新动能，进一步保障和改善民生，不断满足大众多层次多样化的健身休闲需求，提升幸福感和获得感。

（二）总体目标

到2025年，基本形成布局合理、功能完善、门类齐全，市场机制日益完善，产业环境不断优化，产业结构日趋合理，产品供给更加丰富，服务品质明显提升，融合发展更为紧密，消费需求更加旺盛的健身休闲产业发展格局，产业总规模达两千亿元以上。

基础设施建设更加完备，发展空间更加充裕。建成覆盖全省、体系完善的健身步道（栈道）、自行车绿道、健身广场、健身休闲公园、登山步道等健身休闲基础设施。同时，建成30个山地户外营地（基地）、20个水上运动公共船艇码头（停靠点）、5个省级航空飞行营地等专业场所。

健身休闲消费更加活跃，品牌效应更加显著。全省每个县（市、区）至少发展3~5家健身休闲俱乐部，全省形成100家以上的规模以上健身俱乐部，培育10家左右在全国具有较大品牌影响力的健身休闲示范企业。

健身装备制造更加高端，产业结构更加优化。培育3~5家具有全国性品牌影响力的龙头企业，并在健身休闲装备市场占有率位居全国前列。

健身休闲赛事更加蓬勃，赛事体系更加丰富。培育2~3项具有国际影响力的品牌赛事，打造5~8项全国性品牌赛事，打造20项省级品牌赛事、传统品牌赛事。

产业示范基地更加多元，集聚优势更加明显。培育8~10个健身休闲类国家体育产业示范基地，打造30个省级体育产业示范基地，建成30个运动休闲特色小镇。

二、主要任务

（一）加快健身休闲运动项目发展。

普及健身休闲项目。推广篮球、足球、乒乓球、羽毛球、游泳、跆拳道、气排球、太极拳、门球、徒步、路跑、骑行、棋类、钓鱼、广场舞、农耕健身、轮滑等适合大众广泛参与、关注度高、市场空间大的健身休闲运动项目，保障基本公共体育服务供给。

责任单位：省体育局、农业厅，各设区市人民政府、平潭综合实验区管委会

扶持传统体育项目。发展咏春拳、五祖拳、白鹤拳、地术拳、畲拳、连城拳、武梅拳、健身气功、太极剑、龙舟、舞龙舞狮、脚斗士等民族民俗民间传统体育项目，保护、传承和弘扬区域传统体育文化。

责任单位：省体育局、民族宗教厅、文化厅，各设区市人民政府、平潭综合实验区管委会

发展户外时尚项目。推广登山、徒步、露营、骑行、攀岩、定向越野、丛林穿越等山地户外运动项目，发展帆船（板）、赛艇、皮划艇（激流）、摩托艇、潜水（蹼泳）、冲浪、漂流、沙滩运动等水上健身休闲项目，推动运动飞机、热气球、滑翔、飞艇、牵引伞、动力伞、轻小型无人驾驶航空器、航空模型等航空运动项目，培育滑冰、滑雪等冰雪运动项目及极限运动、电子竞技、电子飞碟、击剑、马术、高尔夫等时尚健身休闲项目，顺应个性化、品质化、专业化、体验化健身休闲消费升级的需求。

责任单位：省体育局、旅发委、质监局、民航福建监管局、民航厦门监管局，各设区市人民政府、平潭综合实验区管委会

（二）拓展健身休闲赛事活动。

完善赛事体系。打造国际品牌赛事、自主品牌赛事、特色品牌赛事、传统品牌赛事"四位一体"的赛事活动体系。做大做强环岛、环湖、环山马拉松、公路自行车等国际品牌赛事，大力扶持汽车摩托车越野赛、轮滑、冬泳、武术等自主品牌赛事，积极培育山地户外、低空运动、水上运动等特色品牌赛事。

责任单位：省体育局，各设区市人民政府、平潭综合实验区管委会

健全赛事机制。完善"政府引导、市场运作、企业承办、社会参与"的运作模式，科学引领赛事品牌化发展。积极以购买公共服务实施体育赛事活动。对能够以社会力量为主体、市场化运作的体育赛事活动，各级政府要提供交通、卫生、安保和宣传等保障服务。

责任单位：省体育局、财政厅、公安厅，各设区市人民政府、平潭综合实验区管委会

深耕赛事经济。充分发挥体育赛事对住宿、餐饮、旅游、通讯、交通、传媒、会展、广告等相关产业的拉动作用，鼓励和支持赛事全产业链运营，提升赛事产业内外关联度。鼓励企业以冠名、合作、特许、广告等方式赞助体育赛事和运动队，开发体育无形资产。深化体育赛事文化创意内涵，丰富赛事文化产品体系。

责任单位：省体育局，各设区市人民政府、平潭综合实验区管委会

（三）丰富健身休闲用品有效供给。

丰富产品品种。鼓励和引导企业对接健身休闲发展趋势，通过设计、研发和生产"微创新"，开发和生产各类功能型、时尚型、专业型、智能型健身休闲用品。支持企业针对健身休

闲发展个性化定制生产。鼓励中小微企业、运动健身俱乐部等紧盯细分领域和行业，强化特色产品、经营和服务，打造主营业务突出、竞争力强的"专精特新"企业，满足个性化健身休闲需求。

责任单位：省经信委、体育局、发改委，各设区市人民政府、平潭综合实验区管委会

提升产品品质。加强项目标准化建设，支持企业和体育社会组织积极参与国家、行业和地方健身休闲标准的制定。鼓励健身装备制造企业加快产品智能化转型，促进产品与物联网、云计算、大数据、移动互联网等技术的集成和跨界融合创新。引导企业打造以质量和信誉为核心的自主品牌，打造特色鲜明、竞争力强、市场信誉好的区域品牌。支持具有创新能力和竞争实力的骨干企业，通过管理输出、连锁经营、兼并重组等方式，实现产业集聚发展、品牌发展。

责任单位：省经信委、体育局、发改委、商务厅、科技厅、质监局，各设区市人民政府、平潭综合实验区管委会

（四）加强健身休闲设施建设。

建设基础设施。充分合理利用景区、公园、广场、建筑物屋顶、地下室及城市空置场所等建设健身步道（栈道）、绿道、健身广场、健身休闲公园、登山步道，打造城市社区15分钟健身圈。鼓励发展气膜式、可拆装式、组合式等新型健身休闲设施。鼓励社会资本建设小型多样的健身休闲设施，利用城市旧厂房、仓库、老旧商业设施、农村荒地等闲置资源改建健身休闲设施。鼓励健身休闲设施与住宅、文化、商业、娱乐等综合开发，打造健身休闲服务综合体。

责任单位：省住建厅、体育局，各设区市人民政府、平潭综合实验区管委会

打造特色设施。加强步道、慢行系统等基础设施的规划建

设，重点推进山地户外营地（基地）、自驾车旅居车营地、露营公园、运动船艇码头（停靠点）、航空飞行营地、全民健康智能小屋等配套设施建设。鼓励和引导体育运动训练基地、旅游景区、旅游度假区、乡村旅游区、森林公园、郊野公园等特色健身休闲设施建设。

责任单位：省体育局、旅发委、民航福建监管局、民航厦门监管局，各设区市人民政府、平潭综合实验区管委会

培育特色小镇。立足我省资源、要素禀赋、体育发展水平等，按照全国体育小镇标准及省特色小镇创建遴选标准，培育以体育为特色、产业为引领、融合为依托、集聚为核心的体育休闲类、体育度假类、体育旅游类、体育养生类、体育探险类、体育赛事类、体育运动项目类、体育用品制造类、体育教育与培训类、体育文化创意类等运动休闲特色小镇。

责任单位：省发改委、体育局、财政厅、旅发委，各设区市人民政府、平潭综合实验区管委会

（五）激发健身休闲市场主体活力。

支持企业发展。引导企业、科研机构、社会组织等组建跨行业产业联盟。鼓励体育服装、鞋帽制造骨干企业根据自身优势及市场需求，结合传统制造业转型升级，进军健身休闲产业。

责任单位：省经信委、体育局，各设区市人民政府、平潭综合实验区管委会

鼓励创业创新。放宽产业准入门槛，降低创业制度性成本。鼓励高校毕业生、青年人才自主创业。健全运动员创业扶持基金，鼓励退役运动员发挥自身特长投身健身休闲产业。支持利用园区或闲置厂房、楼宇等建设健身休闲创业基地，鼓励各地成立健身休闲产业孵化平台。鼓励健身休闲众创空间与高校、科研机构及企业开展协同孵化，打造以云服务、云制造和

协同创新为主要特征的众创空间,推进新创意、新技术、新产品、新企业的高效对接。

责任单位:省发改委、科技厅、教育厅、体育局、财政厅、人社厅、工商局,各设区市人民政府、平潭综合实验区管委会

壮大社会组织。积极推进体育类社会团体、基金会、民办非企业单位等社会组织发展。鼓励发展适合不同消费需求的健身俱乐部,依托单项协会和人群协会发展协会式俱乐部,围绕户外运动基地、体育旅游线路和产品打造休闲旅游式俱乐部。充分发挥行业体育协会、单项体育协会在健身休闲基地建设、赛事活动策划组织、行业服务标准制定、人才培养培训、救援保障体系建设等方面的引领、示范、指导作用。鼓励各类体育社会组织承接政府公共体育服务职能。

责任单位:省民政厅、体育局、工商局,各设区市人民政府、平潭综合实验区管委会

(六)完善健身休闲产业布局。

完善山地运动产业带。立足我省武夷山脉、杉岭山脉、玳瑁山脉、鹫峰山脉、戴云山脉、博平岭山脉、太姥山脉等山地和森林资源优势,重点支持三明、龙岩、南平等山区市及闽中、闽东部分山区发展山林户外运动,强化山地和森林资源整合和区域协作,推进自然景观与健身休闲的融合发展,建设生态环境优良、综合效益显著的绿色生态山林户外运动产业带。

责任单位:省体育局、旅发委、住建厅、林业厅,各设区市人民政府、平潭综合实验区管委会

发展水上运动产业带。立足我省台湾海峡、罗源湾、三沙湾、泉州湾、湄洲岛、东山岛、平潭岛、闽江、乌龙江、九龙江、九鲤湖等海峡、海湾、海岛、河流、湖泊资源优势,重点支持福州、泉州、漳州、厦门、莆田、宁德、平潭等沿海港口

城市发展水上健身休闲产业。充分发挥"海"的资源和优势，突出"游岛玩海"概念，重点打造平潭国际旅游岛，提升东山岛、湄洲岛、崇武半岛，加快开发福鼎嵛山岛、诏安城洲岛、福清东壁岛、南日岛等。强化水上资源的优势互补和区域协作，加快湖泊河流运动向滨海运动延伸，滨海运动向海洋、海岛运动拓展，推进碧海银滩与健身休闲的融合发展，加快发展海钓、帆船、横渡海峡、环岛马拉松、水上飞机、低空飞行等运动业态，建设具有特色鲜明、品牌效应突出的蓝色水上运动休闲产业带。

责任单位：省体育局、旅发委、海洋渔业厅，各设区市人民政府、平潭综合实验区管委会

拓展航空运动产业带。立足我省厦航、福航本省基地航空公司和已建成的福州长乐、厦门高崎、三明沙县、泉州晋江、连城冠豸山、南平武夷山等机场及"十三五"规划建设的新机场和通航机场等航空资源优势，重点扶持福州、厦门、泉州、平潭等稳步发展航空运动。围绕武夷山、泰宁大金湖、福建土楼、屏南白水洋、龙岩冠豸山、平潭岛、东山岛等重要景区，布局建设一批旅游观光通航机场或直升机起降点，规划推出一批空中浏览飞行观光精品线路。推进蓝天白云与健身休闲的融合发展，建设具有一定规模的航空运动产业带。

责任单位：省体育局、旅发委、民航福建监管局、民航厦门监管局，各设区市人民政府、平潭综合实验区管委会

（七）优化健身休闲产业结构。

加快与旅游产业融合发展。建立体育旅游示范基地建设标准，实施体育旅游精品示范工程，引导旅游景区建设休闲运动设施和发展体育运动项目，规划建设一批国家级、省级体育旅游示范基地，培育一批以健身休闲为特色的国家级、省级旅游度假区、精品旅游景区和休闲农业示范区，打响"清新福建？

运动之旅"系列品牌,通过体育赛事活动丰富旅游业态。扶持和培育一批融健身休闲与民族民间民俗传统体育为一体的示范基地、重大节庆、品牌赛事活动等。

责任单位:省体育局、旅发委、文化厅、卫计委、农业厅,各设区市人民政府、平潭综合实验区管委会

加快与健康产业融合发展。大力发展运动康复医学,积极引入国际国内品牌健身医疗机构建设健身医疗综合体,推广"运动处方",建设运动干预慢病防控体系。

责任单位:省体育局、卫计委,各设区市人民政府、平潭综合实验区管委会

推进"互联网+"。鼓励和扶持以移动互联网、大数据、云计算和各类主题 APP 技术为支撑的健身休闲服务平台建设和健身产品开发,为大众获取信息、参加赛事活动、预约服务、选购用品、加微社区(运动圈)等提供智能服务,促进线上线下、体验分享等多种消费业态发展,形成健身休闲产业新生态圈。

责任单位:省体育局、科技厅、经信委,各设区市人民政府、平潭综合实验区管委会

(八)改善健身休闲消费环境。

培育消费理念。依托各类媒体,通过专栏、讲座、公益广告、科普图书和音像制品等形式普及健身休闲知识,传递健身休闲资讯,引导健身休闲消费新热点、新模式,增强健身休闲消费意愿。推动体育部门、体育社会组织、专业体育培训机构等与各类学校开展合作,培养青少年的运动兴趣和运动技能。发挥体育明星和运动达人的示范作用,激发大众健身休闲的积极性。

责任单位:省体育局、教育厅、文化厅、新闻出版广电局、福建日报集团、广播影视集团,各设区市人民政府、平潭

综合实验区管委会

搭建消费平台。健全健身休闲标准体系和信用体系，积极推行《国家体育锻炼标准》、业余运动等级标准、业余赛事等级标准，发行全民健身公共积分，推动健身休闲传统消费升级、新兴消费扩容、潜在消费释放。鼓励发展多媒体广播电视、微信公众平台、移动终端应用程序（APP）等体育传媒新业态，促进消费者利用各类社交平台互动交流。

责任单位：省体育局、新闻出版广电局、质监局、财政厅、福建日报集团、广播影视集团，各设区市人民政府、平潭综合实验区管委会

完善消费政策。从体育彩票公益金中以政府购买公共服务方式，支持群众健身消费。鼓励企业将健身休闲作为职工奖励和福利措施，鼓励健身休闲企业与金融机构合作发行健身休闲联名银行卡。引导保险公司根据健身休闲运动特点和不同人群身体状况，开发场地责任保险、运动人身意外伤害保险和第三方责任险等，重点推进青少年参加体育活动相关责任保险的发展。鼓励机关、企事业单位为职工参加健身休闲活动购买保险。

责任单位：省体育局、人社厅、质监局、财政厅、银监局、保监局，各设区市人民政府、平潭综合实验区管委会

三、保障措施

（一）完善健身休闲多元化投入

各地要把健身休闲产业纳入支持现代服务业发展的政策体系，发挥服务业发展引导资金、体育产业发展专项资金等财政资金对健身休闲产业发展的示范、引领和撬动作用，并逐步加大扶持力度。积极做好对场馆开放，完善支持体育消费、体育

会展、公共服务平台，以及健身休闲装备企业拓展新型业态、开拓市场、转型升级、主辅分离示范项目建设等扶持政策。

鼓励社会资本以市场化方式设立健身休闲产业发展投资基金，引导社会资本以PPP模式参与健身休闲项目建设运营。支持符合条件的企业上市融资和发行债券，筹资发展健身休闲产业。鼓励金融机构积极开发适合健身休闲产业特点的信贷产品。各级政府出资建立的融资担保机构优先为健身休闲企业提供贷款担保服务。对缴纳房产税、城镇土地使用税确有困难的健身休闲企业，可按有关规定经主管地税机关核准后给予减免税。

责任单位：省体育局、财政厅、发改委、地税局、国税局、银监局，各设区市人民政府、平潭综合实验区管委会

（二）推进健身休闲项目建设

各级、各部门以全面推进项目建设为抓手，加快健身休闲产业发展。省体育局等部门要建立健全省级健身休闲产业重点项目库的滚动更新机制，适时推出一批健身休闲重点项目，优先申报或安排国家文化产业基金和省级专项资金。各设区市、省直有关部门要着力重点推进实施一批示范功能强、推动作用大的项目建设。加强中国国际体育用品博览会、中国体育文化？体育旅游博览会、"9.8"投洽会、"6.18"项目成果交易会等展会平台对健身休闲产业项目的招商推介，开展银企专场对接，为健身休闲企业提供综合性融资服务。

责任单位：省体育局、财政厅、发改委、商务厅、经信委，各设区市人民政府、平潭综合实验区管委会

（三）强化健身休闲土地保障

着力保障用地供给，市、县人民政府要将建设休闲产业用地纳入当地土地利用总体规划、城乡规划，统筹安排项目用地计划指标，对符合规划的健身休闲重大项目、体育特色小镇项

目用地，用地计划指标分配予以倾斜。对使用荒山、荒滩及石漠化、边远海岛土地建设健身休闲项目，优先安排新增建设用地计划指标，土地出让底价按照国务院办公厅《关于加快发展健身休闲产业的指导意见》规定执行。支持市、县（区）政府以国有建设用地使用权作价出资或者入股的方式提供土地，与社会资本共同投资建设健身休闲项目。积极支持以划拨方式取得土地的单位利用旧工业厂房、旧仓储用房等存量房产和土地资源兴办健身休闲产业。对符合划拨用地目录的非营利性健身休闲体育项目，可继续按划拨方式使用土地；不符合划拨用地目录经营性健身休闲体育项目，连续经营一年以上的可采取协议出让方式办理用地手续。鼓励以长期租赁、先租后让、租让结合等方式供应建设用地。支持农村集体经济组织自办或以土地使用权入股、联营等方式参与健身休闲项目。对不改变土地权属关系的健身休闲项目，符合相关规划并经批准改建项目按规定减免城市基础设施配套费。对符合条件的体育场馆自用的房产、土地，享受有关房产税、土地使用税减免优惠政策。

责任单位：省体育局、国土厅，各设区市人民政府、平潭综合实验区管委会

（四）加快健身休闲人才培养

支持高等学校、中等职业学校与企业合作，加强健身休闲产业经营策划、运营管理、研发设计、技能操作等应用性专业人才培养。鼓励高等院校与健身休闲骨干企业合作建立健身休闲教育实践基地。发挥社会体育指导员对健身休闲的服务和示范引领作用，支持各地将符合条件的健身休闲服务从业人员纳入就业扶持范围，加强退役运动员转型培训，将健身休闲相关专业人才需求纳入全省急需紧缺人才引进指导目录，对符合目录条件引进的人才，按规定享受相关待遇。

责任单位：省体育局、教育厅、人社厅、团省委、妇联、各设区市人民政府、平潭综合实验区管委会

（五）健全健身休闲实施机制

各地要将健身休闲产业纳入现代服务业发展协调工作机制，统筹政策引导、平台建设、项目推进、统计分析、检查监督、规范服务。各地、各部门要根据本实施意见，结合实际情况，认真组织实施，分年度制订工作计划，明确和落实目标任务。要建立省体育局、发改委、财政厅、旅发委等部门组成的健身休闲产业发展工作协调联席会议机制，定期对本实施意见的落实情况进行监督检查和跟踪分析，重大事项及时向省政府报告。

责任单位：省直有关部门、各设区市人民政府、平潭综合实验区管委会

厦门市人民政府办公厅关于印发《厦门市优秀运动员及优秀体育后备人才相关管理办法》的通知

(厦府办〔2017〕138号)

各区人民政府，市直各委、办、局，各开发区管委会：

《厦门市优秀运动员及优秀体育后备人才招收引进、在训待遇和退役安置办法》已经市政府研究同意，现印发给你们，请认真组织实施。

厦门市优秀运动员及优秀体育后备人才招收引进、在训待遇和退役安置办法

第一章 总 则

第一条 为了加强对本市优秀运动员及优秀体育后备人才招收引进、在训待遇和退役安置的管理，根据《中华人民共和国体育法》及其他有关法律法规的规定，结合本市实际，制定本办法。

第二条 厦门市政府体育行政部门是我市优秀运动员和优秀体育后备人才招收引进的主管部门。

第三条 本办法适用范围为：

(一)优秀运动员：办理正式招收入编手续、工资关系在体育系统优秀运动队，且工资实行体育津贴制的运动员；

（二）优秀体育后备人才：通过选拔进入体育系统运动队，并办理正式报调手续，且享受体育临时津贴的运动员。

第二章 招收引进和人才选调

第四条 根据体育竞赛需要，能代表厦门市参加省级以上比赛且具有下列条件之一的，可作为优秀运动员予以招收引进：

（一）获国际健将、健将级运动员技术等级称号的；

（二）获奥运会、世界锦标赛、世界杯前八名名次的；

（三）获青奥会、世界青年锦标赛前六名名次的；

（四）获亚运会、亚洲锦标赛、亚洲杯前六名名次的；

（五）获全运会、全国锦标赛、全国冠军赛前六名名次的；

（六）获青运会前三名、全国青年锦标赛第一名名次的。

国际健将、健将等级称号，以国家体育总局官方网站公布的《体育总局关于授予国际运动健将称号的通知》、《体育总局关于授予运动健将称号的通知》为准。国内比赛成绩以获奖证书为准，国际比赛以上级体育部门开具的成绩证明为准。

第五条 根据体育竞赛需要，能代表厦门市参加省级以上比赛可作为优秀体育后备人才予以选拔报调。作为优秀体育后备人才选拔报调的运动员应当达到下列条件之一，对专项特点突出的运动员，可适当放宽条件予以特批。

（一）身体形态、机能、运动素质、基本技术和心理素质达到国家体育总局规定的选材标准，且属良好及以上的；

（二）获得全国少年儿童比赛前八名、福建省青少年锦标赛前三名，有培养前途的；

（三）获得全国三大赛前八名、青运会前六名、全国青年锦标赛前三名、省运会第一名成绩的，或达国家一级运动员标准。

身体形态、机能、健康状况、运动素质和心理素质须经市体育局所属的科研医务部门和训练管理部门检测。

第六条 优秀体育后备人才的选调工作，必须遵循公开、公平、公正原则，根据优秀人才成长规律和运动队人才梯队建设需要，按如下程序进行：

（一）选拔试训

优秀体育后备人才的选拔工作，由各运动队现任教练员负责。教练员通过基层训练点推荐，或对运动员训练、竞赛过程的监测追踪，采集相应的基本数据（包括基本身体形态，基本身体素质和基本技能等），初步确定有本专项发展潜质的优秀苗子，报请运动队核准，由各训练单位选拔试训。运动员试训时间不超过3个月。

（二）集训

集训主要由运动队对选中的优秀苗子进行专项训练，并通过在训练过程中对其专项训练能力、专业训练适应能力和比赛成绩及表现等进行全面综合考察，达到本办法制定的报调标准，由主管教练提出报调申请。运动员集训时间不超过6个月。

（三）报调

通过以上试训和集训程序，各训练单位将拟报调运动员上报至市体育局，经市体育局审核同意后在市体育局官方网站进行公示，公示时间为7个工作日。公示无异议者，市体育局正式下发准予报调的批文。

运动员报调期间必须承担训练单位下达的比赛任务，运动成绩达到优秀运动员招收引进条件的，可申请正式招收为优秀运动员，办理入编手续，签订聘用合同。报调期原则上不超过一年。

第七条 优秀运动员和优秀体育后备人才户口可迁入厦门市优秀运动队集体户，公安部门给予办理入户手续。

第三章 在训待遇

第八条 优秀体育后备人才享受体育临时津贴，标准为每人每月1300元，停训或招收为优秀运动员后停发。

第九条 优秀运动员的待遇实行体育津贴奖金制，由基础津贴、成绩津贴和平时训练奖组成。

第十条 基础津贴

（一）基础津贴按照运动员的不同水平设置，共分为20个档次，不同档次对应不同的津贴标准（附表1）。

（二）从正式招收为优秀运动员的当月起，执行第一档基础津贴标准。年度考核结果为合格及以上等次的优秀运动员，每年正常晋升一档基础津贴，并从第二年的1月起执行。

第十一条 成绩津贴

（一）成绩津贴根据优秀运动员在国内外重大体育比赛中所取得的最高获奖名次确定。在奥运会、奥运会项目世界比赛、和亚运会、全运会、全国比赛和世界青年锦标赛、全省运动会和年度全国青少年比赛及全国青年运动会、全省青少年锦标赛等八个层次比赛中取得获奖名次的运动员，执行相应的成绩津贴（附表2）。与运动成绩津贴挂钩的全国比赛名称，按国家体育总局体人字〔2002〕323号通知执行。

（二）集体项目的非主力队员，根据训练水平和实际贡献，成绩津贴按照比主力队员低一档的标准执行。

（三）优秀运动员在奥运会、世界锦标赛、世界杯赛、亚运会上创世界纪录的，按奥运会项目世界比赛第一名的成绩津贴标准执行，在其他比赛中创世界纪录的，按实际名次发放相应的成绩津贴。

（四）领取成绩津贴的优秀运动员，获奖名次有提高的，可以按提高的名次从第二年1月起发放相应比赛层次的成绩津贴。其中，首次获得世界冠军的优秀运动员，从取得成绩的下月起领取相应比赛层次的成绩津贴。优秀运动员再次获得奥运会比赛第一名时，按第二名到第一名的津贴差额增加成绩津贴。一年内取得多项获奖名次的，按其中最高一项名次确定成绩津贴。

第十二条　平时训练奖

（一）平时训练奖标准与优秀运动员1.5个月的基础津贴和津补贴总额大体相当，由岗位津贴、生活补贴、绩效奖金三个部分构成。

（二）对在平时训练中能按要求完成训练计划、训练刻苦、遵守队伍管理规定的优秀运动员，按月发放岗位津贴和生活补贴，参照专业技术人员十三级岗位基础性绩效工资中的对应标准执行。

（三）绩效奖金参照事业单位绩效工资改革奖励性绩效工资的办法每年进行一次总额核定。训练单位在核定的奖励性绩效工资总量内，根据运动员平时训练水平、完成训练计划情况、在队表现情况、竞赛成绩、年度考核等情况综合评定每位优秀运动员的绩效奖金发放水平，制定绩效奖金分配方案，报市体育局审核后，按月发放。分配方案要体现运动员特点和贡献大小，合理拉开差距。

第十三条　训练单位应根据规定为优秀运动员缴纳住房公积金、养老保险、医疗保险、生育保险、工伤保险、失业保险等，个人缴交部分从其在训待遇中扣除。

第十四条　优秀运动员因伤病在两年内不能参赛，须办理退役手续。

第十五条 优秀运动员服用违禁药物被查处，停赛期间扣发其成绩津贴和平时训练奖。

第十六条 优秀运动员、优秀体育后备人才应当服从上级运动队的调训。对输送到上级运动队的厦门市运动员，由厦门市给予一定的奖励：被选拔到省体校的运动员，给予15000元奖励，以省体校下发的入学通知或调令为准。被选拔到省优秀运动队并办理报调手续的运动员，给予30000元奖励，以上级运动队下发的报调通知为准。被选拔到国家青年队集训的运动员，给予40000元奖励。被选拔到国家队集训的运动员，给予50000元奖励。入选国家队、国家青年队的输送奖励，国家队常设集训队的，以国家体育总局相关项目管理中心下发的集训通知为准；未常设集训队的，集训累计时间超过一年或累计通知集训达到三次给予输送奖励。其中，输送到省体校或省优秀运动队的运动员，接到入学通知或报调通知后，发放50%的奖励金，其余50%待转正后发放。

第四章 退役安置

第十七条 各部门、单位在招聘工作人员时，对退役优秀运动员实行以下优惠政策：

（一）对有突出贡献（指获得奥运会前六名、世锦赛前三名、世界杯前三名、亚洲体育三大比赛冠军、全运会冠军）的优秀运动员，事业单位可采取考核方式予以接收聘用。

（二）事业单位根据岗位人员空缺情况，需通过考试与考核相结合方式从退役优秀运动员中补充工作人员的，可提出招聘方案，报其主管部门（区属事业单位还须报区组织人社部门）和市组织人社部门同意后，采取面向退役优秀运动员的有限竞争招聘考试方式进行。

（三）退役优秀运动员参加事业单位面向社会公开招聘工作人员考试，享有笔试成绩加分待遇，加分不受笔试满分限制，具体加分标准为：曾获得世界体育三大比赛（奥运会、世锦赛、世界杯）第2—6名，亚洲体育三大比赛（亚运会、亚锦赛、亚洲杯）或全运会第2、3名，全国锦标赛、全国冠军赛或篮球、排球、足球全国职业联赛第1名的运动员，加9分；获得省运动会冠军，全国锦标赛、冠军赛、或篮球、排球、足球全国职业联赛第2、3名，亚洲体育三大比赛（亚运会、亚锦赛、亚洲杯）第4至6名的运动员，加7分。以上各项加分可以累计，但最高不得超过10分。

第十八条 优秀运动员退役可享受自主择业经济补偿。经济补偿金由基础安置费、成绩安置费和运龄安置费三部分组成。

（一）基础安置费。基础安置费标准实行动态调整，按照厦门市上年度城镇职工年平均工资收入水平的3~5倍发放，具体为：运龄3年以下的按3倍发放，运龄3年至5年的按4倍发放，运龄5年至7年的按4.5倍发放，运龄7年以上的按5倍发放。

（二）成绩安置费发放标准按附表3执行。

（三）运龄安置费。国际运动健将每年10000元；国家级运动健将每年8000元；国家一级运动员每年6000元；未达到国家一级运动员等级标准的退役运动员每年5000元。

第十九条 优秀运动员退役后通过第十六条第一款所述情况实现就业的，不享受自主择业经济补偿金；输送至上级训练单位并报调转正运动员，按上级训练单位的退役安置办法执行，不享受本市的退役安置待遇。

第二十条 退役优秀运动员领取自主择业经济补偿金后又

被机关、事业单位重新录用、招收的，其工资待遇按新参加工作人员的工资待遇执行，工龄重新计算。

第二十一条 优秀运动员退役后进入高等院校学习的，发给自主择业经济补偿金。

第二十二条 运龄2年以上经市体育局批准报调并领取体育临时津贴的优秀体育后备人才，非本人原因离队时尚未办理正式招收手续的，退役时按第十七条规定的基础安置费标准的50%发给补偿金。

第二十三条 优秀运动员停训后未实现就学、未通过第十六条第一款所述情况实现就业或自主择业并办理退役手续的，可自愿申请，经所在训练单位审核并报体育行政部门批准，进入运动员职业转换过渡期。

过渡期由所在训练单位根据运动员入队时间、运动成绩、停训原因等因素与运动员协商确定，一般不超过一年。过渡期内训练单位不得与运动员解除聘用合同，运动员不计算运龄，享受在训期间的体育基础津贴、成绩津贴和各项社会保险。过渡期满或过渡期内运动员实现就学、再就业的，训练单位应终止聘用合同，及时为运动员办理各项人事关系、社会保险关系的转移手续。

运动员在职业转换过渡期应参加训练单位和体育行政主管部门组织举办的就业指导、教育培训和信息咨询等活动，为退役后再就业创造条件。

第二十四条 优秀运动员有下列情形之一，给予除名处分，退役时不享受就业优惠政策和自主择业经济补偿金：

（一）申请退役未获批准擅自离队的；
（二）未办理任何手续代表其他省（市）参赛的；
（三）经批准退役，过渡期满无故不离队的；
（四）因严重违法被拘留、劳教、判刑的；

（五）服用违禁药物被查处的。

第二十五条　成绩安置费按在训期间获得的最好成绩一次性计算。

第二十六条　运龄计算从报调之日起到正式批准退役之日止，按实际年限计算到月。

第二十七条　自主择业经济补偿金的发放，于聘用合同终止后其人事关系、户口关系办完转移手续的次月执行。

第二十八条　未满16周岁的退役运动员，由父母监护并领取自主择业经济补偿金。

第二十九条　从外地引进的优秀运动员退役，按引进后代表国家、我省或我市参赛取得的运动成绩计算成绩安置费。

第三十条　优秀运动员的在训待遇、自主择业经济补偿金、职业转换过渡期的待遇和培训等费用由市财政局统筹解决。

第五章　附　则

第三十一条　优秀运动员在训待遇及自主择业经济补偿金将根据上级政策及我市经济发展水平适时给予调整。

第三十二条　本办法由厦门市政府体育行政部门负责解释。

第三十三条　本办法自公布之日起施行。本办法施行前已执行的有关运动员管理的其他规定同时废止。

厦门市人民政府关于加快发展体育产业促进体育消费若干措施的通知

(厦府〔2017〕307号)

各区人民政府,市直各委、办、局,各开发区管委会,各有关企业,各高等院校:

为推动我市体育产业良好快速发展,有效扩大体育消费,为"五大发展"示范市建设提供有力的产业支持,特制定如下措施:

一、激发体育市场主体活力

(一)培育体育类社会组织。促进市级体育类社会组织建设,调动和发挥体育类社会组织的积极作用,引导其承担更多体育活动组织和服务职能。体育类社会组织可按照《厦门市关于政府向社会力量购买公共文化服务实施办法》有关规定,同等条件下优先承接政府购买的各项体育赛事和公共体育服务。

责任单位:市体育局、市财政局、市民政局,各区人民政府

(二)安排年度体育产业发展资金。市财政根据年度产业发展情况安排一定额度的体育产业发展资金,通过项目资助、贷款贴息和奖励等方式用于支持体育产业加快发展。

同一项目获得国家、省、市财政性资金扶持的,按照就高不重复原则予以补助或补足,上级专项资金文件明确要求地方

配套的除外。

责任单位：市财政局、市体育局、市发改委

（三）推动体育产业集聚发展。整合市属大型场馆和赛事资源，组建市级体育产业集团，推动我市体育产业向规模化和集团化发展。引导产业集聚发展，打造以体育制造企业为主的高端体育用品研发、生产集聚区。积极推动体育创意产业集聚发展，鼓励可穿戴运动设备、运动健身指导技术装备、运动功能饮料和营养保健食品药品等研发制造营销。被评为国家级体育产业示范基地、单位或项目，以及被评为福建省示范基地、单位或项目，省里没有给予奖励的，市里参照省级标准予以奖励。

责任单位：市国资委、市财政局、市发改委、市体育局，各区人民政府

（四）落实税费和金融优惠政策。落实国家支持体育产业发展的税收优惠政策。体育场馆、健身房等健身服务场所的水、电、气价格按照不高于一般工业标准执行。鼓励金融机构推出符合运动健身、竞赛表演、场馆服务等体育服务相关企业融资需求的金融产品；鼓励市、区融资担保机构为体育企业提供贷款担保服务。

对社会资本投资的、能够形成较大产业规模、有明显社会和经济效益体育项目的银行贷款给予一定的贴息补助。贴息补助金额不超过同期银行贷款基准利息的30%，累计贴息期最高不超过36个月，单个项目贴息补助金额不超过50万元。在"新三板"和厦门两岸股权交易中心挂牌交易的体育企业按我市相关上市鼓励政策执行。

责任单位：市金融办、市财政局、市国税局、市地税局、市经信局、市体育局、市发改委，各区人民政府

二、繁荣体育竞赛市场

（五）打造城市体育赛事品牌。积极引进和培育符合厦门经济特区优势和城市特质的高水平品牌赛事。对于社会资本投入举办的赛事，根据赛事的级别、影响力、市场化运作水平、办赛经费投入等，确定首届赛事的申报条件和补助标准。首届之后赛事的补助标准由市体育主管部门对赛事主办单位提供的赛事总结和评估报告进行审核后确定。具体条件和标准如下：

1. 国际甲级赛事

申请条件：参赛国家10个以上，世界排名前100名的选手至少3人参赛，央视直播或录播，总投入800万元以上，其中广告赞助价值200万元以上。

补助标准：赛事首次举办补助不超过200万元；第二届举办补助不超过100万元；第三届举办补助不超过50万元。

2. 国际乙级赛事

申请条件：参赛国家6个以上，世界排名前200名的选手至少3人参赛，央视直播或录播，总投入400万元以上，其中广告赞助价值100万元以上。

补助标准：赛事首次举办补助不超过100万元；第二届举办补助不超过50万元。

3. 全国及海峡两岸传统特色赛事

申请条件：参赛省份（含港澳台地区）10个以上，地方网络台直播、录播或在中央媒体报道，总投入200万元以上，其中广告赞助价值40万元以上。

补助标准：赛事首次举办补助不超过50万元；第二届举

办补助不超过30万元。

责任单位：市体育局、市发改委、市财政局

（六）推进职业体育俱乐部建设。在继续办好羽毛球、象棋职业俱乐部联赛基础上，积极推进其他运动项目的职业化发展。对在国家体育总局注册并代表厦门参赛，且取得全国最高水平职业联赛团体前三名的俱乐部给予一定补助。其中，属于奥运比赛项目的，分别给予俱乐部第一名100万元、第二名50万元、第三名30万元的补助；属于非奥运比赛项目的，分别给予俱乐部第一名50万元、第二名30万元、第三名10万元的补助。

此项补助与我市体育主管部门其他补助按照"就高不重复"原则，不得重复享受。

责任单位：市体育局、市发改委、市财政局

三、做强体育用品制造业

（七）推进体育企业品牌建设和规模发展。引导和扶持体育用品企业加强品牌建设，通过兼并重组扩大规模，形成一批具有国际竞争力的体育品牌企业。支持体育用品企业争创国家级品牌、质量奖励，开展品牌宣传推介及公共服务，具体按《厦门市财政局厦门市经济和信息化局关于印发厦门市产业转型升级专项资金管理暂行办法》（厦财企〔2016〕15号）执行。

责任单位：市经信局、市财政局、市统计局、市体育局

（八）加大科技创新。积极推动体育用品制造企业创新发展。加强对台技术引进，对台商在我市设立的体育用品研发中心进口用于研发的技术、设备，经有关部门认定后，免征进口环节增值税、消费税；采购国产设备，符合相关政策规定的，

全额返还增值税。

责任单位：市科技局、市国税局、市体育局

（九）推进标准化和检验检测平台建设。建设健身器材、运动装备等体育用品检验检测公共技术服务平台。鼓励体育龙头企业实施技术标准战略，对主导制修订国际标准、国家标准和行业标准的体育企业分别给予最高50万元、30万元和20万元的奖励，所需资金从市质监局标准化专项资金中安排。

责任单位：市质监局、市体育局

（十）拓展市场销售渠道。体育企业参加境内外知名专业展会，由市商务局、市经信局按照有关规定予以参展费用补助。厦门市企业或协会在厦组织举办的体育展会，由会展部门按有关规定给予相应的展会补助，市体育产业发展资金按照会展部门确定的展会补助50%额度进行行业扶持补助。鼓励体育企业运用电子商务手段开拓市场，对通过电子商务渠道实现销售业绩重大突破的，可按照市有关政策给予奖励。在我市举办或承办的各类体育赛事活动中，同等条件下优先采购有利于促进我市体育产业发展的体育产品。

责任单位：市商务局、市经信局、市财政局、市体育局

四、完善体育场馆设施建设与运营

（十一）加强体育场馆设施建设。由市规划委牵头制定全市体育场馆中长期规划，争取"十三五"期间规划建设新的市级体育中心，打造城市体育服务综合体。市属高校体育场馆要按照承办国际单项体育赛事标准建设，提升我市国际综合性赛事的承办能力。严格落实国家人均体育场地标准，重点建设一批便民利民的中小型体育场馆、大众健身活动中心、户外多功能健身场地设施，形成各类体育场馆、社区健身中心相互协

调、互为补充的健身设施服务网络。

责任单位：市规划委、市发改委、市体育局，各区人民政府

（十二）在符合我市相关政策基础上，充分利用城市存量房产和临时储备用地建设体育场馆设施，满足市民健身需求。在符合规划的前提下，在老城区和已建成居住区中支持企事业等单位利用原划拨方式取得的存量房产和建设用地兴建体育设施，对符合划拨用地目录的非经营性体育设施项目可继续以划拨方式使用土地，不符合划拨用地目录的经营性体育设施项目，连续经营一年以上的可采取协议出让方式办理用地手续。充分利用城乡公园、绿地、广场等场所建设小型化、多样化的活动场地和健身设施。在符合规划的前提下，引导社会力量盘活现有存量资源，优先利用旧厂房、仓库、老旧商业设施等用于建设体育健身场所。鼓励土地收储部门充分利用政府储备用地，临时建设大众健身的体育场地设施。

责任单位：市国土房产局、市规划委、市市政园林局、市体育局，各区人民政府，市土总

（十三）提高公共体育场馆建设及运营水平。推动公共体育场馆设计、建设、管理和运营一体化，实现赛事功能需要与赛后综合利用有机结合。鼓励公共体育场馆采取特许经营、委托经营、合作经营等方式提升运营效能。建设全市体育场馆信息服务平台，为市民提供便捷体育场馆信息服务。

责任单位：市体育局、市发改委，各区人民政府

（十四）鼓励社会资本参与体育场馆的建设与运营。社会资本在我市投资兴建的用于大众健身，建筑规模在2000平方米以上的体育馆，建筑规模在4000平方米以上的户外体育场，可参照《"十三五"公共体育普及工程实施方案》标准，给予不超过总投资额30%的补助，最高补助金额不超过150万元。

对于我市非财政供给的建筑规模在2000平方米以上体育馆，建筑规模在4000平方米以上户外体育场，全年开放时间不少于330天，每周开放时间不少于40小时，年度累计免费对公众开放时间不少于220小时的，由体育产业发展资金给予其不超过年度经营收入10%的补助，最高补助金额不超过50万元。

责任单位：市财政局、市体育局、市发改委，各区人民政府

五、积极发展体育健身休闲业

（十五）积极开发新兴运动休闲项目。充分利用我市自然资源，开发各类体育休闲运动项目，重点发展山地、水上、空中等特色休闲和极限运动。结合休闲运动基地建设，大力发展帆船、游艇、房车露营等高端体育休闲项目。对起示范引领作用的新兴体育休闲项目，根据其规模、社会效益和投入情况，给予不超过实际投资额30%的补助，最高补助金额不超过50万元。对被评为国家级、省级的运动休闲基地、体育产业特色小镇等称号的单位，以及汽车自驾运动营地等休闲项目被评为国家星级单位的，按照国家、省有关奖励和扶持政策执行。

责任单位：市体育局、市发改委、市财政局、市旅发委，各区人民政府

（十六）发展体育技能培训市场。积极开展符合市场需求的体育项目培训，鼓励和支持有资质、有条件的体育运动学校、社会组织、俱乐部、体育场馆、企事业单位等开展体育培训活动。加强体育培训市场管理，落实培训从业人员持证上岗制度，培育一批品牌优、效益好、信誉佳的体育培训机构。对在体育技术培训服务中取得显著成绩的体育社团或体育类民办非企业，给予奖励补助。其中，对受国家体育总局及各项目管

理中心委托和认可进行认证培训，并较好完成培训任务的培训机构按照培训经费的 20% 给予补助；对受省、市体育局及各省项目管理中心委托和认可进行认证培训，并较好完成培训任务的培训机构按照培训经费的 10% 给予补助。

责任单位：市体育局、市人社局

（十七）加强宣传和消费引导。市、区体育主管部门在报纸、电视、网络等开辟专题专栏，普及健身知识，宣传健身效果，推介体育健身场所和消费信息。充分利用投洽会、文博会等展会平台以及马拉松赛等赛事品牌，加强对体育健身消费的宣传和引导。对社会资本在我市举办的体育宣传推广活动，且起到良好的体育文化传播效果的，由体育产业发展资金给予不超过 30 万元的奖励。

责任单位：市体育局、市文广新局、市旅发委

（十八）大力发展智慧体育。促进体育与信息科技融合发展，推动体育科技产品创新，推动设立涵盖体育健身休闲、体育场馆、体育赛事等信息的网络信息服务平台，利用微博、微信、APP 等新媒体平台不断扩大体育消费。对我市智慧体育发展起示范作用的科技体育项目，根据其经费投入、社会效果等情况给予实际总费用不超过 30% 的补助，最高不超过 50 万元。

责任单位：市经信局、市财政局、市体育局

六、促进体育与相关产业融合发展

（十九）推动体育旅游发展。大力发展运动休闲、康体度假、赛事观赏、山野户外、体育节庆等体育旅游项目。重点发展厦门滨海运动主题旅游，将环东海域体育休闲产业带、五缘湾帆船游艇码头、灌口体育圈、观音山和曾厝垵沙滩等代表性

体育运动区融入休闲旅游路线,加强体育旅游景区的游客服务中心和周边的交通基础设施配套。对我市体育产业发展起示范作用的体育旅游产业项目,根据其经费投入、社会效果等情况,予以不超过实际项目费用30%的补助,最高不超过50万元。

责任单位:市旅发委、市体育局、市发改委、市财政局,各区人民政府

(二十)培育和发展运动医学和康复医学。尝试推广"运动处方",发挥体育锻炼在疾病防治和健康促进等方面的积极作用。鼓励具备条件的科研、医疗机构及社会资本开展体质测定、运动医学和营养膳食等各类服务,鼓励大型综合性医院设立运动医学专科(专业)及运动康复治疗。

责任单位:市卫计委、市体育局、市发改委、市财政局

七、完善人才队伍培养引进机制

(二十一)加强体育产业研究。构建政府、企业、高等院校和社会力量共同参与体育产业人才培养体系,加强校企合作,鼓励高校和有条件的社会组织建立体育产业人才培养基地。

责任单位:市体育局、市人社局、市财政局

(二十二)鼓励引进和培养体育产业人才。体育企业引进国内外体育高端人才,按规定享受市相关人才引进政策。体育服务企业用于职工教育经费支出,不超过工资薪金总额2.5%的部分,准予在计算应纳税所得额时据实扣除,超过部分,准予在以后纳税年度结转扣除。

责任单位:市人社局、市国税局、市地税局

八、加强组织协调

（二十三）建立体育产业发展联席会议制度，及时推进各项体育产业发展措施，解决产业发展中的困难和问题。市财政局、市体育局每年做好体育产业专项资金计划，并做好专项资金的申报、审核、信用审查和监督审计工作；市发改委、市体育局要会同有关部门对体育产业政策落实情况进行跟踪分析。

责任单位：市发改委、市财政局、市体育局，各区人民政府

九、附则

本措施自发布之日起实施，有效期5年。各区可根据实际制定出台区级促进体育产业发展的扶持措施。

青岛市人民政府关于加快发展健身休闲产业的实施意见

(青政办发〔2017〕26号)

各区、市人民政府,市政府各部门,市直各单位:

为贯彻落实国务院办公厅《关于加快发展健身休闲产业的指导意见》(国办发〔2016〕77号),加快发展我市健身休闲产业,经市政府同意,结合我市实际,现提出以下实施意见。

一、总体要求

(一)指导思想。全面贯彻党的十八大和十八届三中、四中、五中、六中全会精神,树立创新、协调、绿色、开放、共享发展理念,坚持市场在资源配置中的决定性作用,推进健身休闲产业供给侧结构性改革,提高健身休闲产业发展质量和效益,培育壮大各类市场主体,丰富产品和服务供给,推动健身休闲产业全面健康可持续发展,不断满足大众多层次多样化的健身休闲需求,为我市率先全面建成较高水平小康社会作出积极贡献。

(二)发展目标。到2025年,基本形成布局合理、功能完善、门类齐全的健身休闲产业发展格局,市场机制日益完善,消费需求愈加旺盛,产业环境不断优化,产业结构日趋合理,产品和服务供给更加丰富,服务质量和水平明显提高,同其他产业融合发展更为紧密,健身休闲产业总规模达到600亿元,逐步将我市打造成为国际休闲体育和海上运动知名城市。

二、完善健身休闲服务体系

（一）普及日常健身。推广适合公众广泛参与的健身休闲项目，加快发展足球、篮球、排球、乒乓球、羽毛球、网球、游泳、徒步、路跑、骑行、棋牌、台球、钓鱼、体育舞蹈、广场舞等普及性广、关注度高、市场空间大的运动项目。根据青岛"山、海、城"特点，突出"运动青岛、健康城市"主题，引导多方参与，积极举办全国群众登山健身大会青岛站暨青岛市全民健身登山节活动、青岛市体育大会、青岛市智力运动会、沙滩体育节、国际武术节、毅行（徒步）健身大会、国际马拉松赛、崂山100公里山地越野赛、自行车公开赛、社区体育节、畅游汇泉湾、全民健身操舞、企业运动会、"青岛球王"系列公开赛等群众健身赛事。（责任单位：市体育局、市旅游发展委、市财政局，各区、市政府）

（二）发展户外运动。制定健身休闲重点运动项目目录，以户外运动为重点，研究制定系列规划，支持具有消费引领性的健身休闲项目发展。

1. 海洋运动。推动公共船艇码头建设和俱乐部发展，大力发展海洋运动休闲产业。整合市南区、崂山区、黄岛区、即墨市的海滩、海涂、海岛及海上资源，积极开发海上帆船帆板、游艇、水上滑翔、沙滩运动、海岛探险、潜水、海钓等，提升海洋运动的可参与性和服务水平，打造海洋运动休闲产业聚集区。

2. 山地户外运动。依托崂山区、黄岛区、城阳区、即墨市、莱西市、平度市的自然资源，推广登山、攀岩、徒步、露营、拓展等山地户外运动项目，推动山地户外运动场地设施体系建设，完善山地户外运动休闲产业体系。

3. 冰雪运动。支持有条件的企业和个人成立冰雪运动俱乐部、培训学校；推动冰雪运动"进校园、进社区、进公园、进商场"；创办自主品牌的群众性冰雪节庆活动，推动冰雪体育产业与文化、旅游、科技、会展等融合发展。利用崂山区、黄岛区、即墨市的山地、公园、河湖滩涂开辟新的天然冰场雪场，因地制宜建（改）造室内冰雪场，开展跨季体育休闲旅游。积极引进并培育具有较高水平和本土特色的精品冰雪赛事。

4. 湖泊河流运动。发挥举办世界休闲体育大会的资源优势，依托胶州市、即墨市、莱西市等的湖泊、湿地资源，稳步开发钓鱼、环湖自行车、沙滩橄榄球、极限运动、攀岩、马术等。充分利用大沽河改造工程，大力发展龙舟、漂流、钓鱼、极限运动、自行车骑行等，基本形成湖泊河流运动休闲产业链条。

5. 航空运动。整合航空资源，深化管理改革，积极融入"200公里航空体育飞行圈"，推动航空飞行营地和俱乐部发展。依托山海自然资源优势，在确保机场净空保护的前提下，推广滑翔、动力伞、运动飞机、热气球、轻小型无人驾驶航空器、航空模型等航空运动项目，构建以大众消费为核心的航空体育产品和服务供给体系。

6. 汽车摩托车运动。推动汽车露营营地和中小型赛车场建设，利用自然人文特色资源，组织家庭露营、青少年营地、主题自驾等活动，探索举办拉力赛、越野赛、集结赛等赛事，不断完善赛事活动组织体系，打造自驾路线和营地网络。（责任单位：市体育局、市旅游发展委、市经济信息化委、市工商局、市城乡建设委，各区、市政府）

（三）发展特色运动。以特色运动为抓手，健全服务体系、支持时尚运动和民族民间健身休闲项目发展。

1. 帆船运动。积极推进帆船体验培训社会化，完善帆船运动的组织网络，依托各俱乐部和训练基地，强化帆船基础知识普及和实践教学工作，确保每年培训青少年帆船爱好者2200名，"十三五"期间，参加帆船运动达到30万人次。积极引进和培育打造高端帆船赛事，对接"一带一路"国家战略，探索开辟新航线，打造"帆船之都"靓丽名片。

2. 足球运动。普及校园足球，把足球列入体育课教学内容。全面发展群众足球，鼓励组建各种形式的足球社团组织；积极推广五人制足球、沙滩足球、笼式足球，逐步建立城乡联赛、企业联赛、行业联赛、社区联赛等多元竞赛体系。加快足球场地设施建设，推进职业足球发展，加快建设"足球名城"。

3. 民族民间健身休闲项目。发展武术、龙舟、棋牌等民族民间健身休闲项目，传承推广民族传统体育项目，加强体育类非物质文化遗产的保护和发展。加强对相关体育创意活动的扶持，鼓励举办以时尚运动为主题的群众性活动。（责任单位：市体育局、市旅游发展委、市经济信息化委、市工商局、市城市建设委，各区、市政府）

（四）促进产业互动融合。大力发展体育旅游，实施体育旅游精品示范工程，编制市级体育旅游重点项目名录。支持和引导有条件的旅游景区拓展体育旅游项目，鼓励国内旅行社结合健身休闲项目和体育赛事活动设计开发旅游产品和路线。推动"体医结合"，加强科学健身指导，积极推广覆盖全生命周期的运动健康服务，发展运动医学和康复医学，发挥中医药在运动康复等方面的特色作用。促进健身休闲与文化、养老、教育、健康、农业、林业、水利、通用航空、交通运输等产业融合发展。（责任单位：市体育局、市旅游发展委、市卫生计生委、市发展改革委、市经济信息化委、市工商局、市城乡建设

委、市农委、市交通运输委、市教育局、市人力资源社会保障局、市文广新局，各区、市政府）

（五）推动"互联网+健身休闲"。积极开发以移动互联网、大数据、云计算技术为支撑的健身休闲服务，推动传统健身休闲企业由销售导向向服务导向转变，提升场馆预定、健身指导、运动分析、体质监测、交流互动、赛事参与等综合服务水平。积极推动健身休闲在线平台企业发展壮大，整合上下游企业资源，形成健身休闲产业新生态圈。（责任单位：市体育局、市经济信息化委、市电政信息办、市工商局，各区、市政府）

三、培育健身休闲市场主体

（一）支持健身休闲企业发展。推动健身休闲资源整合，加快健身休闲企业战略性重组和集聚发展，鼓励具有自主品牌、创新能力和竞争实力的健身休闲骨干企业做大做强，通过管理输出、连锁经营等方式，进一步提升核心竞争力，延伸产业链和利润链。着力引进国内外知名健身休闲品牌公司总部落户青岛或在青岛设立分公司，支持具备条件的企业"走出去"，培育具有国际竞争力和自主知识产权的健身休闲大企业集团。坚持以产业（产品）链延伸为主线，积极引导和支持中小健身休闲企业向"专、精、特、新、配"方向发展，推进中小企业与大企业集团配套协作，提高专业化分工和社会化协作水平。支持鼓励民间资本建设小型多功能文体中心，面向社区居民提供健身服务。支持符合条件的健身休闲企业上市，加强中小健身休闲企业上市培育工作，支持成长型中小健身休闲企业在中小板、创业板直接上市融资。加大债券市场对健身休闲企业的支持力度。完善抵质押品登记制度，鼓励金融机构在风险可控的前提下拓宽对健身休闲企业贷款的抵质押品种类和范围。降低健身休闲企业各类成本，规范审批清单、权力清单、责任清单和公共服务清单，降低制度性交易成本；加大健身休闲企业职业培训补贴力度，降低人工成本；落实国家、省、市相关政策，降低税费成本和用地用能成本等。（责任单位：市体育局、市财政局、市经济信息化委、市工商局、市商务局，人民银行青岛市中心支行，市金融工作办、市科技局、市国土资源房管局、市地税局、市物价局，各区、市政府）

（二）鼓励创业创新。鼓励退役运动员创业创新，投身健身休闲产业。建立健身休闲产业孵化平台，建设体育产业创新创业教育服务平台，帮助企业、高校、金融机构有效对接。鼓励健身休闲企业依托移动互联网、大数据、云计算技术发展健身休闲新模式、新业态，探索发展异业联盟、跨界融合、集成创新等新型商业模式。（责任单位：市体育局、市财政局、市科技局、市发展改革委、市工商局、市经济信息化委，各区、市政府）

（三）壮大体育社会组织。着力引进国际、国家级社会组织落户青岛，培育发展健身休闲类社会组织，促进健身休闲企业间的交流合作，为企业提供招商引资、金融支持、国际合作、形象推广、权益保护、高层公关、公益互助、策划、咨询、培训等服务。支持社会组织加强自身建设，健全内部治理结构，增强服务功能，加强行业自律。对在城乡社区开展健身休闲活动的社区社会组织，降低准入门槛，加强分类指导和业务指导。鼓励各类社会组织承接政府公共体育服务职能。发挥体育社会组织在组织活动、服务消费者等方面的积极作用。（责任单位：市体育局、市民政局、市体育总会、市商务局、市发展改革委、市金融工作办、市经济信息化委，各区、市政府）

四、优化健身休闲产业结构和布局

（一）改善产业结构。优化健身休闲服务业、器材装备制造业及相关产业结构，着力提升服务业比重。实施健身服务精品工程，打造一批优秀健身休闲俱乐部、场所和品牌活动。创办国家级体育产业园，形成集体育用品制造、体育器材研发、体育用品展示、健身休闲服务等功能于一体的综合园区。高起点、高标准培育2至3个以健身休闲服务为核心的国家级和省级体育产业基地，充分发挥示范、辐射和带动作用。促进健身休闲产业与教育、旅游、科技等相关产业融合发展。做大做强健身休闲培训业，着力扶持一批有资质、重信誉、讲品牌的健身休闲培训机构；鼓励社会力量创办各类青少年体育俱乐部，依托学校、体育协会和社团组织、俱乐部等建设培训基地。充分利用体育项目、设施等资源，培育一批体育健身休闲旅游的精品赛事、线路和景区，建成1至2个体育旅游示范基地。以体育劳务、体育场馆建设和服务、技术培训等为重点，逐步扩大我市体育服务贸易，探索培育以健身休闲为特色的服务贸易示范区，开展健身休闲产业政策试点。（责任单位：市体育局、市旅游发展委、市发展改革委、市教育局、市科技局、市文广新局、市商务局，各区、市政府）

（二）优化产业布局。围绕"一核聚集、两带展开、五区支撑、多维辐射"的体育业空间布局，统筹规划健身休闲产业发展。市区形成健身休闲产业集聚区，重点发展体育健身休闲活动、赛事表演、场馆服务、健身休闲培训和创意产业。前海、环胶州湾、崂山沿海、西海岸沿海、即墨沿海、海岛、大沽河沿岸重点发展海洋健身休闲和户外运动休闲产业。各区（市）依托自身资源、产业优势和体育传统，培育体育健身、赛事开发、场馆服务、器材装备制造与销售等优势产业。健身休闲业在城区稳定发展的基础上，向农村不断拓展和辐射。（责任单位：市体育局、市发展改革委、市经济信息化委、市城乡建设委、市规划局，各区、市政府）

（三）打造青岛特色。组织开展山水运动资源调查、民族传统体育资源调查，摸清发展健身休闲产业的自然、人文基础条件。在保护自然资源和生态环境的基础上，因地制宜、合理布局、错位发展，充分利用本土特色和传统体育人文资源，打造各具特色的健身休闲集聚区和产业带。支持胶州足球小镇、即墨马术小镇、平度航空小镇等建设，着力打造一批体育特色突出、产业基础良好、融合发展潜力大的体育特色小镇。加强各区（市）在健身休闲领域的分工协作，建设一批梯次发展、特色鲜明的健身休闲产业群。（责任单位：市体育局、市发展改革委、市经济信息化委、市城乡建设委、市规划局，各区、市政府）

五、加强健身休闲设施建设

（一）完善健身休闲基础设施网络。严格执行城市居住区规划设计等标准规范有关配套建设健身设施的要求，并实现同步设计、同步施工、同步投入。科学规划健身休闲项目的空间布局，适当增加健身休闲设施用地和配套设施配建比例。充分合理利用公园绿地、城市空置场所、建筑物屋顶、地下室等区域，重点建设一批便民利民的社区健身休闲设施，建设室内外相结合的小型城市社区健身休闲中心和"风雨无阻"型农村社区健身休闲中心，进一步完善城市社区"8分钟健身圈"和农村社区"15分钟健身圈"。鼓励健身休闲设施与住宅、文化、商业、娱乐等综合开发，打造健身休闲服务综合体。（责任单位：市体育局、市发展改革委、市财政局、市城乡建设委、市规划局、市城市管理局、市国土资源房管局、市物价局、市工商局，各区、市政府）

（二）盘活用好现有体育场馆资源。加快推进企事业单位等体育设施向社会开放。推动有条件的中小学体育场地设施在非工作日向社会开放。采取政府购买服务和补贴等形式，推进各级各类体育设施免费或低收费向社会开放。积极探索管办分离、公建民营等运营管理机制，整合重组现有体育场馆资源，实现体育场馆市场化经营，满足多层次健身消费需求。各类健身休闲场所的水、电、气、热价格按不高于一般工业标准执行。落实体育场馆房产税和城镇土地使用税优惠政策。（责任单位：市体育局，市地税局，市发展改革委、市财政局、市城乡建设委、市规划局、市城市管理局、市国土资源房管局、市物价局、市工商局，各区、市政府）

（三）加强特色健身休闲设施建设。结合智慧城市、绿色出行，支持有条件的区（市）规划建设城市步行和自行车交通体系。充分挖掘海、陆、空资源，重点建设一批山地户外营地、徒步骑行服务站、自驾车房车营地、公益性帆船培训码头、笼式多功能足球场地等健身休闲设施。依托崂山、大小珠山、大泽山等山体资源修建市民健身公园、登山健身步道等设施，积极鼓励和引导旅游景区、旅游度假区、乡村旅游区等根据自身特点，建设特色健身休闲设施。完善黄金海岸健身长廊相关设施，建设西海岸新区新型健身休闲区域；推广可拆卸游泳池项目，在有条件的街道（镇）建设可拆卸游泳池。（责任单位：市体育局、市旅游发展委、市发展改革委、市财政局、市城乡建设委、市规划局、市国土资源房管局，各区、市政府）

六、提升健身休闲器材装备研发制造能力

（一）推动转型升级。支持企业、用户、科研单位、社会组织等组建跨行业产业联盟，鼓励健身休闲器材装备制造企业向服务业延伸发展，形成全产业链优势。着力培育一批有实力、有竞争力的骨干企业，发挥英派斯、青禾草坪、双星等龙头企业作用，组建企业集团，推动企业做大做强。积极推动国内外著名体育集团将其全球或区域运营中心、研发中心、销售中心、教育培训中心落户青岛。鼓励企业通过海外并购、合资合作、联合开发等方式，提升帆船运动、山地户外运动等器材装备制造水平，鼓励和引导企业投资健身休闲器材装备制造业。（责任单位：市体育局、市科技局、市发展改革委、市经济信息化委、市工商局、市财政局、市商务局，各区、市政府）

（二）增强自主创新能力。鼓励体育用品制造企业进行技术改造和科技创新，研发科技含量高、具有自主知识产权的健身休闲器材装备，促进创新成果产业化。加快推动一批现有新技术、新产品向体育领域转化，提升健身休闲行业技术与装备制造水平。鼓励体育服务类和科技类企业加强合作，开展商业模式和服务模式创新。支持企业利用互联网技术对接健身休闲个性化需求，根据不同人群，尤其是青少年、老年人的需要，研发多样化、适应性强的健身休闲器材装备。研制新型健身休闲器材装备、可穿戴式运动设备、虚拟现实运动装备等。鼓励我市企业与国际领先企业合作设立研发机构，加快对国外先进技术的吸收转化。（责任单位：市体育局、市科技局、市发展改革委、市经济信息化委、市工商局、市财政局、市商务局，各区、市政府）

（三）加强品牌建设。支持企业创建自主品牌，有计划、

有重点地实施品牌战略,打造体育用品国内外知名品牌。鼓励知名品牌企业做大做强,形成具有核心竞争力的体育健身品牌,力争在品牌企业、品牌产品上有所突破。积极构建健身休闲器材装备服务平台,帮助企业开拓国内外市场。着力引进国内外知名品牌公司落户青岛,推进知名品牌本地化。鼓励企业与各级各类运动项目协会等体育组织开展合作,通过赛事营销等模式,提高品牌知名度。推动优势品牌企业实施国际化发展战略,扩大国际影响力。(责任单位:市体育局、市财政局、市科技局、市工商局,各区、市政府)

七、加快发展健身休闲市场

(一)发展健身市场。积极扶持健身休闲产权交易市场发展,鼓励社会资本与政府合作建立体育资源交易平台。鼓励发展规范运作、平等竞争的健身休闲电子商务平台。积极培育以俱乐部为主体的健身休闲市场,引导大众健身休闲消费。以城市社区为重点,通过自主培育和积极引进等方式,加快发展适合不同消费需求的健身休闲俱乐部;以体育单项协会和特定人群组织为主线,突出普及性强、群众喜闻乐见的健身项目,加快发展体育协会式俱乐部。结合山、海、湖、河等自然资源条件,以户外运动基地、体育旅游线路和产品为重点,开发体育旅游休闲项目,加快建设体育休闲旅游式俱乐部。结合当地体育文化传统,开发农村健身休闲市场。(责任单位:市体育局、市民政局、市财政局、市工商局、市旅游发展委、市体育总会,各区、市政府)

(二)开发体育竞赛表演市场。借鉴吸收国内外体育赛事组织运作的先进经验,探索完善体育赛事市场开发和发展模式,积极引导规范各类体育竞赛和体育表演的市场化运作。有针对性地引进一批有利于提高城市影响力的国际、国内高水平体育赛事。鼓励企业举办商业性体育比赛。鼓励举办群众体育和民俗传统体育项目竞赛活动。继续加强全国职业联赛项目俱乐部建设，扩大职业联赛项目和范围，支持新建竞技体育职业俱乐部，开展职业联赛。鼓励各区（市）企业之间开展联赛，推动全民参与，探索业余联赛发展新路径。（责任单位：市体育局、市财政局、市工商局、市旅游发展委、市体育总会，各区、市政府）

（三）发展体育旅游市场。促进体育赛事与旅游活动紧密结合，鼓励旅行社面向市场结合国内体育赛事活动设计开发体育旅游特色产品和精品线路。开发具有地域特色的体育旅游市场，大力发展海上体育运动市场，积极举办大众化体验活动。鼓励各区（市）将体育旅游市场开发与市民休闲结合起来，依托滨海步行道、环湾绿道、大沽河生态景观带、滨海公路等设施，发展自行车比赛、马拉松比赛及骑游、徒步等运动。建立健全体育旅游市场经营秩序的联合监管机制，坚决打击欺骗、胁迫旅游者参加计划外自付费项目或强制购物的行为。打击假冒伪劣体育旅游装备用品，打击危害健康和缺乏安全保障的体育旅游产品和非法经营行为，努力形成规范有序、健康文明的体育旅游市场环境。（责任单位：市体育局、市财政局、市工商局、市旅游发展委、市体育总会，各区、市政府）

（四）发展运动康复市场。推动"体医结合"，发挥全民科学健身在健康促进、慢性病预防和康复等方面的积极作用，探索开发具有地域特色的运动康复市场。鼓励健身机构加强科学健身指导，积极推广覆盖全生命周期的运动健康服务。发展运动医学和康复医学，发挥中医药在运动康复等方面的特色作用。探索制定运动与健康促进发展方案，鼓励社会资本开办康体、运动康复等机构。推广"运动处方"，建设运动干预慢病防控示范站。鼓励各级各类有条件的医疗机构和社会力量设立国民体质监测站（点），组织开展群众日常体质测定和健康服务。（责任单位：市体育局、市卫生计生委、市财政局、市工商局，各区、市政府）

八、改善健身休闲消费环境

（一）深挖消费潜力。将开展全民健身活动与促进群众健身休闲消费相结合。发挥体育明星和运动达人示范作用，激发大众健身休闲消费需求。积极推行《国家体育锻炼标准》、业余运动等级标准、业余赛事等级标准，提高健身休闲消费水平。注重与青少年社会体育培训等在内容形式上的互补协调，提高青少年健身素养。推动体育部门、体育社会组织、专业体育培训机构等与各类学校合作，提供专业支持，培养青少年体育爱好和运动技能。（责任单位：市体育局、市文广新局、市教育局、市民政局、市财政局，各区、市政府）

（二）完善消费政策。鼓励健身休闲企业与金融机构合作，试点发行健身休闲联名银行卡，实施特惠商户折扣。通过政府购买服务等多种方式，支持社会各界广泛开展体育活动和体育竞赛。鼓励企事业单位提供一定经费用于开展职工体育活动。鼓励保险机构开发体育保险险种，引导保险公司根据健身休闲运动特点和不同年龄段人群身体状况，开发场地责任保险、运动人身意外伤害保险。积极推动青少年参加体育活动相关责任保险发展。（责任单位：市体育局、市财政局、市旅游发展委，青岛银监局、青岛保监局，市金融工作办、市体育总会，各区、市政府）

（三）引导消费理念。加大体育公益广告投放力度，利用报刊、电视、网络等媒体，普及健身知识，宣传健身效果。鼓励通过体育明星公益性广告或举办各类体育赛事的契机,营造良好的健身休闲消费氛围。鼓励制作和播出国产健身休闲类节目,支持形式多样的体育题材文艺创作。鼓励发展多媒体广播电视、网络广播电视、手机应用程序(APP)等体育传媒新业态,加快打造智慧体育公共信息服务平台,及时发布赛事、活动、场馆等信息,提供健身指导,引导体育消费,拓展线上线下相结合的体育消费新空间。(责任单位:市体育局、市文广新局、市经济信息化委、市财政局,各区、市政府)

九、加强组织实施

(一)持续推动"放管服"改革。加快政府职能转变,大幅度削减与健身休闲活动相关的审批事项,实施负面清单管理,促进空域水域开放。推进体育行业协会改革,加强事中事后监管,完善相关安保服务标准,加强行业信用体系建设。完善政务发布平台、信息交互平台、展览展示平台、资源交易平台。(责任单位:市体育局、市工商局、市经济信息化委、市商务局,各区、市政府)

(二)优化规划和土地利用政策。积极引导健身休闲企业控制用地规模、科学选址,并将相关用地纳入土地利用总体规划。对符合土地利用总体规划、城乡规划、环保规划等相关规划的重大健身休闲项目,及时安排新增建设用地计划指标。对使用荒山、荒地、荒滩及石漠化、边远海岛土地建设的健身休闲项目,优先安排新增建设用地计划指标,出让底价可按不低于土地取得成本、土地前期开发成本和按规定应收取相关费用之和的原则确定。在土地利用总体规划确定的城市和镇、村庄建设用地范围外布局的重大健身休闲项目,可按照单独选址项目安排用地。利用现有健身休闲设施用地、房产增设住宿、餐饮、娱乐等商业服务设施的，经批准可以协议方式办理用地手续。鼓励以长期租赁、先租后让、租让结合方式供应健身休闲项目建设用地。支持农村集体经济组织自办或以土地使用权入股、联营等方式参与健身休闲项目。（责任单位：市国土资源房管局、市城乡建设委、市规划局、市体育局，各区、市政府）

（三）完善投入机制。鼓励社会资本以市场化方式设立健身休闲产业发展投资基金，引导社会力量参与健身休闲产业。推动开展政府和社会资本合作示范，符合条件的项目可申请政府和社会资本合作融资支持基金的支持。进一步健全政府购买公共体育服务的体制机制。通过彩票公益金、体育产业引导资金等渠道对健身休闲项目给予资助支持。鼓励符合条件的企业发行企业债券，募集资金用于健身休闲产业项目建设。（责任单位：市财政局、市教育局、市体育局、市科技局、市工商局、市发展改革委、市经济信息化委、市金融工作办、市人力资源社会保障局，各区、市政府）

（四）加强人才保障。支持国家体育总局青岛航海运动学校升格为国家航海运动学院。推动健身休闲产业"商界精英""明日之星""创业能人"的培育和引进，着力培养体育产业企业家队伍。鼓励校企合作，培养各类健身休闲项目经营策划、运营管理、技能操作等应用型专业人才。加强从业人员职业培训，提高健身休闲场所工作人员的服务水平和专业技能。加强社会体育指导员队伍建设，扩大体育产业技能型紧缺人才培养规模，提高体育产业人才培养的适应性和针对性。依据我市关于人才引进的相关政策，有计划、有重点地引进各类健身休闲产业人才。（责任单位：市体育局、市财政局、市教育局、市人力资源社会保障局，各区、市政府）

（五）完善标准和统计制度。加强体育产业统计工作，进一步完善体育产业统计制度，定期发布体育产业相关统计数据。加强体育标准化工作，在服务提供、技能培训、活动管理、设施建设、器材装备制造等方面提高健身休闲产业标准化水平。引导和鼓励企业积极参与行业和国家标准制定。(责任单位：市体育局、市统计局、市发展改革委、市人力资源社会保障局、市旅游发展委，各区、市政府)

(六)健全工作机制。各区(市)要把发展健身休闲产业纳入本地经济和社会发展规划，鼓励有条件的区(市)编制健身休闲发展专项规划。各级体育部门要加强职能建设，充实体育产业工作力量，推动健身休闲产业发展。建立市健身休闲产业发展协作机制，各有关部门要加强沟通协调，密切配合，形成工作合力，及时分析健身休闲产业发展情况，解决存在的问题，落实惠及健身休闲产业的文化、旅游等相关政策。(责任单位：市体育局、市发展改革委、市旅游发展委，各区、市政府)

(七)强化督查落实。各级各有关部门要结合各自实际，落实好本实施意见和相关配套政策。市体育局、市发展改革委、市旅游发展委要会同有关部门对本实施意见的落实情况进行监督检查和跟踪分析。(责任单位：市体育局、市发展改革委、市旅游发展委，各区、市政府)

威海市人民政府关于加快公共体育服务体系建设的实施意见

（威政发〔2017〕1号）

各区市人民政府，国家级开发区管委，南海新区管委，市政府各部门、单位：

为加快转变体育发展方式，进一步提升公共体育服务水平，不断满足人民群众日益增长的体育需求，根据《中华人民共和国体育法》、国务院《全民健身计划纲要（2016—2020年）》（国发〔2016〕37号），现就加快推进公共体育服务体系建设提出如下实施意见：

一、指导思想

全面贯彻落实党的十八大和十八届三中、四中、五中、六中全会精神，牢固树立创新、协调、绿色、开放、共享的发展理念，坚持以人为本、城乡一体、面向基层、服务群众，按照优质、均衡、普惠的发展要求，充分发挥政府主导作用，鼓励社会力量参与，统筹资源，丰富供给，提升公共体育服务水平，提高市民身体素质、健康水平和生活质量，为提前全面建成小康社会、实现现代化幸福威海建设新跨越提供有力保障。

二、发展目标

到2020年，基本建成布局合理、设施完善、组织健全、活动丰富、服务优质、群众满意的现代公共体育服务体系，公共体育服务效能明显提高，实现公共体育服务均等化、标准化和全覆盖。

（一）体育设施更加完善。市级建有综合性体育场、体育馆、游泳馆、全民健身活动中心和残疾人文化体育综合活动中心，各区市（含国家级开发区、南海新区，下同）建有公共体育场、体育公园、全民健身活动中心，镇（街道）建有多功能运动场、全民健身活动中心。城市社区建成10分钟健身圈，居住小区和行政村体育设施覆盖率达到100%。新增足球场、篮球场、排球场100个以上。人均体育场地面积达到2平方米以上。

（二）活动内容更加丰富。威海铁人三项赛、国际帆船赛、横渡刘公岛海湾邀请赛、垂钓比赛等品牌赛事办赛水平和参赛规模有新突破，对外影响力不断提升。年均举办各类大中型全民健身活动70项次以上。常年参加体育锻炼人数占全市总人口的40%以上，国民体质合格率达到92%以上。

（三）组织体系更加健全。初步形成层次分明、门类齐全、覆盖城乡、充满活力的体育社团网络，市级单项体育协会发展到40个以上，健身活动站点达到2300个以上，社会体育指导员达到1万人以上、占全市总人口的比例达到3.5‰。

三、重点任务

（一）完善公共体育设施。

1.促进城乡设施均衡。按照全域城市化、市域一体化要求，编制公共体育设施布局规划，有计划、分阶段地增加投入，加快公共体育设施建设，实现市、县、镇、村四级公共体育设施全覆盖。推动体育与旅游深度融合，建设完善山地自行车赛道、登山健身步道等山地健身设施，打造城市山地公园和垂钓运动产业基地。进一步完善各级全民健身活动中心服务功能，提升服务档次。各镇（街道）、行政村（社区）要按照有场所、有设施、有服务的标准，增设体育设施，缩小区域差距，实现均衡发展。

2. 促进管理建设均衡。坚持设施建设和运行管理并重，进一步强化公共体育设施管理，建立健全定期检修和更新维护机制，完善和提升公共体育设施功能。在城市社区，坚持阵地服务与流动服务相结合、实体服务与数字服务相结合，创建一批设施完善、内容丰富、服务优质的示范社区。加大农村公共体育资源倾斜力度，推动公共体育设施管理和服务向镇（街道）、行政村（社区）延伸，做到重心下移、资源下移、服务下移。

3. 促进项目结构均衡。坚持新兴项目与传统项目相促进，特色项目与一般项目相融合，推动体育项目均衡发展。在巩固篮球、游泳、足球、乒乓球等项目的基础上，推动山地自行车、踏青、登山等户外健身项目升级，促进海上垂钓、帆船帆板、沙滩球类等海上休闲体育项目发展。针对不同健身服务对象，积极发展门球、太极柔力球、游泳、轮滑、滑雪（冰）等健身项目。

（二）加强体育服务组织建设。

1. 加强健身组织建设。以加强各类体育协会、体育俱乐部、城乡晨练点、健身气功站管理为重点，积极推进体育社团组织建设，在巩固现有各类体育社团组织基础上，逐步向行政村（社区）延伸覆盖。在镇（街道）设立体育总会、老年体协、社会体育指导员协会。支持企事业单位及各行业建立体育健身组织，组建运动队或健身特色队，进一步完善健身组织体系。

2. 加强健身骨干培训。制定实施社会体育指导员等公共体育服务人员培训计划，定期开展技能培训。鼓励运动员、教练员、体育教师等参与公共体育服务。全市每个健身站点配备3名以上社会体育指导员，大学生村官100%成为社会体育指导员。

（三）丰富公共体育活动内容。

1. 推动精品赛事大众化。树立精品意识，创新公共体育活动理念、内容和方式，充分发挥品牌赛事的辐射带动作用，引导群众性体育竞赛与活动上档升级。积极组织开展自行车、登山等健身活动，满足不同人群的多元化需求。围绕篮球、自行车、游泳、乒乓球等优势项目，组织承办国家级、省级锦标赛等高水平体育赛事，打造一批社会效益显著的体育品牌活动。

2. 推动健身活动多样化。结合地域特点，经常性开展喜闻乐见、形式多样的全民健身活动。市直机关事业单位每年组织举办1次专项体育比赛。各区市每4年组织举办1次综合性运动会。推动体育进社区、体育下乡，镇（街道）、行政村（社区）利用"全民健身月"和"全民健身日"，组织开展全民健身系列活动。中小学校每年组织举办2次运动会。各单项体育协会每年至少组织开展2次群众体育活动。

3. 推动特色活动品牌化。培育发展登山、徒步、门球、自行车等特色品牌体育活动，发挥好特色赛事运作团队普及健身知识、营造健身氛围、提高健身水平的作用，实现一市一品牌、一区一特色，打造在全省乃至全国有影响的全民健身活动品牌。

（四）拓宽公共体育服务领域。

1. 搭建惠民利民平台。不断完善公共体育设施惠民政策，逐步扩大公共体育设施惠民范围。鼓励、支持、引导具备条件的单位逐步向社会开放体育设施，提高体育设施利用率。继续实施社保卡、市民卡用于健身消费支付，推进健康关口前移。

2. 搭建体质监测平台。加快建设以市级国民体质监测中心为龙头、区市国民体质监测站为主体、镇（街道）国民体质监测点为基础、国民体质监测车为补充、社区体育健身俱乐部为依托的国民体质监测网络，健全四级联动、城乡一体的国民体质监测体系，推行主动服务、个性服务、跟踪服务，不断提升体质监测服务水平，为市民科学健身提供依据。

3. 搭建智慧体育平台。推动体育与科技融合，充分利用大数据、云计算等先进技术，建设"智慧体育"和"运动康复"平台，创新健身活动组织、管理、服务方式，提供在线预约、在线咨询、在线服务，实现指导、监测、健身、康复四位一体，不断提升公共体育智能化、科学化服务水平。建立完善全民健身数字地图，建成科学健身综合性数据平台，研发"健身威海"手机客户端，融入"智慧社区"建设，开通"健身威海"专栏，指导市民科学健身。在公园、广场、场馆、绿地和有条件的行政村（社区）试点推行体育设施二维码服务，为市民提供触手可及的智能搜索、在线咨询等健身服务。

四、政策措施

（一）健全公共体育服务标准办法。以群众基本体育需求为导向，立足我市实际，建立健全涵盖保障标准、技术标准、评估标准等内容的基本公共体育服务标准体系。在新建住宅区规划建设过程中，吸纳体育主管部门参与，确保新建居住区和社区公共体育服务设施达到室内人均建筑面积不低于0.1平方米、室外人均用地不低于0.3平方米的标准要求；宜配置户外健身场地、篮球场、羽毛球场、小型足球场、儿童活动场所的，实行住宅小区建设与公共体育设施同步设计、同步施工、同步投入使用。体育主管部门要围绕公共体育设施布局、资源配置、内容供给、队伍建设、保障投入等内容，制定公共体育服务目录清单。相关职能部门要按照均衡配置、规模适当、功能优先、经济适用、环保节能的原则，健全公共体育设施布局、土地使用、设计施工等标准，加强对重大公共体育项目资金使用、实施效果、服务效能等方面的监督和评估，增强公共体育服务评价的客观性和科学性。要围绕公共体育设施管理开放、健身服务圈建设、惠民服务等方面，制定规范性文件，推进公共体育服务体系规范化、制度化、科学化建设。

（二）拓宽公共体育投资渠道。建立公共体育服务体系建设保障机制，将全民健身经费纳入财政预算，每年安排一定比例财政资金和体育彩票公益金，用于公共体育设施投入。对镇（街道）新建的全民健身活动中心按标准给予补助。坚持受益广泛、群众急需、保障基本的原则，推动体育社团、企事业单位等购买体育赛事活动、社会体育培训、体育场馆经营管理等方面的公共体育服务。鼓励社会力量设立体育类基金会，支持单项体育协会组织开展健身活动。坚持全民健身全民办和谁投资、谁受益的思路，探索多元化投入机制，鼓励引导社会力量采取捐助、赞助、合作等多种形式发展体育公益事业。支持民营企业建设职工健身中心，并逐步向社会开放。

（三）完善公共体育优惠政策。认真落实国家、省关于城市公共设施用地定额和学校体育用地设施规划要求。有条件的生活小区在综合改造中要补建健身设施，对达到使用年限或损坏严重的体育设施，从体育彩票公益金和住宅专项维修资金中落实经费进行更新。残疾人等特殊人群和困难群体到公共体育场馆健身，享受适当优惠。承办的非商业赛事全部向市民免费赠票。鼓励保险机构推出健身休闲、户外运动等多元化体育保险产品。

（四）努力推动体育场馆开放。认真落实国家有关体育场馆开放、服务、保障和安全监管等规定，制定公共体育场馆开放标准和管理规定。推动学校、机关和企事业单位体育场馆向社会开放，实现体育资源共享。有条件的学校应对体育场馆和场馆区域进行物理隔离改造，在教学活动之外向社会开放，对建设隔离护栏和设施维护管理所需经费给予补贴。对社会力量投资建设的体育场馆，采取政府购买服务的方式，引导其分时段免费或低收费向公众开放。严格落实公共体育场馆、设施安全运行监管责任，建立健全公众责任险制度，保障公共安全。

（五）加大人才队伍建设力度。建立完善体育志愿服务组织，坚持志愿服务与政府服务、市场服务相衔接，组织职工群众、优秀运动员、社会人士参与体育志愿服务，完善体育志愿者注册招募、服务记录、管理评价和激励保障机制，建立体育志愿服务数据库，努力构建参与广泛、内容丰富、形式多样、机制健全的公共体育志愿服务体系，提高志愿服务层次和水平。加强基层体育管理队伍建设，镇（街道）要配备专兼职体育管理人员，发展壮大社会体育指导员队伍，提升公共体育服务质量。

（六）深化公共体育服务模式改革。深化全民健身赛事改革，坚持管办分离，每年年初制定赛事、活动计划，公开活动目录，鼓励协会和社会力量积极承办丰富多彩的群众性健身活动。深化公共体育场馆管理运行机制改革，按照受益广泛、群众急需、保障基本的原则，创新运营模式，提高场馆利用率，提升公共体育服务水平。探索建立以体育医疗科研所为依托的体育医院，开展对外预防保健、运动康复、健身按摩等专项业务，服务全民健身。

五、组织实施

（一）加强组织领导。各级政府要把公共体育服务体系建设纳入国民经济和社会发展总体规划，作为民生实事项目，摆上重要议事日程，加强统筹协调，优化资源配置，努力构建政府主导、部门协同、社会参与的工作格局，推动公共体育事业共建共享。各区市政府（管委）要结合实际，抓紧研究制定具体措施，扎实推进公共体育服务体系建设。市体育局要会同有关部门加强对本意见实施情况的跟踪督导，确保各项工作任务和政策措施落到实处。

（二）完善协调机制。加强部门协同，形成工作合力。教育部门要积极推动学校体育设施向社会开放。民政部门要做好体育社团组织评估考核工作。质监部门要加强体育器材质量监管。住房城乡建设、规划、国土资源等部门在土地转让和公园绿地、城市慢行系统、生态绿道建设等方面，要对公共体育设施规划建设予以支持。

（三）加强宣传引导。采取多种方式，宣传公共体育服务有关政策，宣传全民健身活动和先进典型，引导市民树立科学健身理念，积极参加健身活动，营造运动、健康、快乐的社会环境和舆论氛围。

威海市公共体育服务办法

(2017年12月22日威海市人民政府令第63号公布)

第一章 总 则

第一条 为了规范和保障公共体育服务，提升公众健康水平，根据《中华人民共和国体育法》《公共文化体育设施条例》《全民健身条例》等有关法律、法规，结合本市实际，制定本办法。

第二条 本市行政区域内公共体育服务的提供、保障和管理适用本办法。法律、法规和规章另有规定的，从其规定。

第三条 本办法所称公共体育服务，是指由政府主导，以满足公众健身需求为主要目的而提供的体育设施建设、体育组织培育、体育活动管理等服务。

本办法所称公共体育设施，是指由政府举办或者社会力量举办的，向公众开放用于开展体育活动的公益性的各类体育场馆、社区健身设施、健身公园以及与公共体育服务相关的其他场地和设施设备。

第四条 市、区（县级市）人民政府应当将公共体育事业纳入本级国民经济和社会发展规划，将公共体育事业经费列入本级财政预算，建立与公共体育事业发展需求和经济社会发展水平相适应的财政保障机制。

第五条 市、区（县级市）人民政府体育主管部门负责本行政区域内的公共体育服务工作。发展改革、教育、公安、民政、财政、住房城乡建设、规划、城管执法、环境保护、旅游、物价等部门，应当根据各自职责做好公共体育服务相关工作。

第六条　市、区（县级市）人民政府应当组织建设公共体育信息服务平台，公开本行政区域内公共体育设施目录、开放时段、收费标准、免费项目、健身服务等信息，制定和发布科学健身指南，为群众科学健身提供指导。

第七条　各级人民政府和有关部门可以通过政府购买服务的方式，委托社会力量提供公共体育标准研究、统计分析、信息平台建设、设施运营与管理，以及体育运动竞赛组织与实施、公益性体育培训、健身指导等公共体育服务，组织承办体育交流与推广等公益性体育活动。

第八条　鼓励和支持公民、法人和其他组织通过兴办实体、资助项目、赞助活动、提供设施、捐赠产品等方式，提供公共体育产品和服务。

第九条　市、区（县级市）人民政府体育主管部门以及公共体育设施管理单位应当引导、帮助社会体育指导员、教师、学生、运动员、教练员、医务工作者等人员成立公共体育志愿服务队伍，建立志愿服务信息数据库，并建立健全指导、培训、评价和激励机制，促进公共体育志愿服务活动健康发展。

第十条　市、区（县级市）人民政府体育主管部门应当建立并实施公共体育服务绩效评估制度，提高公共体育服务评估的科学化水平。

第二章　设施建设与管理

第十一条　市、区（县级市）人民政府应当按照有关规定，将公共体育设施建设纳入土地利用总体规划和城乡规划。市、区（县级市）人民政府体育主管部门应当会同有关部门编制公共体育设施布局规划，依照法定程序报本级人民政府批准后实施。

第十二条 公共体育设施的规划和建设应当遵循统筹规划、合理布局、规范实用和方便群众的原则，充分考虑未成年人、老年人和残疾人的特殊要求，满足不同人群的健身需要。农村地区公共体育设施的规划和建设应当考虑农村生产劳动和文化生活习惯。

第十三条 市、区（县级市）人民政府应当按照有关规定，建设公共体育场、全民健身活动中心、体育公园、健身广场等设施，在城镇、农村社区实施体育健身工程。

各级人民政府和有关部门应当利用公园、绿地、广场、河库沿岸、沿海风光带、城市道路等区域，建设健身步道、登山步道、自行车道或者绿道等公共体育设施。

第十四条 市、区（县级市）人民政府城乡规划主管部门在实施建设项目规划许可时，应当执行国家有关体育设施建设标准。

新建、改建、扩建居民住宅区，应当按照有关规定规划和建设相应的体育设施，并与居民住宅区主体工程同步设计、同步施工、同步投入使用。未与居民住宅区主体工程同步设计、同步施工的，市、区（县级市）城乡规划主管部门不予核发建设工程竣工规划核实认可文件。

已建成的居民住宅区没有按照规定建设体育设施的，应当予以补建。

鼓励在居民住宅区建设专用健身步道。

第十五条 市、区（县级市）人民政府应当结合城市修补、老旧居民住宅区整治改造，利用腾出的空闲用地统筹规划建设公共体育设施。

老旧城区、社区公共体育设施未达到国家有关标准的，市、区（县级市）人民政府应当在保障安全、合法利用的前提下，依托旧厂房、仓库、老旧商业设施和空闲用地等闲置资源，逐步补建公共体育设施。

第十六条　公共体育设施管理单位应当自公共体育设施竣工验收合格之日起三十日内，将该设施的名称、地址、服务项目、收费标准等内容报所在地区（县级市）人民政府体育主管部门备案。

第十七条　公共体育设施管理单位应当建立公共体育设施使用、安全和卫生管理制度，在设施所在场所公告设施的使用方法、注意事项和本单位的联系方式，定期对体育设施进行检查、保养。

公共体育设施需要修理、更换的，由产品经营者依照法律规定和约定负责。政府投资兴办的公共体育设施，超出产品保质期或者没有约定修理、更换义务的，由市、区（县级市）人民政府统筹安排修理、更换经费。

第十八条　市、区（县级市）人民政府体育主管部门应当建立健全公共体育设施管理制度，组织公共体育设施管理单位对公共体育设施使用情况进行检查，及时处理安全隐患。

第十九条　各级人民政府和体育主管部门鼓励、支持社会力量建设健身场馆和设施，组建提供体育健身、体质测定、健康咨询、康复理疗、体医结合等服务的单位，依法参与公共体育设施的建设、运营和管理。

第三章　公共体育设施开放

第二十条　公共体育设施应当全年向公众开放，并在公休日、法定节假日和学校寒假暑假期间适当延长开放时间。政府兴办的公共体育设施的开放时间应当遵守下列规定：

（一）体育场馆开放时间每周不少于二十八个小时；

（二）镇、街道办事处的全民健身中心以及城市社区、行政村的室内公共体育设施开放时间每周不少于五个工作日；

（三）城市社区、行政村的室外公共体育设施全天开放。

第二十一条　公共体育设施管理单位应当免费或者低收费开放公共体育设施；实行收费的，收费项目和标准由市、区（县级市）人民政府有关部门批准，并应当对学生、老年人、残疾人和现役军人给予优惠。

公共体育设施应当在全民健身日向公众免费开放。免费或者优惠开放的公共体育设施的管理单位，按照国家规定享受补助。

第二十二条　公共体育设施管理单位应当建立健全服务规范，在公共体育设施显著位置公示服务内容、收费标准、免费项目和开放时间。

第二十三条　任何单位或者个人不得擅自改变公共体育设施的用途和功能。

公共体育设施因维修等原因需要改变公共体育服务事项或者停止开放的，公共体育设施管理单位应当提前七日向社会公告。因突发情况需要变更服务的，公共体育设施管理单位应当及时公告。

第二十四条　学校应当在课余时间、公休日、法定节假日和寒假暑假向学生开放体育设施。

第二十五条　有条件的公办学校应当在教学活动之外的时间向公众开放体育设施，具体开放时间由区（县级市）人民政府体育主管部门会同教育部门确定并公布。

有条件的公办学校，是指体育场地相对独立并与教学、生活等区域之间有隔离设施，同时具备下列条件之一的公办学校：

（一）有二百米以上跑道的田径场；
（二）有足球场或者篮球场等场地；
（三）有室外乒乓球台或者其他室外健身设施。

鼓励符合条件的民办学校向公众开放体育设施。

第二十六条　向公众开放体育设施的学校应当建立健全体育设施设备的使用、维修保养、安全检查等管理制度，与公众依法约定卫生、安全责任，对外公布开放时间，保证学校体育设施开放安全、有序。

第二十七条　区（县级市）人民政府应当对向公众开放体育设施的中小学校提供经费保障，并为其办理有关责任保险。

镇人民政府、街道办事处应当采取措施，协调辖区内学校向公众开放体育设施。

第四章　体育活动管理

第二十八条　市、区（县级市）人民政府体育主管部门至少每四年组织一次大型综合性运动会。

学校每学年至少组织一次全校性的运动会。

鼓励机关、团体、企业事业单位和其他组织举办职工运动会。

第二十九条　机关、团体、企业事业单位和其他组织应当把职工健身列入工作计划，提供健身场地，配置必要的健身设施、器材，组织工前或者工间体育锻炼。

第三十条　学校应当组织开展广播操和多种形式的课外体育活动，保证学生在校期间每天有不少于一小时的体育活动时间。

鼓励学校开展体育运动项目教学,培养学生至少掌握一项体育运动技能或者健身方法。

幼儿园应当开展适合幼儿的体育活动,增强幼儿身体素质。

第三十一条 各级人民政府和体育、旅游等部门应当鼓励发展体育旅游,重点开发山地户外旅游、水上运动旅游、汽车摩托车旅游、健身养生旅游等体育旅游新产品,推动建设体育旅游目的地和体育旅游示范基地,培育体育旅游精品赛事,打造体育旅游精品线路,扶持特色体育旅游企业。

第三十二条 举办、参加徒步走、广场舞、骑行等健身活动,应当遵守健身设施管理制度和道路交通安全、噪声污染防治等相关规定,不得破坏场地、器材和环境,不得扰乱公共秩序,不得影响其他公民的正常工作和生活。

在烈士纪念设施保护范围内不得开展广场舞等健身活动。

第三十三条 任何组织或者个人不得在健身活动中宣扬封建迷信、邪教、色情、暴力和其他违背公序良俗的不健康内容,不得利用健身活动进行赌博等违法行为。

第三十四条 市、区(县级市)人民政府体育主管部门应当积极培育体育类社会组织,支持镇、街道设立体育总会、老年人体育协会、社会体育指导员协会和单项体育协会。

鼓励企业事业单位以及行业建立体育健身组织、运动队伍等。

第三十五条 市、区(县级市)人民政府应当建立和完善公共体育人才使用、培养和激励机制,根据本行政区域内人口规模,合理配备公共体育服务人员。

镇人民政府、街道办事处应当至少配备一名专兼职体育管理人员，必要时可以吸收社会力量补充公共体育服务队伍。

第三十六条 市、区（县级市）人民政府体育主管部门应当制定社会体育指导员等公共体育服务人员轮训计划，定期开展技能培训。鼓励运动员、教练员、体育教师等人员参与公共体育服务。

公共体育设施管理单位应当根据不同岗位要求，编制从业人员培训计划，对从业人员进行分级分类培训。

第五章 法律责任

第三十七条 违反本办法，在健身活动中有宣扬封建迷信等不健康内容、损毁公私财物、损害公民身心健康等扰乱公共秩序、妨害社会管理的行为的，由公安机关依法给予处罚；构成犯罪的，依法追究刑事责任。

第三十八条 违反本办法，公共体育设施管理单位有下列行为之一的，由体育主管部门责令限期改正；情节严重的，对负有责任的主管人员和其他直接责任人员，由主管机关依法给予处分：

（一）未按照规定将设施名称、地址、服务项目、收费标准等内容报送备案的；

（二）未按照规定将设施向公众开放，或者停止开放未向社会公告的；

（三）未按照规定免费、低收费或者优惠开放设施的；

（四）未制定管理制度，公告本单位联系方式的；

（五）未定期对设施进行检查、保养的。

第三十九条 各级人民政府有关行政主管部门及其工作人员在公共体育服务工作中不履行本办法规定的职责、玩忽职守、滥用职权、徇私舞弊的，对直接负责的主管人员和其他直接责任人员依法给予行政处分；构成犯罪的，依法追究刑事责任。

第六章 附　则

第四十条　本办法自 2018 年 3 月 1 日起施行。

漯河市人民政府办公室关于印发《漯河市群众体育健身器材配建管理办法》的通知

(漯政办〔2017〕99号)

各县区人民政府，市城乡一体化示范区、经济技术开发区、西城区管委会、市人民政府各部门，直属及驻漯各单位：

《漯河市群众体育健身器材配建管理办法》已经市政府同意，现印发给你们，请认真贯彻执行。

漯河市群众体育健身器材配建管理办法

第一章 总 则

第一条 为规范我市群众体育健身器材配建管理工作，切实保障群众合法的体育健身权益，根据《体育法》《政府采购法》《产品质量法》《全民健身条例》《公共文化体育设施条例》以及国家体育总局《室外健身器材配建管理办法》的有关规定，结合我市实际，特制定本办法。

第二条 本办法所指群众体育健身器材（以下简称器材），是指各级政府体育主管部门利用财政性资金采购，配建在社区、行政村、公园、广场等室外公共场所，供社会公众免费使用的健身器材。

第三条 实行属地管理、分级负责原则。市体育主管部门负责全市群众体育健身器材的规划、审批、建设和更新的统筹安排，建立全市群众体育健身器材配建情况动态管理机制。县区体育主管部门具体负责本行政区域内群众体育健身器材的规划、建设和更新的组织实施，负责对本行政区域内器材的使用、管理、维护进行监督指导。

第四条　实行谁接收谁管理的原则。社区居委会、村委会、公园（广场）管理部门、机关、企事业组织等接收器材的组织和单位（以下简称器材接收方）承担器材的日常管理维护责任和因管理维护不善引发的安全责任。

第五条　群众体育健身器材的建设、使用、管理、维护和更新遵循因地制宜、讲求实效、服务群众、保证质量、建管并举的原则。

第二章　建设与配置

第六条　纳入规划的群众体育健身器材由体育部门配备。健身器材安置场地设施由器材接收方负责建设。

第七条　市体育主管部门根据资金投入情况和工作安排确定年度配置数量和配置要求，县区体育主管部门根据市体育主管部门下达的配置指标筛选申报器材接收方。

第八条　群众体育健身器材配建在与其型号和数量相适应、日常管理有保障、器材使用不影响周边居民正常生活的场所、场地，并按照国家标准铺设缓冲层。

第九条　体育主管部门采购群众体育健身器材，应当按照国家体育总局《室外健身器材配建管理办法》相关要求进行。

第十条　器材采购到位后，器材供应商应当按照要求为县区分别配送安装。市体育主管部门与县区体育主管部门签订器材移交协议，县区体育主管部门、器材供应商、器材接收方签订三方协议。市体育主管部门将器材移交协议和三方协议进行备案管理。

县区体育主管部门负责对安装后的健身器材进行验收,验收合格后方可交付使用。

第十一条 群众体育健身器材必须设置使用说明和安全须知等告示牌。对因使用不当可能造成人身伤害的器材,必须设置警示提醒标志。

第三章 管理和维护

第十二条 健身器材接收方应建立健全器材管理维护责任制度,对接收配建的健身器材进行登记,落实日常管理和维护责任人员,确保健身器材的使用安全性。保修期内,由健身器材供应商负责提供保修服务;超过保修期的日常维护费用由器材接收方自行解决;超过正常使用期限,经检测鉴定不能继续使用的予以拆除、更新。

第十三条 县区体育主管部门对本行政区域内健身器材接收方具有监管责任,要定期检查健身器材接收方对健身器材的管理维护情况,协调督促健身器材供应商、健身器材接收方解决健身器材存在的问题,每半年将检查情况报送市体育主管部门。

第十四条 市体育主管部门将县区体育主管部门履行健身器材管理维护监管责任情况作为重要标准进行考评,并将考评情况与下年度市体育主管部门支持县区群众体育健身设施项目挂钩。

第十五条 按照县区配备健身器材情况,市体育主管部门每年给县区体育主管部门拨付健身器材管理维护监管工作经费,县区体育主管部门配套相应数量的工作经费。

第十六条　畅通群众监督渠道，县区体育主管部门公布健身器材报修热线，明确专人负责受理群众反映的本行政区域内健身器材受损问题，按照三方协议在五个工作日内与器材接收方、供应商协商解决，并做好备案登记和跟进检查。市体育主管部门将县区体育主管部门报修热线在媒体上进行公布。

第十七条　其他事项按照国家体育总局《室外健身器材配建管理办法》执行。

第十八条　其他社会组织配建给器材接收方的群众体育健身器材的管理和维护可参照本办法执行。

第四章　附　则

第十九条　本办法自印发之日起施行，有效期5年。《漯河市人民政府办公室关于印发〈漯河市全民健身器材管理办法〉的通知》（漯政办〔2014〕43号）同时予以废止。

湖北省人民政府办公厅关于加快健身休闲产业发展的实施意见

(鄂政办发〔2017〕29号)

各市、州、县人民政府,省政府各部门:

根据《国务院办公厅关于加快健身休闲产业发展的指导意见》(国办发〔2016〕77号)要求,结合湖北实际,经省人民政府同意,现就进一步加快全省健身休闲产业发展提出如下实施意见。

一、总体要求

(一)指导思想。全面贯彻党的十八大和十八届三中、四中、五中、六中全会精神,落实五大发展理念,按照"四个全面"战略布局湖北实施的要求,围绕健康中国建设,积极推进健身休闲产业供给侧结构性改革,加快形成多极发展格局,不断满足人民群众日益增长的多层次健身休闲需求,将健身休闲产业培育成新常态下全省经济持续稳定发展的新动能,为湖北在中部地区率先全面建成小康社会作出新的贡献。

(二)发展目标。力争到2025年,健身休闲产品和服务供给较为丰富,服务质量和水平明显提高,健身休闲产业体系更加完善、布局更加优化、结构更加合理、融合更加紧密、需求更加旺盛,健身休闲产业总规模达到1600亿元,产业规模排在中部地区前列。

二、加快推进运动项目产业发展

（三）普及日常健身。大力普及推广乒乓球、羽毛球、游泳、篮球、足球、武术等日常健身活动，培养群众健身意识，引导群众积极参与各类健身休闲运动，打造全民健身品牌赛事活动。依托社会力量丰富健身休闲服务内容，通过政府购买服务等多种途径扩大健身休闲服务供给力度。（责任单位：省体育局，各市、州、县人民政府，排第一位的为牵头单位，下同）

（四）重点发展户外运动项目。以户外运动为重点，支持具有消费引领性的健身休闲项目发展。

1. 山地户外运动。推广登山、攀岩、徒步等山地户外运动项目，推动场地设施体系建设，完善组织、安全和应急救援体系，培育一批山地户外运动俱乐部，加强指导员队伍建设，形成"三纵三横"（神农架-宜昌-恩施，襄阳-随州-荆门，黄冈-鄂州-黄石-咸宁；长江沿线，318、316国道）山地户外运动布局。

2. 水上运动。推动公共船艇码头建设和水上运动俱乐部发展，积极发展帆船、帆板、皮划艇、赛艇、摩托艇、漂流、龙舟、滑水等水上健身休闲项目，将东湖打造成为国家级水上全民休闲运动中心，推动形成"三江六湖"（长江、汉江、清江；东湖、洪湖、龙感湖、梁子湖、长湖、沲水湖）水上运动产业集聚区。

3. 汽摩运动。推动汽车露营地和中小型赛车场建设，利用自然人文特色资源，举办汽摩运动赛事，不断完善赛事活动组织体系，形成"一圈两纵两横"（环武汉城市圈，207、209、318、316国道）自驾路线和汽车露营地网络。

4. 航空运动。推进面向航空运动的通用机场、航空飞行营地建设，以通用机场为龙头，以航空飞行营地为骨干，推广运动飞机、热气球、滑翔伞、跳伞、航空模型等航空运动项目，构建以大众消费为核心的航空体育产品和服务供给体系。

5. 冰雪运动。以神农架、黄冈、咸宁、恩施为重点，以大众滑雪、滑冰为抓手，推动冰雪运动相关设施建设，着力提升冰雪运动在全省的普及程度和产业发展水平。（责任单位：省体育局、省发展改革委、省交通运输厅、省水利厅、省林业厅、省旅游委、民航湖北监管局，各市、州、县人民政府）

（五）大力发展特色运动项目。推动电子竞技、极限运动、击剑、赛马、高尔夫、游艇、汽（房）车等时尚运动项目健康发展，培育相关专业培训市场，鼓励举办以时尚运动为主题的群众性体育活动。培育电子竞技龙头企业，打造电子竞技品牌赛事和产业集聚区。积极推进太极、健身气功、龙舟、舞龙舞狮、巴山舞、摆手舞等传统健身休闲项目传承与发展，推广民族传统体育项目、智力运动项目，加强体育类非物质文化遗产的保护和开发。（责任单位：省体育局、省科技厅、省文化厅，各市、州、县人民政府）

（六）推进运动项目市场化改革发展。深化运动项目协会改革，以足球改革为试点，逐步推进其他运动项目协会完善法人治理结构，加强运动项目普及、推广与市场开发。建立健全适合大众参与的竞赛体系、业余运动等级标准和运动项目培训体系。（责任单位：省体育局、省民政厅、省教育厅）

三、培育市场主体

（七）培育健身休闲龙头企业。支持健身休闲企业通过连锁经营、品牌输出、兼并重组等方式做大做强，培育健身休闲龙头企业，支持龙头企业申报国家级体育产业基地，打造一批

优秀健身休闲俱乐部、场所和品牌活动。(责任单位:省体育局、省发展改革委)

(八)实施健身休闲产业众创工程。鼓励大众积极参与健身休闲产业创新创业,支持退役运动员开办健身休闲企业。鼓励各类中小微健身休闲企业、运动俱乐部向"专精特新"方向发展,强化特色经营、特色产品和特色服务,满足特定消费人群需要。(责任单位:省体育局、省科技厅、省工商局)

(九)大力发展社区体育社会组织。引导体育社会组织积极承接政府公共体育服务职能。对暂时达不到登记条件的社区体育组织,按照不同规模、业务范围、成员构成和服务对象,由街道办事处(乡镇政府)实施管理,加强指导。(责任单位:省民政厅、省体育局)

四、加强健身休闲设施建设

(十)完善健身休闲基础设施网络。充分利用公园绿地、建筑物屋顶等设施,建设一批便民利民的社区健身休闲设施。支持企业利用老旧、废弃工业厂房等发展健身休闲设施。鼓励各地规划建设健身步道、绿道和自行车道等慢行交通体系,重点在城市周边、山水湖边建设一批山地户外营地、汽车露营地、水上运动基地等健身休闲设施。推进健身休闲设施与住宅、文化、商业、娱乐等综合开发,打造健身休闲服务综合体。(责任单位:省住建厅、省发展改革委、省国土资源厅、省体育局,各市、州、县人民政府)

(十一)盘活用好现有体育场馆资源。推动有条件的学校体育场馆设施对外开放。推进公共体育场馆"所有权属于国有,经营权属于公司"改革。鼓励社会力量对现有体育场馆进行改造升级。(责任单位:省体育局、省教育厅、省财政

厅、各市、州、县人民政府)

(十二)严格执行城市居住区健身相关设施配建标准。加快制定城市居住区配套建设健身设施的竣工验收标准,支持房地产开发商在新建居住区中高标准配建运动设施。老城区与已建成居住区无健身场地设施或现有场地设施未达到规划建设指标要求的,要因地制宜配建全民健身场地设施。(责任单位:省住建厅、省发展改革委、省国土资源厅、省体育局,各市、州、县人民政府)

五、推动健身休闲装备产业转型发展

(十三)打造全产业链。推动健身休闲装备制造企业与医疗健康、互联网、光电子、大数据、虚拟现实、人工智能等企业组建产业联盟,鼓励健身休闲器材装备制造企业向服务业延伸发展,形成全产业链优势。鼓励社会力量定期举办各类体育产业展会。(责任单位:省体育局、省发展改革委、省经信委、省科技厅)

(十四)增强自主创新能力。引导非体育装备制造企业生产制造适合健身休闲的装备用品。鼓励企业通过智能运动装备获取、分析、应用健身数据,研发个性化的健身休闲装备。大力支持健身休闲企业参与高新技术企业认定,提高关键技术和产品的自主创新能力。(责任单位:省经信委、省科技厅、省质监局、省体育局)

(十五)提升品牌价值。支持企业创建和培育自主品牌,鼓励企业赞助国内外体育赛事活动,提升企业品牌价值。积极推动我省优势品牌企业实施国际化发展战略。(责任单位:省体育局、省发展改革委、省工商局)

六、加快形成健身休闲多级发展格局

（十六）实施重点项目驱动发展战略。支持各地策划、布局、推出一批重点健身休闲项目并纳入省级重点项目储备库，加大重点项目推介和招商力度。各地每年应策划推出至少一个健身休闲重点项目，加快健身休闲产业重点项目立项、建设进度。（责任单位：省发展改革委、省体育局，各市、州、县人民政府）

（十七）优化健身休闲产业布局。实施差异化发展战略，围绕全省体育产业"一圈两带"发展格局，依托各地资源禀赋和产业优势，打造各地独具特色的健身休闲集聚区，形成多个发展极，推动各地特色发展、联动发展。（责任单位：省发展改革委、省体育局，各市、州、县人民政府）

七、促进融合发展

（十八）与旅游融合发展。鼓励旅游景区举办概念马拉松、登山、汽车越野等赛事活动，支持旅游景区增设体验类健身休闲项目，策划、推出一批体育旅游重大项目，建设10家体育旅游示范基地。鼓励各地利用山水湖泊等资源优势，打造10个集体育、旅游、休闲、消费等服务于一体的特色健身休闲小镇。（责任单位：省体育局、省旅游委）

（十九）与文化融合发展。依托荆楚文化，发展水上运动产业，建设水上楚文化乐园。借助巴蜀文化，以318国道为基础，构建宜昌、恩施"通蜀天路"徒步步道、自行车道。借助道教文化，大力促进武当武术产业链整合、发展，将武当山脉打造为国际武当武术文化产业园区。借助禅宗文化，打造黄冈"禅宗源头"、随州"寻祖探缘"等健身休闲线路。借助红

色文化，开辟"重走革命路"定向越野、马拉松等赛事活动。（责任单位：省体育局、省文化厅）

（二十）与教育融合发展。推动山地户外运动、水上运动、智力运动等运动项目进校园，引导中小学生积极参加健身休闲项目，培养学生体育兴趣和技能。依托健身休闲企业，建设健身休闲产业相关专业学生实习实训基地，拓展体育专业大学生就业渠道。（责任单位：省体育局、省教育厅）

（二十一）与健康融合发展。大力发展运动医学和运动康复医学，推动"体医结合"，发挥中医药在运动康复等方面的特色作用，建立基于互联网的全民健身大数据，指导群众进行科学健身。鼓励社会资本开办运动康复等各类机构。（责任单位：省体育局、省卫生计生委）

八、扩大健身休闲消费

（二十二）挖掘消费潜力。鼓励社会力量提供多元化的健身休闲服务，引导群众进行消费，通过移动社交平台发展社群经济，加强消费者体验交流，改进消费体验。支持社会力量为各层次消费人群提供定制化服务、会员制服务。鼓励社会力量引进、举办高水平体育赛事活动，满足群众体育观赏需求。（责任单位：省体育局）

（二十三）完善消费政策。推进健身休闲企业与金融机构合作，试点发行健身休闲联名卡，实施特惠商户折扣，探索发放健身消费券。鼓励保险机构开发各种面向大众健身休闲和青少年在校内外参加体育活动的险种。将健身休闲旅游项目纳入旅游年卡使用范围。（责任单位：省体育局、省旅游委、湖北银监局、湖北保监局）

（二十四）营造消费氛围。推进公共体育场馆向群众免费或低收费开放，实施体育技能公益培训计划，引导群众健身消费。通过电视、广播、新媒体等平台普及、传播健身常识，利用各种渠道宣传健身典型案例，提高群众健身意识和体育消费意识。（责任单位：省体育局、省新闻出版广电局，各市、州、县人民政府）

九、组织实施

（二十五）持续推进"放管服"改革。进一步精简健身休闲活动相关审批事项，实施负面清单管理，努力破除社会资本投资的"玻璃门""弹簧门""旋转门"等问题。推进低空空域和水域开放，落实户外运动俱乐部纳入旅行社管理具体措施，完善相关安保服务标准。认真落实各类健身休闲场所水、电、气、热价格按不高于一般工业标准执行和体育场馆房产税和城镇土地使用税优惠等政策。（责任单位：省体育局、省发展改革委、省公安厅、省水利厅、省旅游委、省地税局、省工商局、省物价局、民航湖北监管局，各市、州、县人民政府）

（二十六）完善投入机制。支持社会力量发起成立体育产业投资基金，积极推广运用政府和社会资本合作方式发展健身休闲产业。省级体育产业发展引导资金按照不低于50%的比例用于支持健身休闲产业发展。支持各地设立体育产业发展引导资金。（责任单位：省体育局、省发展改革委、省财政厅、省政府金融办，各市、州、县人民政府）

（二十七）优化规划和土地利用政策。加大对健身休闲产业用地的支持力度，将体育用地足额纳入年度土地利用总体规划并优先予以安排。

对使用未利用地、荒山、荒地、荒滩等土地建设的健身休闲项目，优先安排新增建设用地计划指标，出让底价可按不低于土地取得成本、土地前期开发成本和按规定应收取相关费用之和的原则确定。利用现有健身休闲设施用地、房产增设住宿、餐饮、娱乐等商业服务设施的，经批准可以协议方式办理用地手续。

现有码头增设邮轮、游艇停泊功能的，可保持现有土地权利类型不变。利用存量房产、土地资源发展健身休闲产业，可享受在一定期限内不改变用地主体和规划条件的过渡期支持政策。利用现有山川、水面、滩涂、防洪用地等发展健身休闲设施，对不占压土地、不改变地表形态的，可按原地类管理。健身休闲项目用地中，用途单一且符合法定划拨范围的，可以划拨方式供应。

工业用地、科教用地使用中兼容健身休闲用途设施建筑面积不超过15%的，仍按工业、科教用途管理。绿化用地中不超过15%的用地面积可用于健身休闲项目建设，仍按绿化用途管理。对复垦利用垃圾场、废弃矿山等历史遗留损毁土地建设的健身休闲项目，各地可按照"谁投资、谁受益"的原则，制定支持政策。鼓励以长期租赁、先租后让、租让结合方式供应健身休闲项目建设用地。支持农村集体经济组织自办或以土地使用权入股、联营等方式参与健身休闲项目。（责任单位：省国土资源厅、省住建厅、省水利厅、省农业厅、省林业厅、省体育局）

（二十八）加强人才保障。鼓励校企合作，培养各类健身休闲项目应用型专业人才。建立省级体育产业智库。加强从业人员职业培训。支持专业教练员投身健身休闲产业。加强社会体育指导员、户外运动指导员等专业人才队伍建设。（责任单位：省教育厅、省人社厅、省体育局）

（二十九）完善标准和统计制度。加快健身休闲标准体系建设，鼓励企业积极参与地方、行业和国家标准制定。定期开

展健身休闲产业统计，建立统计长效机制。(责任单位：省体育局、省统计局、省质监局)

(三十)强化工作保障机制。发挥体育产业发展工作联席会议制度作用，落实惠及健身休闲产业的相关支持政策，建设全省体育产业信息服务平台。(责任单位：省体育局、省发展改革委、省旅游委，各市、州、县人民政府)

各地要根据本意见要求，结合实际情况，制定健身休闲产业发展专项规划并抓紧落实。省体育局要会同省发展改革委、省旅游委等有关部门对落实本意见情况和相关政策执行情况进行监督检查和跟踪分析，重大事项及时向省政府报告。

湖北省人民政府关于加快转变发展方式推进体育强省建设的意见

(鄂政发〔2017〕63号)

各市、州、县人民政府，省政府各部门：

为深入贯彻落实党的十九大关于加快推进体育强国建设的战略部署和习近平总书记关于体育工作的系列重要讲话精神，顺应新时代体育发展趋势，加快转变发展方式，推进体育强省建设，更加充分、更加有效、更加均等地满足人民日益增长的美好生活体育需要，特提出如下意见。

一、提高政治站位，坚持根本遵循，准确把握体育强省建设总体要求

（一）指导思想。坚持以习近平新时代中国特色社会主义思想为指导，坚持以人民为中心的发展理念，充分彰显体育为国家作贡献、为人民谋幸福、为经济增效益、为社会提供强大正能量的综合功能与多元价值。坚持深化全民健身国家战略湖北实施，不断增强公共体育服务有效供给，加速推进全民健身现代化，全面提高人民群众健康水平。坚持弘扬中华体育精神和体育道德风尚，更好发挥举省体制优势，不断增强竞技体育综合实力和核心竞争力。坚持深化体育产业供给侧改革，发展新型业态，壮大产业规模，把体育产业打造成我省新经济的重要增长极。坚持改革活体、人才兴体、科教强体、依法治体，实现湖北体育健康发展、转型发展、升级发展、跨越发展。

（二）主要目标。为将我省建设成为综合实力位居全国第一方阵、中部地区前列的体育强省，未来5年要完成以下目标任务：

1. 基础设施更加完善。构建起市、县、乡镇、村（社区）四级全民健身设施网络和城乡15分钟健身圈，人均体育场地面积达到2平方米以上。新建居住区和社区体育设施覆盖率以及公共体育场地设施开放率达到100%，学校体育设施建设和器材配备100%达到国家标准。

2. 全民健身均等惠民。全省各级体育社会组织达到2000个以上，体育健身团队每万人达到5个以上，全民健身站点每万人达到10个以上，社会体育指导员每千人达到2人以上，基本实现公共体育服务均等化。日常健身活动广泛开展，经常参加体育健身活动的人数达到50%以上。国民体质检测常态化，监测指标位居全国前列。

3. 为国争光成绩显著。优秀运动队建设提档升级，训练水平显著提高，后备人才培养全面优化。竞技体育职业化水平明显提升，市办、校办、企办、社办规模有效拓展。东京奥运会夺取1枚以上金牌，第十四届全运会参赛成绩进入全国前10位，每年获得国际洲际比赛冠军30个以上，竞技体育综合实力与全省经济社会发展水平相适应。

4. 体育产业加快发展。产业规模达到2500亿元左右，产业增加值占全省地区生产总值的比重达到1.6%左右，服务业增加值占全省第三产业增加值的比重达到2.1%左右。全省体育产业龙头企业达到100个以上，建成体育产业园区10个左右，体育产业从业人员超过45万人，人均体育消费超过全国平均水平，体育彩票年销量居全国前列。

5. 体育赛事繁荣发展。办赛条件和能力全面提升，具备国际综合性运动会、全国综合性运动会及世界单项赛事的承办条件和能力,第七届世界军人运动会成功举办,积极申办全国运动会和重大国际国内体育赛事,形成一批国际国内体育品牌赛事,商业性体育赛事充满生机活力。

6. 保障水平大幅提升。体育改革全面深化,体制机制充满活力;财政保障更加有力,社会投入大幅增长;体育科教水平进入全国前列,人才队伍建设整体提升;体育法制全面加强,政策体系更加完备。

二、健全服务体系,优化公共服务,增强全民健身综合配套有效供给

(一)大力实施新全民健身工程。坚持政府主导、社会参与、绿色生态的原则,全面推进市州体育设施提档升级,大力推进县(市、区)"一场两馆一综合体"(体育场、体育馆、游泳馆、体育综合体)、乡镇(街道)社区运动健身中心和中心村文体广场建设。全面落实新建居住区"室内人均建筑面积不低于0.1平方米,或室外人均用地不低于0.3平方米"体育设施建设标准。鼓励支持各地发挥比较优势、优化资源配置,建设一批体育公园、登山步道、健身绿道和水上运动、汽摩运动、航空运动、冰雪运动等户外基地。

(二)促进体育社会组织健康发展。充分发挥各级体育总会的作用,鼓励成立单项体育协会,着力优化服务、强化监管、激发活力,支持发展体育类民办非企业俱乐部。积极推进体育社会组织管理制度改革,建立健全权责明确、政社分开、依法自治的体育社会组织治理体系,促进体育社会组织健康发展。注重发挥社会体育指导员的作用,建立全民健身志愿者登记制度,完善公益社会体育指导员评价制度和从业支持政策,鼓励支持各级机关、企事业单位培养社会体育指导员。

（三）充分发挥赛事活动引领作用。以齐抓共管、分类指导、百花齐放为导向，在全省组织开展以"崇尚人人体育、共创美好生活"为主题的全民健身系列活动，积极承接国际国内大型全民健身赛事。坚持以省级赛事活动为引领，定期举办全省职工、农民、军警、学生、少数民族、残疾人、老年人、妇女等行业和人群运动会，积极推进残奥、聋奥、特奥等工作。市州赛事活动丰富多彩，四年举办一届综合性运动会，县（市、区）每年举办（承办）有一定规模的赛事活动12次以上，积极推动全民健身赛事活动向农村社区延伸、向企事业单位和重点人群拓展。

（四）提升有效健身服务指导水平。以贴近群众、科学指导、精准服务为目标，大力借助大数据、移动互联网等新技术，完善"去运动"APP等专业平台，加强全民健身信息化服务；整合医疗卫生资源，积极推行医疗卫生与体质检测"一站式"服务，开展体质检测、技能传授、运动处方等科学化健身指导；切实保障公共体育设施的体育功能，推动公共体育场馆和符合条件的学校、企事业单位场地设施向社会开放；落实体育惠民政策，完善中小型体育场馆免费低收费开放财政补助政策及使用监管机制。

三、大力改革创新，完善体制机制，提升竞技体育持续发展综合实力

（五）创新竞技体育体制机制。坚持效率优先、可持续发展，强化战略选项，优化训练管理，完善薪酬奖励分配制度，建立教练员能上能下、合理流动的体制机制。加大省优秀运动队和体育单项学校市县联办、高校联办、企业联办、社会联办力度，优化联办机制、扩大联办规模、提升联办成效。改革发

展职业体育，积极探索竞技体育职业化和项目协会实体化发展道路，鼓励支持企业和社会创办足球、篮球、网球、乒乓球、极限运动等项目职业俱乐部。鼓励支持有条件的地方发展冰雪项目。

（六）实施竞技体育人才战略。人社、体育部门要将体育人才纳入本地人才培养战略和实施计划，享受同等政策待遇，省优秀运动队引进国内外优秀人才参照《中共湖北省委、湖北省人民政府关于深化人才引进人才评价机制改革推动创新驱动发展的若干意见》（鄂发〔2017〕5号）执行。完善运动员退役现行安置政策，拓宽运动员退役安置渠道，积极推进跨项跨界选材，制定实施教练员中长期培养培训计划，设立体育人才基金，提高优秀教练员的薪酬待遇。积极引进国内外高水平教练员、运动员和科研医疗人才，打造优秀教练员、运动员领军人物和体育科研学科、运动康复医疗带头人等各类人才队伍。

（七）强化竞技体育科技支撑。科技、卫计、体育部门要高度重视体育科学研究和科技成果运用，将体育科技纳入全省科技发展规划，积极支持体育科技事业发展。广泛开展与国内外知名高校、科研院所、医疗机构的合作，加强运动员科学选材、项目制胜规律、科学训练方法、复合团队建设等方面研究，突出重点运动项目科研攻关，推进体育科技成果转化，建立医疗绿色通道，提高训练监测、运动创伤防治和营养恢复的水平。系统运用新科学、新技术、新装备，不断提高选材成功率和训练参赛的科技水平。

（八）夯实竞技体育后备队伍。充分发挥省运会的竞赛杠杆和后备人才培养输送奖励政策作用，强化省直培训中心和市、州、县培养后备人才职能职责，鼓励支持社会力量创办后备人才培养机构，将其纳入全省竞技体育后备人才培养体系，享受同等注册、参赛、输送、奖励政策。教育、体育部门要全面深化体教融合，切实将后备人才文化教育纳入各地教育规划和教育管理，全面保障适龄运动员接受义务教育，积极探索优化符合运动员特点的文化教育教学模式和管理体制机制，深入推进业余体校与普通中小学融合发展。

四、完善市场体系，激活产业要素，推进体育产业成为新经济增长极

（九）大力发展体育新业态。大力发展市场化、专业化、集成化、网络化"体育众创空间"，为体育新业态企业成长和个人创业提供低成本、便利化、全要素、开放式综合服务平台。坚持以体育产业为主导、以多元业态为支撑，充分利用各地闲置厂房等公共资源，打造城市"体育+"综合体。鼓励支持商业综合体增设体育业态，推进体育与旅游、文化、教育、传媒、医养等跨界融合发展。实施乡村振兴战略，发展运动休闲特色小镇，推进体育产业向基层延伸拓展。

（十）发展壮大体育制造业。大力推进体育产业工业园区建设，积极申办创办和组团参加国际国内体育用品博览会，鼓励支持、培育引进各类企业和社会资本从事传统体育用品、运动智能设备、功能性食品饮料、现代体育装备、体育工程建设材料等研发生产，推进体育制造业园区化、集团化、规模化发展。积极引入专业机构建立体育制造业创业、创新孵化平台，依托我省国家级双创示范基地、省内各大高校和科研机构，搭建双创投资和资本平台，促进体育制造业创业投资与科研成果一体化。

（十一）培育打造高水平赛事。坚持政府引导、市场运作、跨界融合的发展模式，鼓励支持各地、企业和社会力量创

办高水平赛事。不断创新商业运作方式，提升商业运营水平，充分发挥武汉网球公开赛、航空运动大会、环中国自行车赛（湖北站）、汽车露营大会、马拉松等高水平赛事的示范引领和辐射作用。以举办第七届世界军人运动会为契机，培养一批高水平体育赛事组织队伍和裁判员队伍，优化赛事创办条件，提升竞赛组织能力，积极申办承办全国运动会和国际国内高水平体育赛事，改革创新办好省运会。

（十二）强化政策引导与监管。各地、各有关部门要全面贯彻落实《省人民政府关于加快发展体育产业促进体育消费的实施意见》（鄂政发〔2015〕50号）和《省人民政府办公厅关于加快健身休闲产业发展的实施意见》（鄂政办发〔2017〕29号）精神，制定实施细则，推进政策落地。加大体育产业项目招商引资力度，大力引进培育体育龙头企业。积极发展体育金融，拓展资本市场，统筹整合相关专项资金，设立体育产业引导资金。建立健全体育产业质量标准体系、市场监管体系和安全责任体系。将体育彩票工作纳入市、州、县政府及体育、财政部门的职责范围，强化体育彩票发行管理，稳步扩大销量。

五、强化文化引领，整合社会资源，为全面深化体育改革发展夯实基础

（十三）弘扬体育文化。坚持把繁荣体育文化贯穿于体育发展始终，以厚重的体育文化引领和推动体育强省建设。加大体育文化传承与传播力度，深入推进以运动项目为核心的体育文化建设，打造体育赛事活动文化品牌。大力倡导"人人体育、终身锻炼"的体育理念，营造浓厚的校园、社区、乡村、机关、企事业单位体育文化氛围。大力弘扬体育精神和体育道德风尚，充分发挥体育名人的示范感召作用，增强推进体育改革发展的广泛认同感和社会支持度。

（十四）加强学校体育。强化学校体育工作，落实体育与健康课时，深化体育教育改革，加强体育师资队伍建设，加快学校体育设施建设。充分发挥体育中考的导向作用，探索增加技能考试项目，加大体育中考分值和权重，引导青少年学生掌握1-2项体育技能。加强高校体育学科专业建设，不断提升体育专业人才培养质量。支持武汉体育学院建设成为国内一流的多科性体育大学。

（十五）优化管理体制。编制、人社部门要重视加强体育机构和体育队伍建设，未单设体育机构的地方可以调整与教育、文化等部门合并，设置体育内设机构，划转相关编制，充实专业人才。全面落实"管办分离"要求，加强各级体育总会的承接能力建设。明确乡镇（街道）文化站（中心）体育工作职能职责，配备公益社会体育指导员，加强基层体育服务管理。

（十六）坚持依法治体。深入开展体育法制宣传，广泛开展体育普法教育。围绕促进全民健身、发展体育产业、规范体育市场、鼓励社会力量兴办体育等方面，加强政策法规研究和修订工作，建立健全符合省情的体育地方性法规体系。优化行政审批事项，强化事中事后监管。加大体育执法力度，推进体育执法体系建设，将体育行政执法纳入各级综合执法平台。从严整治赛风赛纪，坚决反对兴奋剂。

六、加强组织领导，狠抓工作落实，为加快推进体育强省建设强化保障

（十七）加强组织领导。成立体育强省建设领导小组，定

期召开会议，听取体育强省建设情况汇报，研究解决重大问题。各市、州、县政府要将体育工作纳入重要议事日程，将体育基础设施建设纳入城乡建设规划，扎实推进体育强市（县）建设，有序开展城乡体育示范创建活动。

（十八）强化部门责任。有关职能部门要密切配合，各司其职、各负其责，整合部门资源，形成工作合力。各级机关、企事业单位和各类社会团体要积极参与体育强省建设，形成上下联动、横向协调、齐抓共建的工作格局。

（十九）优化政策保障。发改、教育、科技、财政、人社、国土、规划等部门要认真贯彻落实党中央、国务院和省委、省政府关于体育工作的决策部署，强化政策宣传，推进政策落地，实现政策叠加效应。要进一步加大财政投入，保障基本公共体育服务需要，全面落实体育彩票公益金的使用规定，提高财政资金使用效益。

（二十）健全落实机制。将体育强省建设纳入对市州政府的目标责任制考核，各市、州、县政府要将体育强省建设纳入政府及部门目标责任制考核和督办问责体系。各地、各有关部门要按照本意见精神，结合工作实际，制定贯彻落实的具体措施，加强督促检查，共同推进体育强省建设。

湖南省人民政府办公厅关于加快发展健身休闲产业的实施意见

（湘政办发〔2017〕38号）

各市州、县市区人民政府，省政府各厅委、各直属机构：

为进一步加快发展健身休闲产业，推动全民健身与全民健康深度融合，更好地满足人民群众多样化的健身休闲需求，根据《"健康中国2030"规划纲要》、《国务院办公厅关于加快发展健身休闲产业的指导意见》（国办发〔2016〕77号）和《国务院办公厅关于进一步扩大旅游文化体育健康养老教育培训等领域消费的意见》（国办发〔2016〕85号）精神，结合我省实际，经省人民政府同意，现提出如下实施意见。

一、总体要求

（一）指导思想。全面贯彻党的十八大和十八届三中、四中、五中、六中全会及全国卫生与健康大会精神，按照"四个全面"战略布局，牢固树立和贯彻落实创新、协调、绿色、开放、共享的发展理念，认真落实党中央、国务院决策部署和"健康中国"建设要求，推进健身休闲产业供给侧结构性改革，提高健身休闲产业发展质量和效益，优化健身休闲产业结构和空间布局，促进健身休闲与我省优势产业资源融合发展，鼓励、引导社会力量参与健身休闲产业发展，丰富健身休闲产品服务供给，促进健身休闲产业的消费，为建设富饶美丽幸福新湖南提供有力支撑。

(二) 基本原则。

突出特色，多元发展。 充分依托湖南历史文化传统和地域特色，建立和完善全民健身服务体系与促进产业转型升级相结合。鼓励各地打造具有本地特色的健身休闲项目，满足人民群众日益增长的健身休闲需求，促进健身休闲产业多元化发展。

市场主导，创新驱动。 充分发挥市场在资源配置中的决定性作用和政府的主导、引领作用，调动社会力量参与健身休闲产业发展。积极推进健身休闲产业体制机制创新，激发群众参与健身休闲活动热情，进一步挖掘和释放健身休闲消费潜力。

深化改革，优化环境。 加快政府职能转变，进一步推进健身休闲产业简政放权、放管结合、优化服务改革，完善配套政策，既要把体制内资源盘活，又要有效激发社会资本参与健身休闲产业发展的积极性，营造竞争有序、充满活力的市场环境。

以人为本，协调发展。 坚持以增强人民体质、提高健康水平、促进人的全面发展为目标，切实把满足人民群众不断增长的健身休闲需求作为健身休闲产业发展的出发点和落脚点，让健身休闲产业成果更多更公平地惠及人民群众，让健身休闲成为人民群众强身健体、愉悦精神、提升生活质量、实现全面发展的重要手段，成为小康生活的重要内容。

(三) 发展目标。到2025年，基本建立布局合理、功能完善、门类齐全、具有湖南特色的健身休闲产业体系，体制机制更加完善，健身人口不断增加，健身氛围更加浓厚，健身需求更加旺盛，市场供给更加丰富，对相关产业的带动作用更加明显，群众《国民体质测定标准》合格以上人数达到93%，体质状况明显改善。人均体育场地面积达到2平方米，经常参加体育锻炼人数占全省常住人口总人数的40%，全省健身休闲产业总规模达到1200亿元。

二、主要任务

(一)合理规划基础设施。

加强政府主导。充分挖掘我省水、陆、空资源,完善"江(湘、资、沅、澧等)、湖(洞庭湖、东江湖、柳叶湖等)、山(武陵山脉、崀山、衡山等)、道(健身步道、自行车道、茶马古道、水道、岩道等)"基础设施建设。政府统筹规划,主导建设城乡生态绿道和健身步道,在河流湖泊沿岸将防洪大堤建设、风景观光带建设、健身休闲设施建设相结合。各县市区至少建成1个体育馆和1个中小型全民健身中心,各乡镇建成1个室内健身室和1个室外健身场所,各行政村建成1个篮球场或1条健身路径,各城市社区建成1个以上设施较为完善的体育健身场所。

引导社会资本。鼓励和支持旅游景区、旅游度假区、乡村旅游区(农家乐)等根据自身特点,建设健身休闲基础设施,融入山地户外、水上、新能源汽车、航空、电子竞技等各类体育运动元素,发展健身休闲项目。支持社会力量积极参与健身休闲基础设施的投资建设,鼓励引导社会资本投资各类健身休闲产业。在健身休闲基础设施的建设运营、公益健身服务体系、群众性体育赛事活动等领域推广政府和社会资本合作模式。鼓励以体育场馆为载体,打造城市体育消费综合体。鼓励和支持发展智慧体育场馆,加快利用现代科技方式提升体育场馆运营管理水平,根据国家的产业政策,推广应用轻钢结构装配式体育馆等新型体育场馆设施。

提高设施利用。鼓励将闲置的空坪、闲地或厂房、仓库等改造成临时健身场所。通过政府购买服务等多种方式,积极推动和鼓励各级各类公共体育场地设施免费或低收费开放,加快推进机关、企事业单位内部体育设施、学校体育场馆向社会开放。

（二）普及推广日常健身。将全民健身活动与健身休闲相结合，大力支持发展足球、篮球、气排球、乒乓球、羽毛球、网球、游泳、徒步、路跑、骑行、棋牌、台球、钓鱼、体育舞蹈、广场舞、自行车、轮滑等群众喜闻乐见和普及性广、关注度高、市场空间大的运动项目。

（三）大力发展户外运动。

提升山地运动。引导全省各地因地制宜发展登山、徒步、露营、攀岩、拓展、定向越野、山地自行车等项目，重点打造"一环二大"（环洞庭湖、大湘西、大湘南）山地户外休闲运动圈。发挥湖南红色旅游资源，推动拓展训练基地、军训基地、野外生存训练基地建设。办好山地户外健身休闲大会、徒步穿越大湘西等大型体育活动。

培育水上运动。依托我省河流湖泊众多、水系发达的自然资源优势，以洞庭湖为核心，打造游泳、垂钓、水上滑翔伞、皮划艇、赛艇、龙舟、游船、水上拓展等融水面、水岸、水空、水中运动休闲项目于一体的水上运动基地。

创新航空运动。推广航空模型、跳伞、滑翔伞、动力伞、热气球等航空飞行运动项目。建设一到两个国际一流的滑翔伞基地。积极推动航空航模飞行营地与学校体育场、重要体育产业基地、高速公路服务区、空中救援和应急处置等融合发展。

推进赛车运动。支持建设国家级或省级赛车运动基地，积极承接和举办国内外高水平赛车赛事，重点结合我省优势资源，打造"环洞庭湖国际公路自行车赛"、"环洞庭湖国际新能源汽车拉力赛"等常年举办的有影响力的国际品牌赛事。

扶持冰雪运动。根据国家提出的"三亿人上冰雪"和"北冰南移西扩东展"计划，在具备条件的地区率先建设冰世界冬奥文化广场，有计划地建设一批公共滑冰馆、室外滑冰场和滑雪场等冰雪运动场地。加强冰雪运动的专业性指导和培训，支持一批有条件的企业和个人成立冰雪运动俱乐部或冰雪运动培训学校。

（四）扶持发展特色运动。扶持和推广武术、健身气功、舞龙舞狮、龙舟等民间民俗传统体育运动项目，传承和推广秋千、高脚马、板鞋、射弩、苗鼓等少数民族特色体育项目，发展和推广电子竞技、击剑、高尔夫、马术、射箭、轮滑等新型体育休闲项目。

（五）提升产业信息化水平。深入推动健身休闲消费与信息消费融合，加快推进健身休闲产品和服务生产、传播、消费的数字化、网络化进程，拓展线上线下相结合的体育消费新空间。重点建设省级体育信息服务平台，实现为市民提供便捷的场馆在线预订、同城约战、赛事活动、运动社交娱乐、移动体育培训、运动处方订制、运动教学指导等一系列的网络化功能服务。推动互联网金融与健身休闲产业融合发展，鼓励体育类电子商务平台发挥技术、信息、资金优势，为体育消费提供优质服务。

（六）打造自主品牌赛事。鼓励机关团体、企事业单位以及其他社会力量参与各类商业性和群众性体育赛事活动，丰富业余体育赛事，以政府购买服务的方式，对有影响力的商业性和群众性体育赛事予以支持。积极开发路跑、行业运动会、趣味运动会等自主项目，结合湖南城市发展环境，创立创新具有湖南特色的自主品牌赛事。

（七）推进职业体育改革。发挥市场主导作用，鼓励足球、篮球、跆拳道、拳击、羽毛球等运动项目走职业化道路。支持教练员、运动员、裁判员、经纪人职业化发展。鼓励大型企业集团、高等院校等社会力量参与建设或创办职业俱乐部。

构建政府扶持、协会监管、联盟市场化运作、俱乐部法人独立运营的职业体育运行模式。

（八）促进健身康养融合。大力推进运动健身康养医疗融合，发挥体育锻炼在疾病防治和健康促进方面的积极作用。支持体育训练、医疗、保健等机构开展群众日常体质测定，推广"运动处方"，提供健康咨询、运动康复等服务。发挥传统武术、健身气功在运动康复等方面的作用，提倡开展健身咨询和调理等服务。

（九）发展体育旅游业。推进体育与旅游的深度融合，培育和壮大体育旅游企业集群，扶持特色体育旅游企业，构建我省体育旅游产业体系和品牌，加强体育旅游行业协会建设。完善湖南体育旅游业空间布局，优化环洞庭湖、张吉怀、长株潭等地域，打造一批具有重要影响力的体育旅游目的地和精品路线。培育赛事活动旅游市场，支持各地举办体育赛事活动，丰富赛事活动供给，重点发展市场化程度高的职业体育赛事和市场基础好的群众性体育赛事活动，促进体育赛事与旅游活动紧密结合。围绕高尔夫、皮划艇、羽毛球、排球、武术、帆船、自行车、马拉松、游艇等我省基础较好的体育健身休闲项目，引导长沙、益阳、岳阳、常德、郴州、娄底、怀化、永州等地规划建设一批体育旅游示范基地，培育一批以体育运动为特色的旅游度假区和精品旅游景区。支持发展具有我省地方特色、民族风情特色的传统体育活动，推动特色体育活动与区域旅游项目设计开发、旅游扶贫相结合，打造具有地域和民族特色的体育旅游活动。鼓励和引导旅游景区、旅游度假区、乡村旅游区等加强自驾车房车营地、运动游艇码头、航空飞行营地、山地户外营地、冰雪乐园、休闲绿道、自行车道、登山步道等项目建设，推动各地加大对体育旅游公共服务设施的投入。到2020年，分别建成3个以上国家体育旅游目的地、国家级体育旅游精品赛事、国家体育旅游精品线路，培育3家以上具有较高知名度和市场竞争力的体育旅游企业与知名品牌。

（十）加强体育类社会组织建设。对体育类社会组织坚持培育引导和放管结合的方针，积极稳妥推进体育类社会组织的政社分开工作；加强各级体育总会的建设；通过制定体育标准、项目活动准则、信誉评价等方式规范体育类社会组织的行为；立足体育项目，健全完善体育类社会组织建设，重点推动社区体育类组织发展，广泛开展全民健身活动；加强体育类社会组织党的建设；支持体育类社会组织承接政府职能转移，不断拓展政府购买体育类社会组织服务的领域和范围，促进我省体育事业的健康发展。

三、政策措施

（一）加大政府投入。各级人民政府要将全民健身工作相关经费纳入财政预算，通过政府购买服务等多种方式，积极支持群众健身休闲消费。将健身休闲产业项目纳入年度省级文化产业发展专项资金支持范畴。各地要研究出台促进健身休闲消费的具体政策措施，引导体育产业经营主体提供公益性健身休闲服务。

（二）鼓励社会投资。鼓励社会资本投资健身休闲产业，促进政府与社会资本合作、公建民营、政府购买等模式在健身休闲领域的应用。支持各级人民政府通过特许经营、投资补助、运营补贴等多种方式推广和运用政府与社会资本合作模式，落实政府与社会资本合作项目的相关优惠政策。鼓励银行、担保等机构建立针对健身休闲产业的特色支行、体育金融专业服务团队，不断创新金融产品和服务。

（三）落实税费政策。落实现行国家体育产业发展的税收支持政策。将体育服务、用品制造等内容及其支撑技术纳入国家重点支持的高新技术领域，对经认定为高新技术企业的体育企业，减按15%的税率征收企业所得税。体育学校用水用电用气价格按居民使用价格执行，体育场馆等健身场所及其他体育服务业按一般工业使用价格执行。企事业单位、团体通过公益性社会团体或者县级以上政府及其部门，向符合国家规定的公益性体育事业的捐赠支出，可按税法规定在计算应纳税所得额时予以扣除。个人通过省内的社会团体、国家机关对体育公益事业的捐赠，不超过应纳税所得额30%的部分，可在计算应纳税所得额时予以扣除。个人通过非营利的社会团体和国家机关对公益性青少年体育活动场所（包括新建）的捐赠，可在缴纳个人所得税前准予全额扣除。提供体育服务，健身休闲服务的社会组织，经认定取得非营利组织企业所得税免税优惠资格的，依法享受相关优惠政策。社会资本合作方投资健身休闲场地和设施，缴纳城镇土地使用税和房产税确有困难的，可按有关规定优先申请减免税。

（四）完善规划布局土地政策。将公共体育设施和健身休闲产业发展用地纳入各地总体规划、土地利用总体规划和年度用地计划，合理安排用地需求，对重点健身休闲产业项目建设用地给予优先支持。鼓励企业、单位利用闲置划拨土地上的工业厂房、仓库等发展健身休闲产业，经依法批准，在5年内可继续以划拨方式使用土地，暂不变更土地使用性质。5年期满需办理相关手续的，可按新用途、新权利类型、市场价，以协议方式办理。各地要出台新建改建扩建居民小区公共体育健身场地和设施相关文件，将公共体育设施与住宅区主体同步设计、同步施工、同步验收、同步投入使用。

（五）完善人才政策。大力发展健身休闲产业职业教育，鼓励支持省内有条件的高等院校设立与健身休闲产业密切相关的专业,重点培养健身休闲经营管理、创意设计、社会服务等专业人才。鼓励校企合作,建立校企合作实训基地。加强健身休闲产业人才培养的国内、国际交流与合作,提高健身休闲产业相关人员的服务意识和专业水平。加强社会体育指导员的培养,加大公益型、职业型社会体育指导员的培训力度。

四、组织实施

(一)健全工作机制。将发展健身休闲产业纳入全省经济社会发展规划,建立体育、发展改革、旅游、文化、民政、教育、民族、卫生计生、财政、税务、人力资源社会保障、国土资源、住房城乡建设、新闻出版广电等多部门参与的健身休闲产业工作协调机制,加强沟通,密切协作,形成工作合力,抓好任务落实。要跟踪分析健身休闲产业发展情况和问题,不断完善政策措施,推动我省健身休闲产业持续健康发展。

(二)加强行业管理。加强健身休闲产业政策和规划的制定,重视区域特色的健身休闲产业发展。加强健身休闲产业标准化工作,不断提高健身休闲产业标准化整体水平。引导健身休闲产业组织发展,建立行业自律体系。

(三)加强督查落实。各地各有关部门要根据本实施意见,结合实际情况,制定具体实施方案或配套文件。省体育局、省发改委、省旅发委要会同有关部门,对本实施意见落实情况进行监督检查和跟踪分析,重大事项及时向省政府报告。

株洲市人民政府关于加快发展体育产业促进体育消费的实施意见

(株政发〔2017〕7号)

各县市区人民政府、云龙示范区管委会,市政府各局委办、各直属事业单位:

为进一步加快发展体育产业,促进体育消费,根据《国务院关于加快发展体育产业促进体育消费的若干意见》(国发〔2014〕46号)、《湖南省人民政府关于加快发展体育产业促进体育消费的实施意见》(湘政发〔2015〕41号)精神,结合我市实际,现提出以下实施意见。

一、指导思想

深入贯彻党的十八大以来的各项方针政策,紧紧围绕加快建成"一谷三区"、实现"两个走在前列"的战略目标,全面深化体育事业改革,完善体育场馆运营机制,大力实施全民健身国家战略,充分发挥市场在资源配置中的决定性作用和政府的主导引领作用,鼓励、引导社会力量参与体育产业发展,丰富体育产品和服务供给,促进体育消费,推动体育产业成为经济转型升级与社会和谐进步的重要力量。

二、发展目标

把增强人民体质、提高健康水平、实现人的全面发展作为根本目标，促进群众体育与竞技体育全面发展，建设全民健身示范城市，把株洲建设成为中部地区最具活力的创意之都、体育之城。到2020年，人均体育场地面积达到2平方米，农民体育健身工程覆盖率达到100%。经常参加体育锻炼人口达到160万人，占全市总人口的45%以上，组建文体产业集团1个，培育打造1-2个具有较大影响力的品牌体育赛事；全市体育产业总规模达到45亿元，体育产业增加值占全市GDP比重达到1.5%左右，人均体育消费每年不低于365元，基本建立布局合理、功能完善、门类齐全、具有株洲特色的体育产业体系。

三、主要任务

（一）加快场馆设施建设。大力实施农民体育健身工程、乡镇农民体育工程、全民健身路径工程、城乡文体广场工程、城市社区体育户外广场工程。形成布局合理、利用率高，覆盖市、县、乡、村（社区）的四级公共体育健身设施网络，基本实现市级有1个"一场多馆"的体育中心，各县市区至少建成1个体育馆和1个中小型全民健身中心，各乡镇建成1个室内健身室和1个室外健身场所，各行政村建成1个篮球场或1条健身路径，各城市社区均建成1个以上设施较为完善的体育健身场所。新建社区的体育设施覆盖率达到100%，乡镇、行政村实现公共体育健身设施100%全覆盖。构建"一区两核十心多点"的体育设施布局，形成城市社区10分钟体育健身圈、中心城镇20分钟健身圈、农村30分钟健身圈。"一区"即"神农绿轴"文化体育服务业集聚区；"两核"即河西的市体育中心和河东的老体育馆；"十心"即十个县市区的文体活动中心；"多点"即分布城区的社区体育活动中心和乡镇体活动中心。鼓励将闲置的空坪、空地或厂房、仓库等室内室外场所改造成临时健身场所,免费或低收费向社会开放。支持新型体育场馆设施建设,鼓励发展气膜等轻便、可拆装式体育场馆设施。创新体育场馆运营机制,拓展服务领域,实现最佳运营效益。加快推动大型体育场馆面向社会公众免费或低收费开放,增加开放项目和时段。鼓励和支持企事业单位、学校体育场馆设施向社会开放。提高农民体育健身工程设施使用率。(2016年启动并持续实施,各县市区人民政府、市财政局、市国土资源局、市文体广新局)

(二)发展重点体育产业。发展体育健身休闲业,积极开展气排球、武术、健身气功和广场舞等适合各类人群、各年龄段的健身活动,引导全市各地因地制宜发展极限运动、攀岩、体育舞蹈、徒步、航空体育、滑雪、龙舟、漂流、垂钓、登山、自行车、汽车自驾游、拓展、健身、健美等健身休闲运动项目,重点结合沿湘江风光带建设,打造湘江风光带体育公园。大力推广武术、舞龙舞狮等传统项目,鼓励开发适合老年人和残疾人特点的休闲运动项目。办好株洲市运动会和株洲市大众体育运动会。每年定期开展全民健身月、全民健身周等系列活动,开展节假日全民健身活动的县市区达到60%以上。推动体育产业集聚区建设,促进体育服务业和体育用品制造业快速健康发展。每年开展免费体育培训2.5万人次。(持续实施,各县市区人民政府、市文体广新局)

发展体育竞赛表演业。通过主办或承办国际足球、篮球、马拉松、环中国自行车等高水平赛事,培育打造1-2个具有较大影响力的国际国内品牌体育赛事。积极开发冠名权、特许商品经营权、运动员肖像权、广告经营权、赛事转播权以及衍生产品,延伸体育赛事产业链。(2016年启动并持续实施,市文体广新局、市财政局、市工商局)

发展体育培训中介业。鼓励体育社会组织、高校、青少年体育俱乐部、青少年体育户外营地开展体育培训。大力发展体育职业教育，积极开展体育行业特有工种职业技能鉴定工作，创办布局合理并符合资质的体育行业特有职业培训基地，大力培养社会体育指导员和体育经纪人等专业型职业技术人才。大力发展运动员经纪、赛事组织、体育信息咨询等中介服务业，培育一批运作规范、信誉良好、竞争力强的体育中介服务机构。（持续实施，市文体广新局、市人力资源社会保障局、市教育局、市工商局）

发展体育经销制造业。发挥株洲服饰产业优势，积极引进国际国内知名体育用品制造公司落户株洲或设立分支机构，培育一批以生产、批发、零售户外体育用品、体育服装、体育健身器械为主的体育企业，建设体育产业园，打造立足中南、辐射全国的体育服装和体育用品集散地。利用电视、互联网、移动互联网发展体育用品的电视销售和电子商务，带动体育用品制造业发展。举办湖南省体育休闲博览会，吸引体育商家和体育产品汇集株洲，引导市民体育消费，推动体育产业发展。（2016年启动并持续实施，市商务粮食局、市文体广新局）

发展体育彩票发行业。大力宣传体育彩票公益形象，做强体育彩票实体店，加快体育彩票旗舰店建设。创新销售模式和方式，探索彩票销售进电影院、乡镇文化站等文化场所。加强体育彩票管理队伍建设，建立健全激励机制和风险防范机制。提升规范化管理水平，扩大我市体育彩票销售规模，到2020年我市体育彩票年销量达到3亿元以上，2025年达到5亿元以上。（2025年完成，市文体广新局）

（三）推进融合发展。大力推进体育与文化、旅游、教育等相关产业融合发展，采用PPP模式促进体育传媒、体育广告、体育会展等相关业态的发展，丰富体育产业内容，完善产业链条。以体育设施为载体，打造城市体育服务综合体，推动体育与住宅、休闲、商业综合开发。加快体育产业与健康服务业的融合，积极推广"运动处方"，大力发展运动医学和康复医学，鼓励社会资本开办康体、体质测定和运动康复等各类机构，培育体育康复产业。

引导发展户外营地、徒步骑行服务站、汽车露营营地、航空飞行营地、船艇码头等设施，规划建设一批体育产业、健康产业、健康养老、健康旅游集聚区。鼓励金融、保险、地产、建筑、交通、制造、信息、食品药品等企业开发体育领域产品和服务。结合我市新能源汽车、直升机制造的产业优势，发展新能源汽车、跳伞、冰雪等新型运动休闲项目。（持续实施，市发改委、市卫生计生委、市经信委、市规划局、市旅游外侨局、市民政局、市教育局、市文体广新局、各县市区人民政府）

（四）营造健身氛围。鼓励日常健身活动。政府机关、企事业单位、社会团体、学校等都应实行工间、课间健身制度等，倡导每天健身一小时。鼓励单位为职工健身创造条件。完善国民体质监测制度，县市区体质监测站点覆盖率达50%以上，为群众提供体质测试服务，定期发布国民体质监测报告。切实保障中小学体育课课时，鼓励实施学生课外体育活动计划，广泛开展游泳进校园等阳光体育活动，促进青少年培训体育爱好，掌握一项以上体育运动技能和求生本领，促进青少年培育体育爱好，确保学生校内每天体育活动时间不少于一小时。（2025年完成，市教育局、市总工会、市文体广新局、各县市区人民政府）壮大体育社会组织。积极发展城乡体育组织，在乡镇、街道建立体育分会，在社区建立体育健身俱乐部、青少年体育俱乐部，以南车株机、株硬、南方公司等大型企业为重点，建立职工体育俱乐部，形成全民覆盖、遍布城乡、规范有序、富有活力的全民健身组织网络，城市街道体育组织覆盖率85%以上，农村乡镇体育组织覆盖率70%以上，健身站点每万人3个以上，县以上地区社会体育协会覆盖率达70%以上，社区体育健身俱乐部覆盖率50%以上，青少年体育俱乐部覆盖率20%以上。全面推行体育社会组织分类评定工作，鼓励政府向3A级以上（含3A级）的体育社会组织直接购买服务。引导体育社会组织发挥好在促进体育产业发展中的作用，加快体育产业行业协会建设，引导体育服务、体育场馆、体育用品等行业的发展。（2020年完成，市民政局、市文体广新局）

加强体育文化宣传。利用电视、报纸、杂志、广播、网站、微博、微信等媒体，向广大群众普及科学健身知识，宣传健身效果，积极营造体育健身氛围。组织媒体宣传报道我市全民健身、竞技体育、青少年体育、体育产业发展成果，提高广大人民群众对体育的认知度和参与度，推广体育文化。加快"韵动株洲"文化体育服务信息平台建设，提升体育服务信息化水平。（持续实施，市委宣传部、市文体广新局）

四、政策措施

（一）完善健身消费政策。将全民健身经费全额纳入财政预算，并与国民经济增长相适应。安排一定的财政资金，通过政府购买服务等多种方式，面向广大市民免费提供健身服务，支持群众健身消费，支持公共体育设施免费或者低收费开放，引导经营主体提供公益性群众体育健身服务，建立健身消费券制度。积极支持市民健身消费，由政府相关部门制定并公示体育健身消费目录。鼓励引导企事业单位、学校、个人购买运动伤害类保险。设立体育产业发展和体育赛事引导资金，并逐年增加投入，增强政府在发展体育产业、促进体育消费方面的引导作用。(2016年启动并持续实施,市财政局、市人力资源社会保障局、市教育局、市总工会、市文体广新局、各县市区人民政府)

(二)完善税费价格政策。落实国家支持体育产业发展的各项税费优惠政策,对认定为高新技术企业的体育企业,减按15%的税率征收企业所得税。从事体育赛事组织、规划、实施以及从事体育项目经营的体育企业,按3%征收营业税。被授予"湖南省高尔夫球运动员训练(竞赛)基地"的球场(高尔夫练习场除外),高尔夫球营业税适用10%税率,其他列入娱乐业征税项目的体育项目营业税适用5%税率。在全面完成营业税改征增值税后,依照国家有关扶持体育产业发展的最新税收优惠政策,对上述体育企业征收增值税。经国家有关部门批准的体育学校用水用电用气价格按居民使用价格执行,体育场馆等健身场所及其他体育服务业按一般工业使用价格执行。企事业单位、团体通过公益性社会团体或者县级以上政府及其部门,向符合国家规定的公益性体育事业的捐赠支出,不超过年度利润总额12%的部分,可在计算应纳税所得额时予以扣除。个人通过省内的社会团体、国家机关对体育公益事业的捐赠,不超过应纳税所得额30%的部分,可在计算应纳税所得额时予以扣除。个人通过非营利的社会团体和国家机关对公益性青少年体育活动场所(包括新建)的捐赠,可在缴纳个人所得税前准予全额扣除。(2016年启动并持续实施,市地税局、市发改委)

(三)完善规划土地政策。将体育场馆设施用地纳入城乡规划、土地利用总体规划和年度用地计划,合理安排用地需求。规划、国土部门在编制城乡规划、土地利用总体规划、地区控制性详细规划和年度用地计划时,要充分考虑体育设施建设需求,保证相关用地落实。建立居民小区配套建设公共体育健身场地设施的统一协调机制，体育部门与有关部门共同参与居民小区规划、设计、竣工验收工作。把建设公共体育健身场地和设施作为刚性要求纳入新建、改建、扩建居民小区设计与建设范围，按室内人均建筑面积不低于0.1平方米或室外人均用地不低于0.3平方米执行，并与住宅区主体工程同步设计、同步施工、同步验收、同步投入使用。凡老城区与已建成居住区无群众健身设施的，或现有设施没有达到规划建设指标要求的，要通过改造等多种方式予以完善。郊野公园、城市公园、公共绿地及城市空置场所等应建设群众体育设施，进一步扩大城市绿地活动空间。落实基层社区文化体育设施共建共享。在老城区和已建成居住区中支持企业、单位利用原划拨方式取得的存量房产和建设用地兴办体育设施，对符合划拨用地目录的非营利性体育设施项目可继续以划拨方式使用土地；不符合划拨用地目录的经营性体育设施项目，连续经营一年以上的可采取协议出让方式办理用地手续。对公共体育设施以及体育产业园区等体育产业项目建设用地给予优先支持。对因城乡建设需拆除或改变其功能、用途的体育场（馆）等设施，必须按照《中华人民共和国体育法》、《湖南省全民健身条例》等法律法规的有关规定实施。（2016年启动并持续实施，市住房城乡建设局、市规划局、市国土资源局、各县市区人民政府）

（四）完善无形资产政策。通过冠名、合作、赞助、广告、特许经营等形式，加强对体育组织、体育场馆、体育赛事和活动名称、标志等无形资产的开发，提升无形资产创造、运用、保护和管理水平。允许体育场馆开发体育场馆冠名等无形资产。鼓励体育企业建立健全研发机构，加大研发投入，开发科技含量高、市场前景广、拥有自主知识产权的体育产品，打造株洲体育用品品牌。支持体育企业加大对体育衍行品创意和设计开发力度，积极承担各类科技计划项目，推进体育产业融

合发展。(持续实施,市科技局、市工商局、市文体广新局)

(五)完善金融投资政策。引导设立体育产业投资基金。鼓励社会资本进入体育产业领域,建设体育设施,开发体育产品,提供体育服务。建立体育产业信息网络公共服务平台,创新市场运行机制,推进体育场地与票务、体育装备、体育信息、赛事举办权、赛事转播权、运动员转会权、无形资产开发等具备交易条件的体育要素资源公平、公正、公开流转和便捷、高效交易。鼓励银行机构完善并拓宽新型信贷产品,支持银行机构与融资性担保机构、保险公司及相关组织的合作,通过银团贷款、并购贷款和信用贷款等支持体育类重大融资项目。推动银行机构尽快形成适合体育企业特点的新型行业信贷体系及贷款审批机制。鼓励小额贷款公司创新适应体育产业发展的产品和服务,支持中小微体育企业的发展。支持符合条件的体育企业上市。支持体育企业独立发行或集合发行企业债券、公司债券、短期融资券、中期票据、中小企业集合票据和中小企业私募债等债务工具。鼓励保险机构创新保险产品和服务方式,围绕健身休闲、竞赛表演、场馆服务、户外运动等需求推出多样化保险产品。(持续实施,市政府经济金融办、市经信委、市文体广新局)

(六)完善人才培养政策。鼓励市内高等院校设立体育类和推动体育产业发展密切相关的专业,重点培养体育经营管理、创意设计、社会服务、科研创新等专业人才。采取有力措施推进体育职业技能培训及鉴定制度,鼓励高职院校培养与体育产业相关的各种操作型、技能型、实用型人才,使学生同时获得学历证书和体育行业国家职业资格证书,不断拓宽学生就业渠道。支持高校、科研机构、培训机构和体育企业建立规模化、专业化、市场化的体育产业教学、科研和培训基地。加强体育产业理论研究,建立体育产业智库。加快引进和培育高端复合型体育产业人才,研究体育产业创新创业人才的扶持政策。鼓励退役运动员从事体育产业工作,有创业意愿的退役运动员可以免费参加创业培训,已创业的退役运动员符合条件的可以申请小额担保贷款。鼓励街道、社区聘用体育专业人才从事群众体育健身指导工作。(持续实施,市人力资源社会保障局、市教育局、市文体广新局、各县市区人民政府)

五、组织实施

(一)加强工作协调。由市发改委负责,教育、经信、财政、人社、国土、住建、规划、商务、税务、工商、金融、工会、文体广新、统计等部门共同参与,建立体育产业工作协调机制。各部门要加强沟通协作,切实履行职责,共同推进体育产业发展。各县市区政府要将发展体育产业、促进体育消费纳入本地经济社会发展规划,制定和组织实施体育产业发展规划,建立体育产业指导工作沟通协调机制,推进体育产业发展各项政策措施,落实体育产业发展相关任务要求,将体育产业工作纳入政府工作考核范畴。(2016年启动并持续实施,市直相关部门、各县市区人民政府)

(二)加强行业管理。进一步转变政府职能,改革体制机制,全面清理不利于体育产业发展的有关规定,取消不合理的行政审批事项,凡是法律法规没有明令禁入的领域,都要向社会开放。取消商业性和群众性体育赛事活动审批。加大体育执法力度,对高危险性体育项目经营场所进行严格行政审批和执法检查,从事高危险性体育项目服务指导的职业类社会体育指导员必须持有国家职业资格证书。加强安保服务管理,完善体育赛事和活动安保服务标准,积极推进安保服务社会化,进一步促进公平竞争,降低赛事和活动成本。(2016年启动并持续

实施，市文体广新局）

（三）加强统计分析。完善体育产业统计制度，健全统计指标体系，体育行政部门和统计部门要将体育产业统计工作常态化，跟踪掌握体育产业发展的总体规模、行业结构和经济效益等基础数据，建立评价与检测机制，并做好体育产业研究报告及信息发布工作。（2016年启动并持续实施，市统计局、市文体广新局）

（四）加强督查落实。各县市区各有关部门要根据国发〔2014〕46号、湘政发〔2015〕41号文件和本意见，抓紧制定具体配套文件，加快政策落实。市发改委和市文体广新局要会同有关部门对落实意见的情况进行监督检查和跟踪分析，及时向市人民政府报告。（2016年启动，市发改委、市文体广新局、各县市区人民政府）

湘西自治州人民政府办公室关于印发《湘西自治州体育运动会奖励办法》的通知

（州政办发〔2017〕20号）

各县市人民政府、湘西经开区管委会，州直有关单位：

《湘西自治州体育运动会奖励办法》已经州人民政府第十四次常务会议审定同意，现印发给你们，请遵照执行。

湘西自治州体育运动会奖励办法

第一条 为激励我州运动员、教练员刻苦训练、顽强拼搏，不断提高运动竞技水平，努力创造优异成绩，激发广大体育工作者工作热情，根据《中华人民共和国体育法》和湖南省人事厅、湖南省财政厅、湖南省体育局《关于印发〈湖南省体育运动会奖励办法〉的通知》（湘人发〔2007〕97号）文件精神，结合我州实际，特制定本办法。

第二条 奖励范围及对象

（一）在奥运会（残疾人奥运会）、亚运会（亚洲残疾人运动会）、中华人民共和国运动会（中华人民共和国残疾人运动会）取得优异成绩的湘西籍注册运动员和输送教练。

（二）在世界锦标赛、世界杯赛、亚洲锦标赛、亚洲杯赛及全国少数民族运动会、全国中学生运动会，以及在湖南省运动会、湖南省残疾人运动会、湖南省少数民族运动会、湖南省中学生运动会取得优异成绩的湘西籍注册运动员和输送到湖南省专业队或八一队的湘西籍注册运动员和输送教练。

（三）为湖南省运动会、湖南省残疾人运动会、湖南省少数民族运动会、湖南省中学生运动会取得优异成绩作出突出贡献的教练员、工作人员和有关单位。

第三条 奖金标准

（一）奥运会（残疾人奥运会）比赛获奖运动员，每枚金牌奖励50万元，银牌奖励30万元，铜牌奖励20万元。输送教练员每枚金牌奖励20万元，银牌奖励15万元，铜牌奖励10万元。

（二）每两年或两年以下举行一次的世界锦标赛、世界杯赛获奖运动员的奖金标准参照奥运会奖励标准的30%执行。超过两年举行一次的世界锦标赛、世界杯赛获奖运动员的奖金标准参照奥运会奖励标准的50%执行。

（三）亚运会（亚洲残疾人运动会）、中华人民共和国运动会（中华人民共和国残疾人运动会）获奖运动员的奖金标准。

1. 单人项目获奖运动员，金牌奖励20万元，银牌奖励10万元，铜牌奖励5万元。

2. 2人以上（含2人）项目获奖运动员，金牌奖励30万元，银牌奖励20万元，铜牌奖励10万元。按国家体育总局和湖南省体育局划分给湘西自治州籍运动员的实际奖牌数计发奖金。

3. 对输送教练员每枚金牌奖励10万元，银牌奖励6万元，铜牌奖励3万元。

（四）两年或两年以下举行一次的亚洲锦标赛、亚洲杯赛获奖运动员的奖金标准参照奖励亚运会标准的30%执行。超过两年举行一次的亚洲锦标赛、亚洲杯赛获奖运动员的奖金标准参照亚运会奖金标准的50%执行。

（五）全国少数民族运动会、全国中学生运动会获奖运动员、教练员奖金标准参照中华人民共和国运动会奖金标准的30%执行。

（六）湖南省运动会（湖南省残疾人运动会）、湖南省少数民族运动会奖金标准：

1. 单人项目获奖运动员，金牌奖励1万元，银牌奖励0.5万元，铜牌奖励0.3万元。其他名次按得分每分奖励100元。教练员与获得名次的运动员同奖。

2. 2人以上（含2人）项目获奖运动员，每枚金牌给予团体奖励3万元，每枚银牌给予团体奖励2万元，每枚铜牌给予团体奖励1万元，其他名次按得分每分奖励200元。教练员按每枚金牌、银牌、铜牌分别奖励2万元、1万元、0.5万元，其他名次按得分每分200元奖励。

3. 参加湖南省运动会每枚输送金牌分别奖励运动员1万元、教练员1万元。其中，教练员奖金按输送教练员、启蒙教练员7:3的比例予以分配。

4. 领队、医务人员、后勤服务人员和其他工作人员按代表团得牌得分奖金总额的30%给予奖励。

5. 超额完成州政府下达的竞赛任务的单位，每超额一枚金牌奖励1万元，每超额一分奖励200元。

（七）湖南省中学生运动会获奖运动员、教练员以及工作人员的奖金标准参照奖励湖南省运动会标准的50%执行。

第四条 其他奖励

在湖南省运动会（湖南省残疾人运动会）、湖南省少数民族运动会上完成州人民政府下达任务的县市，根据任务完成情况纳入州人民政府当年对县市的目标考核；体育训练单位、教练员和其他有关人员，根据贡献大小按规定给予相应行政奖励。

第五条 奖励所需资金由州财政预算统筹解决。

第六条 本办法所称教练员是指湘西自治州从事专业训练的专职教练员和由州教育和体育局明确承担业余训练任务的兼职教练；输送教练员是指培养输送运动员到湖南省专业队或八一队的湘西自治州教练员；启蒙教练员是指输送教练员之前对该运动员进行培养训练工作的湘西自治州教练员或体育教师。

第七条 本办法自颁布之日起实施。

广东省人民政府办公厅关于加快发展健身休闲产业的实施意见

（粤府办〔2017〕34号）

各地级以上市人民政府，各县（市、区）人民政府，省政府各部门、各直属机构：

为贯彻落实《国务院办公厅关于加快发展健身休闲产业的指导意见》（国办发〔2016〕77号），大力推动全省健身休闲产业快速发展，经省人民政府同意，现提出以下实施意见。

一、工作目标

到2020年，健身休闲产业蓬勃发展，市场主体逐步壮大，健身休闲基础设施不断完善，群众健身休闲消费意识增强，人均健身休闲消费支出增加。基本形成各类主体积极参与健身休闲产业的发展局面。

到2025年，基本形成布局合理、特色鲜明、功能完善、充满活力的健身休闲产业体系。产业环境不断优化，产业结构日趋合理，产品和服务供给更加丰富，服务质量和水平明显提高。人民群众参与度进一步激发，健身休闲产业的规模效益和创新能力达到全国领先水平，成为推动广东省经济转型升级的重要力量。健身休闲产业总规模达到5000亿元。

二、完善健身休闲服务体系

（一）普及日常健身。推动具有广泛群众基础的体育活动常态化，加强健身休闲活动的宣传、组织与推广，提高公众参与健身休闲活动的积极性。制订常态化健身休闲项目目录。依托社区体育公园和社区体育中心，大力推进足球、篮球、排球、乒乓球、羽毛球、网球、游泳、跆拳道、徒步、路跑、骑行、棋牌、台球、钓鱼、体育舞蹈、广场舞等具有普及性的运动项目发展，保障公共服务供给，引导多方参与。（省体育局负责，省发展改革委配合。排在第一位的部门为牵头部门，下同）

专栏 1　推进基础运动项目常态化发展

1. 到 2020 年，每周参加 1 次以上体育锻炼的人数达到 5000 万人以上，经常参加体育锻炼的人数达到 4200 万人以上，国民体质测定标准达到合格水平以上的城乡居民比例达到 93% 以上。体育消费总规模达到 2500 亿元。

2. 不断完善"全民健身日"、"体育节"、"南粤幸福活动周"等主题活动，形成相对固定的活动体系。

（二）发展户外运动。加强空间布局规划，重点建设"一海一网一圈"健身休闲产业体系。依托绿道网、南粤古驿道，加快户外驿站、健身步道服务站、户外营地、自驾车房车营地设施配套建设，打造探险旅游、徒步穿越等特色户外休闲旅游，推动户外运动产业带发展。依托海岸资源，配套完善游艇和码头设施，培育游艇、邮轮、海上高尔夫等旅游新业态。丰富优化海洋旅游产品供给，大力开发潜水、海底探险、滑板、帆船、海钓等滨海体育旅游项目，形成点多线长面广的广东特色滨海健身休闲产业带，打造一批滨海健身休闲旅游示范基地。依托珠海航展和航空工业园以及斗门通用机场资源，加快航空飞行营地设施建设，构建以大众消费为核心的航空体育赛事和活动，打造全国首个航空体验飞行小镇。（省体育局负责，省发展改革委、国土资源厅、住房城乡建设厅、海洋与渔

业厅、旅游局配合）

> **专栏2　健身休闲产业体系空间结构规划布局**
>
> 重点建设"一海一网一圈"健身休闲产业体系布局：
> "一海"指依托粤港澳沿海资源，打造粤港澳大湾区世界级滨海健身休闲区。重点培育一批近岸、离岸、全球化水上运动交流平台，建设辐射华南、影响东南亚的水上健身休闲区。
> "一网"指依托广东绿道网以及南粤古驿道，构建户外山地健身休闲网。建设户外营地、自驾车营地等健身休闲设施，全面提升绿道南粤古驿道综合服务功能。
> "一圈"指依托珠海航展等航空资源，规划布局"200公里航空体育飞行圈"。

（三）发展特色运动。传承发展岭南传统特色体育项目，推动多样化、多层级龙舟赛事发展，打造国际龙舟品牌赛事。扶持龙狮锦标赛、武术嘉年华等传统特色体育运动赛事。加强体育类非物质文化遗产保护发展。培育极限运动、电子竞技、击剑、马术、高尔夫球等时尚运动，结合广东实际推广特色冰雪项目。积极联合港澳发展马术运动。（省体育局负责，省文化厅、旅游局、港澳办配合）

（四）促进产业互动融合。鼓励和扶持体育旅游项目，加快创建一批特色体育旅游示范基地、精品线路。编制广东健身休闲旅游重点项目名录。鼓励各地开发健身休闲度假线路及产品，打造区域特色健身休闲旅游圈。引导和鼓励社会体育设施向旅游者开放共享。推动全民健身与居民电子健康深度融合，形成融健身休闲、体质测定、健身指导、健康促进于一体的健身休闲综合服务体系。加强健身运动指导，积极推广"运动处方"，鼓励国民体质监测与健身指导站、社区医院等社会资源联合开展康体服务。鼓励社会力量开办康体、体质测定和运动康复等各类机构，逐步建立体质测定数据与居民电子健康档案数据共享机制。充分发挥广东新闻媒体业领先优势，培育壮大体育传媒产业。鼓励各地因地制宜，结合地方特色积极开展健身休闲与文化、养老、教育、健康、农业、交通运输等产业融合发展。（省体育局负责，省委宣传部、省发展改革委、住房城乡建设厅、新闻出版广电局、旅游局、文化厅、民政厅、教育厅、卫生计生委、农业厅、交通运输厅配合）

专栏3　全民健身与全民健康融合

1. 创建一批国家级、省级体育旅游示范基地。
2. 试点镇、街道负责国民体质监测，推动健身指导与医疗卫生结合。

（五）推动"互联网+健身休闲"。鼓励开发场馆预定、健身指导、运动分析、体质监测、科学指导、交流互动、赛事参与等综合服务管理系统。支持健身休闲企业利用大数据、云计算技术及互联网交易模式拓展业务，推动传统健身休闲企业由销售导向向服务导向转变。鼓励健身休闲领域手机应用程序（APP）、微博公众号、微信公众号等产品的开发应用。建设省级健身休闲公共服务平台，将健身休闲相关要素资源通过互联网连接起来。（省体育局负责，省网信办、发展改革委、经济和信息化委、科技厅配合）

三、培育健身休闲市场主体

（一）支持健身休闲企业发展。建立公开透明的市场准入制度和公平竞争的市场环境，优化资源配置，提升健身休闲产业对社会资本的吸引力。大力培育健身休闲骨干企业，扶持一批有创新能力和竞争实力的自主品牌企业，支持社会力量以出资新建、参与改制、托管、连锁经营等多种形式投资健身休闲产业。实施健身服务精品工程，打造一批优秀健身休闲企业、俱乐部品牌。引导健身俱乐部规范化、标准化、品质化发展。发挥多层次资本市场作用，支持符合条件的健身休闲企业上市，加大债券市场对健身休闲企业的支持力度。（省体育局负责，省发展改革委、金融办、质监局、工商局配合）

专栏4　培育健身休闲骨干企业

1. 打造3-5个国内外知名的健身休闲企业、俱乐部。
2. 培育5-8家健身休闲骨干企业。

（二）鼓励创业创新。鼓励设立健身休闲企业孵化基地，支持健身休闲企业联合高等院校、科研机构开展产学研协同创新。鼓励利用公共体育场馆、社区体育公园或全民健身中心闲置空间设立"双创"空间。支持退役运动员投身健身休闲产业创业创新。支持社会资源建立健身休闲产业发展平台，为健身休闲领域大众创业、万众创新提供支持。（省体育局、发展改革委负责，省教育厅、科技厅、人力资源社会保障厅配合）

（三）扶持壮大体育社会组织。加快体育类社会团体、基金会、民办非企业单位等社会组织发展，重点扶持和培育一批组织完善、机构健全、诚信自律、业务精通的社会组织。鼓励公共体育场馆提供场地空间培育和扶持体育社会组织发展。制订体育社会组织发展的扶持引导政策，加强分类指导和业务指导。鼓励通过政府购买体育服务形式，将适合由体育社会组织承担的公共服务事项交由体育社会组织承担。（省体育局、民政厅负责，省发展改革委、财政厅配合）

四、优化健身休闲产业结构布局

（一）改善健身休闲产业结构。优化健身休闲服务业、器材装备制造业相关产业结构，提高健身服务业在体育产业中的比重，促进与健身休闲相关的赛事活动、健身服务、健身培训企业发展。实施精品战略，促进体育协会、体育俱乐部与健身休闲产业融合，重点打造、扶持一批本土优秀健身休闲服务品牌、龙头企业和赛事活动。到2025年，全省力争培育5个以上国家级健身休闲产业基地、30个以上省级健身休闲产业基地、30个以上健身休闲小镇、100个以上省级体育旅游示范基地。（省体育局负责，省发展改革委、工商局、旅游局配合）

（二）打造地区特色。结合南粤古驿道保护利用工作，发展户外体育运动产业。以古驿道文化线路及其沿线发展节点为依托，有效整合古驿道沿线休闲步道、登山道、绿道、古村、公园、景区等路径及体育场地，积极开发康体健身、生态休闲、户外运动等类型的体育活动，组织城乡居民开展徒步、慢跑、定向运动、绿道骑行、野外穿越、划船等为主题的古驿道品牌赛事，着力构建集体育、休闲、旅游于一体的古驿道体育带。各地根据健身休闲项目特色，规划健身休闲产业发展重点，加快创建一批特色健身休闲小镇（村）。推动"一镇（村）一品"健身休闲项目发展，打造一系列富有特色的运动项目和常态化户外运动。（省住房城乡建设厅、体育局负责，省发展改革委、国土资源厅、文化厅、旅游局配合）

专栏5　打造地区特色

1. 制订《广东省南粤古驿道文化线路保护与利用总体规划》
2. 创建一批地方特色的健身休闲小镇、武术小镇、棒球小镇、龙舟小镇。
3. 打造南粤古驿道定向大赛、奔向广东第一峰铁人三项赛、穿越丹霞徒步活动三大品牌赛事。

五、加强健身休闲设施建设

（一）完善健身休闲基础设施网络。加快健身休闲基础设施网络建设，着力构建市、县、镇、村四级健身休闲设施网络。完善健身休闲设施规划布局，加快城市社区体育公园和全民健身中心建设。在城市社区建设15分钟健身圈，新建社区体育设施覆盖率达到100%。完善城市绿道、古驿道、公共码头配套设施。充分合理利用公园绿地、城市空置场所、建筑物屋顶、地下室等区域，重点建设一批便民利民的社区健身休闲设施。合理利用景区、郊野公园、城市公园、公共绿地、广场及城市空置场地建设休闲健身设施，进一步扩大城市绿地活动空间。统筹城乡公共体育设施布局，均衡配置公共体育资源，实现农村、城市社区公共体育服务资源整合和互联互通。（省体育局负责，省发展改革委、国土资源厅、住房城乡建设厅、旅游局配合）

专栏6　健身休闲设施网络建设

1. 出台《广东省"十三五"公共体育普及工程实施方案》。
2. 落实《广东省足球场地设施建设规划（2016-2020年）》。
3. 推动建设社区体育公园网络，促进健身运动与住宅、休闲、文化、商业设施融合，形成完善的城市社区15分钟健身圈体系。

（二）盘活用好现有体育场馆资源。加强对已建公共体育场地设施的使用管理，鼓励社会力量参与现有场地设施管理运营，推动场地设施运营的专业化和社会化发展。创新场地设施管理模式，引入公私合作模式（PPP），提高新建、改扩建场地设施服务质量。鼓励和扶持各类体育社会组织管理社区内的体育场地设施。发挥公共体育场馆免收费或合理收费开放政

策。加快推进企事业单位等体育设施向公众开放。完善学校体育场地设施开放政策，全面提升学校体育场地开放率。各类健身休闲场所的水、电、气、热价格按不高于一般工业标准执行。落实体育场馆房产税和城镇土地使用税优惠政策。（省体育局负责，省发展改革委、教育厅、财政厅、地税局、国税局配合）

（三）加强特色健身休闲设施建设。以健身休闲设施规划为引领，以地方特色资源为基础，规划建设地方特色健身休闲公共服务运行体系。结合"中国南粤古驿道"官方网站建设，以南粤古驿道6条文化线路沿线历史文化资源为基础，不断完善古驿道站点设施。加大公共船艇码头建设，积极发展水上健身休闲项目，形成布局合理、重点突出、门类齐全、特色鲜明的水上健身休闲活动体系。（省住房城乡建设厅、体育局负责，省发展改革委、国土资源厅、财政厅、旅游局配合）

六、提升健身休闲器材装备研发制造能力

（一）推动转型升级。鼓励健身休闲用品制造企业加强自主研发设计，不断提高制造品质。支持企业与高校、科研机构合作建立产学研一体的健身休闲产品开发机制，大力发展高技术含量、高附加值的高端健身休闲用品制造业。建立健全健身休闲产业领域科研平台，加强企业研发中心、工程技术研究中心等建设，推动企业开展国内外并购与合资合作，提升器材装备水平。（省经济和信息化委负责，省发展改革委、科技厅、财政厅、商务厅、体育局配合）

（二）增强自主创新能力。以具有自主知识产权的装备器材、新型健身休闲科研成果、"互联网+"产品为重点，着力推动科技创新和成果转化，引导开发科技含量高的健身休闲产

品,提高产品附加值。支持健身休闲企业积极参与高新技术企业认定,支持符合条件的健身休闲企业牵头承担各类科技计划等科研项目。研究新型健身休闲器材装备、可穿戴式运动设备、虚拟现实运动装备等。完善健身休闲技术成果转化机制,促进体育科技成果产业化。鼓励企业大力发展健身休闲用品先进装备制造业。(省科技厅、体育局负责,省发展改革委、经济和信息化委、商务厅、知识产权局、质监局、工商局配合)

(三)加强品牌建设。鼓励企业结合当地资源推出特色鲜明的健身休闲产品和服务,发展具有地方特色的健身休闲运动品牌。运用新媒体技术和手段,全面宣传和提升健身休闲产业品牌,提升影响力。推动粤港澳国际体育用品博览会暨广东国际体育用品博览会品牌建设,打造广东体育产业发展论坛,逐步办成国内有影响力的体育资源交易、技术交流和宣传推广平台。(省体育局负责,省发展改革委、经济和信息化委、商务厅、工商局、港澳办配合)

七、改善健身休闲消费环境

(一)深挖消费潜力。通过市场化运作,加快推动地方群众性体育活动发展。鼓励企业和社会组织举办不同层次和类型的体育活动或赛事。积极引进和打造一批全国性、区域性群众体育赛事活动,推动各地开展各类群众体育竞赛活动,逐步形成更加完善的体育赛事活动体系。积极推进体育部门、体育社会组织、专业体育培训机构等与各类学校合作,开展多种形式的体育交流。引导青少年培育体育爱好,促进青少年养成良好的体育锻炼习惯。(省体育局负责,省教育厅、民政厅、新闻出版广电局、工商局,团省委配合)

(二)完善消费政策。推动健身休闲企业与金融机构合作，试点发行健身休闲联名银行卡，实施特惠商户折扣。倡导投资健康的消费理念，鼓励引导企事业单位、学校、个人购买运动伤害类保险。引导保险公司根据健身休闲运动特点和不同年龄段人群身体状况，开发场地责任保险、运动人身意外伤害保险。积极推动青少年参加体育活动相关责任保险发展。（省体育局负责，省发展改革委、教育厅、金融办、商务厅、财政厅，广东银监局、保监局配合）

（三）引导消费理念。大力推动健身休闲活动宣传普及，弘扬健康新理念，促进健身休闲消费观念变化。鼓励电视、报纸、电台、网络媒体等设立专栏，广泛宣传普及运动健康知识，着力倡导健康、科学、文明的生活方式，在全社会形成关心、支持和参与健身休闲产业发展的良好环境。制定引导健身休闲消费的政策措施，鼓励健身休闲企业和社会组织开发符合市场需求的多种健身休闲产品和服务。（省体育局负责，省发展改革委、新闻出版广电局配合）

八、加强组织实施

（一）持续推动"放管服"改革。加强政府部门宏观调控能力，加快政府职能转变，大幅度削减健身休闲活动相关审批事项，实施全面清单管理，重点加强在健身休闲产业目标和任务确定、政策和规划制定、重大项目推进等方面的组织协调。强化政府在健身休闲产业政策保障落地、规划布局落地、信息交互平台、展览展示平台建设落地、重点项目落地等方面的作用。建立健全体育部门权责清单制度，界定职责权限，明确功能定位，将适合由体育社会组织提供的健身休闲服务和解决的事项，交由符合条件的体育社会组织承担。推进体育行业协会改革，建立行业诚信承诺制度，建立行业性诚信激励和惩戒机

制。支持社会组织建立社会责任标准体系,积极履行社会责任。(省体育局负责,省编办、发展改革委、民政厅、工商局配合)

（二）落实规划和土地利用政策。各地要积极引导健身休闲产业用地控制规模、科学选址,并将相关用地纳入土地利用总体规划中合理安排。对符合土地利用总体规划、城乡规划、环保规划等相关规划的重大健身休闲项目,要本着应保尽保的原则及时安排新增建设用地计划指标。对使用荒山、荒地、荒滩及石漠化、边远海岛土地建设的健身休闲项目,优先安排新增建设用地计划指标,出让底价可按不低于土地取得成本、土地前期开发成本和按规定应收取相关费用之和的原则确定。符合土地利用总体规划的重大健身休闲项目,可按照城镇分批次建设用地方式安排用地。利用现有健身休闲设施用地、房产增设住宿、餐饮、娱乐等商业服务设施的,经批准可以协议方式办理用地手续。鼓励以长期租赁、先租后让、租让结合方式供应健身休闲项目建设用地。支持农村集体经济组织自办或以土地使用权入股、联营等方式参与健身休闲项目。(省国土资源厅、住房城乡建设厅负责,省环境保护厅、农业厅、海洋与渔业厅、体育局、工商局配合)

（三）完善投入机制。鼓励引导社会资本以投资、参股、控股、并购等方式参与健身休闲项目建设。加强与金融机构的合作,协调金融机构加大对健身休闲重点项目的信贷支持。建立健身休闲产业融资平台,将健身休闲产业纳入地方政府扶持范围。运用彩票公益金对健身休闲相关项目给予必要资助。引导有实力的健身休闲企业以资本为纽带,实行跨地区、跨行业、跨所有制的企业兼并、重组、上市。支持符合条件的健身休闲企业发行企业债券、公司债、短期融资券、中期票据、中小企业集合票据和中小企业私募债等非金融企业债务融资工具,利用市场平台创新融资模式，拓展融资渠道。鼓励有条件的企业设立健身休闲产业风险投资资金，对社会效益与经济效益好的企业加大扶持力度，推动企业做大做强。（省体育局负责，省发展改革委、财政厅、国资委、金融办，广东证监局配合）

（四）加强人才保障。加强健身休闲产业人才培养力度，推动健身休闲企业与高等院校、职业院校共同建立人才培养基地，探索学历教育与职业培训并举、创意设计与经营管理结合的人才培养新模式，着力培养高层次、复合型经营管理人才、研发人才。研究制定引进高层次健身休闲人才配套政策，不断优化各类健身休闲人才引进机制。加强社会体育指导员队伍建设，积极开展退役运动员再就业培训，制定退役运动员安置办法和退役运动员从事健身休闲产业的扶持政策。支持在粤高等院校和职业院校开设健身休闲相关学科专业。探索建立省级健身休闲产业人才培训试点基地。（省体育局负责，省人力资源社会保障厅、民政厅、教育厅、编办配合）

（五）完善标准和统计制度。强化健身休闲产业统计工作，建立健身休闲产业统计制度，完善健身休闲产业指标体系和统计调查方法，定期发布健身休闲产业及健身休闲消费统计数据，形成健身休闲产业统计制度化、常态化、信息化的工作机制。加强健身休闲标准体系建设，建立健身休闲服务标准和评价制度，制定相关服务规范和质量标准。推进健身休闲服务标准化，建立健身休闲产业监测机制。建立健身休闲服务标准和安全规范，促进健身休闲产业的健康发展。（省统计局、体育局负责，省发展改革委、工商局、质监局配合）

（六）健全工作机制。建立体育、发展改革、旅游等多部门合作的健身休闲产业发展工作协调机制，及时分析健身休闲产业发展情况，解决存在问题，落实惠及健身休闲产业的文化、旅游等相关政策。各地要把发展健身休闲产业纳入国民经济和社会发展总体规划,鼓励有条件的地方编制健身休闲发展专项规划。各地体育行政部门要加强职能建设,充实体育产业工作力量,推动健身休闲产业发展。(各地级以上市人民政府、省体育局负责,省发展改革委、旅游局等有关单位配合)

(七)强化督查落实。省体育局要加强对实施情况的检查,建立健身休闲产业年度报告制度,对本实施意见的推进情况进行专项评估,建立专业化、社会化的第三方监督机制和评估机制。(省体育局负责,各有关单位配合)

深圳市人民政府办公厅印发《关于促进体育产业发展若干措施》的通知

(深府办规〔2017〕3号)

各区人民政府,市政府直属各单位:

《关于促进体育产业发展的若干措施》已经市政府同意,现予印发,请认真组织实施。实施过程中遇到的问题,请径向市文体旅游局反馈。

关于促进体育产业发展的若干措施

为贯彻落实《国务院关于加快发展体育产业促进体育消费的若干意见》(国发〔2014〕46号)和《广东省人民政府关于加快发展体育产业促进体育消费的实施意见》(粤府〔2015〕76号),加快发展我市体育产业,促进体育消费,更好地满足市民多样化体育需求,提出以下措施。

一、目标和任务

(一)发展目标。

努力打造布局合理、功能完善、门类齐全的体育产业体系,体育产品和服务更加丰富,市场机制不断完善。提高体育产业对深圳经济社会发展的贡献率。2017—2020年,体育产业增加值年均增速达到15%。到2020年,体育产业增加值占全市GDP的比重达到1.2%;体育服务业占体育产业比重显著提高，体育产业综合实力位居全国大中城市前列。努力将深圳建设成为高端体育品牌集聚中心、国际化的体育产业创新中心和体育产业转型升级示范市。

（二）重点任务。

加快发展足球、篮球、排球、网球、乒乓球、羽毛球、高尔夫球、帆船、马拉松等普及性广、关注度高、市场空间大的体育项目。完善以企业为主体的体育赛事市场化运作机制，创立引进一批具有国际影响力的高端体育赛事品牌，培育打造一批与深圳经济社会发展和城市定位相匹配的高水平职业体育俱乐部。

打造一批主业突出、集聚效应明显、影响力广泛的体育产业园区、基地。建设以大型场馆为依托的综合性赛事组织、训练、会展功能区；以滨海资源和运动设施为依托的水上赛事组织和休闲示范区；以绿道和高尔夫球会为依托的体育旅游和休闲功能区；以重点研发机构和龙头制造企业为依托的高端体育用品研发、生产集聚区。抢抓粤港澳大湾区规划建设的机遇，充分发挥深圳的滨海城市区位优势，深入推动我市水上运动项目创新发展；认真借鉴香港、广州等城市体育产业发展经验，突出深圳特色，打造一批符合深圳城市定位的水上运动项目。

培育壮大市场主体，优化产业结构。大力发展体育竞赛表演、体育中介服务、体育传媒与信息服务、体育健康服务、体育健身休闲、体育会展服务等各类体育服务业，以及以新兴技术、自主知识产权为支撑的高端体育制造业。推动体育与文化创意、旅游融合发展。

实施品牌战略，强化体育品牌策划，引导体育企业做强做精。积极培育具有核心竞争力的知名体育企业和国际影响力的自主品牌，支持体育企业开拓海外市场，扩大产品出口和服务贸易。充分挖掘品牌价值，鼓励大型健身俱乐部跨区域连锁经营，鼓励高端体育赛事充分进行市场开发，鼓励大型体育用品制造企业加大研发投入。全面落实国家扶持中小企业发展的政策，扶持一批具有市场潜力的中小体育企业，打造一批极具深圳特色的体育品牌，进一步提升深圳体育产业发展质量。

二、设立深圳市体育产业发展专项资金（以下简称市专项资金）

（三）2015—2020年，市财政每年安排2亿元，主要采取项目资助、贷款贴息和奖励等方式，支持深圳体育产业加快发展。

获得国家、省体育专项资金资助的，市专项资金给予配套资助。同一项目已获得市政府投资或我市其他市级财政专项资金资助或奖励的，市专项资金不再资助或奖励。对暂未纳入本措施资助范围，但极具发展潜力的体育项目，可根据实际需要由市体育产业发展联席会议专项研究提出资助意见。

（四）鼓励各区（含新区，下同）设立区级体育产业发展专项资金，与市专项资金形成配套。获得市专项资金资助的，各区可按比例给予相应配套资助。积极探索以其他方式吸引社会资本参与发展体育产业，促进体育消费。

三、打造高端体育赛事品牌

（五）市体育行政主管部门与国际体育组织签约并确定在我市连续举办3届以上的国际性单项体育赛事，按项目类别、赛事等级、竞技水平、影响力、办赛支出等，市专项资金可给予每次不超过1500万元的办赛资助。

（六）在我市举办的国际高水平单项体育赛事，按项目类别、赛事等级、竞技水平、影响力、办赛支出等，市专项资金可给予每次不超过800万元的办赛资助。

（七）在我市举办的全国性高水平单项体育赛事，按项目类别、赛事等级、竞技水平、影响力、办赛支出等，市专项资金可给予每次不超过500万元的办赛资助。

（八）在我市举办的其他具有自主品牌，且社会关注度高、市场空间大、发展前景好的高水平单项体育赛事，按项目类别、赛事等级、竞技水平、影响力、办赛支出等，市专项资金可给予每次不超过300万元的办赛资助。

（九）市体育行政主管部门指导、委托社会中介机构组织评审，按照向社会发布实施的深圳市高端体育赛事评审细则，对拟资助项目进行审计、评分后，根据本措施有关规定给予资助，资助额度不超过拟资助项目经审计认定的办赛支出的50%。

（十）市专项资金给予办赛资助主要用于加大赛事宣传和安全保障、提高奖金总额等，吸引国际高水平队伍和顶尖运动员参加，提升赛事的等级和影响力。

四、培育高水平职业体育俱乐部

（十一）在深圳注册并冠"深圳"队名，参加职业联赛的足球、篮球和排球职业体育俱乐部，按项目类别、影响力、职业联赛等级、投入和名次等，市专项资金可给予资助。其中，参加全国最高级别职业联赛的，可给予每赛季不超过2500万元的资助；参加其他级别全国职业联赛的，可给予每赛季不超过1500万元的资助。

（十二）在深圳注册并冠"深圳"队名，社会关注度高、市场空间大、发展前景好的网球、乒乓球、羽毛球、高尔夫球和帆船等职业体育俱乐部，按项目类别、影响力、参加职业联赛或赛事等级、投入和名次等，市专项资金可给予每赛季或每年不超过 800 万元的资助。

（十三）在深圳注册并冠"深圳"队名，参加国际职业联赛或全国最高级别职业联赛，取得冠军成绩的，按项目类别、影响力和投入等，市专项资金可给予不超过 3000 万元的奖励；取得亚军成绩的，可给予不超过 2000 万元的奖励；取得季军成绩的（不决出季军的，第三名和第四名视为季军），可给予不超过 1000 万元的奖励；取得第四名成绩的，可给予不超过 500 万元的奖励。

（十四）参加全国比赛取得优秀成绩晋级参加全国职业联赛的，按项目类别、影响力、职业联赛等级和投入等，市专项资金可给予不超过 1000 万元的奖励。

（十五）市体育行政主管部门指导、委托社会中介机构组织评审，对拟资助、奖励项目进行审计、评分后，根据本措施有关规定给予资助、奖励。

（十六）市专项资金给予俱乐部资助主要用于加大宣传，引进国际或国内高水平教练员和运动员、租用训练场地等，提高俱乐部的比赛成绩和影响力。

五、促进产业自主创新

（十七）推进体育产业公共技术服务平台建设。在深圳设立的体育产业公共技术服务平台，可按我市相关规定申请享受有关优惠政策。

（十八）鼓励体育科技创新和成果转化。以新技术为支撑、有产业化发展前景、拥有自主知识产权的体育装备器材和新型体育服务技术的研发项目，市专项资金给予不超过 200 万元的资助。

六、培育壮大市场主体

（十九）鼓励行业领军企业发展。按照企业总资产、主营收入、增加值及增速等指标，对我市体育企业进行遴选排序，建立"深圳市体育产业领军企业"发布制度。对上一年度工业增加值或服务业增加值增速达到30%以上（含30%）的领军企业，按照企业对地方财力的贡献，市专项资金给予不超过100万元的奖励。

（二十）支持体育产业集聚发展。鼓励各区和企业培育、建设体育产业园区、基地，按照行业类别、投资金额、总产出、地方财力贡献等，对获得"市级体育产业园区""市级体育产业基地"称号的，市专项资金一次性给予不超过200万元的奖励。

对上一年度在我市形成地方财力超过1000万元以上的体育产业园区、基地，市专项资金给予10万元的奖励；地方财力贡献每增加1000万元，叠加奖励10万元。同一个体育产业园区或基地累计最高奖励不超过200万元。

获得国家有关部门认定为国家级体育产业园区、基地的，市专项资金给予60万元的奖励；获得省级有关部门认定为省级体育产业园区、基地的，市专项资金给予30万元的奖励。

（二十一）引进国内外知名体育组织和体育企业。充分利用我市海外网络渠道资源，加强与国际体育组织的合作。国内外知名体育企业在我市设立符合规定条件的企业总部，可按规定享受我市总部经济优惠政策。

七、鼓励拓展市场

（二十二）推动体育企业"走出去"。支持我市体育企业参加境内外知名专业展会。发挥我市驻外机构作用，举办体育产业投资贸易推介活动，帮助体育企业"走出去"，推动体育企业开展国际合作，不断开拓国际市场。

八、拓宽投融资渠道

（二十三）鼓励商业银行在依法合规、风险可控、商业可持续的前提下，创新开发有利于体育企业发展的信贷产品和贷款模式，加大对体育企业的信贷投放，增加适合中小微体育企业特点的信贷品种。对注册地在我市的体育企业符合条件的体育项目贷款，市专项资金可给予不超过200万元的贷款贴息。

（二十四）设立深圳市体育发展基金会。由市财政一次性出资1亿元作为原始基金，吸引、带动社会机构、企业和个人共同参与设立深圳市体育发展基金会。

（二十五）发挥市政府投资引导基金和市创业投资引导基金引导作用，加大对体育产业的支持力度。鼓励社会力量依法设立各类体育产业投资基金。

（二十六）支持体育企业依法融资。鼓励符合条件的体育企业通过上市、发行公司债券、债务融资工具和资产证券化产品，并探索发行股债结合型产品进行融资，筹措发展资金。

九、优化发展环境

（二十七）加强人才队伍建设。将符合条件的体育产业高层次人才纳入我市高层次人才体系，按照有关规定享受相关优惠政策。鼓励有条件的深圳中高等院校设立体育产业、体育服务、体育传播等相关专业，重点发展体育经纪、场馆运营等专业，形成培养高层次体育人才的专业基地。

（二十八）鼓励社会资本进入体育产业领域。进一步简政放权，充分调动社会资本参与体育产业发展的积极性。鼓励和引导社会资本兴办体育企业，参与体育产业运作，提高体育产业发展的市场化水平。在体育场馆设施运营和体育赛事活动组织等领域，探索推广政府和社会资本合作模式，吸引有实力的社会组织和企业参与运营和办赛。

（二十九）落实相关税费价格支持政策。根据国家、省有关规定，做好体育服务、体育用品制造及其支撑技术的高新技术企业的认定管理工作，对符合条件的高新技术企业，减按15%的税率征收企业所得税。对经认定取得非营利组织免税资格的体育类社会组织，依法享受相关优惠政策。对体育企业发生的符合条件的广告费和业务宣传费，按规定在企业所得税税前扣除。对符合条件的体育企业创意、设计费用和研究开发费用，按规定享受税前加计扣除政策。鼓励企业捐赠体育服装、器材装备，支持体育产业发展，对符合税收法律法规规定条件的体育事业捐赠，在计算应纳税所得额时予以扣除。符合条件的体育场馆自用的房产和土地，可免征或享受有关房产税和城镇土地使用税优惠。

（三十）保障产业用地需求。将体育设施建设用地纳入全市近期建设与土地利用规划年度实施计划，对体育设施项目用地予以优先安排。新建或通过城市更新建设的体育产业项目，参照市政府鼓励发展产业用地标准计收地价。

十、加强组织协调

（三十一）建立深圳市体育产业发展联席会议（以下简称联席会议）制度。联席会议负责市专项资金的协调、管理和绩效评价工作。联席会议由市文体旅游局牵头召开，市发展改革委、财政委参加，视情况可邀请其他部门参加。联席会议办公室设在市文体旅游局。

市监察、审计部门依法对市专项资金的使用和管理进行监督、检查、审计。

各区可根据实际情况制定配套措施。

十一、附则

本措施自公布之日起实施，2016年7月1日发布的《深圳市人民政府办公厅印发关于促进体育产业发展若干措施的通知》（深府办〔2016〕21号）同时废止。

珠海市人民政府办公室关于加快发展健身休闲产业的实施意见

（珠府办〔2017〕3号）

横琴新区管委会，各区政府（管委会），市府直属各单位：

健身休闲产业是体育产业的重要组成部分，是以体育运动为载体、以参与体验为主要形式、以促进身心健康为目的，向大众提供相关产品和服务的一系列经济活动，涵盖健身服务、设施建设、器材装备制造等业态。为加快我市健身休闲产业发展，满足人民群众日益增长的多层次多样化健身休闲需求，促进增强人民体质、实现全民健身和全民健康的深度融合，激发大众健身休闲消费，培育我市新的经济增长点，增强经济增长新动能，根据《国务院办公厅关于加快发展健身休闲产业的指导意见》（国办发〔2016〕77号）精神，经市人民政府同意，结合我市实际提出如下实施意见。

一、总体要求

（一）指导思想。全面贯彻党的十八大和十八届三中、四中、五中、六中全会精神，深入学习贯彻习近平总书记系列重要讲话精神和建设"健康中国"的要求，按照"四个全面"战略布局，根据"市场主导，创新驱动；转变职能，优化环境；分类推进，融合发展；重点突破，力求实效"的基本原则，使市场在资源配置中起决定性作用和更好发挥政府作用，推进健身休闲产业供给侧结构性改革，提高健身休闲产业发展质量和效益，促进经济发展和民生改善。注重发挥珠海优势，突出珠海特色，打造珠海品牌，培育壮大各类市场主体，丰富产品和服务供给，推动我市健身休闲产业全面健康可持续发展，为经济发展新常态下扩大体育消费需求、拉动经济增长、转变体育发展方式提供有力支撑和持续动力。

（二）发展目标。以《珠海市体育发展"十三五"系列规划》为导向，严格落实《珠海市全民健身实施计划（2016—2020年）》，大力发展健身休闲产业。到2025年，基本建成具有鲜明珠海特色、布局合理、产品和服务丰富的健身休闲产业发展格局，形成政府、市场和社会协同发展、相互促进的健身休闲产业组织体系。建成港珠澳区域健身休闲产业交流合作平台，产业环境明显优化，产业结构日趋合理，群众健身休闲消费意识显著增强，人均健身休闲消费支出明显提高，同其他产业融合发展更为紧密，全市健身休闲产业总规模达到150亿元。

二、完善健身休闲服务体系

（三）普及日常健身。大力推广适合公众广泛参与的健身休闲项目，加快发展足球、篮球、排球、乒乓球、羽毛球、网球、游泳、太极、徒步、路跑、骑行、棋牌、台球、钓鱼、体育舞蹈、瑜伽、健身气功、广场舞等普及性广、关注度高、市场空间大的运动项目。积极开展相关运动项目培训、比赛，开展足球、网球、帆船（帆板）等项目进校园活动，促进全民体育健身常态化，形成全民参与健身休闲的良好氛围。

（四）发展户外运动。按照国办发〔2017〕77号文要求，结合我市实际，制定珠海市健身休闲重点运动项目目录，以户外运动为重点，大力发展具有消费引领性的健身休闲项目。

——山地户外运动。根据国家体育总局等八部委《山地户外运动产业发展规划》要求,结合我市山体资源分布,在中心城区板障山、将军山、凤凰山,西部地区黄杨山、尖峰山、拦浪山、观音山、平沙龙泉等地,规划建设运动休闲户外活动营地,推动珠海山地户外运动场地设施体系建设,积极推广登山、山地车、攀岩、徒步、露营、拓展等山地户外运动项目,完善山地户外运动布局。进一步完善山地户外运动赛事活动组织体系,定期开展登高健身、定向越野等活动,加强户外运动指导员队伍建设,完善山地户外运动安全和应急救援体系。

——水上运动。根据国家体育总局等九部委《水上运动产业发展规划》要求,结合我市江、湖、海自然风貌特色,大力发展水上运动,将珠海建成水上运动训练中心与运动休闲旅游目的地。实施水上运动精品赛事提升计划,以前山河、黄杨河为依托,积极推进"一河两岸"景观化改造,开发游轮、赛龙舟、赛艇等水上运动休闲项目基地建设。规划建设斗门白藤湖、金湾金湖等内湖水系运动休闲中心;建设桂山岛和三角岛海上运动休闲中心;建设九洲湾、唐家湾、香炉湾、拱北湾海洋运动休闲基地;建设庙湾岛、外伶仃岛等潜水基地。推动公共船舶码头(停靠点)建设和俱乐部发展,积极发展帆船(帆板)、赛艇、皮划艇、摩托艇、潜水、滑水、游艇、海上滑翔等水上健身休闲项目。

——汽车摩托车运动。利用珠海国际赛车场的资源优势及周边整体升级改造的契机,引入高端旅游业和商业,拓展复合功能,举办国际性和泛珠三角汽车、摩托车场地赛,将珠海国际赛车场建成集赛车运动、健身休闲、旅游娱乐于一体的综合性赛车运动城。推动中小型越野赛车场和横琴汽车营地建设,组织家庭露营、主题自驾等活动,举办区域性拉力赛、越野赛、集结赛等赛事，完善赛事活动组织体系，打造泛珠三角自驾路线和营地网络。

——航空运动。根据国家体育总局等九部委《航空运动产业发展规划》要求，结合我市航空产业发展战略，以金湾区航空产业园为核心龙头，航空文化体验大世界、九洲机场和珠海通用机场为依托，在淇澳岛、万山列岛、桂山岛、三门列岛、担杆列岛、佳蓬列岛等海岛，按照在编的《珠海市通用机场及起降点（含水上）布局规划》建设直升机起降点，推动我市飞行营地和航空运动俱乐部的快速发展，建成四星级以上航空飞行营地，推广运动飞机、飞机跳伞、无人机、航模等航空运动项目。结合水上运动发展，进一步拓宽滑翔翼、热气球等低空飞行项目，积极构建以大众消费为核心的航空体育产品和服务供给体系。

——冰雪运动。根据国家体育总局等四部委《冰雪运动发展规划（2016-2025年）》要求，因地制宜、科学布局，在全市推广冰雪健身休闲项目发展，推动南屏室内滑雪场项目建设。积极开展具有扎实群众基础、与滑冰最接近的轮滑运动，在体育中心、全民健身广场、社区公园等地，建设轮滑场地，组织开展教练员等专项人才培训工作。

（五）发展特色运动。推动高尔夫、极限运动、棒垒球、橄榄球、击剑、马术等时尚运动项目健康发展，培育相关专业培训市场。以九洲控股集团下属三个高尔夫球场和横琴东方高尔夫球场为核心，结合周边地段的商务服务、旅游休闲功能，打造高端商务与大众化相结合的综合运动休闲中心。发展武术、龙舟、舞龙舞狮等民族民间健身休闲项目，传承推广民族传统体育项目，加强体育类非物质文化遗产的保护和发展。在斗门区大力推广健身休闲与特色乡村绿道为一体的自行车骑行、徒步活动和佛家拳、莲洲舞龙、醒狮等民族民间健身休闲项目，举办斗门国际龙舟节，结合原生态田园风光、岭南水乡特色，传承装泥鱼等活动；金湾区积极推广鹤舞、醒狮舞等民间健身休闲项目；以香洲区、高新区滨海地带为主要场地，建设风筝竞技场，逐步引入竞技风筝，联合"中国风筝之乡"阳江市，推广滨海风筝节；借助建设情侣路"一带九湾"海岸带，发展沙滩足球、沙滩排球等特色项目。加强对体育创意活动的扶持，鼓励民间社团举办以时尚运动为主题的群众性活动。

（六）培育和推广大型体育赛事活动。加强与国际体育组织等专业赛事机构的交流与合作，打造大型品牌体育赛事活动。开发珠海网球公开赛，办好珠海市民健身运动会、珠海WTA超级精英赛、环中国国际公路自行车赛（珠海站）、全国帆船（帆板）锦标赛，及其他体育赛事节事（帆船周、国际拉丁音乐舞蹈节、沙滩足球节等）、体育用品展。创新大型赛事运营管理模式，形成可持续发展的办赛机制，将珠海打造成全民健身赛事活动示范城市，将横琴国际休闲旅游岛建设成国际文体活动赛事基地。

（七）促进产业互动融合。大力发展体育旅游，实施体育旅游精品示范工程，编制珠海市体育旅游重点项目名录。支持和引导有条件的旅游景区开展水上自行车、冲浪、攀岩、拓展等体育旅游项目，鼓励我市旅行社结合健身休闲项目和体育赛事活动设计开发旅游产品和路线。促进健身休闲与文化、养老、教育、健康、农业、林业、通用航空、交通运输等产业融合发展。建设休闲康体度假中心、疗养中心和水上休闲中心，开发康体、水疗、日光浴、泥浴、海岛海洋运动等项目。深入挖掘珠海南粤古驿道的历史文化资源，以古道为载体，延伸绿道的内涵和功能，重点依托凤凰山开展长南迳古道驿路文化线的建设，构建综合文化体育旅游路线。推动"体医结合"，加强科学健身指导，积极推广覆盖全生命周期的运动健康服务，发展运动医学和康复医学，发挥中医药在运动康复等方面的特色作用。发展针对生活方式类疾病的患者、老年人群、伤残人士的运动康复机构，提供高质量的运动康复服务。

（八）推动"互联网+健身休闲"。建成集传授科学健身知识、健康监测、场馆预定、赛事报名、购票、社交、健身休闲路线推荐等功能于一体的健身休闲移动互联网服务平台。积极推动健身休闲在线平台企业发展壮大，整合上下游企业资源，形成健身休闲产业新生态圈。引导开发以移动互联网、大数据、云计算技术为支撑的健身休闲服务，推动传统健身休闲企业由销售导向向服务导向转变，提升综合服务水平。

三、培育健身休闲市场主体

（九）支持健身休闲企业发展。鼓励具有自主品牌、创新能力和竞争实力的健身休闲骨干企业做大做强，通过管理输出、连锁经营等方式，进一步提升核心竞争力，延伸产业链和利润链，支持具备条件的企业"走出去"，培育一批具有国际竞争力和影响力的领军企业集团。支持华发集团积极参与以网球为龙头的体育竞赛表演业运营；支持九洲控股集团积极参与以海上和水上项目为主的运动休闲产业综合运营；支持格力地产股份有限公司积极参与海岛休闲旅游的开发和运营；支持中航通用航空有限公司打造成为航空产业的引领企业；支持香洲正方控股有限公司打造成为体育生活化社区运营商。支持企业实现垂直、细分、专业发展，鼓励各类中小微健身休闲企业、运动俱乐部向"专精特新"方向发展，强化特色经营、特色产品和特色服务。

（十）壮大体育社会组织。加强我市体育总会的组织建设，充分发挥枢纽和桥梁的作用。重点培育民办非企业性质的体育俱乐部，夯实体育社会化的组织基础。支持健身休闲领域大众创业、万众创新，推进体育类社会团体、民办非企业单位等社会组织发展，健全内部治理结构，增强服务功能。对在城乡社区开展健身休闲活动的社区社会组织，降低准入门槛，加强分类指导和业务指导。鼓励各类社会组织承接政府公共体育服务职能。发挥体育社会组织在营造氛围、组织活动、服务消费者等方面的积极作用，对由政府主办的公益性体育赛事活动，可采用政府向体育社会组织购买服务的形式办赛。

四、优化健身休闲产业结构和布局

（十一）改善产业结构。优化健身休闲服务业、器材装备制造业及相关产业结构，着力提升服务业比重。实施健身服务精品工程，打造一批优秀健身休闲俱乐部、场所和品牌活动。培育一批以健身休闲服务为核心的体育产业示范基地、单位和项目，重点打造至少1个国家级体育产业示范基地，重点扶持至少2个国家级体育产业示范单位和3个国家级体育产业示范项目。发挥体育旅游项目的引领带动作用，重点培养和扶持至少3个体育旅游示范单位。重点拓宽健身休闲服务贸易领域，探索在横琴自贸区开展健身休闲产业政策试点，积极培育以健身休闲为特色的服务贸易示范区。

（十二）打造珠海特色。在保护自然资源和生态环境的基础上，充分利用珠海市滨海百岛自然资源和传统体育人文资源，以及港珠澳湾区独特的地理资源，打造各具特色的健身休闲产业项目群。依托唐家湾至高栏港的滨海岸线，以情侣路滨海海岸运动项目、九洲湾海洋运动休闲基地和海泉湾健身休闲养生基地为建设重点，建设滨海特色健身休闲产业项目群；依托斗门黄杨河至泥湾门水道、白藤湖、金湾金湖等内湖及河流资源，以白藤湖水上运动中心、金湖水上运动中心、御温泉、平沙游艇生产基地为建设重点，建设滨江（湖）特色健身休闲产业项目群；以香洲板障山、凤凰山登山运动、黄杨山山地自行车、黄杨山、拦浪山、观音山越野跑、斗门装泥鱼和高栏港南方足球训练基地为建设重点，建设山地户外特色健身休闲产业项目群；以高栏港海钓基地、桂山海上运动休闲中心、三角岛整体开发、万山海钓基地和外伶仃岛、庙湾岛潜水基地为建设重点，建设海岛特色健身休闲产业项目群；以横琴汽车营地、横琴国际网球中心、多功能体育商业综合体项目、港珠澳区域健身休闲产业交流合作平台和横琴东方高尔夫为建设重点，建设横琴自贸区特色健身休闲产业项目群；以金湾航空产业园、航空文化体验大世界、珠海通用机场和航模、无人机生产企业为建设重点，建设航空特色健身休闲产业项目群。各区（功能区）要进一步组织开展山水运动资源、传统体育资源调查，因地制宜，合理布局，大力发掘区域特色的健身休闲产业项目，培养新的经济增长点。

（十三）区域联动。加强港珠澳三地健身休闲产业项目的合作，联合香港、澳门，筹办港珠澳大桥自行车赛。建立"珠中江阳"四市体育合作联盟，打造四市优势互补、协调发展的特色区域健身休闲活动。充分利用横琴自贸区的优势，开展"一带一路"为主题的多样化体育交流，建成港珠澳区域健身休闲产业交流合作平台，举办国际健身休闲产业论坛。

五、加强健身休闲设施建设

（十四）完善健身休闲基础设施网络。依据《珠海市城市总体规划2000—2020年（2015年修订）》和在编的《珠海市体育运动场地设施专项规划（2016—2020年）》确定的城市空间结构，结合我市"生态间隔、多极组团式"的城市空间模式，综合考虑未来城市发展需求，在科学编制健身休闲项目的空间布局规划的基础上，进一步完善项目实施计划。依托西部生态新城，建设西部城区市级体育中心；建设区级公共体育设施14处，其中现状保留提升6处，2020年规划新增8处，实现各区均有区级公共体育设施。继续推进社区体育公园建设，有效形成"城市10分钟体育健身圈"和"乡村十里体育健身圈"。鼓励健身休闲设施与住宅、文化、商业、娱乐等综合开发，打造健身休闲服务综合体。各有关单位要严格执行城市居住区规划设计等标准规范有关配套建设健身设施的要求，适当增加健身休闲设施用地和配套设施配建比例。

（十五）盘活用好现有体育场馆资源。通过公共体育设施免费或合理收费开放等措施增加供给，推动有条件的学校体育场馆设施在课后和节假日对本校学生和公众有序开放，力争全市公共体育设施开放率达到96%，具备开放条件的公办学校体育场地开放率逐步达到70%以上，满足基本健身需求。引导机关、企事业单位等体育设施创造条件向社会开放。通过管办分离、公建民营等模式，推行市场化商业运作，满足多层次健身消费需求。各类健身休闲场所的水、电、气、热价格按不高于一般工业标准执行。落实体育场馆房产税和城镇土地使用税优惠政策。

（十六）加强特色健身休闲设施建设。结合智慧城市、绿色出行，充分挖掘水、陆、空资源，研究打造珠海乡野绿道系统和自行车路网，重点建设一批康体休闲综合体、健身休闲公园、湿地公园、山地户外营地、徒步骑行服务站、自驾车房车营地、公共游艇帆船码头、航空文化体验大世界、海洋文化体验中心等健身休闲设施。创建公共船舶码头（停靠点）示范城市和国家级水上（海上）国民休闲运动中心。鼓励和引导旅游景区、旅游度假区、乡村旅游区等根据自身特点，建设特色健身休闲设施。

六、引进扶持健身休闲器材装备企业发展

（十七）推动转型升级，增强自主创新能力。引进、支持企业、用户单位、科研单位、社会组织等组建跨行业产业联盟，鼓励健身休闲器材装备制造企业向服务业延伸发展，形成全产业链优势。结合传统制造业去产能，引导我市企业进军健身休闲装备制造。支持我市企业利用互联网技术对接健身休闲个性化需求，根据不同人群，研发多样化、适应性强的健身休闲器材装备。研制新型健身休闲器材装备、冰雪装备、可穿戴式运动设备、虚拟现实运动装备等。鼓励与国际、国内领先企业合作设立研发机构，加快对国内外先进技术的吸收转化。

（十八）加强品牌建设。扩大我市体育健身休闲用品制造业产业规模和竞争优势，推动飞行器、高尔夫球具、游艇帆船制造、运动头盔、新型帐篷、渔具等产品制造企业形成产业效应。将平沙游艇制造产业园打造成为世界级游艇生产、研发中心。支持我市企业创建和培育自主品牌，提升健身休闲器材装备的附加值和软实力。鼓励企业与各级各类运动项目协会等体育组织开展合作，通过赛事营销等模式，打造珠海品牌赛事。

七、改善健身休闲消费环境

（十九）深挖消费潜力，完善消费政策。开展各类群众性体育活动，丰富节假日体育赛事供给，积极推行《国家体育锻炼标准》、业余运动等级标准、业余赛事等级标准，推动体育部门、体育社会组织、专业体育培训机构等与各类学校合

作，提供专业支持，培养青少年体育爱好和运动技能。联合市内大型商城，在商城内开展体育赛事、健身休闲项目展示、低空观光游览飞行体验等活动，深挖健身休闲消费潜力。引导保险公司根据健身休闲运动特点，推动运动人身意外伤害保险发展。

（二十）引导科学健身。在各级各类媒体开辟"体育与健康"专题专栏，利用口岸、车站、机场、广告牌等加大宣传力度，普及科学健身知识。成立我市国民体质监测中心，进一步完善市、区体质测定与运动健身指导站，在各镇街建立国民体质监测网络，深入行政机关、企事业单位，开展体质监测和科学健身指导。推进健康医疗大数据应用，利用各医院体检中心大数据，分析市民体质健康状况，引导市民养成正确健身锻炼方式，促进健身休闲产业发展。支持形式多样的体育题材宣传报道，发展多媒体广播电视、网络广播电视、手机应用程序（APP）等体育传媒新业态，促进消费者利用各类社交平台互动交流，提升消费体验。

八、加强组织实施

（二十一）持续推动"放管服"改革。加快政府职能转变，制定体育行政部门赛事活动市场化管理规则，实施负面清单管理，促进空域水域有序开放。推进体育行业协会改革，加强事中事后监管，完善相关安保服务标准，加强行业信用体系建设。

（二十二）健全工作机制。建立文体旅游、发改、财政、规划、国土、市政园林等多部门合作的健身休闲产业发展工作协调机制，各部门密切协作配合，形成工作合力。要及时分析健身休闲产业发展情况，解决存在的问题，落实惠及健身休闲产业的各项政策措施。各区（功能区）要把发展健身休闲产业纳入国民经济和社会发展规划。各级体育行政部门要加强职能建设，充实体育产业工作力量，推动健身休闲产业发展。

（二十三）优化规划和土地利用政策。将健身休闲产业项目纳入重点项目范畴，在建设用地规模和指标、市政配套建设等方面重点支持、优先安排，在项目立项、报建报批方面实行"绿色通道"。积极引导健身休闲产业用地控制规模、科学选址，将相关用地纳入全市各级土地利用总体规划中合理安排。对符合土地利用总体规划、城乡规划、环保规划等相关规划的重大健身休闲项目，要本着应保尽保的原则及时安排新增建设用地计划指标。

（二十四）完善投入机制。引导社会资本参与健身休闲产业，鼓励社会资本以市场化方式设立健身休闲产业发展投资基金。进一步拓宽健身休闲产业投融资渠道，鼓励和支持有条件的健身休闲企业进入资本市场进行融资，扶持各类健身休闲金融产品开发。鼓励符合条件的企业发行债券，募集资金用于健身休闲产业项目的建设。开展政府和社会资本合作示范，符合条件的项目可申请政府和社会资本合作融资支持基金的支持。进一步健全政府购买公共体育服务的机制。运用财政资金和体育彩票公益金对全市健身休闲相关项目给予必要资助扶持。

（二十五）加强人才保障。加强健身休闲人才培育的国际交流与合作，建立体育产业研究智库。拓展和优化引进专业技术人才的绿色通道，积极引进国内外优秀的体育产业高端人才。依托横琴国家人才管理改革试验区建设工作，引进国际健身休闲人才。鼓励校企合作，培养各类健身休闲项目经营策划、运营管理、技能操作等应用型专业人才。加强从业人员职业培训，提高健身休闲场所工作人员的服务水平、专业技能和安全保障能力。

（二十六）完善统计制度和建设健身休闲标准体系。以国家体育产业统计分类为基础，完善健身休闲产业统计制度和指标体系，建立健身休闲产业监测机制。把体育统计纳入统计部门的正式统计序列，建立珠海市体育产业统计制度（涵盖健身休闲产业）和指标体系。全面推动健身休闲标准体系建设，制定健身休闲服务规范和质量标准，在服务提供、技能培训、活动管理、设施建设、器材装备制造等各方面提高健身休闲产业标准化水平。引导和鼓励企业积极参与行业和国家标准制定。

（二十七）强化督查落实。各区（功能区）、各部门要高度重视，将加快发展健身休闲产业作为一项重要工作来抓。要根据本意见的要求，结合自身职责定位和实际情况，抓紧制定具体实施意见和配套政策，并明确责任人和落实期限。落实过程中要加强沟通、配合，确保工作成效。市文体旅游局要定期汇总各区（功能区）、各部门落实本意见的情况，开展监督检查和跟踪分析，重大事项及时向市政府报告。

关于印发《珠海市体育竞赛裁判员及工作人员酬金发放办法（试行）》的通知

（珠海市文化体育旅游局、珠海市财政局发布，珠文体旅字〔2017〕52号）

横琴新区社会事务局、横琴新区财政局、各区（功能区）文化体育旅游（文广新、社会发展、社会事业）局、各区（功能区）财政局：

为规范珠海市体育赛事裁判员及工作人员酬金发放标准，市文化体育旅游局、市财政局修订完善了《关于珠海市体育竞赛裁判员、工作人员酬金发放规定的通知》（珠文体旅字〔2012〕56号），现经市政府同意，印发给你们，请遵照执行。

附件：1、珠海市体育竞赛裁判员及工作人员酬金发放办法（试行）

2、珠海市体育竞赛裁判员及工作人员酬金标准（试行）

附件1

珠海市体育竞赛裁判员及工作人员酬金发放办法（试行）

一、本标准适用于市文化体育旅游局举办的体育竞赛和体育活动，或委托各区体育行政管理部门、各单项协会承办的各级体育竞赛、体育活动。

二、裁判员及工作人员酬金标准按《珠海市体育竞赛裁判员及工作人员酬金标准》（试行）执行。

三、裁判员及工作人员酬金，必须严格按照实际天数统计发放，担任各部门负责人的按裁判员标准。

四、酬金计算，按大会竞赛委员会统一规定的报到、离会之日的天数计算。

五、酬金经费按实际参赛队数、人数、场数核定，在体育竞赛经费中支出。

六、群众性体育活动的工作人员酬金，可参照《珠海市体育竞赛裁判员及工作人员酬金标准》（试行）执行。

七、本标准自发布之日起执行，原与体育竞赛有关酬金规定同时废止。

附件2

珠海市体育竞赛裁判员及工作人员酬金标准（试行）

项目名称	单位	标准明细	备注
田径游泳	1天	裁判长：1人＊400元/天 副裁判长：1人＊350元/天 编排记录员：4人＊320元/天 裁判员：300元/天 跑单员：260元/天 工作人员：200元/天 医生：1人＊300元/天	费用按照具体人数及比赛天数结算
足球	520元/场	裁判员：2人＊120元/场 助理裁判员：1人＊80元/场 比赛监督员：1人＊80元/场 工作人员：2人＊60元/场	5人制小型足球
	750元/场	主裁判员：1人＊150元/场 边路裁判员：2人＊120元/场 助理裁判员：1人＊100元/场 比赛监督员：1人＊100元/场 工作人员：2人＊80元/场	7人制小型足球
	960元/场	主裁判员：1人＊200元/场 边路裁判员：2人＊150元/场 助理裁判员：1人＊130元/场 比赛监督员：1人＊130元/场 工作人员：2人＊100元/场	11人制大型足球
	1天	裁判长：1人＊300元/天 医生：1人＊300元/天	

(续表)

项目名称	单位	标准明细	备注
篮球	600元/场	临场裁判员：2人*120元/场 记录台裁判员：2人*80元/场 技术代表：1人*80元/场 工作人员：2人*60元/场	未成年组
	720元/场	临场裁判员：2人*150元/场 记录台裁判员：2人*100元/场 技术代表：1人*100元/场 工作人员：2人*60元/场	成年组
	1天	裁判长：1人*300元/天 医生：1人*300元/天	
排球 乒乓球 羽毛球 网球 门球 武术 棋类 其他	1天	裁判长：1人*400元/天 副裁判长：1人*350元/天 编排记录员：4人*320元/天 裁判员：300元/天 跑单员：260元/天 工作人员：200元/天 医生：1人*300元/天	费用按照具体人数及比赛天数结算
赛事排编	1项比赛	200人以下*1000元 200人以上*1500元	

梅州市人民政府办公室关于印发《梅州市振兴足球三年行动计划（2017—2019年）》的通知

（梅市府办函〔2017〕179号）

各县（市、区）人民政府（管委会），市府直属和中央、省属驻梅各单位：

《梅州市振兴足球三年行动计划（2017—2019年）》已经市政府同意，现印发给你们，请认真组织实施。实施过程中遇到的问题，请径向市体育局反映。

梅州市振兴足球三年行动计划（2017—2019年）

为贯彻落实《国务院办公厅关于印发中国足球改革发展总体方案的通知》（国办发〔2015〕11号）、《中国足球中长期发展规划（2016—2050年）》（发改社会〔2016〕780号）、《广东省足球改革发展实施意见》（粤府办〔2016〕71号），根据《梅州市振兴"足球之乡"十年规划》（梅市府〔2010〕46号）、《梅州市关于加快发展足球运动的实施意见》（梅市办〔2012〕54号）、《梅州市足球综合改革方案》（梅市府办〔2015〕27号）的相关要求，结合我市实际，特制定本计划。

一、指导思想

以十八届五中、六中全会精神、习近平总书记系列讲话精神和习近平总书记对广东工作的批示精神为指导，坚持问题导向和改革创新，将振兴足球与加快梅州城市发展结合起来，将足球之乡品牌与城市文化价值互融共进，将足球产业作为推动体育产业发展的重要力量。充分认识足球对提升城市文化价值的作用，让足球点燃城市梦想，彰显梅州独特魅力，打响足球之乡城市品牌，构建与梅州城市发展相适应的足球治理体系和足球发展环境，为梅州振兴发展作出积极贡献。

二、总体目标

力争通过三年努力，实现梅州职业足球争先进位，拥有1支及以上中甲球队；足球人才量质齐升，各类足球运动员达1万人，校园足球运动员达5000人，青训后备人才达1000人；赛事活动丰富，体系完善，年均足球比赛达3500场次以上；场地设施充足完善，全市各类球场达1000块以上（每万常住人口拥有2.5块足球场）；足球产业初具规模，形成足球竞赛表演、足球用品、足球文化旅游等相关足球品牌企业。

三、主要任务

（一）筹建一个足球博物馆。

规划建设梅州客家足球博物馆，通过广泛征集反映梅州足球历史的文物史料和器物设备，运用现代科技手段和先进设备，科学保存和充分展示梅州足球历史，传承发扬梅州足球文化。（市文广新局、市城乡规划局、市住房城乡建设局、市体

育局负责）

（二）筹建一个足球小镇。

持续推进足球小镇建设，以"大众休闲、足球竞技、梅州特色、绿色科技"为总体目标，力争在梅江区、梅县区、兴宁市、五华县4个足球重点县建设足球俱乐部训练基地、足球产业孵化园、足球会议中心、足球主题酒店等一系列产业配套设施，使其成为涵盖足球产业各个层面，满足各年龄段和不同性别消费者需求，以及突显梅州足球文化内涵和旅游特征的新兴城市综合体。探索体育产业发展新模式，带动相关产业融合协调发展。（梅县区、兴宁市、五华县政府，市国土资源局、市城乡规划局、市住房城乡建设局负责）

（三）创建一个国家级青少年足球训练基地。

依托富力切尔西足球学校的场地、师资等优势条件，按照国家标准，进一步完善学校软硬件设施，将学校创建成一个国家级青少年足球训练基地。（梅县区政府负责）

（四）建成一系列足球城市雕塑。

依托梅县人民广场、梅县文体中心、曾宪梓体育场及梅州城区的足球文化公园、全民健身中心等，在公共区域科学规划建设富有特色的足球文化雕塑。其他县（市、区）根据各地特色建设个性化的足球文化雕塑，形成梅州系列足球城市雕塑，并将系列雕塑加入梅州足球旅游线路。（市城市管理和综合执法局、市住房城乡建设局、市城乡规划局、市体育局负责）

（五）打造一个扎根梅州的百年职业足球俱乐部。

1、持续加强对职业足球俱乐部梯队建设的支持力度。建立科学高效的青训体系与职业足球俱乐部梯队培养相衔接的模式，形成青少年优秀运动员优先输送到我市职业足球俱乐部的通道。（市体育局负责）

2、加大资金支持。在冲甲、冲超奖励的基础上，设立保

级扶持资金,打造梅州的职业足球俱乐部"百年老店"。(市财政局负责)

3、加大职业足球俱乐部产业建设、人才引进、赛事打造、培训等方面的扶持力度,促进俱乐部全方位发展。力争梅州客家足球俱乐部跻身中甲中上游行列,梅县铁汉生态足球俱乐部冲甲成功。(市国土资源局、市委组织部、市人力资源社会保障局,梅县区、五华县政府负责)

(六)完成构建一支"百千万"优秀足球队伍任务 [一百名足球裁判员、一千名足球教练员(含足球指导员)、一万名足球运动员]。

1、加强对全市足球教练员和裁判员的培训,逐年按计划、分级分类完成培训任务。(市体育局、市教育局负责)

2、将嘉应学院建成国家级校园足球教练员培训基地。(嘉应学院负责)

3、每年选派3名以上梅州籍优秀球员至欧洲知名足球俱乐部、国内知名足球俱乐部训练;选派一批优秀足球工作管理人员、教师、教练员、裁判员赴国内外参加专业培训和交流活动。[4个重点县(市、区)政府,市委组织部、市人力资源社会保障局、市体育局、市教育局、市外事侨务局负责]

4、保障培训工作经费,相关资金从市足球专项资金中支取。(市财政局负责)

(七)培育一个全市性的业余足球联盟。大力发展业余足球俱乐部,力争成立百家社会草根足球俱乐部。每年组织各级别城市足球联赛,打造市民广泛参与足球运动的平台。[4个重点县(市、区)政府,市体育局、市民政局负责]

(八)构建一套完善的校园足球发展体系。(市教育局、嘉应学院、市财政局负责)

1、完善梅州市青少年校园足球三级联赛体系。每年举办市长杯、县（市、区）长杯、校长杯足球联赛。特色学校每年开展校长杯班级足球联赛，县（市、区）举办小学组总决赛，市举办市长杯初中组和高中组市级决赛，并选送优秀队伍参加省长杯高中组全省总决赛。有条件的地方，要逐步完善各组别的总决赛。

2、开展足球知识进校园、进课堂活动。特色学校每周要至少上一节以足球为主要内容的体育课，编写校园足球校本教材，普及足球基础教育。

3、配齐配足足球教师。市级以上的校园足球特色学校至少要有1名以上的足球教师。在全市中小学体育教师招录工作中，对足球专业的毕业生可给予适当倾斜。加强体教结合，体育部门采取政府购买服务的方式，将优秀的青训教练员派送到有需求的学校，解决学校足球教练员不足的问题。

4、全市各级各类校园足球特色学校每年举办一次校园足球节活动。开展以足球为主要载体的摄影、绘画、作文、演讲、游戏等形式多样的活动，营造校园足球浓厚氛围。

5、完善体育特长生的招生政策。特色学校可按照《梅州市高中（初中）阶段学校体育艺术特长生招生办法》招收一定比例的足球特长生。

6、大力创建各级各类校园足球特色（推广）学校。至2020年，创建250所市级校园足球特色学校（开展女子足球活动的学校要占10%以上），省级推广学校100所，全国校园足球特色学校60所。全国校园足球试点县（区）1个，省级校园足球试点县（区）4个。吸引参与校园足球活动的青少年学生逐年增加，力争达到25万人。

7、扶持校园足球场地建设，争取实现全市所有中小学校都有足球活动场地；推动有条件的学校足球场地对社会开放。

（九）打造一个区域性足球品牌赛事。

以市级财政资金为引导，发动社会筹资，积极争取中国足协、广东省足协、广东省足球运动管理中心支持，争取把"客家杯"、"球王杯"培育成梅州区域性品牌赛事。（市财政局、市体育局、市外事侨务局负责）

（十）打造一条足球旅游精品线路。

根据梅州市的旅游景点分布，在原有景点的基础上加入足球元素，将梅州的自然景观与足球文化景点有机结合，设计推出一条融观赏、参与、培训为一体的梅州市足球旅游精品线路。（市旅游局、市文广新局负责）

（十一）打造一个足球产业品牌。

充分发挥体育产业引导资金的作用，构建以社会足球和职业赛事为重点的门类齐全、结构合理的足球产业体系。加大对足球用品制造、足球场馆运营、足球竞赛表演、足球培训等产业领域的扶持力度，力争培育1—2个有实力的企业。加快足球与旅游、房地产、餐饮、文化创意和休闲养生等行业的融合发展。（市体育局、市发展改革局、市财政局、市文广新局、市地税局负责）

（十二）打造影视歌、图、文等一系列梅州足球宣传推广资料及足球纪念品。（市文广新局、市委宣传部负责）

1、充分挖掘梅州籍知名足球运动员的故事，结合梅州市在积极落实全国首批足球城市建设中的奋斗事迹（如打造中小学校园足球特色、培养和输送足球运动员和教练员、落实青训工作、举办各类各级业余足球联赛等），制作一部反映梅州市足球发展的宣传片及影视作品。

2、通过向社会征集、机构竞标等方式，设计体现梅州特色、寓意深刻、辨识度高、便于推广的足球标识和宣传口号，并广泛运用于各类宣传渠道，使社会大众对于梅州足球产生深刻的印象。

3、邀请名人名家谱曲作词，创作一首突出梅州足球本土特色、传唱度高的歌曲，通过广播电台、电视、网络、校园、球迷协会等媒体和渠道进行推广和传播，强化梅州足球城市品牌形象。

4、结合梅州足球历史文化和知名足球人物，研发设计富有梅州足球元素的系列工艺品作为梅州的标志性纪念品并投放市场。

（十三）举办世界客家足球文化论坛。

充分利用梅州作为"世界客都"、"足球之乡"和"内地现代足球发源地"的优势，每年定期举办世界客家足球文化论坛，弘扬李惠堂足球精神，邀请国际足联和中国足协领导、客家足球名宿等出席论坛活动，吸引世界客商投资，提升梅州足球在全国乃至世界范围的影响力。（市委宣传部、嘉应学院、市外事侨务局负责）

四、保障措施

（一）加强组织领导。由市政府成立振兴足球三年行动工作小组，成员单位包括各县（市、区）政府、市委宣传部、市委组织部、市发展改革局、市财政局、市体育局、市教育局、嘉应学院、市国土资源局、市城乡规划局、市住房城乡建设局、市城市管理和综合执法局、市旅游局、市文广新局、市外事侨务局、市民政局、市地税局等单位，协调解决足球事业发展中遇到的问题，统筹推进梅州足球振兴发展。联合社会各界力量，按照政社分开、权责明确、依法自治的要求，稳步推进梅州市足球协会调整改革。

（二）加大财政投入。完善公共财政对足球事业发展的投入机制，通过政府购买服务等多种方式加大对足球运动发展的支持。市财政每年确保足额落实市足球发展专项资金1000万元及体育产业引导资金1000万元纳入年度计划并逐年增长，用于扶持足球事业发展。市县两级把足球发展经费和基本建设经费纳入本级政府财政预算并逐年增加。严格落实体彩公益金专款专用，并执行70%用于以足球为主的群体工作。体育产业引导资金对于足球产业项目给予倾斜，提高资助标准，降低准入门槛。推进足球发展基金会的建设，鼓励各类企事业单位、社会力量和个人捐赠，严格执行捐赠资金在计算企业所得税、个人所得税应纳税所得额时扣除的规定。

（三）营造良好社会氛围。加大各类媒体对梅州足球的宣传力度，在梅州民众乃至全国人民心中深植梅州"足球之乡"的品牌。加强品牌赛事和职业联赛的电视转播，搭建宣传平台，营造政府支持、行业认可、社会关注、群众欢迎的舆论氛围，掀起爱看球、会踢球、能评球的社会热潮。加强对球迷团体的引导和管理，实现球迷与足球俱乐部的良性互动，开展形式多样的足球知识培训及观赛安全教育等活动，培育健康向上的球迷文化。

印发《关于加快构建现代公共文化服务体系的实施方案》的通知

(中共湛江市委办公室、湛江市人民政府办公室发布，湛办发〔2017〕2号)

为贯彻落实《中共广东省委办公厅、广东省人民政府办公厅印发〈关于加快构建现代公共文化服务体系的实施意见〉的通知》（粤办发〔2015〕17号）精神，加快推进我市公共文化服务均等化、标准化、社会化、数字化发展，构建现代公共服务文化体系，现制定本实施方案。

一、总体要求

（一）指导思想

坚持以毛泽东思想、邓小平理论、"三个代表"重要思想、科学发展观为指导，全面贯彻党的十八大和十八届三中、四中、五中、六中全会精神，深入贯彻习近平总书记系列重要讲话精神和治国理政新理念新思想新战略，按照"四个全面"战略布局的要求，牢固树立创新、协调、绿色、开放、共享的发展理念，以改革为动力，以基层为重点，构建体现时代发展趋势、适应市场经济要求、符合文化发展规律和具有湛江特色的现代公共文化服务体系。

（二）基本原则

坚持以人为本。坚持以人民为中心，以社会主义核心价值观为引领，切实解决好为群众服务的"最后一公里"问题，切实保障广大人民群众的基本文化权益。

坚持共建共享。坚持政府主导和社会参与相结合，激发全社会的文化创造力。加大对跨部门、跨行业、跨地域公共文化资源的整合力度，探索整合基层公共文化服务资源的方式和途径，提升综合效益。统筹城乡发展，重点解决区域、人群、城乡之间公共文化服务不均衡问题，让全市人民共享文化改革发展成果。

坚持改革创新。创新发展思路和体制机制，切实解决制约我市公共文化服务体系科学发展的突出矛盾和问题，推动公共文化服务体系建设转型升级，从重硬件建设向提升服务效能转变，从单向供给向供需对接转变，提升公共文化服务的质量和效能。

（三）目标任务

与我市全面建成小康社会的目标相适应，加快推动公共化服务向网络完善、运行高效、供给丰富、保障有力发展。到2020年，基本建立与我市经济社会发展水平、人口状况、人民群众需求相匹配的现代公共文化服务体系，主要指标居粤西前列。建立健全城乡公共文化设施网络。全市每万人拥有室内公共文化设施面积超过1200平方米。建立健全公共文化产品供给体系，群众精神文化需求得到更好满足。建立健全公共文化管理体制和运行机制，公共文化服务机构的治理能力进一步提高，县级以上较大规模的文化事业单位基本建立法人治理结构。推进公共文化服务队伍建设。发展公共文化辅助队伍，培育民间文化社团，实现农村文体协管员行政村全覆盖，提高注册文化志愿者人数占全市常住人口的比例。

二、工作措施

1. 推进"四级"公共文化设施建设。加大公共文化设施建设力度，支持公共文化设施建设向乡镇农村、城市社区倾斜，健全市、县（市、区）、乡镇（街道）、行政村（社区）四级公共文化设施网络，建立公共文化服务城乡联动机制。到2020年，市级图书馆、文化馆、博物馆达到国家二级馆以上标准，乡镇（街道）、行政村（社区）基本建成综合文化服务中心，文化信息共享工程服务网点覆盖行政村（社区），广播电视实现户户通。（主办单位：市文广新局、市财政局，协办单位：各县（市、区）政府）

2. 推进重点文化设施建设。推动市文化中心项目"十三五"期间动工建设，努力将其打造成为展现我市文化魅力的舞台、多功能文化休闲中心和湛江个性名片。各县（市、区）根据当地人文优势、城镇新区建设和发展需求，规划建设一批标志性重点文化设施项目。（主办单位：市住建局（市代建项目管理局），协办单位：市基础设施建设投资集团有限公司、市文广新局、市财政局、各县（市、区）政府）

3. 提升县级公共文化设施建设水平。实施县级图书馆、文化馆、博物馆、纪念馆、影剧院、美术馆等场馆提升工程，完善网络化布局。到2018年，县级图书馆、文化馆基本达到国家二级馆以上标准，博物馆基本达到国家三级馆以上标准。（主办单位：各县（市、区）政府，协办单位：市文广新局）

4. 提升镇级公共文化设施建设水平。整合文化广电新闻出版、科技、体育、教育等部门资源，建设集文化娱乐、书报刊借阅、电子信息阅览、广播影视、科普培训、体育健身和青少年校外活动于一体的乡镇（街道）综合性文化服务中心。到2018年，乡镇（街道）综合文化站基本达到省二级站以上标准，达到省一级站和特级站标准的比例有所提高。（主办单位：各县（市、区）政府，协办单位：市文广新局、市科技局、市科协、市体育局、市教育局）

5. 提升村级公共文化设施建设水平。村（社区）文化室在"五个有"标准上提档升级，整合宣传、文化、体育、教育、科技、民政、司法等部门资源，到2018年，基本建成集政策宣传、文化娱乐、体育健身、教育培训、科普法制、社会服务等功能于一体的村（社区）综合性文化服务中心。（主办单位：各县（市、区）政府，协办单位：市委宣传部、市文广新局、市体育局、市教育局、市科技局、市科协、市民政局、市司法局）

6. 开展"海上丝绸之路"主题文化建设。把握湛江作为国家"一带一路"海上合作战略支点城市的重要机遇，加强与"一带一路"沿线国家和地区的人文合作，积极开展"海上丝绸之路"文化旅游推广活动，加大对"海上丝绸之路"文物单位的保护力度，大力挖掘"海上丝绸之路"非物质文化遗产。推动旅游产业与文化资源融合发展，整合基层公共文化资源，建设"海上丝绸之路"文化旅游产品，打造"海上丝绸之路"文化旅游品牌。（主办单位：市旅游局，协办单位：市文广新局）

7. 扶持面向特殊群体人群的公共文化设施建设。建设和完善面向未成年人、老年人以及残障人士的公共文化设施。积极推进乡村学校少年宫、社区未成年人文体活动场所、青少年社会教育活动中心、儿童之家等项目建设。到2020年，县级以上公共图书馆要设立盲人阅览室，创造条件提供盲人上网服务。鼓励有条件的公益性文化事业单位采取共建的方式，在异地务工人员集中的企业、厂矿和工业园区设置文化服务点。（主办单位：市文广新局、各县（市、区）政府，协办单位：市教育局、市委农办、市残联、市总工会、市民政局）

8. 因地制宜建设流动文化设施。完善流动图书馆、流动博物馆、流动演出服务网、流动文化大篷车等建设。逐步设立图书借阅、数字文化服务终端等自助设施，深入基层开展图书借阅、培训辅导、巡演巡展、电影放映等流动服务。（主办单位：市文广新局，协办单位：各县（市、区）政府）

9. 拓展户外设施。建设选址适中、与地域条件协调、与基层综合性文化服务中心相配套的县（市、区）、乡镇（街道）、村（社区）文体广场。2018年底前，县一级按照不少于5000平方米建设文体广场；2020年底前，镇一级按照不少于3000平方米建设文体广场，村一级按照不少于500平方米建设文体广场。文体广场等户外文化设施要配套建设阅报栏（或电子阅报屏）、公益广告牌、体育健身设施和夜间照明设备等，有条件的地方可搭建戏台舞台。鼓励结合绿道建设和城市改造等，增加艺术雕塑、文化驿站和文化景观。鼓励结合社会主义新农村建设，增加反映本土特色的文化元素。（主办单位：市文广新局、各县（市、区）政府，协办单位：市体育局、市规划局、市住建局、市委宣传部、市委农办、市民政局、市工商局、市城市综合管理局）

10. 建立健全基本公共文化服务标准体系。按照省的部署要求，确立全市基本公共文化服务标准，建立国家指导标准、省级标准、地方实施标准相衔接的标准体系。标准以县为基本单位组织实施，各县（市、区）要建立标准实施监督评估机制，出台具体工作方案，切实保障标准的落实。建立标准动态调整机制，根据实施效果和经济社会发展，适时调整完善相关指标。（主办单位：市文广新局、各县（市、区）政府，协办

单位：市质监局、市财政局、市体育局）

11. 推进总分馆制建设。推进公共图书馆、文化馆总分馆制建设，建立以市级馆为中心馆，县级馆为总馆，乡镇（街道）综合文化站为分馆，村（社区）文化室为服务点的总分馆体系，建立运行机制，加强集约管理。到 2020 年，全市初步建立公共图书馆、文化馆总分馆制度。（主办单位：市文广新局，协办单位：市委宣传部、各县（市、区）政府）

12. 推进城乡文化结对帮扶。积极开展城乡"结对子、种文化"活动，建立科学的结对工作机制，加大城市对农村文化建设的帮扶力度，推动城乡文化资源良性互动、共同发展。（主办单位：市文广新局，协办单位：市委宣传部、市文联）

13. 构建基层公共文化协调机制。各县（市、区）相应建立公共文化服务体系建设协调机制，整合宣传、文化广电新闻出版、体育、教育、科技、民政、农业、普法等部门资源，加强统筹管理，明确责任，重点解决部门职能交叉、多头管理、重复建设、资源利用率和服务效能不高等问题。（主办单位：各县（市、区）政府、市文广新局，协办单位：市委宣传部、市编办、市发改局、市教育局、市财政局、市人社局、市住建局、市民政局、市体育局、市科技局、市总工会、团市委、市妇联、市残联、市司法局、市委农办）

14. 推进公共文化服务的区域联动。发挥市内中心镇街的辐射带动作用，推动相邻镇街资源共建共享。建立区域性公共文化服务圈，提升公共文化服务一体化水平。（主办单位：市文广新局，协办单位：各县（市、区）政府、市委宣传部）

15. 推进公共文化设施免费开放。深入推进公共图书馆、文化馆（站、室）、博物馆、纪念馆、非物质文化遗产展示馆（传习所）等免费开放，公共文化场馆应在门口显要位置列出免费开放时间和开放项目，完善服务项目和免费开放制度。健全公共文化设施免费开放资金扶持机制。科学界定公益单位性质，完善公共服务财政保障机制。逐步推动体育馆（场）以及青少年活动中心、妇女儿童活动中心、工人文化宫、机关事业单位内部文化设施免费提供公共文化艺术基础辅导培训、公益性展览、广场文化活动等基本公共文化服务项目。（主办单位：市文广新局，协办单位：市财政局、市体育局、市教育局、市科技局、市科协、团市委、市妇联、市总工会、各县（市、区）政府）

16. 推动公共文化场馆完善服务项目。公共文化场馆要提供图书借阅、陈列展览、文艺演出、休闲娱乐、教育培训等基本服务，结合馆内自身服务特点，不断开展形式各异、内容丰富的惠民活动，努力成为"市民学堂、文化客厅"。积极开展文化场馆效能提升工程。提升公共文化设施建设、管理和服务标准化水平，开展图书馆、文化馆、文化站评估定级工作。（主办单位：市文广新局，协办单位：各县（市、区）政府）

17. 加强藏书藏品建设。加强公共图书馆、文化馆、博物馆、纪念馆等公共文化场馆的藏书藏品建设，加快展览展示更新频率。各级公共图书馆建立捐赠换书中心。全市人均公共藏书到2018年基本不少于1.2册。到2020年，每个村（社区）综合性文化服务中心藏书不少于1200种、1500册。（主办单位：市文广新局、各县（市、区）政府，协办单位：市民政局）

18. 鼓励广大社会团体、文艺工作者深入生活，创作生产更多更好的公共文化产品。鼓励原创作品生产，优先扶持反映湛江地方特色以及思想性、艺术性、观赏性有机统一的优秀文艺作品，努力打造一批有影响力的精品佳作。着力提高群众文艺创作队伍的政治素质和业务水平，组织开展我市群众文艺作品评选。（主办单位：市文广新局，协办单位：市委宣传部、市文联、市民政局、市广播电视台）

19. 培育和促进文化消费。通过政府购买、消费补贴等途径，引导和支持文化企业生产质优价廉、安全适用的公共文化产品，在商业演出和电影放映中适当安排低价场次或门票。支持和鼓励民办文化场馆、经营性文化设施等提供优惠或免费的公益性文化服务。鼓励各类文艺、体育表演团体提供公益性演出。鼓励网络文化运营商开发更多低收费业务。大力创作和鼓励播出公益广告，逐步提高公益性电视、广播节目播放比重。支持地方剧种进剧院，雷剧、粤剧南派艺术等地方剧种进剧院年均不少于3场次。推动文化创意产品、文化资源衍生品开发，支持企业、社会力量研发公共文化服务新产品、新技术。（主办单位：市文广新局，协办单位：市财政局、市委宣传部、市工商局、市体育局、市总工会、团市委、市妇联、市发改局、市科技局、市广播电视台）

20. 繁荣文化生活。结合传统节日和国际博物馆日、世界阅读日、中国文化遗产日等，开展宣传、民俗、娱乐活动。继续办好湛江民间艺术节、"开心广场·百姓舞台"、雷州文化节、雷剧艺术节、吴川粤剧文化艺术节等特色品牌活动，推动集中性文化娱乐活动和常态化文化服务项目有机结合。各地要结合地域特点和文化传统，扶持一批有影响力的传统文化和民俗文化，打造文化亮点。完善公共文化配送体系，把优秀文化产品送到基层、送到群众中，依托各级公共文化场馆开展艺术惠民巡演，鼓励公共文化服务机构送书、送戏、送电影到农村、社区、学校、企业，开展艺术普及、阅读欣赏、体育健身、科普教育等培训。依托城乡广场、农村戏台组织"开心广场"文化惠民活动。加强学校、社区、军营、工业园区、厂矿企业等公共文化信息服务点建设。（主办单位：市委宣传部、市文广新局，协办单位：各县（市、区）政府、市广播电视台）

21. 提高新闻出版公共服务水平。推动农家书屋工程转型升级，完善农家书屋出版物补充更新工作。开展"种书乡间——农家书屋周末辅导员"读书活动。继续推进实施城乡阅报栏（屏）建设工程。深入开展全民阅读活动，推动全民阅读进家庭、进校园、进企业、进机关、进社区、进农村。强化版权公共服务，加强信息安全和数字版权保权保护水平，创建一批版权兴业示范基地。（主办单位：市文广新局，协办单位：市委宣传部）

22. 提高广播影视公共服务水平。加强广播电视台、发射台（站）、监测台（站）建设。完善应急广播覆盖网络，打造基层政务信息发布、政策宣讲和灾害预警应急指挥平台。继续实施农村公益电影放映工程，保质保量完成"一月一村一场公益电影"的目标任务。继续加强数字影院建设。支持广播电视机构创建绿色频率频道。鼓励互联网文化单位创作健康有益的网络剧、微电影等网络视听节目。保持广播综合人口覆盖率100%，电视综合人口覆盖率100%。（主办单位：各县（市、区）政府、市文广新局，协办单位：市委宣传部、市广播电视台）

23. 实施文化遗产保护工程。加强对我市重点文物、古建筑、古落、古树名木等文化遗产的有效保护、开发和利用，做好相关资料的普查、整理、出版工作。支持有条件的地区申报国家历史文化街区、名镇、名村。加大对雷州市、吴阳镇等国家级历史文化名城（镇、村）的保护力度。建立雷州文化、粤剧南派艺术、中国大陆最南端半岛文化、海洋文化、寸金桥历史文化等文化生态保护区，开展红色之旅、状元故居之旅、雷之旅等主题文化旅游交流活动，提升雷州文化、状元文化的影响力。挖掘具有鲜明湛江特色的海鲜美食文化，积极开展相关主题活动。加强对精神性文化遗产发生地和名人故居的保护利用。加强民间艺术之乡建设，到2020年，全市省级以上民间艺术之乡不少于8个，其中国家级不少于2个。进一步做好《湛江古典文献集成》《湛江非物质文化遗产》《雷州历史文化丛书》等文献编辑出版工作。（主办单位：市文广新局，协办单位：市住建局、市旅游局、各县（市、区）政府）

24. 进一步推动非物质文化遗产传承发展。深入挖掘湛江特色历史民俗文化资源，打响石狗、醒狮、飘色、人龙舞、傩舞、粤剧南派艺术、雷剧等国家级非物质文化遗产品牌，积极推进省级非遗文化生态保护实验区建设。开展地方剧种普查，制定雷剧、粤剧南派艺术传承发展扶持计划。加大对我市稀有剧种和民间绝技、绝艺、绝活的抢救保护力度，建立独具湛江特色的民间文化艺术展示平台。加强对舞蹈、美术、音乐、技艺类非物质文化遗产的保护和传承。开展雷剧、粤剧南派艺术、飘色、人龙舞、狮舞等非物质文化遗产进乡村、军营、校园活动。（主办单位：市文广新局、各县（市、区）政府，协办单位：市教育局、市委宣传部、市财政局、市住建局、市广播电视台）

25. 加强公共文化服务体系示范区（项目）建设。加快推进省级公共文化服务体系示范区（项目）创建工作，到2020年，全市创建省级公共文化服务体系示范区1个、示范项目3—4个。开展市级公共文化服务示范区和示范项目创建工作。鼓励有条件的县（市、区）开展县级公共文化服务示范区和示范项目创建工作。（主办单位：市文广新局、各县（市、区）政府，协办单位：市财政局）

26. 大力开展文化志愿服务工作。构建文化志愿服务体系，探索特色文化志愿服务模式。广泛发动、吸纳文化工作者、业余文艺骨干以及热心公益文化事业的团体和人士参与文化志愿服务，提高文化志愿者的比例。加强对文化志愿者的培训，提高其服务能力和水平。开展文化志愿者惠民巡演、公益培训活动，广泛开展导览、导读、助残、扶弱等文化志愿服务。组织开展好"湛江读书月"和"湛江历史·湛江抗法历史宣讲"等省级品牌活动。（主办单位：市文广新局，协办单位：市委宣传部、市文联、市委政法委（社工委）、市民政局、团市委、市妇联、市总工会、市教育局、各县（市、区）政府）

27. 加快文化类社会组织建设。大力培育和发展文化类行业协会、民办非企业单位等社会组织。放宽准入条件，简化登记手续，优化管理服务，扶持文化类社会组织发展。推动公共文化服务机构成立行业协会，发挥其在行业自律、行业管理、行业交流等方面的重要作用。推进文化行业协会与行政机关脱钩，将适合由社会组织提供的公共文化服务事项交由社会组织承担，扩大政府向文化类社会组织购买服务范围。加强政府管理和社会监督，严格执行社会组织年检制度和信息公开制度，开展社会组织等级评估、运营绩效评估和社会信用评估，促进文化类社会组织依法自律、民主自治，激发社会组织活力。（主办单位：市文广新局、市民政局，协办单位：市财政局、市委政法委（社工委）、市文联、团市委、市妇联、市总工会、各县（市、区）政府）

28. 支持群众自办文化活动。依托公益性文化设施资源，积极组织文化庙会、文艺调演、演唱竞赛、民间技艺展演等活动，为群众自办文化搭建交流展示平台。每年培育三至五个群众自办文化的先进典型，从政策、资金、资源、服务等方面对其进行重点扶持。鼓励民营剧团、农村业余演出队开展经营性文化服务。（主办单位：市文广新局，协办单位：市委宣传部、市文联）

29. 提倡文化慈善。引导发动海外华侨、港澳台同胞、私营企业和个人积极捐资捐赠支持我市文化建设，鼓励社会力量捐建或自建公共文化设施。落实文化慈善优惠政策。倡导文化精准扶贫，统筹推进农村文化建设与扶贫开发"双到"工程等。（主办单位：市文广新局，协办单位：市委宣传部、市民政局、市委农办、市台办、市外事侨务局、各县（市、区）政府）

30. 深化公共文化交流合作。深化与新加坡、俄罗斯、韩国等国家和港澳台地区的人文合作。继续开展雷剧、粤剧南派艺术、飘色、醒狮、舞鹰雄、人龙舞等湛江优秀传统文化对外交流活动。鼓励民间文化机构团体走出去，制定优惠政策，提供资金、宣传等方面支持。（主办单位：市文广新局，协办单位：市委宣传部、市台办、市外事侨务局）

31. 切实转变政府职能，深化行政体制改革。文化系统进一步简政放权，依法依规减少和下放行政审批事项，加强事中事后监管。（主办单位：各县（市、区）政府，协办单位：市文广新局、市编办）

32. 建立文化事业单位法人治理结构。以公共图书馆、博物馆、文化馆等为试点，建立理事会，搭建管理层，制定章程，建好制度。吸纳有关方面代表、专业人士、各界群众参与管理，健全决策、执行和监督机制。到2020年，全市县级以上较大规模文化事业单位基本建立法人治理结构。（主办单位：市编办、市文广新局，协办单位：市委宣传部、市人社局、各县（市、区）政府）

33. 创新公共文化设施管理模式。有条件的地方可探索开展公共文化设施社会化运营试点，通过委托或招投标等方式吸引有实力的企业、社会组织参与公共文化设施的运营。探索在公共文化设施管理领域推广运用政府和社会资本合作模式。（主办单位：市文广新局，协办单位：各县（市、区）政府、市委宣传部、市发改局）

34. 推进政府购买公共文化服务工作。创新公共文化服务财政投入方式，通过政府采购、项目补贴、定向资助等措施，鼓励和扶持各类公益文化机构、社会力量和文化企业参与公共文化服务。购买公共文化服务所需资金纳入年度财政预算。（主办单位：各县（市、区）政府，协办单位：市文广新局、市财政局、市民政局、市委宣传部、市发改局）

35. 实施公共文化数字化建设工程。继续推进文化信息资源共享、公共电子阅览室建设、数字图书馆推广、农村数字电影放映等工程，建设全城共享、互联互通的公共数字文化服务网络。推动我市数字文化馆、数字博物馆、数字非遗馆建设。（主办单位：市文广新局，协办单位：各县（市、区）政府）

36. 探索公共文化"互联网+"建设。结合"智慧城市"建设，将公共文化服务体系纳入我市互联网建设内容，加强公共文化数字化资源整合开发，运用互联网思维，改进业务流程，创新服务方式。（主办单位：市文广新局，协办单位：各县（市、区）政府）

37. 构建现代文化传播体系。有效运用宽带互联网、移动互联网、广播电视网、卫星网络等手段，拓宽公共文化资源传输渠道。大力推进"三网融合"，促进高清电视、互动电视、交互式网络电视（IPTV）、手机电视等新业务发展，推广数字智能终端、移动终端等新型载体。加快形成开放透明、动态管理、互动互通的应急广播体系。（主办单位：市经信局、市文广新局，协办单位：市委宣传部、市广播电视台）

三、保障措施

（一）强化组织领导。各级党委和政府要将构建公共文化服务体系纳入本地区国民经济和社会发展总体规划，纳入重要议事日程。建立由宣传、编办、发展改革、教育、财政、人力资源社会保障、住房城乡建设、民政、文化广电新闻出版、体育、科技、法制、农业以及工会、共青团、妇联、残联等单位参加的公共文化服务体系建设协调机制，统筹推进现代公共文化服务体系建设。建立专家咨询机制，拓宽咨询专家来源渠道，构建多样化咨询途径和方式。建立公众参与机制，畅通群众评价渠道，为公众有效参与公共文化服务建设提供保障。（主办单位：市政府办公室、市文广新局、各县（市、区）政府，协办单位：市委宣传部、市编办、市发改局、市教育局、市财政局、市人社局、市住建局、市民政局、市体育局、市科技局、市总工会、团市委、市妇联、市残联、市司法局、市委农办）

（二）落实经费投入。以政府投入为主，鼓励社会各方力量积极参与，建立健全公共文化服务体系建设多元投入机制。各级政府要落实公共文化服务体系建设责任，按照标准提供基本公共文化服务项目所需资金，保障公共文化服务体系建设和运行。拓展资金来源渠道，加大政府性基金与一般公共预算的统筹力度。落实鼓励社会组织、机构和个人捐赠公益性文化事业所得税税前扣除，以及从城市住房开发投资中提取不低于1%的经费用于社区公共文化设施建设等政策。（主办单位：市文广新局，协办单位：市财政局、市国税局、市地税局、市城市规划局、市住建局、市体育局、各县（市、区）政府）

（三）加强队伍建设。落实公益性文化事业单位的机构设置和人员编制，对实行免费开放后工作量大幅增加、现有机构编制难以满足工作需要的公益性文化事业单位，依规合理增加机构编制或服务人员。加快推进文体协管员、文化市场社会监督员、文化志愿者队伍建设，建立公共文化辅助队伍。建立公共文化队伍培训长效机制，加强对基层文化干部、社会文艺骨干的培训。解决公共文化领军人才遴选、任命的制度化、专业化问题。（主办单位：市编办、市人社局，协办单位：市文广新局、市委宣传部、市财政局、各县（市、区）政府）

（四）完善绩效考核。按照省的部署要求，加强公共文化服务体系建设的绩效考核。建立由购买主体、服务对象和第三方评估机构组成的现代公共文化服务体系综合性评估机制。（主办单位：市政府办公室、市文广新局，协办单位：市委宣传部、市财政局、市编办、市人社局、各县（市、区）政府）

（五）科学制定建设规划。完成我市"十三五"时期文化事业发展规划和现代公共文化服务体系建设规划的编制工作。各级党委和政府要制定本地区公共文化服务体系建设规划，明确目标、责任和步骤。（主办单位：市文广新局，协办单位：市委宣传部、市发改局）

附件：湛江市基本公共文化服务实施标准（2017—2020年）

附件

湛江市基本公共文化服务实施标准（2017—2020年）

一、服务内容与项目

内　　容	标准和进度
场馆建设	1. 各级政府规划建设与当地经济发展水平、人口状况和服务要求相适应的公共文化设施。到2020年，每万人室内公共文化设施面积超过1200平方米，服务半径不低于城市"十分钟文化圈"、农村"十里文化圈"

(续表)

内容	标准和进度
场馆建设	2. 按省部署,市按照国家二级馆以上标准建立公共图书馆、文化馆、博物馆,按照建设标准建立公共体育场(馆),设立广播电视播出机构和发射(监测)台
	3. 县(市、区)按照国家二级馆以上标准建立公共图书馆、文化馆,按照建设标准建立公共体育场(馆)、文化广场等,设立广播电视播出机构和发射(监测)台
	4. 乡镇(街道)按照省二级站以上标准建立综合文化站,按照建设标准建立文体广场(全民健身广场)等
	5. 全市按照省的建设标准,在村(社区)(村指行政村、下同)建立综合文化服务中心、文体广场(全民健身广场)等。文体活动广场不少于500平方米,简易戏台:长10米、宽5米、高0.8米
	6. 为公共文化场馆免费开放配置必要的器材设备和文化资源。配置一套以上文化器材:含1套音响和部分乐器。配备一套广播器材
	7. 公共博物馆、书画院、美术馆、艺术活动中心、大剧院、影剧院等依据标准进行规划建设
辅助设施	8. 根据基层实际,县(市、区)合理配备用于图书借阅、文艺演出、电影放映等服务的流动文化车,开展流动文化服务
	9. 公共文化场馆为残障人士配置无障碍设施,有条件的配备安全检查设备
	10. 根据基层实际,设立公共文化服务自助设施设备
场馆开放	11. 公共图书馆、文化馆(站、室)、博物馆(非文物建筑及遗址类)、美术馆等公共文化设施免费开放,基本服务项目健全。公共文化设施免费开放并实行错时开放,错时开放时间不少于总开放时间的三分之一

585

(续表)

内容	标准和进度
场馆开放	12. 未成年人、老年人、现役军人、残疾人和低收入人群参观文物建筑及遗址类博物馆实行门票减免，文化遗产日免费参观
	13. 鼓励公共体育场（馆）免费或低价收费向社会开放。公园、绿地、广场等公共场地全民健身器材免费向社会开放
图书报刊	14. 乡镇（街道）、村（社区）设立公共图书馆（室），配备图书、报刊和电子书刊，并免费提供借阅服务
	15. 人均公共藏书不少于 1.2 册。每个村（社区）综合文化服务中心（含农家书屋）藏书量不少于 1200 种、1500 册
	16. 县级公共图书馆、乡镇（街道）综合文化站（室）藏书年新增不少于人均 0.03 册。每个村（社区）综合文化服务中心（含农家书屋）藏书年新增不少于 60 种、100 册
	17. 按省部署，市、县两级公共图书馆为视障人士配置盲文书籍或有声读物，县级以下公共图书馆（室）采取其他方式为视障人士提供阅读服务
	18. 各级政府每年举办的全民阅读活动不少于 1 次，每次持续时间不少于 2 天
	19. 市级图书馆每年组织送书下乡不少于 5000 册次，县级图书馆每年组织送书下乡不少于 1000 册次。指导帮扶基层、企事业单位共建图书室
	20. 在乡镇（街道）主要街道、公共场所、居民小区等人流密集地点设置阅报栏或电子阅报屏，提供时政、"三农"、科普、文化、生活等方面的信息服务。每个村（社区）设置阅报栏或电子阅报屏不少于 1 处，每天更新报刊不少于 2 份

(续表)

内容	标准和进度
广播电视	21. 为全民提供突发事件应急广播服务
	22. 通过直播卫星提供不少于17套广播节目，通过无线模拟提供不少于6套广播节目，通过数字音频提供不少于15套广播节目
	23. 通过直播卫星提供25套电视节目，通过地面数字电视提供不少于17套电视节目，未完成无线数字化转换的地区，提供不少于5套电视节目
电影	24. 为农村群众提供电影放映服务，每个村每年不少于12场，其中每年国产新片（院线上映不超过2年）比例不少于1/3
	25. 为中小学生每学期提供2部爱国主义教育影片
文艺演出	26. 每年为农村乡镇居民提供不少于5场文艺演出，其中湛江地方戏曲不少于1场
	27. 支持雷剧、粤剧等传统戏剧进剧院，每年不少于3场次，并逐年增加
文体活动	28. 城乡居民依托村（社区）综合文化服务中心、文体广场、公园、健身路径等公共设施就近方便参加各类文体活动。每年每个村（社区）举办文体活动不少于2次
文艺培训	29. 提供基础性的文化艺术知识普及和培训服务，培养居民健康的文艺爱好。每年市文化馆提供6个、县级文化馆提供5个、乡镇（街道）文化站提供3个、村（社区）综合文化服务中心提供1个以上类别文艺培训
陈列展览	30. 公共博物馆、美术馆或由财政支持开放的民办博物馆、纪念馆、美术馆，常年设有1项以上的基本陈列，每年举办专题陈列展览不少于2次
	31. 市非遗保护中心、县（市、区）非遗保护中心常年设立非物质文化遗产项目展览展示

(续表)

内容	标准和进度
免费上网	32. 公共图书馆、文化馆（站、室）建立数字图书馆、公共电子阅览室并配置一定数量的上网设备和数字文化资源，免费提供上网服务
	33. 市、县两级公共文化设施分别于 2018、2020 年提供免费无线上网服务
人员配置	34. 市、县两级公共文化机构按照职能和当地编办、人力资源社会保障等部门核准的编制数、岗位数配齐工作人员
	35. 乡镇（街道）综合文化站每站配备有编制人员 1 至 2 人，规模较大的乡镇（街道）适当增加。从业人员应具备公共文化体育服务的知识技能。村（社区）综合文化服务中心设有由政府购买的公益文化岗位，鼓励"三支一扶"大学毕业生、大学生村官、文化志愿者专兼职从事中心管理服务工作
业务培训	36. 市、县两级公共文化机构从业人员每年参加脱产培训时间不少于 15 天，乡镇（街道）和村（社区）文化专兼职人员每年参加集中培训时间不少于 5 天

二、标准实施

（一）本标准是根据国家指导标准、省实施标准制定的市级实施标准。以县（市、区）为基本单位组织实施。

（二）市基本公共文化服务实施标准从 2017 年开始实施，各相关部门根据职能职责和任务分工，制定具体工作方案。各县（市、区）根据市级标准以及本地制定的工作方案，明确具体的落实措施、工作步骤和时间安排，确保标准实施工作科学、规范、有序开展，在 2020 年前达到市级标准。

（三）按照本标准测算的基本公共文化服务保障资金，由市、县两级财政按税收分成比例共同承担。

广西壮族自治区人民政府办公厅关于加快推动全民健身和全民健康深度融合的指导意见

(桂政办发〔2017〕80号)

各市、县人民政府,自治区人民政府各组成部门、各直属机构:

为深入贯彻落实《自治区党委 自治区人民政府印发〈关于推进健康广西建设的决定〉及〈"健康广西2030"规划〉的通知》(桂发〔2017〕10号)精神,切实发挥体育在提高人民身体素质和健康水平、促进人的全面发展方面不可替代的作用,以全民健身为抓手,加快推进健康广西建设,经自治区人民政府同意,现就推动全民健身和全民健康深度融合提出如下意见。

一、加快推动全民健身和全民健康深度融合的总体要求

(一)指导思想。深入贯彻习近平总书记系列重要讲话特别是关于体育、卫生与健康工作的重要讲话精神,全面落实全国卫生与健康大会精神,树立大体育、大健康的理念,把以治病为中心转变为以人民健康为中心,发挥体育在健康促进、疾病预防和康复等方面的独特优势,释放体育在振奋精神、凝聚力量、推动经济社会发展等方面的多元功能。坚持改革创新、先行先试,突破思想和体制障碍,探索全民健身和全民健康融

合的体制机制。坚持资源整合、突出特色,发挥我区资源优势,搭建独具特色的全民健身和全民健康融合新载体。坚持全民参与、融合共享,发挥政府、社会和市场"三轮驱动",推动全民健身和全民健康协同发展,共建共享健康广西。

(二)主要目标。到2020年,基本形成全地域覆盖、全周期服务、全人群共享的全民健身公共服务体系,全民健身在"大健康"中的作用更加突出,实现大众健康管理服务从单纯依靠医疗卫生"被动、后端的健康干预"到体育健身"主动、前端的健康干预"的发展。建设一批具有广西特色的全民健身和全民健康深度融合的市、县(市、区)、乡镇(街道)、村(社区),实现"八化"(体育运动全民化、体育健身生活化、体育设施便利化、体育锻炼科学化、体育工作制度化、体育服务智能化、体育组织社会化、国民体质健康化)目标,使我区成为在全国有影响、有特点的全民健身和全民健康深度融合先行地区。

——体育运动全民化。城乡居民健身素养和意识普遍提高。全区每周参加1次及以上体育锻炼的人数比例达到45%以上,经常参加体育锻炼的人数比例达到38%以上。

——体育健身生活化。体育健身成为城乡居民每天生活中不可或缺的组成部分,成为不同年龄段人群的思维方式、生活方式、行为方式、社交方式和时尚方式。体育健身消费在居民消费支出中所占比重明显提高,力争总规模超过300亿元。

——体育设施便利化。城乡居民身边可用的体育设施全面改善,人均体育场地面积达到1.8平方米以上。全区所有的乡镇(街道)、行政村(社区)建有便捷实用的公共体育设施。城市社区形成"15分钟健身圈"。

——体育锻炼科学化。体医结合等类型的社会体育指导员队伍达到8万人以上,每个乡镇(街道)有1—2名文体管理员,每个行政村(社区)有1名专兼职文体管理员。构建国民体质监测站与各级医疗机构之间的业务协作机制,建立各级体医结合健康服务中心(站)。

——体育工作制度化。建立"党委领导、政府主导、部门协同、行业支持、社会组织、市场推动、媒介联合、群众参与"的"大健康和大体育"工作机制。实现各类公共体育服务供给制度化、规范化、标准化管理。

——体育服务智能化。开发应用"体育云平台"智慧健身融合系统。在经营性体育场馆推行刷卡和微信支付等新型支付结算方式。

——体育组织社会化。基本形成遍布城乡、规范有序、富有活力的体育社会组织网络。市、县(市、区)建立体育总会和若干单项体育协会。90%以上的城市街道和社区,80%以上的乡镇和行政村建有体育组织和健身活动站(点),50%以上的城市居民和40%以上的农村居民参与其中。

——国民体质健康化。城乡居民体质明显增强和改善,达到《国民体质测定标准》合格人数比例在90.6%以上。城乡慢性病发生率明显下降,医疗支出费用明显降低。全民健身在健康促进中的作用更加突出,成为健康干预的重要手段。

(三)重点任务。推动全民健身和全民健康在理念、机制、政策、规划、组织、设施、队伍、活动等8个方面深度融合,不断丰富融合形式、拓展融合范围、提升融合层次,实现全民健身与各部门各行业互通互融、相互促进。

——加强理念融合。普及形成"重视体育就是重视民生,关心体育就是关心健康、关心群众"的社会共识,把全民健身作为各部门各行业联系群众、服务基层的切入点。将"体育治'未病'"、"运动是良医"、"体育锻炼让健康寿命更长"等理念融入各地各单位社会主义精神文明建设,列入卫生计生和教育部门健康教育体系，引导人们树立体育健康观，形成体育生活化的社会氛围。

——加强机制融合。把全民健身融入到各行业的管理体制和运行机制中，形成体育、卫生计生、教育、文化、旅游、民政、工会、共青团、妇联等部门联动机制。实施"四纳入""一督查"，即将全民健身和全民健康深度融合纳入政府重要议事日程、纳入年度财政预算和中长期预算规划、纳入政府工作报告、纳入政府绩效考核目标管理；建立与各级人大、政协和党委督查室、政府督查室协调联动的跟踪调研和督查机制。

——加强政策融合。构建全民健身和全民健康融合发展的统筹、评价、监督等方面制度框架，实现政策整合、叠加效应。简政放权，优化服务，落实和完善对体育行业的税费、工商、土地、金融信贷、招商引资等方面优惠政策，吸引社会力量参与公共体育服务体系建设。引导保险公司根据健身休闲运动特点和不同年龄段人群身体状况，开发场地责任保险、运动人身意外伤害保险。

——加强规划融合。探索将全民健身规划纳入政府"多规合一"，把体育项目融入到各级城乡规划、土地利用总体规划、健康发展规划以及教育、环保、农业、林业、文化、旅游等各行业发展规划。落实新建居住区"室内人均建筑面积不低于0.1平方米，或室外人均用地不低于0.3平方米"体育设施建设标准，老旧小区因地制宜增建体育设施。

——加强组织融合。推动各类社会组织重视职工和会员的健身和健康权益，将体育工作纳入各组织年度工作计划和目标管理考核。建立健全覆盖全区各级的体医结合健康服务网络，将体质检测纳入各级医疗机构健康体检项目。依托乡镇卫生院、社区卫生服务中心、村医务室等资源，建立基层体医结合健康服务站。

——加强设施融合。完善城镇体育设施空间布局规划,将体育设施与城乡建设及教育、旅游、文化、养老、医疗场地设施相衔接。在江河湖海堤岸改造、城镇道路建设、公共空间布局时,增设健身步道、自行车绿道、球类场地等。在自然景区、公园绿地、城市广场及空置场所合理嵌入体育场地设施。

　　——加强队伍融合。建立涵盖各部门各行业的体育管理和指导队伍,实现体育与所有行业管理队伍的融合。着力建设体医结合复合型人才队伍,鼓励广西医科大学、广西中医药大学等医学类院校与广西体育高等专科学校等体育类院校联合培养康复师、运动处方师等。加强各级医务人员的体育健康管理培训,重点培训社区和农村医生成为社会体育指导员,开好医疗处方和运动处方。通过市、县(市、区)财政购买服务和社会赞助捐助等形式,形成一支稳定的基层文体管理员队伍。

　　——加强活动融合。建立全民健身自治区、市、县(市、区)、乡镇(街镇)、行政村(社区)五级纵向联动和部门行业横向联动机制。把体育活动融入各单位精神文明建设、党建工作中,融入"壮族三月三"等传统节庆和旅游推介等商务活动中。改革创新运动会、重大赛事办赛机制,将比赛项目的承办权交给有条件的社区、单位,让体育活动融入到社区和单位建设中。开展"你点我办"体育服务,向社会征集体育活动方案,实现"开门办赛"。

二、大力弘扬群众身边的体育文化,营造全民健身和全民健康深度融合的社会氛围

　　(一)加强全民健身宣传教育。实施科学健身传播行动计划,利用报刊杂志、广播电视、互联网、新媒体等,开设全民健身栏目,举办讲座论坛,制作公益广告、宣传片、宣传画,

出版科普图书、音像制品，大力普及健身知识。讲好群众身边的健身故事，树立科学健身典型。

（二）积极倡导健康生活方式。推行《国家体育锻炼标准》。借助全民健身日、广西体育节及各类重大节庆活动，宣传体育文化，弘扬"掌握一项体育技能，享受一生健康生活"的新理念，形成崇尚体育健身、参与体育锻炼的社会新风尚。

三、大力建设群众身边可用的体育设施，完善全民健身和全民健康深度融合的设施保障体系

（一）健全各级基本公共体育设施。鼓励各地通过建设—经营—转让（BOT）、政府和社会资本合作（PPP）、比特流（BT）、工程总承包（EPC）等方式兴建体育场馆。设区市至少建设"五个一"：大型全民健身中心、体育场、体育馆、游泳馆、体育公园。县（市）建设"六个一"：中型全民健身活动中心、体育馆、田径场、游泳馆（池）和体育公园、健身步道。城区建设"四个一"：中型全民健身活动中心、游泳馆（池）、体育公园、健身步道。乡镇（街道）、行政村（社区）建设便捷实用的公共体育设施。严格执行国家对新建居住区配建体育设施的要求，对不达标的新建社区和住宅区不予通过验收；未达标的已建成居住区，合理改建和增设体育设施。推进贫困地区百县万村综合文化服务中心示范工程。

（二）因地制宜建设全民健身场地。利用景区、公园、绿地、广场、城市街道、城镇"边角地"和江河湖堤岸及废旧的工业和商业场地改建体育场地，灵活设置小型篮球场、足球场、羽毛球场、气排球场、门球场及儿童健身活动区等。鼓励将城镇人行道改建为健身步道、自行车绿道，充分开发城镇空间承载体育元素的潜力，发挥各类场地的多重功能。推动企事

业单位体育设施向社会开放使用。

（三）加大户外体育设施建设。结合体育休闲旅游开发，在邕江、柳江、西江、红水河等流域，建设体育公园、健身步道，设置适合摩托艇、龙舟等停靠的设施和适宜垂钓等项目开展的场所。在北海、防城港、钦州海域，建设沙滩球类项目的运动场所和适宜帆船、赛艇等停靠的设施以及适宜海钓、露营等项目开展的场所。在桂林、贵港、百色、贺州等地，利用丘陵、山地，建设登山步道、攀岩、拓展等运动场所。开展体育小镇、生态体育基地建设。

四、广泛组织群众身边的体育赛事，丰富全民健身和全民健康深度融合的项目和活动供给体系

（一）发展群众喜闻乐见的体育项目。鼓励开发针对不同人群、不同环境的特色运动项目。大力发展广场舞、健身跑、健步走、骑行、登山、球类等群众普及程度较高的项目。积极培育帆船、山地户外、马术、极限运动等具有消费引领特征的时尚项目。着力推广太极拳、健身气功、健身操及健身瑜伽、体感游戏等简便易行、对场地空间要求不高的"一平方米"健身项目。

（二）发动各类社会主体兴办赛事。引导社会力量参与兴办体育赛事。力争每年自治区、市、县（市、区）组织的体育赛事活动分别达到200、500、1000项以上，在全区逐步形成"天天练、周周比、月月赛"的全民健身发展格局。

（三）以重大赛事促全民健身普及。开展"体育赛事月""体育赛事季"活动。办好环广西公路自行车世界巡回赛、"中国杯"国际足球锦标赛、苏迪曼杯世界羽毛球混合团体赛、漂流世界杯、中国—东盟羽毛球锦标赛等，申办世界跆拳道联盟大奖赛、全国运动会等，申创"一带一路"中国—东盟运动会等。在全区范围打造马拉松系列、自行车系列、登山系列、山地户外系列、龙舟系列赛事活动，形成"一地一品"、"一地多品"。

（四）加强重点人群体育活动。推动体教融合，以足球、篮球、羽毛球、武术等为重点项目，建立大学生、中小学生联赛制度，基本实现青少年熟练掌握 1 项以上体育技能，学生在校期间每天体育活动不少于 1 小时。促进妇女、老年人参与体育活动，发展残疾人体育。实行工间健身制度，在行政和企事业单位推广太极拳及八段锦等健身气功和工间操。

五、加快发展群众身边的体育组织，完善全民健身和全民健康深度融合的组织支撑体系

（一）健全各级各类体育协会。加快体育协会与体育行政部门脱钩，政社分开、管办分离，提高体育协会承接公共体育服务的能力和水平。力争自治区级体育协会覆盖群众需求的主要体育项目，市、县（市、区）形成"6+N"模式，即体育总会、社会体育指导员协会、老年人体育协会、青少年体育协会、职工体育协会、体育志愿者协会和若干具有本地特色或群众需求的单项体育协会。

（二）壮大基层全民健身组织。建立完善乡镇（街道）、行政村（社区）群众性体育协会、健身俱乐部、健身活动站（点）等。发动社区居民、单位职工自发组建体育沙龙、健身兴趣小组和俱乐部等，使其成为组织和开展全民健身的主力军。

六、加强群众身边的体育指导，构建全民健身和全民健康深度融合的科学服务体系

（一）健全社会体育指导员服务长效机制。将体育指导员培训和评定纳入相关部门技术等级培训体系，建立体育指导员积分奖励和评星制度，提高体育指导员等级含金量。搭建体育指导员技能展示平台，打造一批体育指导员网红。建立全民健身志愿者服务机制，每年组织万名全民健身志愿者服务百县千乡活动。

（二）建立体医结合疾病管理与健康服务模式。依托卫生计生、民政、工会等部门资源，建设各级体医结合健康服务平台。实施中医师健身气功社会体育指导员培训计划等体医结合培训项目，将相关医务人员培训成为既能治病救人、又能健身指导的健康管理员。推广社区体育健康促进计划，开展慢性病运动疗法。

（三）丰富科学健身服务方式。编制《科学健身指导手册》。开展国民体质监测和健身指导进社区、进乡村、进学校、进企业活动。推动"体育+互联网"服务平台建设，建立完善全民健身管理和服务信息资源库。

七、整合各方资源，完善全民健身和全民健康深度融合的投融资保障机制

（一）积极拓展体育投融资渠道。各级政府要加大全民健身投入力度，由体育行政部门安排使用的彩票公益金，足额用于全民健身事业。推动建立广西体育产业类投资基金，创新体育金融筹融资。扶持和引导社会资本投入全民健身和全民健康融合项目。

（二）加快发展体育产业。促进体育产业与旅游、健康养生、养老、文化、农业、航空等产业融合发展。大力发展体育旅游,引导有条件的旅游景区拓展体育项目,设计开发健身休闲和体育赛事项目旅游产品和路线。大力发展运动康复医学,积极研发运动康复技术产品。

(三)建立全民健身联建共建机制。引导各部门与社区、村屯开展联建共建,扶持基层体育设施和体育活动。推动社区全民健康365行动计划,引导社会资本开办运动康复机构,为社区居民提供"每天投入一元钱,体质监测一整年"健身服务。

八、加大改革创新力度,完善全民健身和全民健康深度融合的激励约束机制

(一)创新全民健身激励机制。开展体育健康先进典型及示范单位和示范地区评选活动,营造全社会参与体育健身、共享健康生活的氛围。对在全民健身和全民健康深度融合工作中作出特别贡献的机构和个人进行表彰。

(二)实施群众体育运动积分和等级制度。建立健全田径、游泳、乒乓球、羽毛球、气排球等项目业余运动员积分和技术等级标准。创建群众个人运动档案和数据信息库,达到业余运动员技术等级标准,授予相应级别的称号和证书。

九、加强全民健身和全民健康深度融合工作的组织实施

(一)加强组织领导。建立自治区全民健身工作厅际联席会议制度,统筹协调全民健身和全民健康深度融合工作,办公室设在自治区体育局,负责日常工作。全区各级政府和有关部门要将融合工作纳入重要议事日程。

(二)切实推进落实。各市、县(市、区)人民政府和自治区有关部门要依照本意见，结合本地区、本部门实际，制定工作方案，分解细化目标任务，落实责任部门和人员，明确完成时限，确保与健康广西建设各项工作同步部署和落实。

（三）强化监督评估。将融合工作列入各级人民政府年度督查内容。实行年度监测和终期评估相结合，各级体育行政部门会同有关部门对本级和下级融合工作进展情况按年度进行监测分析，及时研究解决工作中的困难和问题，并在 2020 年对实施成效进行全面评估，报告本级人民政府。

附件：广西全民健身和全民健康深度融合重点任务推进项目分解表

附件

广西全民健身和全民健康深度融合重点任务推进项目分解表

序号	重点任务	推进项目	责任部门	完成时间
一	加强理念融合	1. 引导树立体育健身文化新理念；构建体育健身文化宣传大格局。	自治区党委宣传部，自治区新闻出版广电局，体育局，各级政府等。	2017年启动，持续实施。
		2. 将全民健身理念纳入社会主义精神文明建设的内容。	自治区文明办，体育局，各级政府等。	2017年启动，持续实施。
		3. 将全民健身列入卫生计生和教育部门健康教育体系。	自治区卫生计生委，教育厅，体育局，各级政府等。	2017年启动，持续实施。
二	加强机制融合	4. 建立健全各级全民健身和全民健康深度融合部门联席会议制度。	自治区全民健身厅际联席会议成员单位，各级政府等。	2018年6月底前完成。
		5. 实施"四纳入"、"一督查"机制。	自治区发展改革委，财政厅，体育局，各级政府等。	2017年启动，持续实施。
		6. 健全社会体育指导员服务长效机制。	自治区体育局，教育厅，人力资源社会保障厅，民政厅，卫生计生委，各级政府等。	2017年启动，持续实施。

（续表）

序号	重点任务	推进项目	责任部门	完成时间
三	加强政策融合	7. 把全民健身融入各级各部门制定的公共政策和法规体系。	自治区体育局、法制办，各级政府等。	2017年启动，持续实施。
		8. 构建全民健身和全民健康融合发展的统筹、评价、监督等方面制度框架。	自治区体育局，各级政府等。	持续实施。
		9. 简政放权，优化服务，落实和完善对体育行业的税费、工商、土地、金融信贷、招商引资等方面优惠政策。	自治区国税局、地税局，工商局、国土资源厅、住房城乡建设厅、商务厅、投资促进局，各级政府等。	持续实施。
		10. 创新体育消费引导机制，引导保险公司开发场地责任保险、运动人身意外伤害保险等。	自治区体育局、财政厅，各级政府等。	持续实施。
四	加强规划融合	11. 将全民健身规划在空间、项目上纳入政府"多规合一"。	自治区住房城乡建设厅、国土资源厅、体育局，环境保护厅、农业厅、林业厅、文化厅，旅游发展委，各级政府等。	持续实施。
		12. 新建学校要做好体育场馆设施向社会开放使用的规划。	自治区教育厅、体育局，各级政府等。	持续实施。

(续表)

序号	重点任务	推进项目	责任部门	完成时间
四	加强规划融合	13. 严格执行国家对新建居住区配建体育设施的要求和标准。	自治区住房城乡建设厅、国土资源厅、各级政府等。	持续实施。
		14. 创建一批健身休闲农业示范区；创建一批健身休闲农庄。	自治区农业厅、体育局、各级政府等。	2017年启动，持续实施。
		15. 建设智慧体育公园。	自治区科技厅、工业信息化委、体育局、各级政府等。	2017年启动，持续实施。
五	加强组织融合	16. 改革创新体育协会管理体制，加快体育协会与体育行政部门脱钩，改社分开、管办分离。	自治区体育局、民政厅、各级政府等。	2017年启动，持续实施。
		17. 健全各级各类体育协会；壮大基层全民健身组织。	自治区体育局、各级政府等。	持续实施。
		18. 各类社会组织将全民健身纳入本组织年度工作计划和目标管理考核。	自治区体育局、各级政府等。	持续实施。
		19. 加强体育组织与其他社会组织开展全民健身联建共建工作。	自治区体育局、民政厅、各级政府等。	持续实施。
		20. 着力建立健全区各级的体医结合健康服务网络；开展体育治"未病"预防保健服务试点单位建设。	自治区卫生计生委、体育局、各级政府等。	2020年12月底前完成。

602

(续表)

序号	重点任务	推进项目	责任部门	完成时间
六	加强设施融合	21. 规范和完善居住区体育设施建设；开展社区标准化健身中心建设。	自治区发展改革委、财政厅、住房城乡建设厅、体育局，各级政府等。	持续实施。
		22. 调动各方资源参与健身设施建设，完善四级公共体育设施建设；因地制宜建设全民健身场地；加大户外健身设施建设。	自治区发展改革委、财政厅、住房城乡建设厅、国土资源厅、体育局，各级政府等。	2020年12月底前完成。
		23. 提高机关事业单位体育设施利用率。	自治区财政厅、体育局，各级政府等。	2017年启动，持续实施。
		24. 加快推动学校体育场馆场地开放适应性改造并开放。	自治区教育厅、体育局，各级政府等。	2017年启动，持续实施。
		25. 建设体育旅游示范基地；建设运动休闲特色小镇。	自治区旅游发展委、体育局、财政厅等，各级政府等。	2017年启动，持续实施。
七	加强队伍融合	26. 加强医结合复合型人才队伍建设。	自治区体育局、卫生计生委、各级政府等。	持续实施。
		27. 培训和建立涵盖各级各行业部门的群众体育管理和指导员队伍。	自治区体育局、教育厅、人力资源社会保障厅、民政厅、卫生计生委，各级政府等。	持续实施。

603

（续表）

序号	重点任务	推进项目	责任部门	完成时间
七	加强队伍融合	28. 推动各级体医结合健康服务中心（站）的建设。	自治区卫生计生委、财政厅、体育局，各级政府等。	2020年12月底前完成。
		29. 建立行政村（社区）文体管理员制度；壮大全民健身服务队伍。	自治区文化厅、财政厅、体育局，各级政府等。	持续实施。
		30. 实施全民健身活动联动计划。	自治区体育局，各级政府。	持续实施。
		31. 将体育作为单位精神文明建设、党建和业务工作有效开展的载体和平台。	自治区文明办、体育局，各级政府。	持续实施。
		32. 把体育融入文化、民族节庆和旅游发展委、商务厅、体育局，各级推介等商务活动中。	自治区文化厅、民宗委、旅游发展委、商务厅、体育局，各级政府等。	持续实施。
八	加强活动融合	33. 改革创新体育赛事的办赛机制。	自治区体育局，各级政府等。	持续实施。
		34. 推广和发展群众喜闻乐见的体育项目；加强重点人群体育活动。	自治区体育局，各级政府等。	持续实施。
		35. 加强基层文体活动建设；建立社区全民健身联建共建模式。	自治区体育局，各级政府等。	持续实施。
		36. 举办和申办国内外重大赛事；培育和打造特色品牌赛事。	自治区体育局，各级政府等。	持续实施。

(续表)

序号	重点任务	推进项目	责任部门	完成时间
八	加强活动融合	37. 推出体育旅游精品线路,打造体育旅游精品赛事。	自治区体育局,旅游发展委,各级政府等。	持续实施。
		38. 实施体育赛事活动扶贫。	自治区体育局,扶贫办,各级政府等。	持续实施。
		39. 实行工间健身制度。	自治区体育局,总工会,各级政府等。	持续实施。

605

广西壮族自治区人民政府办公厅关于印发《广西全民健身公共服务体系建设工作方案（2017—2020年）》的通知

（桂政办发〔2017〕89号）

为贯彻落实《国务院关于印发全民健身计划（2016—2020年）的通知》（国发〔2016〕37号）、《国务院关于印发"十三五"推进基本公共服务均等化规划的通知》（国发〔2017〕9号）、《广西壮族自治区人民政府关于印发广西全民健身实施计划（2016—2020年）的通知》（桂政发〔2016〕56号）和《自治区党委自治区人民政府印发〈关于推进健康广西建设的决定〉及〈"健康广西2030"规划〉的通知》（桂发〔2017〕10号）精神，制定本方案。

一、总体要求

（一）指导思想。

全面贯彻党的十八大和十八届三中、四中、五中、六中全会精神，深入贯彻习近平总书记系列重要讲话精神和治国理政新理念新思想新战略，推进落实全民健身和健康中国国家战略，以增强人民体质、提高健康水平为根本目标，以满足人民群众日益增长的多元化体育健身需求为出发点和落脚点，健全广西全民健身公共服务制度，完善全民健身服务项目和基本标准，建立健全全民健身公共服务体系，强化公共资源投入保障，提高共建能力和共享水平，努力提升人民群众的获得感，为实现健康广西和全面建成小康社会贡献力量。

（二）工作目标。

到2020年，我区全民健身公共服务体系更加完善，全民健身公共服务内容、手段更加丰富，服务保障能力取得新提升，共建共享格局基本形成，全民健身公共服务主要指标接近全国平均水平，人民群众健身公共服务获得感有较大提升。90%的县（市、区）通过全民健身公共服务体系建设评估，90%的县（市、区）所有二级指标均能达到B类标准，力争80%的二级指标达到A类标准。

二、重点任务

（一）促进全民健身公共服务均等共享。一是推动全民健身公共服务全覆盖。着力扩大覆盖范围、补齐短板、缩小差距，不断提高城乡、区域、人群之间全民健身公共服务均等化程度。加大百色、崇左、河池等革命老区、民族地区、边境地区健身公共服务设施建设力度，保障更多人享有全民健身公共服务。二是促进城乡区域均等化。按照城乡一体化的要求，推进城乡健身设施、健身组织、健身活动、健身指导等公共资源及服务要素的协调配置。重点以县（市、区）为单位，有步骤、分阶段推动公共体育设施建设，推动城乡全民健身公共服务内容和标准统一衔接，缩小城乡服务差距。

（二）创新全民健身公共服务供给内容和方式。一是培育多元化的供给主体，积极引导社会力量参与，扩大有效供给，提高服务质量和水平。大力发展社会组织，加强体育社会组织孵化培育和人才扶持，采取人员培训、项目指导、公益创投等多种途径和方式,提升体育社会组织承接政府购买服务能力,加强业务指导,大力培育发展社区体育社会组织,支持其承接基层全民健身公共服务和政府委托事项。二是推动供给方式多元化。由政府购买服务提供的全民健身公共服务项目,交由具备条件、信誉良好的社会组织、机构、事业单位和企业等承担。制定政府购买公共服务指导性目录,加强政府购买公共服务的财政预算管理。广泛动员志愿服务组织与个人参与全民健身公共服务。促进互联网与全民健身公共服务深度融合,构建面向公众的一体化全民健身公共服务体系。

(三)完善公共体育设施网络。制定《广西公共体育设施建设发展"十三五"规划》,推动市、县(市、区)、乡镇(街道)、行政村(社区)四级全民健身公共体育设施建设,使设施种类更加齐全,规模质量达到国家建设标准。县(市)基本完成"六个一"(中型全民健身活动中心、3000座以上体育馆、田径场、游泳池、体育公园和健身步道);城区基本完成"四个一"(中型全民健身活动中心、游泳池、体育公园和健身步道);全部乡镇(街道)及行政村(社区)建有便捷实用的公共体育健身设施。利用城市街道、公园、绿地、景区和江河湖岸等城乡空间规划建设一批能满足最广大人民群众需求的健身步道、登山步道、骑行道。利用城市社区空地等闲置资源建设一批门球场等满足老年人健身需求的健身设施。合理建设一批网球场等满足青少年健身的时尚健身设施项目。到2020年,力争全区人均体育场地面积达到1.8平方米以上,达到全国平均水平,基本满足不同人群健身需求。

(四)加强全民健身组织网络体系建设。制定《广西体育社会组织发展"十三五"规划》,大力扶持体育社会组织,创新体育社会组织管理方式,推动体育社会组织改革,加强政府监管和社会监督,促进其规范有序发展并依法依规开展全民健身公共服务，构建遍布城乡、规范有序、富有活力的社会化全民健身组织网络。力争自治区级协会覆盖群众需求的主要体育项目，市、县（市、区）体育组织全部建立"6＋N"模式（建立体育总会、社会体育指导员协会、老年人体育协会、青少年体育协会、职工体育协会、体育志愿者协会和若干具有本地特色或群众需求的单项体育协会）。鼓励成立民族体育协会和农民体育协会，争取100%的乡镇（街道）建有体育组织，100%的城市社区和80%的行政村建有体育健身站（点）。

（五）广泛开展全民健身活动。制定《广西全民健身赛事活动指导意见》，加强全民健身赛事活动运营指导，丰富赛事活动内容，增加赛事活动供给，规范各级各类赛事活动开展。加强赛事活动体系设计，根据群众需求和实际情况设置项目和赛制，设立群众性健身竞赛项目的等级，完善业余体育竞赛体系，降低部分竞技体育项目的难度与风险，突出全民健身竞赛的娱乐性，增加群众参与感。广泛开展全民健身赛事活动，积极筹办各级各类群众性体育活动，鼓励全区各地举办不同层次和类型的全民健身运动会，鼓励各行业、系统、企事业单位和社会力量举办本行业、系统运动会以及主办或承办各类体育赛事。充分调动各类体育社会组织开展全民健身赛事活动的积极性，力争在市、县（市、区）的城区周周有活动，月月有赛事。每年自治区、市、县（市、区）组织的区域性项目赛事活动数量分别达200、500、1000项以上。到2020年，经常参加体育锻炼的人数达到38%以上（每周3次，每次30分钟以上中等强度运动），每周参加1次及以上的体育锻炼的人数达到50%以上。推动"一地一品"等地域性的全民健身活动品牌建设，打造广西特色的全民健身赛事活动品牌。

（六）加强全民健身服务队伍建设。一是完善社会体育指导员服务机制。制定《广西社会体育指导员发展"十三五"

规划》，不断完善社会体育指导员培训模式，提升社会体育指导员的技能和综合素质，创新社会体育指导员服务内容、工作方式和活动载体，拓宽社会体育指导员的发展渠道。探索建立社会体育指导员服务激励机制，建立健全社会体育指导员服务社会的长效机制。以政府购买服务方式，鼓励和推动社会体育指导员进入社区和乡村，到各健身站点开展服务，力争本辖区社会体育指导员均与社区（行政村）一一结对，每月至少服务2次以上，每次2小时以上，使社会体育指导员和基层体育社会组织成为全民健身服务的核心力量。到2020年，广西社会体育指导员达到8万人以上，数量和质量均有较大提升。二是充分发挥全民健身志愿者作用。积极开展全民健身志愿服务活动，充分发挥体育教师、大学生、退役运动员、老年人等为主体的热心公益体育服务群体的志愿者作用，推动体育院校、体育运动队到基层"传、帮、带"，建立志愿服务下基层制度，建立一支结构合理、覆盖城乡、服务到位的全民健身志愿服务队伍，构建参与广泛、内容丰富、形式多样、机制健全的全民健身志愿服务组织网络，健全全民健身志愿服务长效机制。

（七）健全全民健身公共服务项目。建立国民体质监测数据发布制度，制定《广西国民体质监测指导意见》，加快国民体质监测中心（站）建设，完善国民体质监测服务网络，规范国民体质监测工作。全区各市、县（市、区）成立国民体质监测中心（站），严格按照《全民健身条例》、《国家体育总局财政部关于推进大型体育场馆免费低收费开放的通知》（体经字〔2014〕34号）等相关文件要求开展监测工作。自治区体育局定期公布各市、县（市、区）国民体质监测数据，教育厅按教育部要求公布各学校学生体质监测数据，推动全区全民健身工作快速发展，城乡居民体质状况进一步改善，使全区城乡居民达到《国民体质测定标准》合格的人数比例达到90%以上。加强健身科普及科技支撑，发挥体育锻炼在疾病防治以及促进健康等方面的积极作用，采用"体医结合"模式推广个性化的"运动处方"，重点支持开展通过运动预防和缓解糖尿病、心血管疾病等慢性疾病的活动。加强运动健身咨询与科学健身指导的专业化建设，加快移动互联网等现代化信息技术在全民健身和公共体育服务中的应用与融合，构建"智慧健身"管理与服务平台，使公共体育服务的内容、种类、数量和水平不断提高。

（八）创新全民健身公共服务体制机制。立足当前公共服务体系建设实际，完善政府管理、部门协同、权责明确、统筹推进的全民健身公共服务体系建设管理制度。健全全民健身公共服务机构内部管理体制、评价机制，不断完善全民健身公共体育设施对外开放制度。全面落实全民健身公共服务的财政和人才队伍保障政策，进一步完善全民健身公共服务法律和政策保障体系。推动"三纳入"（将全民健身事业纳入各级国民经济和社会发展规划、将全民健身事业经费纳入各级财政预算、将全民健身工作纳入各级政府年度工作报告）形成常态化，不断加大政府向社会力量购买全民健身公共服务的力度，基本形成政府、市场、社会共同参与全民健身公共服务体系建设的格局。

（九）建立健全全民健身公共服务标准体系。根据经济社会发展水平和供给能力，不断调整全民健身公共服务的内容、种类、数量和水平，确立广西全民健身基本公共服务指导标准，推进全民健身公共服务标准化建设，制定全民健身公共服务在设施建设、设备配置、赛事活动、人员配备、经费投入等方面的具体标准，推动城乡、区域之间标准衔接。建立全民健身公共服务标准动态调整机制，根据经济社会的发展变化，适时调整提高具体指标。

三、工作步骤

（一）编制方案，宣传发动阶段（2017年8月前）。

全区各市人民政府要督促所辖县（市、区）人民政府根据自治区文件精神，认真对照《广西全民健身公共服务体系县（市、区）建设指标（试行）》，摸清家底，结合自身实际，制定本级实施方案，明确建设全民健身公共服务体系的时间点，形成可操作、可检查、可评估的工作计划、时间表和路线图，确保各项工作高效顺利进行。

（二）组织实施，稳步推进阶段（2017年9月至2020年6月）。

根据全区各地实际，广西全民健身公共服务体系建设分三批逐步完成。

1. 人均体育场地面积在2017年8月前已达到1.8平方米以上的县（市、区），在2018年9月前要完成全民健身公共服务体系建设。

2. 人均体育场地面积在2017年8月前已达到1.6平方米以上的县（市、区），在2019年9月前要完成全民健身公共服务体系建设。

3. 人均体育场地面积在2017年8月前未达到1.6平方米以上的县（市、区），在2020年6月前要完成全民健身公共服务体系建设。

（三）巩固提高，评估总结阶段（2020年7月至12月）。

2020年11月前，自治区体育局会同自治区相关部门对全区全民健身公共服务体系建设情况进行全面检查与评估，12月前进行总结表彰。

四、保障措施

（一）加强领导，完善机制。建立自治区全民健身工作厅际联席会议制度，统筹协调全民健身公共服务体系建设工作，办公室设在自治区体育局，负责日常工作。全区各市、县（市、区）人民政府要参照自治区的形式，建立相应的联席会议制度，推进辖区内全民健身公共服务体系建设工作。

（二）明确分工，协调合作。全区各市、县（市、区）人民政府和自治区有关部门要把全民健身公共服务体系建设列入重要议事日程，制定具体实施方案，明确工作职责，提出年度计划和具体工作目标要求，分解落实重点工作任务。各级体育主管部门负责对辖区全民健身公共服务体系建设工作进行具体指导。各相关部门要强化责任，密切合作，大胆实践，积极探索推进工作的新思路、新方法、新措施，确保各项工作取得实效。

（三）加大投入，重点帮扶。全区各市、县（市、区）人民政府要将全民健身公共服务体系建设经费纳入财政预算，加大对全民健身公共服务体系建设的经费投入。自治区相关部门要积极发挥职能作用，整合项目资金，同时要鼓励企事业单位、金融机构等参与并共同推进全民健身公共服务体系建设。加大对贫困县体育基础设施的支持力度，重点帮扶贫困县的民族地区和边远地区，促进脱贫攻坚与全民健康融合，让全区广大人民群众共享体育发展成果。

（四）强化监督，严格考评。建立自治区、市、县（市、区）三级全民健身公共服务体系建设进展情况监督检查制度，健全和完善年度监督、中期检查和终期评估制度，由体育主管部门分阶段将监督情况、评估结果报告本级人民政府。根据全民健身公共服务体系县（市、区）建设指标，由体育主管部门负责动态监测、常态评估、定期发布。探索建立政府审计部门和媒体、公众在内的多层次全民健身公共服务监督体系。

　　附件：广西全民健身公共服务体系县（市、区）建设指标（试行）

附件

广西全民健身公共服务体系县（市、区）建设指标（试行）

序号	一级指标	二级指标	A类标准	B类标准	C类标准	实际值
1	场地设施	每万人体育场地数	12个以上	6—11个	6个以下	
2		人均体育场地面积	1.8平方米以上	1.4—1.8平方米	1.4平方米以下	
3		县（市）"六个一"/城区"四个一"建成数	6/4个	3—4/2—3个	2个以下	
4		乡镇（街道）健身设施建成率	100%	80%—90%	80%以下	
5		行政村（社区）健身设施建成率	100%	80%—90%	80%以下	
6		城市社区"15分钟体育健身圈"建成率	80%以上	50%—80%	50%以下	
7		公共体育场馆利用率	90%以上	60%—90%	60%以下	
8		公共体育设施管理维护制度	90%以上	80%—90%	80%以下	
9		县级公共体育场地每年开放天数	300天以上	230天以上	230天以下	
10		学校场地设施的社会开放率	50%以上	30%—50%	30%以下	

615

(续表)

序号	一级指标	二级指标	A类标准	B类标准	C类标准	实际值
11	赛事活动	定期举办县(市、区)级全民健身赛事活动次数	12次以上	8—12次	8次以下	
12		定期举办乡镇(街道)级全民健身赛事活动次数	6次以上	4—6次	4次以下	
13		定期举办行政村(社区)级全民健身赛事活动次数	3次	2次	1次	
14		定期举办本级特殊人群体育活动次数	5次以上	3—5次	3次以下	
15		开展本级品牌体育赛事活动	覆盖率70%以上	覆盖率50%以上	覆盖率30%以上	
16		开展全民健身志愿服务活动次数	2次	1次	0	
17	体育组织	乡镇(街道)体育总会覆盖率	60%以上	30%以上	20%以下	
18		县级单项或人群体育协会	15个以上	10—15个	10个以下	
19		乡镇(街道)体育协会平均数	6个以上	3—6个	3个以下	
20		乡镇(街道)及以上健身俱乐部数	3个	2个	1个	
21		青少年体育俱乐部及传统体育运动学校数	3个及以上	2个	1个及以下	

(续表)

序号	一级指标	二级指标	A类标准	B类标准	C类标准	实际值
22	体育组织	每万人拥有体育社会组织数	1个及以上	0.6—0.9个	0.6个	
23		每万人拥有健身站点数	5个以上	3—5个	3个以下	
24		每千人社会体育指导员数	1.5个以上	1—1.5个	1个以下	
25		获得职业资格证书的社会体育指导员数	10人以上	6人以上	3人以上	
26	健身指导	经常参加健身指导服务的社会体育指导员人数比例	70%以上	50%以上	20%以上	
27		每年举办科学健身讲座培训次数	6次以上	4次以上	2次以上	
28		每年接受体质测试人数	3000人以上	2000人以上	1000人以上	
29		村（社区）提供的体育指导项目数	6个以上	3—5个	3个以下	
30		开展全民健身志愿服务活动规模	覆盖率70%以上	覆盖率50%以上	覆盖率50%以下	
31	组织管理	乡镇（街道）全民健身机构、职能健全率	100%	80%以上	80%以下	
32		乡镇（街道）体育专（兼）职人员比例	100%有	80%—90%有	80%以下有	
33		全民健身工作纳入政府工作报告	纳入	纳入	—	

（续表）

序号	一级指标	二级指标	A类标准	B类标准	C类标准	实际值
34	组织管理	全民健身事业经费纳入政府财政预算	纳入	纳入	—	
35		全民健身事业纳入政府国民经济和社会发展规划	纳入	纳入	—	
36		建有全民健身基础数据库	完整	基本完整	不完整	
37		健身栏目覆盖率（电视、电台、报刊、网站、宣传栏等）	覆盖率90%以上	覆盖率70%以上	覆盖率50%以上	
38	经费投入	健身设施人均建设经费	20元以上	10元以上	5元以上	
39		群众体育人均事业经费	8元以上	5元以上	2元以上	
40		群众体育财政经费增长比例	5%以上	3%以上	1%以上	
41		体彩公益金本级留成用于全民健身工作比例	80%以上	75%以上	70%以上	
42		社会资助公共体育服务事业资金	200万元以上	100万元以上	50万元以上	
43	服务效益	经常参加体育锻炼人数比例	38%以上	35%以上	30%以上	
44		16岁以上城市居民（不含在校学生）经常参加体育锻炼人数比例	22%以上	18%以上	15%以上	

（续表）

序号	一级指标	二级指标	A类标准	B类标准	C类标准	实际值
45		16岁以上农村居民（不含在校学生）经常参加体育锻炼人数比例	10%以上	7%以上	5%以上	
46		学生参加体育锻炼活动情况	100%	95%	90%	
47	服务效益	《国民体质测定标准》总体合格达标率	90%以上	85%以上	80%以上	
48		《国民体质测定标准》总体优秀达标率	18%以上	15%以上	10%以上	
49		城市居民《国民体质测定标准》合格达标率	94%以上	90%以上	85%以上	
50		农村居民《国民体质测定标准》合格达标率	88%以上	85%以上	80%以上	
51	满意度调查	公共体育场地设施满意度	满意	一般	不满意	
52		体育赛事活动满意度	满意	一般	不满意	
53		体育组织满意度	满意	一般	不满意	
54		健身指导满意度	满意	一般	不满意	
55	监督评价	建立常态化、制度化第三方评估机制				

619

重庆市人民政府办公厅
关于加快发展健身休闲产业的实施意见

（渝府办发〔2017〕51号）

各区县（自治县）人民政府，市政府各部门，有关单位：

加快发展健身休闲产业，是促进全民健身与全民健康深度融合、满足人民群众多样化体育需求的必然要求，对于增强人民体质、激发大众消费、推动经济发展具有十分重要的意义。为贯彻落实《国务院办公厅关于加快发展健身休闲产业的指导意见》（国办发〔2016〕77号）、《中共重庆市委重庆市人民政府关于印发〈"健康重庆2030"规划〉的通知》精神，经市政府同意，现就加快发展健身休闲产业提出如下实施意见。

一、总体要求

按照"市场主导、创新驱动，转变职能、优化环境，分类推进、融合发展，重点突破、力求实效"的基本原则，把增强人民体质、提高健康水平作为根本目标，以扩大体育消费、满足人民群众多层次多样化健身休闲需求为中心，大力推进健身休闲产业供给侧结构性改革，提高健身休闲产业发展质量和效益，基本形成结构合理、布局科学、功能完善、特色鲜明的健身休闲产业体系，遵循产业发展规律，促进健身休闲产业各门类全面发展，不断提升人民群众幸福感和获得感，为经济发展新常态下扩大消费需求、拉动经济增长、转变发展方式提供有力支撑和新动能,推动"健康重庆"建设。到2025年,创建3—5个以健身休闲为特色的国家体育产业示范基地,打造2—3个具有区域特色的健身休闲示范区和健身休闲产业带,培育1—2家本地健身休闲上市企业,经常参加体育锻炼的人数超过1400万,全市健身休闲消费占体育产业总规模的60%以上,超过600亿元。

二、完善健身休闲服务体系

(一)推广全民健身运动。扎实推进《重庆市全民健身实施计划(2016—2020年)》,大力推广马拉松、登山、攀岩、路跑、自行车、足球、篮球、乒乓球、羽毛球、广场舞、体育舞蹈、钓鱼、徒步等群众喜闻乐见、广泛参与的健身休闲运动项目。推动极限运动、电子竞技、击剑、马术、高尔夫等时尚运动项目健康发展。推广武术、龙舟、舞龙、舞狮等传统体育项目,促进板鞋竞速、高脚竞速、独竹漂、蹴球等少数民族传统体育项目发展。加强示范和引导,推广普及全民健身运动项目。

(二)发展五大特色运动。按照国家冰雪、山地户外、水上、汽摩、航空等运动项目发展规划和全市体育产业发展规划,依托我市山、水、林等自然禀赋,大力发展山地户外、水上、汽摩、冰雪、航空五大特色运动,形成水、陆、空一体化发展格局。

——山地户外运动。鼓励各区域结合资源禀赋特点和全市体育产业发展规划,重点建设青山湖生态户外健身基地、摩围山户外运动基地等项目。依托仙女山、金佛山、黑山谷、四面山等山地资源,积极发展山地户外健身休闲旅游,打造若干山地骑行、徒步等户外运动精品线路和项目,满足群众多样化健身休闲需求。

——水上运动。充分利用长江、嘉陵江等水域资源，重点发展游泳、漂流、皮划艇、滑水、摩托艇、赛艇、龙舟等健身项目。完善水上运动设施和服务规范，鼓励有条件的区县（自治县，以下简称区县），建设运动船艇码头。建设2—3个市级水上休闲运动中心，形成独具特色的水上运动产业集聚区，扩大水上运动产业规模。

——汽摩运动。依托重庆汽摩产业基础、独特自然条件和景区景点资源，加强汽车、摩托车赛车场及自驾车、房车营地建设。推进南川国际赛车主题乐园等重点项目建设，支持举办漂移赛、拉力赛、越野赛等汽摩赛事，组织开展自驾、露营等主题活动，推介市内自驾车精品线路，倡导自驾车旅居车生活新方式。

——冰雪运动。利用渝东北地区和渝东南地区的高山冰雪资源，因地制宜打造"三山三坝一湖"（仙女山、金佛山、摩围山、红池坝、茅草坝、黄安坝、南天湖）冰雪运动带，创建3—5个以竞赛表演、健身休闲等为特色的市级冰雪产业基地。支持滑雪、滑冰等有群众基础的冰雪项目发展，鼓励建设室内滑冰场、滑雪馆等冰雪场地设施，扩大冰雪运动参与人群规模。

——航空运动。以保障飞行安全为前提，在巴南区、梁平区等区县规划建设以动力伞、滑翔伞、航空模型等航空运动为主的通用航空飞行营地，打造大众参与体育飞行的场地。大力发展航空运动俱乐部、制造企业和社会组织。加强政府引导和法制宣传，确保运行主体资质合法、作业任务依法备案，促进航空运动产业健康发展。

三、优化健身休闲产业布局

（三）强化空间布局。结合各区县健身休闲产业资源禀赋和发展基础，明确区域发展重点，引导和推动健身休闲产业特色、差异、协调发展。发展健身服务、竞赛表演等健身休闲服务业，实施江北五宝生态主题小镇运动休闲基地、国开·华熙巴南体育中心、两江新区际华重庆目的地中心、渝北三山户外休闲运动带等项目，建设都市健身休闲产业核心聚集区。布局体育器材装备制造、体育设施建设等健身产业基地。在渝东北地区建设水上运动娱乐服务带，发展赛艇、皮划艇、龙舟、滑水、摩托艇等运动，推进开州汉丰湖水上游乐中心、垫江迎凤湖水上运动基地等项目。在渝东南地区打造户外运动和民俗体育休闲旅游服务带，重点发展登山、攀岩、探险、民俗体育旅游等项目，打造山地户外、极限运动产业集聚区。

（四）完善网络布局。以推进体育基本公共服务均等化为目标，构建区县、乡镇（街道）、村（社区）三级全民健身组织网络，完善区县级体育场馆、全民健身中心、农民体育健身工程、社区多功能公共运动场、示范性体育公园、登山步道（城市健身步道）、全民健身户外活动营地等场地设施和活动场所。打造城市社区15分钟健身圈，推进农民体育健身工程，实现乡镇（街道）、村（社区）公共体育健身设施全覆盖。

四、提升健身休闲产业发展水平

（五）优化产业结构。实施健身休闲提升工程，进一步提高健身休闲业在全市体育产业中的比重，优化健身休闲产业内部结构，逐步提升健身服务业占比，增强健身休闲产业发展动能。推进传统体育制造业转型升级，大力发展可穿戴、智能化体育健身产品，提高产品科技含量。实施健身服务精品工程，鼓励开展连锁经营和品牌输出，推动健身俱乐部向品牌化、专业化、规模化方向发展。引进一批重大体育健身休闲项目落户重庆，延伸产业链条，完善配套服务，提高服务水平。实施健身休闲平台工程，发挥"渝新欧"国际铁路联运大通道、中国（重庆）自由贸易试验区和保税区等平台作用，探索高端体育健身产品跨境电子商务、保税商品展示交易等体育服务贸易，建设辐射西部的体育器材装备展示中心。

（六）促进产业融合。加快健身休闲与旅游、文化、医疗、健康、养老、教育等产业的融合发展，积极培育健身休闲产业新业态。以大型体育场馆和体育健身项目为载体，建设一批体育健身休闲服务综合体。积极引导企业开展体育出版、体育影视、体育动漫、电子竞技等主题体育创意活动，促进体育与文化创意产业融合发展。积极培育体育网络媒体，创新健身休闲内容和传播方式，开拓体育赛事转播市场。大力发展赛事经济，促进健身休闲产业与其他产业的深度融合。

（七）加强示范引领。支持有条件的区县依托自身资源和条件，创建一批国家级或市级健身休闲产业示范基地，形成聚集效应和带动效应。鼓励和支持各区县因地制宜建设体育特色小镇，突出体育元素和差异发展，形成一批健身休闲特色小镇品牌。发挥全国体育产业联系点的平台作用，支持涪陵区和万盛经开区开展先行先试，出台一批可复制、可推广的健身休闲产业政策和举措，为其他区域提供借鉴和经验。

五、壮大健身休闲市场主体

（八）培育骨干企业。着力扶持、培育一批有自主品牌、比较优势和竞争实力的健身休闲骨干企业。加大垂直整合力度，加快引进和培育符合"中国制造2025"要求、科技含量高、附加值高的体育器材装备等上中下游制造企业，带动配套企业发展。推动传统制造业向健身休闲产业转型，鼓励健身休闲器材装备制造企业向上下游延伸，打造全产业链。支持健身休闲企业通过连锁经营、管理输出等方式，提升企业集群化和规模化水平。鼓励健身休闲企业加大高端运动器材装备研发投入力度，提高自主创新能力，延伸服务链条，提升市场竞争力。

（九）发展中小微企业。大力推进简政放权和商事制度改革，营造良好准入环境，为社会资本投资健身休闲产业创造条件。全面落实国家及我市扶持中小微企业发展的政策措施，通过专项资金、信贷支持等方式扶持中小微健身休闲企业发展，支持"专、精、特、新"中小微健身休闲企业发展壮大。鼓励有条件的区县建立健身休闲产业孵化基地、创客空间、众创空间等平台，支持退役运动员、体育类专业大学生等群体创业，为健身休闲领域大众创业、万众创新营造良好氛围。

（十）建设社会组织。降低准入门槛，加强指导服务，支持体育协会、体育类民办非企业等社会组织设立和发展。积极发展社区体育健身俱乐部，支持乡镇（街道）、村（社区）建立体育健身组织，推动城乡健身休闲活动开展和普及。大力开展"好体育人"等体育志愿服务，构建全市体育志愿服务组织网络。推进政社分开、管办分离，鼓励体育社会组织参与运动项目发展规划和行业标准制定，提升发展能力和水平。

六、完善健身休闲服务设施

（十一）加强健身休闲设施建设。推进奥体中心综合馆、大田湾体育场改造等市级重点项目建设。支持社会资本参与体育健身休闲场地设施建设。新建居住区和社区应按照相关标准规范及规划条件合理配套建设健身服务设施，并统一进行规划指标平衡。合理利用旧厂房、仓库、老旧商业设施、建筑物屋顶、地下室等建设健身休闲设施。鼓励有条件的区县建设山地户外、水上、汽摩、冰雪、航空等健身服务设施，满足群众多层次多样化的体育健身需求。

（十二）盘活现有体育场馆资源。制定相关政策保障措施，合理利用周边院校体育设施，节约集约土地资源，减少资源浪费。深化大型体育场馆运营管理改革试点，积极引入社会资本和现代公司化运营机制，努力探索"所有权属于国有，经营权属于公司"的分离改革模式，盘活体育场馆设施资源。鼓励通过输出品牌、管理、资本、人才等方式开展市场化、专业化运营，打造1—2家西部一流的体育场馆运营管理企业。支持大型体育场馆加强闲置空间综合利用，完善大型体育场馆综合服务功能，拓展服务领域，提高综合效益。

（十三）实施"互联网+健身休闲"行动。推动健身休闲与互联网、大数据、云计算、新媒体等信息技术和传播手段相结合，鼓励开发健身类手机应用程序（APP），积极构建"赛事运营+内容平台+智能化+互联网"的全生态产业链，加快体育健身大数据的开发和运用，打造"智慧体育"服务网络平台。推动重庆智慧场馆建设，提供网络场地预订、门票销售、信息查询、健身指导、联网消费等综合服务，提升体育场馆智能化和信息化水平。

七、扩大健身休闲消费规模

（十四）挖掘需求潜力。积极推行《国家体育锻炼标准》，试点推行《重庆市业余体育锻炼标准》，开展"寻找重庆民间健身达人"等活动，发挥我市体育明星和体育达人的示范带动作用，扩大健身消费人口规模。组织开展健身运动进校园活动，鼓励学校与专业健身培训机构合作，加强青少年健身技能培训，培养青少年体育爱好。充分利用网络多媒体技术，提高运动参与性、便捷性和趣味性，培育新兴消费热点，增强健身消费黏性。大力普及健身知识，宣传健身效果，引导大众树立科学健身理念和培养健康生活方式。

（十五）丰富有效供给。顺应体育消费发展新趋势，以各类体育赛事活动为引领，打造一批在国内有较大影响的体育赛事活动品牌，增加健身休闲产品供给。大力推广适合公众参与的山地户外、水上、汽摩、冰雪、航空等运动项目，积极引导具有消费引领性的新兴项目发展。建立科学健身指导服务系统，开展健身咨询，推广"健身处方"。鼓励在医疗机构开展中医运动康复指导服务，促进体医结合。推动体育旅游、体育传媒等相关业态发展，提供层次多样的健身休闲产品和服务，更好地满足群众消费需求。

八、落实产业发展保障措施

（十六）加强改革创新。加快转变政府职能，持续推进"放管服"改革，简化行政审批，优化公共服务，进一步扩大向社会资本开放的领域。稳步推进职业体育改革，支持有条件的企业组建各类职业体育俱乐部。推动管办分离改革，适时成立重庆市体育产业发展指导中心，强化业务指导和服务。支持银行等金融机构开发健身消费信贷产品，试点发行全民健身休闲卡，实施健身场所折扣优惠，鼓励保险公司围绕健身休闲推出多样化保险产品。

（十七）完善投入机制。逐步加大财政对健身休闲产业发展的资金投入，加大对健身休闲重大项目、新兴项目、特色项目的扶持力度。鼓励通过政府购买服务等方式，向特定人群或在特定时段发放健身休闲消费券，促进群众健身消费。推行政府和社会资本合作（PPP）等模式，探索设立社会资本筹资的重庆市体育产业投资基金，引导社会资金积极投资健身休闲产业。支持有条件的体育企业通过发行债券和股票、资产重组、股权置换等方式筹集资金，用于健身休闲项目发展。

（十八）落实扶持政策。积极引导健身休闲产业用地控制规模、科学选址，并将相关用地纳入各级土地利用总体规划中合理安排。对符合土地利用总体规划、城乡规划、环保规划等相关规划的重大健身休闲项目，本着应保尽保原则及时安排新增建设用地计划指标。对使用荒山、荒地、荒滩等土地建设的健身休闲项目，优先安排新增建设用地计划指标，出让底价可按不低于土地取得成本、土地前期开发成本和按规定应收取相关费用之和的原则确定。在土地利用总体规划确定的城市和村庄、集镇建设用地范围外布局的重大健身休闲项目，可按照单独选址项目安排用地。利用现有健身休闲设施用地、房产增设住宿、餐饮、娱乐等商业服务设施的，经批准可以协议方式办理用地手续。鼓励以长期租赁、先租后让、租让结合方式供应健身休闲项目建设用地。支持农村集体经济组织自办或以土地使用权入股、联营等方式参与创办健身休闲项目。企业向体育事业的公益性捐赠支出，可按税法规定在计算应纳税所得额时扣除。健身休闲企业发生的研发、广告、创意、设计费用，符合税法相关规定的，可在计算应纳税所得额时加计扣除。

（十九）夯实发展基础。完善健身休闲产业统计指标体系和名录库，建立定期统计和监测机制。加强健身休闲服务标准体系建设，以山地户外、水上、汽摩、冰雪、航空等运动项目为重点，加快健身服务行业地方标准制定，规范健身休闲服务，提高健身休闲标准化水平。支持有条件的区县成立体育产业公司，搭建投融资平台，推动全市健身休闲产业发展。

（二十）加强人才培养。鼓励高等院校、职业培训机构同健身休闲企业合作，建立教学、科研和培训基地，重点培养市场营销、运营管理、技能操作等应用型人才。以高危险性体育项目为重点，开展体育行业职业技能培训和鉴定，提高从业人员技能水平和整体素质。加强退役运动员就业指导及创业孵化，鼓励退役运动员、教练员、体育专业大学生等群体从事健身休闲产业。大力培养社会体育指导员，鼓励学校、街道、社区聘用健身专业人员从事健身指导工作。

（二十一）强化组织领导。将健身休闲产业发展纳入全市经济社会发展规划，指导推动全市健身休闲产业发展。各区县要结合实际制定本地区实施细则或工作方案，鼓励有条件的区县编制本地区健身休闲产业发展专项规划。建立健全健身休闲产业发展评价制度，加强对区县健身休闲产业发展工作的督促和检查。

关于印发《重庆市城市体育公园资助管理暂行办法》的通知

(重庆市体育局、重庆市财政局发布，

渝体〔2017〕252号)

各区县（自治县）体育局（文化委）、财政局，两江新区社会发展局、财政局，万盛经开区体育局、财政局：

为进一步实现市民群众共享体育发展成果，促进我市体育为民惠民各项措施的落实，按照《重庆市国民经济和社会发展第十三个五年规划纲要》，现制定《重庆市城市体育公园资助管理暂行办法》并决定从2017年开始资助建设一批城市体育公园。请你们做好建设和申报工作。

特此通知。

重庆市城市体育公园资助管理暂行办法

第一章 总 则

第一条 为实现人民群众对体育的共建共享，发挥全民健康对全面小康的促进作用，促进我市体育为民惠民各项措施的落实，满足群众多样化体育需求，落实《重庆市国民经济和社会发展第十三个五年规划纲要》对城市体育公园的规划和建设，根据国家相关法律法规和规章制度，结合我市实际，制定本办法。

第二条 本办法所称城市体育公园,是指建设在体育用地或绿化园林用地或其他性质用地上的包含体育健身设施、配套服务设施、绿化与环境设施等内容的,具有一定环境品质且向市民免费开放的公益性体育运动休闲场所。

第三条 规划和建设城市体育公园要坚持以满足群众多样化体育需求、提高群众生活质量,促进城市稳定与和谐为基本出发点;要以面向基层、服务群众、因地制宜、量力而行、注重实效、分步实施为基本原则。

第四条 本办法适用于按照公园标准规划和建设,且免费向市民开放的体育公园。对于未按公园标准规划和建设但仅被冠之以"体育公园"名称的体育场馆设施不适用于本办法。

第五条 城市体育公园的资助由市体育局会同市财政局进行管理认定:

(一)市体育局负责建立全市城市体育公园项目储备库;负责组织项目的申报、评审核实、命名、过程监督和绩效评价工作;负责编制和提出年度补助资金安排计划和分配方案;负责督促指导项目业主具体实施建设。

(二)市财政局负责参与项目评审核实、监督和绩效评价工作;负责审核补助资金年度安排计划和分配方案;负责项目补助资金拨付等工作。

第二章 公园的等级与内容

第六条 城市体育公园按照其建设的体育场地面积大小(按场地普查的统计口径计算)和能同时开展体育运动项目的标准场地的种数多少分为大型、中型、小型和微型等四个等级。

(一)大型城市体育公园是指公园红线范围内体育场地设

施面积不小于 15000 平方米，且至少同时具有开展 8 种体育运动项目的专业标准场地；

（二）中型城市体育公园是指公园红线范围内体育场地设施面积为 8000 平方米（含，下同）——15000 平方米（不含，下同），且至少同时具有开展 6 种体育运动项目的专业标准场地；

（三）小型城市体育公园是指公园红线范围内体育场地设施面积为 3000 平方米——8000 平方米，且至少同时具有开展 4 种体育运动项目的专业标准场地；

（四）微型城市体育公园是指公园红线范围内体育场地设施面积为 800 平方米——3000 平方米，且至少同时具有开展 3 种体育运动项目的场地设施。

第七条 城市体育公园应当满足市民体育运动健身、为健身群众提供配套服务和公园所必备的绿化环境配套功能等要求。除此之外，大型城市体育公园还应该满足开展市级临时性的体育训练、赛事和活动；中型城市体育公园还应该满足开展区级临时性的体育训练、赛事和活动；小型城市体育公园还应该满足开展街镇级临时性的体育训练、赛事和活动。微型城市体育公园主要满足周边市民体育运动健身需要为主。

第八条 城市体育公园的主要建设内容应当包括体育设施、配套服务设施和绿化与环境设施三大部分。

（一）体育设施部分应包括体育运动项目设施、健身项目设施和休闲项目设施三个方面内容。

1. 体育运动项目设施包括能开展田径、篮球、足球、羽毛球、乒乓球、门球、网球、排球、轮滑、游泳、攀岩和冰雪等体育运动项目的专业标准场地设施；

2. 健身项目设施包括健身广场、健身步道、室外健身器械等设施；

3. 休闲项目设施包括老年人和儿童休闲健身的健身游憩设施。

（二）配套服务设施部分包括公共卫生设施、小型商业服务设施、安全管理设施和体质监测服务设施等四方面内容。

1. 公共卫生设施包括公厕、淋浴等设施；
2. 小型商业服务设施包括零售、书报、器材租赁等设施；
3. 安全管理设施包括简易医疗设施和提供给体育公园管理方使用的管理用房设施等；
4. 体质监测服务设施包括体质监测室和相应的仪器设备。

（三）绿化与环境设施部分包括景观绿化、环境标牌标识、休闲设施和其他设施四方面内容。

1. 景观绿化设施包括草坪和树木。公园的绿化率必须达到30%；
2. 环境标牌标识设施包括公园的出入口、公共活动区域、公共设施、坡道、台阶等设施；
3. 休闲设施包括座椅、凉亭等设施；
4. 其他设施包括照明、垃圾桶等设施。

第九条 大中小型城市体育公园中所包含体育运动项目的场地规划、建设、施工和验收标准，体育设备的采购配置、安装调试和维修管理均要符合国家相应最新规范、标准和要求。微型城市体育公园中所包含体育运动项目的场地标准不做硬性要求，但体育设备的采购配置、安装调试和维修管理要符合国家相应最新规范、标准和要求。所有城市体育公园的配套服务设施、绿化与环境设施的规划、建设、施工和验收标准均要符合国家相应最新规范、标准和要求。

第三章 实施主体

第十条 城市体育公园的实施主体为城市公共土地使用管

理的党政部门或全资国有企事业单位（包含政府和社会资本合作的PPP项目单位），能够全面认真履行城市体育公园的建设、使用、管理和维护职责，具有管理和维护城市体育公园所必需的设施设备和专业技术能力。

第十一条　城市体育公园的实施主体在建设体育公园时要有满足体育公园规划和建设的用地和规划条件，要能够确保自主筹措体育公园的建设及配套资金。

第十二条　城市体育公园的实施主体必须要保障体育公园的正常对外开放，对公园内的体育场地要有免费对市民开放的详细安排，要提前面向社会公示免费开放的场地和对应的具体时间。申报补助时要承诺其每个运动项目每天免费开放的时间不得少于开放总时间的50%。

第四章　补助经费标准及使用

第十三条　市体育局和市财政局将对由区县申报并通过专家评审核实的大型、中型、小型城市体育公园分别给予一次性不高于500万元、300万元、200万元的资金补助。

第十四条　对以往年度已经给予经费补助的中型和小型城市体育公园以及未给予补助的微型城市体育公园，在其扩建后达到大、中和小型城市体育公园规模和标准的，由区县体育部门按程序进行申报。经市体育局会同市财政局组织评审核实后，按照原已享受补助金额与大、中和小型应该补助金额的差值进行扩建补助。同等级的城市体育公园不得享受重复资金补助。

第十五条　补助资金只能用于体育公园体育场地建设和体育设施设备购置和维修维护保养等方面，不得用于办公场所建设、办公经费、偿还债务、发放编制内在职人员和离退休人员的基本工资、职工福利，支付各种罚款、捐款、赞助、投资等超出规定范围的其他支出，不得挤占、截流和挪用。

第十六条　城市体育公园实施主体单位要按照国家财务、会计制度的有关规定，建立健全内部管理机制，严格按照项目预算、专账核算、专款专用。

第十七条　补助资金建设或购置形成的固定资产属于国有资产，城市体育公园实施主体单位应当按照国有资产管理的相关规定管理，防止国有资产流失。

第五章　申报补助的程序和要求

第十八条　申报补助的程序：

（一）申报建立项目库。各区县体育部门会同财政部门根据本办法补助资金支持的范围和标准，策划收集本地区近三年拟规划和建设的城市体育公园项目，于2017年7月31日之前填报《重庆市城市体育公园项目储备申报表》（附件1）报送至市体育局和市财政局，由其汇总形成重庆市城市体育公园项目储备库（以下简称"项目储备库"）。项目储备库实行"一次性建立，动态性维护"的管理方式，各区县体育部门在以后每年3月31日之前，可结合本地区实际情况报请市体育局增减项目，动态维护项目储备库。原则上，各区县当年申请补助的项目必须在前一年度的项目储备库中。

（二）提出补助申请。各区县体育部门对已建成且符合本办法资助要求的城市体育公园项目，按照"一项目一申报"的原则于每年3月31日前向市体育局申报，申报的城市体育公园项目在规划建设过程中所有程序和手续都必须符合相关法律法规。申报材料主要是《重庆市城市体育公园资助命名申报表》（附件2）及相关辅助证明材料，具体包括：申请项目补助的请示；项目立项批复资料；项目实施主体的基本情况；项目规划及建设用地情况；项目建设规划总平面图、设计方案图；项目投资情况；项目建设规模和内容；项目开工及竣工时间；项目验收情况；公园体育运动项目设置情况及免费开放公示情况（附件3）；申报实施主体单位的上级部门或政府的意见等。各区县体育部门在提交项目申请的同时还要在市体育局规定的预算申报时间内，将申报的补助资金纳入市体育局预算投入系统申报。

（三）专家评审核实。市体育局会同市财政局委托中介机构或组织相关专家对区县申报的项目分别进行资料评审和现场核实。

（四）制定补助方案。市体育局汇总当年申报的所有项目专家评审核实意见后，会同市财政局确定当年度全市城市体育公园项目补助资金支持的项目及额度。

（五）命名公示。通过评审核实的城市体育公园，由所在区县政府与市体育局共同命名，统一命名为：重庆市××城市体育公园；统一编号：重庆市×型第××号；统一标识。经统一命名后，区县政府和市体育局同时将城市体育公园的项目基本情况和免费开放情况向全社会公示。

（六）资金拨付。市财政局根据市体育局提出的当年度全市城市体育公园项目补助资金支持的项目及资金计划，向相应区县拨付补助资金。

第十九条 对于2017年7月31日之前已经建成且符合本办法资助要求的城市体育公园，由区县体育部门于2017年7月31日向市体育局提出申请补助资金的请示，填报《重庆市城市体育公园资助命名申报表》（附件2），并附项目规划、用地、验收和运动项目免费开放情况等相关佐证资料，经市体育局会同市财政局组织专家评审核实后，按标准一次性拨付补助资金。

第六章　监督与检查

第二十条　城市体育公园要按填报的《重庆市城市体育公园体育运动项目免费开放公示表》（附件3）免费向市民开放体育运动项目场地，并自觉接受市民的监督。

第二十一条　在对城市体育公园的监督检查过程中，如发现有未按本办法要求免费向市民开放体育运动场地的，区县政府、市体育局和市财政局将视情节轻重给予相应处罚。对于情节严重的要取消其命名资格，收回相应补助资金，并对所涉及到的相关责任人要按照违反财经制度给予相应的处理。

第七章　附　则

第二十二条　本办法由市体育局和市财政局负责解释。

第二十三条　本办法自印发之日起执行。

附件：1. 重庆市城市体育公园项目储备申报表
　　　2. 重庆市城市体育公园资助命名申报表
　　　3. 重庆市城市体育公园体育运动项目免费开放公示表

附件1

重庆市城市体育公园项目储备申报表

项目基本信息			
体育公园名称			
公园所在地址			
实施主体单位			
填报人 （签字）		联系方式 （座机和手机）	
规划、建设、对外开放和资金筹措情况			
用地情况			
规划情况			
项目建设规模和内容（必须项目说明体育场地面积大小和能同时开展体育运动项目的标准场地类型及种数）			
运动项目计划免费开放情况			
项目总投资	总投资：_____万元 拟申报资助金额：_____万元		
计划建设和竣工时间	计划建设时间：___年___月___日 计划竣工时间：___年___月___日		

附件2

重庆市城市体育公园资助申报表

项目基本信息			
体育公园名称			
公园所在地址			
实施主体单位			
填报人 （签字）		联系方式 （座机和手机）	
规划、建设、对外开放和资金筹措情况			
用地情况			
规划情况			
项目建设规模和内容（必须项目说明体育场地面积大小和能同时开展体育运动项目的标准场类型及种数）			
运动项目计划免费开放情况			
项目投资及拟申报资助情况	总投资：＿＿＿＿＿＿万元 拟申报资助金额：＿＿＿＿＿＿万元		
开工和竣工时间	开工时间：＿＿年＿＿月＿＿日 竣工时间：＿＿年＿＿月＿＿日		
审核意见情况			
申报单位意见	主要负责人（签字）： （盖章） 年　月　日		

(续表)

区县体育 部门审核意见	主要负责人（签字）： （盖章） 年　　月　　日
区县人民政府 （管委会） 审核意见	主要负责人（签字）： （盖章） 年　　月　　日
市体育局审核意见	主要负责人（签字）： （盖章） 年　　月　　日

附件 3

重庆市城市体育公园体育运动项目免费开放公示表

公示单位（盖章）： 公示时间： 投诉服务电话：

体育运动项目名称	每天正常开放时间段	每天免费开放时间段	每天免费开放时间占正常开放时间的比例	体育运动场地开放预订电话	联系人	备注
区县体育部门审核意见（盖章）： 年　月　日			区县政府审批意见（盖章）： 年　月　日			

641

四川省人民政府办公厅关于印发《四川省强化学校体育促进学生身心健康全面发展工作方案》的通知

(川办发〔2017〕7号)

各市(州)人民政府,省政府各部门、各直属机构,有关单位:

《四川省强化学校体育促进学生身心健康全面发展工作方案》已经省政府领导同志同意,现印发你们,请结合实际认真组织实施。

四川省强化学校体育促进学生身心健康全面发展工作方案

为贯彻落实《国务院办公厅关于强化学校体育促进学生身心健康全面发展的意见》(国办发〔2016〕27号),进一步强化我省学校体育工作,促进青少年学生身心健康全面发展,提出以下工作方案。

一、总体目标

到2020年,学校体育办学条件总体达标,体育课时和锻炼时间得到切实保证;学生体育锻炼习惯基本养成,教学、训练与竞赛体系基本完备,运动技能和体质健康水平明显提升,规则意识、合作精神和意志品质显著增强；政府主导、部门协作、社会参与的学校体育推进机制基本完善，基本形成体系健全、制度完善、注重实效的体育发展格局。

二、重点任务

（一）深化教学改革，强化体育课和课外锻炼。

1. 完善体育课程。以培养学生兴趣、养成锻炼习惯、掌握运动技能、增强学生体质为主线，严格按照国家课程方案和课程标准，开足开好体育课程，严禁削减、挤占体育课时间。鼓励有条件的地方和学校为中小学增加体育课时。高等学校一、二年级本科学生须开设不少于144学时、专科学生不少于108学时的体育必修课程，本科、专科三年级以上学生（包括研究生）开设体育选修课程，选修课成绩计入学生学分。科学安排课程内容，在学生掌握基本运动技能基础上，提高专项运动能力。大力开展足球、篮球、排球等集体项目，积极开展田径、游泳、体操等基础项目，广泛开展乒乓球、羽毛球、武术等优势项目，传承和创新开展我省民族民间特色项目。

2. 强化课外锻炼。健全学生体育锻炼制度，将大课间、校内课外体育活动纳入体育教学计划，列入作息时间安排和课表，与体育课教学内容相衔接，并由学校统筹安排、集中组织。当天有体育课的班级，以"大课间""体育课"保证学生每天1小时校园体育活动；当天没有体育课的班级，以"大课间""课外体育活动"予以保证。高等学校要组织学生每周至少参加2次课外体育活动。继续开展"阳光体育示范学校"和"体育传统项目示范学校"创建活动。寄宿制中小学校要组织每天出早操。遵循学生年龄特点和身心发展规律，合理安排家庭"体育作业"，定期开展阳光体育系列活动，鼓励广大学生"走下网络、走出宿舍、走向操场"。坚持开展学生冬季长跑等群体性活动。支持学生参加社会体育活动,鼓励学生参加校外全民健身运动,积极为学生体育活动创造便利条件,逐步形成家庭、学校、社区联动和覆盖校内外的学生课外体育锻炼体系。

3. 提高教学水平。加强健康知识教育,科学安排运动负荷,注重运动技能学习和实践练习,让学生熟练掌握1至2项终身受益的运动技能。关注学生体育能力和体质水平差异,区别对待、因材施教,研究推广适合不同类型学生的体育教学方法,提高特殊教育学校和对残疾学生的体育教学质量。建立以高等学校牵头的全省校园足球、篮球、排球等运动项目教学联盟,为中小学开展教改试点提供专业支撑,帮助学校逐步形成"一校一品""一校多品"教学模式。积极开展学校体育教学理论和实践研究,提升体育教学和科学化水平。

(二)注重教体结合,完善训练和竞赛体系。

4. 开展课余训练。结合学校特色和学生特长,积极组建体育运动队、代表队、俱乐部、兴趣小组或社团,积极开展课余体育训练,为有体育特长的学生提供成才路径,为国家培养竞技体育后备人才奠定基础。根据学生年龄特点和运动训练规律,科学安排训练计划,不断提高课余运动训练水平。妥善处理好文化课学习和训练的关系,全面提高学生综合素质,打好专项运动能力基础。继续抓好体教共建的运动队,办好体育传统项目学校,扶持建设一批校园足球、篮球、排球等特色学校,充分发挥其引领示范作用。

5. 完善竞赛体系。建设常态化的学校体育竞赛机制,规范赛风赛纪,强化以赛育人。广泛开展班级、年级体育比赛,学校每年至少举办1次综合性运动会或体育节,运动项目设置突出集体性、趣味性和教育性,体现本校特色。整合赛事资源,制定学校体育竞赛管理办法,完善和规范学生体育竞赛体制，构建省、市、县相互衔接的学生体育竞赛体系。积极组织开展区域内学校体育竞赛活动，推动开展跨区域竞赛活动。完善竞赛选拔机制，畅通学生运动员进入各级专业运动队、代表队的渠道。

（三）增强基础能力，提升学校体育保障水平。

6. 加强体育教师队伍建设。按标准逐步配齐配强体育教师和体育专职教研人员，重点解决农村、边远、贫困、民族地区乡（镇）和村小教学点体育教师"招不到、留不住"的实际问题。鼓励优秀教练员、退役运动员、社会体育指导员、有体育特长的志愿人员兼任体育教师，特别优秀且取得相应教师资格的可按规定直接考核招聘为正式体育教师。加强师德建设，增强广大体育教师职业荣誉感，坚定长期致力于体育教育事业的理想与信心。提高高等学校体育专业教育教学的针对性和实效性，培养适应中小学体育需求的合格体育教师。实施体育教师全员培训，将体育教师培训一并纳入国家级和省级培训计划予以统筹安排，并重点向乡村教师倾斜。提升特殊教育体育教师水平。体育教师组织开展课外活动、学生体质健康测试、课余训练、比赛等应纳入教学工作量。保障体育教师在职称（职务）评聘、福利待遇、评优表彰、晋级晋升等方面与其他学科教师同等待遇。完善高等学校体育教师工作考核和职称职务评聘办法。

7. 加强体育设施设备建设。把学校体育设施列为学校标准化建设重要内容，结合义务教育均衡发展、"全面改薄"等项目和《四川省普通中小学体育艺术教育五年行动计划（2014—2018年）》的推进，以保基本、兜底线为原则，大力改善学校体育场地设施，为学生配齐配足必要的体育活动器材，为体育教师配备必要的教学装备。将学校体育场地建设纳入城乡规划，结合学校布局科学规划新建公共体育场地，促进学校与社会共建共享公共体育场地与设施。积极推动公共体育场馆设施为学校体育提供服务，向学生免费或优惠开放，推动有条件的学校体育场馆设施在课后和节假日对本校师生及公众有序开放。充分利用青少年活动中心、青少年宫、户外营地等资源开展丰富多彩的体育活动。

8. 健全体育风险管理机制。认真落实教育部《学校体育运动风险防控暂行办法》（教体艺〔2015〕3号）相关要求，健全学校体育运动伤害风险防范机制。加强体育安全教育，培养学生运动伤害风险防控意识和能力，提高学生运动伤害应急处置和救护能力。加强校长、教师及有关管理人员培训，提高学校体育从业人员运动风险管理意识和能力。加强学校体育场地及器材设施的安全风险分类管理，定期开展检查，有安全风险的应设立明显警示标志和安全提示，有损坏的应及时维修或更换。完善校方责任险，探索涵盖体育意外伤害的学生综合保险机制，试点推行学生体育安全事故第三方调解办法。学校应当按规定为外出参加校外体育比赛的学生购买人身意外伤害保险。

9. 整合资源支持学校体育。完善相关政策措施，采取政府购买体育服务等方式，逐步建立社会力量支持学校体育发展长效机制，引导技术、人才等资源服务学校体育教学、训练和竞赛等活动。鼓励专业运动队、职业体育俱乐部定期组织教练员、运动员深入学校指导开展有关体育活动。支持学校与科研院所、社会团体、企业等开展广泛合作，提升学校体育工作水平。鼓励体育教师（教练员）利用周末、寒暑假、节假日等休息时间到体育协会、俱乐部等开展训练和相关服务活动。加强与港澳台及国际青少年体育的合作与交流。

（四）加强评价监测，促进学校体育健康发展。

10. 完善体育考试考核评价办法。完善和规范体育运动项目考核和学业水平考试,构建课内外相结合、各学段相衔接的学校体育考核评价体系。体育课程考核要突出过程管理,对学生出勤、课堂表现、健康知识、运动技能、体质健康、课外锻炼、参与活动情况等方面进行全面评价。高等学校要加强学生体育考试与评价。中小学要把学生参加体育活动情况、学生体质健康状况和运动技能等级纳入初中、高中学业水平考试,纳入学生综合素质评价体系。将体育科目纳入高中阶段学校招生录取考试计分科目,其分值权重原则上不低于总分的8%(鼓励各地提高分值比例),从2017年入学的初中新生开始实施,可分步到位。鼓励各地将中长跑作为高中阶段学校招生录取考试项目,实施多项目抽考选考制度。各级教育行政部门要定期开展中小学生体质健康抽测工作。学校体育测试要充分考虑残疾学生特殊情况,体现人文关怀。

11. 加强体育教学质量监测。明确体育课程学业质量要求,认真落实国家学生运动项目技能等级评定标准和高等学校体育学类专业教学质量国家标准,定期开展体育课程基础教育质量监测,促进学校体育教学质量稳步提升。落实学校体育年度报表、工作自评和年度报告公示制度,严格实施《国家学生体质健康标准》,鼓励有条件的地区和学校实施教考分离、交叉测试,建立健全学生体质健康档案,确保测试数据真实性、完整性和有效性。加强体质健康测试数据分析与研究,以指导和改进学校体育工作。建设学校体育信息化管理系统,运用现代化手段对体育课质量进行监测、监控,并对学校体育工作开展情况进行公示。

三、保障措施

(一)加强组织领导。各地要把学校体育工作纳入经济社会发展规划，加强统筹协调，落实管理责任，并结合当地实际，研究制定加强学校体育的具体工作方案。建立各级青少年体育工作部门联席会议制度，强化有关部门（单位）在加强青少年体育工作中的责任。教育行政部门、普通高校和规模较大的中小学校要落实学校体育管理机构和人员。

（二）强化统筹保障。教育厅要履行好学校体育工作主体责任，负责学校体育统筹规划、评价导向和综合管理。省编办要在本级编制总量内做好体育师资的编制统筹。省发展改革委要合理统筹规划，促进学校资源与社会资源互动互联、共建共享。人力资源社会保障厅要为体育师资的补充、职称评定等做好指导及服务工作。财政厅要加大学校体育经费投入力度，通过全面改善义务教育薄弱学校基本办学条件、义务教育均衡发展等相关资金，支持学校补充体育设施设备。省体育局要发挥体育专业人才优势，加强对中小学体育活动与训练的专业指导，免费或优惠向中小学开放体育场馆设施，促进体育资源开放共享。团省委要发挥体育育人的综合作用，积极倡导和组织体育志愿者支教、援教，引导和促进青少年学生快乐健康成长。

（三）完善投入机制。切实加大学校体育经费投入力度，地方各级人民政府在安排财政转移支付资金和本级财力时要对学校体育给予倾斜和足额保障。各级教育行政部门要根据需求将学校体育工作经费纳入年度预算。学校要按照体育设备设施配备标准和教育教学需要保障体育工作经费需求。鼓励和引导社会资金支持发展学校体育，多渠道增加学校体育投入。

（四）强化考核激励。把学校体育工作列入政府政绩考核指标、教育行政部门与学校负责人业绩考核评价指标，强化考核、注重实效。建立科学的专项督查、抽查、公告制度，建立学校体育工作约谈和行政问责机制。对成绩突出的单位、部门、学校和个人按国家有关规定予以表彰。对学生体质健康水平（总体合格率和平均成绩）持续三年下降的地区和学校，在教育工作评估中实行"一票否决"。

（五）营造良好环境。充分利用报刊、广播、电视及网络等手段，加大学校体育工作新闻宣传力度，传播科学的教育观、人才观和健康观，引导全社会重视、支持学校体育，尊重、关心学校体育教师，总结交流典型经验和有效做法，营造有利于学校体育发展的良好社会环境，促进青少年健康茁壮成长。

四川省人民政府办公厅印发《关于进一步扩大旅游文化体育健康养老教育培训等领域消费实施方案》的通知

(川办发〔2017〕61号)

各市(州)人民政府,省政府各部门、各直属机构,有关单位:

《关于进一步扩大旅游文化体育健康养老教育培训等领域消费的实施方案》已经省政府同意,现印发你们,请认真贯彻执行。

关于进一步扩大旅游文化体育健康养老教育培训等领域消费的实施方案

为贯彻落实《国务院办公厅关于进一步扩大旅游文化体育健康养老教育培训等领域消费的意见》(国办发〔2016〕85号)精神,充分发挥消费对经济增长的基础性作用,积极扩大新兴消费、稳定传统消费、挖掘潜在消费,促进服务业发展和经济转型升级,培育经济发展新动能,特制定以下实施方案。

一、着力推进幸福产业服务消费提质扩容

围绕旅游、文化、体育、健康、养老、教育培训等重点领

域，引导社会资本加大投入力度，通过提升服务品质、增加服务供给，不断释放潜在消费需求。

（一）加速升级旅游消费

1. 开展乡村旅游后备箱专项行动，依托乡村旅游发展带动农产品销售，支持具备条件的村在邻近的重点景区景点、高速公路服务区、主要交通干道旅游集散点等设立农副土特产品销售专区。（责任单位：商务厅，省经济和信息化委、交通运输厅、农业厅、省旅游发展委。列首位的为牵头单位，下同）

2. 实施《四川省乡村旅游富民工程实施规划（2016—2020年）》，打造乡村旅游示范点，推动乡村旅游扶贫重点村实施"1+4"工程，全面加强乡村旅游配套设施建设。（责任单位：省发展改革委，省委农工委、省经济和信息化委、住房城乡建设厅、交通运输厅、农业厅、省旅游发展委）

3. 指导各地严格按照国家规定办理旅居挂车登记。研究细化旅居车上路通行管理规范规定，明确旅居挂车在行驶过程中旅居室内不得载人。（责任单位：公安厅）

4. 加强旅居车营地用地管理，对选址在城镇规划区内的，根据产业规划和项目建设时序，及时安排新增建设用地指标；对选址在城镇规划区外的，其自驾车营区、旅居车营区、商务俱乐部、木屋住宿区、休闲娱乐区等功能区应优先安排使用存量建设用地，确需新供的，用途按旅馆用地管理，以招标方式实行长期租赁或者先租后让，其他功能区使用未利用地的，在不改变土地用途、不固化地面的前提下，可按原地类管理。（责任单位：国土资源厅，省发展改革委、住房城乡建设厅、省旅游发展委）

5. 清理简化码头等水上旅游前期工作及建设审批程序，有序推进长江、嘉陵江、金沙江各库湖区和邛海、泸沽湖、马湖、龙泉湖、三岔湖、蟠龙湖、三江湖、汉源湖等地码头基础设施建设。编制全省水上旅游规划。鼓励发展适合大众消费水平的水上旅游项目,培育发展水上旅游消费市场。(责任单位:交通运输厅、省发展改革委、水利厅、省旅游发展委)

(二)创新发展文化消费

6. 推进实体书店发展,积极推动新华书店等国有实体书店大力发展新兴业态,支持大型书城升级改造,建设综合性文化体验消费中心。支持知名民营书店做优做强,鼓励中小书店向专业化、特色化方向发展,鼓励开办高校校园书店、本土特色书店、乡镇书店等。鼓励实体书店积极参与公共文化服务,参与"书香天府"建设。(责任单位:省新闻出版广电局、省委宣传部、省发展改革委、教育厅、财政厅、住房城乡建设厅、商务厅、文化厅、省工商局、省国税局、人行成都分行)

7. 推动文化消费城市试点,实施文化消费培育计划,加强乡镇、行政村(城市社区)文化设施建设,开展流动图书车、流动舞台车、流动博物馆等流动文化服务,支持非物质文化遗产展示馆(传习所)开展非物质文化遗产保护传承、宣传展示活动,培育文化消费环境。发挥中国成都国际非物质文化遗产节、文化消费节等品牌活动的引领作用,吸引更多群众参与文化消费活动。鼓励有条件的公共文化机构挖掘特色资源,研发含有四川元素的文化创意产品,鼓励动漫、游戏等新型文化业态与公共文化服务相结合,创新文化供给,拓宽消费领域,提升群众个性化消费水平。探索建立"文化消费卡",以此推动演出、观展等文化消费;完善公益性演出补贴制度,通过票价补贴、剧场运营补贴等方式,支持国有、民办艺术表演团体提供公益性演出。鼓励民办博物馆、美术馆免费向公众开放;推动经营性文化设施、非物质文化遗产展示馆(传习所)和传统民俗文化活动场所等向公众提供优惠或免费的公益性文化服务,满足群众多样化文化消费需求。推动文化娱乐行业转型升级，鼓励文化娱乐行业顺应"互联网+"发展趋势，生产更多反映中华民族优秀文化的娱乐产品。推动行业转型升级示范点建设，推动政府向部分示范点购买公共文化服务，使文化娱乐行业在公众现代文化消费中发挥积极作用。提升文化娱乐行业管理水平，加强内容建设，规范市场秩序，营造"场所阳光、内容健康、服务规范"的良好发展环境。鼓励各地成立文化产业或娱乐行业协会，完善服务功能及组织架构，探索建立奖励机制和制定行业标准。（责任单位：文化厅，省新闻出版广电局）

8. 研究制定四川省推动数字文化产业发展的指导意见。贯彻落实《国家新闻出版广电总局财政部关于推动传统出版和新兴出版融合发展的指导意见》（新广发〔2015〕32号），推动传统出版和新兴媒体融合发展，推进出版融合发展重点实验室和首批新闻出版业科技与标准重点实验室建设。大力发展数字音乐、数字出版产业，整合数字出版园区，推动建设数字出版文化产业园，提升国家游戏出版基地产品供给能力和影响力，扶持数字音乐、互联网创意产业园建设，培育创新增长极。（责任单位：省新闻出版广电局，文化厅）

（三）大力促进体育消费

9. 稳步推进体育行业协会与行政机关脱钩。以省体育场馆协会、省足球协会等脱钩经验为参考，持续推进各体育类社团脱钩工作。持续实施公共体育场馆向社会免费低收费开放及第三方绩效评价工作。研究学校体育场馆向公众开放实施意见，选择部分学校开展试点，总结经验，逐步推广，有序开放。编制我省健身休闲产业发展规划，包含冰雪、水上、山地、航空、汽摩、武术等项目内容。（责任单位：省体育局，教育厅、民政厅、财政厅）

（四）培育发展健康消费

10. 在我省积极落实商业健康保险个人所得税税前扣除政策。加大政策宣传力度，营造良好的舆论氛围，引导社会公众积极参与。加强商业健康保险市场监管，切实维护投保人合法权益。（责任单位：财政厅，省地税局、四川保监局）

11. 逐步建立以社区卫生为依托，二级综合医院、中医院等为支撑，三级综合医院为龙头的医养结合服务体系。推进医养结合试点工作，积极指导雅安、攀枝花、德阳、广元等4个国家级试点城市以及自贡、内江、遂宁、南充、乐山等5个省级试点城市制定符合地区实际的医养结合试点方案，并组织实施。依托健康产业基金，坚持以重点项目建设为抓手，重点规划建设一批、扶持一批特色鲜明、示范性强的医养结合试点项目。（责任单位：省卫生计生委，民政厅）

12. 依托特定的度假资源环境与中医药健康旅游基地，建设养老社区基地，将医疗卫生养老产业与康养、避暑、避寒度假结合起来，深化医、养、旅融合发展，培育一批康养旅游产业集聚区、建设一批精品康养旅游项目，推出一批以度假型养老、疗养康复、森林康养、抗衰老等为主题的康养旅游产品。鼓励有条件的（中医）医疗机构在风景旅游区设置连锁门诊部，开展医疗与养生保健服务。鼓励中医养生保健机构在风景旅游区或与酒店、旅游度假村合作，提供推拿、按摩、药膳、药浴、足疗等服务。（责任单位：省旅游发展委，省发展改革委、民政厅、住房城乡建设厅、省卫生计生委、省中医药局）

（五）全面提升养老消费

13. 进一步放宽养老服务市场准入条件，依法对符合条件的养老机构进行设立许可。对营利性养老机构注册登记实行"先照后证"。精简行政审批环节，优化审批程序，简化审批流程。落实民政部等《关于支持整合改造闲置社会资源发展养老服务的通知》（民发〔2016〕179号）要求，对利用闲置社会资源改造兴办养老机构设施的，经报房管、建设、国土、规划等部门备案，所在辖区公安消防部门消防监督检查合格，依据设立许可条件予以办理许可。对整合改造闲置社会资源举办养老服务设施的，尽量简化审批手续，缩短审批时限，提供便利服务。凡通过整合改造闲置社会资源建成的养老服务设施，符合相关政策条件的，均可依照有关规定享受养老服务建设补贴、运营补贴等资金支持和税费减免、水电气热费用优惠等政策扶持。（责任单位：民政厅，省发展改革委、省国税局）

14. 启动成都市长期护理保险试点工作。制定长期护理评定标准、护理项目、实施细则、经办规程等配套文件。探索商业保险公司参与经办长期护理保险工作，建设长期护理保险信息网络系统，开展长期护理保险待遇支付工作。做好长期护理保险试点的宣传和政策解读工作，跟踪试点实施工作，加强沟通协调，及时妥善处理试点工作中出现的新情况、新问题。（责任单位：人力资源社会保障厅，民政厅、财政厅、省卫生计生委、四川保监局）

（六）持续扩大教育培训消费

15. 推动落实《四川省深化国有企业改革实施方案》。建立政府和国有企业合理分担成本的机制，多渠道筹措资金，避免优质教育培训资源流失。采取分离移交、重组改制、撤销等方式，加快剥离企业办社会职能。（责任单位：省国资委，教育厅、财政厅、人力资源社会保障厅）

16. 启动民办教育促进法四川省实施办法的立法调研工作。加快地方立法进程，为进一步促进教育培训机构发展提供法律保障。根据国家出台的支持民办教育发展若干意见和相关政策，研究制定相关配套政策措施，支持和鼓励社会资本参与教育培训实践。探索中外合作办学成功经验，鼓励有条件的学校创办高水平中外合作办学机构,支持高校积极开展中外合作办学项目,引导中外合作办学向高层次、规范化方向发展。(责任单位:教育厅,省发展改革委、民政厅、财政厅、人力资源社会保障厅、国土资源厅、住房城乡建设厅、省工商局、省地税局、省法制办、省国税局)

二、大力促进传统实物消费扩大升级

以传统实物消费升级为重点,通过提高产品质量、创新增加产品供给,创造消费新需求。

(七)稳定发展汽车消费

17. 督促成都市完善成都国际铁路港汽车平行进口试点工作实施方案,及时确定汽车平行进口试点企业,推动汽车平行进口业务开展。(责任单位:商务厅,公安厅、四川出入境检验检疫局、成都海关)

(八)培育壮大绿色消费

18. 制定四川省关于推动国家绿色产品标准、认证、标识体系建设的实施意见,出台四川省低碳产品评价技术规范和认证实施规则。(责任单位:省质监局,省发展改革委、省经济和信息化委、财政厅、环境保护厅、住房城乡建设厅、交通运输厅、水利厅、农业厅、商务厅)

19. 配合国家层面研究制定流通领域节能环保技术产品推广目录。推进绿色商场示范创建工作,创建一批集门店节能改造、节能产品销售、废弃物回收于一体的绿色商场,引导和促进绿色消费。(责任单位:商务厅,省质监局)

三、持续优化消费市场环境

聚焦增强居民消费信心,吸引居民境外、省外消费回流,通过加强消费基础设施建设、畅通流通网络、健全标准规范、创新监管体系、强化线上线下消费者权益保护等，营造便利、安心、放心的消费环境，探索完善有利于发展新消费、新业态的监管方式。

（九）畅通城乡销售网络

20. 继续结合城市快速消费品等民生物资运输需求，持续推动具备条件的城市中心既有货场改造为城市配送中心。进一步扩大"蓉欧"、"蓉欧+"、中亚等国际、国内铁路货运班列的开行覆盖范围，更好服务于经济社会发展。（责任单位：成都铁路局）

21. 出台关于开展加快内贸流通创新推动供给侧结构性改革专项行动的实施方案，加强组织领导，落实配套政策，强化监督管理，营造舆论氛围。加强农产品冷链物流体系建设。研究制定推动实体零售创新转型的政策措施。调整商业结构，推动实体零售经营机制、组织形式、服务体验创新，促进实体零售线上线下融合、多领域协同和内外贸一体化发展。发挥特色商业街区、城市综合体、大型百货商店等品牌消费集聚区的引导作用，扩大品牌商品消费。（责任单位：商务厅，省发展改革委、省经济和信息化委、科技厅、公安厅、财政厅、交通运输厅、省地税局、省工商局、省质监局、省统计局、省国税局、人行成都分行、成都海关）

22. 推动落实商务部等《关于加强公益性农产品市场体系建设的指导意见》（商建函〔2016〕146号）。积极推进跨区域农产品骨干网络建设。健全农村生活服务体系，改造提升乡镇集贸市场和乡镇商贸中心。创新农村生活服务模式，支持餐饮企业、农村生活服务企业与电子商务企业深入合作。鼓励开发符合当地民俗习惯的多样化、专业化服务模式，促使餐饮住宿与文化、养生等服务相融合。（责任单位：商务厅，国土资

源厅、住房城乡建设厅、农业厅）

23. 深入开展内容丰富、形式多样的"惠民购物全川行动""川货全国行"等市场拓展活动，推动川货进市场、进商圈、进社区、进餐企、进展会、进网络，培育打造川货品牌，不断扩大"四川造"产品的知名度和市场占有率。（责任单位：商务厅，省政府新闻办、省经济和信息化委、财政厅、商务厅、农业厅、省工商局、省质监局、省食品药品监管局、省投资促进局、四川博览局）

24. 落实《四川省加快推进重要产品追溯体系建设的实施方案》，在食品、食用农产品等重点领域开展四川重要特色产品追溯示范建设，支持龙头企业创立可追溯特色产品品牌，鼓励电商平台提供追溯相关服务，提升重要特色产品质量安全保障能力和消费安全监测监管水平。（责任单位：农业厅，省食品药品监管局、省质监局、省工商局）

（十）提升产品和服务标准

25. 围绕消费品重点行业，开展质量对标提升行动。建立和发布9个产品质量对标先进指标体系，在肥料、家电等14类产品中完成一批产品对标确认工作。开展有机产品认证示范区创建活动，争创1个国家级、3个省级有机产品认证示范创建区。对生产领域110个批次、流通领域50个批次的有机产品开展监督抽查。持续推进国家地理标志产品保护工作。强化后续监管，不断提升地理标志产品的品质和特色。（责任单位：省质监局，省经济和信息化委、省工商局、省食品药品监管局）

26. 加快推进生活性服务业标准体系和行业规范建设。加强养老服务业地方标准制修订工作。积极开展养老服务业标准化试点，引导企业执行推荐性国家、行业和地方标准，制定企业标准，充分发挥示范带动作用，扎实推动养老服务业发展。

(责任单位：民政厅，省质监局、商务厅)

27. 鼓励有行业实力的企业积极参与国家标准制定，并进行试商用。部署智慧家庭标准化建设方案，打造智慧家庭示范点。支持物联网传感器及芯片研发设计，促进可穿戴设备的研发及应用。开展虚拟现实产业和应用分析课题研究，做好虚拟现实、增强现实技术和产业的研究、跟踪，支持技术成果产业化及整个产业链的发展。(责任单位：省经济和信息化委，省发展改革委、科技厅、民政厅)

28. 落实《泛珠三角地区打击侵权假冒工作协作协议》，通过建立协作机制、加强个案协作等方式，推进省际间打击侵权假冒执法协作。加强省内部门间、地区间打击侵权假冒执法协作，形成打击合力。(责任单位：省打击侵权假冒领导小组办公室，省法院、省检察院、公安厅、环境保护厅、农业厅、林业厅、文化厅、省卫生计生委、省工商局、省质监局、省食品药品监管局、省新闻出版广电局、省知识产权局、省网信办、四川出入境检验检疫局、成都海关)

各地各部门要高度重视扩大旅游文化体育健康养老教育培训等领域消费工作，强化部门协同和上下联动，牵头部门要加强组织指导和统筹协调，研究制定具体推进方案和配套政策措施，明确时间表和路线图，有关责任部门（单位）要密切配合，形成整体合力，充分发挥消费引领作用。

四川省人民政府办公厅
关于加快发展健身休闲产业的实施意见

(川办发〔2017〕72号)

各市(州)人民政府,省政府各部门、各直属机构,有关单位:

为贯彻落实《国务院办公厅关于加快发展健身休闲产业的指导意见》(国办发〔2016〕77号),结合我省实际,经省政府同意,现提出以下实施意见。

一、总体要求

(一)指导思想。认真贯彻落实党中央、国务院和省委、省政府决策部署,以满足不同地域、不同年龄、不同人群健身休闲消费需求为中心,以推进健身休闲产业供给侧结构性改革为主线,以夯实健身休闲产业基础为重点,培育和挖掘市场潜能,加大改革创新力度,为加快"健康四川"建设作出积极贡献。

(二)发展目标。到2025年,基本形成布局合理、功能完善、门类齐全的健身休闲产业发展格局。推动市场机制和政策环境更加优化,产业体系日趋合理,消费能力明显提升,与其他产业融合发展更加密切。创建2个国家级国民休闲运动中心(基地),打造10个省级国民休闲运动中心(基地),健身休闲产业总规模达到1000亿元。

二、提高健身休闲产业发展质量

（三）优化产业布局。深入挖掘健身休闲内容，依托"一山一水两路"（沿横断山脉东缘山系，沿长江水域水系，沿国道317、国道318），打造成都平原健身休闲综合聚集区、川南水上运动产业聚集区、川东北汽摩自行车运动聚集区、攀西康养产业聚集区、川西北冰雪运动和山地户外运动聚集区，促进各地健身休闲产业协同、错位、联动发展。

（四）培育赛事品牌。加大国内外高水平赛事申办力度，加强传统赛事推广普及和品牌打造，做大做强马拉松、自行车、徒步穿越等特色赛事，开发国际性山地户外运动、特色水上运动、冰雪运动等品牌赛事，培育四川国际登山探险大会、乐跑四川森林马拉松系列赛、环贡嘎山超级山地越野赛、四川国际垂钓大奖赛等自主品牌赛事，举办好世界武术大会、峨眉国际武术节、温江国际赛马节、南国冰雪节、飞行者大会、电子竞技大赛等赛事活动，形成一批有影响、有市场、有四川特色的健身休闲赛事服务名牌。

（五）促进融合发展。大力发展体育旅游，编制四川体育旅游发展规划，实施体育旅游精品示范工程。支持和引导有条件的旅游景区拓展体育旅游项目，鼓励旅行社结合健身休闲项目和体育赛事活动设计开发旅游产品和路线。推动"体医结合"，推广"运动处方"，发挥中医药在运动康复等方面的特色作用。促进健身休闲与文化、教育、农业、林业、水利、通用航空、交通运输等产业融合发展。

（六）推动"互联网+健身休闲"。鼓励开发以移动互联网、大数据、云计算技术为支撑的健身休闲服务，提升场馆预定、健身指导、运动分析、体质监测、交流互动、赛事参与等综合服务水平。加大电子竞技产业培育力度，聚集一批线上、线下传统优质创新创业项目，促进联动发展。推广群众体育活动，组织"定制赛事"新模式。以推进"健康四川"建设为契机，建立市民体质测定与健康运动档案大数据互联平台。

（七）推动产业制造转型升级。支持高新技术在体育休闲产业发展中的创新应用，支持相关产品研发和成果转化。依托四川制造业产业优势，引导企业进军健身休闲装备制造领域。着力发挥我省军工资源在装备制造、新材料等方面优势，推动军民两用技术在健身休闲业的双向转化和产业化，重点发展航空运动器材、健身休闲智能装备制造。对接《中国制造2025四川行动计划》（川府发〔2015〕53号），鼓励成都国家体育产业基地投资体育用品研发设计。支持绵阳、德阳等地发挥科技、装备制造等优势，大力发展高端体育器材、山地户外用品制造业。鼓励健身休闲器材装备制造企业向服务业延伸发展，形成全产业链优势。

三、改善健身休闲服务体系

（八）打造南国冰雪运动目的地。充分依托得天独厚的"暖雪"优势，以滑雪、滑冰、攀冰等运动项目为重点，以迎接举办2022年北京冬奥会为契机，深入挖掘横断山脉东南缘、秦岭南麓冰雪资源，开发大众冰雪旅游项目，普及冰雪运动。加强茂县九鼎山国家体育产业示范项目、中国南方（秦岭南麓）滑雪场项目群建设。

（九）建设山地户外运动大本营。充分利用我省丰富山地资源，大力推广登山、攀岩、徒步、露营、拓展、定向等运动项目，创建1个国家级山地户外运动示范区、5条山地户外运动精品路线、10个山地户外运动精品赛事。加强山地户外运动基础设施建设，完善赛事活动组织体系、安全体系和应急救援体系。加快山地户外运动营地星级建设，打造国际知名山地户外运动胜地。

（十）构建特色水上产业运动带。积极发展赛艇、帆船、滑水、潜水、漂流、垂钓、溯溪等水上健身休闲运动项目，推动船艇码头等配套设施建设。推动国家级水上国民休闲运动中心建设，开发水上运动品牌赛事，构建以大众消费为核心的水上运动服务供给体系。

（十一）开发汽摩和自行车运动精品线。推动汽车自驾营地、骑行服务站建设。打造环四川国际拉力赛、环四川国际自行车公路赛、重走长征路越野挑战赛等品牌赛事活动。开发西安至成都、沿317/318国道、108国道自行车骑行、汽车自驾游线路。

（十二）探索发展低空域航空运动。推广运动飞机、热气球、滑翔、动力伞、航空模型等运动项目。依托成都平原、川南、川东北、攀西和川西北五大通用机场群建设，加大北川国家级示范航空飞行营地建设力度，推动建设各类航空飞行营地130个，形成"200公里航空运动飞行圈"布局。

（十三）实施武术健身养身工程。深入挖掘峨眉武术、青城剑术等巴蜀传统武术内涵，加强武术文化传习基地建设，扶持推广太极拳、健身气功等传统武术项目。夯实武术文化基础，培养一批武术名家、项目传承人，创办武术文化大讲堂，建立武术博物馆，建设峨眉山—青城山武术产业基地，形成一批具有四川特色武术文化品牌，扩大国际影响力。

四、培育健身休闲市场主体

（十四）加速健身休闲企业成长。探索设立由国有资产投资的体育产业（集团）公司，引导有条件的市（州）组建体育产业集团。加快健身休闲企业战略性重组和聚集发展，着力培育具有国际竞争力和自主知识产权的健身休闲产业大企业大集团。扶持一批具有自主知识产权、自主品牌的"专精特新"中小微企业。鼓励各地成立健身休闲产业孵化平台，孵化一批创新型健身休闲企业。

（十五）壮大健身休闲社会组织。稳步推进全省健身休闲行业协会与行政部门脱钩，实现机构、职能、资产财务、人员、外事党建等事项分离。加大政府向健身休闲社会组织购买公共服务力度，向社会公开购买服务目录。加大对足球、篮球、排球、乒乓球等职业俱乐部的扶持力度，鼓励大型企业集团、高等院校等社会力量参与建设或创办职业俱乐部，推动更多顶级职业赛事落户四川。

五、加强健身休闲设施建设

（十六）完善健身休闲基础设施。严格执行城市居住区规划设计等标准规范关于配套建设健身设施的要求，实现同步设计、同步施工、同步投入。充分合理利用公园、绿地、广场、建筑物楼顶等建设体育场地设施，鼓励健身休闲设施与住宅、文化、商业、娱乐等综合开发，打造健身休闲服务综合体。推动奥林匹克中心、省足球训练基地等基础设施建设。加强社区体育公园、全民健身中心、多功能运动场建设，着力构建县、乡、村三级全民健身设施网络和城市15分钟健身圈。

（十七）盘活用好现有体育场馆资源。积极创造条件推进机关、企事业单位的体育设施面向社会开放，推动有条件的学校体育场馆设施在课后和节假日面向公众有序开放。加大公共体育设施免费或低收费开放力度，满足群众基本健身需求。逐步完善政府部门购买体育场馆公益性服务的机制和标准,健全场馆公益性开放评估体系。

(十八)加强特色健身休闲设施建设。结合智慧城市、绿色出行,加强城市休闲公园、步道系统、自行车路网、环城市游憩带、特色健身休闲村镇建设,拓展居民健身休闲空间。各有关部门要加强协调配合,强化业务指导,鼓励和引导体育运动训练基地、旅游景区、森林公园、湿地公园、郊野公园等根据自身特点,以运动乐园、冰雪乐园、山地户外营地、汽车自驾车营地、徒步骑行服务站、航空飞行营地、船艇码头等设施为重点,突出各地自身特色,加强特色健身休闲基础设施及配套设施建设。

六、改善健身休闲消费环境

(十九)发展大众健身运动。全面落实全民健身国家战略,深入实施四川省全民健身实施计划,推广球类、游泳、健身跑等适合公众广泛参与、市场空间大的运动项目,引导多方参与。推广传承赛马、摔跤、锅庄、龙舟、舞龙舞狮等民族民间民俗体育项目,加强体育类非物质文化遗产保护和发展。促进极限运动、电子竞技、轮滑等时尚运动项目健康发展,正确引导棋牌类智力运动发展。发挥竞赛引领作用,着力打造各地全民健身综合赛事,丰富节假日体育赛事活动。鼓励机关团体、企事业单位、学校及社会力量举办(承办)各类体育赛事。

(二十)挖掘消费潜力。支持各级各类媒体开辟栏目或专栏,普及科学健身知识。发展多媒体广播电视、网络广播电视、手机应用程序(APP)等体育传媒新业态,促进消费者利用各类社交平台互动交流,提升消费体验。保障职工休闲时间，鼓励错峰休假，探索弹性作息制度，为职工健身休闲度假创造有利条件。

七、强化健身休闲产业发展保障

（二十一）加大财税金融支持。把健身休闲产业纳入各级体育产业、文化产业、旅游产业、康养产业发展政策体系给予扶持。充分发挥体育产业投资基金、四川旅游产业创新发展股权投资基金等基金的引导作用。将符合条件的健身休闲企业和项目，纳入服务业、中小企业、节能减排等专项资金的支持范围。运用彩票公益金对健身休闲相关项目给予必要资助。各类健身休闲场所的水、电、气、热价格按不高于一般工业标准执行。落实体育场馆房产税和城镇土地使用税优惠政策。鼓励金融机构增加和拓宽对健身休闲企业贷款的抵质押品种类和范围。落实企业从事文化体育业营改增试点税收政策。

（二十二）落实规划和土地政策。积极引导健身休闲产业用地控制规模、科学选址，将相关用地纳入城乡规划、风景区规划、土地利用总体规划、环境保护规划中合理安排。各地要保障体育改革发展的合理用地需求，有效落实健身休闲重点项目新增建设用地。对使用荒山、荒地、荒滩及石漠化土地建设的健身休闲项目，优先安排新增建设用地计划指标，出让底价可按不低于土地取得成本、土地前期开发成本和按规定应收取相关费用之和的原则确定。

（二十三）强化人才保障。依托高等院校、科研院所和职业技能培训机构等，培养用品制造、赛事筹划、运动康复、电子竞技等方面高水平人才队伍。加强社会体育指导员队伍建设，充分发挥其对群众参与健身休闲的服务和引领作用。加强退役运动员转型培训，完善体育人才培养开发、流动配置、激励保障机制，支持专业教练员、退役运动员从事健身休闲产业。鼓励街道、社区设立公益性岗位，吸纳退役运动员、社会体育指导员指导群众开展健身活动，按规定落实岗位补贴和社保补贴。

（二十四）健全工作机制。建立体育、发展改革、旅游等多部门合作的健身休闲产业发展工作协调机制，制定关于推进健身休闲产业发展的相关政策，争取相关项目资金支持，研究部署重大活动和工作措施。把发展健身休闲产业纳入地方国民经济和社会发展规划，鼓励有条件的地方编制健身休闲发展专项规划。

（二十五）加强督查落实。各地各有关部门要根据本实施意见要求，结合实际情况，抓紧制定具体贯彻意见和配套政策。省体育局、省发展改革委、省旅游发展委要会同有关部门对落实本实施意见的情况进行监督检查和跟踪分析，重大事项及时向省政府报告。

攀枝花市人民政府办公室关于印发《攀枝花市足球改革发展实施意见》的通知

（攀办发〔2017〕150号）

各县（区）人民政府，市级各部门，各企事业单位：

《攀枝花市足球改革发展实施意见》已经市政府领导同意，现印发你们，请认真组织实施。

攀枝花市足球改革发展实施意见

为贯彻落实党中央、国务院决策部署，根据《国务院办公厅关于印发中国足球改革发展总体方案的通知》（国办发〔2015〕11号）、《中国足球中长期发展规划（2016~2050年）》《四川省人民政府办公厅关于印发四川省足球改革发展实施意见的通知》（川办发〔2016〕56号）等文件精神，结合攀枝花实际，提出如下实施意见。

一、指导思想

以邓小平理论、"三个代表"重要思想、科学发展观为指导，全面贯彻落实党的十八大和十八届三中、四中、五中、六中全会精神，深入学习贯彻习近平总书记系列重要讲话精神，遵循足球发展规律，加快足球改革发展步伐，坚持全面普及、因地制宜、改革创新、注重长远、久久为功的原则，大力实施校园足球、社会足球战略，增加足球运动场地，提高参与人口数量，推动攀枝花足球事业不断迈上新台阶。

二、主要目标

以提升攀枝花足球整体水平、创建足球特色城市为目标，把发展足球运动纳入攀枝花经济社会发展规划，充分发挥足球在促进"康养+运动"融合发展和建设幸福健康美丽攀枝花的作用。重点抓好校园足球，普及发展社会足球。形成政府主导、部门联动、社会参与、协调发展格局，全面提高全市足球运动普及率、竞争力和影响力。

（一）重点抓好校园足球。充分发挥全市教育体育融合优势，规划设置足球课程，认真编撰落实足球教学指南，大力开展"三级三层"足球赛事，扩大足球在青少年学生中的参与面，构建具有攀枝花特色的校园足球发展模式，推动我市校园足球发展水平迈入全省前列。确保每年参加全市校园足球联赛总决赛的队伍达60支、参赛队员达1200人。

（二）普及发展社会足球。要让足球成为群众普遍参与的体育运动。每年开展全市行业系统之间、知名企业之间足球赛事活动，定期举办攀枝花欢乐阳光节足球邀请赛。营造浓厚的足球文化，三年内力争全市业余足球队达20支，常年参加足球运动的人口达到1000人。

三、重点任务

（一）突出抓好校园足球，彰显教育体育融合优势

1. 强化学校体育工作，发挥足球育人功能。发展校园足球是成就攀枝花足球梦想、建设体育强市的基础工程。各县

（区）政府、各级各类学校要将大力发展校园足球作为推进学校体育改革和实施素质教育的重要内容，把校园足球作为扩大足球人口规模、夯实足球人才根基、提高学生综合素质、促进青少年健康成长的重要抓手，让更多青少年学生参与足球、热爱足球、享受足球，使足球运动成为体验适应社会规则和道德规范的有效途径。

2. 深化教学改革，实施足球课程。全市各级各类学校以普及知识、传授技能、培养兴趣、循序渐进、健康快乐为基本要求，规划设置足球课程，不断提高足球教学质量。全国青少年校园足球特色学校和攀枝花市校园足球布点学校每班每周开设一节足球课，其他具备场地条件的学校每班每两周开设一节足球课，具备条件的学校在大课间和阳光体育活动中可安排足球特色活动，积极引导广大青少年学生踢足球、爱足球、玩足球、看足球。同时配置校方责任险，提升校园足球安全保障水平。

3. 建设特色学校，加强人才培养。积极创建全国青少年校园足球特色学校。以全国青少年校园足球特色学校为重点，其他具备场地条件的各级各类学校为补充，加强班级、年级、学校足球队建设（其中女子足球队占一定比例），常年开展训练活动。在全面普及的基础上，重点打造全市参加省运会甲、乙、丙组足球队，组织开展夏（冬）令营等集训。加大各学段足球特长生招生培养力度，完善足球人才输送机制，为优秀足球运动员提供上升通道，形成与省和国家相衔接的人才培养机制。

4. 开展足球联赛，健全竞赛体系。大力开展攀枝花市校园足球三级（校级、县区级、市级）三层（小学、初中、高中）联赛，让各学校代表队有多次参加比赛、锻炼队伍、展示成果的机会。各学校每学期组织竞赛活动，通过班级联赛组建年级队，通过年级挑战赛组建学校队并参加上级联赛。把比赛中表现突出、优秀的运动员选拔到攀枝花市青少年足球队（各年龄组），参加省和国家组织的有关赛事活动。

牵头单位：市教育体育局

配合单位：市发改委、市文广新局、团市委

(二) 普及发展社会足球，营造良好足球氛围

1. 协会建设。市、县（区）均要调整组建足球协会，建立健全管理机制。按照政社分开、权责明晰、依法自治的原则，改革健全市、县（区）足球协会，明确定位和职能，在内部机构设置、工作计划制定、财务薪酬管理、人事管理、对外专业交流等方面赋予自主权。

2. 群策群力。调动社会力量共同参与足球改革发展。鼓励民间组织、企业社会力量成立足球俱乐部，鼓励机关、事业单位、人民团体，部队和企业组建或联合组建足球队。开展全市行业系统之间、企业之间的联赛活动。积极申办国内、省内足球赛事。面向全国、全省定期举办攀枝花欢乐阳光节足球邀请赛。因地制宜大力开展11人制、5人制、8人制足球赛事。通过多领域、多层次的足球赛事活动，营造浓厚的足球发展氛围。

牵头单位：市教育体育局

配合单位：市民政局、市总工会、团市委

(三) 加强人才队伍建设，破除足球发展瓶颈

1. 实施"人才强足"战略。通过改革创新，破除当前制约我市足球事业发展的主要瓶颈。加强足球人才队伍建设，市委编办、市教育体育局、市人力资源社会保障局等部门要进一步做好体育高端人才和足球专业教师（教练员）的引进工作，每年培训足球管理者、教练员、裁判员100人次。加强交流与合作，每年选派10名足球优秀教练员（教师）、裁判员到国

内足球发达地区或国外接受培训，为实现足球事业发展规划目标提供人才支撑。

牵头单位：市教育体育局

配合单位：市委编办、市人力资源社会保障局

四、保障措施

（一）组织保障。一是成立由市政府分管领导为组长，发改、教体、公安、民政、财政、编办、人社、国土、住建、文广新、地税、工会、团委等部门为成员的攀枝花市足球改革发展工作领导小组，研究制定足球改革发展的相关政策和发展规划，统筹协调全市足球改革发展工作，营造良好发展氛围。二是各县（区）要把足球改革发展纳入重要议事日程，解放思想，明确目标，狠抓落实，整合资源，统筹力量，大胆探索，形成特色。三是各级足球协会要发挥行业协会优势，整合社会力量，带动全市足球改革发展。

牵头单位：市教育体育局

配合单位：领导小组各成员单位

（二）场地保障

1. 按照《中国足球中长期发展规划（2016~2050年）》要求，加强足球场地建设。各县（区）要制定足球场地建设规划，因地制宜建设足球场。"十三五"期间，每个县级行政区域至少建有2块社会标准足球场地，有条件的城市新建居住区和乡（镇）应建有1块5人制以上的足球场地，使每万人拥有0.5~0.7块足球场地。鼓励企业、社会投资新建足球场地，地方政府在土地、税收、金融等方面落实优惠政策。

2. 提高场地设施运营能力和综合效益。按照管办分离和非营利性原则，通过委托授权、购买服务等方式，招标选择专

业的社会组织或企业负责管理运营公共足球场，促进公共足球场低价或免费向社会开放。创造条件满足校园足球活动场地要求，建立学校和社会对足球场地的共享机制，推动学校足球场等体育设施在课外时间低价或免费向社会开放。

牵头单位：市发改委

配合单位：市教育体育局、市国土资源局、市住房城乡建设局、市地税局、各县（区）政府

（三）经费保障。根据事权划分，投入资金主要用于场地建设、校园足球、青少年足球、后备人才基地、球队建设、各级各类竞赛、教学科研、业余足球等方面。市、县（区）教育（体育）等行政部门在安排相关经费时，应当对足球改革发展给予支持，体育彩票公益金适当安排资金用于支持青少年校园足球发展。按有关规定积极争取上级资金对我市青少年校园足球的资金支持。

牵头单位：市财政局

配合单位：市教育体育局、各县（区）政府

（四）强化监管。定期评估各县（区）推进足球改革工作进展情况，针对存在的问题提出整改意见。加强行业管理，严肃赛风赛纪，依法打击违法犯罪活动。

牵头单位：市教育体育局

配合单位：市委编办、市发改委、市公安局、市民政局、市财政局、市人力资源社会保障局、市国土资源局、市住房城乡建设局、市地税局

泸州市人民政府关于加强
体育工作建设健康泸州的实施意见

(泸市府发〔2017〕53号)

各区、县人民政府,市级各部门、各企事业单位:

《泸州市人民政府关于加强体育工作建设健康泸州的实施意见》已经市第八次人民政府22次常务会议审议通过,现印发你们,请认真贯彻落实。

关于加强体育工作建设健康泸州的实施意见

一、明确总体要求和目标任务

(一)总体要求。落实习近平总书记"深化体育改革,更新体育理念,推动群众体育、竞技体育、体育产业协调发展"的指示要求,把"弘扬体育精神、增强人民体质、提高健康水平"作为根本目标,丰富和满足群众身边多元化的体育需求,重点在全地域覆盖、全周期服务、全社会参与、全人群共享上实现突破,形成体育公共服务与市场服务相结合、群众体育与竞技体育全面发展、体育产业与其他产业融合发展的多元格局,促进全民健康,建设健康泸州。

(二)目标任务。到2020年,各县(区)全民健身活动中心全部建成,中心城区体育设施覆盖率达到100%,建成15分钟体育健身圈;全市经常参加锻炼人数达200万,体质健康达标率超过90%，群众体育发展的主要指标处于全省领先水平。力争泸州籍运动员在国际大赛上夺取奖牌。体育产业产值达40亿元以上，增加值21亿元，占GDP比重超过1%，争创省级以上体育产业基地2-3个，走在川滇黔渝结合部前列。

二、大力发展群众体育

（三）完善群众身边的体育设施。落实《泸州市全民健身实施计划（2016-2020）》和《泸州市中心城区体育设施布点规划》，形成"两核、两带、八心、多点"的公共体育服务均等化的空间布局结构。按照15分钟体育健身圈要求，中心城区新增1个约400亩的综合性体育场馆，满足城南群众健身需求，着力提高体育生态园、奥体公园、张坝体育公园等现有场馆设施使用率，重点在街边、绿地、社区公园等区域建设全民健身广场15个。新建5个县（区）级体育场馆，总用地面积约820亩。新建居住区体育场地设施48个、社区多功能运动场15处、村级农民健身工程320个。到2020年，全市建成4个市级大型体育场馆，县（区）"一场一馆一池"和综合体育健身馆（全民健身活动中心）实现全覆盖，人均体育场地面积达到1.8平方米，年增幅6%。落实公共体育设施向社会免费或低收费开放，实现有条件的学校（教学区与运动区明显分隔）向社会免费开放。

（四）丰富群众身边的健身活动。建立健全"市-县（区）-乡镇（街道）-村（社区）"四级全民健身运功体系，以举办泸州市第八届运动会（2019年）为契机，扎实推进中小学生运动会、老年人运动会、全民健身月等"健康泸州体育惠民工程"，每年开展各类群众体育活动200场次以上，实现"月月有赛事、周周有活动"，全面提升群众身体素质。承办全国老年人体育健身大会乒乓球邀请赛、四川省全民健身网球公开赛、川南片区六市（县）篮球比赛等国家、省级活动，提升泸州市业余足球俱乐部联赛、篮球大联盟比赛等群众性品牌赛事。以健康泸州为依托，大力发展养生气功、太极、五禽戏等养生运动。以参加四川省第十五届少数民族运动会（2018年）为契机，支持古蔺、叙永开展射弩、陀螺、手毽球、蹴球等少数民族传统体育项目发展，打造川滇黔渝民族民间体育特色品牌。

（五）健全群众身边的健身组织。创新推行"1+X+Y"（体育总会+运动协会+人群和行业协会）体育组织建设模式。以市体育总会为枢纽，发挥25个市级单项体育社会组织示范作用，带动各类单项、行业和人群体育组织开展群众身边的健身活动。各县（区）成立体育总会，推动乡镇单项体育协会和中心村体育辅导站建设。建立街道、社区、老年人、职工、青少年等体育健身俱乐部，到2020年全市体育协会和俱乐部等体育组织达到120个以上，形成四级体育组织网络体系，年均参与人数达到200万人。落实《关于推进全市性行业协会商会与行政机关脱钩试点工作有关问题的通知》（泸联组办〔2017〕3号），加强对全市75个协会、体育俱乐部的管理和指导，推动其承担举办竞赛活动、健身服务、体育培训、科研等实体化进程，培育"十大品牌俱乐部"。探索将"坝坝舞"纳入社会体育指导员队伍，引导其健康发展。

（六）开展群众身边的健身指导。依托泸州西南医疗康健城，构建市、县（区）两级国民体质监测网络，建设1个市级国民体质监测中心和7个县（区）级国民体质监测站（点）。建立市民健康锻炼和体质监测评价体系，完善市民体质监测和发布制度，推广运动处方、健身咨询和调理等服务，实行市民体质监测中心标准化管理。每年监测人数3.5万人以上，完成2019年全国第五次体质监测泸州抽样检测任务，到2020年市民体质合格率达90%以上，优秀率20%左右。加强社会体育指导员培训和管理，每年培养各级社会指导员500人次以上。推动全民健身、运动康复与临床医疗、疾病防控等结合，组建健身指导专家智库，探索建立体质测定与运动健身为一体的指导站，推动体医机构、设施和设备整合，前移健康关口。

三、努力提升竞技体育水平

（七）增强青少年学生体质健康。各级各类学校全面贯彻《学校体育工作条例》《国家学生体质健康标准》，保障学生每天锻炼一小时，保障体育课按时按量、不得减少和挤占。推进足球、篮球、网球、羽毛球、乒乓球等群众基础好的特色项目进校园，丰富青少年课外生活，每个学生掌握1项以上运动技能，每所体育传统项目示范学校有1个项目的学校代表队，每年打造10所特色示范学校，到2020年达40个。办好体育比赛活动，每年举办区级以上中小学生田径、篮球、足球、乒乓球、羽毛球比赛项目，组队参加青少年暑期夏令营活动和省级以上青少年体育竞赛活动，为青少年学生提供竞赛、交流、展示平台。

（八）建设竞技体育人才梯队。重点打造邹凯体育俱乐部，完善市业余体校为龙头、县（区）业余体校和学校训练基地为基础、各体育传统项目示范学校和国家级青少年体育俱乐部为支持的"三级训练体系"。每年新增2个市级训练基地、1个体育传统项目示范学校，到2020年基地达到15个，体育传统项目示范校达35个；创建1个省级高水平后备人才基地，建立15个体育特色项目运动队，通过加强人才体系的建设，壮大后备人才力量，到 2020 年，全市开展业余训练项目达 20 个，在训注册运动员达 4000 人。落实《泸州市足球改革发展实施意见》，每年新增校园足球特色学校 10 所，到 2020 年达 80 所，全市经常参与足球运动人口达到 20 万。

（九）提高竞技体育产出率。充分发挥跳水、体操、羽毛球 3 个重点项目优势，进一步夯实田径、游泳、足球等群众性项目基础。落实《泸州市竞技体育后备人才奖励办法》，与东部体育先进省、市建立"人才互换"机制，今明两年达到 10 人以上，到 2020 年超过 30 人，力争在 2018 年四川省第十三届运动会取得前三名成绩，到 2020 年输送优秀运动员 10 名以上，力争泸州籍运动员在国际大赛上夺取奖牌。

四、发展壮大体育产业

（十）打造泸州特色品牌赛事。重点举办 ITF 国际网球巡回赛、国际拳王争霸赛、酒城国际马拉松、山地汽车越野拉力赛、全国青少年足球锦标赛、全国体操锦标赛等国际国内品牌赛事，力争打造 1-2 个品牌。依托泸州山水林地等自然资源，重点打造汽车露营、山地自行车、定向越野、漂流、溶洞探险、游泳等户外休闲健身品牌，争创 1-2 个国家级休闲运动基地。

（十一）促进体育产业融合发展。发展"体育+互联网"产业，依托华为四川大数据中心，加快"泸州体育云平台"建设，探索数字发行、体育赛后模拟制作、体育消费研究、体育电商等领域应用价值，到 2020 年建成体育产业大数据研究中心。发展"体育+旅游"产业，打造两江四岸全民健身走廊、城市健康综合体以及体育旅游服务中心，建设赤水河红色体育旅游、黄荆老林-画稿溪-丹山山地度假休闲旅游、佛宝森林体验及山地穿越旅游3条精品体育休闲旅游线路,到2020年体育旅游占旅游总产值的10%以上。发展"体育+康养"产业,结合小城镇试点建设,规划建设玉龙湖水上运动小镇、凤凰湖户外运动小镇、龙城文化小镇、康体养生小镇、红色体育旅游小镇、山地运动休闲小镇、森林体验康养小镇等7个体育产业特色小镇,到2020年创建2-3个省级体育特色小镇,成功申报1-2个国家级体育特色小镇。

(十二)策划生成一批产业项目。建立"泸州市体育产业项目储备库",形成"策划储备一批、前期推进一批、开工建设一批"项目推进格局。每年争取2-3个产业项目跻身省级甚至国家级文化体育产业项目库,有1-2个产业项目开工建设。依托中国(四川)自由贸易区川南临港片区,积极引进穿戴式运动设备、智能运动器材等制造厂商进驻,到2020年入驻企业5家以上;依托高新区机械装备产业园区,引进体育器材、运动装备等上中游制造企业,鼓励开发体育器械新产品,实现零突破;依托泸州轻工业园区,引进体育服装、运动鞋帽等生产企业,配套建设研发中心。

五、强化保障措施

(十三)加强组织领导。完善全民健身工作领导小组各成员单位职能职责,建立健全联席会议制度等。建立体教结合工作会议制度,由市政府领导召集定期会议,研究和解决体教结合中的工作问题,推动各项工作有序开展。将群众体育工作、青少年体育工作纳入政府目标考核。

(十四)强化政策支持。设立体育发展专项资金。落实建设部、国土资源部、国家体育总局《城市社区体育设施建设用地指标》的规定,新建、扩建、改建小区配套体育场地设施"同步规划、同步设计、同步建设、同步投入使用",不擅自改变体育设施的建设项目和功能,不缩小其建设规模和降低其用地指标。将体育事业纳入财政支出保障重点,持续加大投入力度。加强对体育彩票公益金的使用和管理,重点用于支持全民健身事业。培养优秀体育后备人,合理规划课余体育训练系统项目布局,保障青少年学习训练两不误,人才不流失。

(十五)推进体育改革。稳步推进体育事业单位改革,建立科学有效的管理体制和运行机制,优化机构和人员配置,最大限度发挥6个单位资源效益。深化体育社团改革,推进体育社会组织政社分离、依法自治,更好为社会、单项体育运动服务。探索全市综合性和单项体育竞赛制度改革,先行在3-5个项目试点,建立办赛主体多元化的体育赛事体系。充分保障公共体育场馆的公益性,推进公共体育场馆运营管理体制和运营机制创新,场馆使用率提高50%。

附件:"加强体育工作、建设健康泸州"重点项目和重大工作推进表

请扫二维码查看附件内容

广元市人民政府办公室关于印发《广元市足球改革发展实施意见》的通知

(广府办发〔2017〕21号)

各县、区人民政府,市级各部门,广元经济开发区、市天然气综合利用工业园区管委会:

《广元市足球改革实施意见》已经市政府同意,现印发给你们,请认真贯彻执行。

广元市足球改革发展实施意见

根据省政府办公厅《关于印发四川省足球改革发展实施意见的通知》(川办发〔2016〕56号)精神,结合我市实际,现提出如下实施意见。

一、总体要求

指导思想与原则:全面贯彻落实党的十八大和十八届三中、四中、五中、六中全会精神和习近平总书记系列重要讲话精神,遵循足球发展规律,把足球改革发展作为推动广元体育事业特别是全民健身事业发展的重要举措,努力建立专业高效、运转灵活、法制健全、保障有力的体制机制。坚持着眼长远与夯实基础相结合,创新重建与问题治理相结合,政府主导和市场主体相结合,发展足球运动和推动全民健身相结合,从增加足球场地、提高参与人数、加快校园足球发展等多方面综合施策，调动全社会参与足球发展和全民健身的积极性，为足球事业发展营造良好的社会氛围。

近期目标：理顺足球管理体制，制定足球中长期发展实施方案，创新足球管理模式。到2020年，足球人口规模明显增加，全市经常参与足球运动人数达到5万人（其中青少年学生达到3万人）；重点抓好校园足球，国家、省校园足球特色学校达到40所，广元市足球特色学校达到50所；足球竞技水平明显提升，参加省运会足球比赛进入中上水平，足球后备人才培养形成体系；业余足球俱乐部建设迈出新步伐，5年内全市打造30个以上业余足球俱乐部，拥有注册运动员700名以上；大力规划建设足球场地，全市各类足球场地达到180片以上，标准公共足球场地10片以上。

远期目标：足球成为群众积极参与的体育运动，全社会形成健康的足球文化。打造社会业余足球和业余联赛品牌，我市代表队进入全省业余足球联赛决赛阶段并取得好成绩。建立校园、青训两级足球人才培养体系，依托校园足球组建各组别的青少年足球队伍，积极向省队输送优秀足球后备人才，实现足球事业和产业协调发展。

二、大力发展青少年校园足球

加强师资培训，夯实校园足球基础。有效整合资源，充实校园足球教师和教练员力量，切实加强足球师资队伍建设。允许学校使用现有编制优先引进足球教练员，到2020年，培养足球教师100名、足球教练50名的校园足球教学与管理队伍。确保每所市级特色学校中至少有1名足球专业教师，国家、省校园足球特色学校至少有1名专业足球教练。聘用优秀退役运动员承担校园足球训练工作。（市教育局牵头，市委编办、市

人力资源和社会保障局、市体育局配合）

深化教学改革，实施足球课程。完善青少年足球教学体系，将足球列入体育课教学内容。校园足球项目推广学校、特色学校按要求开设足球课，保证以足球为重要内容的课外体育活动。将县（区）校园足球发展情况纳入学校体育工作年度报告。建立高中、初中、小学，校、县（区）、市"三级三层"的青少年校园足球联赛机制，实行"校校参与、层层选拔"的赛事分级管理制度，选拔组队参加省级各类青少年足球比赛。制定我市足球后备人才认定标准和升学管理制度，完善足球特长生招生政策，适度扩大招生规模，为有足球特长的学生创设持续发展的通道，激励学生长期积极参加足球运动，做好足球后备人才梯队建设。（市教育局牵头，市体育局配合）

三、普及发展社会足球

坚持以人为本，推动社会足球快速发展，努力扩大足球人口。鼓励机关、企事业单位、社会团体、部队组建或联合组建足球队伍，开展足球运动。支持指导建立足球俱乐部，鼓励企业出资参与俱乐部建设。工会、共青团、妇联等人民团体发挥各自优势，推进社会足球发展。注重从经费、场地、时间、竞赛、教练指导等方面支持社会足球发展。（市体育局牵头，市民政局、市教育局、市总工会、团市委、市妇联、各县区人民政府配合）

四、建立健全足球协会

对接省足协各项工作，建立健全各内设专业委员会，整合足球资源，探索发展足球产业，积极开展足球交流活动。做好足球教练员和裁判员的培训及审批工作。到2020年，全市足球裁判员达60人以上。举办好全市业余足球联赛，打造社会足球品牌赛事。积极参与青少年足球训练比赛工作，做好校园足球发展。引导建立社会足球俱乐部并加强管理。各县区要建立足球协会，鼓励支持各行业、各系统组建足球协会。完善球队、球员注册体系，制定注册管理办法，努力形成覆盖全市、组织完备、管理高效、有机协作、适应现代足球管理运营需要的协会管理体系。（市民政局牵头，市体育局、各县区人民政府配合）

五、完善足球竞赛管理体系

加强竞赛体系建设。完善竞赛结构，扩大竞赛规模，增加竞赛种类，逐步形成赛制稳定、层次丰富、衔接有序、遍及城乡的竞赛格局。注重我市青少年足球等级赛事、校园足球日常赛事和社会足球联赛的有机衔接，实现竞赛结构科学化。积极开展机关、企事业单位、部队、中老年等足球赛事活动，逐步建立健全各类竞赛体系。（市体育局牵头，市教育局、团市委配合）

维护良好竞赛秩序。严格各级各类足球赛事管理，规范足球竞赛秩序。赛事组织机构要会同公安机关加强管理，各司其职，完善安全保障措施。公安机关负责加强对足球赛事安全秩序的监管，组织开展对比赛现场及周边地区的治安秩序管理维护工作，依法打击违法犯罪活动。引导球迷文明观赛，遵纪守法。（市体育局牵头，市公安局、市教育局配合）

打造品牌促进交流。鼓励社会资源参与承办四川省业余足球联赛的县级、市级联赛，打造精品赛事，广元市代表队力争打入省级总决赛。力争2017年市级业余足球联赛参赛队数达到30支，到2020年参赛队数达50支。积极组队参加省、市

内外赛事及有关交流活动。积极承办国内、国际赛事活动。（市体育局牵头，市教育局等市级有关部门配合）

六、建立足球人才培养体制

强化足球专业人才培养。按照分级、分类管理原则，构建市、县（区）和行业、专业机构、社会力量等多级多元的培训组织结构，加强对足球教练员、裁判员、讲师等专业人才的培训。引进一批高水平讲师对我市教练员、裁判员实施规模化培训，同时选送优秀教练员到足球发达地区学习提高。

加强后备人才培养。积极引进社会力量创建足球学校。搞好体教结合，加强文化教育、意志锤炼和人格熏陶，促进足球运动员全面发展，构建青少年足球人才选拔培训体系。以地方政府为主导，建立校园足球与青少年后备人才培养相结合的衔接体系，建设覆盖市县（区）校的青少年足球训练基地和训练点，选拔优秀青少年苗子进行集中培训和向上输送。畅通优秀苗子从校园足球、青少年高水平足球、社会足球到专业足球、职业足球的成长渠道，积极输送优秀运动员进入专业队。（市体育局牵头，市教育局配合）

七、加强足球场地建设管理

扩大足球场地数量。坚持足球场地规划建设既满足社会大众所需又能与学校共用共享的原则，研制全市足球场地建设规划。将校园足球场地设施建设列入城镇化发展和公共体育设施建设规划。加强校园足球特色学校场地建设和器材配备，市及市以上校园足球特色学校至少建成一个五人制足球场。鼓励有条件的地方建立青少年足球活动基地。充分利用城市和乡村的荒地、闲置地、公园等，建设一批简易实用的非标准足球场地,大力推广笼式足球场。到2020年每个县(区)建成至少一片标准公共足球场,建立一个青少年足球训练网点。对社会力量建设足球场地要给予政策扶持。(市发展改革委牵头,市教育局、市国土资源局、市建设和住房局、市体育局、市城乡规划局、各县区人民政府配合)

提高场地设施运营能力和综合效益。按照管办分离和非营利性原则,通过委托授权、购买服务等方式,招标选择专业社会组织或企业负责管理运营公共足球场,促进公共足球场低价或免费向社会开放。推动学校足球场在课外时间有序向社会开放,建立场地共享机制。(市体育局、市教育局牵头,市地税局、各县区人民政府配合)

八、完善投入机制

加大投入力度。根据事权划分,投入资金主要用于场地建设、校园足球、青少年足球、后备人才基地、球队建设、各级各类竞赛、教学科研、承办高水平比赛等方面。体育、教育等行政部门在安排相关经费时,应当对足球改革发展给予支持。各级财政应每年预算一定数额的足球运动专项经费。(市财政局牵头,市发展改革委、市教育局、市体育局、各县区人民政府配合)

推动足球产业发展。加大足球无形资产开发和保护力度,以打造赛事品牌、开发足球附属产品、培育足球服务市场、推动消费需求、探索足球产业与相关产业的融合发展等为导向,构建全方位、全过程足球产业链,同时引入新的竞争主体,建立面向市场、平等竞争、多种经济成分共同兴办足球产业的格局。鼓励社会力量发展足球产业,引导有实力的企业投资足球俱乐部,赞助足球赛事和公益项目,发挥支持足球事业的示范和带动作用，拓宽足球产业发展资金来源渠道。（市体育局牵头，市委宣传部、市发展改革委、市统计局、市地税局、市国资委，各县区人民政府配合）

九、加强足球工作组织领导

建立联席会议制度。建立由市政府分管领导担任召集人，市级相关部门及各县区政府参与的足球改革发展联席会议制度。各有关单位应当各司其职、各负其责、各尽其力、协同配合，共同推动广元足球改革发展。（市体育局负责，市级有关部门，县区人民政府配合）

推进足球行业作风和法治建设。加强足球领域的思想品德教育和职业道德教育，强化运动队伍精神作风和意志品质的锤炼，培养爱国奉献、坚韧不拔、团结拼搏的团队精神，努力形成激励广元足球发展振兴、有益于社会和谐进步的精神力量。适应足球发展需要和行业特点，完善相关法规和行业规范规则。营造良好舆论环境。创新足球宣传方式，引导群众客观认识足球现状，强化新闻管理和舆论引导工作。（市委宣传部牵头，市体育局、市教育局、市文广新局、团市委配合）

遂宁市人民政府办公室关于印发《遂宁市足球改革发展实施方案》的通知

(遂府办发〔2017〕11号)

各县(区)人民政府,市直各部门,有关单位:

《遂宁市足球改革发展实施方案》已经市委全面深化改革领导小组第十七次会议审议通过,现印发给你们,请认真贯彻执行。

遂宁市足球改革发展实施方案

为贯彻落实党中央、国务院决策部署,根据《国务院办公厅关于印发中国足球改革发展总体方案的通知》(国办发〔2015〕11号)《中国足球中长期发展规划(2016—2050年)》(发改社会〔2016〕780号)和《四川省人民政府办公厅关于印发四川省足球改革发展实施意见的通知》(川办发〔2016〕56号)精神,结合实际,提出如下实施方案。

一、总体要求

(一)指导思想。以邓小平理论、"三个代表"重要思想、科学发展观为指导,全面贯彻落实党的十八大和十八届二中、三中、四中、五中、六中全会及省第十一次党代会精神,深入学习贯彻习近平总书记系列重要讲话精神,遵循足球发展规律,把足球改革发展作为遂宁建设体育强市的重要举措,努力建立专业有效、系统完备、民主开放、运转灵活、法制健全、保障有力的体制机制。

（二）基本原则。坚持着眼长远与夯实基础相结合，创新重建与问题治理相结合，政府主导和市场主体相结合，发展足球和推动全民健身相结合，从增加足球运动场地、提高参与人口数量、抓好校园足球发展等多方面综合施策，调动全社会参与足球发展和全民健身的积极性，为足球事业发展营造良好的社会氛围。

（三）主要目标

——近期目标：理顺足球管理体制，制定足球中长期发展实施方案，创新足球管理模式。到2020年，新建或改扩建20片以上标准足球场和200片以上简易实用的非标准足球场，全市每个镇（乡）、每所中小学校均建有开展足球活动的场地。足球人口规模明显增加，全市经常参与足球运动人口达到19万。广泛开展校园足球工作，校园足球特色学校达到65所（市本级特色校15所），构建280支校园足球队伍，参与足球活动的中小学生达6万人，学生足球运动员注册人数达到1300人。开展丰富的社会足球活动，充分发挥社会业余足球在普及足球运动中的推动作用。

——远期目标：足球成为群众普遍参与的体育运动，全社会形成健康的足球文化，基本建立专业高效、系统完备、保障有力的体制机制。打造社会业余足球和业余联赛品牌赛事，拥有高水平职业俱乐部，且至少有1支职业球队参加省足球联赛。建立校园、青少年训练、专业、职业四级足球人才培养体系，进入各级队伍参加大赛运动员达到一定数量。足球事业和产业全面协调发展。

二、大力发展青少年校园足球

（四）制定全市青少年校园足球实施意见。把发展青少年校园足球作为深化学校体育改革、培养全面发展人才的重大举措，大力普及校园足球，促进青少年身心健康、体魄强健、全面发展。（牵头单位：市教育局，责任单位：市发改委、市文广新局、市体育局、团市委）

（五）建设市级校园足球特色学校和师资培养培训基地。在全市范围内支持建设一批青少年校园足球特色学校。到2020年，培养建成70名教师、50名裁判员、30名教练员、10名足球教学管理经营人员队伍。（牵头单位：市教育局，责任单位：市发改委、市体育局）

（六）完善青少年足球教学体系。将各地校园足球发展情况纳入学校体育工作年度报告并定期发布。校园足球特色学校要把足球列入体育课必修内容，义务教育阶段学校每周开设1节足球教学课，每周组织两次以足球为主要内容的大课间体育活动或课外体育活动。高中及中等专业学校开设足球模块教学。制定我市足球后备人才认定标准和升学管理制度，2017年起将学校足球竞赛成绩及人才输送纳入足球特色学校体育工作考核评价体系。完善足球特长生招生政策，加强足球特长生文化课教学管理，制定考试招生优惠政策，激励学生长期积极参加足球学习和训练。允许足球特长生在升学录取时在一定范围内合理流动，获得良好的特长发展环境。到2020年，逐步形成内容丰富、多科参与、形式多样、因材施教的青少年足球教育体系。〔牵头单位：市教育局，责任单位：市发改委、市体育局、团市委、各县（区）政府、市直园区管委会〕

（七）加强优秀足球苗子培养。按照国家青少年足球训练大纲要求，进一步强化各层次训练队伍的梯队建设、选才标准、年龄衔接、技术规范、素质要求等基础工作。加强后备人才梯队建设，新建1—2所足球学校，作为市后备人才梯队建设阵地。在65所校园足球特色学校中遴选10所小学共建市级足球后备人才队伍，以周末足球训练营、月末后备人才选拔赛、寒暑假冬夏令营等形式对U11（11岁及以下，下同）、U9、U7年龄段优秀青少年足球苗子进行动态监测，人数达到10队150人。县（区）级体校要按照"选好苗子、打好基础、系统训练、积极提高"的原则，坚持足球从基层抓起，积极开展训练工作，努力培养、向上输送更多后备人才。各县（区）政府、市直园区管委会要大力推进校园足球发展，在抓好校园男子足球的同时，大力开展校园女子足球普及工作，广泛开展校园女子足球活动，建立女足联赛体系。到2017年底女足青少年注册数量达到100人，各年龄段参加省青少年足球赛事的队伍处于全省领先水平，为女足国家队、省队输送人才。〔牵头单位：市教育局，责任单位：市体育局、团市委、各县（区）政府、市直园区管委会〕

三、普及发展社会足球

（八）推动足球运动普及。坚持以人为本，推动社会足球快速发展，不断扩大足球人口规模。鼓励机关、事业单位、人民团体、社会组织、社区、部队和企业组建或联合组建足球队。开展丰富多彩的社会足球活动。2017年组建业余足球队60支。注重从经费、场地、时间、竞赛、教练指导等方面支持社会足球发展。工会、共青团、妇联等群团组织要发挥各自优势推进社会足球发展。到2020年，业余足球队达到100支以上，常年参加足球运动人口达到2万人，足球人口比例处于全省领先位置。〔牵头单位：市体育局，责任单位：市民政局、市教育局、市总工会、团市委、市妇联、各县（区）政府、市直园区管委会〕

（九）健全足球协会组织。鼓励支持各地、各行业组建足球协会，承担本地、本行业会员的组织建设、竞赛、培训、足球活动开展、宣传等职责。完善球队、球员注册体系，制定注册管理办法，努力形成覆盖全市、组织完备、管理高效、相互协作、适应现代足球管理运营需要的协会管理体系。健全各级足协的党组织机构。〔牵头单位：市民政局，责任单位：市委组织部、市体育局、各县（区）政府、市直园区管委会〕

四、完善足球竞赛体系

（十）加强竞赛体系设计。完善竞赛结构，扩大竞赛规模，增加竞赛种类，逐步形成赛制稳定、层次丰富、衔接有序、遍及城乡的竞赛格局。注重青少年足球运动等级赛事、校园足球赛事和业余足球联赛的有机衔接，实现竞赛结构科学化。积极倡导和组织行业、社区、企业、部队、中老年等足球赛事，逐步建立健全各类竞赛体系。（牵头单位：市体育局，责任单位：市教育局、团市委）

（十一）维护竞赛秩序。严格加强各级各类足球赛事管理，规范足球竞赛秩序。赛事组织机构和体育行政部门会同公安机关加强管理，各司其职，完善安全保障措施。公安机关负责加强对足球赛事安全秩序的监管，组织开展对比赛现场及周边地区的治安秩序管理维护工作，依法打击违法犯罪活动。引导球迷文明观赛，遵纪守法。（牵头单位：市体育局，责任单位：市公安局、市教育局）

（十二）推动地方足球联赛品牌打造和国内外赛事交流。

逐步引入社会资源，参与打造由县级、市级分区赛、市级总决赛组成的遂宁市地方足球联赛，充分发挥精品赛事的引领示范作用，扩大群众参与规模。力争2017年参赛人数达到0.5万人次，2020年参赛人数达到1万人次。积极参加省内外足球赛事及有关交流活动，增进交流，提高水平。充分利用我市优质体育场馆，积极承办省内、国内、国际赛事。（牵头单位：市体育局，责任单位：市外侨办）

五、建立完善职业足球俱乐部建设与运营模式

（十三）建立遂宁职业足球发展扶持引导机制。坚持市场主体、政府引导和社会参与相结合，研究建立遂宁职业足球发展扶持引导机制。（牵头单位：市财政局，责任单位：市体育局）

（十四）促进俱乐部健康稳定发展。积极推动足球俱乐部发展，规范职业足球俱乐部管理，突出主体地位，充分发挥其在职业联赛中的重要作用。俱乐部应当注重自身建设，健全规章制度，加强自律管理，遵守行业规则，积极承担社会责任，接受社会监督，加快培育稳定的球迷群体和城市足球文化。（牵头单位：市体育局）

六、改进足球专业人才培养发展方式

（十五）拓展足球运动员成长渠道和空间。加大培养力度，完善选用机制，多渠道造就优秀足球运动员，畅通优秀苗子从校园足球、青少年高水平足球、社会足球到专业足球、职业足球的成长渠道。搞好体教结合，加强文化教育、意志锤炼和人格熏陶，促进足球运动员全面发展。鼓励足球俱乐部、企业和其他社会力量选派职业球员、青少年球员、优秀足球教练员到足球发达城市、国家接受培训，力争跻身国内高水平职业

联赛。(牵头单位:市体育局,责任单位:市教育局)

(十六)加强足球专业人才培训。大力实施"人才强足"战略,完善足球人才培养、引进、考核评价体系。2017年起将引进高水平足球教练员工作纳入全市人才招聘计划,享受人才引进同等待遇。大力加强教练员、裁判员、科研人员、经营管理人员等专门人才队伍建设,按照分级、分类管理原则,构建市、县(区)和行业、专业机构、社会力量等多级、多元的培训组织结构。从2017年开始,每年培训足球教练员、管理人员30名,到2018年实现40名在岗教练员全部获得D级以上证书,培训国家三级足球裁判员200名和国家二级足球裁判员100名,选拔突出的国家二级足球裁判员参加省级培训班,积极推荐晋升一级以上足球裁判员。加强交流与合作,积极推行"走出去"政策,派遣优秀管理人员、教练员到国内外足球发达地区交流培训,为实现我市足球改革发展目标提供人才支撑。(牵头单位:市体育局,责任单位:市教育局、市人社局)

(十七)做好足球运动员转岗就业工作。统筹市场机制和政策引导,为足球运动员再就业再发展搭建平台,支持退役运动员通过必要培训和考核,担任足球教练员、裁判员、讲师,或到企事业单位和部队成为群众足球活动的骨干,或进入足球协会、足球俱乐部从事足球管理和服务工作。(牵头单位:市体育局,责任单位:市教育局、市人社局)

七、加强足球场地建设管理

(十八)扩大足球场地数量。研究制定全市足球场地建设规划,明确刚性需求,由各县(区)政府组织实施。加强校园特色学校场地建设,鼓励有条件的地方依托学区建立青少年足球活动基地。每个县（区）、市直园区原则上建立1个青少年足球训练网点，把兴建足球场地纳入城镇和新农村建设规划，各级政府做好规划和建设。各县（区）、市直园区通过新建或改扩建，建有标准的面向社会开放的足球场地。各镇（乡、街道）因地制宜建设足球场，充分利用城市和乡村的荒地、闲置地、公园、屋顶、人防工程等，建设200片以上简易实用的非标准足球场，满足开展足球活动的场地需求。把校园足球场地建设纳入学校标准化建设和改善基本办学条件工作，确保全市每所学校建有开展足球活动的场地。在整合现有足球场地的基础上，通过努力实现全市足球运动基础设施建设有较大发展，足球设施的综合利用率和运营能力有明显提高，初步形成布局合理、互为补充、覆盖面广、惠及全民的足球运动设施格局。对社会力量建设足球场地给予政策扶持。〔牵头单位：市发改委，责任单位：市教育局、市国土局、市住建局、市自然资源和规划局、市体育局、各县（区）政府、市直园区管委会〕

（十九）提高场地设施运营能力和综合效益。按照管办分离和非营利性原则，通过委托授权、购买服务等方式，招标选择专业的社会组织或企业负责管理运营公共足球场，促进公共足球场低价或免费向社会开放，建立学校和社会对场地的共享机制。〔牵头单位：市体育局，责任单位：市教育局、市地税局、各县（区）政府、市直园区管委会〕

八、推进市级足球队伍改革发展

（二十）加强市足球队和教练团队建设。市足球队采用开放多元的联合办队模式，在原有的办队基础上，鼓励有条件的县（区）、市直园区竞争办队；选择有条件的县（区）、市直园区和企业，开展市县企联合办队。强化组织领导，加大支持力度，提高"训、科、医"一体化科学训练水平，打造技艺精湛、作风顽强、能打硬仗的市足球队，完成好省运会参赛任务。建立严格规范的市队教练及管理团队遴选、考核评价机制，实行主教练负责制，对教练员团队和管理服务团队实行任期目标考核，做到责任与权益明确、激励与约束到位。（牵头单位：市体育局）

（二十一）构建青少年足球人才选拔培训体系。建立健全发现、培养和选拔青少年优秀足球后备人才机制。以各县（区）政府、市直园区管委会为主导，依托各县（区）、市直园区体育、教育行政部门和各级各类体育运动学校，建立校园足球与青少年后备人才培养相结合的衔接体系，建设覆盖全市的青少年足球训练基地、集训营、训练营、青训营等，选拔各级校园足球联赛中涌现出的优秀青少年苗子。（牵头单位：市体育局，责任单位：市教育局）

九、完善投入机制

（二十二）加大投入力度。市、县（区）两级财政将足球改革发展所需专项经费纳入本级财政预算，统筹安排资金，保障足球事业发展。根据事权划分，投入资金主要用于场地建设、校园足球、青少年足球、后备人才基地、球队建设、各级各类竞赛、教学科研、职业足球等方面。体育、教育等行政部门在安排相关经费时，应对足球改革发展予以支持。（牵头单位：市财政局，责任单位：市发改委、市教育局、市体育局）

（二十三）成立遂宁足球发展基金会。基金会作为非营利性法人，在业务主管部门指导下，按照基金会章程管理运行，依法开展相关活动并依照有关法规加强信息公开，接受社会监

督。(牵头单位：市体育局，责任单位：市财政局、市地税局、市民政局)

(二十四)加强足球产业开发。加大足球无形资产开发和保护力度，以打造赛事品牌、开发足球附属产品、培育足球服务市场、推动足球消费需求、探索足球产业与相关产业的整合发展等为导向，构建全方位、全过程足球产业链，同时引入新的竞争主体，建立面向市场、平等竞争、多种经济成分共同兴办足球产业的格局。〔牵头单位：市体育局，责任单位：市委宣传部、市发改委、市统计局、市地税局、各县（区）政府、市直园区管委会〕

(二十五)鼓励社会力量发展足球。引导有实力的知名企业和个人投资职业足球俱乐部、赞助足球赛事和公益项目，发挥支持足球事业的示范和带头作用，拓宽俱乐部和足球发展资金来源渠道。(牵头单位：市体育局，责任单位：市国资委)

十、加强足球工作组织领导

(二十六)建立足球改革发展联席会议制度。建立由市政府领导同志担任召集人，市级相关部门和单位参与的市足球改革发展联席会议制度，成立市足球改革发展工作领导小组。组织成员单位各司其职、协同配合，共同推动遂宁足球改革发展。(牵头单位：市体育局)

(二十七)把推动足球改革发展摆在重要位置。各县（区）政府、市直园区管委会要把足球改革发展纳入重要议事日程，在加强足球改革发展政策保障方面积极创造有利条件，切实推动足球改革发展。〔牵头单位：各县（区）政府、市直园区管委会〕

(二十八)加强足球行业作风和法治建设。加强足球领域的思想品德教育和职业道德教育，强化运动队伍精神作风和意志品质的锤炼，培养爱国奉献、坚韧不拔、团结拼搏的作风，努力形成激励遂宁足球发展振兴、有益于社会和谐进步的精神力量。适应足球发展需要和行业特点，完善足球行业规范规则。(牵头单位：市体育局，责任单位：市教育局、团市委)

（二十九）营造良好舆论环境。创新足球宣传方式，引导群众客观认识足球现状，建立合理预期，强化涉及足球新闻常理和舆论引导工作，最大限度凝聚足球改革发展共识。(牵头单位：市委宣传部，责任单位：市教育局、市文广新局、市广播电视台、遂宁日报社、市体育局、团市委)

（三十）发挥典型带动作用。加强扶持和指导，总结推广足球改革发展的典型经验。选择一批足球基础好、发展足球条件好、工作积极性高的县（区）、市直园区，给予重点支持，实现率先发展、以点带面，推动全市足球运动整体水平持续提高。〔牵头单位：市体育局，责任单位：市教育局、团市委、各县（区）政府、市直园区管委会〕

达州市人民政府办公室关于印发《达州市足球改革发展实施意见》的通知

(达市府办〔2017〕27号)

各县(市、区)人民政府,达州经开区管委会,市级有关部门:

《达州市足球改革发展实施意见》已经市政府同意,现印发给你们,请认真贯彻执行。

达州市足球改革发展实施意见

为贯彻落实党中央、国务院、省委省政府决策部署,根据《四川省人民政府办公厅关于印发四川省足球改革发展实施意见的通知》(川办发〔2016〕56号)精神,结合达州实际,提出如下实施意见。

一、总体要求

(一)指导思想与原则。以邓小平理论、"三个代表"重要思想、科学发展观为指导,全面贯彻落实党的十八大和十八届二中、三中、四中、五中、六中全会精神,深入学习贯彻习近平总书记系列重要讲话精神,遵循足球发展规律,把足球改革发展作为达州建设体育强市的重要举措,努力建立专业高效、系统完备、民主开放、运转灵活、法制健全、保障有力的体制机制。

坚持着眼长远与夯实基础相结合，创新重建与问题治理相结合，政府主导和市场主体相结合，发展足球运动和推动全民健身相结合，从增加足球运动场地、提高参与人口数量、抓好校园足球发展等多方面综合施策，调动全社会参与足球发展和全民健身的积极性，为足球事业发展营造良好的社会氛围。

（二）主要目标

——近期目标：理顺足球管理体制，制定足球中长期发展实施方案，创新足球管理模式。到2020年，足球人口规模明显增加，全市经常参与足球运动人口达到30万人；广泛开展校园足球，校园足球特色学校达到80所；青少年足球竞技水平明显提升，足球后备人才培养形成规模；开展丰富的社会足球活动，充分发挥社会业余足球在普及足球运动中的推动作用。

——远期目标：足球成为群众普遍参与的体育运动，全社会形成健康的足球文化；基本建立专业高效、系统完备、保障有力的体制机制。打造社会业余足球和业余联赛品牌赛事；建立校园、青训两级足球人才培养、选拔体系，进入各级省队、国家队参加国内、国际大赛运动员达到一定数量。足球事业和产业全面协调发展。

二、健全足球协会

（三）调整健全市足球协会。按照政社分开、权责明晰、依法自治的原则，进一步明确定位达州市足球协会职能，在内部机构设置、工作计划制定、财务和薪酬管理、人事管理、对外专业交流等方面赋予自主权，其领导机构的组成应体现广泛的

代表性和专业性,按社团法人机制运行。(市文体广新局牵头,市民政局、市财政局、市人力资源社会保障局、团市委配合)

(四)健全全市足球协会组织。鼓励支持各地、各行业、各类别组建足球协会,承担本地、本行业、本类别的会员组织建设、竞赛、培训、足球活动开展、宣传等职责。完善球队、球员注册体系,制定注册管理办法,努力形成覆盖全市、组织完备、管理高效高能、相互有机协作、适应现代足球管理运营需要的协会管理体系。健全各级足协党的组织机构。市足协党组织由市文体广电新闻出版局党委领导。〔市民政局牵头,市委组织部、市文体广新局、各县(市、区)人民政府、达州经开区管委会配合〕

三、大力发展青少年校园足球

(五)制定全市青少年校园足球实施意见。把发展青少年校园足球作为深化学校体育改革、培养全面发展人才的重大举措,大力普及校园足球,促进青少年身心健康、体魄强健、全面发展。(市教育局牵头,市发展改革委、市文体广新局、团市委配合)

(六)建设市级校园足球特色学校和师资培养培训基地。在全市范围内支持建设一批青少年校园足球特色学校,建立达州市校园足球师资培养培训基地。到2020年,各县(市、区)要建设6支学校高水平足球运动队(小学、初中、高中男女各1支),达州经开区要建设4支学校高水平足球运动队(小学、初中男女各2支),培养66名体育教师、100名裁判员、66名教练员。(市教育局牵头,市发展改革委、市文体广新局、团市委配合)

(七)完善青少年足球教学体系。将各地校园足球发展情况写入各地学校体育工作年度报告并定期公示上报及发布。到2020年,逐步形成内容丰富、多科参与、形式多样、因材施教的青少年足球教学体系。制定完善足球特长生专项招生政策。制定我市足球后备人才认定标准和升学管理制度。〔市教育局牵头,市发展改革委、市文体广新局、团市委、各县(市、区)人民政府、达州经开区管委会配合〕

(八)加强青少年足球竞赛体系设计。完善竞赛结构,扩大竞赛规模,增加竞赛种类,逐步形成赛制稳定、层次丰富、衔接有序、遍及城乡的竞赛格局。尤其要注重我市青少年校园足球运动等级赛事,落实市、县、校三级三层校园足球联赛,各县(市、区)、达州经开区每年至少举办两次足球联赛(小学、中学各一次),实现竞赛结构和足球后备人才选拔科学化。到2020年,全市中小学校园足球参与率达到90%以上。〔市教育局牵头,市文体广新局、团市委、各县(市、区)人民政府、达州经开区管委会配合〕

四、普及发展社会足球

(九)推动足球运动普及。坚持以人为本,推动社会足球快速发展,不断扩大足球人口规模。鼓励机关、事业单位、人民团体、社会组织、社区、部队和企业组建或联合组建足球队,开展丰富多彩的社会足球活动。注重从经费、场地、时间、竞赛、教练指导等方面支持社会足球发展。工会、共青团、妇联等人民团体发挥各自优势,推进社会足球发展。积极倡导和组织行业、社区、企业、部队、中老年等足球赛事,逐步建立健全各类竞赛体系。〔市文体广新局牵头,市教育局、市民政局、市总工会、团市委、市妇联、各县(市、区)人民政府、达州经开区管委会配合〕

五、完善足球竞赛体系

（十）推动地方足球联赛品牌打造和省内外赛事交流。由市足协牵头，逐步引入社会资源参与，打造市、县两级足球联赛，充分发挥"周末足球联赛"赛事的引领示范作用，扩大群众参与规模。力争2017年参赛人数达到1万人次，2020年参赛人数达到2万人次。积极参加省内外足球赛事及有关交流活动，增进交流，提高水平。积极创造条件，承办省级、国家级赛事。（市文体广新局负责）

（十一）维护竞赛秩序。严格加强各级各类足球赛事管理，规范足球竞赛秩序。赛事组织机构和体育行政部门会同公安机关加强管理，各司其职，完善安全保障措施。公安机关负责加强对足球赛事安全秩序的监管，组织开展对比赛现场及周边地区的治安秩序管理维护工作，依法打击违法犯罪活动。引导球迷文明观赛，遵纪守法。（市文体广新局牵头，市教育局、市公安局配合）

六、改进青少年足球人才培养发展方式

（十二）拓展青少年足球运动员成长渠道和空间。加大培养力度，完善选用机制，多渠道造就优秀青少年足球人才。畅通优秀苗子从校园足球、青少年高水平足球到省级以上优秀运动队的成长通道。切实搞好"体教结合"，加强文化教育、意志锤炼和人格熏陶，促进青少年足球人才全面发展。（市教育局牵头，市文体广新局配合）

（十三）加强足球专业人才培训。按照分级、分类管理原则，构建市、县两级和行业、专业机构、社会力量等多级、多元的培训组织结构，加强对足球教练员、裁判员、讲师等专业

人才的培训。充分发挥体育院校、体育科研院所在足球理论研究和足球专业人才培训中的作用。加强对外交流，引入一批高水平省内外或外籍讲师对我市教练员、裁判员、讲师实施规模化培训。（市文体广新局牵头，市教育局、市人力资源社会保障局配合）

（十四）做好足球运动员转岗就业工作。统筹市场机制和政策引导，为足球运动员再就业再发展搭建平台，支持退役运动员通过必要培训和考核，担任各级各类学校足球教练员或到企事业单位和部队成为群众足球活动的骨干，或进入足球协会从事足球管理和服务工作。（市人力资源社会保障局牵头，市委编办、市教育局、市财政局、市文体广新局配合）

七、加强足球场地建设管理

（十五）扩大足球场地数量。研究制定全市足球场地建设规划，明确刚性需求，由各地人民政府组织实施。足球场地应尽量规划在学校内或学校附近，提升使用效益。因地制宜建设足球场，充分利用城市和乡村的荒地、闲置地、公园等，建设一批简易实用的非标准足球场。加强校园足球特色学校场地建设，鼓励有条件的地方依托学区建立青少年足球活动基地。"十三五"期间每个县（市、区）、达州经开区应建立至少1个11人制标准足球场和4个五人制足球场，对社会力量建设足球场地给予政策扶持。〔市发展改革委牵头，市教育局、市国土资源局、市规划局、市文体广新局、各县（市、区）人民政府、达州经开区管委会配合〕

（十六）提高场地设施运营能力和综合效益。按照管办分离和非营利性原则，通过委托授权、购买服务等方式，招标选择专业的社会组织或企业负责管理运营公共足球场，促进公共足球场低价或免费向社会开放。推动学校足球场在课外时间低价或免费有序向社会开放，建立学校和社会对场地的共享机制。〔市教育局牵头，市文体广新局、市地税局、各县（市、区）人民政府、达州经开区管委会配合〕

八、推进青少年足球人才建设

（十七）构建青少年足球人才选拔培训体系。建立健全发现、培养和选拔青少年优秀足球后备人才机制。以各县（市、区）人民政府为主导，依托各级教育、体育行政部门和各级各类体育运动学校，建立校园足球与青少年后备人才培养相结合的衔接体系，建设覆盖市县的青少年足球训练基地、训练营等，选拔各级校园足球联赛中涌现出的优秀青少年足球苗子。（市文体广新局牵头，市教育局配合）

九、完善投入机制

（十八）加大投入力度。根据事权划分，投入资金主要用于足球场地建设、校园足球、青少年足球、后备人才基地、各级各类竞赛、教学科研等方面。市县财政要加大投入力度，全力保障足球事业发展，积极支持场地建设、校园足球、青少年足球、后备人才基地、各级各类竞赛、教学科研等工作。各地财政要安排经费发展足球特色学校。支持足球特色学校发展，教育、体育等行政部门在安排相关经费时，应当对足球改革发展给予支持。〔市财政局牵头，市发展改革委、市教育局、市文体广新局、各县（市、区）人民政府、达州经开区管委会配合〕

（十九）鼓励社会力量发展足球。引导有实力的知名企业和个人投资青少年足球培训、赞助足球赛事和公益项目，发挥支持足球事业的示范和带动作用，拓宽足球事业发展资金来源

渠道。对社会力量支持足球事业的个人或企业给予政策扶持。(市文体广新局牵头,市国资委、市地税局配合)

十、加强足球工作组织领导

(二十)建立达州市足球改革发展联席会议制度。建立由市政府领导同志担任召集人,市直相关部门和单位参与的达州市足球改革发展联席会议制度。各方面应当各司其职、各负其责、各尽其力、协同配合,共同推动达州足球改革发展。(市文体广新局负责)

(二十一)把推动足球改革发展摆在重要位置。各县(市、区)人民政府、达州经开区管委会要把足球改革发展纳入重要议事日程,在加强足球改革发展政策保障方面积极创造有利条件,切实推动足球改革发展。〔各县(市、区)人民政府、达州经开区管委会负责〕

(二十二)加强足球行业作风和法治建设。加强足球领域的思想品德教育和职业道德教育,强化运动队伍精神作风和意志品质的锤炼,培养爱国奉献、坚韧不拔、团结拼搏的作风,努力形成激励达州足球发展振兴、有益于社会和谐进步的精神力量。适应足球发展需要和行业特点,完善相关法规和足球行业规范规则。(市文体广新局牵头,市教育局、团市委配合)

(二十三)营造良好舆论环境。创新足球宣传方式,引导群众客观认识足球现状,建立合理预期,强化涉及足球新闻管理和舆论引导工作,最大限度凝聚足球改革发展共识。(市委宣传部牵头,市教育局、市文体广新局、团市委配合)

(二十四)发挥典型带动作用。加强扶持和指导,总结推广足球改革发展的典型经验。选择一批足球基础好、发展足球条件好、工作积极性高的县(市、区),给予重点支持,实现率先发展、以点带面,推动全市足球运动整体水平持续提高。〔市文体广新局牵头,市教育局、团市委、各县(市、区)人民政府、达州经开区管委会配合〕

附件:重点任务分工

附件

重点任务分工

序号	工作任务	负责单位
1	编制达州市足球中长期发展实施方案	市发展改革委、市教育局、市文体广新局等
2	加大投入力度	各县(市、区)人民政府、达州经开区管委会,市财政局、市发展改革委、市教育局、市文体广新局等
3	健全全市足球协会组织	各县(市、区)人民政府、达州经开区管委会,市民政局、市文体广新局等
4	研究制定相关政策,鼓励社会资本投资兴办足球、社会资本投入足球场地建设	市文体广新局、市财政局、市规划局、市国资委等
5	编制达州市足球场地设施建设实施方案	市发展改革委、市教育局、市国土资源局、市规划局、市文体广新局等
6	营造良好舆论环境	市委宣传部、市教育局、市文体广新局、团市委等
7	提高场地设施运营能力和综合效益	各县(市、区)人民政府、达州经开区管委会,市教育局、市文体广新局、市地税局等

(续表)

序号	工作任务	负责单位
8	推动普及社会足球	各县（市、区）人民政府、达州经开区管委会，市文体广新局、市教育局、市总工会、团市委等
9	加强校园足球组织建设和普及推广	市教育局、市发展改革委、市文体广新局、团市委等
10	建立完善青少年足球训练竞赛体系	市教育局、市文体广新局等
11	扩大达州足球联赛范围规模，提升联赛档次，创建社会足球联赛品牌	市文体广新局等
12	加强足球人才培养、使用、转岗就业工作	市文体广新局、市教育局、市人力资源社会保障局等
13	建设足球人才培养体系，制定青少年足球优秀学生升学管理办法	市教育局、市文体广新局等

眉山市人民政府办公室关于印发《眉山市强化学校体育促进学生身心健康全面发展工作方案》的通知

(眉府办发〔2017〕24号)

各县（区）人民政府，市级各单位、部门：

《眉山市强化学校体育促进学生身心健康全面发展工作方案》已经市政府同意，现印发你们，请结合实际认真组织实施。

眉山市强化学校体育促进学生身心健康全面发展工作方案

为贯彻落实《国务院办公厅关于强化学校体育促进学生身心健康全面发展的意见》（国办发〔2016〕27号）和《四川省人民政府办公厅关于印发四川省强化学校体育促进学生身心健康全面发展工作方案的通知》（川办发〔2017〕7号）精神，进一步强化我市学校体育工作，促进青少年学生身心健康全面发展，提出以下工作方案。

一、总体目标

到2020年，学校体育办学条件总体达标，体育课时和锻炼时间得到切实保证；学生体育锻炼习惯基本养成，教学、训练与竞赛体系基本完备，运动技能和体质健康水平明显提升，规则意识、合作精神和意志品质显著增强；政府主导、部门协作、社会参与的学校体育推进机制基本完善，基本形成体系健全、制度完善、注重实效的学校体育发展格局。

二、重点任务

（一）全面增强学校体育基础能力

1. 实施学校体育设施优化工程。各地要在义务教育学校建设和薄弱学校改造计划等项目中统筹规划学校体育设施，结合《眉山市普通中小学体育艺术教育五年行动计划（2014-2018年）》的推进，大力改善学校体育场地设施，力争5年内使全市各级各类学校体育场地设施建设和器材配置达到国家相关标准。将学校体育场地建设纳入城乡规划，结合《眉山市"十三五"教育体育布局规划》，科学规划新建公共体育中心10个、体育公园3个、训练基地1个、全民健身活动中心3个、运动场和游泳池7个，促进学校与社会共建共享公共体育场地与设施。重点加强校园足球场地设施建设，力争5年内在全市新建或改扩建11人制标准足球场地20个、8人制足球场地50个，满足学校足球教育教学、训练、比赛和活动需要。积极推动公共体育场馆设施为学校体育提供服务，向学生免费开放，推动有条件的学校体育场馆设施在课后和节假日对本校师生及公众有序开放。充分利用青少年活动中心、青少年宫、体育俱乐部、户外营地等资源开展丰富多彩的体育活动。

2. 开展教师队伍素质提升行动。落实紧缺教师补充计划，学校在核定的教职工总编制数内，调整优化教师结构，通过公开考试、考核聘用、人才引进等主渠道，申报省免费师范生培养计划等辅助渠道，及时优先补充体育教师，逐步配齐配强体育教师。教研机构要配齐配强体育专职教研人员。鼓励优秀教练员、退役运动员、社会体育指导员、有体育特长的志愿人员兼任体育教师，特别优秀且取得相应教师资格的可按规定直接考核招聘为正式体育教师。探索采用政府购买服务等形式，力争聘请国内外高水平足球教练员前来我市执教，带动和提升我市青少年足球水平。将体育教师培训作为专业提升的重要内容，集中组织开展多种形式的体育教师全员培训工作，重点通过国培计划、省培计划、体育传统项目学校教师培训计划和校园足球教练员培训等形式，力争用3年时间对全市体育教师进行一轮培训。保障体育教师合法权益，将体育教师组织开展课外体育活动、课余训练、比赛和学生体质健康测试等常规性工作纳入教学工作量，确保体育教师在职称评聘、评优表彰、业务进修、课时计算等方面与其他学科教师同等待遇。

3. 健全支持体育发展长效机制。完善相关政策措施，采取政府购买体育服务等方式，逐步建立社会力量支持学校体育发展的长效机制，引导技术。人才等资源服务学校体育教学、训练和竞赛等活动。鼓励专业运动队、职业体育俱乐部组织教练员、运动员深入学校指导开展有关体育活动。支持学校与科研院所、社会团体、企业等开展合作，提升学校体育工作水平。鼓励体育教师（教练员）利用寒暑假、节假日等休息时间到体育协会、俱乐部等开展训练和相关服务活动。加强与国内其他地区及国际青少年体育的合作与交流。

4. 加强学校体育风险防控管理。各级各类学校要健全完善学校体育运动伤害风险防范机制，保障学校体育工作健康有序开展。加强体育安全教育，经常开展体育运动安全常识普及和运动安全系列主题教育活动，培养学生安全意识和自我保护能力，提高学生的伤害应急处置和救护能力。加强校长、教师及有关管理人员培训，提高学校体育从业人员运动风险管理意识和能力。加强学校体育场地及器材设施的安全风险分类管理，定期开展检查，有安全风险的应设立明显警示标志和安全提示，有损坏的应及时维修或更换。完善校方责任险，探索涵盖体育意外伤害的学生综合保险机制，试点推行学生体育安全事故第三方调解办法。学校应当按规定为外出参加校外体育比赛和活动的学生购买人身意外伤害保险。

（二）提升学校体育教育教学质量

5. 开齐开足体育课程。严格执行国家规定的课程方案和课程标准，确保小学1-2年级每周4节体育课，小学3-6年级和初中每周3节体育课，高中每周2节体育课，严禁削减、挤占体育课时间。鼓励师资、场地等条件较好的地方可为中小学增加体育课时。遵循学生身心发展规律，科学安排课程内容，在学生掌握基本运动技能基础上，提高专项运动能力。大力开展足球.篮球、排球等集体项目，积极开展田径、游泳、体操等基础项目，广泛开展乒乓球、羽毛球、武术等优势项目，进一步挖掘整理民间体育，充实和丰富体育课程内容。

6. 加强课外体育锻炼。根据学生年龄、性别、体质状况和兴趣爱好，进一步细化和深入实施体育与健康课程、大课间和课外体育活动一体化的阳光体育锻炼方案，不断健全完善阳光体育锻炼长效机制。学校要将阳光体育活动纳入教学计划，列入作息时间安排，与体育课教学内容相衔接，做到活动有计划、有内容、有时间、有教师、有场地。当天有体育课的班级，以"大课间""体育课"保证学生每天1小时校园体育活动；当天没有体育课的班级，以"大课间""课外体育活动"予以保证。高等学校要组织学生每周至少参加2次课外体育活动。继续开展"阳光体育示范学校""校园足球特色学校"和"体育传统项目示范学校"创建活动。中小学校要合理安排家庭"体育作业"，定期开展阳光体育系列活动。支持学生参加社会体育活动，鼓励学生参加校外全民健身运动，积极为学生体育活动创造便利条件，逐步形成家庭、学校、社区联动和覆盖校内外的学生课外体育锻炼体系，让体育锻炼社会化、大众化、常态化、生活化。

7. 改进教学方式方法。立足不同教育阶段学生的身心发展特点，遵循不同内容的教学规律与要求，进行教法与学法创新，以学生的身体素质和兴趣爱好为纽带，有效组织体育课教学和课外锻炼，调动学生体育与健康课程学习的积极性，让学生熟练掌握1-2项终身受益的运动技能。体育教学要面向全体，逐步形成"一校一品""一校多品"教学模式，特色发展。努力做到人人有项目、班班有活动、校校有特色。研究推广适合不同类型残疾学生的体育教学资源，提高特殊教育学校体育教学质量，保证每个学生接受体育教育的权利。积极开展学校体育教学理论和实践研究，提升体育教学和科学化水平。

8. 全面普及校园足球。将足球纳入中小学生体育课教学内容，确保校园足球活动覆盖全市各级各类学校。按照体育与健康课程标准强化足球教学，有条件的小学、初中每班每周开设一节以足球为主要内容的体育课，高中每班每学期开设5节以足球为主要内容的体育课。将足球纳入全市中小学生大课间、课外活动重要内容。小学、初中和高中每周至少有一次大课间和课外体育活动内容要以足球为主题。鼓励邀请足球名家、地方专业人士参与编写足球教学与训练地方教材，开展推广教学。积极创建、评选国家、省、市级足球特色学校，对足球特色学校给予奖励和支持。

（三）健全完善体育训练竞赛体系

9. 进一步加强课余训练。结合学校特色和学生特长，积极组建体育运动队、代表队、兴趣小组或社团，积极开展课余体育训练，为有体育特长的学生提供成才路径，为国家培养竞技体育后备人才奠定基础。根据学生年龄特点和运动训练规律，科学安排训练计划，不断提高课余运动训练水平。妥善处理好文化课学习和训练的关系，全面提高学生综合素质，打好专项运动能力基础。充分利用体教结合优势，继续抓好业训队伍建设，办好体育传统项目学校，扶持建设一批校园足球、篮球、排球等特色学校，充分发挥其引领示范作用。扶持建设一批足球基地学校，着力提高我市足球运动竞技水平。

10. 进一步完善竞赛体系。建设常态化的学校体育竞赛机制，规范赛风赛纪，强化以赛育人。整合赛事资源，制定学校体育竞赛管理办法，完善和规范学生体育竞赛体制，构建市、县、校相互衔接的学生体育竞赛体系。定期举办好全市中小学生田径、足球、篮球、棋类等多种青少年体育竞赛和活动，积极组织开展区域内学校体育竞赛活动，推动开展跨区域竞赛活动。广泛开展班级、年级体育比赛，学校每年至少举办1次综合性运动会或体育节，运动项目设置突出集体性、趣味性和教育性，体现本校特色。建立和完善小学、初中、高中三级足球联赛机制，鼓励学校班级、年级间定期开展联赛，选拔优秀足球人才成立校足球队，参加省、市、县（区）比赛。完善竞赛选拔机制，畅通学生运动员进入各级运动队、代表队的渠道。

（四）做实学校体育监测评价

11. 完善体育考试考核评价办法。完善和规范体育运动项目考核和学业水平考试，构建课内外相结合、各学段相衔接的学校体育考核评价体系。体育课程考核要突出过程管理，对学生出勤、课堂表现、健康知识、运动技能、体质健康、课外锻炼、参与活动情况等方面进行全面评价。高等学校要加强学生体育考试与评价。中小学要把学生参加体育活动情况、学生体质健康状况和运动技能等级纳入初中、高中学业水平考试，纳入学生综合素质评价体系。将体育科目纳入高中阶段学校招生录取考试计分科目，其分值权重原则上不低于总分的8%，从2017年入学的初中新生开始实施。将中长跑作为高中阶段学校招生录取考试项目，逐步实施多项目抽考选考制度。各级教育体育行政部门要定期开展中小学生体质健康抽测工作。学校体育测试要充分考虑残疾学生特殊情况，体现人文关怀。

12. 加强体育教学质量监测。明确体育课程学业质量要求，定期开展体育课程基础教育质量监测，促进学校体育教学质量稳步提升。落实学校体育年度报表、工作自评和年度报告公示制度，严格实施《国家学生体质健康标准》，鼓励有条件的县（区）和学校实施教考分离、交叉测试，建立健全学生体质健康档案，确保测试数据真实性、完整性和有效性。加强体质健康测试数据分析与研究，以指导和改进学校体育工作。建设学校体育信息化管理系统，运用现代化手段对体育课质量进行监测、监控，对学校体育工作开展情况进行公示。

三、保障措施

（一）加强组织领导。各县（区）要把学校体育工作纳入经济社会发展规划，加强统筹协调，落实管理责任，研究制定加强学校体育的具体措施。建立市、县（区）学校体育工作联席会议制度，落实好深化学校体育改革的各项任务。教育体育部门要履行好学校体育工作主体责任，加强对中小学体育工作的指导管理。编制部门要在本级编制总量内做好体育师资的编制统筹。发展改革部门要合理统筹规划，促进学校资源与社会资源互动互联、共建共享。人力资源社会保障部门要为体育师资的补充、职称评定等做好指导及服务工作。财政部门要加大学校体育经费投入力度，支持学校补充体育设施设备。团委要发挥体育育人的综合作用，积极倡导和组织体育志愿者支教、授教，引导和促进青少年学生快乐健康成长。

（二）加大投入力度。地方各级人民政府在安排财政转移支付资金和本级财力时要对学校体育给予倾斜和足额保障。各级教育行政部门要根据需求将学校体育工作经费纳入年度预算。学校要按照体育设备设施配备标准和教育教学需要保障体育工作经费需求。鼓励和引导社会资金支持发展学校体育，多渠道增加学校体育投入。

（三）实施考核激励。把学校体育工作列入政府考核指标、教育行政部门与学校负责人业绩考核评价指标，强化考核、注重实效。建立科学的专项督查、抽查、公告制度，建立学校体育工作约谈和行政问责机制。对成绩突出的部门（单位）学校和个人按国家有关规定予以表扬。对学生体质健康水平（总体合格率和平均成绩）持续三年下降的地区和学校，在教育工作评估中实行"一票否决"。

凉山州人民政府办公室关于印发《凉山州足球改革发展实施意见》的通知

(凉府办发〔2017〕9号)

各县市人民政府,州级各部门:

《凉山州足球改革发展实施意见》已经州政府同意,现印发你们,请认真抓好贯彻落实。

凉山州足球改革发展实施意见

为贯彻落实党中央、国务院和省委、省政府决策部署,根据《国务院办公厅关于印发中国足球改革发展总体方案的通知》(国办发〔2015〕11号)和《中国足球中长期发展规划(2016—2050年)》、《四川省人民政府办公厅关于印发四川省足球改革发展实施意见的通知》(川办发〔2016〕56号)精神,结合凉山实际,提出如下实施意见。

一、总体要求

(一)指导思想与原则。以邓小平理论、"三个代表"重要思想、科学发展观为指导,全面贯彻落实党的十八大和十八届二中、三中、四中、五中、六中全会精神,深入学习贯彻习近平总书记系列重要讲话精神,遵循足球发展规律,把足球改革发展作为凉山建设体育强州的重要举措，努力建立专业高效、系统完备、民主开放、运转灵活、法制健全、保障有力的体制机制。

坚持着眼长远与夯实基础相结合，创新重建与问题治理相结合，政府主导和市场主体相结合，发展足球运动和推动全民健身相结合，从增加足球运动场地、提高参与人口数量、抓好校园足球发展等多方面综合施策，调动全社会参与足球发展和全民健身的积极性，为足球事业发展营造良好的社会氛围。

(二）主要目标。

近期目标：理顺足球管理体制，制定足球中长期发展实施方案，创新足球管理模式。到2020年，足球人口规模明显增加，全州经常参与足球运动人口达到20万人；以西昌航天学校、盐源县民族中学为示范点广泛开展校园足球；以体教结合模式积极选拔挖掘各民族具有运动天赋的青少年足球人才，足球后备人才培养形成规模；聘请高水平教练进行专业训练，进一步提高青少年足球竞技水平；培养一套具有少数民族特点的足球发展模式；开展丰富的社会足球活动，充分发挥社会业余足球在普及足球运动中的推动作用。

远期目标：足球成为群众普遍参与的体育运动，全社会形成健康的足球文化；基本建立专业高效、系统完备、保障有力的体制机制。打造社会业余足球和业余联赛品牌赛事，建立校园、青训、专业、职业四级足球人才培养体系，进入省级以上队参加国际国内大赛运动员达到一定数量。足球事业和产业全面协调发展。

二、改革健全足球协会

(三）调整改革凉山州足球协会。按照政社分开、权责明晰、依法自治的原则，调整改革州足球协会，明确定位和职能，在内部机构设置、工作计划制定、财务和薪酬管理、人事管理、对外专业交流等方面赋予自主权。（州体育局牵头，州人社局配合）

（四）健全全州足球协会组织。鼓励支持各地、各行业、各类别组建足球协会，承担本地、本行业、本类别的会员组织建设、竞赛、培训、足球活动开展、宣传等职责。完善球队、球员注册体系，努力形成覆盖全州、组织完备、管理高效高能、相互有机协作、适应现代足球管理运营需要的协会管理体系。健全各级足协党的组织机构。州足协党组织由州体育局党组领导。（州民政局牵头，州委组织部、州体育局、各县市政府配合）

三、大力发展青少年校园足球

（五）制定全州青少年校园足球实施意见。把发展青少年校园足球作为落实立德树人根本任务、培育和践行社会主义核心价值观的重要举措，作为推进素质教育、引领学校体育改革创新的重要突破口，作为扩大足球人口规模、夯实足球人才根基的重要途径，充分发挥足球综合育人功能，遵循人才培养和足球发展规律，理顺管理体制，完善激励机制，优化发展环境，大力普及足球运动，培育健康足球文化，弘扬阳光向上的体育精神，促进青少年身心健康、体魄强健、全面发展。（州教育局牵头，州发改委、州文广新局、州体育局、团州委配合）

（六）加强各级校园足球特色学校和师资培养培训工作。支持建设一批青少年校园足球特色学校，在全州范围内开展全国、省、州、县级校园足球特色学校遴选和推荐，每个县市各学段至少有2所以上校园足球特色学校。支持校园足球特色学校建设单位加强建设、深化改革、提高水平和办出特色，发挥其在发展青少年校园足球中的骨干、示范和带动作用。到2020年，全州各级青少年校园足球特色学校达到100所左右。建立健全师资配备补充、培养培训、评价机制和激励措施，州、县市各业余体校和特色学校要引进或选调一批教练员，培养建成70名裁判员、50名教练员、20名足球管理经营人员的校园足球教学与管理队伍。（州教育局牵头，州发改委、州人社局、州体育局、州委编办配合）

（七）完善青少年足球教学体系。将各县市青少年校园足球发展情况纳入学校体育工作年度报告并定期发布。在全州中小学校贯彻落实教育部办公厅印发的《全国青少年校园足球教学指南（试行）》和《学生足球运动技能等级评定标准（试行）》，到2020年，逐步形成内容丰富、多科参与、形式多样、因材施教的青少年足球教学体系，课程设置、教学标准、教材教法和教学资源等教学要素更加衔接配套，校园足球教学质量明显提升。（州教育局牵头，州发改委、团州委、州体育局、各县市政府配合）

四、普及发展社会足球

（八）推动足球运动普及。坚持以人为本，推动社会足球快速发展，不断扩大足球人口规模。鼓励机关、事业单位、人民团体、社会组织、社区、部队和企业组建或联合组建足球队，开展丰富多彩的社会足球活动。注重从经费、场地、时间、竞赛、教练指导等方面支持社会足球发展。工会、共青团、妇联等人民团体发挥各自优势，推进社会足球发展。（州体育局牵头，州民政局、州教育局、州总工会、团州委、州妇联、各县市政府配合）

五、完善足球竞赛体系

（九）加强竞赛体系设计。完善竞赛结构，扩大竞赛规模，增加竞赛种类，逐步形成赛制稳定、层次丰富、衔接有序、遍及城乡的竞赛格局。尤其要注重我州青少年足球运动等级赛事、校园足球赛事和业余足球联赛的有机衔接，实现竞赛结构科学化。积极倡导和组织行业、社区、企业、部队、中老年等足球赛事，逐步建立健全各类竞赛体系。（州体育局牵头，州教育局、团州委配合）

（十）维护竞赛秩序。严格加强各级各类足球赛事管理，规范足球竞赛秩序。赛事组织机构和体育行政部门会同公安机关加强管理，各司其职，完善安全保障措施。公安机关负责加强对足球赛事安全秩序的监管，组织开展对比赛现场及周边地区的治安秩序管理维护工作，依法打击违法犯罪活动。引导球迷文明观赛，遵纪守法。（州体育局牵头，州公安局、州教育局配合）

（十一）推动地方足球联赛品牌打造和国内外赛事交流。由州足协牵头，逐步引入社会资源参与，打造县级、州级足球二级联赛，充分发挥精品赛事的引领示范作用，注重足球联赛与凉山公益事业有机结合，扩大群众参与规模。力争2017年参赛人数达到8000人次，2020年参赛人数达到3万人次。积极参加国内外足球赛事及有关交流活动，增进交流，提高水平。积极创造条件，承办省内、国内、国际赛事。（州体育局牵头，州外侨办配合）

六、建立完善职业足球俱乐部建设与运营模式

（十二）建立凉山职业足球发展扶持引导机制。坚持市场

主体、政府引导和社会参与相结合,研究建立凉山职业足球发展扶持引导机制。(州财政局牵头,州体育局配合)

(十三)促进俱乐部健康稳定发展。有条件逐步建立并规范足球俱乐部管理,突出主体地位,充分发挥其在各级联赛中的重要作用。俱乐部应当注重自身建设,健全规章制度,加强自律管理,遵守行业规则,积极承担社会责任,接受社会监督。积极培育稳定的球迷群体和城市足球文化。(州体育局负责)

七、改进足球专业人才培养发展方式

(十四)拓展足球运动员成长渠道和空间。加大培养力度,完善选用机制,多渠道造就优秀足球运动员。畅通优秀苗子从校园足球、青少年高水平足球、社会足球到专业足球、职业足球的成长通道。搞好体教结合,加强文化教育、意志锤炼和人格熏陶,促进足球运动员全面发展。鼓励足球俱乐部、企业和其他社会力量选派职业球员、青少年球员、优秀足球教练员到足球发达城市、国家接受培训,力争打造一支职业联赛队伍。(州体育局牵头,州教育局配合)

(十五)加强足球专业人才培训。按照分级、分类管理原则,构建州、县市和行业、专业机构、社会力量等多级、多元的培训组织结构,加强对足球教练员、裁判员、讲师等专业人才的培训充分发挥体育院校、体育科研院所在足球理论研究和足球专业人才培训中的作用。加强对外交流,引入一批高水平省内、外籍讲师对我州教练员、裁判员、讲师实施规模化培训。(州体育局牵头,州教育局、州人社局配合)

(十六)设立足球专业学院和学校。大力支持现有足球学校发展,办好我州足球体教结合班。适应足球人才培养需要,依托具备条件的本科院校设立足球学院,积极探索建立文化教

育与足球运动紧密融合的新型足球学校。(州教育局牵头，州体育局配合)

（十七）做好退役足球运动员就业工作。统筹市场机制和政策引导，为足球运动员再就业再发展搭建平台，支持退役运动员通过必要培训和考核，担任足球教练员、裁判员、讲师，或到企事业单位和部队成为群众足球活动的骨干，或进入足球协会、足球俱乐部从事足球管理和服务工作。(州体育局牵头，州教育局、州人社局配合)

八、加强足球场地建设管理

（十八）扩大足球场地数量。研究制定全州足球场地建设规划，明确刚性需求，由各县市政府组织实施。足球场地应尽量规划在学校内或学校附近，提升使用效益。因地制宜建设足球场，充分利用城市和乡村的荒地、闲置地、公园等，建设一批简易实用的非标准足球场。加强校园足球特色学校场地建设，鼓励有条件的地方依托学区建立青少年足球活动基地。每个县市原则上建立1个青少年足球训练网点，对社会力量建设足球场地给予政策扶持。(州发改委牵头，州教育局、州国土局、州规建局、州体育局、各县市政府配合)

（十九）提高场地设施运营能力和综合效益。按照管办分离和非营利性原则，通过委托授权、购买服务等方式，招标选择专业的社会组织或企业负责管理运营公共足球场，促进公共足球场低价或免费向社会开放。推动学校足球场在课外时间低价或免费有序向社会开放，建立学校和社会对场地的共享机制。(州教育局牵头，州体育局、州地税局、各县市政府配合)

九、推进州级足球队伍改革发展

（二十）加强州足球队和教练团队建设。强化组织领导，加大支持力度，稳步提升州足球队水平，打造技艺精湛、作风顽强、能打硬仗的凉山足球队。建立严格规范的州队教练及管理团队引进、遴选、考核评价机制，实行主教练负责制，对教练员团队和管理服务团队实行任期目标考核，做到责任与权益明确、激励与约束到位。（州体育局负责）

（二十一）构建青少年足球人才选拔培训体系。建立健全发现、培养和选拔青少年优秀足球后备人才机制。以各县市政府为主导，依托体育、教育行政部门和体育运动学校，建立校园足球与青少年后备人才培养相结合的衔接体系，建设覆盖州、县市的青少年足球训练基地、集训营、训练营、青训营等，选拔各级校园足球联赛中涌现出的优秀青少年苗子。（州体育局牵头，州教育局配合）

十、完善投入机制

（二十二）加大投入力度。要加大投入力度，投入资金主要用于场地建设、校园足球、青少年足球、后备人才基地、球队建设、各级各类竞赛、教学科研、职业足球等方面。体育、教育等行政部门在安排相关经费时，应当对足球改革发展给予支持。（州财政局牵头，州发改委、州教育局、州体育局、各县市政府配合）

（二十三）成立凉山州足球发展基金会。基金会作为非营利性法人，在业务主管部门指导下，按照基金会章程管理运行，依法开展相关活动并依照有关法规加强信息公开，接受社会监督。（州体育局牵头按程序报省级相关部门办理）

（二十四）加强足球产业开发。加大足球无形资产开发和保护力度，以打造赛事品牌、开发足球附属产品、培育足球服务市场、推动足球消费需求、探索足球产业与相关产业的融合发展等为导向，构建全方位、全过程足球产业链，同时引入新的竞争主体，建立面向市场、平等竞争、多种经济成分共同兴办足球产业的格局。（州体育局牵头，州委宣传部、州发改委、州统计局、州地税局、各县市政府配合）

（二十五）鼓励社会力量发展足球。引导有实力的知名企业和个人投资职业足球俱乐部、赞助足球赛事和公益项目，发挥支持足球事业的示范和带动作用，拓宽俱乐部和足球发展资金来源渠道。（州体育局牵头，州国资委配合）

十一、加强足球工作组织领导

（二十六）建立足球改革发展联席会议制度。建立由州政府领导同志担任召集人，州级相关部门和单位参与的凉山州足球改革发展联席会议制度。各方面应当各司其职、各负其责、各尽其力、协同配合，共同推动凉山足球改革发展。（州体育局负责）

（二十七）把推动足球改革发展摆在重要位置。各县市政府要把足球改革发展纳入重要议事日程，在加强足球改革发展政策保障方面积极创造有利条件，切实推动足球改革发展。（各县市政府负责）

（二十八）加强足球行业作风和法治建设。加强足球领域的思想品德和职业道德教育，强化运动队伍精神作风和意志品质的锤炼，培养爱国奉献、坚韧不拔、团结拼搏的作风，努力形成激励凉山足球发展振兴、助力脱贫攻坚、有益于社会和谐进步的精神力量。适应足球发展需要和行业特点，完善相关制

度和足球行业规范规则。(州体育局牵头,州教育局、团州委配合)

(二十九)营造良好舆论环境。创新足球宣传方式,引导群众客观认识足球现状,建立合理预期,强化涉及足球新闻管理和舆论引导工作,最大限度凝聚足球改革发展共识。(州委宣传部牵头,州教育局、州文广新局、州体育局、团州委配合)

(三十)发挥典型带动作用。加强扶持和指导,总结推广足球改革发展的典型经验。选择一批足球基础好、发展足球条件好、工作积极性高的县市,给予重点支持,实现率先发展、以点带面,推动全州足球运动整体水平持续提高。(州体育局牵头,州教育局、团州委、各县市政府配合)

附件:重点任务分工

附件

重点任务分工

序号	工作任务	负责单位
1	编制凉山州足球中长期发展实施方案	州发改委、州教育局、州体育局等
2	加大投入力度	各县市政府,州财政局、州发改委、州教育局、州体育局等
3	健全全州足球协会组织	各县市政府、州民政局、州体育局等
4	研究制定相关政策,鼓励社会资本投资兴办足球、社会资本投入足球场地建设、职业足球俱乐部长期落户	州体育局、州财政局、州政府金融办、州规建局、州国资委等

(续表)

序号	工作任务	负责单位
5	编制凉山州足球场地设施建设实施方案	州发改委、州教育局、州国土局、州规建局、州体育局等
6	制定赛事转播等专项优惠政策,培育稳定的球迷群体和城市足球文化	州文广新局、州财政局、州体育局等
7	营造良好舆论环境	州委宣传部、州教育局、州文广新局、州体育局、团州委等
8	建立凉山州足球发展基金会	州民政局、州地税局、州体育局等
9	提高场地设施运营能力和综合效益	各县市政府,州教育局、州地税局、州体育局等
10	推动普及社会足球	各县市政府,州体育局、州教育局、州总工会、团州委等
11	加强校园足球组织建设和普及推广	州教育局、州发改委、州文广新局、州体育局、团州委等
12	建立完善青少年足球训练竞赛体系	州体育局、州教育局等
13	扩大凉山业余足球联赛范围规模,提升联赛档次,创建社会足球联赛品牌	州体育局等
14	加强足球人才培养、使用、就业工作	州体育局、州教育局、州人社局等
15	鼓励有条件的高等院校设立足球学院	州教育局、州体育局等
16	建设凉山州足球队	州体育局等
17	建设足球人才培养体系,探索制定足球优秀学生升学管理办法	州教育局、州体育局等

贵州省人民政府办公厅关于加快发展健身休闲产业的实施意见

(黔府办发〔2017〕7号)

各市、自治州人民政府,贵安新区管委会,各县(市、区、特区)人民政府,省政府各部门、各直属机构:

为贯彻国务院办公厅《关于加快发展健身休闲产业的指导意见》(国办发〔2016〕77号)精神,满足群众多层次、多样化的健身休闲需求,实现到2020年健身休闲产业总规模达到450亿元的目标,经省人民政府同意,提出如下实施意见。

一、打造健身休闲运动品牌

(一)发展山地户外运动。充分利用山地资源,大力发展攀岩、自行车、马拉松、徒步、越野跑、探洞、露营等项目。支持企业、俱乐部、运动协会联合申办国际国内品牌赛事,精心打造紫云格凸河、安龙笃山国际攀岩节、六盘水、贵阳、安顺马拉松、赤水河骑行、梵净山国际公路自行车赛、黔东南州环雷公山100公里跑等具有国际国内影响力的山地户外精品体育赛事。加快清镇亚高原体育训练基地、贵州(老王山)生态型多梯度运动训练示范基地等体育运动训练基地建设,积极争取国家将贵州全域列为"全国山地户外运动示范区"和"全国健身休闲运动产业示范区"。到2020年,各市(州)、贵安新区均建成1个以上山地户外运动基地,1条以上登山健身步道，打造1—2项具有国际影响的山地户外运动品牌赛事。（牵头单位：省体育局、省发展改革委，责任单位：省旅游发展委、各市〔州〕政府、贵安新区管委会）

（二）发展水上运动。依托省内各地江河、湖泊资源，大力发展漂流、皮划艇、赛艇、野钓、垂钓、溯溪以及龙舟、独竹漂等水上运动。加快国家红枫湖亚高原水上运动训练基地、六枝䍧牁江滨湖户外运动度假区、黔东南州下司皮划艇激流回旋训练基地、兴义万峰林和贵阳市百花湖水上运动基地建设。到2020年，各市（州）、贵安新区均建成1个以上水上运动基地，打造1项以上水上运动赛事。（牵头单位：省体育局、省发展改革委，责任单位：省水利厅、省旅游发展委、省民宗委、各市〔州〕政府、贵安新区管委会）

（三）发展民族特色体育活动。充分挖掘贵州民族、民俗、民间体育资源，推广武术、龙舟、藤球等传统体育项目，扶持射弩、打花棍、踩鼓舞、秋千、丢花包、背锣球、斗角、摆手舞、独竹漂等少数民族传统体育项目。重点打造"三月三、六月六、红红火火过大年"等一批有吸引力的国际性、区域性民族特色体育品牌赛事。到2020年，每个市（州）有1个全国性民族体育品牌赛事及活动，每个县（市、区、特区）有2个以上民族体育品牌活动。（牵头单位：省体育局、省民宗委、省文化厅，责任单位：各市〔州〕政府、贵安新区管委会，各县〔市、区、特区〕政府）

（四）发展冰雪运动。落实国家冰雪运动"北雪南移西进"战略，支持钟山、水城、盘县、威宁等海拔较高地区修建冰雪场地，引导有条件的城市建造室内滑冰馆、滑雪场等冰雪运动设施。成立贵州省冬季运动协会，广泛开展冰雪竞赛表演和健身培训。到2020年，各类冰雪运动场馆达到20个，直接参与冰上运动人数达到20万人。（牵头单位：省体育局、省

发展改革委，责任单位：省旅游发展委、各市〔州〕政府、贵安新区管委会）

（五）发展低空运动。支持安顺市、盘县、荔波、兴义、施秉及赤水河谷发展热气球、滑翔、航空模型等航空运动项目，探索开发直升机观光旅游、低空跳伞、低空摄影、滑翔伞观光旅游、热气球观光旅游等低空旅游新业态。到2020年，建成10家左右航空飞行营地和俱乐部。（牵头单位：省体育局、省发展改革委，责任单位：省经济和信息化委、省国土资源厅、省住房城乡建设厅、省旅游发展委、各市〔州〕政府、贵安新区管委会）

（六）普及日常健身。推广适合公众广泛参与的健身休闲项目，加快发展足球、篮球、排球、乒乓球、羽毛球、网球、游泳、徒步、路跑、骑行、棋牌、台球、钓鱼、体育舞蹈、广场舞等普及性广、关注度高、市场空间大的运动项目，保障公共服务供给。支持贵阳拳击公开赛、电子竞技大赛等时尚运动项目健康发展，鼓励举办以时尚运动为主题的群众性活动。(牵头单位：省体育局、责任单位：省教育厅、团省委、省总工会、省农委、省直机关工委，各市〔州〕政府、贵安新区管委会，各县〔市、区、特区〕政府)

二、夯实健身休闲产业发展基础

（一）完善健身休闲基础设施。大力实施生态体育公园建设计划，支持各地将体育旅游与市民休闲结合起来，建设一批健身步道、自行车道、山地户外营地、徒步骑行服务站、自驾车房车营地、运动船码头、航空飞行营地等健身休闲设施。引导省内旅行社结合健身休闲项目和体育赛事活动设计开发旅游产品和路线。鼓励健身休闲设施与住宅、文化、商业、娱乐等综合开发，打造健身休闲服务综合体。严格执行城市居住区配套建设健身设施的要求，增强大型体育场馆复合经营能力，各类健身休闲场所的水、电、气、热价格按不高于一般工业标准执行。到2020年，建成100个生态体育公园，健身步道、自行车道里程达到3000公里，人均体育场地设施达到1.5平方米以上，人均非标准体育场地面积达到1.8平方米。（牵头单位：省体育局、省发展改革委、省住房城乡建设厅，责任单位：各市〔州〕政府、贵安新区管委会，各县〔市、区、特区〕政府）

（二）支持健身休闲企业发展壮大。鼓励具有自主品牌、创新能力和竞争实力的健身休闲骨干企业，通过管理输出、连锁经营等方式做大做强。鼓励各类中小微健身休闲企业、运动俱乐部，强化特色经营、特色服务，向"专精特新"方向发展。鼓励企业与各级各类运动项目协会等体育组织合作，通过赛事营销等模式，创建和培育自主品牌。提升健身休闲器材制造企业技术创新能力，支持企业对接健身休闲个性化需求，根据不同人群，特别是青少年、老年人需要，研发适应性强、多样化的健身器材装备。结合传统制造业去产能，引导有条件企业进军健身休闲装备制造领域。推动各市（州）成立体育企业商会。到2020年力争扶持2-3家体育企业上市。（牵头单位：省体育局、省人力资源社会保障厅、贵州证监局，责任单位：各市〔州〕政府、贵安新区管委会，各县〔市、区、特区〕政府）

（三）大力发展"互联网+健身休闲"。依托我省大数据平台软、硬件资源，整合体育用品、赛事表演、场馆服务、健身康体等各类数据，建成集健身指导、运动分析、体质监测、公共体育设施管理运营、山地体育旅游产品供给、体育社会组织服务购买、体育赛事营销推广为一体的"体育云"大数据平台。以市（州）为单位建立"互联网+体育"网络平台，积极推动健身休闲在线平台企业发展壮大，整合上下游企业资源，形成健身休闲产业生态圈。鼓励开发应用手机应用程序、微博公众号、微信公众号等产品。（牵头单位：省体育局，责任单位：省大数据发展管理局、省发展改革委，各市〔州〕政府、贵安新区管委会）

（四）加强健身休闲队伍建设。鼓励校企合作，培养各类健身休闲项目经营策划、运营管理、技能操作等应用型专业人才。鼓励退役运动员投身健身休闲产业领域创业创新，符合条件的退役运动员可按规定享受就业创业政策扶持。大力培育体育社会组织，全面推行体育社会组织"3+X"模式，充分发挥工会、妇联、共青团、少数民族、残疾人、农民和老年人体育协会作用，组织开展丰富多彩的全民健身活动。加强社会体育指导员队伍建设，鼓励学校体育教师在保证正常上课的基础上，发挥社会体育指导员作用。到2020年，所有市（州）、县（市、区、特区）均建有体育总会，社会体育指导员协会实现市（州）级行政区全覆盖，建立体育产业研究人才库和智库。（牵头单位：省体育局、省民政厅，责任单位：省教育厅、省人力资源社会保障厅、省总工会、团省委、省妇联，各市〔州〕政府、贵安新区管委会，各县〔市、区、特区〕政府）

三、强化政策支持

（一）强化投入保障。各地政府要把全民健身经费纳入当地财政预算，加大体育事业经费投入，提高资金使用效益。继续争取中央财政、国家体育总局对贵州体育事业转移支付资金支持。吸引社会资本设立体育产业投资基金、健身休闲产业发展投资基金。鼓励社会资本以合资、独资、特许经营、政府与社会资本合作等方式参与体育产业运作。鼓励商业银行在风险可控、商业可持续的基础上积极开发适合体育产业特点的信贷产品，增加适合中小微体育企业的信贷品种。鼓励保险公司围绕健身休闲、竞赛表演、场馆服务、户外运动等需求推出多样化保险产品。完善抵质押品登记制度，鼓励金融机构在风险可控的前提下拓宽对健身休闲企业贷款的抵质押品种类和范围。

（二）强化税收优惠支持。对认定为高新技术企业的体育企业，减按15%的税率征收企业所得税。对符合西部大开发税收优惠条件的体育企业减按15%的优惠税率征收企业所得税。提供体育服务的社会组织，经认定取得非营利组织企业所得税免税优惠资格的，依法享受相关优惠政策。企业发生的体育冠名、赞助、广告费等支出，符合条件的可按税法规定享受税前扣除政策。符合条件的体育企业创意、设计费用和研究开发费用，按规定享受税前加计扣除政策。鼓励企业捐赠体育服装、器材装备支持贫困地区体育事业发展，对符合税收法律规定的捐赠，按照相关规定在计算应纳税所得额时扣除。体育场馆自用的房产和土地，可依据有关税收法律法规享受房产税和城镇土地使用税优惠政策。

（三）强化土地利用保障。将健身休闲产业用地纳入地方各级土地利用总体规划中合理安排。对符合土地利用总体规划、城乡规划、环保规划等相关规划的重大健身休闲项目，要本着应保尽保的原则及时安排新增建设用地计划指标。对使用荒山、荒地、荒滩及石漠化土地建设的健身休闲项目，优先安排新增建设用地计划指标，出让底价可按不低于土地取得成本、土地前期开发成本和按规定应收取相关费用之和的原则确定。在土地利用总体规划确定的城市和村庄、集镇建设用地范围外布局的重大健身休闲项目，可按照单独选址项目安排用地。利用现有健身休闲设施用地、房产增设住宿、餐饮、娱乐等商业服务设施的，经批准可以协议方式办理用地手续。鼓励以长期租赁、先租后让、租让结合方式供应健身休闲项目建设用地。支持农村集体经济组织自办或以土地使用权入股、联营等方式参与健身休闲项目。

四、落实组织实施保障

（一）加强组织领导。省级建立体育、发展改革、旅游等多部门参与的健身休闲产业发展工作协调机制，及时分析健身休闲产业发展情况，解决存在的问题。各地成立相应工作机制，要把发展健身休闲产业纳入地方国民经济和社会发展规划，编制健身休闲发展专项规划，引导健身休闲产业健康快速发展。

（二）完善标准和统计制度。加强健身休闲标准体系建设，制定健身休闲服务规范和质量标准，在服务提供、技能培训、活动管理、设施建设、器材装备制造等各方面提高健身休闲产业标准化水平。引导和鼓励企业积极参与行业和国家标准制定。以国家体育产业统计分类为基础，完善健身休闲产业统计制度和指标体系，建立健身休闲产业监测机制。

（三）引导健身消费理念。充分发挥运动达人示范作用，激发大众健身休闲消费需求。鼓励发展多媒体广播电视、网络广播电视、手机应用程序（APP）等体育传媒新业态，促进消费者利用各类社交平台互动交流，提升消费体验。积极推行国家体育锻炼标准、业余运动等级标准、业余赛事等级标准，评选颁发体育锻炼标准证书、证章，吸引群众参与体育健身。

关于印发《贵州省足球改革发展实施意见》的通知

(中共贵州省委办公厅、贵州省人民政府办公厅发布，黔委厅字〔2017〕50号)

各市（自治州）党委和人民政府，贵安新区党工委和管委会，各县（市、区）党委和人民政府，省委各部委，省级国家机关各部门，省军区、省武警部队党委，各人民团体：

《贵州省足球改革发展实施意见》已经省委、省政府领导同志同意，现印发给你们，请认真抓好贯彻落实。

贵州省足球改革发展实施意见

根据中央关于足球改革发展的决策部署，以及《中国足球改革发展总体方案》相关要求，为全面推进我省足球改革发展，提升足球运动水平，结合工作实际，制定本实施意见。

一、总体要求

（一）指导思想

全面贯彻党的十八大和十八届三中、四中、五中、六中全会精神，深入贯彻习近平总书记系列重要讲话精神和治国理政新理念新思想新战略，全面落实省第十二次党代会精神，以创新体制机制为突破口，以普及校园足球、繁荣社会足球、振兴职业足球和培养专业人才为重点，以场地设施建设和完善竞赛体系为依托，以发展足球人口为主要业务和职责，遵循足球发展规律，调整改革省足球协会，全面推进足球事业和足球产业发展。

（二）基本原则

————立足省情与借鉴国内外先进经验相结合。立足我省足球发展实际，学习借鉴足球发达国家和国内成功经验，探索一条适合省情的足球改革发展道路。

————着眼长远与夯实基础相结合。着眼贵州足球长远发展，大力发展足球人口，加大场馆设施建设力度，完善各类协会、俱乐部、球队管理制度。处理好当前与长远、重点与一般、局部与全局的关系。

————改革创新与传承发展相结合。高举改革旗帜，着力解决制约发展的体制机制问题，以问题为导向，尊重足球发展规律，逐一加以解决。坚持完善实践证明行之有效的做法，加强科学治理，推动创新发展。

————政府支持与市场发力相结合。强化政府基础性保障和引导作用，充分发挥市场机制作用，调动社会各方面参与足球改革发展的积极性。

————发展足球运动与推动全民健身相结合。实现普及与提高、群众足球与竞技足球互相促进，推动足球运动全面、协调、可持续发展，培养爱国主义、集体主义和顽强拼搏精神，实现足球发展与全民健身同行。

（三）主要目标

近期目标：改善足球发展环境和氛围，制定实施《贵州省促进足球中长期发展实施方案》和《贵州省足球场地设施建设规划》；理顺足球管理体制，创新足球管理模式，健全协会管理体系，调整改革足球协会，促进足球事业与足球产业持续协调发展。

中期目标：到2030年，全省青少年足球人口在现有基础上翻两番，社会足球运动广泛开展；全省足球场馆规划建设基本完成，初步建成足球专业人才培养体系、服务保障体系和竞赛管理体系。

远期目标：到2050年，足球成为群众普遍参与的体育运动，形成良好的足球文化及足球运动氛围；职业足球发展名列全国中上水平，处于西部前列；校园足球、青训工作、职业足球良性发展，建成专业高效、系统完备、保障有力的体制机制。

二、改革健全足球管理机构

（四）调整改革省足球协会。按照政社分开、责权明确、依法自治的原则调整改革省足球协会，改变省足球协会与省足球运动管理中心两块牌子、一套人马的组织架构。将贵州省体育经济开发公司等单位，委托省足球协会管理，经营所得用于足球协会和公司人员薪酬及企业与足球事业发展。省足球协会与省足球运动管理中心脱钩，在内部机构设置、工作计划制定、财务和薪酬管理、人事管理、对外交流等方面拥有自主权。省体育局将全省足球业务事权交由省足球协会管理，省足球协会的资产按省行业协会与行政机关脱钩有关国有资产管理规定进行处理。省体育局负责制定《贵州省足球协会调整改革方案》报审后印发。

（五）明确定位和职能。省足球协会作为具有公益性和广泛性、专业性、权威性的全省足球运动领域的社团法人，代表贵州参与中国足球协会组织，承担社会公共管理职能，主要负责服务各足球机构，团结联系全省足球力量，推广足球运动，培养足球人才，执行和仲裁行业标准，发展完善各级各类足球竞赛体系,指导建设省级俱乐部和足球队,督查推动足球事业和足球产业发展。

(六)健全内部管理机制。完善省足球协会内部治理结构、权力运行程序和工作规则,建立决策权、执行权、监督权既相互制约又相互协调机制。省足球协会按社团法人机制管理和运行,依据章程选举和管理,实行财务公开,强化审计和财务监督。

(七)优化领导结构。省足球协会按照去行政化、扁平化、高效化的工作原则,不设行政级别,其领导机构的组成体现代表性和专业性,由省体育局代表、各地及行业足球协会代表、知名足球专业人士、体育教师代表、社会人士和专家代表等组成。

(八)健全协会管理体系。市(州)和行业足球协会参照省足球协会管理体制完成调整改革工作,接受省足球协会行业指导和业务管理。各地区各部门和各级行业足球协会承担本地区、本行业会员组织建设、竞赛、培训、各类足球活动开展、宣传等工作。各级足球协会加强对属地民间足球组织和校园足球组织的指导、管理和督导。到2019年形成覆盖全省、组织完备、管理高效、协作有力、适应现代足球管理运营需要的协会管理体系。

(九)加强党的领导。健全各级足球协会党的组织机构,发挥党组织的政治核心作用,做好协会思想政治工作和人员日常管理。省足球协会党组织,由省体育局党委考察任用和领导。

(牵头单位:省体育局、省足球协会;责任单位:省民政厅、省人力资源社会保障厅;各市〔州〕人民政府、贵安新区管委会,各县〔市、区〕人民政府)

三、大力发展校园足球

（十）增强校园足球育人功能。把发展青少年校园足球作为立德育人、培育和践行社会主义核心价值观的重要措施，作为推进素质教育、引领学校体育改革创新的突破口，着力培养青少年足球兴趣、扩大足球人口规模、夯实足球人才根基，把青少年学生热爱足球、享受足球、参与足球运动作为强身健体、陶冶情操、培养坚强意志的重要途径。

（十一）提高校园足球普及水平。把开展足球活动作为校园文化建设的重要内容，培育健康足球文化，把足球运动和足球文化融入学生生活。中小学校要把足球项目列入体育课教学日程，将足球基本技能纳入体育学科考试内容。初中毕业生学业（升学）体育考试运动技能选测项目中增加足球技能选项。加强校园足球特色学校及试点县（区）建设，充分发挥其骨干、示范和带动作用。到2020年，全省建成700所国家级校园足球特色学校，1—2个国家级、5—10个省级校园足球试点县（区）。

（十二）深化足球教学改革。中小学校认真执行《全国青少年校园足球教学指南（试行）》，不断提高教学质量。高校积极参与校园足球规划实施，指导中小学校开展足球课程设计，制定科学合理的教学、训练计划，组织开展足球教学、训练和竞赛活动。

（十三）加强足球课外训练。各级各类学校通过组建班级、年级和校级足球队以及学生足球社团、俱乐部和兴趣小组等形式，开展课余足球训练。学校根据学生年龄特点和运动规律，科学安排训练计划，妥善处理好文化课学习与体育训练的关系，全面提高学生身体素质。

（十四）构建校园足球竞赛体系。有条件的学校建立校内班际足球联赛制度，鼓励组建校级男、女足球队，支持开展校际足球竞赛活动。到2019年，全省建立纵向贯通、横向衔接、规范有序的小学、初中、高中、高校四级校园足球联赛机制。实行赛事分级管理，建立省、市、县校园足球竞赛制度。鼓励支持校园足球参与国内、国际青少年校园足球文化交流和足球赛事活动。

（十五）加强赛风赛纪建设。坚持立德树人宗旨，建立赛风赛纪督查、问责机制，提倡公平竞赛、安全竞赛、文明竞赛，完善裁判员公正执法、教练员和运动员严守赛风赛纪的约束机制。坚决杜绝弄虚作假、打架斗殴等行为和现象，规范青少年观赛行为，引导青少年遵纪守法、文明观赛，努力营造公平、热烈的校园足球竞赛环境。把足球文化和文明观赛作为青少年学生体验、适应社会规则和道德规范的有效途径。

（十六）畅通足球人才升学通道。各地要制定与办学体制、招生制度相适应的有利于优秀足球苗子成长的升学政策，允许优秀足球苗子在一定范围内合理流动，确保足球特长与文化学习双促进。逐步形成小学、初中、高中、高校相互衔接、梯次递进的校园足球人才成长机制。

（十七）鼓励社会力量参与校园足球建设。各地要加大规划、政策、标准引导力度，多渠道调动社会力量参与支持校园足球发展的积极性。鼓励体育俱乐部、企业及其他社会组织联合开展有利于校园足球发展的公益活动。完善相关政策，引导社会资本进入校园足球领域，在建设场地设施、开展各类培训、组织竞赛、开发足球产品、提供多样化校园足球服务等方面加强合作。鼓励、引导企事业单位、社会团体及个人捐赠和赞助校园足球赛事活动。

（十八）强化校园足球安全保险制度。各级教育行政部门和学校要加强校园足球运动伤害风险管理，制定安全防范规章制度。完善保险机制，推进政府购买服务，提升校园足球安全保障水平。通过为学生购买意外伤害保险，鼓励家长（监护人）自愿为学生购买意外伤害保险等方式，完善学校体育运动风险管理和转移机制。学校要加强足球运动安全教育，普及运动安全知识，强化运动安全意识，掌握科学运动技能，增强运动参与者的主动防控能力。

（牵头单位：省教育厅；责任单位：省财政厅、省体育局、贵州保监局、省足球协会，各市〔州〕人民政府、贵安新区管委会，各县〔市、区〕人民政府）

四、普及发展社会足球

（十九）夯实足球运动群众基础。鼓励机关、企事业单位、人民团体、驻黔部队组建或联合组建足球队，支持开展丰富多彩的社会足球活动，举办形式多样的群众性足球赛事，从2019年起，以县（市、区）为单位每年举办一次足球比赛，不断扩大足球人口规模。各级政府和足球协会注重从经费、场地、时间、竞赛、教练指导等方面支持社会足球发展，工会、共青团、妇联等人民团体发挥各自优势，大力推进社会足球健康发展。

（二十）扶持发展社区足球运动。鼓励社会力量参与社会足球组织建设，加强足球社会指导员队伍建设，有条件的地区探索设立社区足球指导员岗位，鼓励专业教练员、裁判员服务城乡社区。鼓励有条件的地方因地制宜组建社区足球队、社区足球协会和区域性非职业足球联盟，鼓励家族组队参与，丰富社会足球比赛形式。

（二十一）推动社会足球与职业足球共同发展。努力实现社会足球人口不断增加、水平不断提高，为职业足球发展奠定群众基础和人才基础。通过加快发展职业足球，促进社会足球普及与提高，达到双促进双提升良性发展。

（牵头单位：省足球协会；责任单位：省外事办、各级体育行政管理部门及工会、共青团、妇联，各市〔州〕人民政府、贵安新区管委会，各县〔市、区〕人民政府）

五、加强精英足球队伍建设

（二十二）创新精英队伍培养模式。遵循足球发展规律，探索新型发展模式，大力推进体教结合，完善校园足球和专业、职业足球衔接的青少年精英足球人才培养体系，加大全省足球青训工作力度，充分发挥青训工作人才共用、资源共享、体系共建作用。注重精英足球队伍建设的经费投入、奖励政策、硬件设施、后勤服务、情报信息等方面的保障水平。从2018年起，省体育局、省教育厅、省足球协会每年组织召开一次足球青训工作推进会。

（二十三）加强女子足球队伍建设。积极开展女子足球活动，鼓励有条件的学校组建女子足球队伍，支持开展女足校园联赛。强化女子足球职业俱乐部建设，为优秀女子足球运动员成长提供保障。

（牵头单位：省体育局、省足球协会；责任单位：省教育厅、省妇联，各市〔州〕人民政府、贵安新区管委会，各县〔市、区〕人民政府）

六、积极发展职业足球

（二十四）支持职业足球俱乐部做大做强。充分发挥职业足球俱乐部在足球改革发展工作中的龙头带动作用，增强职业足球俱乐部的社会责任感。积极创造和营造职业足球俱乐部发展的良好环境和氛围，在土地、财政、税收、宣传等方面给予大力支持。

（二十五）着力提升职业足球队水平。立足长远，系统规划，统筹协调，积极创造条件，在政策激励、场地设施、赛事组织、后备梯队建设等方面全力支持贵州职业足球俱乐部持续发展壮大，力争在国内国际赛事上取得优异成绩，扩大国内国际影响力，打造一流知名职业足球俱乐部。

（二十六）推动业余足球向职业足球发展。整合资源，完善政策措施，支持有实力的足球俱乐部参加中国足球协会组织的各级别业余联赛，鼓励企业组建职业足球俱乐部。

（二十七）促进职业足球健康可持续发展。引导各类职业足球俱乐部加强自身建设，遵守行业规则，健全规章制度，强化内部管理，接受社会监督。完善俱乐部法人治理结构，建立现代企业制度，解放思想、改革创新，防止过度商业炒作和违法经营，打造品牌足球俱乐部。支持足球俱乐部培养和引进高水平足球教练员、运动员，持续提升竞技水平。

（牵头单位：省足球协会；责任单位：省民政厅、省外事办、省国税局、省地税局、省体育局，各市〔州〕人民政府、贵安新区管委会，各县〔市、区〕人民政府）

七、改进完善足球竞赛体系

（二十八）健全完善足球竞赛体系。增加竞赛种类，扩大竞赛规模，逐步形成赛制规范、等级分明、衔接有序、遍及城乡的足球竞赛格局。重点开展适龄段青少年足球赛事，重点打造"黔超""贵人"品牌赛事。积极倡导和组织行业、社区、企业、中老年、五人制、沙滩等足球赛事。2018年制定完善足球竞赛奖励制度和校园足球、社会足球、精英足球以及职业足球奖励标准和办法，落实各级各类足球比赛奖励政策。

（二十九）加强足球竞赛管理。完善运动员注册机制，适时开展校园足球、社会足球和精英足球运动员注册。足球管理部门与司法部门加强协作，建立健全违法举报机制，坚决打击假赌黑等违法犯罪行为。赛事组织机构按照"谁主办，谁负责"的原则，做好赛事的安全监管和安全保卫工作，依法打击球场暴力和闹事行为，并与球迷协会共同引导球迷文明观赛、遵纪守法，确保赛事安全顺利进行。从第十届省运会开始，增设足球行业组、大学生组和五人制足球比赛。鼓励机关、企事业单位、人民团体、部队、高校等组队参加省运会。

（三十）积极申办大型足球赛事。有条件的地方积极申办国内国际高水平足球赛事，鼓励与国内外足球特色城市建立友好城市，支持开展国际足球交流活动，进一步加大贵州足球走出去、引进来工作力度。

（牵头单位：省足球协会；责任单位：省公安厅、省民政厅、省体育局、省维稳办，各市〔州〕人民政府、贵安新区管委会，各县〔市、区〕人民政府）

八、加大足球专业人才培养力度

（三十一）拓展足球运动员成长渠道。加大培养力度，完善选人用才机制，不拘一格选人用人，多渠道培养优秀足球后备人才。增强人才发现和培养意识，畅通优秀苗子从校园足球、精英足球到职业足球的成长通道。2018年制定完善校园足球特长生招生政策，统筹抓好全省优秀足球苗子选拔和训练工作。鼓励足球俱乐部、企业和其他社会力量选派优秀青少年足球运动员到足球发达国家接受培训，并给予政策、资金支持。

（三十二）重视教练员、教师队伍建设。通过培训现有专、兼职足球教师和招录专业足球教练员、退役优秀足球运动员等方式，扩充足球师资队伍，提高足球教学训练水平。鼓励和支持学校聘请国内外优秀足球教练员、教师从事校园足球教学工作。制定足球教师培训计划，严格考核上岗制度。2020年前完成5000名校园足球专、兼职教师培训。推行中、高级足球教练员义务下基层支教2年制度，通过"帮、扶、带、教"形式，提高基层教练员训练、执教水平。从2018年起，每年选拔一批优秀青年足球教师赴足球发达国家学习培训。

（三十三）加强足球管理专业人才培训。支持市（州）、县（市、区）体育行政部门举办竞赛管理人员、裁判员、社会足球指导员专业培训。到2020年，力争完成足球竞赛管理人员、各级裁判员、社会足球指导员等专业培训6000人次，满足开展校园足球、社会足球活动需要。鼓励有条件的高校培养不同类别和方向的足球管理人才，支持有条件的院校探索建立足球专业学院。

（三十四）做好足球运动员转岗就业工作。统筹市场机制和政策引导，为足球运动员再就业再发展搭建平台，支持其经过培训和考核，转岗担任足球教练、裁判、讲师，或到企事业单位从事群众足球工作，或进入足球协会、足球俱乐部从事足球管理和服务工作。

（牵头单位：省教育厅、省体育局、省足球协会；责任单位：省人力资源社会保障厅、省外事办，各市〔州〕人民政府、贵安新区管委会，各县〔市、区〕人民政府）

九、加强足球场地建设管理

（三十五）加快足球场地建设步伐。大力推进足球场地设施建设，各市（州）、县（市、区）把足球场地建设纳入土地利用总体规划和城乡规划，利用存量建设用地、河滩地、荒地、闲置地以及公园、林带、人防工程等，规划建设一批足球场地。"十三五"期间，有条件的市（州）、县（市、区）至少建设一块标准足球场地和若干块非标准足球场地。鼓励市（州）、县（市、区）因地制宜建设笼式足球场，社区建设非标准足球场地。推动大型居住区建成一块或多块五人制足球场地。对社会资本投入足球场地建设，落实土地、税收、金融等方面优惠政策。

（三十六）提高场地设施运营能力和综合效益。按照管办分离和非营利性原则，通过委托授权、购买服务等方式，招标选择专业的社会组织或企业负责管理运营公共足球场，促进公共足球场低价或免费向社会开放。运用大数据整合社会及学校体育场地资源，鼓励支持学校体育运动场地节假日低价或免费向社会开放，建立学校和社会体育运动场地共享机制。

（牵头单位：省体育局；责任单位：省发展改革委、省教育厅、省民政厅、省财政厅、省国土资源厅、省住房城乡建设厅、省国税局、省地税局、省足球协会，各市〔州〕人民政府、贵安新区管委会，各县〔市、区〕人民政府)

十、加强足球领域产业发展

（三十七）加强足球产业市场开发。足球管理部门和俱乐部要树立品牌意识，加大对各类足球无形资产的开发和保护力度，支持打造品牌赛事，开发足球附加产品，建立以门票收入、转播权销售、商业赞助与衍生品授权开发为核心的运营模式。推动建立足球产业网络信息服务平台，利用信息化、云计算和大数据，聚合足球产业资源，积极探索足球产业统计体系,扩大足球服务产品和供给,着力培育足球消费市场。

(三十八)鼓励社会力量参与足球产业开发。鼓励社会资本投资足球产业,采用"PPP"等多种模式,支持引导社会资本参与足球场馆建设、运营、足球赛事活动举办和职业足球运动发展。完善扶持政策,鼓励社会力量成立足球俱乐部、足球社会组织和足球中介、足球培训机构等。

(牵头单位:省体育局、省足球协会;责任单位:省发展改革委、省经济和信息化委、省财政厅、省旅游发展委、省外事办、省大数据局,各市〔州〕人民政府、贵安新区管委会,各县〔市、区〕人民政府)

十一、完善投入机制

(三十九)加大财政投入。在积极争取中央财政支持基础上,省、市、县级政府完善投入机制,加大对足球发展的投入,根据事权划分原则,用于场地建设、校园足球、专业足球、青少年足球和教学科研等方面,体育、教育等行政部门在安排相关经费时,可通过购买服务形式,支持足球改革发展。

(四十)鼓励社会投资参与足球发展。鼓励各类企事业单位、社会力量和个人捐赠投入足球发展,依法享受国家相关税收优惠。引导有实力的知名企业和个人投资职业足球俱乐部,赞助足球赛事和公益项目,拓宽俱乐部和足球发展资金来源渠道。适时开展足球产业规模统计。

(牵头单位:省财政厅、省国税局、省地税局、省体育局;责任单位:省发展改革委、省教育厅、省工商联、省足球协会,各市〔州〕人民政府、贵安新区管委会,各县〔市、区〕人民政府)

十二、加大足球宣传推广力度

（四十一）营造良好宣传舆论环境。省内报刊、广播、电视和新媒体要加大宣传力度，传播足球知识，弘扬足球文化，省内中超球队主场比赛贵州广播电视台进行直播，客场比赛进行录播。客观报道足球赛事活动，切实提高足球新闻舆论传播力、引导力、影响力、公信力。

（牵头单位：省体育局；责任单位：省委宣传部、省政府新闻办、贵州日报社、贵州广播电视台、当代贵州杂志社、多彩贵州网有限责任公司、省足球协会，各市〔州〕人民政府、贵安新区管委会，各县〔市、区〕人民政府）

十三、加强组织实施

（四十二）加强组织领导。确保党对足球协会的领导，健全各级足球协会党的组织建设。按照党管干部原则和人才政策，加强足球协会思想政治工作和干部日常管理。省足球协会领导机构按有关规定程序和章程进行提名和选举。各级政府要把发展振兴足球事业列入重要议事日程，为推动足球改革发展提供强力支持。

（四十三）省建立足球改革发展联席会议，统筹负责全省足球改革发展工作。省足球改革发展联席会议由省级相关部门组成，办公室设在省体育局，承担日常工作。省体育局要切实加强对足球改革发展的政策研究和宏观指导。省教育厅要履行好校园足球主管责任。各市（州）、县（市、区）要成立相应领导机构统筹推动当地足球工作。各相关部门要各司其职、各负其责、密切配合、形成合力，共同推动足球改革发展工作落实。

（四十四）建立健全足球改革发展科学评价体系，完善第三方评估机制。从 2018 年起，每年开展一次市（州）足球发展考核评估，评估结果向社会公布。切实加强督促检查，邀请人大代表、政协委员到市（州）适时督导巡视足球改革工作。对工作推动不力、落实不到位的地方和单位，按有关规定问责。

（牵头单位：省体育局；责任单位：省足球协会、省足球改革发展联席会议成员单位，各市〔州〕人民政府、贵安新区管委会，各县〔市、区〕人民政府）

酒泉市人民政府关于印发《酒泉市体育场馆向社会开放管理办法》的通知

(酒政发〔2017〕23号)

各县(市、区)人民政府,市直各部门、各单位,驻酒各单位:

《酒泉市体育场馆向社会开放管理办法》已经市政府研究同意,现印发给你们,请结合实际,认真贯彻执行。

附件:酒泉市公共体育场馆向社会开放目录(2017年)

酒泉市体育场馆向社会开放管理办法

第一章 总 则

第一条 为满足群众体育健身需要,提高体育场馆使用效率,根据《中华人民共和国体育法》(主席令第55号)、《公共文化体育设施条例》(国务院令第382号)、《全民健身条例》(国务院令560号)、国务院《关于加快发展体育产业促进体育消费的若干意见》(国发〔2014〕46号),结合我市实际,制定本办法。

第二条 本办法所称的体育场馆,是指由政府投资兴建并面向公众开放的公益性体育场馆,以及具备条件向公众开放的公办学校的体育场馆。

本办法所称的体育场馆管理单位（以下简称管理单位），是指负责本辖区公共体育场馆和学校体育场馆设施的日常管理和维护，为公众开展体育活动提供服务的单位。

第三条　公共体育场馆和学校体育场馆应当按照本办法规定向公众开放。

第四条　各级政府应当加强体育场馆向社会开放的组织领导，体育、教育行政主管部门负责公共体育场馆和学校体育场馆向社会开放的指导协调和监督检查工作。

体育和教育行政主管部门要定期或不定期对公共体育场馆和学校体育场馆开放情况进行监督检查。

第五条　体育行政主管部门应当加强与同级文化、教育、财政、公安、物价等行政主管部门的联系，建立公共体育场馆和学校体育场馆向社会开放运行管理协调机制。

各乡镇、社区应当加强与辖区公共体育场馆所属单位的沟通协调，促进相关单位体育场馆向社会开放，建立辖区公共体育场馆和学校体育场馆向社会开放的长效工作机制。

第二章　公共体育场馆开放管理

第六条　管理单位应当向公众公告其对社会开放的体育场馆名录，包括服务名称、地址、开放时间、开放方式、联系方式等信息。

各级政府应当积极支持完善学校体育场馆建设，使其具备开放条件。

第七条　公共体育场地设施中的操场、球场、田径场、室外健身器材等应免费向社会开放，体育馆等室内体育健身设施可实行免费或低收费对外开放。

第八条　管理单位应当履行以下责任：

（一）建立健全管理制度和服务规范，包括场馆管理规定、管理单位和锻炼者的权利与义务、突发事件预防和处置制度、突发事件应急预案；

（二）使用符合国家安全标准的设施设备，并在体育场馆区域显著位置标明体育器材、设施设备的使用方法、注意事项、安全警示标志及无障碍标志；

（三）按照国家标准配备安全保护设施及人员，定期对设施设备活动场地、活动器材进行保养，对安全性能定期检查并及时维修，确保公众安全。

（四）按要求加强有关人员培训，明确岗位职责、服务内容和服务标准，规范工作流程，不断提高业务水平和服务质量。

（五）完善设施标准化服务内容体系，严格执行国家有关体育场馆安全保卫、活动管理、人群管理、风险管理、环境保洁等方面标准。

（六）需要暂时停止开放的或临时调整开放时间的，应当提前7日向公众公告。

第九条 任何单位和个人不得利用体育场馆从事危害公共利益的活动。

第十条 公众在使用体育场馆设施时，应当遵守体育场馆管理规定和公共秩序，自觉爱护体育场馆设施，服从管理，任何单位或者个人不得损坏体育场馆设施。

第十一条 经营高危险性体育项目场所向社会开放的，应当符合下列条件：

（一）持有县级以上人民政府体育主管部门的批准文件，到工商行政管理部门依法办理相关登记手续；

（二）相关体育设施符合国家标准；

（三）具有达到规定数量的取得国家职业资格证书的社会

体育指导员和救助人员；

（四）专业性强、技术要求高、风险性高的体育项目，应当符合国家规定的安全服务技术要求，并要具有相应的安全保障措施。

第十二条　鼓励管理单位购买公众责任险，鼓励参加场馆体育健身锻炼活动的市民投保有关责任保险。

第三章　学校体育场馆开放管理

第十三条　公办学校在保证教学需要和校园安全的前提下，应当积极创造条件向公众开放体育设施。

第十四条　具备向社会开放体育场馆设施的学校，应满足下列条件：

（一）学校体育场馆设施相对独立，与教学区之间有安全隔离设施；

（二）有保障校园稳定、安全，维护正常教学秩序，加强安全隐患排查的管理措施；

（三）按照国家标准配备安全防护设施设备和有专业技术职称的体育教师、教练员进行科学指导健身及维护。

第十五条　学校体育场馆设施向公众开放的时段应统筹安排，避免与正常教学发生冲突。向公众开放的时间及服务内容应向社会公示，需要临时调整开放时间或暂停开放的，应提前7日向社会公告。

第十六条　学校体育场馆可根据实际情况采用学校自行管理、聘用管理、与街道社区联合管理或外包管理等方式确定向社会开放。

第四章　开放保障与监督

第十七条　各级政府应支持现有体育场馆向社会开放，并按照体育场馆运营管理的实际情况，通过政府购买公共服务方式支持其正常运营、维护维修、设备购置等，所需经费列入同级财政预算。

管理单位应当科学合理编制财政补贴预算，合理使用财政资金，做到专款专用，并接受财政审计部门的监督。

第十八条　各级政府应当建立体育场馆向社会开放的监督机制，对开放工作进行监督。

第五章　附　　则

第十九条　本办法由酒泉市体育局负责解释。

第二十条　本办法自发布之日起施行，有效期5年。

青海省人民政府办公厅关于印发《青海省加快发展健身休闲产业行动计划》的通知

(青政办〔2017〕190号)

各市、自治州人民政府,省政府各委、办、厅、局:

《青海省加快发展健身休闲产业行动计划》已经省人民政府同意,现印发给你们,请结合实际,认真组织实施。

青海省加快发展健身休闲产业行动计划

为贯彻落实《国务院办公厅关于加快发展健身休闲产业的指导意见》(国办发〔2016〕77号)要求,加快我省冰雪、水上、航空、山地户外、汽摩和自驾运动、体育旅游等健身休闲产业发展,激发社会领域投资活力,努力把健身休闲产业培育成我省体育产业发展中的成长极和动力源,现提出如下行动计划。

一、总体要求

(一)指导思想。全面贯彻党的十八大和历届全会精神,按照"五位一体"总体布局和"四个全面"战略布局,落实习近平总书记关于体育工作的重要论述、健康中国建设重要指示和"四个扎扎实实"重大要求,深入实施全民健身国家战略,聚焦聚力"四个转变",以"将健康融入所有政策"为工作方针，继续推进省政府关于加快发展体育产业促进体育消费的实施意见，坚持为民造福、为省增利的发展导向，准确定位"全民健身、健康青海"，充分发挥体育在建设富裕文明和谐美丽新青海中的特殊作用，加快发展健身休闲产业，提高发展质量和效益，培育各类市场主体，丰富产品和服务供给，不断满足大众多层次多样化的健身休闲需求，为扩大消费需求、拉动经济增长提供支撑和动力。

（二）发展目标。到2025年，按照"市场主导、创新驱动，转变职能、优化环境，分类推进、融合发展，重点突破、力求实效"的原则，初步建立起布局合理、功能完善、门类齐全的健身休闲产业体系和多产业、多行业融合发展格局。着力把我省打造成为"世界级高原户外运动胜地""最让人向往的高原生态健身休闲目的地""丝绸之路体育旅游聚集地"，实现市场机制日益完善、消费需求愈加旺盛、发展环境不断优化、产业结构日趋合理、产品供给更加丰富、服务水平明显提升的目标。重点打造100个体育精品项目，培育100个省级体育产业基地，建成100家汽车摩托车营地，建设100个高原运动休闲特色小镇，带动100万人参与冰雪运动，最终实现百亿元健身休闲产业总规模。

二、主要任务

（一）发展体育旅游。按照国家旅游局、国家体育总局《关于大力发展体育旅游的指导意见》，结合青海省加快提升旅游业发展行动方案，以"市场主导、企业主体、政策引导"为抓手，开发运动休闲体验游、品牌赛事观摩游、景区度假康体游、极限挑战探险游、高原民俗体育游等，在完善"吃、住、行、游、购、娱"要素基础上，加快向"运、健、学"

新业态迈进。加快推进核心景区、主题公园、旅游综合体等重点体育旅游产业发展，构筑"大美青海、生态户外"体育旅游品牌发展的新优势与新动能。

1. 到2025年，在全省建成20个具有重要影响力的体育旅游目的地、20家省级体育旅游示范基地、20家国家级体育旅游示范基地，推出10项体育旅游精品赛事，打造10条体育旅游精品线路，培育5家具有较高知名度和市场竞争力的体育旅游企业与知名品牌，体育旅游人数占旅游总人数的15%，体育旅游总消费规模突破亿元。（省体育局牵头，省发展改革委、省财政厅、省环境保护厅、省文化新闻出版厅、省旅游发展委、各市州政府配合）

2. 结合品牌旅游景区建设，重点打造青海湖、塔尔寺、互助土族故土园、祁连卓尔山·阿咪东索、金银滩—原子城、龙羊宁静小镇、茶卡盐湖、西宁博物馆群等体育旅游目的地，建设一批集冰雪运动、水上运动、沙上运动、航空运动、汽摩运动、山地户外运动等休闲健身与观光活动为一体的国家登山健身步道、环青海湖自行车专道、木栈道、徒步道、骑行道、绿道长廊、自驾车房车营地等体育旅游公共设施。（省体育局牵头，省发展改革委、省财政厅、省国土资源厅、省环境保护厅、省住房城乡建设厅、省交通运输厅、省水利厅、省农牧厅、省文化新闻出版厅、省旅游发展委、省安全监管局、青海湖景区管理局、各市州政府配合）

3. 鼓励企业有效整合资源，突出高原养生康体特色，以山地、林地、天然温泉等自然资源为载体，建设体育主题养生酒店、度假风景区、体育小镇等，开发多种以生态温泉SPA、森林康体浴、藏医药保健、绿色食品养生以及休闲庄园养生等"旅游度假+康体"新产品，发展旅游新业态，拓宽康养旅游产品。（省旅游发展委牵头，省财政厅、省环境保护厅、省交通运

输厅、省水利厅、省农牧厅、省文化新闻出版厅、省卫生计生委、省工商局、省安全监管局、省体育局、各市州政府配合）

4. 加强对高原民族民间传统体育项目的保护和扶持，大力推广和完善以民族射箭、赛马、赛牦牛、轮子秋、摔跤、锅庄、押加、骑马点火枪等民俗体育旅游项目。（省体育局牵头，省民宗委、省文化新闻出版厅、省旅游发展委、各市州政府配合）

5. 建立省内各民族特有的体育项目资源库和户外探险运动目的地风险等级信息库，完善风险多发区域的安全警示、紧急救援、消防、安全防护等。（省体育局牵头，省民宗委、省公安厅、省国土资源厅、省住房城乡建设厅、省交通运输厅、省水利厅、省旅游发展委、省安全监管局、各市州政府配合）

6. 实施体育旅游精品示范工程，支持和引导有条件的旅游景区拓展体育旅游项目，鼓励省内具有经营资质的旅行社、户外俱乐部等社会主体，设计开发旅游产品和路线。（省体育局牵头，省民政厅、省环境保护厅、省文化新闻出版厅、省旅游发展委、省安全监管局、各市州政府配合）

（二）培育冰雪产业。根据国家发展改革委、国家体育总局、教育部、国家旅游局《冰雪运动发展规划（2016—2025年）》，主动融入国家冰雪运动"南展西扩"战略，合理布局、错位发展，结合青海高原的气候特点，规划建设集竞赛表演、教育培训、休闲娱乐为一体的冰雪运动综合体，重点发展冰雪旅游，普及冰雪运动项目，形成设施完备、类型多样、布局合理、功能齐全、满足群众健身需求的冰雪场地设施网络。

1. 到2025年，冰雪产业总规模达到20亿元，全省滑冰场（馆）数量不少于10座，滑雪场数量达到40座、雪道面积达100万平方米。建设8个复合型冰雪旅游基地和冰雪运动中心，建设一批融滑雪、登山、徒步、露营等多种健身休闲运动为一体的体育旅游度假区或度假地。（省体育局牵头，省发展改革委、省财政厅、省国土资源厅、省住房城乡建设厅、省交通运输厅、省水利厅、省农牧厅、省文化新闻出版厅、省旅游发展委、省工商局、省安全监管局、各市州政府配合）

2. 推行"百万青少年上冰雪"和"校园冰雪计划"，在具备条件的中小学推广滑冰滑雪等课程，广泛开展青少年冰雪项目竞赛和阳光冰雪活动，加大在青少年群体中的普及面和参与度，培养青少年冰雪运动技能，加强后备人才建设。完善青少年冰雪运动项目培训及考核体系，加强青少年梯队建设及体育科技创新。（省教育厅牵头，省人力资源社会保障厅、省旅游发展委、省体育局、省安全监管局、各市州政府配合）

3. 每年举办大众化冰雪赛事活动100项以上，打造"大众冰雪季、冰雪嘉年华"群众性品牌，支持具备条件的单位和体育社会组织等社会力量举办群众性冰雪赛事活动。（省体育局牵头，省总工会、团省委、省民政厅、省文化新闻出版厅、省旅游发展委、省安全监管局、各市州政府配合）

4. 与冰雪运动发达省份和地区签署冰雪运动战略合作协议，扩大与河北、新疆、东北三省等地在冬季运动健身休闲服务业、竞赛表演业、冰雪旅游业以及科技创新等方面合作，搭建区域性冰雪运动交流互动平台。（省体育局牵头，省经济和信息化委、省国资委、省旅游发展委、各市州政府配合）

5. 建立职业政策制度体系，加强冰雪类社会指导员队伍建设，培养或引进职业教练员，培养冰雪运动管理人才，为群众冰雪健身提供全方位指导。鼓励多元投入职业体育，按照跨界、跨专业、跨季思路，引导社会资本参与组建冰雪职业俱乐部和专业冰雪运动团队，组建青海省冰雪运动队。（省体育局牵头，省教育厅、省财政厅、省人力资源社会保障厅、各市州政府配合）

6. 整合岗什卡、玉珠峰、阿尼玛卿等山地资源，促进冰雪运动项目与旅游、商贸、文化、民俗融合发展,全力打造多巴高原冰雪运动训练基地、岗什卡国家滑雪登山基地和高原冰雪、草原冰雪、沙漠冰雪、三江源冰雪等运动休闲特色小镇,全面提升冰雪运动普及程度和产业发展水平。(省体育局牵头,省发展改革委、省财政厅、省环境保护厅、省住房城乡建设厅、省交通运输厅、省水利厅、省农牧厅、省商务厅、省文化新闻出版厅、省旅游发展委、省安全监管局、各市州政府配合)

(三)做强山地户外运动。根据国家发展改革委、国家体育总局等8部委《山地户外运动产业发展规划》和青海海拔梯度优势,推广登山、攀岩、徒步、露营、拓展等山地户外运动项目,开发山上、路上、沙上、马上等运动项目,推动山地户外运动场地设施体系和户外俱乐部建设,打造具有体育资源独特、地方特色浓郁、地域标志明显、文化内涵丰富的特色户外运动品牌。

1. 到2025年,打造10条山地户外运动精品线路、10个山地户外运动精品项目,建成登山步道、攀岩基地、徒步栈道、野外露营基地、拓展运动基地、自驾游综合服务基地等各类山地户外运动基地300个,培育社会化户外俱乐部1000个,参与山地户外运动人口不断增长,居民山地户外运动消费额占人均可支配收入比例明显提高,山地户外运动产业总规模达到10亿元。(省体育局牵头,省发展改革委、省经济和信息化委、省民政厅、省财政厅、省国土资源厅、省住房城乡建设厅、省交通运输厅、省水利厅、省农牧厅、省文化新闻出版厅、省旅游发展委、省工商局、省安全监管局、各市州政府配合)

2. 依托生态体育建设暨山地户外运动联盟平台,打造穿越青藏高原、三江源、柴达木、可可西里,沿青藏公路(西宁经格尔木、唐古拉至拉萨)、唐蕃古道、丝绸之路的骑行、徒步和山地户外运动线路,为各地户外运动爱好者提供良好的体验场地。组建省攀岩队和山地户外救援队。（省体育局牵头，省人力资源社会保障厅、省国土资源厅、省住房城乡建设厅、省交通运输厅、省水利厅、省农牧厅、省文化新闻出版厅、省旅游发展委、省安全监管局、各市州政府配合）

3. 依托高原丰富的山地、河流、森林、草原等资源，开发高山探险、徒步穿越、速降、江源探险、江河漂流、沙漠旅游、自驾车游、野营体验、秘境旅游等极限挑战项目，搭建登山、露营、徒步、山地车、攀岩、高山探险、户外拓展、峡谷漂流等特色运动项目，逐步满足人民群众层次化、多元化消费需求。（省体育局牵头，省发展改革委、省财政厅、省国土资源厅、省环境保护厅、省住房城乡建设厅、省交通运输厅、省水利厅、省农牧厅、省文化新闻出版厅、省旅游发展委、省安全监管局、各市州政府配合）

4. 定期举办户外活动，打造户外专业竞技运动，推动"体育+"发展，促进体育旅游业态的发展（省体育局牵头，省经济和信息化委、省文化新闻出版厅、省旅游发展委、各市州政府配合）

（四）开发水上项目。根据国家发展改革委、国家体育总局等9部委《水上运动产业发展规划》，优化配置资源要素，深度挖掘产业潜力，大力发展水上运动项目。通过资源整合、战略合作、资源承销等方式，全力打造赛事体系、商业承销体系、"互联网+"等构成的全产业链条，构建系统、专业、规范、健康的水域生态经济综合体。

1. 到2025年，成立水上运动俱乐部10个，建成水上健身休闲运动中心10个。（省体育局牵头，省发展改革委、省财政厅、省经济和信息化委、省国土资源厅、省环境保护厅、省住房城乡建设厅、省交通运输厅、省水利厅、省农牧厅、省文化新闻出版厅、省旅游发展委、省工商局、省安全监管局、各

市州政府配合)

2. 培养水上运动人才后备力量,建立水上运动活动体系以及人才培训体系,带动大众参与水上运动。(省体育局牵头,省教育厅、省财政厅、省人力资源社会保障厅、省水利厅、各市州政府配合)

3. 根据生态立省战略和全域旅游发展,在水域资源丰富、具有发展潜力的地区,加快完善水上运动基础设施网络,盘活现有水上资源,与全民健身场地工程和健康养老服务工程统筹,建设便民利民的水上运动设施和集旅游服务、运动娱乐、商业服务于一体的综合型码头。(省体育局牵头,省发展改革委、省经济和信息化委、省财政厅、省国土资源厅、省环境保护厅、省住房城乡建设厅、省交通运输厅、省水利厅、省农牧厅、省文化新闻出版厅、省旅游发展委、省工商局、省安全监管局、各市州政府配合)

4. 实施水上运动精品赛事提升计划,培育多元主体,打造帆船、皮划艇、漂流、高原铁人三项等赛事活动,协同推进品牌赛事,丰富赛事活动供给和体育产业联动发展。(省体育局牵头,省文化新闻出版厅、省旅游发展委、各市州政府配合)

5. 成立青海省水上运动协会,组建青海省皮划艇和漂流运动队,建设完善尖扎水上基地和玉树漂流基地设施,增强服务功能,通过示范引领,带动文化、旅游、生态环保等多元、联动发展,推动水上运动蓬勃发展。(省体育局牵头,省民政厅、省财政厅、省人力资源社会保障厅、省旅游发展委、各市州政府配合)

(五)推广航空运动。根据国家发展改革委、国家体育总局等9部委《航空运动产业发展规划》和交通运输部等6部委《关于促进交通运输与旅游融合发展的若干意见》,坚持安全第一、改革创新、市场导向、开放互动、融合发展的原则,遵循相关规定、规范，整合航空资源，深化管理改革，推动航空运动项目发展，鼓励航空飞行营地和俱乐部发展，鼓励开展各类航模比赛，助力中学及高校、青少年航空运动发展。推广运动飞机、热气球、滑翔、飞机跳伞、轻小型无人驾驶航空器、航空模型等航空运动项目，构建以大众消费为核心的航空体育产品和服务供给体系。

1. 到2025年，建成并命名航空飞行营地10家，推动无人航空器技术运用，发展高原无人航空器运动，扩大航空运动开展地域和消费人群覆盖面，促进航空科技知识的普及。（省体育局牵头，省经济和信息化委、省财政厅、省国土资源厅、省环境保护厅、省住房城乡建设厅、省交通运输厅、省旅游发展委、省安全监管局、民航青海监管局、各市州政府配合）

2. 举办青海省高原无人航空器（UAV）比赛和航空运动职业技能大赛，打造无人驾驶航空器行业展会，培育小型固定翼无人机和旋翼无人机发展，培育发展各种类型的高原航空运动项目，激发行业发展活力及创新能力。（省体育局牵头，省经济和信息化委、省财政厅、省旅游发展委、省安全监管局、民航青海监管局、民航青海空管局、各市州政府配合）

3. 加快建设空域（低空）旅游基地，在条件具备、优势明显的地区和旅游景区建设空域飞行器起降场所，开发空域（低空）体育旅游线路，开展观光旅游、休闲度假、冒险体验、体育娱乐等，形成空域（低空）旅游网络体系。（省体育局牵头，省经济和信息化委、省财政厅、省国土资源厅、省住房城乡建设厅、省交通运输厅、省旅游发展委、省安全监管局、民航青海监管局、民航青海空管局、各市州政府配合）

4. 开展景区高空观光、短距离航空体育旅游活动、短距离客运服务和农林科技服务，延伸航拍航摄、空中广告、空中表演、空中游览、体验飞行等新型体育旅游业态。（省体育局牵头，省经济和信息化委、省财政厅、省国土资源厅、省环境保护厅、省住房城乡建设厅、省交通运输厅、省旅游发展委、省安全监管局、民航青海监管局、民航青海空管局、各市州政府配合）

（六）推动汽摩运动。利用自然人文特色资源，推动汽车露营营地和中小型赛车场建设，加快发展青海汽车摩托车运动，打造高原特色自驾线路和营地网络。以青藏高原拉力赛和青海湖高原汽车拉力赛为引领，推动"互联网+赛车运动"，开发APP和其他新媒体产品，举办拉力赛、越野赛、场地赛、集结赛等，不断完善赛事活动组织体系，组织家庭露营、青少年营地、主题自驾等活动，大力促进自驾车、旅居车旅游发展。

1. 到2025年，成立汽车摩托车运动俱乐部50家，参与汽车摩托车运动消费人群达到50万人次，汽车摩托车运动开展地域和消费人群覆盖面不断扩大。（省体育局牵头，省民政厅、省旅游发展委、省工商局、各市州政府配合）

2. 发展汽车运动，开展汽车自驾游活动，培育兼具竞技性、观赏性、趣味性为一体的汽车摩托车赛事活动，举办赛车嘉年华，全力打造古丝绸之路汽车摩托车精品旅游线路和青藏高原天路之约自驾车旅居车旅游目的地。（省体育局牵头，省财政厅、省文化新闻出版厅、省旅游发展委、省安全监管局、各市州政府配合）

3. 培养赛车爱好者和赛车文化，在具备汽摩运动发展条件的地区和景点，重点打造一批集旅游、体育、文化传播为一体的具有国际、国内影响力的体育文化品牌活动，推动汽车露营营地和中小型赛车场地建设。（省体育局牵头，省发展改革委、省经济和信息化委、省教育厅、省财政厅、省国土资源厅、省环境保护厅、省住房城乡建设厅、省交通运输厅、省文化新

闻出版厅、省旅游发展委、省安全监管局、各市州政府配合）

4. 加大对裁判员、管理人员、教练员、医疗救护等人员的专业培训，打造适合青少年的汽车培训、课程、活动及赛事，形成固定的培养和培训模式。（省体育局牵头，省财政厅、省教育厅、省人力资源社会保障厅、省文化新闻出版厅、省旅游发展委、各市州政府配合）

（七）培育体育消费。推动极限运动、电竞、击剑、马术、高尔夫等时尚运动项目健康发展。支持成立各级各类以时尚运动为主的协会与俱乐部，扶持相关体育创意活动，举办以时尚运动为主题的群众性活动。推进"体育+"模式创新，促进健身休闲与文化、旅游、教育、健康、医疗、养老、农业、林业、航空、交通运输等产业跨界融合发展。

1. 支持"体育+"融合发展，建设"智慧体育"平台，鼓励开发以移动互联网、大数据、云计算技术为支撑的健身休闲和体育旅游服务，促进消费者利用各类社交平台互动交流，提升消费体验。（省体育局牵头，省经济和信息化委、省商务厅、省文化新闻出版厅、省旅游发展委、省通信管理局、各市州政府配合）

2. 举办中国业余网球公开赛、ITF 国际网球女子巡回赛、中国红土国际网球赛等赛事，打造时尚、体育与文化一体化的竞技运动。推动极限运动、电竞等运动项目向消费型、平民化、大众化转变。（省体育局牵头，省发展改革委、省经济和信息化委、省财政厅、省国土资源厅、省住房城乡建设厅、省交通运输厅、省水利厅、省农牧厅、省文化新闻出版厅、省旅游发展委、省安全监管局、各市州政府配合）

3. 到 2025 年，打造赛马基地 10 个、马术运动基地 5 个，规范马术产业，培训青少年马术市场，使传统赛马向高端项目发展。（省体育局牵头，省发展改革委、省财政厅、省国土资源厅、省住房城乡建设厅、省交通运输厅、省水利厅、省农牧厅、省文化新闻出版厅、省旅游发展委、省工商局、省安全监管局、各市州政府配合）

4. 结合智慧城市、绿色出行，在条件允许的城市，规划建设城市慢行交通系统，重点建设一批山地户外营地、徒步骑行服务站、自驾车旅居车营地、航空飞行营地等健身休闲设施，建设一批资源丰富、区位环境良好、历史文化浓厚、产业聚集度高、脱贫攻坚效果明显的健身休闲基地（园区）、体育旅游线路、体育中介组织、体育俱乐部、示范场馆或运动休闲特色小镇、街区，打造健身休闲服务综合体。（省体育局牵头，省发展改革委、省民政厅、省财政厅、省国土资源厅、省环境保护厅、省住房城乡建设厅、省交通运输厅、省水利厅、省农牧厅、省文化新闻出版厅、省旅游发展委、省工商局、省安全监管局、省扶贫局、各市州政府配合）

5. 研究和开发体医结合项目，促进体育部门、教育系统、医疗机构在技术、设备、人才等多方合作交流，宣传普及健康知识和技能，开展国民体质监测，完善体质健康监测体系，开发应用国民体质健康监测大数据，开展运动风险评估。（省体育局牵头，省经济和信息化委、省教育厅、省科技厅、省文化新闻出版厅、省卫生计生委、省旅游发展委、省通信管理局、各市州政府配合）

6. 发布健身休闲活动和体育旅游指南，建立运动处方库，推动形成体医结合的疾病管理与健康服务模式，培育不同项目对健康促进与健康教育影响的研究，发挥科学健身在健康促进、健康教育、慢性病预防和康复等方面的积极作用。（省体育局牵头，省科技厅、省卫生计生委、省旅游发展委、省残联、各市州政府配合）

（八）优化赛事活动。传承推广民族传统体育项目，在学校体育课和课外活动中普及民族传统体育项目,加快发展以传统体育运动为主的各类协会和俱乐部。积极开发"一地一品牌""一行业一品牌"健身休闲和体育活动。扩大与国际、国内体育组织的合作,引进各类顶级赛事活动。基本建立体系完善的健身休闲赛事活动框架,提升品牌赛事国际、国内影响力。

1. 完善环湖赛等10项国际赛事、20项国家赛事、100项区域性品牌赛事,推动冰雪、汽摩、山地户外运动、航空、漂流、高原铁人三项、搏击、马拉松等项目落地,吸引更多社会资源参与体育赛事,努力提高体育赛事市场化、产业化程度。(省体育局牵头,省财政厅、省环境保护厅、省文化新闻出版厅、省旅游发展委、各市州政府配合)

2. 探索建立大众体育项目业余等级联赛制度,组织开展广场舞、体育舞蹈、自行车骑游、徒步、路跑、登山、棋牌、射箭、赛马等群众喜闻乐见的健身活动,让群众感受到"徒步走+观赛"体验,引导多方参与。结合自然资源、历史文化,培育民族传统项目体育产业,推动地域特色品牌赛事吸引更多国际运动员主动参加,促进场均观赛人次逐年递增。(省体育局牵头,省总工会、团省委、省民宗委、省环境保护厅、省文化新闻出版厅、省旅游发展委、各市州政府配合)

3. 大力发展民族传统体育,命名、扶持一批"少数民族传统体育项目之乡",加强体育类非物质文化遗产的保护和发展。到2025年,全省举办各类体育赛事活动万次以上,校园足球特色学校600所、业余足球俱乐部300个、各类足球场地2000个,建立少数民族传统体育项目培训基地10个,建设射箭场地1000个以上。(省体育局牵头,省发展改革委、省经济和信息化委、省教育厅、省民宗委、省财政厅、省国土资源厅、省环境保护厅、省住房城乡建设厅、省交通运输厅、省水

利厅、省农牧厅、省文化新闻出版厅、省旅游发展委、省安全监管局、各市州政府配合)

4. 支持企业创建和培育自主赛事休闲品牌,提升健身休闲服务水平。鼓励企业与各级各类运动项目协会等体育组织开展合作,通过赛事营销等模式,提高品牌知名度。(省体育局牵头,省经济和信息化委、省民政厅、省工商局、各市州政府配合)

5. 积极推行《国家体育锻炼标准》,推动体育部门、社会组织、专业体育培训机构等与各类学校合作,提供专业支持,培养青少年体育爱好和运动技能,增强健身休闲消费黏性。(省体育局牵头,团省委、省教育厅、省民政厅、各市州政府配合)

(九)优化资源配置。探索符合实际的健身休闲产业融合发展道路,不断延伸产业链、提升价值链、拓展多种功能,整合优化政策资源,推进多种形式的产业融合。鼓励具有自主品牌、创新能力和竞争实力的健身休闲骨干企业做大做强,通过管理输出、连锁经营等方式,支持具备条件的企业"走出去"。支持退役运动员创业创新,投向健身休闲产业。推进体育类社会团体、民办非企业单位等社会组织发展,支持其加强自身建设,健全内部治理结构,增强服务功能,承接政府公共体育服务职能。

1. 支持企业研发多样化、适应性强的健身休闲服务产品,形成集研发设计、品牌创意、工艺技术、生产营销为一体的新型产业集群,培育环湖赛所带动的自行车产业,延伸自行车销售、仓储、物流转运、展览产业链,带动青海自行车骑行运动快速发展。(省体育局牵头,省经济和信息化委、省民宗委、省财政厅、省环境保护厅、省住房城乡建设厅、省交通运输厅、省商务厅、省旅游发展委、省工商局、省安全监管局、各市州政府配合)

2. 推动产业融合发展和转型升级,积极鼓励社会力量办体育，建设青海省体育产业创业园区，培育发展体育产业综合体等新型市场主体。引导企业通过合资合作、联合开发等方式，与国内外领先企业合作，鼓励各地成立体育产业孵化平台和企业产品的自主创新能力，为健身休闲领域大众创业、万众创新提供支持。（省体育局牵头，团省委、省发展改革委、省经济和信息化委、省国资委、省民政厅、省财政厅、省国土资源厅、省环境保护厅、省住房城乡建设厅、省交通运输厅、省商务厅、省文化新闻出版厅、省旅游发展委、省工商局、省安全监管局、青海湖景区管理局、各市州政府配合）

3. 发挥青海省文化产业发展投资基金的扶持与撬动作用，以市场化方式引导和鼓励社会力量参与健身休闲产业，建立定期会商机制、工作协调机制、信息交流机制，实现互惠共赢。鼓励保险公司根据健身休闲运动特点和不同年龄段人群身体状况，推出多样化产品和服务，积极推动青少年参加体育活动相关责任保险机制。（省体育局牵头，省财政厅、省国资委、省金融办、青海银监局、青海保监局、各市州政府配合）

4. 在体育企业、健身俱乐部、体育培训等方面推广运动VR科技健身休闲产品，全面构建"低端有保障、中端有市场、高端可调控"的体育产品供给体系。（省体育局牵头，省经济和信息化委、省教育厅、省民政厅、省工商局、各市州政府配合）

5. 利用电视、报纸、网站和新媒体，多角度、多维度、多层次、立体式宣传青海生态体育和体育产业特色资源。（省体育局牵头，省委宣传部、省总工会、团省委、省文化新闻出版厅、省旅游发展委、省广电局、各市州政府配合）

（十）打造体育小镇。结合新型城镇化、乡村和景点经济社会发展基础、资源禀赋、基础设施条件、体育及健康产业发展水平和潜力等，落实全民健身国家战略，促进体育产业发展和供给侧改革。以多种形式推进体育、健康、旅游、休闲、养老、文化、宜居等多种功能叠加，着力打造独具特色、健康幸福的高原运动休闲特色小镇。

1. 制定申报条件、认定标准和分年度推进计划，明确年度计划投资额、建设规模、建设内容以及项目建成后的预期效益等。（省体育局牵头，省发展改革委、省经济和信息化委、省教育厅、省财政厅、省国土资源厅、省环境保护厅、省住房城乡建设厅、省交通运输厅、省水利厅、省农牧厅、省文化新闻出版厅、省旅游发展委、省安全监管局、省扶贫局、各市州政府配合）

2. 采取申报制和共建模式推进高原运动休闲特色小镇建设，由县级政府申报，省体育局组织专家评估、认定、命名和共建单位，并将符合条件的推荐申报国家级运动休闲特色小镇。（省体育局牵头，省发展改革委、省财政厅、省国土资源厅、省环境保护厅、省住房城乡建设厅、省交通运输厅、省水利厅、省农牧厅、省文化新闻出版厅、省旅游发展委、省安全监管局、省扶贫局、各市州政府配合）

3. 将高原运动休闲特色小镇建设作为重点扶持领域，整合优化政策资源，在体育场馆设施建设与运营、体育赛事活动举办、体育人才培养等方面给予政策倾斜。（省体育局牵头，团省委、省发展改革委、省财政厅、省人力资源社会保障厅、省国土资源厅、省环境保护厅、省住房城乡建设厅、省交通运输厅、省水利厅、省农牧厅、省文化新闻出版厅、省旅游发展委、省安全监管局、省扶贫局、各市州政府配合）

三、保障措施

（一）加强组织领导

各地区要落实健身休闲产业的主体责任，制定健身休闲产业发展计划，成立发展体育产业领导小组，建立内部协调配合机制，形成工作合力，把发展健身休闲产业纳入地方国民经济和社会发展规划，确保各项工作按照时间节点和计划要求规范有序推进。各部门、各单位要进一步细化明确工作任务和职责分工，深化改革创新，转变工作方式，加强监督评估，提供精准服务，从根本上解决健身休闲产业面临的各种体制机制问题。（各市州政府牵头，省直各单位配合）

（二）完善政策保障

按照"财政事权和支出责任相统一"原则，将健身休闲产业工作经费纳入本级财政预算予以保障；统筹利用现有资金渠道，有效使用省文化产业发展投资基金，成立培育市场主体的健身休闲产业投资基金。依据《体育标准体系建设指南》，重点支持基础设施建设、体育企业、社团组织、创新创业发展，引导社会资源向优势企业聚集。（各市州政府牵头，省直各单位配合）

落实中央、省级各项政策措施和结构性减税政策，创新资金投入方式，健全政府、社会和企业多元投入机制，主动协助企业争取国家在健身休闲产业和运营项目补贴方面的支持。各市州政府要统筹安排资金支持公益性较强的健身休闲基础设施建设。（省财政厅牵头，省发展改革委、省国资委、省体育局、省金融办、省地税局、省国税局、各市州政府配合）

按照相关规划和土地利用政策，统筹考虑财税、金融、市场资金等方面因素，为健身休闲产业发展的配套设施建设提供多元化融资融智服务。健全经费投入机制，明确支持重点、融资方案和融资渠道，盘活青海特色资产资源，在体育场馆设施建设与运营、体育赛事活动举办、体育人才培养等方面优先给予政策、资金等方面的支持（省财政厅牵头，省发展改革委、省经济和信息化委、省国资委、省教育厅、省国土资源厅、省环境保护厅、省住房城乡建设厅、省交通运输厅、省文化新闻出版厅、省卫生计生委、省旅游发展委、省金融办、省安全监管局、省体育局、各市州政府配合）

加强社团组织建设，推进体育协会改革，加强事中事后监管，完善相关安保服务标准，加强行业信用体系建设。通过"互联网+体育"服务，推动公共数据资源开放，实现信息互联共享。（省体育局牵头，省经济和信息化委、省公安厅、省民政厅、省工商局、各市州政府配合）

（三）创新运营机制

按照以体为本、多元经营的要求，健身休闲场所应突出"体育+"功能，引入现代企业管理制度，提高场馆运营网络化服务和信息化管理水平，促进信息化、智能化、网络化管理，全面提升运营效能。提高各类体育设施的开放率和利用率，推动有条件的各类体育场馆设施对公众开放，通过管办分离、公建民营等模式，推行市场化商业运作，盘活现有体育场馆设施资源，满足多层次健身消费需求。（省体育局牵头，省发展改革委、省经济和信息化委、省财政厅、省金融办、省通信管理局、各市州政府配合）

加大政府购买服务与社会资本合作的信贷支持力度，特别是通过探索多种类型的融资模式，引入大型企业参与投资，引导社会资本广泛参与。鼓励有条件的体育场馆发展体育培训、体育旅游、体育表演、体育会展、体育商贸、康体休闲、文化演艺等多元业态，建设体育服务综合体和体育产业集群。（省体育局牵头，省发展改革委、省经济和信息化委、省教育厅、省财政厅、省商务厅、省文化新闻出版厅、省旅游发展委、省金融办、青海银监局、各市州政府配合）

（四）培养人才队伍

探索建立健身休闲应用型人才和技术技能人才培养机制，

完善以退役运动员、行政管理人员、健身休闲产业经营者、社会体育指导员、体育社会组织带头人等为核心的健身休闲产业人才队伍体系。加大体育企业经营管理人员和基层一线职工培训力度，探索建立体育企业和高校、中等职业学校、体育科研机构联合培养人才机制，加大培养各类健身休闲项目经营策划、运营管理、技能操作等应用型专业人才的力度。（省体育局牵头，团省委、省发展改革委、省经济和信息化委、省教育厅、省科技厅、省财政厅、省人力资源社会保障厅、各市州政府配合）

加大对健身休闲产业基础设施建设的智力支持力度，做好引智、引商、引技、引资工作，着力解决缺人才、缺技术、缺资金等突出问题。积极组织未就业退役运动员开展就业创业培训，按规定落实培训补贴政策，帮助获取相应资质，支持其创业创新，投身健身休闲产业。加强社会体育指导员队伍建设，鼓励街道、社区聘用体育专业人才从事健身休闲运动指导工作。完善体育人才培养开发、流动配置、激励保障、福利待遇等机制，支持专业教练员投身健身休闲产业。（省体育局牵头，省总工会、团省委、省科技厅、省财政厅、省人力资源社会保障厅、各市州政府配合）

各地区、各部门、各单位根据本行动计划，结合工作实际，抓紧制定配套政策措施。省体育局、省发展改革委、省旅游发展委、省政府督查室等有关部门和单位定期不定期对落实本行动计划的情况进行监督检查和跟踪分析。

宁夏回族自治区人民政府办公厅关于加快发展健身休闲产业的实施意见

(宁政办发〔2017〕33号)

各市、县(区)人民政府,自治区政府各部门、各直属机构:

为贯彻落实《国务院办公厅关于加快发展健身休闲产业的指导意见》(国办发〔2016〕77号),加快健身休闲产业向纵深发展,推进全民健身和全民健康深度融合,挖掘和释放消费潜力、培育新的经济增长点,增强经济发展新动能,促进经济社会快速发展,结合我区实际,现提出以下实施意见。

一、总体要求

(一)指导思想。全面贯彻落实党的十八大、十八届三中、四中、五中、六中全会精神和习近平总书记系列重要讲话精神,牢固树立创新、协调、绿色、开放、共享发展理念,以普及推广健身休闲项目为重点,以促进体育消费、丰富人民生活、提高人民健康水平为目标,推进健身休闲产业供给侧结构性改革,全面提高健身休闲产业发展质量和效益,培育壮大各类市场主体,丰富产品和服务供给,推动健身休闲产业全面健康可持续发展,不断满足大众多层次多样化的健身休闲需求,提升幸福感和获得感,为经济发展新常态下扩大消费需求、拉动经济增长、转变发展方式提供有力支撑和持续动力。

(二)基本原则。普及推广,服务群众。以普及群众喜闻乐见的全民健身休闲项目为主,积极发展户外健身休闲项目,丰富健身休闲产品和服务供给，提高服务质量，满足广大人民群众日益增长的健身休闲消费需求。

市场主导，创新驱动。充分发挥市场在资源配置中的决定性作用，引导各类市场主体在组织管理、建设运营、研发生产等环节创新理念和模式，完善市场机制，丰富市场供给，激发市场活力，更好满足消费升级的需要。

因地制宜，突出特色。依据宁夏自然条件和区位优势，突出地方特点，宜山则山、宜水则水、宜沙则沙，充分挖掘市场潜力，发挥特色健身休闲项目和品牌赛事活动的带动作用，发展各类适宜的健身休闲运动。

协调互动，融合发展。遵循产业发展规律，发挥规划引导和政策引领作用，立足全局，系统谋划，丰富健身休闲业态，推动健身休闲产业与旅游、文化、健康等相关产业深度融合、协调发展，形成优势互补、良性互动的产业发展格局。

（三）发展目标。到2020年，全区健身休闲运动蓬勃发展，市场主体逐步壮大，健身休闲基础设施不断完善，健身休闲产业环境持续改善，基本形成各种经济成分竞相参与健身休闲产业的发展局面，健身休闲产业增加值达到7亿元。到2025年，基本建成布局合理、发展有序、特色凸显、保障有力的健身休闲产业体系，市场机制日益完善，消费需求愈加旺盛，产业环境不断优化，产业结构日趋合理，产品和服务供给更加丰富，服务质量和水平明显提高，同其他产业融合发展更为紧密，健身休闲产业增加值达到13亿元。

二、主要任务

（一）普及日常健身。推广适合公众广泛参与的健身休闲项目，加快发展足球、篮球、排球、乒乓球、羽毛球、网球、游泳、滑雪、滑冰、徒步、路跑、骑行、攀岩、登山、武术、棋牌、台球、飞镖、垂钓以及体育舞蹈、广场舞、健身操等普及性广、关注度高、市场空间大的运动项目，保障公共服务供给，引导多方参与。（各市、县（区）人民政府牵头落实，自治区体育局、教育厅、总工会等部门分别落实）

（二）发展户外运动。加快制定以户外运动为重点的健身休闲运动项目系列规划，科学引导和推动具有消费引领性的健身休闲项目发展。

1. 大力发展沙漠运动。依托丰富的沙漠资源，打造高规格沙漠休闲健身品牌。重点开发中卫沙坡头旅游区、沙湖生态旅游区等滨湖、滨河沙漠和花马寺国家森林公园、白芨滩沙漠公园等沙漠运动资源，大力拓展沙漠运动项目，完善和发展滑沙、沙漠铁人三项、沙漠足球、沙漠排球、沙漠木球等各种沙漠运动休闲项目，打造全国知名沙漠运动健身休闲基地和品牌活动。（银川市、石嘴山市、中卫市人民政府分别牵头落实，自治区体育局、旅游发展委等部门分别落实）

2. 积极发展水上运动。依托丰富的湖泊资源，打造融水面、水岸、水空、水中运动休闲项目于一体的水上运动基地，建设环银川1小时水上运动休闲圈。打造银川三沙源滨水运动场、石嘴山星海湖等健身休闲产业基地，发展水上运动项目。依托黄河、清水河等河流资源，开展羊皮筏子漂渡、黄河龙舟、冲锋舟、峡谷穿越等水上运动项目，建设黄河—清水河户外健身休闲产业带。（银川市、石嘴山市、吴忠市、中卫市人民政府分别牵头落实，自治区体育局、水利厅、旅游发展委等部门分别落实）

3. 广泛发展山地运动。依托贺兰山、六盘山、牛首山等山地资源优势，大力推广登山、攀岩、徒步、露营、定向越野、拓展、汽车拉力赛等山地户外运动项目。引导和鼓励社会力量投资建设户外露营基地等体育设施，形成以户外运动小镇、旅游度假区、山地户外营地、房车自驾车营地等服务设施为主要内容的融运动、旅游、度假、养生于一体的山地运动产业体系。加强户外运动指导员队伍建设，完善山地户外运动安全和应急救援体系，培育山地户外运动品牌赛事和活动。（各市、县（区）人民政府牵头落实，自治区体育局、旅游发展委、林业厅、公安厅等部门分别落实）

4. 培育发展冰雪运动。充分利用宁夏气候特点和湖泊、山地等自然资源，以冬季运动健身休闲项目为重点，合理规划建设沙湖滑雪场、贺兰山国家森林公园滑雪场、阅海公园滑雪场、鸣翠湖滑雪场、西夏风情园滑雪场、六盘山国际滑雪场、六盘山范家峡森林公园滑雪场、吴忠塞上滨河滑雪场和贺兰县冰钓赛场，推动冰雪运动设施建设，开展大众滑雪、滑冰、冰钓等冰雪运动，全面提升冰雪运动普及程度和产业发展水平。（银川市、石嘴山市、固原市人民政府分别牵头落实，自治区体育局、旅游发展委、林业厅等部门分别落实）

5. 引导发展航空运动。依托银川、红寺堡、盐池等地航空运动资源，推动航空飞行营地和俱乐部发展，推广发展热气球、滑翔、轻小型无人驾驶航空器、航空模型等航空运动项目。依托六盘山独特的自然资源和红色旅游资源，开展野外拓展、森林穿越、野外生存、动力伞、跳伞等军事体育项目，发挥航空运动赛事、飞行表演、飞行体验等示范作用，满足群众航空运动消费需求。（银川市、吴忠市、固原市人民政府分别牵头落实，自治区体育局、旅游发展委、交通运输厅等部门分别落实）

（三）发展特色运动

1. 推广民族民间传统项目。发展木球、毽球、方棋、陀螺、杂技、传统武术及踏脚、羊响板、打梭、打鞭牛、牧童鞭、鱼尾剑、穆民扇等独具特色的民族传统健身休闲体育项目。挖掘、整理、传承、推广民族传统体育项目，加强体育类非物质文化遗产的保护和发展，引导民族传统体育运动项目"走出去"，不断提高民族传统健身休闲的产业化和社会化水平。加强国际、国内体育合作交流，以银川健身休闲区为中心辐射周边市、县（区），推动极限运动、电子竞技、马术等时尚运动项目健康发展。加强对相关体育创意活动的扶持，鼓励举办以时尚运动为主题的群众性活动。（自治区民委、体育局牵头落实，各市、县（区）人民政府分别落实）

2. 促进产业融合发展。依托我区丰富的旅游资源，大力发展体育旅游，支持和引导有条件的旅游度假区、旅游景区、旅游村镇拓展体育旅游项目，建设体育健康休闲小镇。鼓励区内旅行社结合健身休闲项目和体育赛事活动设计开发旅游产品和线路，促进大众运动休闲和主题旅游度假，拉长体育旅游产业链条。推动"体医结合"，加强科学健身指导，积极推广覆盖全生命周期的运动健康服务，发展运动医学和康复医学，发挥中（回）医药在运动康复等方面的特色作用。各市、县（区）根据经济发展和资源禀赋，遵循产业发展规律，统筹协调健身休闲产业与全民健身事业、文化、养老、教育、健康、农业、林业、水利、通用航空、交通运输等产业融合发展。（自治区体育局、旅游发展委牵头落实，各市、县（区）人民政府和自治区教育厅、民政厅、文化厅、卫生计生委等部门分别落实）

3. 推动"互联网+健身休闲"。结合智慧城市建设，鼓励开发以移动互联网、大数据、云计算技术为支撑的健身休闲服务，推动传统健身休闲企业由销售导向向服务导向转变。加快推进宁夏智慧体育建设，提升场馆预定、健身指导、运动分析、体质测试、交流互动、赛事参与等综合服务水平。促进体育场馆的信息化、智能化、网络化管理和服务水平。积极推动健身休闲在线平台企业发展壮大，整合上下游企业资源，形成健身休闲产业新生态圈。（自治区体育局牵头落实，各市、县（区）人民政府和自治区财政厅、经济和信息化委员会、信息化建设办等部门分别落实）

（四）培育健身休闲市场主体

1. 壮大体育社会组织。鼓励发展体育协会、基金会、民办非企业单位等社会组织，支持其加强自身建设，健全内部治理结构，增强服务功能。成立宁夏健身休闲产业协会，支持协会充分发挥政府与企业的纽带和桥梁作用，推动健身休闲产业单位和企业快速发展。对在城乡社区开展健身休闲活动的体育社会组织，降低准入门槛，加强分类指导和业务指导。通过政府购买服务、以奖代补等多种形式，支持各类社会组织承接政府公共体育服务职能，发挥体育社会组织在营造氛围、组织活动、服务消费者等方面的积极作用。（自治区体育局牵头落实，各市、县（区）人民政府和自治区民政厅、财政厅等部门分别落实）

2. 引导健身休闲企业发展。鼓励健身休闲企业通过合资合作、联合开发等方式，发展山地户外、水上、沙漠、航空、冰雪运动等健身休闲器材装备制造企业。结合传统制造业去产能，引导健身休闲服务企业向健身休闲装备制造业延伸发展，形成全产业链优势。鼓励具有自主品牌、创新能力和竞争实力的健身休闲骨干企业做大做强，通过管理输出、连锁经营等方式，进一步提升核心竞争力，延伸产业链和利润链。支持各类中小微健身休闲企业、运动俱乐部向"专精特新"方向发展，强化特色经营、特色产品和特色服务。扶持体育培训、策划、咨询、经纪、营销等企业发展。发挥多层次资本市场作用，支持符合条件的健身休闲企业上市。推广、运用政府和社会资本合作等多种模式，吸引社会资本参与健身休闲产业发展。鼓励品牌企业和优势项目"走出去"，吸引国内、国际知名体育组织或大型健身休闲企业落户宁夏，投资健身休闲产业。（自治区经济和信息化委、商务厅、体育局牵头落实，各市、县（区）人民政府和自治区财政厅、金融工作局等部门分别落实）

3. 鼓励创业创新。加强退役运动员转型培训，鼓励退役运动员创业创新，投身健身休闲产业。大力推进落实商事制度改革的政策措施，为健身休闲产业提供良好的准入环境。开展体育产业创新创业教育服务平台建设，帮助企业、高校、金融机构有效对接。鼓励各地成立健身休闲产业孵化平台，为健身休闲领域大众创业、万众创新提供支持。（自治区体育局牵头落实，自治区教育厅、人力资源社会保障厅等部门分别落实）

（五）优化健身休闲产业结构布局

1. 改善产业结构。优化健身休闲服务业、器材装备制造业及相关产业结构，着力提升服务业比重。结合体育产业基地建设，培育一批以健身休闲服务为核心的体育产业示范基地、单位和项目。发挥重大体育旅游项目的引领带动作用，发展一批体育旅游示范基地。实施健身服务精品工程，打造一批优秀健身休闲俱乐部、场所和品牌活动。（自治区体育局牵头落实，自治区发展改革委、旅游发展委等部门分别落实）

2. 优化产业布局。在保护自然资源和生态环境的基础上，按照"一区两带"体育产业总体布局，依托银川中心区域政治、经济、文化资源和湖、河、渔等自然资源优势，打造具有宁夏特色的健身休闲集聚区和产业带，构建健身休闲产业发展服务体系，对全区健身休闲服务业发挥引领、示范和辐射作用。依托黄河—清水河体育产业带，利用丰富的户外运动资源，打造南起固原市泾源县，经固原市、中卫市、吴忠市，北至石嘴山市惠农区的户外健身休闲产业带。依托贺兰山东麓体育产业带，利用贺兰山脉特色山地资源，构建宁夏山地运动休闲产业服务体系。坚持体育产业发展与生态环境保护相适应，户外运动设施与环境保护设施同步建设和使用。（自治区体育局牵头落实，各市、县（区）人民政府和自治区发展改革委、商务厅等部门分别落实）

（六）加强健身休闲设施建设

1. 健全健身休闲基础设施网络。在符合宁夏空间发展规划、城市总体规划、土地利用总体规划的前提下，科学规划体育健身休闲设施布局，建设一批集中体现宁夏自然、人文、体育特色的健身休闲小镇和体育休闲区。严格执行城市居住区规划设计等标准规范有关配套建设健身设施的要求，并实现同步设计、同步施工、同步投入使用。适当增加健身休闲设施用地和配套设施配建比例，合理利用公园绿地和有条件的城市空置场所、建筑物屋顶、地下室等区域，重点建设一批便民利民的社区健身休闲设施，建成县级以上城市社区10分钟健身圈。鼓励健身休闲设施与住宅、文化、商业、娱乐等综合开发，打造健身休闲服务综合体。（自治区体育局牵头，各市、县（区）人民政府和自治区发展改革委、住房城乡建设厅、国土资源厅等部门分别落实）

2. 盘活用好现有体育场馆资源。全面实施公共体育场馆和学校体育设施免费或低收费向社会开放，增加体育服务供给，满足群众多层次健身消费需求。加强现有场馆设施公共服务体系网络化、标准化建设，推动体育场馆服务工作规范化。通过管办分离、公建民营等模式，逐步推行体育场馆市场化运作，不断提高服务运营水平。增强大型体育场馆复合经营能力，拓展服务领域，延伸配套服务，实现最佳运营效益。加快推进企事业单位等体育设施向社会开放。(各市、县（区）人民政府牵头落实，自治区体育局、财政厅、教育厅等部门分别落实)

3. 推动特色健身休闲设施建设。加快全区市民休闲森林公园建设，合理布局配套休闲健身设施，在每个市、县（区）普遍建成体育休闲公园。结合宁夏创建国家全域旅游示范（省）区建设，在人口流动密集、文化特色浓郁、旅游品牌突出的市、县（区），培育发展一批健身休闲旅游产业项目示范基地。鼓励和引导旅游景区、旅游度假区、乡村旅游区等根据自身特点，建设特色健身休闲设施。（各市、县（区）人民政府牵头落实，自治区体育局、旅游发展委、发展改革委、财政厅、住房城乡建设厅、国土资源厅、林业厅等部门分别落实）

（七）改善健身休闲消费环境

1. 加强健身引导。全面实施《"健康宁夏2030"发展规划》《宁夏全民健身实施计划（2016-2020年）》，促进全民健身和全民健康。结合"一地一品牌"创建活动，开展各类群众性体育活动，丰富节假日体育赛事和服务供给，发挥体育明星和运动达人示范作用，激发大众健身休闲消费需求。积极推行国家体育锻炼标准、业余运动等级标准、业余赛事等级标准，增强健身休闲消费黏性。推动体育部门、体育社会组织、专业体育培训机构等与各级各类学校合作，提供专业支持，培养青少年体育爱好和运动技能。充分发挥社会体育指导员在全民健身活动中的引领和指导作用，引导群众科学健身，扩大投资健康人群。（各市、县（区）人民政府牵头落实，自治区体育局、教育厅、总工会、团委、妇联等部门分别落实）

2. 促进健身消费。支持各市、县（区）创新健身休闲消费引导机制，带动各种健身休闲消费。鼓励健身休闲企业与金融机构合作，试点发行健身休闲联名银行卡，实施特惠商户折扣。引导保险公司根据健身休闲运动特点和不同年龄段人群身体状况，开发场地责任险、运动人身意外伤害保险。积极推动青少年参加体育活动相关责任保险发展。完善市场监管体系，规范健身休闲市场主体行为,加强健身休闲消费过程中的维权援助举报投诉和举报处置能力建设,逐步建立信用档案和违法违规单位信息披露制度,推动监管信息的共享和公开。(各市、县(区)人民政府牵头落实,自治区体育局、金融工作局、工商局等部门分别落实)

3. 强化健身宣传。充分利用广播、电视、报刊、网络以及出版科普读物等形式,开辟专题专栏,普及健身知识,宣传健身效果,积极引导群众培育体育消费观念,养成体育消费习惯。鼓励制作和播出健身休闲类节目,支持形式多样的体育题材文艺创作。鼓励发展多媒体广播电视、网络广播电视、手机应用程序(APP)等体育传媒新业态,促进消费者利用各类社交平台互动交流,提升健身消费体验。(自治区党委宣传部、自治区体育局分别牵头落实,各市、县(区)人民政府和自治区文化厅、新闻出版广电局、宁夏报业集团等部门分别落实)

三、保障措施

(一)改革管理体制。加快政府职能转变,加强规划、政策、标准引导,持续推动"放管服"改革,大幅度削减健身休闲活动相关审批事项,积极为赛事活动举办提供服务,营造竞争有序、平等参与的市场环境。加快推进管办分离,体育行业协会与行政机关全面脱钩,加强事中事后监管,完善相关安保服务标准,加强行业信用体系建设。建立完善体育健身休闲产业信息交互平台、展览展示平台、资源交易平台。(自治区体育局牵头落实,各市、县(区)人民政府及自治区发展改革委、民政厅、人力资源社会保障厅等部门分别落实)

(二)健全工作机制。结合我区实际,建立体育、发展改革、旅游、文化、教育等多部门合作的健身休闲产业发展工作协调机制,及时分析健身休闲产业发展情况,解决存在的问题,落实惠及健身休闲产业文化、旅游等相关政策。各市、县(区)要把发展健身休闲产业纳入国民经济和社会发展规划,鼓励有条件的地方编制健身休闲发展专项规划,统筹协调、推进健身休闲项目实施,提高资源集中度和配置效率。推动健身休闲标准体系建设,制定健身休闲服务规范和质量标准,在服务提供、技能培训、活动管理、设施建设、器材装备制造等各方面提高健身休闲产业标准化水平。各级体育管理部门要加强职能建设,加强对健身休闲产业发展工作的指导,推动健身休闲产业快速发展。(自治区体育局牵头落实,各市、县(区)人民政府及自治区发展改革委、教育厅、民政厅、文化厅、卫生计生委、旅游发展委等部门分别落实)

(三)完善投入机制。全区各级财政要将发展健身休闲产业资金纳入地方财政预算,不断加大投入,保障群众健身休闲服务需求。进一步健全政府购买公共体育服务的体制机制,逐步扩大政府购买公共体育服务范畴,不断增加公共体育服务供给。加大彩票公益金对健身休闲相关项目的支持力度。在自治区产业引导基金下申报设立子基金,扶持发展健身休闲产业。鼓励社会力量进入健身休闲产业领域,建设健身休闲设施,开发健身休闲产品,提供健身休闲服务。鼓励社会资本以市场化方式设立健身休闲产业发展投资基金,支持健身休闲产业项目建设。鼓励符合条件的企业发行企业债券,募集资金用于健身休闲产业项目建设。(各市、县(区)人民政府及自治区体育局、财政厅、金融工作局等部门按职责分工负责落实)

(四)落实各项政策。全面落实国家支持体育产业和健身休闲产业发展的财税、金融、价格、土地、消费等政策,积极引导健身休闲产业用地控制规模、科学选址,合理安排和保障各类体育健身休闲产业项目用地,对符合土地利用总体规划、城乡规划、环保规划等相关规划的重大健身休闲项目，要本着应保尽保的原则及时安排新增建设用地计划指标。鼓励以长期租赁、先租后让、租让结合方式供应健身休闲项目建设用地。支持农村集体经济组织自办或以土地使用权入股、联营等方式参与健身休闲项目。发挥多层次资本市场作用，鼓励金融机构拓宽对体育企业贷款的抵质押品种类和范围。(各市、县（区）人民政府及自治区体育局、发展改革委、财政厅、国土资源厅、人力资源社会保障厅、金融工作局等部门按职责分工负责落实)

（五）加快人才培养。依托高等院校、科研院所和职业技能培训机构等，加强健身休闲产业领域经营管理、资本运作、营销推广、研发设计等专业人才培养培训，努力在用品制造、赛事筹划、运动康复、电子竞技等方面打造高水平人才队伍。加强从业人员职业培训，提高健身休闲场所工作人员服务水平和专业技能。完善体育人才培养开发、流动配置、激励保障机制，支持专业教练员、退役运动员投身健身休闲产业。加强社会体育指导员队伍建设，充分发挥其对群众参与健身休闲的服务和引领作用。加强健身休闲人才培育的国际、国内交流与合作。(各市、县（区）人民政府及自治区体育局、教育厅、人力资源社会保障厅、民政厅等部门按职责分工负责落实)

（六）强化督查落实。各地、各有关部门要加强工作统筹，结合实际情况，抓紧制定具体落实意见和配套政策，明确目标任务，落实责任分工，推动工作落实。各级建立体育数据平台，以国家体育产业统计分类为基础，完善健身休闲产业统计制度和指标体系，建立健身休闲产业监测机制。自治区体育局、发展改革委要会同有关部门对落实情况进行监督检查和跟踪分析，重大事项及时向自治区人民政府报告。(自治区体育局、发展改革委、旅游发展委、统计局等相关部门负责落实)

关于印发《新疆生产建设兵团体育运动专项资金管理暂行办法》的通知

（新疆生产建设兵团财务局、新疆生产建设兵团体育局发布，兵财教〔2017〕87号）

各师财务局、体育局，兵直各有关单位：

为规范和加强体育运动专项资金的使用和管理，提高资金使用效益，现将新修定的《新疆生产建设兵团体育运动专项资金管理暂行办法》印发给你们，请遵照执行。

附件：新疆生产建设兵团体育运动专项资金管理暂行办法

附件

新疆生产建设兵团体育运动专项资金管理暂行办法

第一章 总 则

第一条 为了规范和加强财政专项资金管理，明确部门职责，保障财政资金安全，提高资金使用效益，建立科学、规范的财政专项资金运行机制，根据《新疆生产建设兵团预算管理实施办法》（新兵发〔2016〕25号）、《兵团财政专项资金管理暂行办法》（新兵发〔2017〕18号）及补充通知有关规定，结合兵团实际，制定本办法。

第二条 兵团体育运动专项资金(以下简称"专项资金"),是由兵团本级财政预算安排,用于发展兵团体育事业,推动全民健身运动开展,提高竞技体育运动水平和由兵团组织举办的兵团级体育赛事和参加国家级体育赛事及体育运动等项目的支出。

第三条 专项资金由兵团体育局和兵团财务局共同管理,各级体育行政部门和体育项目承担单位负责体育项目的具体组织实施。

第四条 专项资金使用原则:

(一)统筹安排,突出重点。专项资金由兵团财务局按规定根据兵团体育局制定的年度体育事业发展计划统筹安排,突出重点。重点支持南疆师(市)、团场体育发展。

(二)单独核算,专款专用。专项资金要单独核算,确保专款专用。

(三)加强考评,提高效益。专项资金管理和使用要建立绩效考评机制,注意控制成本、降低费用,保证资金发挥更大的效益。

第二章 开支范围和管理要求

第五条 专项资金主要用于支持兴办体育事业、举办体育赛事和各项体育活动、进行体育业务培训和宣传等的支出,对于购置设备和工程货物等支出要严格按照政府采购有关规定进行统一采购。具体涉及食宿费、差旅费、保险费、会议费、培训费、裁判员酬金、宣传费和医疗费等支出标准均需按照兵团有关规定执行或参照国家、自治区有关规定执行。

第六条 兵团体育竞赛活动奖励资金的发放。

(一)兵团体育竞赛指参加国内外体育竞赛、兵团大型体育竞赛活动、兵团中小型体育竞赛活动等。

（二）参加国内外体育竞赛奖励标准参照《关于印发〈新疆维吾尔自治区参赛各类大型运动会奖励办法〉的通知》（新政办发〔2013〕128号）执行。

（三）兵团大型体育竞赛活动指兵团运动会、兵团青少年运动会、兵团大型单项体育竞赛等大型体育竞赛活动。奖励获得前八名的参赛单位。标准为：第一名30000元、第二名20000元、第三名10000元、第四名8000元、第五名7000元、第六名6000元、第七名5000元、第八名4000元。

（四）兵团中小型体育竞赛活动指青少年中小型体育竞赛、群众性中小型体育竞赛等中小型体育竞赛活动。奖励获得前八名的参赛单位。标准为：第一名15000元、第二名10000元、第三名8000元、第四名6000元、第五名5000元、第六名4000元、第七名3000元、第八名2000元。

第七条 专项资金实行预算管理。项目申请单位应当编制详细的项目开支预算表，并对支出测算标准、项目实施地点、项目支出内容进行详细说明，于每年9月31日前向兵团体育局申报。

第八条 专项资金必须严格按预算执行，实行单独核算、专款专用，严禁截留、挤占和挪用。年末资金若有结转结余，需严格按照《兵团财政拨款结转和结余资金管理暂行办法》（兵财预〔2014〕20号）有关结转结余资金管理办法执行。

第九条 年度末，项目承担单位要按要求向相关主管部门报送项目执行情况和专项资金决算。

第三章　职责与权限

第十条 专项资金按项目实行预算管理。兵团体育局、兵团财务局和体育项目承担单位的各自职责如下：

（一）兵团体育局职责

1. 根据审定后的年度体育事业发展规划，向兵团财务局提出年度专项资金支出预算；

2. 按照批复的专项资金预算额度，提出资金分配方案，按照程序提交财务局审核后，报兵团审批；

3. 负责组织对项目社会公示、跟踪管理和实施情况的检查验收等工作，对项目经费管理和使用情况进行监督检查；

4. 配合兵团纪检监察机关、审计部门和兵团财务局的监督检查工作；

5. 按照绩效目标对专项资金实施绩效评价，并向兵团财务局报送专项资金使用情况和评价结果。根据绩效评价情况，调整下一年度体育事业发展计划。

（二）兵团财务局职责

1. 审核年度专项资金安排建议预算方案，列入兵团本级财务预算草案，报兵团党委常委会议批准后，下达专项资金预算。审核兵团体育局专项资金分配方案；

2. 下达年度专项资金预算，办理专项资金拨付；

3. 监督专项资金的管理和使用情况，配合兵团纪检监察机关和审计部门工作；

4. 组织开展专项资金绩效管理，根据绩效管理情况，调整下一年度专项资金预算。

（三）承担体育项目单位的职责

1. 加强业务管理，确保项目顺利实施并达到预期效果。

2. 加强资金管理，对专项资金单独核算、专款专用。

3. 接受兵团体育、财务和审计等有关部门的监督检查和绩效考评。

（四）资金拨付和使用

1. 兵团本级财政预算草案经兵团党委常委会议批准后，兵团财务局按规定程序在15日内批复专项资金预算。

2. 项目主管部门收到财政部门预算指标通知30日内提出专项资金初步分配方案，资金分配方案在发文后5个工作日内向社会公开。分配方案按规定程序报批后，在10个工作日内下达资金预算，并按照财政国库管理制度的有关规定拨付资金。资金文件下达5个工作日内，由兵团体育局负责向社会公开。

第十一条　预算批复后，相关部门和项目单位不得自行变更，如确需变更预算的，应按照规定程序审定。

第四章　绩效评价

第十二条　兵团体育局要加强专项资金的绩效评价工作，建立专项资金实施全过程预算绩效管理制度。

第十三条　绩效评价以"自评和重点绩效评价"相结合的方式开展。体育项目实施结束后，单位要自觉开展项目绩效自评工作，并按照《体育运动专项经费绩效评价指标评分表》（详见附件）自评打分后，将自评情况分别报送兵团财务局和兵团体育局。

第十四条　兵团体育局结合单位自评情况，参考项目实施的类别、金额和效果等因素，组织对专项资金进行重点绩效评价，并将结果作为以后年度调整专项资金预算的重要依据。绩效评价结果发文后5个工作日内，向社会公开。

第五章　监督检查

第十五条　兵团财务局、体育局对各师和体育项目承担单位专项资金的预算执行、使用效益和财务管理等不定期抽查或专项监督检查，对违反资金使用管理的行为，要按照《财政违法行为处罚处分条例》（国务院令第 427 号）的有关规定严肃处理。

第十六条　各级财政、体育部门和体育项目承担单位要自觉接受纪检、监察和审计等部门的监督检查，发现问题，及时纠正。

第十七条　各级财政、体育行政主管部门及其工作人员在专项资金审批、分配过程中，存在违反规定分配资金、向不符合条件的单位（或项目）分配资金、擅自超出规定的范围或标准分配专项资金等，以及存在滥用职权、玩忽职守、徇私舞弊等违法违纪行为的，按照《财政违法行为处罚处分条例》等国家有关规定追究相应责任。涉嫌犯罪的，移送司法机关处理。

第六章　附　则

第十八条　本办法由兵团财务局会同兵团体育局负责解释。

第十九条　本办法自公布之日起实行。2014 年 6 月 23 日印发的《兵团体育运动专项经费管理暂行办法》（兵财教〔2014〕50 号）同时废止。

附件：体育运动专项资金绩效评价指标评分表

附件

体育运动专项资金绩效评价指标评分表

一级指标	分值	二级指标	分值	三级指标	四级指标	指标解释	评价尺度(参考限值) 差	评价尺度 中	评价尺度 好	分值	评价得分	备注
项目决策	10	项目目标	10	目标设定情况	依据的充分性（3分）	项目资金设立的依据是否充分（充分：3分，不充分：0分）	1.5	2.1	3	0-3		
					目标的明确度（3分）	项目资金使用的预定目标是否明确（明确：3分，不明确：0分）	1.5	2.1	3	0-3		
					目标的合理性（4分）	项目资金使用设置的预定目标是否合理（合理：4分，基本合理：2分，不合理：0分）	2	2.8	4	0-4		
		资金到位	4	资金落实情况	财政资金到位率（2分）	资金到位及时目到位率100%的得2分；尚未到位的0分	1	1.5	2	0-2		
				到位时效	资金到位及时性（2分）	师、团财务部门收到上级拨款后及时将资金拨付到项目承担单位的得2分，未及时拨付的0分	1	1.5	2	0-2		
项目管理	40	资金管理	14	实际支出情况	支出的相符性（3分）	项目的实际支出与规定用途相符的得3分，不相符的0分	1.5	2.1	3	0-3		
					支出的合规性（3分）	无截留、挤占和挪用专项经费等现象，专项资金支出符合相关支出标准规定	1.5	2.1	3	0-3		
				财务管理状况	制度的健全性（2分）	内部财务管理制度、会计核算制度健全的得2分，已制订但不够健全的得1分，未制订的不得分	1	1.5	2	0-2		

(续表)

一级指标	分值	二级指标	分值	三级指标	分值	四级指标	指标解释	评价尺度（参考限值）差	中	好	分值	评价得分	备注
项目管理	40	资金管理	14	财务管理状况	8	管理的有效性（2分）	资金管理规范，严格执行各项制度管理规定	1	1.5	2	0-2		
						会计信息质量（2分）	会计信息是否真实、完整和准确	1	1.5	2	0-2		
						会计核算的规范（2分）	是否设立项目专账和明细核算，执行"专账核算、专款专用"的原则	1	1.5	2	0-2		
						上报材料（3分）	能根据上级要求及时上报各种材料	1.5	2.1	3	0-3		
		项目管理及制度建设情况	22	信息管理	6	档案管理（3分）	档案管理规范	1.5	2.1	3	0-3		
				管理措施	4	落实管理措施（4分）	设备类项目和工程类项目等是否严格按照统一采购有关规定执行统一采购，并做好固定资产的登记入账工作	2	2.8	4	0-4		
				项目实施	6	管理制度（2分）	项目管理制度能有效执行，项目实施正常有序	1	1.5	2	0-2		
						目标完成率（2分）	项目完成计划满分，下降1个百分点扣1分，扣完为止	1	1.5	2	0-2		

(续表)

一级指标	分值	二级指标	分值	三级指标	分值	四级指标	指标解释	评价尺度(参考限值) 差	评价尺度(参考限值) 中	评价尺度(参考限值) 好	分值	评价得分	备注
项目管理	40	项目管理制度及制建设情况	22	项目实施	6	项目经费监督管理(2分)	师团财务和体育部门是否不定期对专项经费的使用情况进行跟踪问效,并对存在问题及时纠正(是得2分,跟踪问效纠正不及时的得1分,无限踪问效的0分)	1	1.5	2	0-2		
						制定工作计划(2分)	在各阶段是否制定了详细的工作计划,对项目内容实行公示制	1	1.5	2	0-2		
						制定考核方法(2分)	对各阶段的工作质量是否制定了相应的考核办法并落实到位	1	1.5	2	0-2		
		项目组织管理	6			保障措施(2分)	建立各项保障措施,由专人负责项目实施进程跟踪服务,并建立项目档案管理抽查制度	1	1.5	2	0-2		
项目绩效	50	财政资金产出	14			总体完成情况(10分)	项目实施的时点和范围等要素是否符合项目预算批复内容,结果是否完成了全部计划内容	5	7.5	10	0-10		
						项目完成及时性(4分)	是否按要求及时完成	2	2.8	4	0-4		
		财政资金产出质量效益	34			开放率(5分)	设备和场馆等是否对外开放,是否有明确的使用记录	2.5	3.75	5	0-5		
						利用率(5分)	设备和场馆利用率高,且服务人群广,计满分	2.5	3.75	5	0-5		
						设施条件(5分)	通过项目的实施,单位体育设施条件得到了很大改善	2.5	3.75	5	0-5		

(续表)

一级指标	分值	二级指标	分值	三级指标	分值	四级指标	指标解释	评价尺度（参考限值）差 / 中 / 好	分值	评价得分	备注
项目绩效	50	项目产出效益	34	财政资金产出质量效益	20	单位正常工作运转（5分）	通过项目的实施，保证了单位体育设施等的供给，从而确保了单位正常工作运转	2.5 / 3.75 / 5	0–5		
						促进单位体育事业发展（5分）	通过项目的实施，对加快和促进单位体育事业的发展起到了积极的作用	2.5 / 3.75 / 5	0–5		
				社会效益	10	间接效益（5分）	通过项目的实施，能切实增强学生体质等	2.5 / 3.75 / 5	0–5		
						不同利益群体（2分）	对照绩效目标，与项目直接相关的不同利益群体对项目实施的态度及参与度	1 / 1.5 / 2	0–2		
						社会影响（2分）	实施项目的社会影响情况	1 / 1.5 / 2	0–2		
		服务对象满意度	16	服务对象满意度	6	社会服务满意度（2分）	对照绩效目标，项目预期服务对象对项目实施的满意程度	1 / 1.5 / 2	0–2		
总分	100		100		100						

795